J I N A N S H I X U E

KEY RESEARCH INSTITUTE IN UNIVERSITY

暨南史學

马明达 主编

【第六辑】

選堂題耑

教育部人文社会科学重点研究基地
暨南大学华侨华人研究院

暨南大學出版社
JINAN UNIVERSITY PRESS
中国·广州

图书在版编目（CIP）数据

暨南史学（第六辑）/马明达主编．—广州：暨南大学出版社，2009.12
ISBN 978-7-81135-493-5

Ⅰ.①暨…　Ⅱ.①马…　Ⅲ.①中国—历史—文集　Ⅳ.①K207-53

中国版本图书馆 CIP 数据核字（2010）第 055072 号

出版发行：暨南大学出版社

地　址：中国广州暨南大学
电　话：总编室（8620）85221601
营销部（8620）85225284　85228291　85220693（邮购）
传　真：（8620）85221583（办公室）　85223774（营销部）
邮　编：510630
网　址：http：//www.jnupress.com　http：//press.jnu.edu.cn

排　版：暨南大学出版社照排中心
印　刷：暨南大学印刷厂

开　本：787mm×1092mm　1/16
印　张：32.75
字　数：796 千
版　次：2009 年 12 月第 1 版
印　次：2009 年 12 月第 1 次
印　数：1—1500 册

定　价：63.00 元

目录

Catalogue

一脉天风　百丈清泉

——暨南大学历史学系建系八十周年学术传承回顾

冀满红　王　利

暨南大学是一所素以重视科研学术见长的综合性大学，各院各系都十分注重学术的发展，历史学系尤为突出。历史学系成立于1928年，至今已历八十多个春秋，经过多年的发展，形成了自己的学术传统和特色，其中较为突出的就是既勇于开拓，又严谨求实。在暨南大学历史学系八十年的历程中，先后有周谷城、周予同、陈高傭、沈炼之、谭其骧、朱杰勤、金应熙、陈乐素等史学大师在本系执教，就体现了这种学术传统和特色的传承。

暨南大学历史学系成立之初，学术气氛就非常浓厚。在黄凌霜、许德珩主任的指导下，谭其骧和周镜吾等同学成立了历史社会学同学会，创办了《历史社会学两月刊》，吸引众多的历史社会学爱好者参与其中，同时还开展野外考古活动等，这些活动既开拓了师生的学术视野，增长了他们的学术阅历，又活跃了系里钻研学术的气氛，培养了学生钻研学问、探究历史的良好志趣，也推进了系里的学术研究，为以后历史学系的学术研究氛围定下了良好的基调。此后，史学大师一个个走进暨南大学历史学系，培养和加强了历史学系勇于开拓、严谨求实的学术传统和特色，为历史学系的崛起和发展奠定了坚实而又深厚的基础。

20世纪30年代在历史学系执教的史学名家有周谷城、周予同、陈高傭三位先生。周谷城1921年毕业于北京高等师范学校英语部，1927—1930年在暨南大学附属中学和中国公学任教。1932年，周谷城来到暨南大学，从这年秋天到1933年夏担任暨南大学历史社会学系主任。周谷城学术视野开阔，研究领域涉及历史学、政治学、哲学、社会学等，主张研究应注重微观与宏观相结合，强调"历史完型论"。1935年，暨南大学组织《中国通史》编纂委员会，以何炳松、郑振铎、周予同、陈高傭、周谷城等为委员，由周谷城编著成书。在《中国通史》中，周谷城提出了见解独特的中国历史分期法，强调史论结合，阐述与论证融为一体。他能站在世界历史的高度，鸟瞰中国历史的变迁，使用对比的手法纵论中外历史，给人以宽阔的视野和对历史规律的系统认识，受到了历史学界的好评。该书先在校内油印，后由开明书店出版，被很多高校用为教材，供不应求，以后还在香港、澳门、台湾及国外发行。除《中国通史》外，周谷城还于1933年出版了《实验主义伦理学》，1939年出版了《中国政治史》，这两本著作同样影响很大。这个时期，周谷城还发表了《现代中国经济变迁概论》、《近代欧洲政治演变之动力》等多篇论文。直到1942年秋，周谷城才离开暨南大学，去了复旦大学。

周予同少年时就读于晚清经学大师孙诒让创办的蒙学堂，后毕业于北京高等师范学校，因此他不仅精通经学，受科学与民主思想的影响也比较深。周予同认为："使青年学人超脱传统的学派偏见，从历史入手，由了解经学而否定经学，不致老是陷在'落后的'泥沼里，在当时也是必要的学术思想工作。"由此在1935年到暨南大学任教后，周予同仍对经学研究不辍，出版了《群经概论》、《孔子》等著作，以及大量贯穿着其实事求是的研究风格的论文，如《治经与治史》、《道儒的党派性》等。1935年，暨南大学组织《中国通史》编纂委员会，时任历史社会学系主任的周予同与何炳松、郑振铎、陈高傭、周谷城等同为委员，由周谷城编著成书。1936年，在校长何炳松倡导下，《暨南学报》创刊，并成立了"国立暨南大学编译委员会"，周予同担任主席，负责学报的编印、出版工作。1937年8月，历史社会学系改为历史地理学系，周予同继续担任系主任。1940年，周予同兼任暨南大学教务长，同年还被学校邀请与金兆梓、郑振铎等十余人组成"学林月刊编辑委员会"，创办《学林》月刊，于当年11月出版了第1辑，周予同本人的《五十年来中国的新史学》载于第4辑中。1942年，暨南大学迁至福建建阳，周予同也随校去了建阳，此时他还身兼国民政府教育部大学丛书编纂委员会委员。在这几年当中，周予同一方面继续研究经学史，另一方面为编写教材花了大量心血，编写了《本国史》、《国文教科书》等，此外还撰写了《中国现代教育史》。1943年，周予同离开暨南大学，先在开明书店任编辑兼襄理，1945年又到复旦大学当教授。

陈高傭毕业于北平师范大学，大约在1935年至1940年担任暨南大学教授。1935年1月10日，陈高傭与王新命、何炳松、武育干、孙寒冰、黄文山、陶希圣、章益、樊仲云、萨孟武共十位教授联名在《文化建设》第1卷第4期上发表《中国本位的文化建设宣言》，认为"要使中国能在文化的领域中抬头，要使中国的政治、社会和思想都具有中国的特征，必须从事于中国本位的文化建设"。宣言要求"有中国本位的文化建设"，"吸收欧美的文化是必要而且是应该的，但须吸收其所当吸收，而不应以全盘承受"，主张不守旧，不盲从。"十教授宣言"发表以后引起了强烈反响，陈高傭等十位教授于1935年5月10日发表文章《我们的总答复》，认为"我们所揭橥的中国本位文化建设，在纵的方面不主张复古，在横的方面反对全盘西化，在时间上重视此时的动向，在空间上重视此地的环境，热切希望我们的文化建设能和此时此地的需要相吻合"。陈高傭本人认为，"文化问题是一切问题的总汇，而亦是一切问题的根本"，因此非常关注中国文化的研究问题。他在暨南大学讲授中国文化史，把在教学中遇到的许多中国文化问题进行了研究，于1937年1月写成了《中国文化问题研究》，由商务印书馆于1937年6月出版发行。从1936年起，陈高傭在暨南大学组织力量编写《中国历代天灾人祸表》，经过4年的编纂，于1940年由"国立暨南大学研究委员会"作为"国立暨南大学丛书"出版，他任主编。该书共10册，1600余页，将自秦至清2000余年的天灾人祸，分为水灾、旱灾、内乱、外患等六部分，用中西历对照，以年表形式记录，书末附有各代灾祸统计图表30余幅。该书具有很高的学术价值，是研究中国通史、社会史、经济史、民族史、水利史、气候学的学科重要参考书，英国著名学者李约瑟博士的《中国科学技术史》把它列为参考书。该书问世后直到今天，一直被有关学科的学者参考引用，历久不衰。经过上述三位大师十多年的身体力行，身教言传，终于形成了暨南大学历史学系勇于开拓、严谨求实的学术传统和特色。

20 世纪 40 年代，沈炼之和谭其骧先后来到暨南大学，他们在历史学系的任教，进一步发展了勇于开拓、严谨求实的学术传统和特色。

1943 年 8 月，沈炼之应聘到暨南大学任教，先后担任暨南大学史地系主任、文学院院长、代理校长等职，直到 1948 年才离开暨南大学。他在暨南大学的五年任教生涯中，开设有西洋思想史、法国史、西洋文化史等多门课程，深受学生欢迎。在学术研究上受暨南大学历史学系当时学术研究的影响，他也更讲究求实创新，密切关注世界局势的发展，翻译和出版了《世界文化史》和《罗曼·罗兰传》等多部世界名著，成为海内外的知名学者。他在讲授西洋通史时，着重讲述西洋文化史，J. E. 斯温著的《世界文化史》最初就是作为西洋通史课的教本在闽南由他翻译并于 1944 年出版的，出版后极受读者欢迎，后经周予同等先生推荐，于 1947 年由上海开明书店重版，1949 年再版。此书从远古叙述至第二次世界大战前夕，内容十分丰富，结构条理清晰，在当时填补了这一领域的空白，对推进我国的世界文化史研究，传播世界文化史知识，起了启蒙和开拓的作用。抗战胜利后，沈炼之随暨南大学于 1946 年从建阳迁回了上海。1948 年，沈炼之离开暨南大学，返回故乡温州中学任教。

谭其骧是暨南大学社会历史系学生，早在学生时代就开始从事学术研究，编辑学术刊物，1947 年受聘为暨南大学历史学系教授，主讲中国沿革地理、魏晋南北朝史、中国文化史和中国史学史等课程。正是在这一阶段，他完成了《秦郡新考》、《浙江省历代行政区域——兼论浙江各地区的开发过程》等文，为新中国成立后的学术发展打下了基础。谭其骧的学术研究讲究论从史出，各项研究都有其独到见解，后来成为中国历史地理学界的著名学者。

随着新中国的诞生，暨南大学历史学系的学术研究得到了更好的展开，尤其是十一届三中全会的召开，为历史学的研究提供了更好的平台。新中国成立后，历史学系又有朱杰勤、金应熙、陈乐素等史学大家执教。他们在这个新的自由开放的学术研究环境中，秉承历史学系的学术传统，将历史学系的学术研究提升到一个新的高度。朱杰勤在来暨南大学之前已是中山大学著名的东南亚史专家，参加了暨南大学 1958 年在广州的重建，1959 年至 1970 年担任暨南大学历史学系主任。在这段时期，朱杰勤主要致力于中外关系史领域的学术研究和学科建设，著有《亚洲各国史》，还翻译出版了《十八世纪中国与欧洲文化的接触》、《大秦国全录》，发表了《泰国华侨的经济状态（1948—1956）》、《十九世纪中期在印度尼西亚的契约华工》、《十七世纪中国人民反抗荷兰侵略的斗争》、《明末中国东南沿海人民击退荷兰侵略者的记录》、《一七四〇年印度尼西亚华侨反抗荷兰殖民者的斗争》等论文，使他在学术界享有很高的地位和声望。1970 年暨南大学停办，朱杰勤先后到华南师范学院和中山大学工作，1978 年暨南大学复校又回来任教，直到 1982 年调任本校华侨华人研究所所长。这期间朱杰勤著有《中国古代史学史》、《中外关系史论文集》，翻译出版了《中外关系史译丛》，还发表了《中国与伊朗历史上的友好关系》、《十九世纪后期中国人在美国开发中的作用及其处境》等学术论文，为暨南大学中外关系史研究的崛起奠定了基础。

金应熙早年在香港大学读书时师承著名的文史学家许地山先生，后又受到陈寅恪、马鉴、陈君葆等人的影响，孜孜不倦地探索追求，自身就形成了“博古通今，学贯中西”的学术风格。1978 年，金应熙来到暨南大学，担任历史学系主任，直到 1984 年才卸任。金应熙在担任繁重的行政工作的同时还在史学园地辛勤耕耘，发表了《十九世纪前半叶柬埔寨人民反抗越南侵略的两次起义》、《十九世纪中叶前的越南华侨矿工》、《越南历代封建王朝对老挝的控制和侵略》、《别了，殖民主义时代——论香港怡和财团的兴衰及其启示》、《关于香港史研究工作的回顾与展望》等学术论文。

陈乐素是我国现代卓越的史学大宗师、著名教育家陈垣之子，受家学熏陶甚深，主攻宋史，在学术上多有造诣。1979 年，陈乐素来到暨南大学，任历史学系教授，并担任宋史研究室主任，直到 1984 年调任本校古籍研究所所长。陈乐素在学术上异常严谨，从而也在不自觉中传递了历史学系的学术传统。他在研究中重视材料，主张让史料说话，每有著述，必先大量搜集有关史料，进行考订、分析、取舍等，最后成文，继而又以文稿广事商榷，征求意见，几经删改，方肯刊布。在历史学系执教期间，著有《求是集》等，先后发表了《宋代的客户与士大夫》、《珠玑巷史事》、《袁本与衢本〈郡斋读书志〉》、《桂林石刻〈元祐党籍〉》、《略论陈振孙〈直斋书录解题〉》等学术论文，都是高水平之作。陈乐素的宋史研究持续近六十年，不愧是一代宋史名家。

在暨南大学历史学系八十年的历史长河中，各位史学前辈不仅自己以身作则，认真钻研学术，形成和发扬光大了历史学系的学术传统，而且还注重学术传承，培养了大量的学术传人。这些学术传人如今都已是学科带头人和学术骨干，建树成林，在学术界享有声誉。他们传承着暨南大学历史学系的学术传统和特色，推动着暨南大学历史学系的学术研究继续向前发展。经过几代学人的努力，如今的暨南大学历史学科已经获得了一级学科博士学位授予权和一级学科硕士学位授予权，还获批了历史学科一级学科博士后流动工作站。此外，历史学二级学科专门史和中国古代史还是省部级重点学科。暨南大学历史学科步入了一个新的发展阶段。

江山代有才人出。老暨南大学历史学系数代学术精神血脉，将会代代相传，永不枯竭。可谓一脉天风，百丈清泉。

（作者：冀满红，暨南大学历史系教授、硕士研究生导师；王利，暨南大学历史系在读硕士研究生）

小小源流　动成掌故

——朱杰勤先生致王贵忱先生的五封信

林　锐

著名历史学家、暨南大学历史系的创办者朱杰勤先生（1913. 6. 12—1990. 5. 9）与著名文献学家、可居室主人王贵忱先生相交近三十年，关系密切。在可居室珍藏的师友手札中，有五封朱杰勤先生晚年的来信，见证了两位学者的交往，并记录了朱先生晚年一些鲜为人知的往事。该批信札为朱杰勤先生亲笔，用钢笔书写在暨南大学华侨研究所的原稿纸上。最早的一封写于 1986 年 5 月 13 日，最迟的一封作于 1990 年 2 月 8 日，下距朱先生逝世仅三个月零一天的时间。蒙马明达教授相邀，现影印发表并略作诠释如下。

一

朱杰勤先生之于王贵忱先生，谊在师友之间。而两人的交往，则缘于对龚自珍研究的共同爱好。

据王先生回忆，他与朱先生的订交时间较早，始于20 世纪60 年代初，因购买《龚定庵集》而邂逅于广州文德路古书店。此后两人虽然见面机会不多，但每次见面必谈龚学（王贵忱：《龚自珍与晚清钱币学——朱杰勤教授逝世八周年纪念》，《广州师院学报（社会科学版）》1998 年第5 期）。可居室所藏这五封朱先生的来信印证了王先生的这一说法。在这五封来信中，就有四封与龚自珍研究有关。第一封是 1986 年 5 月，王贵忱先生在其撰写的《龚自珍初刻本诗集〈破戒草〉》一文在《广州日报》发表后，将其寄呈朱先生指正，朱先生在百忙之中回信给予高度的评价，并建议加上版本插图，在专业刊物上发表。第三封是 1986 年 12 月，朱先生将手头唯一一本自己的著作《龚定庵研究》出借给王先生；第四封的末尾则提供了一个鲜为人知的信息，就是晚年的朱先生仍一直坚持对龚自珍的研究，并曾经撰写过长约三万字的论文《龚自珍师友记》。在信中，朱先生还向王先生建议合作编写《龚自珍研究资料》一书。此后两位先生曾约定在次年的春节下榻于可居室，共同编写《龚自珍研究资料》书稿，不料朱先生在春节后不久病作以致不起，此事遂成为他一未了的心愿，《龚自珍师友记》最后也未见发表，其手稿不知去向。在第五封中，朱先生不但还惦记《龚自珍研究资料》的编写，而且亲自抄录了晚清广东著名诗人张维屏的一首《龚定盦中翰（自珍）招同诸词人集龙树寺》，供王先生研究时参考。

朱杰勤先生出生于民国初年，其所接受的教育具有该时代的明显烙印。他在童年时先后接受传统的家庭及私塾教育，14岁时转到英文学校求学，数年后辍学，在商店里充当杂役，工余报读商务印书馆开设的函授学校，读完中文、英文、数学、商科等专门课程。1933年投考中山大学研究院，在朱希祖先生的指导下从事秦汉史的研究（杨安尧：《朱杰勤传略》，见林远辉编：《朱杰勤教授纪念论文集》，广东高等教育出版社，1996年版）。正因经历了早年的传统教育和后来的院校专业训练这两种不同的教育方式，朱先生才具有独特的知识结构，他不但能够掌握近代科学的研究方法，熟谙外语，通晓外国历史，而且在传统的经史和诗文方面也有着深厚的基础。从这一点来讲，传统文人和现代学者的不同特质在朱先生身上得到了很好的结合。也正因如此，他才能实现自己所提出的沟通中外、通古今之变的治学主张。这一特点体现在他的治学领域上，就是他的研究并不仅仅限于历史学一门，而是旁通其他多种学科。因此，他不但在中外关系史、中外交通史、南洋史和华侨史等方面均有高深的造诣，成就卓著，在其他诸如美术学、中外文学、龚自珍等不少研究领域也多有建树，成绩斐然。朱先生的学生林远辉曾编有《朱杰勤教授著译目录》（见《朱杰勤教授纪念论文集》附录），尽管该目录所收录朱先生的著述并不太完备，但我们仍可从中窥见其学问的广博。

在朱先生历史学以外的众多研究成果中，龚自珍研究是不可忽视的重要部分。早在1935年，朱先生就在《现代史学》第二卷第3期发表了《龚定庵之史地学》，此后又陆续发表了一些文章，并于1940年编成《龚定庵研究》一书，由商务印书馆印行。这是第一本关于龚自珍研究的专著，共分六部分：《龚定庵别传》、《龚定庵之革命思想》、《龚定庵之掌故学》、《诗人龚定庵》、《龚定庵之史地学》和《龚定庵之金石学》，各部分既可独立成篇，又有机地联成一体。据其自序介绍，该书的特点是“皆论列定庵最擅长之学术，而又尠人道者；此外各科，在定庵则为涉猎，在世间则人所共知，恕不具论”。该书至今仍是龚自珍研究的重要文献，颇受学界的重视，初版之后一再重版：商务印书馆1947年再版，台湾商务印书馆1962、1972年两度再版，台北文星书局还有擅印本（见林远辉编：《朱杰勤教授著译目录》）；此外，笔者还曾在广东省立中山图书馆地方文献部见到香港崇文书店1971年的版本。其重要性于此可见一斑。在第三封信中，朱先生出借给王先生的《龚定庵研究》即台湾商务印书馆重版的本子，而目前可居室收藏的这本著作有民国版及台湾版两种。

王贵忱先生对龚自珍的研究也是由来已久。早在20世纪50年代初期，酷好版本收藏的他在津门旧书店邂逅了著名的收藏大家周叔弢先生（1891—1984），从此成为忘年之交。在周老的指导下，王贵忱先生将收藏重点集中在地方文献、钱币文献以及龚自珍著作版本等当时不为他人重视的领域上。目前，他对龚自珍著作版本的搜集堪称私人藏家之冠，其对龚自珍著作早期版本的考证和梳理成果具见于《龚自珍诗文集早期刊本述闻》一文，于1986年至1989年间分六期连载于《广州师院学报》，被推为研究龚自珍著作版本考订最为详尽的著作。

据王贵忱先生介绍，朱先生对龚自珍的研究主要从历史学的研究角度出发，同时擅长对其诗文进行解读。由于其本人在传统诗文创作上有丰富的实践经验，因此他对定庵诗文的研究往往有独到的见解；对于龚氏著作的版本，则像多数学者一样，并没有太多的留意。相反，王先生则偏重于版本学的研究。但这种区别并不妨碍两人在这一研究领域上的交流，正由于两人的研究具有一定的互补性，因此彼此在交流中更容易有所收益。朱先生关于合作编写《龚自珍研究资料》的建议，大概也缘于这一点。王先生一直有重新编写《龚定庵全集》的愿望，当年，朱先生闻知后曾欣然应允参与其事，这即第五封末尾所提及的“自珍诗文集新本”的由来。

在朱杰勤先生的建议下，王贵忱先生曾撰写了《龚定庵收集古钱币轶事纪闻》一文（发表于《中国钱币》1987 年第 2 期），根据有关文献考证龚自珍的钱币收藏。1998 年，为纪念朱先生，王先生特地对此文进行修订，并增加相关的背景资料，同时介绍了朱先生的第四封来信，扩写成《龚自珍与晚清钱币学——朱杰勤教授逝世八周年纪念》一文，发表于同年的《广州师院学报（社会科学版）》第 5 期。

二

在朱、王二先生的交往中，晚清广东大儒朱次琦（广东南海九江乡人，世称“九江先生”）也是其经常讨论的话题之一。从籍贯来看，朱九江属南海人，朱杰勤先生则为顺德人。但两人其实为同宗，就辈分而论，朱九江先生是朱杰勤先生的族祖。

基于这个原因，朱杰勤先生对朱九江的事迹和学术也颇为留心，熟悉朱九江的著作和有关史料，并曾有专门的文章研究、介绍朱九江的学术。早在 1937 年，他已经在中山大学《语言文学专刊》第 1 卷第 2 期上发表《朱九江先生经说》。到了 1987 年，又在《学术研究》第 4 期上发表《朱九江学述》。据王贵忱先生介绍，朱杰勤先生在平时的交谈中，多次提及朱九江有明显的反清思想，而且认为其晚年自焚文稿也与此有关。可惜这种观点并未形成文字付诸发表。

1986 年底，时任广州市地方志编纂委员会副主任兼办公室主任的王贵忱先生正在创办《广州史志》，同时筹备创刊号的编辑工作，因此向朱先生约稿，朱先生遂在 12 月 20 日回信，以《简朝亮编〈朱九江先生集〉正误》一文应命。其后王先生将其发表在次年 4 月出版的《广州史志》第 2 期“岭表艺文”专栏。在这篇文章中，朱先生通过丰富的文献资料和缜密的分析，指出简朝亮编《朱九江先生集》卷七中所收录的《北行抵清远县寄季弟宜城书》并非朱九江所作，而是朱九江之兄士琦的作品。这篇文章内容简明，篇幅也较短小，但考证精详，若非对朱九江诗文和史料非常熟悉，根本不会意识到这一问题的存在。该文和前述的《龚自珍师友记》一样，都是《朱杰勤教授著译目录》所失录的佚文。

三

这五封信中，第一、第二、第五等三封均是朱先生在收到王贵忱先生寄呈请益的文章后所写的复信。从这些复信中，我们还可以体会到朱杰勤先生严谨的学风和对后辈的厚爱。

1984 年 4 月，王贵忱先生根据自己的藏品，结合著录材料，编辑成《三孔币汇编》一书，并自行影印出版，书末附有“后记”一篇。1985 年，以“《三孔币汇编》后记”

为题发表于《陕西金融》第11期。次年，王先生即以《陕西金融》所刊载的这篇文章向朱先生请益。朱先生遂于10月11日专门复信，就其中一句话的表述方式提出自己的修改意见。1989年10月，王贵忱先生将自己的部分文章结集，自印《可居题跋（第一集）》。朱先生在收到这本书之后，在回信中对其中一篇文章中出现的错别字进行逐一的订正。从这两封信来看，朱先生对王先生寄来的文章都是经过认真阅读和推敲，从不敷衍了事。值得注意的是，最后一封信的时间，距朱先生去世仅三个月零一天的时间，这时的朱先生已是76岁高龄，而且身罹重疾，但依然如此认真地对待晚辈的著作。此外，他还亲自抄录张维屏的一首诗附在信的后面。这些细节不但体现了朱先生对后辈的关怀以及对其研究成果的尊重，也从一个侧面反映出其一丝不苟的严谨学风，以及为人师表、诲人不倦的高贵品格。

在朱先生的信中，也反映了其他的一些事迹。如第四封是朱先生向王先生打听省中山图书馆、省博物馆和广州图书馆的有关情况，打算从石牌出到广州市区，查阅资料及探访朋友。从中可见当时的朱先生尽管因长期的足疾而导致行动不便，闭门谢客，但仍不忘到图书馆查阅资料。可惜这次拟议中的市区之行后来因先生足疾发作而未能成行。另外，我们现在可以信中“想出广州拜访您”之语，感受到近二十年来城市的巨大变迁。暨南大学所在的石牌，原为广州郊区，在20世纪80年代末期尚未与广州旧城区真正联为一体。因此，当年朱先生打算从学校的宿舍到王先生所住的广州旧城区，就使用了“出广州”一语，就像现在黄埔区的居民，仍然将到广州主城区称为“出广州”。

综上所述，朱杰勤先生的这五封信无疑为后人研究朱先生的生平和学术提供了一些有用的资料，正如朱先生在信中两次引用的龚定庵名句所说的那样：“小小源流，动成掌故。”

附：信文及注释

（一）

王贵忱先生：

您好！

大作《龚自珍初刻本诗集〈破戒草〉》① 一文已拜读。此文对龚氏诗集版本，考证甚详，亦有确证。龚自珍题某书说：“小小源流，动成掌故。”此语可以移赠。谨珍藏以供参考。

此文可以加上版本插图，在专门刊物发表，以广其传。先生如有其他大作发表，自以先睹为快。

耑此鸣谢，顺候著安。

朱杰勤

一九八六年五月十三日

---

① 刊于《广州日报》1986年5月7日。

（1）您是否在广州市地方志编纂委员会工作？

（2）请您告诉我市地方志委员会的详细地址。

（二）

贵忱先生史席：

前奉惠书，因事迟复为慊。

寄来《三孔币汇编》[①] 后记一文，亦已拜读。大作考证精翔，博引诸家，折衷至当，佩服佩服。《三孔币汇编》一书，我未看过，无从献议。惟《后记》有二句："李学勤先生去年途经广州，获闻三孔币赵铸说高见"，我读之不得其解。可能有误刊之处。如果根据文法，则获闻三孔币赵铸说是李学勤（他也是我的朋友），可是"高见"二字又无着落。如果是指你本人，就似乎应该作"使我获闻其关于三孔币赵铸说之高见"。如果在句后加上"而有以自信"，或"心目为开"等字样，就意思更为完满了。顺口雌黄，未必有当。

《屈大均资料集》[②] 尚未收到。谨复即候著安。

朱杰勤手启

86/10/11

（三）

贵忱先生史席：

蒙向我征稿，现寄上《简朝亮编朱九江先生集正误》一文请审阅，修改。如合用就请发表，校对工作可由我本人负担。此文无底稿，收到后请复一音。

拙作《龚定盦研究》并请提意见，我只存一本，用后请送回。

岁晚，工作越来越紧，无暇外出。我本人还藏有清人书法真迹，如需用，亦可考虑。

匆匆即候大安。

朱杰勤手启

一九八六年十二月二十日

住家地址：暨大苏州苑十七栋 301 号。电话：774511 转 707 朱。通讯地址：华侨研究所。

（四）

贵忱兄史席：

我们很久没有通讯和见面了。以前听说您有退出市方志办要职之意，未知您现在何

---

① 刊于《陕西金融》1985 年第 11 期。

② 当时王贵忱先生正主持编撰《屈大均全集》，原拟将相关资料汇编成《屈大均资料集》，后因故未果。

处任职①。您学识渊博，著作如林，文笔擅长，无施不可。未知有何研究方向和写作计划？最近有何大作发表，弟均欲知之。

我患足疾已有多年，屡医无效，行百余步就双腿沉痛，稍息才能继续前行，甚以为苦。近来深居简出，闭户授徒，并谢绝国内外会议的邀请。我想出广州拜访您，亦以行动不便而未果。抱歉之至。

我想请您代我了解一下：（1）广东省中山图书馆的负责人为谁？省图书馆内有无招待所？附近有无旅店可供住宿？（2）市图书馆的中外文学术性的书多不多？省博物馆现在的负责人是谁，有无招待所？我想出来住几天，探朋友和找资料。您如果不方便就算罢论。

陈柏坚同志近来好吗？他的广州对外贸易史已搞好了吗？

匆匆草此，馀容后叙。即候著安。

朱杰勤手启

一九八九年十一月十八日

再启者：

以前我们谈过，共同写些关于龚自珍研究的作品，因大家事忙，迄无成议。我建议：我们可以搜集已发表或未发表的关于龚自珍的文章，加上您的几篇大作和我未发表的《龚自珍师友记》（约三万字）②，编成一部《龚自珍研究资料》。但应先找出版社承印才可动手。

（五）

贵忱先生史席：

承赠大作《可居题跋》③，拜读一过，觉诸文意义深远，古趣盎然。龚自珍说："小小源流，动成掌故。"大作即其类也。但手民错排之处，往往有之。以关于张樵野一则言之：

（1）39 页第 22 行："未罹对薄榆图辱"，薄字应作簿字，所谓对簿公庭也。罹字似有误，请查字书。

（2）第 40 页，第 22 行："梦舡梭而不见"，梭字应作梭字。

第 23 行："其后戍氛方炽"，戍字应作戎字。

（3）第 41 页第 5 行："笔渐元晏"，渐字应作惭字。

以上错字，勘误表未及改正。我偶有所见，特提出请您参考。

---

① 王贵忱先生于 1983 年从广东省博物馆调至广州市，参与广州市地方志编纂委员会的成立工作，后任该委员会副主任兼办公室主任，1987 年离开，重回省博物馆担任副馆长。

② 该文不知何时所写，后未发表，当年王贵忱先生也未见原件。

③ 此为第一集，1989 年 10 月可居室自印本。《可居题跋》为王贵忱先生自选自印的铅印线装本文集，目前已出至第五集。

附上张南山关于龚自珍的诗一首，请查收。

前议我们合编龚自珍研究论文集及自珍诗文集新本事①，请早日与出版社联系。俟有成议，就可进行。

陈垣先生给我的信，请暂缓发表。俟我将我的诗和跋复制后一并发表，否则此信的内容难以索解。

耑此即候著安。

朱杰勤手启

1990/2/8

龚定盦中翰（自珍）招同诸词人集龙树寺

老树百年柯叶改，天龙一指春长在。（前明龙爪槐无存，寺僧补种一株。）
酒人醉眼半模糊，一片蒹葭绿成海。
登楼四望连郊扃，烟中隐隐西山青。
京华朋旧善选胜，此地压倒陶然亭。
（录自《听松庐诗略》卷下，张维屏撰，陈澧编）

（作者：林锐，广东省文物鉴定站副研究馆员）

① 王贵忱先生一直有重编《龚定盦全集》的愿望，并曾一度开始编纂工作。当时朱先生在听到王先生的计划后，欣然应允参与其事。

深圳咸头岭遗址的生态环境与人们的谋生方式

赵善德　黄小茜

【提　要】本文以深圳咸头岭遗址五次发掘的考古材料和地方文献为基础，借助地理学、生态学、生物学、文化学和民俗学的研究成果，以及实地考察的资料和体会，复原遗址的生态环境为大西洋末期演替为顶极群落的“沙堤—潟湖生境”。并以文化遗存乃人们有效地适应生态环境的创造物为思路，复原遗址居民的谋生手段和谋生方式。提出：遗址的文化性质乃定居营地；人群亲缘关系以及“人地关系”是稳定的；在构建“食物网”的基础上，科学复原诸多谋生手段；由于野外食物资源充裕和季节性波动小并易于攫取，人们的占有欲极弱，社会乃以血缘队群为社会组织、人人平等的狩猎—采集社会；但在咸头岭遗址新石器时代第一期之时，多数谋生手段是个体化的，合作与协作极少；咸头岭遗址新石器时代第二期和第三期之时，协作性劳作增多，“社会分工”可能出现，血缘队群的规模扩大，权威人物逐渐明确。

【关键词】咸头岭文化　咸头岭遗址新石器遗存　大西洋期　“沙堤—潟湖生境”　谋生手段　谋生方式

一、咸头岭遗址沙堤的成因与年代

本文以文化遗存主要分布范围的地貌为标准，将咸头岭文化环珠江口滨海古遗址划分为两类，一是沙堤遗址，一是沙丘遗址。它们的共同点是文化遗存均主要分布于海湾沙滩上，不同点在于沙堤与沙丘的区别。在地理学中，沙堤“指那些与陆地以潟湖相隔的岸外堆积体”。（海岸）沙丘乃“冰后期低海面时期，在沿岸风作用下海滩上狭长波状起伏的沙质堆积体，即海岸沙丘”。易言之，沙堤向陆的一侧有潟湖而海岸沙丘则无。由于潟湖是特殊的生态系统，并与狩猎—采集社会的谋生手段和谋生方式密切相关，故我们作此分类。咸头岭遗址所在的大鹏湾东北的迭福湾，形成了从海往陆由新至老排列着的、与海岸线大致平行的第一至第三道沙堤；其文化遗存主要分布于最老的第三道沙堤和次老的第二道沙堤上，因此咸头岭遗址乃本文分类中的沙堤遗址。

沙堤“成因多样，大多数是冰后期海面上升的产物。冰后期低海面时期，在沿岸风作用下海滩上狭长波状起伏的沙质堆积体，即海岸沙丘。同时，在涌浪上冲水流作用下于海岸线上形成泥沙堆积体，即滩脊。后来，海面上升淹没了沙丘或滩脊向陆的一侧，形成潟湖，原先的海岸沙丘或滩脊就演化成堡岛。也有一些堡岛是由于顺岸延伸的沙嘴基部被波浪或潮流冲断而成”①。

在中国，“冰后期海平面变动的进程可分为两个阶段：距今7500年前，海平面上升速度较快，平均每年达到0.6～1.6厘米，7500年以来海平面上升速度逐渐减小”。由于“海面迅速上升，海水进侵，淹没古沿岸平原时，泥砂在波浪的作用下于海岸线附近形成滨岸砂体。海面上升超过砂体后的平原高程时，海水淹没堤后地带，形成潟湖，滨岸砂体转变为滨外砂体”。这样，其间潟湖的发展方向是：“封闭潟湖→半封闭潟湖→海湾潟湖。”② 易言之，咸头岭遗址所在的沙坝—潟湖体系是距今7000年左右，由于冰后期海进而开始形成的。

当然，也未可排除咸头岭遗址所在的沙坝—潟湖体系中最老的第三道沙堤是距今7500年左右开始形成，而次老的第二道沙堤形成于距今6000年左右。因为，现代珠江三角洲在最后冰期时为大陆架平原，但已局部形成深切的河谷系统。冰后期（肇始时间与全新世同）海水倒灌，至大西洋期时（距今约7500—6000年间）海平面约高出现代的1米，使它变为三角湾，顶端地区为古河口，山丘变成岛屿。稍后，海平面基本稳定在现代的水平上，现代三角洲平原才逐渐地、自北而南地、镶嵌式地形成③。

二、咸头岭遗址新石器遗存的年代及其形成过程

咸头岭遗址的五次发掘，均集中于第三道沙堤和第二道沙堤的部分区域。根据清晰的地层迭压关系、各文化层陶器的特征及形式变化特点和器物组合关系，可以把咸头岭遗址新石器时代的遗存分为三期Ⅴ段，即第Ⅰ、Ⅱ、Ⅲ段连接紧密为第一期，第Ⅳ段为第二期，第Ⅴ段为第三期。又根据2004年和2006年发掘中不同层位所出木炭样品碳十四的测年数据④和大黄沙等遗址的碳十四测年数据⑤推断，其绝对年代（距今）大致为：第Ⅰ段：7000年左右；第Ⅱ段：6600年前后；第Ⅲ段：6400年前后；第Ⅳ段：6200年前

---

① 以上引文见《中国大百科全书·地理学卷》“海岸隔岸地貌”条（第184页）。

② 李从先、陈刚：《冰后期海进海退和沙坝—潟湖沉积体系》，《海洋学报》，1984年第6卷第5期。

③ 《珠江志》编纂委员会：《珠江志》卷一，广东科技出版社，1991年，第134页；李平日等：《珠江三角洲一万年来环境演变》，海洋出版社，1991年，第65页。

④ 2004年和2006年咸头岭遗址的第四、五次发掘，在不同的地层中共采集木炭样品十多个，分别被送往国内外不同的实验室做年代测试，其中的一些测年数据还没有出来。等测年数据全部出来后，将在正式的发掘报告中发表。目前已经发表的2004年发掘的部分测年数据见《深圳7000年——深圳出土文物图录》概述（文物出版社，2006年），最下面一层文化层所出样品的测年数据接近距今7000年。

⑤ 深圳市博物馆等：《深圳市大黄沙沙丘遗址发掘简报》，《文物》1990年第11期；William Meacham，*A More Precise Chronology for Hong Kong's Prehistory Based on the C－14 Dates from Chek Lap Kok*，*Yung Long and Other Recently Excavated Sites*，*Archaeological Investigations on Chek Lap Kok Island*，Journal Monograph Ⅳ，Hong Kong Archaeological Society；William Meacham，On the Dating of Painted Pottery in Hong Kong，《南中国及邻近地区古文化研究》，香港中文大学出版社，1994年；邹兴华：《珠江三角洲史前文化分期》，《岭南古越族文化论文集》，香港市政局出版，1993年；商志香覃：《香港地区新石器时代文化分期及与珠江三角洲地带的关系》附表四，《香港考古论集》，文物出版社，2000年。

后；第Ⅴ段：6000 年前后[①]。

易言之，1985 年至 2006 年五次在第三道沙堤和第二道沙堤发掘所获文化遗存的年代为：距今 7000—6000 年间（或稍晚）。这与上文所归纳的咸头岭遗址所在的沙坝—潟湖体系中最老的第三道沙堤由距今 7500 年左右开始形成，而次老的第二道沙堤形成于 6000 年前左右基本吻合。

咸头岭文化创造者的来源有三种可能。一是最后冰期末期之时，原在大陆架平原谋生的人们，为躲避冰后期初期海进而“高迁”至丘陵高地（即后来的海湾陆地）；二是大西洋期之早期，自南岭南麓“南迁”；三是二者的结合[②]。无论如何，咸头岭遗址形成的过程均可表述为：冰后期海进时，人们先在各类资源丰富、互补、季节性波动小的迭福湾河谷丘陵谋生[③]；当海湾转变为潟湖时，水生资源则更为丰富和易于攫取（详后），于是人们的主要活动区域转移至沙堤，并随时间的推移，由第三道沙堤扩延到第二道沙堤。

三、咸头岭遗址的“沙堤—潟湖生境”的生态环境

既然咸头岭遗址的遗存与其所在沙堤的形成年代是吻合的，那么该时期“沙堤—潟湖生境”的生态环境，将对人们的谋生方式产生重大甚至是决定性的影响。因此有必要首先着重说明“沙堤—潟湖生境”的情况。

（一）“沙堤—潟湖生境”

随着冰后期的到来，气候变得温湿；迭福湾深切河谷的母花岗不断地风化产沙，又被经常性的雨水搬运入海；稳定的季风和岸浪又将海沙搬运而形成沙丘；最后由于上述因素与海进的共同作用，形成了由海湾陆地、潟湖和潟湖外浅海三个生物群落镶嵌组成的一种特殊的生态系统，本文称之为“沙堤—潟湖生境”；至大西洋期之末，咸头岭的“沙堤—潟湖生境”当已演替为生态学中的顶极群落[④]。

咸头岭“沙堤—潟湖生境”的形成过程描述：海湾陆地子生态系统首先演替至顶极群落，其多样性和极其丰富的植物和动物的腐殖质，被山溪淡水搬运至潟湖和潟湖外浅海，使其水体营养丰富与盐度多样化，最后导致其水生资源的多样并极为丰富，同时具有稳定性和明显的个性特征。与此同时，潟湖和潟湖外浅海的水雾也为海湾陆地提供温湿的水分，加速各种类别的植物和动物的成长。由于大西洋期之末的海平面趋于稳定，潟湖逐渐淤积成陆，湖岸周围成为各种植物和动物麇集的优势空间，最后又有助于各个

① 李海荣、刘均雄：《深圳咸头岭新石器时代遗址与珠江三角洲地区相关遗址的分期和年代》，待刊。

② 赵善德：《论珠江三角洲的先民迁五岭南麓》，《广东史志》，2001 年第 3 期。

③ 沙堤遗址习见的彩陶，在咸头岭和珠海平沙棠下环遗址的海湾山麓均有发现。参见广东省文物考古研究所等：《珠海平沙棠下环遗址发掘简报》，《文物》，1998 年第 7 期，第 4—16 页。

④ climax community，一个经过形成、发展和演替，最后趋于相对稳定的生物群落。这种群落本身维持其稳定的持久性，与其本身所处的环境条件维持平衡。见戈峰主编：《现代生态学》，科学出版社，2002 年，第 240 页。

子生态系统之间的资源互惠共生，而促使“沙堤—潟湖生境”不断获得动态之稳定。

咸头岭“沙堤—潟湖生境”的物理环境描述：海湾陆地顶极群落，形成时间最早，是咸头岭“沙堤—潟湖生境”形成的基础。在其演替过程中，不与外界隔绝，因此是由气候所决定的、最为稳定的生物群落。这样，在分析海湾陆地子生态系统的资源时，所依据的乃当时珠江三角洲以及区内其他地方的物理环境（主要包括气候条件、土壤条件和降水量）。

潟湖外浅海生物群落最初形成于冰后期，此时它也不与外界隔绝，因此其特征也由区域物理环境所决定；但在整个“沙堤—潟湖生境”形成之后，它的小环境就会受到海湾陆地和潟湖两个子系统的较大影响（例如盐度、营养度及某些物种的耐受性等）。

潟湖顶极群落的情况与潟湖外浅海群落相似。但在整个“沙堤—潟湖生境”形成过程的后期与形成之后，它便基本与外界隔绝了，因此其特征的个性明显：物种数目少，竞争和捕食并不十分激烈，而大种群随机灭绝的可能性也比较小①。因为咸头岭潟湖的面积略大，潟湖顶极群落还是抗干扰的。

今环珠江口地区，处于常绿阔叶林带到热带雨林的过渡带的最南端②。今深圳大鹏镇辖区内，地形以丘陵、低山为主；年平均气温22℃，最高气温33℃，最低气温1.4℃；相对湿度年平均80%，降雨量年平均1933毫米。属亚热带海洋性气候③。在距今10000—7500年间，珠三角较冷，年均气温比现在低4℃。7500年以来，基本同现在气候差不多，平均变幅±2℃④。但考虑到距今7500—5000年间的中期，中国气候处于“仰韶高温期”⑤，这里还应更温湿些，故在分析咸头岭“沙堤—潟湖生境”的本底植物群落时，我们主要参照纬度较之更低的雷州半岛和海南岛季雨林带的情况。

（二）海湾陆地生物群落的资源分析

1. 海湾陆地植物资源的特征

新石器时代中期以来珠江三角洲地区的植被种类大致有栲属、杜英属、胡椒科、棕榈科、红树科、夹竹桃科、柞木属、石柯属、榄红树属、桉属、松属、水松属、杨梅属、栎属、栗属、桑科、胡桃属等木本植物，莎草科、禾本科、藜科等草本植物以及水龙骨科、凤尾蕨科、芒萁属、铁线蕨属、鳞盖蕨属等蕨类植物⑥。考古工作者在发掘珠海市宝镜湾遗址时，曾采集土样作过孢子花粉分析，统计显示在距今约4500年前后，珠海的植被种属有桑科、榕属、原皮树属、杨梅属、山龙眼属、紫金牛属、樟科、夹竹桃科、松属、马鞭草科、禾本科、蒿、菊科、水蕨、网蕨、芒箕、里白属、膜蕨、石松、海金沙、

① 尚玉昌：《普通生态学》，北京大学出版社，2002年，第309—321页。

② 侯学煜：《中国的植被》，人民教育出版社，1960年，第157页。

③ 深圳市史志办公室：《深圳市十九镇简志》，海天出版社，1996年，第202—203页。

④ 李平日：《六千年来珠海地理环境演变与古文化遗存》，《珠海考古发现与研究》，广东人民出版社，1991年，第265—272页。

⑤ 竺可桢：《中国近五千年来气候变迁的初步研究》，《考古学报》，1972年第1期。

⑥ 李平日、乔彭年等：《珠江三角洲一万年来环境演变》，海洋出版社，1991年，第3—15页。

凤尾蕨、环纹藻等①。

与论题密切相关，本文用植物所含主要物质成分为标准进行分类，仅分析与人类生计密切相关的根茎主要含淀粉类、籽实主要含脂肪类、籽实主要含维生素类和植株主要含纤维类等四种植物资源。

（1）根茎主要含淀粉类。

木薯，灌木状多年生作物。块根肉质，富含淀粉。木薯耐旱耐瘠，最适于在年平均温度27℃左右，日平均温差6～7℃，年降雨量1000～2000毫米，土层深厚，pH6.0～7.5的土地生长。野生种可分为甜、苦两个品种类型。现栽培种广泛分布于中国华南地区。20世纪中国“三年自然灾害”时期，本文作者之一的家乡海南岛的民众便曾采掘野生苦品种加工充饥（若未经盐卤晒干后便煮食，则会中毒而头晕）。

薯蓣科各野生种。薯蓣科乃缠绕草质藤本植物，其中的薯蓣，也叫山药或淮山。参薯（大薯）与薯蓣相似，区别在于栽培的块茎变异大，通常圆锥形或球形的块茎外皮为褐色或紫黑色。上述植物无论是栽培种还是野生种，中国南方现在都很常见。人们熟悉的番薯，在中国华南地区尚未见到野生种，但同为旋花科蔓生草本的甘薯（甜薯）则有野生种，其营养价值比番薯更高。

（2）籽实主要含脂肪类。

山柚，别名山柑、山柑仔。常绿小乔木。主要生长于低纬度低海拔的树林里，其嫩叶可食，由其成熟果子核仁经脱水精榨而获得的山柚油，现在民间还常用于产孕妇和老年人的体血调理。

露兜，别名林茶、野菠萝。露兜树科。多见于亚洲和大洋洲的热带海岸地带；现今咸头岭潟湖周边常见。近球形的复果由50～70或更多的肉质的小核果集合而成，小核果中的白仁含丰富的植物脂肪。

黑莎草，黑莎草属。多年生、粗壮草本。产华南和西南的干燥草山上。籽实可榨油。

（3）籽实主要含维生素类。

荸荠，俗称马蹄，又称地栗。莎草科荸荠属。浅水性宿根草本，球茎含丰富维生素，可清热生津。

野蕉，芭蕉科。与常见的芭蕉科果蕉相似，但其果实内含籽，味酸。分布于广西、广东、福建、台湾等地，本文作者之一在珠海海岛调查中即曾见到。

大果人面子，乔木，籽实状如花生米，棕色，富含油分，可食。

山稔子，即桃金娘的果实。中国华南地区多见，熟果味甘，含糖类和氨基酸等营养成分。

山竹，藤黄属，常绿乔木，树高可达15米，果皮实硬，果肉雪白嫩软，味清甜甘香。

荔枝，原产于中国南部，现在广东、广西及海南雨林中仍可找到野生种。公元三世纪，《吴录》言：“苍梧多荔枝，生山中，人家亦种。”

龙眼，原产于中国南部及西南部，今海南可见到野生种。

杨桃，古称五敛子，中国为原产地之一。“色青黄皮，肉脆软，味极酸，身有五棱，邑人呼镜为敛，故以为名，能解蛊毒，以蜜渍之，甘酸而美。《虞衡志》：五棱子即五敛

① 广东省文物考古研究所、珠海市博物馆：《珠海宝镜湾/海岛型史前文化遗址发掘报告》，科学出版社，2004年，第359页。

子，又名羊桃，又名三敛。”

柠檬，古称宜母果，中国为原产地之一。“又名宜蒙，俗呼林檬。制以为浆，甘酸解暑。”

木瓜，亦称万寿果。“实在树间，如柚，味香甜可人。”

柚子，古称油柚子。“山果也，皮滑如柰，色青黄，大如弹丸，味甘而微苦，食后香留舌木。”①

其实，在亚热带阔叶雨林中属于籽实维生素类的植物相当丰富，现在市面上的“高级南果”中的相当部分，那里均有野生种。中国“三年自然灾害”时期，本文作者之一孩童时生活在海南岛，上述的野生植物块茎和籽实，均为充饥之物。

（4）植株主要含纤维类。

“藤之类不一，有黄藤、白藤、沙藤、金刚藤之殊。”②

红藤来源于林通科植物大血藤的干燥藤茎；白藤也叫省藤，我国云南、广东、广西、福建均有出产。现在人们所用的各类藤具，一般乃这两种藤编织而成的。

苘麻（青麻），韧皮纤维灌木。产于热带亚热带地区。连秆砍下后，沤于水中两天，即可剥其皮加工麻纤维制品。

2. 海湾陆地动物资源的特征

深圳大鹏镇一带，今有野生动物30多种，包括蟒蛇、眼镜蛇、金环蛇、银环蛇、白鹤、穿山甲、大小灵猫、大壁虎、野猪、果子狸、豪猪、小鹿、野兔等③。古代人们采食的动物大致有：

石蜜，“蜂属也……今邑人壑袿笼，畜以为业。至四月取其酿，曰百花糖”。

蚺蛇（即蟒蛇），“大者能吞鹿食人……其肉可食，其皮可备鼓”。

鸟类有鹧鸪、鹌鹑、画眉、兜兜雀、豁鸡、江鸥等。

兽类有虎、猴、黄麖（“似鹿而小”）、地陇猪（“似猪而小，藏山麓穴中，夜则食薯芋，猎人捕之，一身皆不能伤，惟在软嘴处击之则倒”）、山猪（即豪猪）、獭（“水兽也，善捕鱼。猎人于春前捕之，取其皮以为裘。”④）

（三）潟湖和潟湖外浅海的资源分析

1. 潟湖和潟湖外浅海水体特征

（1）潟湖水体特征。

由于接收溪水搬运的陆上腐殖质，因此潟湖水体营养丰富，是高生产力的生态系统；

① 以上均见（清）舒懋官修，王崇熙等纂：《新安县志·舆地略·物产》卷三，嘉庆二十九年刊本，台湾成文出版有限公司，1974年，第123—125页。

② 《新安县志·舆地略·物产》卷三，第130页。

③ 深圳市史志办公室：《深圳市十九镇简志》，海天出版社，1996年，第207页。

④ 以上均见《新安县志·舆地略·物产》卷三，第130—140页。

由于潟湖仅靠潮流信道与湖外浅海连通，因此水体缺氧，盐度多样化；水深1米左右，不断成陆；水体日照时数长。

（2）潟湖外浅海水体特征。

大鹏湾西南为九龙半岛，北及东北面为大鹏半岛的山地环抱。海湾的北及东北面海岸较为平直，沙堤、岬角交错分布；西南面多小岛及凹湾，海岸曲折。海湾顶部及西南沿岸潮间带滩涂略宽，底质属于泥沙质及沙质类型，局部细砂及砾石，大部分沿岸潮间带狭窄。潮下带浅海大部分底质为泥或泥沙质，局部为沙质。海湾的顶部及东北部浅海水深多在2~6米之间，靠近西南面及湾口水深10~15米（引者注：故知潟湖外浅海日照时数长），除周围少数山地溪涧的径流注入外，无大河注入。海水盐度……季节性变化小，表、底一致（引者注：但靠近潟湖潮流信道的浅海，尤其是雨季咸淡水交换频繁），海水温度年平均21.6℃，平均水温1月最低，为14.9℃；8月最高，达29.9℃；12月至翌年3月的月平均水温皆在20℃以下；属亚热带海域①。

上述水体构成了潟湖和潟湖外浅海的水生资源丰富、季节性波动小、易于攫取。

2. 潟湖和潟湖外浅海食物网

（1）潟湖和潟湖外浅海的自养生物。

潟湖和潟湖外浅海的自养生物除了岸边的红树林之外，还有水下大型植物、附生植物以及各种海域藻类。大型藻类主要有浒苔（基部以固着器附着在岩石上，生长在中潮带滩涂或石砾上。12月至翌年4月是生长盛期。富含碳水化合物、蛋白质、粗纤维及矿物质，同时还含有脂肪和维生素）、石花菜和鹅肠菜、马尾藻（褐藻门一属），现有250种，大多为暖水性种类，广泛分布于暖水和温水海域。其中有的种类如羊栖菜可食用②。然而，大鹏湾的浮游植物“春季种类较多，尤其是甲藻，不仅种类多，数量也大，主要种群有夜光藻；硅藻全年均有分布，数量上尤在夏季占绝对优势；除某些夏季常见藻类等继续占优势外，菱形海线藻、细长翼根管藻等种类也成为该季主要的优势种群；中肋骨条藻占有相当的优势”。③

在古代，“大叶苔，海藻，俗名马尾茜，人多采之以油醋拌食”。紫菜因为“生海崖石上”，故得来不易，但“为食品所珍，故销售甚广”。④

（2）潟湖和潟湖外浅海的最低级动物⑤。

潟湖和潟湖外浅海的最低级动物包括以下几类：

螺贝类：此乃构成本海湾海洋生物的主要类群，其中作为食用的主要种类有：毛蚶、胀毛蚶、半扭蚶、粒帽蚶、翡翠贻贝、马氏珠母贝、企鹅珍珠贝、栉江珧、二色裂江珧、旗江珧、华贵栉孔扇贝、长肋日月贝、草莓海菊蛤、日本镜蛤、波纹巴非蛤、杂色鲍、

---

① 余勉余、梁超愉等：《广东省浅海滩涂增养殖渔业环境及资源》，科学出版社，1990年，第63页。

② 曾呈奎：《中国海藻志》，科学出版社，2000年，第33页。

③ 吕颂辉、齐雨藻：《南海大鹏湾浮游植物种群的季节演替》，《暨南大学学报》（自然科学版），1995年第1期，第118—119页。

④ 《新安县志·舆地略·物产》卷三，第122页。

⑤ 海洋动物资源部分，主要引自余勉余、梁超愉等：《广东省浅海滩涂增养殖渔业环境及资源》，科学出版社，1990年，第63—64页。

泥东风螺、管角螺、瓜螺等。上述主要贝类，以埋栖生活的占多数，如毛蚶、胀毛蚶、二色裂江珧、旗江珧等，它们的栖息范围遍及海湾的各水域；华贵栉孔扇贝、翡翠贻贝、马氏珠母贝、草莓海菊蛤等营附着生活的多见于石砾或沿岸礁区；泥东风螺、管角螺多见于海湾的湾口区域。在古代，人们在沿海潮间带捕捉到的螺类主要有蚝、沙螺、丫螺、潺螺（又称花螺，垂直分布于潮下带数米至数十米水深）、指甲蟹等。《新安县志·舆地略·物产》卷三（第138页）云："蚝，壳可以砌墙，可烧灰。肉最甘美。""螺，种类亦繁。"

浮游动物：以沿岸暖水种类为主。其中有水母类、栉水母类、枝角类、介形类、桡足类、十足类等。优势种有显著的季节更替①。古代人早已认识水母，云"每夏月，贾人集而货之，名曰海蜇"。②

甲壳类软体动物："蟹族，类不一，水乡皆有。"③ 有多分布于海湾东部海岸的远海梭子蟹（古人称蝤蛑）和小娘蟹（俗称外海蟹），有生活于潮间带的石蟹和竹蟹（深水蟹）。而群栖于浅海海底的花蟹则可大量捕捉④。

虾"类不一，有沙虾、麻虾、斑节、金钩之名，大者曰龙虾"⑤；另有明虾、银虾。沙虾是生活在海边滩涂的中小型虾类；麻虾是产于海淡水交界处淡水中的一种野生小虾；明虾即对虾；银虾"状如绣针……稍大者出新安铜鼓角海，名铜鼓虾。以盐藏之，味亦美"。⑥

此外还有海龟⑦。

其他软体动物有墨鱼和章鱼；沿岸礁区的棘皮动物有糙海参、棕环海参和紫海胆等⑧。

（3）潟湖和潟湖外浅海的高级鱼类。

《新安县志·舆地略·物产》卷三（第132—136页）所记与远古人们的捕食能力相关的高级鱼类有以下几种：

"鲚鱼，至冬益肥。"鲚鱼平日栖息于浅海，繁殖季节大量鱼类从海中洄游至江河口半咸淡水区域产卵。

鲈鱼，喜栖息于河口咸淡水，也能生活于淡水。性凶猛，以鱼、虾为食。

"贴沙鱼，一名版鱼，种类不一……喜贴沙上，即尔雅所谓比目鱼也。一名鲽，咸淡水皆有之。"

"印鱼……不可常得"。但这种鱼以大鱼吃剩的残渣为食，也食小鱼及无脊椎动物，可能常在潟湖浅海生活。

---

① 黄小平、岳维忠等：《大鹏湾平洲岛附近海域生态环境特征及其演变过程》，《热带海洋学报》，2004年第9期，第76—77页。

② 《新安县志·舆地略·物产》卷三，第138—139页。

③ 《新安县志·舆地略·物产》卷三，第138页。

④ 《深圳市十九镇简志》，第224页。

⑤ 《新安县志·舆地略·物产》卷三，第139页。

⑥ 《新安县志·舆地略·物产》卷三，引李调元《南越笔记》卷十一。

⑦ 《深圳市十九镇简志》，第207页。

⑧ 《新安县志·舆地略·物产》卷三，第137页。

“鱲追鱼，海产蟮族也。味甘多脂。”“鳗鳝鱼，此与……鱲追、骨鳝、鹤鳝、沙鳝等同出海中。”蟮族一般埋栖咸淡水之交之沙质水底。

可能为远古人们所捕获的鱼类有以下几种：

石斑鱼：主要种类有青石斑和鲑点石斑鱼等。青石斑鱼为暖水性近底层鱼类，喜栖息在多岩礁海域中，用手钓及底拖网可捕获，味佳。鲑点石斑鱼为底层近海性鱼类，喜栖息在多岩石的海域中，用手钓可捕获，肉鲜美。

鲷鱼：有黄鳍鲷和黑鲷等。黄鳍鲷，大亚湾、大鹏湾皆有分布，以盐田至沙头角及澳头、稔山、范和港较多。黑鲷分布较广，沙头角、盐田、梅沙、澳头、稔山、平海一带皆有分布，多栖息于近岸礁区或砂、石砾底质海域。

蓝子鱼：分布广，盐田、大鹏澳、哑铃湾、金门塘数量多。为暖水性近海鱼类。常见种类有黄斑蓝子鱼及褐蓝子鱼等。

斑鱼：四季皆有，性长耐活，肉质极好。有红斑、青斑、泥斑等。多栖息于海崖岩礁处①。

鱿鱼：全年可捕捞，3—4 月和 7—8 月为旺季②。

此外，还有明清时期人们所捕食或认识的海鱼类：大者数十丈的海鳅，排齿如锯的锯鱼，肉厚细嫩的鲶鱼，鳞细而肉颇粗的马五（马母），用罾合围方可捕取的黄花鱼，大者数百斤的坭顶鱼，其味甚美的石斑鱼，春季捕获的马鲛，渔者合围取之的鲭鱼，春季时最盛的鳝鱼，皮肉俱美的青衣鱼，烹之甚美的飞鱼，等等。

（4）潟湖和潟湖外浅海的食肉类和鸟类动物。

分布于浅海及河口的海豚和海牛，《新安县志》称之为海猪和人鱼。以海鱼和水母等软体动物为主要食物的海鸬鹚和白腹军舰鸟，古代也多见，可推知海洋生物之丰富。

（5）潟湖和潟湖外浅海食物网。

通过上面的分析，便可构建一张潟湖和潟湖外浅海食物网示意图如下。

---

① 《深圳市十九镇简志》，第 224—225 页。

② 《深圳市十九镇简志》，第 224 页。

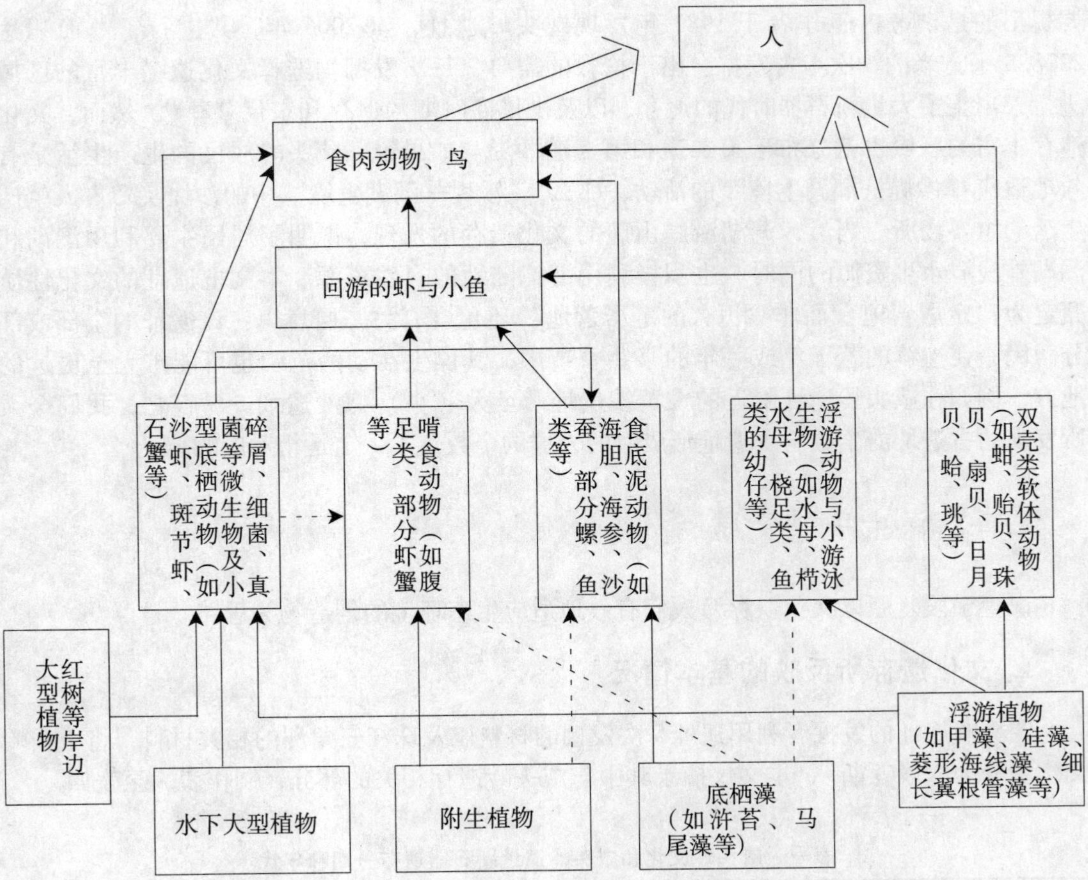

潟湖和潟湖外浅海食物网示意图

四、咸头岭遗址谋生方式复原

(一) 定居营地

遗址的文化性质与人们的谋生方式密切相关，必须先提出讨论。关于此，本文作者之一早在1991年便推测沙堤遗址乃远古人恒久定居的聚落。人们可居住在靠近沙堤（或潟湖）的山麓；在一年中没有台风和连续暴雨的多数日子里，也居住在沙堤上。然而，无论居住在哪，人们谋生活动的范围均围绕着沙堤①。这一种推测后来得到了验证：1990年代末和21世纪初，考古工作者分别在珠海平沙棠下环②和深圳咸头岭遗址的发掘工作中，注意到了对潟湖沿岸山麓的勘察，两地均发现了诸如彩陶片之类的文化遗存。特别

① 赵善德：《珠海沙堤遗址研究》，见《珠海考古发现与研究》，广东人民出版社，1991年，第254—264页。

② 广东省文物考古研究所等：《珠海平沙棠下环遗址发掘简报》，《文物》，1998年第7期，第4—16页。

要提出的是，考古工作者于1981年发现咸头岭遗址，至2006年，共进行了总面积达2278.5平方米的5次考古发掘。出于抢救的需要，每次发掘均选择文化遗存丰富的区域进行，出土了大量新石器时代的遗存，以及少量商时期的遗存和宋代墓葬①。然而，文化遗存丰富的区域也就分布于第二道和第三道沙堤。如果说，咸头岭居民的生产生活是有效地适应“沙堤—潟湖生境”的活动，那么，“沙堤—潟湖生境”中的沙堤实乃古人生产生活的主要场所。当然，潟湖沿岸山麓的文化遗存的发现，说明了居民主要利用潟湖和潟湖外浅海水生资源的同时，也积极利用海湾陆地的自然资源。本文把遗址的文化性质甄定为“定居营地”而非“恒久的定居营地”还包含有另一层意思：该遗址的全部或部分居民，在连续的若干年或一年的某些季节中，其谋生活动的范围也可能扩大至更远的地方，例如在咸头岭遗址附近的大黄沙遗址乃至大（小）梅沙遗址。易言之，我们今天所发现的古遗址的个数与古遗址形成时的人群的个数，不一定是相对应的。

（二）谋生手段复原

谋生手段复原以文化遗存乃人们有效地适应生态环境的创造物为思路。

1. 文化遗存所反映的基本情况

咸头岭遗址的发掘者利用遗址5次发掘的材料以及珠江三角洲的相关材料，将咸头岭文化划分为六段三期②。本文仅摘录其中与咸头岭遗存相关的部分，制作表一至表四。

表一　咸头岭文化和咸头岭遗址新石器遗存分期和年代

咸头岭文化期别和年代（距今）	咸头岭文化段别	咸头岭遗存段别
第一期（约7000—6400年）	第一段至第三段	咸头岭第Ⅰ段至第Ⅲ段
第二期（约6400—6200年）	第四段	
	第五段	咸头岭第Ⅳ段
第三期（约6200—6000年）	第六段	咸头岭第Ⅴ段

表一显示的事实有二：一是各期延续的时间均较短，但第一期则略长。二是在第一、二期之间的文化内涵，咸头岭文化衔接比较紧密，但咸头岭遗存则略有缺断；这也许意味着咸头岭人当时的生产和生活方式均发生了某些变化。

---

① 1985、1989年咸头岭遗址第一和第二次发掘的简报见《文物》1990年第11期（深圳市博物馆等：《深圳市大鹏咸头岭沙丘遗址发掘简报》）。1997、2004年第三、四次发掘的简报还未发表，但一些器物见深圳市文物管理委员会办公室等主编的《深圳7000年——深圳出土文物图录》（文物出版社，2006年）。2006年第5次发掘发表有介绍文章（深圳市文物考古鉴定所等：《广东深圳市咸头岭新石器时代遗址》，《考古》2007年第7期），另见李海荣、刘均雄：《深圳咸头岭新石器时代遗址与珠江三角洲地区相关遗址的分期和年代》，待刊。

② 详见李海荣、刘均雄：《深圳咸头岭新石器时代遗址与珠江三角洲地区相关遗址的分期和年代》，待刊。

表二　咸头岭遗址新石器遗存各期段石器、石料统计

石器 / 数量及比例 / 期别段别	锛	饼形器	凹石	锤	杵	拍	凿	砧	砺石	石料	合计
第一期Ⅰ段	4 21.1		3 15.7					3 15.7	2 10.5	7 36.8	19 100
第一期Ⅱ段	3 13	1 4.3	5 21.7		2 8.7	1 4.3		4 17.4		7 30.3	23 100
第一期Ⅲ段	4 16	1 4	7 28	2 8		1 4	1 4	2 8	3 12	4 16	25 100
第二期Ⅳ段	13 10.2	39 30.7	6 4.7	2 1.6	15 11.8	2 1.6		3 2.4	9 7.1	38 29.9	127 100
第三期Ⅴ段	12 38.7	5 16.1	2 6.5			1 3.2	1 3.2	1 3.2	2 6.5	7 22.6	31 100

表二显示的事实有三：一是第一期石器的种类少，第二、三期种类增多；这说明随着时间的推移，人们谋生的手段日益多样化。二是用于加工植物纤维的饼形器（详后）等，在第二期猛然增多，这意味着充分利用植物纤维的可能性增大。三是主要用于砍斫的石锛，在第三期猛然增多，这或许是生活方式有所改变。

表三　咸头岭遗址新石器遗存各期段陶质统计

陶质 / 比例 / 期别段别	夹砂陶	泥质陶	合计（%）
第一期Ⅰ段	53.6	46.4	100
第一期Ⅱ段	55.9	44.1	100
第一期Ⅲ段	59.4	40.6	100
第二期Ⅳ段	63.4	36.6	100
第三期Ⅴ段	91.6	8.4	100

表三显示的事实是，夹砂陶的比例，在第二期时已悄然提高，而至第三期则提高到极致；一般夹砂陶器是用于炊煮食物的，而泥质陶是用于盛贮食物的；前者多后者少，或许说明人们在日常生活中并不倾向于贮存食物。

表四　咸头岭遗址新石器遗存各期段陶器类统计表

比例　器型 期别段别	釜	罐	圈足或圜底盘	钵或碗	杯	豆	支脚	器座	合计（%）
第一期Ⅰ段	52.2	14.7	25.5		7.6				100
第一期Ⅱ段	53.5	9.3	28.1	1.5	5.2		2.4		100
第一期Ⅲ段	56.5	9.5	16.6	3.5	3.6	7.4	2.9		100
第二期Ⅳ段	57.7		35.4			1.2	3.2	2.5	100
第三期Ⅴ段	58.6		圜底盘3	碗16.3		8.4	8.5	5.2	100

表四显示的事实是，用于炊煮的釜类器物贯穿始终。各期段用于盛贮的器物形制有别，第一期圈足盘和杯并行但以圈足盘为主，第二期仅盛行圈足盘，第三期为碗所代替；这种器物的形制变异而功能不变，可能与文化的传播或无意的创新（文化的次要特质）关系较为密切，而与谋生手段（文化核心）的关系可能是随机的。

从上述四表数据及其所显示的事实，可获知三点基本情况：其一，遗址发掘者将5次发掘的文化遗存甄定为一个考古学文化是合适的；分期也是清晰的。其二，人们在日常生活中并不倾向于贮存食物（第三期的遗存反映得更为明确）。其三，第一期石器的种类少，第二、三期种类增多；特别是用于加工植物纤维的饼形器等，在第二期猛然增多；主要用于砍斫的石锛，在第三期猛然增多。

结合文化遗存与“沙堤—潟湖生境”的形成和演变过程，从谋生手段和谋生方式的角度分析，则可从上述三点基本情况中衍生出下面四个问题：其一，遗存创造者的人群亲缘关系以及“人地关系”是稳定的（这是一群文化遗存被甄定为考古学文化的本质）。其二，野外食物资源相对充裕且季节性波动小（这是人们不倾向于贮存食物的客观条件）。其三，自第二期开始，环境的变化，促使人们充分利用了植物纤维。其四，至第三期，生产能力的提高和人口的增殖，允许人们相对顾及于蔽体之物与居所。

下面跟随着文化遗存与“沙堤—潟湖生境”的形成和演变过程，通过分析复原谋生手段的途径，详细阐述这四个问题。最后综合之以说明咸头岭人的谋生方式。

2. 谋生手段复原

（1）人群亲缘关系以及“人地关系”是稳定的。

本文第三部分在述及“沙堤—潟湖生境”时，已经分析了它是由海湾陆地、潟湖和潟湖外浅海三个生物群落，依次演替至顶极群落镶嵌组成的、不断获得动态稳定的、特殊的生态系统。同时在第二部分述及咸头岭文化创造者来源的三种可能：“高迁”、“南迁”、二者的结合。下面就此三种可能逐一分析其“人地关系”。

若“高迁”，则在最后冰期末期之时，有人群在大陆架平原上谋生。而现今遗址所坐落的大鹏半岛西岸的小海湾的迭福湾，当时应是一片平原连接着一连串的丘陵山地；冰期气候对低纬度地区的植被影响小，丘陵山地上的生物群落与全新世相差不大，人们理应利用并熟悉丘陵山地的资源。随着冰后期尤其是大西洋期的到来，“大陆架平原”变为海域，人们迁至丘陵山地谋生而逐渐更有效地利用其资源；同时随着丘陵山麓的海湾浅海的形成，人们也会利用并熟悉水生资源。最后至“沙堤—潟湖生境”的形成，人们也就熟悉而有效地适应其生态环境而构建稳定的“人地关系”。

若“南迁”，须先辨明三个基础性问题。一是迁徙时间，二是迁徙者原居住地当时的生态环境，三是迁徙的动因与途径。

迁徙时间不辨自明。因为咸头岭遗址新石器遗存乃目前可确认的、今珠江三角洲最早的文化遗存，所以其上限时间只能是距今约7000年。

迁徙者原居住地当时的生态环境。距今约11000—7000年间的南岭南麓，一方面，植被和气候经历了三个阶段的变化：疏林、温湿偏凉→阔叶植物为主的针阔叶混交林、暖热潮湿→针叶植物为主的针阔叶混交林、温暖稍干①，所以陆上资源实有日渐匮乏之嫌。另一方面，早期上述部分地区是临近江河入海口的，而随着海平面的稳定和现代珠江三角洲的日渐形成，就逐步变为江河的中游了。因为历史地理学家在距今约6500年前后“珠江三角洲演变图”上是这样画的：崖门—开平水口—江门—鹤山—高明明城—肇庆金利—肇庆—芦苞—黄埔—增城石滩—东莞企石—莞城—东莞长安—深圳南头②。所以水生资源也逐渐地由丰富向相对贫乏转变。但是，迁徙者是习惯于攫取河口的陆上和水生资源的，而河口之生态环境与“沙堤—潟湖生境”大同小异。

迁徙的动因与途径。具体的动因是，因为河口区域中易于渔捞的水生资源，远比中游区域要丰富得多；习惯于攫取水生资源者自然会随河口的变动而迁徙。对具体动因的抽象，乃有效地适应环境的扩张。因为咸头岭等遗址当时与南岭南麓被漏斗状大海湾阻隔，所以只能也可能利用简单的木筏或独木舟顺水而下③。质言之，迁徙者已熟谙在河海中活动。

如此看来，“南迁”人群也完全可以跟随着“沙堤—潟湖生境”形成过程，而熟悉有效地适应其生态环境，或言“人地关系”是稳定的。

若二者结合，则会出现这种情况：一个人群，游动迁徙到新的生态环境中谋生，假如新地点生活着另一个人群，则因为不同传统文化面对相同的生态环境也会有不同的适应策略，而使同一环境中的新、老文化既有区别又有联系；而上述表明，由于当时南岭南麓的生态环境与“沙堤—潟湖生境”大同小异，因而两个人群的“传统文化”也会是大同小异的，至少是可以融合的。进而言之，“人地关系”也是稳定的。

需要提及的是，迭福湾“沙堤—潟湖生境”并非是完全封闭的，现今深圳东部沿海均为基岩海岸，现在沿着海岸山地建设的公路沿途，分布着诸如大梅沙、小梅沙和大黄沙等沙堤遗址，易言之，这些遗址在大西洋期之时也不为海域隔绝而被完全封闭。另外，虽然这些遗址居民的谋生活动是开放的，但由于遗址所在的生态环境相似，尤其是“沙堤—潟湖生境”的相对特殊性，以及远古先民受生产能力的限制而导致文化内涵更受制于生态环境，尤其是上述遗址文化遗存的极度相似。所以说，咸头岭遗址居民的谋生活

① 王丽娟：《桂林甑皮岩洞穴遗址第四纪孢粉分析》，《人类学学报》，1989年第2期。

② 《珠江志》卷一第136页，图1-4，广东科技出版社，1991年；李平日等：《珠江三角洲一万年来环境演变》第78页，图4-3，海洋出版社，1991年。

③ 赵善德：《论珠江三角洲的先民迁五岭南麓》，《广东史志》，2001年第3期。

动即使是半开放的，但也并不与人群亲缘关系和“人地关系”的稳定相抵触。

（2）野外食物资源相对充裕而且季节性波动小，人们不倾向于贮存食物。

一般来说，若生态环境可能提供丰富的野外食物，远古先民在人口压力小的情况下，并不强烈追求贮存食物乃至产生种植业。然而，丰富的食物资源必须满足两个条件：其一，人类所需要的淀粉类、维生素类和蛋白质类三种基本营养物质的相对均衡。例如新几内亚中部高原的土著策姆巴加人，为了解决缺乏蛋白质类营养物质的困境，付出高昂的代价以养猪①。其二，以太阳年为周期，各个季节的野外食物的季节性波动小。下面考察具体的生态环境，分析咸头岭遗址的野外食物资源是否满足上述两个条件。

A. 关于海湾陆地资源

第三部分“海湾陆地生物群落的资源分析”中所列举的木薯和包括淮山、参薯和甘薯在内的薯蓣科各野生种，现在的咸头岭遗址中均有生长，人们可在6—11月份采掘乃至晒干贮存，补充人体所需要的淀粉类。此外，这里盛产的各种植物果实，也可提供维生素类。例如，野杨桃、野蕉、山稔子从5月份就开始结果成熟；稍后，人面子和山竹也可被采食；球茎含丰富维生素的荸荠，现在还是南方人清热生津的佳品。至秋冬之交，还可攫取富含植物蛋白质和脂肪的黑莎草、山柚和露兜。

冬春两季陆上资源主要是蛋白质类。深圳大鹏镇一带，今有野生动物30多种。古代人可采食的动物大致有：包括青蛙、蟒蛇、穿山甲和果子狸在内的各种两栖动物和爬行动物。这些动物的捕捉比较简单，远古人只需利用简易的石器和木器即可获取。居住在非洲卡拉哈里沙漠的布须曼人，不知农耕和畜牧，“除吃兽肉和鸟肉外，还吃青蛙和蝗虫，炸蝗虫是为美味”。② 蟒蛇“大者能吞鹿食人”，但人们只要熟悉其习性，捕捉之也并不困难。本文作者之一1980年代在海南岛尖峰岭地区，亲睹了当地黎族同胞用竹编笼子装着20多斤重的大蟒蛇到收购站变卖。跟他们聊天得知，打蛇不能用硬棍子而要用富有弹性的红藤，因为硬棍子打出去只有一个点着地，难于打准伤蛇，但红藤打出去则像鞭子一样乃一条线着地而更易伤蛇。然而捕捉活蟒蛇时，红藤只用于自卫，蟒蛇忌人体的渍汗气味，若抛去汗味极浓的布料蒙之，它会变得柔顺，黎族同胞就是这样捕捉蟒蛇的。运笔至此，我们不禁想起宋代柳宗元《捕蛇者说》中永州蒋氏捕捉野产异蛇的技能。诸如鹧鸪、鹌鹑、画眉和兜兜雀等各种鸟类，大洋洲土著人乃模拟它们的啼鸣声尽量接近后，再用其特制的投矛器投掷木矛或狼牙器或“回旋刀”击之③；咸头岭遗存中虽未发现此类木器，但可以相信其居民也可利用木器或石器或竹编器打击或诱捕飞禽。至于如猴、黄麖、地陇猪、豪猪和獭等兽类，只要运用简易的木器和石器，借助众人的力量，则完全可以捕杀——1981年进入世界遗产名录的北美野牛“死亡之涧”（Head-Smashed-In Buffalo Jump Complex），乃史前印第安土著居民利用他们对地形的熟悉和对野牛习性的了解，将牛群追赶到悬崖使其坠崖死亡，而成为较大的围猎场之一。

---

① ［美］马文·哈里斯著，李培茱、高地译，陈观胜校：《文化人类学》，东方出版社，1988年，第62—67页。

② ［苏联］C. П. 托尔斯托夫等主编，周为铮等译：《普通民族学概论》，科学出版社，1960年，第237页。

③ 《普通民族学概论》，第54页。

B. 关于潟湖和潟湖外浅海资源

水生资源主要为居民提供蛋白质类食物。虽然 7—8 月份是台风季节，12—1 月份时有寒潮南下，但台风暴雨和寒潮均来去匆匆，恶劣天气的时间很短，所以人们一年四季均可攫取水生资源；况且冬春两季陆上蛋白质类资源仍可补充。

可见，咸头岭遗址的野外食物资源可以满足营养种类互补与季节供给互补两个条件。

（3）人们最初主要直接利用海湾陆地资源，互补利用水生资源以谋生。

理论上，常绿阔叶林带或热带雨林带中动物的生物量很低；人们若长时间过分地依赖海湾陆地攫取蛋白质类食物，肯定会失衡。但是，经过第一期 500 多年的演变，“沙堤—潟湖生境”已演替为顶极群落，潟湖和潟湖外浅海的水生资源也随即呈现出稳定性、复杂性、多样性、生物量最高的特征；人们对其中的各种资源当可充分认识而有效利用。在狩猎—采集社会中，当人们投入“生产”的热量（输入）仅稍大于所获食物可能取得的热量（输出）时，在技术不变的情况下，人们可能扩张（“生产”的地域按比例扩大），也可能强化（增加人力而不扩大“生产”的地域），但接踵而来的便是改变技术，否则由于自然资源的过度损耗，输入将大于输出①。在“沙堤—潟湖生境”这种特定的生态环境中，由主要利用海湾陆地资源，到主要利用潟湖和潟湖外浅海的水生资源，既是扩张，也是强化，还是改变技术的过程。下面将参考相关民族志和民俗的资料，以及本文作者之一的亲身经历和调查，阐述攫取水生资源的具体手段。

需要说明的是，我们认为，咸头岭居民进一步发掘海湾陆地资源，和转化至主要利用潟湖和潟湖外浅海的水生资源的改变技术行为，肇始于第二期；具体说乃咸头岭遗址新石器遗存的第二期和第三期人们已发明和利用了植物纤维网，而第一期尚无。为了行文的方便，这个问题留待“第 4 目”论证，这里仅阐述第一期还未利用植物纤维网时的获取方式。

A. 照海

人们利用鱼虾蟹在刚涨潮时特别活跃又趋光的特点，在天刚黑便涨潮和没有月光的晚上，在浅海中缓走，火光照海，没有距离感的鱼虾蟹只管迎光而来，很容易被捕捉。螃蟹徒手捕捉即可，鱼虾则须借助竹编成鸡笼状的鱼罩罩住再抓。这种方法特别适用于潟湖与潟湖外浅海的作业。

B. 打蟹

因为螃蟹喜啃红树等树的树皮，在红树林泥沼中打洞，海南岛有些红树林滩涂地带，螃蟹麇集。夏季朔、望日大潮时，小螃蟹和毛蟹随着潮水的上涨，爬到红树、海莲树、蜡烛果树、须叶藤树（均属红树科）上，很容易被捕捉。与此相近，中国东海沿岸及岛屿的“滩涂上，蟹洞，鳗穴，蛏子藏在泥涂下，牡蛎生在礁岩上。人工采集之，不需要高深的技术、先进的工具，也不需要群体协作”。② 参阅上文中的“潟湖和潟湖外浅海食物网示意图”即可得知，咸头岭遗址当时也盛产螃蟹，其居民当可用此法捕捉之。

以下乃台湾高山族各族群的几种简易的捕鱼方法③，实际上，人类各族群也同样有所

① 《文化人类学》，第 56—62 页。

② 姜彬主编，金涛副主编：《东海岛屿文化与民俗》，上海文艺出版社，2005 年，第 226 页。

③ 许良国、曾思奇编：《高山族风俗志》，中央民族学院出版社，1988 年，第 35—37 页。

应用。

C. 涸渔

此乃选择鱼多的小溪涸水处，竭泽而渔。捕鱼人只需涉足浅水中，即可徒手将鱼捕获。咸头岭遗址注入潟湖的小溪，落差较大，利用这种方法可更省力。

D. 毒渔

即把含毒汁的藤根，用石头砸破，取其毒汁注入上流溪水中，使鱼中毒缺氧，漂浮于水上，徒手取之。因为咸头岭遗址水域与海潮畅通，水产资源可在短时间内得到补充，故此法亦可取；而文化遗存中的石杵与凹石应为捣藤根毒汁所用。

E. 筌渔

渔筌乃竹编的椭圆体篮子，其口部扣着被称为“龙须”的装置，鱼虾只能进不能出。在溪流狭窄处堰造隘口以放置渔筌，并导溪水带鱼而下，流入渔筌，打开“龙须”取之。

筌渔再发展即“箔渔”，居住在今北部湾顶端海岛的京族人对此非常熟练①。

F. 箔渔

渔箔即竹编的“篱笆”，编插于水中可控制鱼虾的游动路向。京族人一般沿着海滩裂沟两旁设置由宽渐窄、由大到小、状如漏斗的渔箔沟，再于其中设置三个依次大小并相互连通的箔漏（即特制的鱼筌）。涨潮时，渔箔全被海水淹没，鱼虾随着潮水进入渔箔范围内；退潮时，鱼虾只能随退去的潮水钻入三个箔漏之中。本文作者之一的家乡海南岛文昌市有一条颇为深入的港汊，它由清澜港插入并穿过县城，长约20公里，其中段沿岸主要是沼泽地，但又多被高墩切割成小片水域，只要人们对这些小片水域略加塞堰，便可造成仅存一条水道与潮水连接的圩。圩中的食物网结构与咸头岭潟湖的基本一致。圩的主人只要每天潮水涨满时放置鱼筌，潮水退低时收筌，其收益便可供其衣食。因此说，咸头岭人在无植物纤维网的情况下，一是借助4条淡水小溪的复杂地形，经常利用筌箔相结合的捕鱼法。二是借助潟湖与潟湖外浅海的“潮流信道”，编插渔箔和安置箔漏，坐收渔利。“南方多竹”，而编织纹乃遗存中陶器常见的纹饰，咸头岭人当十分熟谙各种竹编工艺而编织鱼筌等器具。

G. 厚藤拉网

厚藤盛产于暖海沙滩，长者近10米。把十数条带叶的厚藤缠扭在一起，加重，10多米长的“拉网”便做成了。用时，二人将之置于坡度平缓的浅海中，拖动至岸上，水退回但被水连带拖上的小鱼虾蟹则留在岸上，可用手捉。

（4）人们最后主要直接利用水生资源以谋生，并随着生产能力的提高和人口的增殖，互补利用海湾陆地资源，相对顾及于蔽体之物与居所。

面对“瓢舀鱼”的丰富资源，人们在利用筌渔与箔渔或者玩耍“厚藤拉网”的过程中，很容易观察到这种现象：编织物，特别是柔软的编织物，能够把水中的鱼虾蟹“捞”离水面而易于捕捉。于是，人们会在“柔软的编织物”和“捞”的方向上思考和实践。

A.“柔软的编织物”—— 麻网的产生

由“沙堤—潟湖生境”演替为顶极群落的过程观之，海湾陆地资源乃随着全新世和

① 中华文化通志编委会：《中华文化通志·民族文化·壮、布依、傣、仡佬、京族》，上海人民出版社，1998年，第521页。

大西洋期接踵而至，而先于潟湖和潟湖外浅海之形成和演替。从文化遗存的年代上说，遗址居民也是在“沙堤—潟湖生境”尚未演替为顶极群落时便已进驻此地而有效地利用其资源谋生的。因此人们最先主要利用的应是海湾陆地资源。渐次，才可能进一步发掘海湾陆地资源及转化至主要利用潟湖和潟湖外浅海的水生资源。

在中国仰韶文化等诸多遗存中，很容易发现渔网的证据，不必赘述。当时所编织和使用的无疑是麻网。

> 在查干淖尔（引者注：位于今吉林省松原市前郭尔罗斯境内，北纬45°09′30″，东经124°03′34″），渔民使用的网叫麻网，麻网是用麻的纤维编制而成的。秋季的时候，渔民们把麻割下来，成捆地使车拉回去，投放到村中大水坑里去沤，俗称“沤麻”。……麻经过沤发，外皮就会从杆上脱离，这就是皮麻。皮麻经过干燥、捶压、梳理等阶段，使其中柔软的纤维突露出来成为“麻”。为了织网，还要把麻披纺成经，就是一种细线，缠在“线桄子”上，以便织网片。①

无独有偶，澳大利亚土著妇女也“用植物纤维或毛（发）搓成线和绳，并把它们织成提包、网及其他等”。②

在舟山群岛，渔网的材料开始大都用苎麻编织，为了防止落水腐烂，用前需要先用猪血（引者注：海南岛渔民的最简易方法是用红树皮煮水）进行栲染处理。后来改用棉纱网。到了1958—1959年才试用尼龙网取得成功③。

海南文昌市现代还常用的椰绳（俗称“牛索”），其制作过程也与此相似：捶打椰子果的椰衣，剥掉并不柔软的表皮，置于水中沤发几天后，将变得柔软些的椰衣捞起捶打，去其海绵质而留其纤维成为椰丝，晒干后再用手把一段段的椰丝拧成长长的细绳，最后将3股细绳绞成拇指粗的椰绳（在其过程中要固定一端，旋转另一端以使一段段的椰丝结合得更密；并反复梳理轻刮其表面使其尽量光滑）。不利用金属器具，也可完成全部工序。

咸头岭遗存各时期的石器中，石锛乃常见者；饼形器和杵在第二期时猛然增多；还发现有石网坠；同时鉴于咸头岭盛产苘麻，因此可推测：咸头岭人用石锛砍下苘麻，沤发后剥出皮麻，置于凹石或石砧上，先用石锤重捶，再用饼形器轻捶，获得麻披——从皮麻中获得麻披，乃将皮麻中的木质化物质分离掉而保留其韧皮纤维，这需要技术。因为麻浸水易腐烂，若沤发过度或大力重捶，则会把韧皮纤维捶断变短；但浸水不够或捶打太轻，则未可分离其木质化物质——石饼石器大小不一，直径3~10厘米，厚3~5厘米不等，重100~2000克。其中特别厚重的、外加一些木棒（其残留物已无法发现）可用于加工下文将述及的“树皮布”；但1000克左右的，则可用于重捶皮麻，数百克的，可用于轻打并不时顺着纤维的方向压磨和梳理麻披。

上述查干淖尔人和澳大利亚土著妇女可以把麻披纺成细线，理论上咸头岭人也是可以做到的；但在尚未发现纺轮（1985年发掘出土的、属于第二期的4件石纺轮存疑）时，不便妄论。不过，制作“牛索”的经验告知我们，咸头岭遗址新石器遗存中较多见的长

① 曹保明：《最后的渔猎部落》，上海文化出版社，2004年，第77—80页。

② 《普通民族学概论》，第54页。

③ 《东海岛屿文化与民俗》，第223页。

方形扁薄体、一面带有平行凹槽的石拍，应当是用于梳理麻披——将麻披拉紧，用这种石拍不断地顺着纤维的方向来回摩擦梳理，尽量去掉麻披上的木质化物质而保留其韧皮纤维并使其表面尽量光滑——获得较粗糙的麻线。这种麻线可能仅可用于编织最简易的纤维网。顺便提及，织布比用麻线织网要复杂得多，布乃经纬线交叉相挤，难于固定得紧密。网有网目，目间可打网结以固定；而最简易的网，其网目可大可小，要求不严格，打结固定之就更为容易。

理论上，随着人口的不断增殖，原本生物量就低的常绿阔叶林带或热带雨林，蛋白质类食物将逐渐相对匮乏；而随着"沙堤—潟湖生境"的演替，潟湖和潟湖外浅海的水生资源则更为丰富多样，这就要求人们进一步发掘海湾陆地资源及充分利用潟湖和潟湖外浅海的水生资源。因此说，咸头岭遗存第二期和第三期之时，利用麻网主要直接利用水生资源以谋生，乃生态环境变化的需要、谋生的需要、技术装备之允许的三者重合；顺理成章。

B. 各种简易的网具与使用方法

其一，推缉网。此乃把网固定在网架上，人在水中握住网架贴着水底地面缓行前推，不时将网架提离水面，抓获在前推过程中落入网兜里的鱼虾蟹。本文作者之一的家乡有一种最小型的，俗称"网丫"。其制作法是：先削好一支长约 1 米、丫长约 0.4 米的树丫；再将一段长约 2 米、宽约 0.06 米的麻竹烤弯成"U"形，两端直插丫叉，用白藤绑紧；用一条近 2 米的白藤或红藤，绑在麻竹片的内侧，但在丫端处须弯回来让它组成一个边长约 0.4 米、周长约 1.6 米的弧形方框；网是网兜状的，弧形周长与网架方框相符，网兜深约 0.5 米，将其绑紧在网架藤质的弧形方框上，网丫便告完成。使用时，一手握着丫把，一手握住丫叉缓行前推，当感觉到网中有动静时，即刻上提，因为网目从上到下是由疏渐密的，所以上提时水的阻力小，落在网兜里的鱼虾蟹也不可逃遁。家乡谚语云："穿不离麻，食不离鱼"，改革开放前，每家至少备一把网丫。

稍大型的推缉网，网兜加深，周长近 4 米，海南岛叫"网缉"。体壮并善于利用腰力的人可一人操作；但一般需二人协调合作方可上提。这种网舟山群岛俗称"推潮网"。傍晚使用时还在推网人头顶上系上桅灯，以灯光诱鱼①。

其二，扳罾网。网的构造基本与推缉网同，但面积更大。使用时不必涉水推缉，或用饵料诱鱼，可在岸上利用杠杆原理（或辘轳）提网，用长把网兜捞取网中鱼虾蟹②。

其三，小拉网。其操作原理与上文提及的"厚藤拉网"相同，只不过这是纤维线编织而成的网，同时必须有网纲，并在上纲系浮标下纲系网坠加重，才能让网在水中竖起"网墙"以拦截鱼虾蟹，不过它与先进的"刺网"相比，浮标的浮力与网坠的重力不必十分精确。

其四，多法并用捕鱼。上文提及的海南文昌的圩，每过 3～5 年均须进行一次清理。清圩日子挑选在暮秋的一个朔或望日，因为这天潮差最大，潮水可以退至最低。其程序是：潮水涨满也即圩内水位最高时，用渔箔封住圩与潮水连接的水道，以免退潮时鱼虾蟹逃遁，同时放置渔筌，以便潮水退低时收筌。当潮水退至一半时，圩内水浅了，众人

① 《东海岛屿文化与民俗》，第 227 页。
② 《东海岛屿文化与民俗》，第 229 页。

便用网丫和缉网开始在圩内推捞，因为此时水尚齐腰，故收获物较少，但让鱼虾蟹不易藏匿。潮水退近最低时，圩内水不没膝，鱼虾蟹也昏昏沉沉地到处游动，易于为人所获。清圩结束后，马上把潮水信道封闭，半月后即紧接着的一个满潮日，再打通信道灌入“新鲜”的海水。清圩的原理与珠江三角洲饲养塘鱼每年均须进行一次清塘、晒塘和杀毒一样，当是人们优化水质，无意识间营造圩内各种资源的生态平衡的行为；同时，一次清圩可收获数量相当可观的鱼虾蟹，可谓一举两得。假如我们把咸头岭遗址的潟湖当作一个大圩看待，咸头岭人也会每隔一段时间“清湖”。

如果说上文所阐述的，仅为人们的“谋食”手段，那么，人们物质生活中“衣”和“住”的情况怎样呢？

C. 缝合“树皮布”以蔽体

“树皮布”的做法与上文曾提及的加工麻披相似：把剥下的树皮投放到水坑里沤发几天，使其变得柔软，然后捞出捶打，尽量去其海绵质而留其纤维。再经过干燥、梳理、捶压，即为一块块的“树皮布”。用麻线将其若干块“缝合”，便可做成简易的蔽体之物。可见“树皮布”并非后世人概念中用纤维线编织出来的布，其制成品也非现在概念中的衣服。据考证，记载这类布的最早文献乃《韩诗外传》，但在中国的起源还应早到新石器时代。整个环太平洋地区分布有“树皮布文化”①。据学者近年的调查与研究还获知，分布在海南岛中南部的黎族同胞也曾制作树皮布，今天的白沙、昌江、陵水、保亭等县博物馆均收藏有实物。2005 年，“黎族树皮布制作技艺”还被认定为第一批国家非物质文化遗产保护对象。参照上述制作粗糙麻线的方法，可以说，咸头岭人可利用各种石器制作树皮布。

D. 窝棚与“巢居”相结合的居所

咸头岭遗址有几处与居所相关的遗迹被发现。其中有在 2006 年发掘西北区 T3 以东发现的一处红烧土面（06XTLHST1），其复原面积达到 41. 2 ×4. 9 = 201. 88 平方米。还有几处被确定为灶（Z1 ~ Z5），这在咸头岭文化的其他遗址也多见。从年代上说，红烧土面属于第Ⅰ段，灶分属于第Ⅰ~Ⅲ段，即均属于第一期；从分布上看，灶分布在红烧土面的东、西部及以外，有关联；因此可把红烧土和灶当作一组遗迹来分析。这次发掘所出的房基（F1）和立石（YJ1），分别位于西北区 06XTLT2 的东部和中部略偏南，均为第二期居民在第二道沙堤上所修造使用，当作另外一组来分析。但它们仍有联系。下面详细分析。

首先，这些遗迹均分布在沙堤上，可见沙堤是当时人们生产生活的最主要场所。鱼趋光，随潮走，因此如望日及其前后傍晚开始涨潮的日子，是捕捉鱼虾蟹的最佳时段，夜间作业多，要等候潮涨潮落，人们在沙堤上活动的时候较多。在湿热天气占去一年多半时间的咸头岭，沙堤上比海湾山麓更凉爽，人们多在沙堤上休憩或加工各种器具。由《龙宿郊民图》（五代董源）联想到海南岛渔民在沙滩上祭祀“海公”的喜庆活动，可推

---

① 凌纯声、凌曼立：《树皮布印纹陶与造纸印刷术发明》，台湾中央研究院民族研究所，1963 年，第一、八章；［英］雷蒙德 · 弗思著，费孝通译：《人文类型》，商务印书馆，1991 年，第 51 页；邓聪：《东南亚树皮布石拍之考古学考察》，《东南文化》，2000 年第 11 期。

测，沙堤景观开阔，是人们集会或进行喜庆活动的“聚落广场”①。

由于红烧土面的面积或宽达 200 余平方米，我们可否定它是“大房子”。理由很简单，在沙堤上建筑半个篮球场大小的房子，工程巨大，即使建成也很容易毁于一次台风暴雨。当时陶器的“露烧”②，也可能是烧造陶器的遗留，但考虑到把陶土和干柴搬运到沙堤上，却浪费功力，只好存疑。同样出于原料搬运的理由，是否为制作石器而修建，也只能存疑。因为大多数竹器是要用到潟湖和潟湖外浅海中的，不存在原料搬运的问题，而编织竹器确实需要一块较大面积的空旷地，但是，在空旷平坦的沙堤上，同样可以编织，似无必要大耗功力来修造这样的一片红烧土面，也只能存疑。上面我们是有意把这片红烧土面想象为连续的和一次性形成的，来设想和存疑几种使用的可能性，但实际上，它可能是断续的和渐次形成的。再联系到它边缘的灶，可以大胆地设想这样的一个事件：一位捕鱼师傅在沙堤上，向整个聚落的人做出具体布置后，聚落下位的血缘单位的人群（他们的人数和劳动能力是有差别的）分工合作，迅速地在潮水即将涨满至潮退至略低的短短 3 小时内，遍插渔箔和安置箔漏；之后，人们又在沙堤上休憩等待约 3 小时，至潮水退至更低时再于渔箔内捕鱼，收回箔漏和渔箔。尽人事，天公也作美，获得大丰收。于是，庆祝加感恩的狂欢开始了。最后，按约定俗成的规则，把收获物分配给各个下位的血缘单位。在此事件中，各个下位血缘单位的休憩场所是各自的，但多个场所是有一定结构的；狂欢也是各个单位之间的有序组合。休憩场所可以是窝棚，其地面可以出现红烧土；狂欢的主要内容离不开烧煮饱食收获物，也可以出现红烧土。长年累月，红烧土面就变厚变宽了。若该事件可信便可得出结论：红烧土面是人们长期修建休憩场所和多次的集会形成的。

于是，F1 乃休憩的居所的“房基”无误，YJ1 乃用于感恩和祈祷的信物可信。下面联系 F1，详细讨论居所。不过首先要辨明人们在沙堤上修建居所的必要性和可能性。关于必要性，上文已涉及，人们在沙堤上的活动时间较多，需要修建居所。可能性呢？当“沙堤—潟湖生境”刚形成之时，沙堤堤体是纯净的细沙，裸露在浅海上；日久，沙堤堤体为沙质土，变得宽大，向浅海的外缘多为低级的沙生草本植物，向潟湖的内缘多生长针叶、肉茎、有刺、耐盐的植物③。因此，在沙堤内缘，有了植物，土质也变得更具黏性一些，因此风沙影响不大，居所骨架也可插地固定。有可能搭建简易的窝棚。

我们依据遗存的具体情况与珠江三角洲现在饲养塘鱼的看守窝棚样式，提出搭建窝棚的办法。把 2 根长近 3 米、拳头般粗的原木的一端绑在一起，张开，另一端斜插在沙堤上，这就与地面组成了一个三角形。相隔约 3 米，再做一个同样的三角形。用一根原木连接两个三角形的顶端，这就组成了一个三角体。盖上槟榔叶之类的长条油滑的树叶。这就做成了一间“屋顶”两面坡、“屋檐”连着地面的窝棚。这是窝棚的一“间”；若找到合适的原木，还可做出多“间”。进而，若沙堤土质的黏性更好，还可垂直于地面竖立高

① 对彩陶纹样的研究，也可得出与此相近的结论，参见赵善德：《珠海沙堤遗址研究》（见广东人民出版社 1991 年版《珠海考古发现与研究》）；杨耀林：《深圳咸头岭史前文化遗存初步研究》（见广东美术出版社 2005 年版《广东省文物考古研究所成立十周年纪念文集》）。

② 林声：《云南傣族制陶术调查》，《考古》，1965 年第 12 期。

③ 《珠江志》卷一，第 171 页。

于地面数十厘米的原木柱子，以使“屋檐”高离地面。棚内地面，最简易的可铺“席子”——海南文昌乡民，抓住末端，可轻易地把长逾2米的椰子茎叶撕成对称的两条，将长条的椰叶交叉编织，即为1张宽约0.7米、长约2米的“椰叶席”。夏天炎热时，将其铺在地板上安睡；若嫌潮湿，可多铺两张——咸头岭遗址不产椰子，但槟榔叶之类的长条油滑的树叶也可编织；若嫌潮湿，可修整地面为红烧土面。发掘者推测F1的平面形状大体呈方形或长方形，若为正方形，窝棚面积约4平方米；长方形则更大些。像这样的窝棚，在一年中炎热的天气比大雨和寒冷的天气要多得多的亚热带海边，青壮年大可居住，当然，台风会把窝棚的“屋顶”掀翻；然而，这样由槟榔叶之类的长条油滑的树叶覆盖的“屋顶”，一年中至少要换新两次，台风来了，掀翻也罢，反正窝棚架仍在，重新搭建并不困难。所以说，这样的居所无法抵御台风，但不惧怕台风。也许一年只有一两次台风把窝棚掀翻，但暴雨却较频繁，而窝棚遮挡不了暴雨，所以，窝棚并非咸头岭居民唯一的居所。

另一种居所当为“巢居”。

人们说起“巢居”，以下三段文献乃常用者。《庄子·杂篇·盗跖》：“且吾闻之，古者禽兽多而人少，于是人皆巢居以避之。昼拾橡栗，暮栖木上，故命之曰‘有巢氏之民’。”①《孟子·滕文公下》：“当尧之时，水逆行，泛滥于中国，蛇龙居之，民无所定；下者为巢，上者为营窟。……使禹治之。……险阻既远，鸟兽之害人者消，然后人得平土而居之。”②《韩非子·五蠹》：“上古之世，人民少而禽兽众，人民不胜禽兽虫蛇，有圣人作，构木为巢，以避群害，而民悦之，使王天下，号之曰有巢氏。”③显而易见，东周晚期人所理解的“巢居”，完全是为了躲避来自自然界的洪水与蛇兽之害。进而言之，远古人对居所功能的追求，乃立足于避害而非安逸；理解这点，有助于推测咸头岭人的“巢居”。

下面将详细介绍我们所推想的“巢居”的制作过程，意在表明：无须利用金属器，也可制作；这种居所与河姆渡遗址的桩上建筑之类一样，也是人们有效地适应环境的创造物。人们可以在海湾山麓潟湖边，挑选平面距离适度、树丫相对等高的几棵树（若难于找到，可人工竖起1或2根原木代替），再把原木横搭于树丫处，用韧性好的藤或竹篾绑紧，构成一个多边形。以各边为“梁”，相挤连接稍细的原木于“梁”上，便可在空中构成多边形的“地板”。人在上面即可避蛇兽了。“屋顶”呢？想起了南方的竹笠和蓑衣。竹笠乃中间夹有蓑叶的双层竹编帽子，可防水。蓑叶状如竹叶，但更长条更大片，晒干后也不易碎裂，用麻线连接多片蓑叶的叶柄使之成幅，梳理整齐。上幅覆盖着下幅之半，制成披衣，此乃甚为防雨的蓑衣。假如“地板”是规整的长方形，人们可能用竹篾蓑叶做成挡风遮雨效果极佳的三面坡“屋顶”，以供老幼居住与贮存必备食物；假如“地板”一般，则可能用诸如槟榔叶之类的长条油滑的树叶，覆盖屋顶，以供青壮年居住。当然，这样的居所，“进出”是比较麻烦的，但麻烦而不困难，因为人们要绑制一把原木梯子，轻而易举。因为台风无法把隐蔽地带的大树连根拔起或拦腰打断，当然也刮不倒“巢居”

① 引自曹楚基译注：《庄子浅注》，中华书局，1982年，第448页。

② 引自杨伯峻译注：《孟子译注》，中华书局，1960年，第154页。

③ 引自梁启雄著：《韩子浅解》，中华书局，1960年，第465页。

的架子，但特大的台风暴雨可严重损坏“屋顶”。实际上，我们常见的茅草屋顶，少则3年，多则7年，均已自然损坏，必须重修。所以说，台风暴雨与树居的联系并不十分密切。

综上可说，咸头岭居所的最大可能是“巢居”和窝棚的结合。

（三）谋生方式复原

“文化生态学”的奠基人斯图尔德，在论述生态环境与生计方式的关系时说道：“地方性的环境特色甚至可能决定了某些有巨大影响的社会性适应。例如，拥有相同的狩猎技术，如弓箭、掷枪、包围、斜坡、焚烧草丛、悬崖陷阱等的社会，就可能因为地形与动物的性质而有不同的社会制度。如果主要动物是群居性的，如野牛与驯鹿，则合作式的狩猎较为有利，以至许多人可能终年生活在一起。……但猎物若非季移性的，也不爱好群居，则由一小群熟悉自己环境的人来狩猎较为有利。……（布须曼人、刚果黑人、澳洲土著人、塔斯马尼亚人、火地岛人等）其社会之所以由血缘队群组成，事实上并不是因为他们有类似的环境——布须曼人、澳洲土著人，与南加州的印第安人居于沙漠，矮黑人居于雨林，而火地岛人居于冷而多雨的地方——而是因为他们的猎物有相同的特性，因而他们有相同的生计问题。”①

由上文各部分得知，在咸头岭文化第一期之时，采掘木薯和各种薯蓣科块根以及各种植物果实，采摘加工黑莎草、山柚和露兜等，捕捉各种两栖动物和爬行动物，照海、打蟹、毒渔和筌渔等，以及捶制树皮布和“缝制”蔽体之物，所有这些谋生手段均较简单，并不需要集体的协作。但诸如刺打豪猪、蟒蛇，涸渔、箔渔，以及砍斫树木搭建居所等生产活动，则需要3～5人的合作或协作。而诸如制作竹器、石器和陶器等技术含量略高的劳作，可能谁都熟悉，一般情况下，远古人都是“一专多能”的，因此人群中也不太可能有具体的分工。由此观之，多数谋生手段是个体化的，只有少数才需要合作，协作是个别的。出于资源总量的限制，谋生于一处“沙堤—潟湖生境”中的人数不宜太多，但又考虑到婚姻生活和繁衍人口的实际，因而，社会组织当为由4～6个血缘队群，约40～50人组成。因为协作性的劳作极为个别，以及野外生活资源的丰富和季节性互补，所以，社会组织中的权威人物将是模糊的。易言之，维系这个血缘队群的根本要素是血缘关系，因而，人与人之间的关系要么是血亲，要么是亲戚，平等而相互尊重。

在咸头岭文化第二期和第三期之时，情况则略有变化。变化的根本原因乃麻网的发明。由上文得知，从砍下苘麻到制作成各种麻网，需要完成数道工序而必须协作。而纺麻线、织网和补网，在网片上穿网纲，为上下网纲系浮标和网坠，各种麻网，特别是扳罾的合理使用，等等，专业性均较强，甚至还可能出现“社会分工”。

多种捕鱼法并用的“清湖”，不但需要多人协作，而且还是群体共享资源的阶段性分享，因而，涉及诸如怎样合理协作的技术问题和怎样公平分享的切身利益问题，这需要权威人物裁定。

---

① ［美］史徒华·J. H. 著，张恭启译：《文化变迁的理论》，（台北）远流出版公司，1989年，第46页。

位置和质量均好的树上居所，乃“稀缺资源”，应归哪些老幼居住，这也许在第一期人口较少时，大家都是血缘近亲，不会计较；现在人口增多了，有“直系”也有“旁系”，生活水准提高了，也开始追求居所的安逸，于是会计较了，这也需要权威人物来裁决。

一个时间段里，假如技术水平发生质的飞跃，充分利用原有的资源并开发了新的资源，则资源总量也随之增加，提高了人们的生活水准，也导致了人口总量的增加。日久，随着人口总量的再增加，而技术水平又未能发生质变，资源总量则会出现匮乏。此时，人们为了生存，最先采取的应对策略当是“扩张”。我们不妨假定咸头岭第一、二期之际恰逢此时，而当时咸头岭西部约10公里处的大黄沙遗址尚无人迹，于是咸头岭人扩张至此。日久，大黄沙也演变为一个“定居营地”了。然而，此时的大黄沙人却是咸头岭人的“旁系”。问题在于，是哪个“旁系”迁徙至大黄沙呢？这也需要咸头岭血缘队群的权威人物来决定。

因而，此时的协作性劳作增多，狩猎—采集社会的“社会分工”可能出现，社会组织可能还是血缘队群，但规模更大，权威人物是明确的。

（作者：赵善德，暨南大学历史系副教授；黄小茜，暨南大学历史系在读硕士研究生）

西周时期盟誓的制度化

卢中阳

【提　要】盟誓制度是西周的一项重要制度。西周初年为适应对广大诸侯国统治的需要，统治者对传统的盟誓进行改造，从而使其走向了制度化。西周时期盟誓的制度化具体表现为分封制度下盟誓的大量举行、盟誓等级规定的严格化和礼仪程序的制度化等三个方面。具有与分封制度相伴随、与宗法制度相表里和形成了完备的礼仪体系等特点。盟誓制度与宗法制度、分封制度、礼乐制度等共同构成了西周的统治体系。

【关键词】西周　盟誓　制度化　表现　特点

盟誓作为一种习俗可以追溯到原始社会，但是要成为一种制度，却是特定社会阶段的产物。《礼记·檀弓下》曰："殷人作誓而民始畔，周人作会而民始疑。"郑玄注："会谓盟也。"①《文子·上义》和《淮南子·氾论训》都说："殷人誓，周人盟。"《史记·太史公自序》也说："及旦摄政，二叔不飨；杀鲜放度，周公为盟。"诸书关于"周人作盟"、"周人盟"、"周公为盟"的记载，不可能是说周人创造了盟誓，却可以说明西周时期在盟誓发展史上是关键性的一环。笔者认为在西周时期盟誓与分封制度和宗法制度相结合，从而成为西周时期的一个重要制度。

一、西周时期盟誓制度化的契机

周初以藩屏周室为目的分封了大量的同姓诸侯，如《左传》昭公二十年："昔武王克商，光有天下，其兄弟之国者十五人；姬姓之国者四十人。"《左传》僖公二十四年："昔周公吊二叔之不咸，故封建亲戚，以藩屏周。管、蔡、郕、霍、鲁、卫、毛、聃、郜、雍、曹、滕、毕、原、丰、郇，文之昭也；邘、晋、应、韩，武之穆也；凡、蒋、邢、茅、胙、祭，周公之胤也。"所以《荀子·儒效篇》中说："（周公）兼制天下，立七十一国，姬姓独居五十三人焉。""周之子孙，苟不狂惑者，莫不为天下显诸侯。"同时还分封了大量的异姓诸侯。如《史记·周本纪》记载："武王追思先圣王，乃褒封神农之后于焦，黄帝之后于祝，帝尧之后于蓟，帝舜之后于陈，大禹之后于杞。"《国语·周语中》也记载："昔挚、畴之国由大任，杞、缯由大姒，齐、许、申、吕由大姜，陈由大姬，是

① （汉）郑玄注，（唐）孔颖达疏：《礼记正义》，北京大学出版社，2000年，第363页。

能内利亲亲者也。”除此之外还有大量的服国，如《逸周书·世浮篇》上说：“武王遂征四方，凡憝国九十有九国。……凡服国六百余。”赵世超先生说：“所谓武王‘封黄帝之后于铸，封帝尧之后于黎，封帝舜之后于陈’，都是接受现实，在政治上承认其诸侯地位。”① 异姓诸侯国或因克殷践奄立有大功，或因迫于武力而臣服于周，周王朝都在法权上给予承认。面对众多的诸侯国，既有同姓又有异姓，如何对这些诸侯国进行统治和管理是周初统治者关心的首要问题。

二、西周时期盟誓制度化的具体表现

（一）分封制度下盟誓的大量举行

1. 分封过程中进行盟誓

《国语·鲁语上》曰：“昔者成王命我先君周公及齐先君太公曰：‘女股肱周室，以夹辅先王。赐女土地，质之以牺牲，世世子孙无相害也。’”周公、太公“股肱周室”、“夹辅先王”，成王赐之土地，这件事情很清楚是发生在周初大分封之际，而“质之以牺牲”、“世世子孙无相害也”显然是分封中的仪式。对于这一事件《左传》僖公二十六年也有记载：“昔周公、太公股肱周室，夹辅成王。成王劳之，而赐之盟曰：‘世世子孙无相害也。’载在盟府，大师职之。”《左传》更明确提出“世世子孙无相害也”是载辞。加之《国语》中说的要“质之以牺牲”，说明分封的时候确有盟誓的现象。《左传》僖公五年孔颖达疏中说：“凡诸侯初封爵，必有盟誓之言。”②《史记·秦本纪》记载：“平王封襄公为诸侯，赐之岐以西之地，曰：‘戎无道，侵夺我岐、丰之地，秦能攻逐戎，即有其地。’与誓，封爵之。”《克罍》、《克盉》是周初铜器，其铭文载：“王曰：‘大保，唯乃明（盟）乃鬯，享于乃辟。余大對乃享，令（命）克侯于匽。’”“乃盟乃鬯”意思是说“刚才，我们已经作了盟誓，已经行了鬯祭”。③ 由此可知，封克为侯于匽的时候，曾举行过隆重的祭祀和盟誓仪式。《邢侯簋》是康王时器，记载了康王授予邢侯职事时进行盟誓的事情。“唯三月，王命荣暨内使，曰：‘匄邢侯服。赐臣三品：州人、重人、庸人，……’对，不敢坠，昭朕福盟。”“昭朕福盟”，唐兰先生释为：“明我的福祭盟誓等礼”④，这都说明分封册命过程中有盟誓的活动。此外，诸侯新君继位和嫡长子的确立，也要向天子行盟誓之礼，如《周礼·春官·典命》曰：“凡诸侯之适子，誓于天子，摄其君，则下其君一等。未誓，则以皮帛继子男。”《礼记·礼器》中说：“是故，昔先王赏有德，尊有道，任有能，举贤而置之，聚众而誓之。”天子通过这种盟誓活动实现对诸侯的控制和约束，诸侯也通过这种活动得到天子的承认取得合法的地位。《左传》隐公四年，

① 赵世超：《周代国野制度研究》，陕西人民出版社，1991 年，第 44 页。
② （晋）杜预注，（唐）孔颖达正义：《春秋左传正义》，北京大学出版社，2000 年，第 393 页。
③ 陈平：《克罍、克盉铭文及其有关问题》，《考古》，1991 年第 9 期，第 845 页。
④ 唐兰：《两周青铜器铭文分代史征》，中华书局，1986 年，第 160 页。

卫州吁之乱，问定君之策于石碏，石碏曰："王觐为可。"大概就是基于上述原因。除了分封过程中有盟誓，周王朝还有定期举行的盟誓活动。

2. 周天子与诸侯的定期盟誓

《左传》昭公十三年，晋叔向说："是故明王之制，使诸侯岁聘以志业，间朝以讲礼，再朝而会以示威，再会而盟以显昭明。志业于好，讲礼于等，示威于众，昭明于神。"杜注谓："十二年而一盟，所以昭信义也。凡八聘、四朝、再会，王一巡守，盟于方岳之下。"[①]孔颖达也认为："天子巡守至方岳之下，会毕，然后乃与诸侯相盟。"[②]学术界一般认为巡守制度起源是很早的，可以追溯到尧舜时代。[③] 所以《左传》及汉唐学者的说法还是可信的。如果十二年王不巡守，诸侯要毕会京师举行"殷同"之礼。如郑玄注《周礼·春官·大宗伯》"殷见曰同"时说："殷犹众也。十二岁王如不巡守，则六服尽朝，朝礼既毕，王亦为坛，合诸侯以命政焉。所命之政，如王巡守。"[④] 孔颖达在《左传》隐公元年的疏中也说："凡天子之盟诸侯十二岁于方岳之下，故传云：'再会而盟，以显昭明。'若王不巡守及诸侯有事朝王，即时见曰会，殷见曰同，亦为盟礼。"[⑤]清代学者秦蕙田也说："会同则六服偕来，为坛宫于国外，五等诸侯，同时旅见，又有祀方明及盟约之法。"[⑥] 西周的统治者通过这种定期的盟誓的活动，以达到"同好恶，奖王室，以昭事神，训民事君"的目的。所以葛志毅说："周代国家对诸侯邦国的统治管理，主要是通过朝聘盟会制度来实现的，因而它是周代国家制度较夏商为加强的一个重要表现。"[⑦]

（二）盟誓等级规定的严格化

王国维在《殷周制度论》中说："周人之制度皆由尊尊、亲亲二义出。然尊尊、亲亲、贤贤此三者，治天下之通义也。周人以尊尊、亲亲二义，上治祖禰，下治子孙，旁治昆弟，以贤贤治官。"[⑧] 此为不易之论，"尊尊"、"亲亲"之义也渗透于西周的盟誓制度当中，使西周的盟誓制度表现出严格的宗法等级规定。

1. "周之宗盟，异姓为后"

《左传》隐公十一年载："滕侯、薛侯来朝，争长。薛侯曰：'我先封。'滕侯曰：'我周之卜正也。薛，庶姓也，我不可以后之。'公使羽父请于薛侯曰：'君与滕君辱在寡人。……周之宗盟，异姓为后。寡人若朝于薛，不敢与诸任齿。君若辱贶寡人，则愿以滕君为请。'薛君许之，乃长滕侯。"西周的统治者按照"周之宗盟，异姓为后"这一组织原则，既保证了姬姓在国家政治活动中的地位，又将异姓也吸收进了国家统治机构。

---

①②⑤ （晋）杜预注，（唐）孔颖达正义：《春秋左传正义》，北京大学出版社，2000年，第1355页；第165页；第47页。

③ 赵世超：《巡守制度试探》；见《瓦缶集》，人民出版社，2003年，第122—143页。

④ （汉）郑玄注，（唐）贾公彦疏：《周礼注疏》，北京大学出版社，2000年，第546页。

⑥ （清）秦蕙田：《五礼通考》，江苏书局，光绪六年，第1页。

⑦ 葛志毅：《周代分封制度研究》，黑龙江人民出版社，2004年，第222页。

⑧ 王国维：《观堂集林》，中华书局，1993年，第472页。

所以《史记·太史公自序》中说："管蔡相武庚，将宁旧商；及旦摄政，二叔不飨；杀鲜放度，周公为盟。"自此以后，"大任十子，周之宗强。"同时，"周公为盟"以后，对诸侯参与盟誓的班位和等级都有明确的规定。《左传》桓公十年叙述鲁、齐、卫、郑郎之战的原因时说："初，北戎病齐，诸侯救之，郑公子忽有功焉。齐人饩诸侯，使鲁次之。鲁以周班后郑。郑人怒，请师于齐。"《国语·鲁语上》晋文公解曹地以分诸侯，鲁臧文仲往，宿于重馆，重馆人告之曰："晋不以固班，亦必采先者，吾子不可以不速行。鲁之班长而又先，诸侯其谁望之？若少安，恐无及也。"《左传》定公四年皋鼬之盟，将长蔡于卫，卫祝佗以尚德之论说服晋苌弘，乃仍长卫侯于盟。同时记述了诸侯在践土之盟载书中的顺序："王若曰：晋重、鲁申、卫武、蔡甲午、郑捷、齐潘、宋王臣、莒期。"齐、宋、莒在最后，这是完全符合"周之宗盟，异姓为后"原则的。所以巴新生先生说："盖周代诸侯之位次须依班爵，而班爵之依据应是周班，而周班之尊则应是'周之宗盟，异姓为后'的原则，也就是说须依宗盟与宗法秩序的原则。"① 诸侯以周班为序，班位不同，他们所享有的权利和需要履行的义务也是不同的。《左传》昭公十三年诸侯同盟于平丘："及盟，子产争承，曰：'昔天子班贡，轻重以列。列尊而贡重，周之制也。卑而贡重者，甸服也。'"西周王朝就是按照这样的原则，构建起了他的统治秩序。

2. 等级界线森严

在周族与异姓盟誓的时候，坚持"周之宗盟，异姓为后"的原则，在同一姓氏的内部不同等级间的人举行盟誓的壁垒也是十分森严的。《左传》昭公七年曰："天有十日，人有十等。下所以事上，上所以共神也。故王臣公，公臣大夫，大夫臣士，士臣皁，皁臣舆，舆臣隶，隶臣僚，僚臣仆，仆臣台。"这些不同等级的人，在盟誓的时候是不能越级而盟的。如《左传》僖公二十九年说："在礼，卿不会公侯，会伯子男可也。"《公羊传》文公七年曰："诸侯不可使与公盟。"由于西周史料的缺乏，我们今天难以知道当时的具体规定，但从《左传》中我们还是可以依稀洞察到它的大概。如《左传》文公二年，公不朝晋，晋人来讨，公如晋，"晋人使阳处父盟公以耻之。书曰'及晋处父盟'，以厌之也。适晋不书，讳之也"。后来，文公三年，"晋人惧其无礼也，请改盟"。所以"公如晋，及晋侯盟"。《左传》文公十六年，（鲁）及齐平。公有疾，使季文子会齐侯于阳穀。请盟，齐侯不肯，曰："请俟君间。"后来，夏五月，纳赂于齐侯，才得与齐侯盟于郪丘。《左传》哀公二十五年，卫侯"使优狡盟拳弥"。杜注曰："优狡，俳优也。拳弥，卫大夫；使俳优盟之，欲耻辱也。"② 其后拳弥卒作乱。这些材料都可以说明西周时期盟誓是有明确的等级规定的。

（三）盟誓礼仪程序的制度化

据现代学者考证，《周礼》中"三百七十七种职官（包括职掌缺佚的十种和《考工

---

① 巴新生：《西周"宗盟"初探》，《东北师范大学学报》，1997年第2期，第44页。

② （晋）杜预注，（唐）孔颖达正义：《春秋左传正义》，北京大学出版社，2000年，第1725页。

记》的三十种职官）中，约有六十余种职官与盟誓有直接或间接的关系”。① 这些职官中，如玉府掌珠盘玉敦；封人掌饰牛牲；诅祝掌撰写盟誓之载辞；戎右掌执玉敦和赞牛耳桃茢；司盟掌盟载之法等都与盟誓有关。结合《左传》、《国语》在关于春秋以前盟誓的记载，我们认为西周时期盟誓的礼仪已经形成完备的制度了。西周时期盟誓的礼仪大体上包括以下几个环节：

（1）为载书。载书又称载、载辞或盟书。在西周时期，载书的撰写由专职官员来完成。《周礼·春官·诅祝》中说：“（诅祝）作盟诅之载辞，以叙国之信用，以质邦国之剂信。”更具体一点说，盟书是由祝来起草。如《左传》哀公二十六年载，宋大尹欲盟六卿，“使祝为载书，六子在唐盂，将盟之。祝襄以载书告皇非我”。

（2）选择和布置盟誓的场所。《左传》成公十一年曰：“齐盟，所以质信也。会所，信之始也。”可见会所之重要。西周时期的盟誓，有时选择在宗庙举行，如《左传》昭公四年，“周幽为大室之盟，戎狄叛之”。春秋时期还有许多在宗庙盟誓的例子，如《左传》成公十三年，郑大夫子驷与国人盟于大宫；襄公十四年，卫君与诸大夫盟于丘宫；襄公二十五年，崔杼与国人盟于大宫等。所以《论语·先进》公西华云：“宗庙之事，如会同、端章甫，愿为小相焉。”他把会同归为宗庙之事，可见也是有一定道理的。西周时期除了在宗庙举行盟誓以外，还有其他地点的盟誓。如前面论述的，天子十二年巡守盟于方岳之下，如不巡守，则诸侯尽朝，并于城外而盟。这种在城外或方岳之下举行的盟誓，还要做除地、为坛和张幕等准备活动。

（3）杀牲。《国语·鲁语上》记载成王赐齐、鲁之盟时“质之以牺牲”，《左传》襄公十年记载平王东迁时赐瑕禽“骍旄之盟”。说明西周是有用牲现象的。在西周时期，盟牲所用也是有严格的等级规定的。如《礼记·曲礼下》孔疏云：“许慎据《韩诗》云：‘天子、诸侯以牛豕，大夫以犬，庶人以鸡。’”②

（4）执牛耳。《周礼·天官·玉府》载：“若合诸侯，则共珠槃、玉敦。”杜注曰：“合诸侯者，必割牛耳，取其血，歃之以盟。”③《说文》中也说：“盟，杀牲歃血，朱盘玉敦，以立牛耳。”牛耳割下后由大国执之。

（5）昭大神。《左传》襄公九年，公孙舍之反对荀偃改载书时说：“昭大神要言焉。若可改也，大国亦可叛也。”《左传》僖公二十八年宛濮之盟的载书说：“用昭乞盟于尔大神以诱天衷。”可见昭大神也是盟誓中重要的环节。昭大神的任务，由司盟负责，《周礼·秋官·司盟》说：“凡邦国有疑会同，则掌其盟约之载及其礼仪，北面诏明神。”

（6）读载书。昭大神以后，在神的面前宣读载书，也是盟誓过程中的重要仪式。《周礼·秋官·司盟》“北面诏明神”，郑玄注云：“诏之者，读其载书以告之也。”《礼记·曲礼下》：“约信曰誓，涖牲曰盟。”郑玄注云：“坎用牲，临而读其盟书。”④《左传》僖公九年，“齐侯盟诸侯于葵丘，曰：‘凡我同盟之人，既盟之后，言归于好。’”可是《谷梁传》说：“葵丘之会陈牲而不杀，读书加于牲上。”可见，确存读载书之礼。

---

① 李学勤：《春秋史与春秋文明》，上海人民出版社，2001 年，第 89 页。

②④（汉）郑玄注，（唐）孔颖达疏：《礼记正义》，北京大学出版社，2000 年，第 165—166 页；第 164 页。

③（汉）郑玄注，（唐）贾公彦疏：《周礼注疏》，北京大学出版社，2000 年，第 186 页。

（7）歃血。《左传》隐公七年，陈五父如郑莅盟，及郑伯盟时“歃如忘”，郑洩伯曰：“五父必不免，不赖盟矣。”可见歃血在盟誓当中是非常重要而又神圣的礼仪活动。在西周歃血中传敦血的活动由戎右职掌。如《周礼·夏官·戎右》云：“盟，则以玉敦辟盟，遂役之。”郑玄注云：“役之者，传敦血，授当歃者。”① 在盟誓中，歃血的次序也是有着严格的等级规定的。《周礼·夏官·戎右》孙诒让对郑玄的注释说：“云‘役之者，传敦血授当歃者’，谓尸盟者先歃，余皆以尊卑次第徧歃，并戎右持敦血传授之也。”②《左传》中记载的宋之盟和黄池之盟，晋、楚和晋、吴争先歃，是证孙氏之说并非空言。在温县盟誓遗址1号坎的盟书中，最下面叠压十几枚玉简，郝本性先生认为是“表明身份高者先歃血读盟，所以先放入坎内”③。结合文献互证，其说是正确的。

（8）保存盟书。《周礼·秋官·司盟》中说：“既盟，则贰之。”郑玄注云：“贰之者，写其副当以授六官。”④《周礼·秋官·大司寇》叙述大司寇的职掌时说：“凡邦之大盟约，莅其盟书而登之于天府，大史、内史、司会及六官皆受其贰而藏之。”藏盟书的目的是存档，以备日后的查证对质。《左传》僖公二十六年，齐师伐鲁，鲁僖公使展喜犒师，并向齐侯提起了周公和太公的一个盟誓曰：“昔周公、太公股肱周室，夹辅成王。成王劳之，而赐之盟，曰：‘世世子孙无相害也！’载在盟府，大师执之。”齐侯闻之，卒还不伐。《周礼·秋官·司约》曰：“若大乱，则六官辟藏，其不信者杀。”郑玄注云：“大乱，谓僭约，若吴、楚之君，晋文公请遂以葬者。六官辟藏，明罪大也。六官初受盟约之贰。”⑤

三、西周时期盟誓制度化的特点

从上文论述盟誓制度化的表现，我们可以归纳出西周时期盟誓制度具有以下几个特点：

（1）盟誓制度与分封制度相伴随。周初的统治者为了实现“以藩屏周”的目的，分封了大量的同姓诸侯，同时对原来臣服于商的诸侯，在承认其既得权利的基础上也实行分封。对于这些诸侯如何进行约束和管理，是周初统治者必须解决的问题。利用当时对祖先和鬼神崇拜的观念和前代留下来的盟誓的传统，让受封诸侯在分封的时候对神进行盟誓不失为一种好的方法。大规模的分封主要集中在西周前期，到了西周末期仍有分封，如卫国和秦国等，这些诸侯在初受分封和新君即位的时候，都要举行盟誓活动。此外，周天子每隔十二年还要举行一次大规模的盟誓活动，即“殷同”之礼，周的统治者通过这种盟誓活动实现了对诸侯的约束和统治。

（2）盟誓活动与宗法制度相表里。盟誓制度与宗法制度不矛盾，相反盟誓制度却是在宗法制度的基础上建立起来的。诸侯在举行盟誓的时候按“周之宗盟，异姓为后”的

---

①② 孙诒让：《周礼正义》，中华书局，1981年，第2578页；第2579页。

③ 郝本性：《河南温县东周盟誓遗址发掘与整理情况》；见艾兰、邢文编：《新出简帛研究》，文物出版社，2004年，第78页。

④⑤ 孙诒让：《周礼正义》，中华书局，1981年，第2852页；第2850页。

原则，姬姓诸侯班位在前，享受种种特权，从而有利于团结姬姓族人，形成以姬姓为核心的团体，共同对付反抗和叛乱的诸侯。异姓诸侯虽然班位靠后，但也被纳入了宗盟体系，成为特权阶层，从而既解决了异姓参政的问题，又扩大了西周王朝的统治基础。就是在姬姓内部，盟誓过程中的宗法因素也是明显的。姬姓贵族按照与天子的远近被封赐了不同的爵位和等级，在盟誓中不同爵位和等级的人之间的盟誓是有明确规定的。总之，盟誓制度以宗法关系为内核，构建起了以“亲亲”为基础的统治体系。

（3）盟誓制度在西周时期形成了完备的体系。在盟誓的过程中，为载书、杀牲、执牛耳、昭大神、读载书、歃血、保存盟书等程序都有专门的礼仪活动，并且有专职人员负责。这些盟誓的仪式是神圣而又严肃的，在人们的意识中如有半点违误，就要遭到神灵的惩罚。春秋初期的陈五父“歃如忘”，时人就认为“五父必不免，不赖盟矣”。这样一套完备的礼仪规定，如果当时盟誓还没有形成制度，也是难以想象的。

四、结论

综上所述，西周时期为了适应对广大分封诸侯国统治的需要，周王朝的统治者对传统的盟誓习俗进行了改造，并使其走向制度化，从而使盟誓制度与宗法制度、分封制度共同构成了西周的统治体系。

（作者：卢中阳，陕西师范大学先秦史博士）

从所载子思言行看《孔丛子》的伪书本质

——兼说疑古派观点的价值与意义

李健胜

【提　要】《孔丛子》所载子思言行，都系杜撰而来，不能当作信史看待。杜撰此书时，作者也可能有所依凭，但这终不能改变《孔丛子》的伪书本质。疑古派学者的相关观点及其价值应当得到尊重，不能因要急着"走出疑古时代"，而步入完全信古的泥淖。

【关键词】《孔丛子》　子思　伪书　疑古

子思的言行散见于《礼记》、《孟子》和《史记》等传世文献，新近发现的史料有1993年湖北荆门郭店出土的战国楚竹书《鲁穆公问子思》一篇，除此而外，《孔丛子》中有较多的相关记述，但都系杜撰而来，并不可靠。本文通过辨析《孔丛子》所载子思言行，来揭示《孔丛子》的伪书本质，以重申疑古派相关观点的价值和意义。

一、《孔丛子》所载子思言行证伪

子思姓孔，名伋，系孔子之孙，是儒家"道统"说中上继曾子、下续孟子之人，历史上被称为"述圣"。《礼记·檀弓》篇中记有子思和曾子对话的内容，《孟子》中载有子思与鲁穆公的对话，孟子曾"受业子思之门人"（《史记·孟荀列传》）。《史记·孔子世家》中云："伯鱼生伋，字子思，年六十二。尝困于宋。子思作《中庸》。"《汉书·艺文志》也记有子思"为鲁缪（穆）公师"。综合上述史料，子思为孔子之孙、子思"尝困于宋"、"子思作《中庸》"和子思曾"为鲁缪（穆）公师"等问题是子思生平事迹中的核心问题。《孔丛子》一书的作者，依照以上信史中记述的这几个核心问题，杜撰了一系列的子思言行。

《孔丛子·记问》中列有孔子和子思讨论学术、政治等问题的内容：

> 夫子闲居，喟然而叹。子思再拜，请曰："意子孙不修，将忝祖乎？羡尧舜之道恨不及乎？"夫子曰："尔孺子，安知吾志？"子思对曰："伋于进膳，亟闻夫子之教。其父析薪，其子弗克负荷，是谓不肖。伋每思之，所以大恐而不懈也。"夫子忻然笑曰："然乎，吾无忧矣。世不废业，其克昌乎！"

子思问于夫子曰："为人君者，莫不知任贤之逸也，而不能用贤，何故？"子曰："非不欲也，所以官人失能者，由于不明也。其君以誉为赏，以毁为罚，贤者不居焉。"

子思问于夫子曰："亟闻夫子之诏正俗化民之政，莫善于礼乐也。管子任法以治齐，而天下称仁焉。是法与礼乐异用而同功也，何必但礼乐哉？"子曰："尧舜之化，百世不辍，仁义之风远也。管仲任法，身死则法息，严而寡恩也。若管仲之知，足以定法，材非管仲而专任法，终必乱成矣。"

子思问于夫子曰："物有形类，事有真伪，必审之，奚由？"子曰："由乎心，心之精神是乎圣。推数究理不以物疑，心诚神通则数不能遁，周其所察，圣人难诸。"

按《公羊传》、《谷梁传》和《史记》等史料，孔子的卒年应为周敬王四十一年，即公元前479年，子思之父伯鱼先孔子死，这一点有《论语·先进》为证："颜渊死，颜路请子之车以为之椁。子曰：'才不才，亦各言其子也。鲤也死，有棺而无椁。吾不徒行以为之椁。以吾从大夫之后，不可徒行也。'"子思的生父伯鱼在孔子晚年时去世，这也从一个侧面说明孔子与子思肯定有过一起生活的经历。依《史记》记载，子思生年六十有二，又按《汉书·艺文志》的说法，子思曾为鲁穆公之师，根据《史记·六国年表》和《史记·鲁周公世家》，鲁穆公元年为公元前407年或前405年，与孔子卒年相隔72或74年。如若子思确为鲁穆公之师，那么《史记》中子思"年六十二"的记载就有问题，因为子思的生年只有六十二岁的话，那么鲁穆公即位时，子思就已去世，不可能为其师。但是《孟子》和《汉书·艺文志》的相关记述，以及新近出土的郭店楚简《鲁穆公问子思》，都说明子思和鲁穆公有过交往，这一点又是不能置疑的。钱穆先生通过考证，认为"六十二乃八十二之误"[①]，钱先生的考证也主要依据上述史料，但结论十分牵强。我们认为《汉书·艺文志》中所载子思为鲁穆公之师一说，不能胶执，其说是追述古人之事，所以是以子思和鲁穆公的最终身份记述了此事，子思与鲁穆公交往的时间应在鲁元公在位时，子思也卒于鲁元公之时，在其晚年曾为鲁储君显之师，而显就是鲁穆公，钱先生对子思生卒年代的考证虽有问题，但他认为子思生年"不能甚前"[②]的看法是得当的，否则的话，这件由信史和出土楚简为证的事就根本不可能成立。在《孔鲤颜回卒年考》中，钱穆先生对伯鱼的卒年有过详考，他认为依《论语》、《史记》中的相关记载，伯鱼去世时，"孔子年当六十九"[③]。根据上述分析，孔子晚年时，子思最多不过是四五岁的幼童，他和孔子之间不可能谈论上述《孔丛子·记问》中所载的那些学术和政治问题。《孔丛子》的作者之所以杜撰这些言谈记录，无非是想夸大孔门一系学术传承的根据，为达到这一目的就顾不上考虑孔子和子思因行年的差异，不可能有如此深入地讨论学问的事实了。

有些学者把《孔丛子》中显而易见的杜撰当作了信史，如郭沂先生在他的《孟子车非孟子考：思孟关系考实》一文中，也引用了上述史料中的一部分，他认为"这段文字

① 钱穆：《先秦诸子系年》，商务印书馆，2001年，第199—202页。
② 钱穆：《先秦诸子系年》，第199页。
③ 钱穆：《先秦诸子系年》，第60—62页。

记述了子思开始从学于孔子的过程。原来，子思年幼时，就在饭桌上受到孔子的熏陶”。[1]伯鱼去世后，子思正值年幼，孔子和子思祖孙二人有过言谈当属正常，但从上述引文来看，作为幼童的子思与其祖父谈论的内容是严肃而深刻的学术问题，且每每以“子思问于夫子”的方式展开谈话，这既不是一般意义上的“熏陶”，也不可能总发生在“饭桌上”，此时的子思不仅能设问于孔子，还对孔子之道的流布表达了“其父析薪，其子费克负荷，是为不肖”（《孔丛子·记问》）的承继意识。

细究上述引文中的内容，我们发现《孔丛子》一书的作者以子思的学术主张为主线，通过虚构孔门祖孙二人的言谈，在一问一答式的话语设计中，罗列了一些可能是“子思之儒”的材料。子思问孔子“物有形类，事有真伪，必审之”的道理，孔子回答：“由乎心，心之精神是乎圣。推数究理不以物疑，心诚神通则数不能遁，周其所察，圣人难诸。”（《孔丛子·记问》）其中，“心之精神是乎圣。推数究理不以物疑，心诚神通则数不能遁”的说法看似出于孔子之口，但实系“子思之儒”的思想。《中庸》载有：

> 诚者，天之道也。诚之者，人之道也。诚者，不勉而中不思而得。从容中道，圣人也。诚之者，择善而固执之者也。

“从容中道，圣人也”之句与上述“心之精神是谓圣”在学理上是相合的。《孔丛子》一书的作者可能把他见到的“子思之儒”的有关史料编入其杜撰的《孔丛子·记问》中，让原本可能是“子思之儒”的信史，在改换了引述者之后，使之失去了原有的史料价值，也使上述引文中孔子与子思的对话显得更不真实。

《孔丛子》对子思“困于宋”的情况也有过详述，《孔丛子·居卫》一篇云：

> 子思年十六适宋，宋大夫乐朔与之言学焉。朔曰：“《尚书》虞、夏数四篇，善也。下此以讫于秦、费，效尧舜之言耳，殊不如也。”子思答曰：“事变有极，正自当耳。假令周公尧舜更时异处，其书同矣。”乐朔曰：“凡书之作，欲以喻民也，简易为上。而乃故作难知之辞，不亦繁乎？”子思曰：“《书》之意兼复深奥，训诂成义，古人所以为典雅也。昔鲁委巷亦有似君之言者。”伋答之曰：“道为知者传，苟非其人，道不贵矣。今君何似之甚也！”乐朔不悦而退，曰：“孺子辱吾。”其徒曰：“此虽以宋为旧，然世有仇焉，请攻之。”遂围子思。宋君闻之，驾而救子思。子思既免，曰：“文王厄于羑里作《周易》，祖君屈于陈蔡作《春秋》，吾困于宋，可无作乎？”于是撰《中庸》之书四十九篇。

从这段记述来看，子思十六岁时曾至宋国，并与宋国大夫乐朔讨论《尚书》并发生争执，乐朔使其门徒围攻子思，后因宋国君主相救，才得以幸免。有感于周文王困于羑里而作《周易》，其祖父困于陈蔡作《春秋》，遂作《中庸》。这段看似合理的记述，实际上仍属杜撰，并不可靠。子思年十六游于宋国是可能的，但以十六岁之年与宋大夫讨论《尚书》并因此结仇的说法是值得怀疑的，更甚者，学界普遍认为系“子思之儒”学术思想总结之作的《中庸》，竟出自子思年仅十六岁之时，无论如何是不能令人信服的。古人著书，往往以首篇命名全书，蒋伯潜先生曾说：“邹衍所作有四十九篇，而《史记·孟荀列传》仅言作《主运》；《屈原赋》尚有《九歌》等，而《史记·屈贾列传》仅言作

---

① 郭沂：《孟子车非孟子考：思孟关系考实》，《中国哲学史》，2002 年第 3 期。

《离骚》也。”[1] 可见，这种情形是一个通例。《孔丛子·居卫》一篇所说的“《中庸》之书四十九篇”也并非《礼记·中庸》一文，而是指《汉书·艺文志》所录《子思》一书的原本。《汉书·艺文志》所录《子思》一书系子思及其弟子的作品，即“子思之儒”的学术总集，并非一人一时之作。如果子思游历宋国时年仅十六岁，他也不可能在短暂游历宋国之际写就此书。单就后世所称的《子思子》一书而言，其中应当录有失佚的《鲁穆公问子思》之类的文字，如若年仅十六的子思因困于宋国发愤作《中庸》的话，《鲁穆公问子思》一类的篇章绝不可能出于他个人之手，这类作品显然系子思弟子所记，形成的时间可能是子思晚年，更有可能如《论语》的成书性质一样，系子思去世后弟子门人追述其言行而形成的。孔子是否“作《春秋》”，学术界是有争论的，但孔子曾编定过《春秋》则完全可能，但此事应当发生于孔子晚年，当时他已经归鲁，这一点可以以《史记·孔子世家》的相关记载为证。蒋伯潜先生也认为“孔子作《春秋》在归鲁之后，不在困于陈、蔡时。子思于其祖不应谩言”。[2] 另外，上述引文中，乐朔之徒说：“鲁虽以宋为旧，然世有仇焉，请攻之。”也不符合实情，子思其祖虽迁居鲁国，实乃宋人之后，且在过去曾与宋国权贵有过冲突，如若这次冲突真的发生，也可以找到更为直接的理由，不必扯得如此遥渺。

关于子思的其他游学活动，不见于《史记》，结合《孟子》一书的记载，我们可知子思曾“居于卫”。《孟子·离娄下》云：“子思居于卫，有齐寇。或曰：‘寇至，盍去诸?’子思曰：‘如伋去，君谁与守。’”子思身处乱世，不仅曾“困于宋”，身居卫国时，遭遇齐寇，身边人劝其躲避，他却说：“如伋去，君谁与守。”可见在普遍混乱的时代，危难的局面也是人生之常态。

关于子思“居于卫”的情况，《孔丛子》一书也有较翔实的记载，如《孔丛子·抗志》中说：

> 子思居卫，鲁穆公卒，县子使乎卫，闻丧而服。谓子思曰：“子虽未臣，鲁，父母之国也，先君宗庙在焉，奈何弗服?”子思曰：“吾岂爱乎，礼不得也。”县子曰：“请问之。”答曰：“臣而去国，君不扫其宗庙，则不为之服。寓乎是国，而为国服。吾既无列于鲁而祭在卫，吾何服哉? 是寄臣而服所寄之君，则旧君无服，明不二君之义也。”县子曰：“善哉！我未之思也。”

从此处的记载看，子思不仅长期居于卫国，还不为鲁穆公服丧，以“明不二君之义”。但这些记载显然也系杜撰，子思肯定先于鲁穆公去世，这一点是毫无疑问的，此处却说子思居于卫国时，听闻“鲁穆公卒”，这显然不合情理。有学者以为穆公系悼公之误[3]，如若此说确实，那么我们姑且认为这些记载也有可能是真实的，但《孔丛子》一书的错谬之处，绝不仅此一处，如果每遇错误便说系文字失误，这也是说不通的。况且，如果《孔丛子》一书出于孔鲋之手的话，他应当熟知子思与鲁穆公的关系，子思有生之年听闻鲁穆公去世之事也绝不可能因记述失误而以讹传讹。

另外，《孔丛子·抗志》中还记载：

---

① 蒋伯潜：《诸子通考》，浙江古籍出版社，1985年，第329页。
② 蒋伯潜：《诸子通考》，第329页。
③ 梁涛：《子思行年考》，见 http：//www. confucius2000. com/confucian/zsxnkao. htm。

卫君问子思曰："寡人之政何如?"答曰："无非。"君曰："寡人不知其不肖，亦望其如此也。"子思曰："希旨容媚，则君亲之；中正弼非，则君疏之。夫能使人富贵贫贱者，君也，在朝之士孰肯舍所以见亲，而取其所以见疏乎?是故竞求射君之心，而莫有非君之非者，此臣所以无非也。"公曰："然乎，寡人之过也！今知改矣。"答曰："君弗能焉，口顺而心不怿者，临其事必忧。君虽有命，臣未敢受也。"

从上述的记载来看，子思在卫国受卫君礼尊，以"无非"讽喻朝政，并深得卫君赏识。但"受业子思之门人"（《史记·孟荀列传》）的孟子却说："子思，臣也，微也。"（《孟子·离娄下》）如若子思被卫君礼尊，孟子不可能不追述此事，子思曾在鲁穆公为储君时，被其所尊崇，他们之间的言论不仅见于新近出土的郭店楚简《鲁穆公问子思》一文，更多地保存在《孟子》一书中，诚如《孔丛子·抗志》所载，子思在卫国的游学活动如此成功，并受卫君尊崇，作为子思再传弟子且与子思在学术理路上一脉相承的孟子，不可能不记述此事，所以我们仍然认为子思"居于卫"是真实的，但在卫国的具体行止除了曾遇"齐寇"外，其他皆不能确知，至于《孔丛子》的相关记述，我们认为是不可信的。

《孔丛子·居卫》一篇还记述了子思游于齐国的情况："子思在齐，尹文子生子不类，怒而杖之，告子思曰：'非吾子也，吾妻殆不妇。'"罗根泽先生依据《汉书·艺文志》等史料考出尹文子系齐宣王时代的人，齐宣王元年在公元前342年，"这时候的子思，大概是'墓木已拱矣'，哪能从坟坑里跳起来来判断尹文子夫妇的床笫之私呢"?① 由此可见，《孔丛子》杜撰的诸多事例很难经得起推敲。另外，在《孔丛子·杂训》中，子思对子上说："吾昔从夫子于郯，遇程子于途，倾盖而语，终日而别，命子路将束帛赠焉，以其道同于君子也。"年仅五六岁的幼童，不仅与孔子从游于郯，伴随出行者还有早死于孔子的子路，这显然也与史不符。

《孔丛子》的作者还试图通过虚构鲁穆公尊礼子思的故事，来抬高子思在仕途上的影响和作为，为达到这一目的随意地变更或虚构了诸多情状，《孔丛子·抗志》中记有：

穆公欲相子思，子思不愿，将去鲁。鲁君曰："天下之主亦犹寡人也，去将安之?"子思答曰："盖闻君子犹凤也，疑之则举。今君既疑矣，又以己限天下之君，臣窃为君之言过也。"

子思在鲁穆公即位前早已去世，不可能在鲁穆公为鲁君主之时参与鲁国之政，也正因为鲁穆公与子思之间因为生卒上的时间差，是不可能发生"穆公欲相子思"之事的。

又如《孔丛子·公仪》一文中记有：

穆公谓子思曰："子之书所记夫子之言，或者以谓子之辞也。"子思曰："臣所记臣祖之言，或亲闻之者；有闻之于人者，虽非其正辞，然犹不失其意焉。且君之所疑者何?"公曰："于事无非。"子思曰："无非，所以得臣祖之意也。就如君言，以为臣之辞，臣之辞无非，则亦所宜贵矣。事既不然，又何疑焉?"

此篇中，鲁穆公对子思所记孔子之言是否真正出于孔子表示怀疑，子思据理力争，

---

① 罗根泽先生对《孔丛子》的辨伪文字最早见于他编著的《古史辨》第四册（上海古籍出版社，1982年），在本文中，我们采用了他的专著《诸子考索》，详见罗根泽：《诸子考索》，人民出版社，1958年，第531页。

对其学术思想的正统性和思想资源的可靠来源进行辩护。“臣所记臣祖之言，或亲闻之者；有闻之于人者，虽非其正辞，然犹不失其意焉”一句中，就直接反映了《孔丛子》作者通过虚构过往情状来抬高子思地位的目的。据上文所述，“臣所记臣祖之言，或亲闻之者”的说法显然是不符合事实的。

综上所述，我们认为《孔丛子》一书中关于子思与鲁穆公之间言论与交往的记载，仅是在先在地知道子思与鲁穆公有过交往这一事实的前提下，通过杜撰或虚构一些事实的方式，发明了类似于《礼记》、《孟子》和郭店楚简中《鲁穆公问子思》一类的情状，这些虚构的故事有前后矛盾的地方，并与信史之间有很大的差距，是不值得引以为据的。

《孔丛子》一书记有子思与其子子上的一些言谈，如《孔丛子·杂训》中记有：

孟子车尚幼，请见子思。子思见之，甚悦其志，命子上侍坐焉。礼敬子车甚崇，子上不愿也。客退，子上请曰：“白闻士无介不见，女无媒不嫁。孟孺子无介而见，大人悦而敬之，白也未谕，敢问。”子思曰：“然。吾昔从夫子于郯，遇程子于途，倾盖而语，终日而别，命子路将束帛赠焉，以其道同于君子也，今孟子车，孺子也，言称尧舜，性乐仁义，世所希有也，事之犹可，况加敬乎？非尔所及也。”

在此文中，“言称尧舜，性乐仁义”之人当系孟子。子思的卒年距孟子出生有近五十年的间隔，孟子不仅未曾见过子思，恐怕与生年仅四十有七的子上也未必有相交往的可能。而在此文中，孟子前来请见子思，子思以礼待之，且“甚悦其志”，子上对“无介而见”表示不满，子思由此劝诫子上，这显然是杜撰而来的情形，并不真实可信。

《孔丛子》还记有子思和孟子谈话的内容：

孟轲问子思曰：“尧舜文武之道，可力而致乎？”子思曰：“彼人也，我人也，称其言，履其行，夜思之，昼行之，滋滋焉，汲汲焉，如农之赴时、商之趣利，恶有不至者乎？”（《孔丛子·居卫》）

子思谓孟轲曰：“自大而不修其所以大，不大矣；自异而不修其所以异，不异矣。故君子高其行，则人莫能偕也；远其志，则人莫能及也；礼接于人，人不敢慢；辞交于人，人不敢侮。其唯高远乎！”（《孔丛子·居卫》）

孟轲问：“牧民何先？”子思曰：“先利之。”曰：“君子之所以教民，亦有仁义而已矣，何必曰利？”子思曰：“仁义，固所以利之也。上不仁，则下不得其所；上不义，则下乐为乱也。此为不利大矣。故《易》曰：‘利者，义之和也。’又曰：‘利用安身，以崇德也。’此皆利之大者也。”（《孔丛子·杂训》）

将上引的材料与思孟学派的思想主张相对照，无论是那个“言称尧舜，性乐仁义”（《孔丛子·杂训》）的孟子车，还是向子思求教“尧舜文武之道，可力而致乎？”（《孔丛子·居卫》）的孟轲，都与从学于子思之门人的孟子在思想主张上如出一辙，很难不把他们看作同一个人。《孔丛子》的作者是在先在地知道子思与孟子在思想上的前后继承关系，才会不惜笔墨，杜撰二人见面、论学的情形。郭沂先生却认为《孔丛子》中的这个“孟子车”与孟子不是一个人，至于思想上的相同之处，则是《孔丛子》在流传的过程中“可能有人曾根据《孟子》作过改动”。① 这种说法显然是不能成立的。

综上，《孔丛子》所载子思的言行都经过了作者的杜撰和加工，都是不可信的。凡是

① 郭沂：《孟子车非孟子考：思孟关系考实》，《中国哲学史》，2002 年第 3 期。

杜撰而来的作品，都会有模糊、虚构或放弃史实的嫌疑，为了抬高子思在孔氏一门的地位，《孔丛子》的作者极尽虚构之能事，使得信史中有过记述但过于简约的子思言行，越发变得令人疑惑，《孔丛子》中关于子思言行的记载也只能当作辨伪时的反证加以利用。

二、《孔丛子》的伪书本质与疑古派观点的价值

《隋书·经籍志》、《论语》家类载有《孔丛》七卷，其下注云："陈胜博士孔鲋撰"，《隋书·经籍志》亦云："《孔丛》、《家语》并孔氏所传仲尼之旨。"宋朝人宋咸在他的《〈孔丛子〉注·序》中说："《孔丛子》者，乃孔子八世孙鲋字子鱼，仕陈胜为博士，以言不见用，托目疾而退，论集先君仲尼、子思、子上、子高、子顺之言，及己之事，凡二十一篇，为六卷。名之曰《孔丛子》，盖言有善而丛聚之也。至汉孝武朝，太常孔臧又以其所为赋与书谓之《连丛子》，上下篇为一卷附之。"据此，我们可知《孔丛子》一书原名为《孔丛》，和《家语》一样，是孔氏著之以传"仲尼之旨"的家书。《孔丛子》始撰于孔子八世孙孔鲋，至东汉中期时，孔臧才将此书完成。今本《孔丛子》七卷，除卷七为《连丛子》上下篇外，其本书六卷之《嘉言》、《论书》、《记义》、《刑论》、《记问》主要记孔子言行，《杂训》、《居卫》、《巡守》、《公仪》、《抗志》主要记子思言行，《小尔雅》为训诂字书，《公孙龙》、《儒服》、《对魏王》主要记子高（孔穿）言行，《陈士义》、《论势》、《执节》主要记子顺言行，《诘墨》、《独治》、《问军礼》、《答问》主要记子鱼（孔鲋）言行。

因为《孔丛子》一书错讹太多，从宋代始，学者们对此书的真实性大多持怀疑态度。南宋人洪迈发现《孔丛子》所记子贡的一段话，与枚乘《上吴王书》中所言基本相同，基于此，他在《容斋随笔》中说：

> 所谓《丛子》者，本陈涉博士孔鲋子鱼所论集，凡二十一篇，为六卷。唐以前不为人所称，至嘉祐四年，宋咸始为注释以进，遂传于世。今读其文，略无楚、汉间气骨，岂非齐、梁以来好事者所作乎？

朱熹在他的《孝经刊误·附记》中说：

> 《孔丛子》亦伪书，而多用左氏语者。但《孝经》相传已久，盖出于汉初左氏未盛行之时，不知何世何人为之也。《孔丛子》叙事至东汉，然其词气甚卑近，亦非东汉人作。所载孔臧兄弟往还书疏，正类《西京杂记》中伪造汉人文章……皆甚可笑。所言不肯为三公等事，以前书考之，亦无其实，而《通鉴》皆误信之。其他此类不一。欲作一书论之而未暇也，姑记于此云。（《朱文公文集》卷六十六）

朱熹以此书的行文语气不似此书形成时代的文风，且内容往往与事实不符，"皆甚可笑"为根据，认为此书的性质类似于《西京杂记》作者伪造汉人文章。朱熹是儒家道统说的崇信者，但同时也是以"道问学"著称于世的学者，从表面上看，《孔丛子》一书对儒家道统说大为有利，但无论是所载内容，还是其行文方式，都明显是作伪而来的，虽然朱熹在他的《四书集注》和《仪礼经传通解》中，曾引用过《孔丛子》中《儒服》、《问军礼》等章的内容，但他基本上不肯从信之。宋人陈振孙也在他的《直斋书录解题》

中认为《孔丛子》出自孔氏子孙，并非孔鲋一人所作。宋人也有相信此书者，如卫湜认为孔安国对“禋于六宗”的解释出自《孔丛子》，“诸儒之说纷纷不已，皆不见孔子之言故也。”（《礼记集说》卷十七）明清学者大多认为《孔丛子》为伪书，其看法基本承袭宋人之见，清人姚际恒在他的《古今伪书考》中认同了朱熹的看法，张之洞的《书目答问》认为《孔丛子》一书的内容“有依托，不尽伪”。焦循也曾言：“《孔丛》伪书，不足证也。”（《孟子正义》）皮锡瑞在他的《经学历史》中把《孔丛子》与孔安国《尚书传》、《论语注》、《孝经注》、《孔子家语》并列为“经学之大蠹”[①]王肃的五种伪作之一。

20世纪以来，疑古思潮兴起，本来被历代诸多学者怀疑为伪作的《孔丛子》，也受到疑古派学者的质疑，其中代表性的人物是罗根泽先生，他就认为《孔丛子》系伪书，其内容不可信[②]。罗根泽先生提出的证据大致如下：第一，如若此书系孔鲋所撰，那么刘向、班固等汉代学者应当能够看到。《汉书·艺文志》中没有收录此书，汉代学者也未引述过此书，汉魏时却突然出现，令人怀疑。第二，如若此书真为孔鲋所作，其对孔氏一门的记述应当不致十分大错，但此书错误之处比比皆是。第三，如若此书作者为孔鲋，那么关于他的记载应用自述语气，而《孔丛子·独治篇》中说：“子鱼生于战国之世，长于兵戎之间，然独乐先王之道，讲习不倦。”其中，全无自述的口气，倒系他人赞美之辞。此外还记有“子鱼名鲋甲，陈人，或谓之子鲋，或称孔甲”。作者自己对其名不能确定，怎能说此书系出自孔鲋之手呢？

近年来，学者们又提出与罗根泽先生相异的看法，黄怀信先生就认为《孔丛子》一书系汉魏时的孔氏家书，此书之作者也并非孔鲋，而此书所记内容当有所依凭，大体是可信的[③]。持这一观点的学者们的理由大致如下：第一，此书《答问》一篇载：

> 博士凡仕六旬，老于陈，将设戒其弟襄曰：“鲁，天下有仁义之国也，战国之时讲诵不衰，且先君之庙在焉。吾谓叔孙通处浊世而清其身，学儒术而知权变，是今师也。宗于有道，必有令图，归必事焉。”

既然此处记有孔鲋“老于陈”之事，则其所记者当非孔鲋本人，所以对孔鲋之事以第三人称的语气记述，应属正常。第二，《汉书·艺文志》未著录《孔丛子》，只能说明《孔丛子》成书时大约在东汉时期。第三，近年出土的文献中有与《孔丛子》和《孔子家语》相合的内容，如1973年河北省定县西汉墓出土的竹简《儒家者言》，其内容与今本《孔子家语》相近，《隋书·经籍志》序录云：“《孔丛》、《家语》并孔氏所传仲尼之旨。”对于《孔子家语》而言，《隋书·经籍志》的记载是有所依凭的，那么同记一处的《孔丛子》也应当确系“汉魏孔氏家学”，虽然此书成书较晚，但所记内容应当有其渊源。第四，依朱熹的方法细观《孔丛子》的行文语气，《孔丛子》虽有后人篡改的痕迹，确有“叙事至东汉”、“词气甚卑近”的现象，但仅指《孔丛子》书末所附孔臧作的《连丛子》，而《孔丛子》原书并不能断定为“非东汉人作”。换言之，《孔丛子》卷四《公孙龙》篇以下，记子高、子顺、子鱼言行的部分，文气确显“软弱”，而卷一至卷三记孔子、子思言行，则决无“软弱”之嫌。据此，学者黄怀信认为《孔丛子》中，“记孔子、

---

① 皮锡瑞：《经学历史》，中华书局，1959年，第159页。
② 罗根泽：《诸子考索》，第530—535页。
③ 黄怀信：《〈孔丛子〉的时代与作者》，《西北大学学报》（哲学社会科学版），1987年第1期。

子思、子高的三部分均有原始材料，其文字基本上属于采辑旧材料或据旧材料加工而成”。[①] 李学勤先生在他的《竹简〈家语〉与汉魏孔氏家学》[②] 一文中也认为，《孔丛子》一书必有所据，斥其为伪书的结论应当重新加以审视。后来，李学勤先生又以新近出土的楚简材料为据，认为《孔丛子》一书具有较高的学术价值，堪称孔氏家学之“学案”[③]。李零先生在他的《简帛古书与学术源流》一书中认为《孔丛子》并非伪书，但今本《孔丛子》系东汉以来的改编本[④]，李零先生还认为人们应当对历代学者对这本书的怀疑以及所持的质疑立论进行反省，换言之，李零先生认为《孔丛子》一书所载的内容不应当被统统视为杜撰或虚构而成的[⑤]。上博简公布后，人们发现其中被整理者命名为《孔子诗论》的内容与《孔丛子》中保留的孔子论《诗》和内容颇为相近，李存山先生认为《孔丛子》中的孔子论《诗》的内容与上博简《孔子诗论》有内在关系，可以纳入同一个体系[⑥]。

郭沂以王充《论衡·正说》篇中孔子之言“敕记之时甚多，数十百篇”等语为据，认为除《论语》以外，“子曰”类语录是大量存在的，也“不可贸然把《孔子家语》、《孔丛子》归入伪书之类”。[⑦] 他还把《孔丛子》列入《论语》类文献，认为《孔丛子》所载“子曰”类语录是可信的。郭沂也说：“正因为孔子的言论事迹广为流传，所以将其演绎以致以讹传讹，或将片言只语假托于孔子，在所难免。但我认为这种现象是个别的，与集中记载孔子言行的《论语》类文献不可同日而语。”[⑧] 如前文所述，《孔丛子》中孔子与子思的对话明显袭自《中庸》，而子思与孟子的对话又袭于《孟子》，孔子之后孔门最主要的儒学传人子思的言行几乎全部都是杜撰而来的，这怎么能说是“个别的”现象呢？我们也认为，秦汉时期，大凡一部著作在其流布的过程中，难免有被篡改的可能，更何况《孔丛子》一书系孔门家书，其被篡改的可能性更大。但无论如何，被篡改的情况不应涉及全书的内容，《孔丛子》是以信史中的材料为线索，有意作伪而成的，不是窜入个别文字或被篡改那么简单。黄怀信先生认为《孔丛子》中关于孔子、子思等的内容有原始材料为据，现在又有郭店简和上博简为证，可见他的看法是中肯的，但我们认为如若《孔丛子》中有些内容与新近出土的儒家典籍中的内容相合，这只能说明杜撰《孔丛子》的人在写就此书时的确有所依据，但由于此书在所记人事方面的内容完全由杜撰而来，还将其依据的材料按杜撰所需，安排入相关的章节中去，使得原本可能确系孔门一系的言论，在虚构而来的各种情形中失去了它们原有的价值。杜撰伪书者也会有所依凭，这也是可能的，为了抬高孔子及其后人的地位和影响，这些原本可靠的史料本身也有可能经过了作者的篡改，使其原本的面目变得更为模糊。所以我们认为此书并非因有

---

① 黄怀信：《〈孔丛子〉的时代与作者》，《西北大学学报》（哲学社会科学版），1987 年第 1 期。
② 李学勤：《竹简〈家语〉与汉魏孔氏家学》，《孔子研究》，1989 年第 2 期。
③ 李学勤：《简帛佚籍与学术史》，江西教育出版社，2004 年，第 384 页。
④ 李零：《简帛古书与学术源流》，北京三联书店，2004 年，第 310 页。
⑤ 李零：《丧家狗：我读〈论语〉》，山西人民出版社，2007 年，第 48—50 页。
⑥ 李存山：《〈孔丛子〉中的“孔子诗论”》，《孔子研究》，2003 年第 3 期。
⑦ 郭沂：《郭店竹简与先秦学术思想》，上海教育出版社，2001 年，第 361 页。
⑧ 郭沂：《郭店竹简与先秦学术思想》，第 363—364 页。

篡改的痕迹，致使人们将其斥为伪书，而是此书原本系伪作，不是被后人篡改，其内容本系伪造而来，既不可轻信，更不能把它当作信史看待。至于其中部分言论与信史相合的情况，因此书篡改了这些言论发生的具体情景，已失去了它们原有的面貌，采用时也应当谨慎。

据此，我们认为疑古派关于《孔丛子》一书的看法，不仅不能推翻，相反应当加以肯定。扩而言之，疑古派的诸多学术成果也应当加以批判地继承，不能因为急着要“走出疑古时代”① 而统统加以否定，从而使自己陷入“信古”的泥淖。

近来的考古发现为我们重建古史体系的确提供了诸多有用的新材料，由于郭店楚简和上博简的出土，原有的一些不正确的看法也的确可以得到纠正，但是我们不能因此就盲目地认为其中的“子曰”类语录都出于孔子之口。春秋战国时期，一个学派的出现和这一学派文本体系的建立往往是不同步的，一般情况下，与学派的出现相比较，文本体系会晚一步形成。由于先秦文本体系的建立过程并无严格的程式，这些文本虽然反映了之前已出现的学派或思想家的思想，但同时也更多地渗入了时人的观点和看法。对特定学派与其文本体系的非共时性问题上，疑古派的观点对今天的我们多有启发之益。比如说，疑古派学者一般都认为今本《老子》晚出②，其中的立据之一是因为今本《老子》中有“圣人不仁以百姓为刍狗”（《老子》第5章）、“大道废，有仁义”（《老子》第18章）、“绝仁弃义”（《老子》第19章）等的言论，这些观点明显是针对儒家思想而来，“仁”是孔子的发明，而“仁”与“义”并举则是孟子思想的一个特点，据此，疑古派学者认为今本《老子》的出现至少晚于《孟子》。郭店楚简本《老子》出土后，人们发现其中并无“绝仁弃义”等与儒家针锋相对的言论，相反，郭店楚简本《老子》“绝智弃辩，民利百倍。绝巧弃利，盗贼无有”［郭店楚简《老子》（甲本）］的说法与儒家的观点多有相合相通之处③。郭店楚简本《老子》的出现只能说明疑古派认为《老子》一书晚出是有误的，但不能由此全部推翻他们的陈说，因为有“绝仁弃义”之说的今本《老子》的确晚出，这是不争的事实。从特定学派与其文本体系的非共时性特征来看，疑古派的上述观点是很有学术价值的，这一观点提醒我们诸子之学文本体系的形成是一个历史化的过程，而诸子之学创始人的思想在后来建立的文本体系中都有可能被重新讨论，文本的内容也会因此被改写，所以才会出现郭店楚简本《老子》与今本《老子》在思想

① “走出疑古时代”说与李学勤先生的《走出疑古时代》（辽宁大学出版社，1995年第1版，1997年修订版）一书关系密切，但此说的出现比李著的出版要早，此说对当前史学界影响颇大，已成为史学研究中的一个新范式，有些学者有误用、滥用此说的嫌疑，但这与李学勤先生本人无关。

② 对这一问题，梁启超、胡适、钱穆和张寿林等人都有过详说，上述学者中除张寿林代表了典型的疑古派观点外，其他三位的学术活动虽与疑古派有关，但并不能因此统而论之。此文中我们主要以张寿林先生的《老子〈道德经〉出于儒后考》一文为分析对象，详见罗根泽：《古史辨》第四册，上海古籍出版社，1982年，第317—331页。

③ 郭店楚简公布后，学者们对先秦时期的儒道关系及其变迁，多有论述，大多认为郭店楚简本《老子》与儒家思想相合的地方颇多，这一点上与今本《老子》有较大的差异。可参见刘泽亮：《从郭店楚简看先秦儒道关系的演变》，《湖北大学学报》（哲学社会科学版），1999年第2期。李零先生对这一问题也有详论，但他并不认为郭店本《老子》中的这些内容能说明儒道互通，详见李零：《郭店楚简校读记》（增订本），中国人民大学出版社，2007年，第19—23页。

主张上大异其趣的现象。同样的情况也出现在出土儒简上，郭店本《缁衣》和今本《缁衣》虽源于同一文本，但无论是篇章结构还是内容都有差异，郭店本《缁衣》和上博本《缁衣》也有一定的差异①，这都说明《缁衣》在习传的过程中，因习传者不同，其篇章结构和内容都会发生变化，今本《缁衣》中多出郭店本《缁衣》的内容是不是战国时期的东西，其中的"子曰"类语录和郭店本《缁衣》中的类似部分，是不是可以等而视之，都是尚待解决的难题，在没有研究清楚之前，我们至少不能盲目地认为这些统统都是孔子的语录。

战国时，诸子之学大兴，不同学派之间的争鸣与分化现象也甚为普遍。据《韩非子·显学》篇所载，孔子去世后，"儒分为八"。孔子后学为标榜各自主张，往往会引述孔子之语为其主张立据，以显示其说的正统与其学的合法性地位，这与今人引述经典作家的言论，以支持其说的做法是一样的。孔子后学以"子曰"或"夫子曰"等形式所引的孔子之语，一部分是孔子弟子"书诸绅"（《论语·卫灵公》）的材料，有可靠的来源，但一部分是按已意编造，贯以孔子名义而已，并不出自孔子之口。以托名于古人的方式来表达已意是战国时代的一种学术风气，自视为孔学正统的思孟学派尤其擅长这一点，荀子就曾批评他们说："略法先王而不知其统，然而犹材剧志大，闻见杂博。案往旧造说，谓之五行，甚僻违而无类，幽隐而无说，闭约而无解。案饰其辞而祗敬之曰：此真先君子之言也。"（《荀子·非十二子》）我们认为现在发现的战国楚简儒书反映的是战国时期儒家们的思想主张，把出土的"子曰"类语录皆归于孔子，显然是不合适的，将有些材料直接定为《孔子诗论》，这种命名就有很大的问题，因为这种命名方式既没有考虑到这批楚简的时代性，对出土楚简的地域性也未作充分的考量，毕竟这批竹简出自楚地，是否已经烙上楚地文化的特征，也未可知。战国楚简的定位尚且有问题，那么晚出的《孔丛子》一书中的"子曰"类语录怎么能直接定为《论语》类文献呢？

先秦儒家文本体系的定位问题，对今天的学者们来说，仍有很大的难度，因为这些儒籍的成书过程比较复杂，历史上形成的相关陈说也很多，梳理这些陈说不仅需要时间，更需要客观而公正的立场，加上儒学在历史上重要而独特的地位，如何以一种合适的态度和恰当的方法对待往圣的言论，也是一个值得深入思考的问题，这些因素都影响到了人们对"子曰"类语录的定位问题。疑古派往往选择历代有疑古倾向的学者及其陈说为依据，有时仅从文本本身来证其伪（如以文中有"车同轨、书同文"之语，就认为《中庸》为伪书或晚出等），这些做法现在看来都是不科学的。但我们也不能因为出现了新的史料，就放弃怀疑和批判的眼光，将一些明显作伪的儒籍统统列入信史。

现在看来，如何深入分析诸子之学与其文本体系非共时性的问题，是一项重要的学术任务，疑古派在这方面的思考值得我们重视，而要想建立科学的古史体系，怀疑和批判的态度是必不可少的。在当前，要真正着手建立科学的古史体系，首先应当对过往学者的研究成果抱以批判地继承的态度，不能因为看到其中有问题，就否定它的价值，更不能因此而建构愈加不妥当的研究范式。无论是疑古还是信古，都应当服务于建立科学

---

① 对郭店本《缁衣》和今本《缁衣》的差异，李零先生有翔实的研究，他认为《缁衣》是记孔子之言的作品，不应把它解释为子思子或公孙尼子的创作。详见李零：《郭店楚简校读记》（增订本），第86—99页。

的古史体系这一目标，不能把疑古或信古作为一个范式强加在构建科学的古史体系这一目标之上。

（作者：李健胜，陕西师范大学历史文化学院在读博士，青海师范大学人文学院副教授）

公孙源流考

赵晓龙

【提　要】笔者通过阅读先秦古籍，发现西周春秋时期被称为公孙某的“公孙”并不是姓，而是表示与国君有血缘联系的贵族的等级身份的名号。到战国时期，典籍中虽有公孙某的名称，但没有明确说是姓。战国以后，由于血缘宗法社会的解体，人们已经搞不清公孙的本来意义，公孙开始被认为是姓，并普及开来。

【关键词】公孙　血缘等级　身份名号

公孙是中国历史上比较常见的一个复姓，其实最初在先秦时期公孙并不是姓，而是一种表示血缘等级身份的名号。

史籍中关于最早姓公孙的记载见于《史记》。①

《史记·五帝本纪》说：“黄帝者，少典之子，姓公孙，名曰轩辕。”

《史记·商君列传》开篇说道：“商君者，卫之诸庶孽公子也，名鞅，姓公孙氏，其祖本姬姓也。”

仔细推敲，这句话的叙述是有矛盾的，说商鞅有两个姓，一姓为姬，同时又姓公孙。

关于姓，小徐本说文作：姓人所生也。古之神圣人母，感天而生子，故称天子，因生以为姓。从女从生，生亦声。

大徐本说文作：姓人所生也。古之神圣母，感天而生子，故称天子。春秋传曰：“天子因生以赐姓。”

纵观文献，有关“赐姓说”的文字记载最早出现在西周时期，而且多是周人的追述之辞，应该是西周王朝建立以后形成的制度。《国语·周语下》：“帅象禹之功，度之于轨仪，莫非嘉绩，克厌帝心。皇天嘉之，祚以天下，赐姓曰‘姒’、氏曰‘有夏’，谓其能以嘉祉殷富生物也。祚四岳国，命以侯伯，赐姓曰‘姜’、氏曰‘有吕’，谓其能为禹股肱心膂，以养物丰民人也。”“唯有嘉功，以命姓受祀。”《左传》隐公七年：“无骇卒。羽父请谥与族。公问族于众仲。众仲对曰：‘天子建德，因生以赐姓，胙之土而命之氏。诸侯以字为谥，因以为族。官有世功，则有官族，邑亦如之。’公命以字为展氏。”鲁人尊周礼，深受西周文化的影响，所以直到春秋时期还恪守着周礼，由国君为卿大夫命谥。所以司马迁《史记·秦本纪》载：“女华生大费，与禹平水土。已成，帝锡玄圭。禹受

---

① 《战国策》中已经出现了公孙衍、公孙龙、公孙起、公孙眛等名字，但是没有明确说这个公孙是姓，司马迁在史籍中明确提出了公孙是姓的说法。

曰：‘非予能成，亦大费为辅。’帝舜曰：‘咨尔费，赞禹功，其赐尔皁游。尔后嗣将大出。’乃妻之姚姓之玉女。大费拜受，佐舜调驯鸟兽，鸟兽多驯服，是为柏翳。舜赐姓嬴氏。”亦深受赐姓说的影响。

其实，赐姓说在西周王朝建立以前是不存在的。《国语·晋语四》：“昔少典娶于有蟜氏，生黄帝、炎帝。黄帝以姬水成，炎帝以姜水成。成而异德，故黄帝为姬，炎帝为姜。”可见上古时代，炎黄的姓并非受上天之赐，而是因为长期居于某地而来的。各个大氏族、部落之间为了相互区别，均有自己的姓。如夏人姒姓，商人子姓，周人姬姓，秦人嬴姓，齐人姜姓，陈人妫姓等等。另外，在目前发现的青铜器铭文中，尚未发现有如《左传》中所说的有周天子为大臣“命之氏”的制度。而且，与赐姓说有关的文献都是春秋战国时成书的。诚如朱凤瀚所说：“姓原本是因生而得，本无所谓‘赐’，此所以有皇天赐姓之说，当与西周以后兴起的天命观有直接关系。”①

其次，自春秋以上，除了《史记·五帝本纪》说“黄帝者，少典之子，姓公孙，名曰轩辕”，此外无有以公孙为姓者。司马迁的说法与《国语·晋语四》“黄帝以姬水成，炎帝以姜水成。成而异德，故黄帝为姬，炎帝为姜”的记载不同。

在《左传》、《国语》等先秦典籍中，称公孙某的情况很多，但此公孙并不是姓，所以被称作公孙某的后代并不以公孙作为自己的姓氏。根据《左传》记载列出被称作公孙某的家谱，如下：

宋桓公——公子荡——公孙寿——荡虺——荡泽

宋平公——公子御戎（子边）——？——边卬

郑穆公——公子喜（子罕）——公孙舍之（子展）——罕虎（子皮）——？——罕达

郑穆公——公子去疾（子良）——公孙辄（子耳）——良宵（伯有）——良止

郑穆公——公子发（子国）——公孙侨（子产）——国参（子思）

郑穆公——公子騑（子驷）——公孙夏（子西）——驷偃（子游）

郑穆公——公子平（子丰）——公孙段（伯石）——丰施（子旗）

由上面所列春秋时期被称为公孙某的谱系来看，“公孙”并不是公子之子的姓，他的姓与他的祖先是一致的。

《左传》昭公四年：郑子产作丘赋。国人谤之，曰：“其父死于路，己为虿尾。以令于国，国将若之何？”子宽以告。子产曰：“何害？苟利社稷，死生以之。且吾闻为善者不改其度，故能有济也。民不可逞，度不可改。《诗》曰：‘礼义不愆，何恤于人言。’吾不迁矣。浑罕（杜注，即子宽）曰：‘国氏其先亡乎！……’”

郑国的子产又称公孙侨，因为其父为郑穆公之子——公子国。按照常例，“国氏”，只有到子产之子时才可以称子产的后代为国氏，而此时子产在世时却被当时的人称为“国氏”，时人并不称其为公孙氏。

又如，《左传》昭公七年：况良霄，我先君穆公之胄，子良之孙，子耳之子，敝邑之卿，从政三世矣。杨伯峻注，子良，公子去疾。子耳，公孙辄，又称伯有。因其祖字子良，故称良霄为良氏，不以公孙为氏。

① 朱凤瀚：《商周家族形态研究》（增订本），天津古籍出版社，2004年，第20页。

再如，《左传》襄公二十六年：叔向曰："郑七穆，罕氏其后亡者也。子展俭而壹。"据杨伯峻《春秋左传注》，郑穆公生公子喜，字子罕，子罕生子展，即公孙舍之。叔向称之为罕氏，亦不以公孙为氏，而是以其祖父的字"罕"作为氏，也不称为公孙某。

由此可见，《公羊传》所说的"孙以王父字为氏"的制度，在当时是被人们普遍认可的。

鲁国的仲孙氏、孟孙氏、叔孙氏也属于这种情况，只不过他们在表示其家族与国君行辈血缘关系前加上了排行。

经过考察，不难发现，只有诸侯之子孙，才可称公子某、公孙某，但是公孙之子却不再称公孙某，基本上都是以其祖父之字作为氏，即《公羊传》所说的"孙以王父字为氏"，姓与祖先相同。实行这种制度的以宋、郑、鲁最多，齐国、秦国也有称为公孙某的，不过由于资料缺失，其世系难以搞清。

按照《公羊传》载春秋时贵族之间实行着"孙以王父字为氏"的传统惯例，到子产的儿子辈才能被称之为国氏。如上举例，与子产同时代的人直接称子产为国氏，这也恰恰说明公孙与公子一样，最初只是用来表示诸侯子孙与诸侯国君辈血缘辈分关系的，并不是氏，更不是姓，而且之中称呼只能终其一生，不能世代如此称呼。因为不管是姓还是氏，都有相对的固定性。制度规定，贵族的氏是以"王父字为氏"的制度的产物，姓与祖先同。在春秋这个看重血统的世袭社会中，贵族的姓与氏，个人是不能随便改动的。如果要改氏，必须经过政府的批准。如《国语·晋语》九载，知宣子将以瑶为后，同族人知果不同意，说如果立知瑶的话，肯定会给知氏宗族带来灭顶之灾，知宣子不听劝告，知果就"别族于大史为辅氏"。可见，个人要改家族的氏号，必须经过官方的批准备案，不能私自随意改动。

那么，春秋时期为什么产生"孙以王父字为氏"制度呢？笔者以为，这与当时的宗法制度有关。

《仪礼·丧服传》载：诸侯之子称公子，公子不得祢先君。公子之子称公孙，公孙不得祖诸侯，此自卑别于尊者也。

清儒陈瑶田《宗法小记》说："诸侯之子曰公子，自卑别于尊，曰别子。"

可见，西周春秋时的公子公孙只是按照其与各国国君的血缘行辈关系所给予的一种表明其贵族身份的称呼，只能用于特定的那一代人，也就是说公子只能用来称呼国君的儿子辈，公孙只能用来称呼国君的孙子辈。公孙的儿子再以他的祖父公子某的字为其氏名，他的姓并没有发生变化，与他的祖父同姓。那么，为什么要用氏名呢？因为西周春秋时期是一个贵族世袭社会，按照宗法制的规定，周天子的嫡长子继承天子之位，其余的庶子要分封出去做诸侯。同样，只有诸侯的嫡长子继承诸侯之位，其他的庶子只能做诸侯国内的卿大夫。王子、王孙或公子、公孙就是用来表明他们（庶子）与周天子或与诸侯国君的血缘关系的，目的在于标明他们的贵族等级身份地位。结合西周的铭文来看，"西周大宗始祖以下第三代（包括始祖）开始分族的制度，至春秋时代开始演变为'孙以王父字为氏'的分族制度。"① 因为宗法制的核心是嫡长子继承制，为了防止统治阶级内部对最高统治权的继承矛盾，所以将嫡长子以外的庶子们分封出去，让他们建立自己的

① 尹盛平：《西周史征》，陕西师范大学出版社，2004年，第280页。

宗族。同时，周天子或诸侯承认他们的地位，给予他们一定的特权，他们必须维护周天子或各国诸侯的统治。只不过周天子的儿子、孙子被称为王子、王孙，只是与公子、公孙的等级、特权不同，没有实质上的差别。

综上所述，西周春秋时期的公孙并不是姓。司马迁《史记·商君列传》中所说的商鞅，名鞅，姓公孙氏，又说其祖本姬姓。依照大小徐的解释，姓是表示他出自哪个祖先的固有符号，是与生俱来的，所以商鞅不会有两个姓，自相矛盾。笔者以为司马迁对先秦的姓氏制度搞不清楚了，所以才会出现商鞅两姓这样的说法。实际上，由于商鞅是"卫之诸庶孽公子"，他应该是卫国姬姓的庶出贵族，所以它的祖先可能被称为公孙某，后来的人（包括司马迁）按照汉代人的习惯，以为公孙就是商鞅的姓，可能是受了《史记·五帝本纪》的影响。司马迁说："余并论次，择其言尤雅者，故著为本纪书首。"认为"黄帝者，少典之子，姓公孙，名曰轩辕"。公孙作为姓，在五帝时代就存在了。在《史记·五帝本纪》中，司马迁把五帝、三代之王并入了同一（以炎黄为祖）谱系，卫国始封之君乃文王之子、武王之弟——康叔。按司马迁的观点，周人是黄帝之后，又与黄帝同姓。所以作为姬姓之后的"卫之诸庶孽公子"商鞅，同时又是以公孙为姓氏的。从文字来看，文从字顺，其实大谬！不符合先秦的姓氏制度。

如果公孙是氏的话，则各国皆有以此为氏者，久而久之则会发生混淆。实际上并不是如司马迁所理解的那样。随着"祖迁于上、宗易于下"的宗法等级关系的推衍，公子公孙如果没有才能，就不能取得禄位，照样会沦落到下层社会。这时表明其等级身份的氏也随着湮没无闻，只有祖先赐予的与生俱来的姓了，那也只是为了避免同姓通婚的发生。西周春秋时的人们已经认识到"同姓结婚，恶不殖也"。有"买妾不知其姓，则卜之"，说明平民只有姓，无氏。春秋末期和战国时代，由于血缘宗法关系松弛，世袭社会逐渐解体，原来作为宗族核心的大宗也失去了庇族的作用。"与此同时，由于先秦古姓的弃而不用，其别婚姻的功能自然只能由氏来担当。至此，氏的概念也发生了本质性的变化"，[①] 原来区别宗族的氏变成了所有宗族成员的姓，现代意义上的姓形成了。由于平民地位的提升，也纷纷以职业、居地名、祖先的名号等为姓，而原先用来表示贵族身份的氏也逐渐与姓合流了，其意义也逐渐无人知晓了。

所以，先秦时期的"公孙"只是宗法分封制下表明诸侯子孙血缘等级身份的称呼而已，只能终其一生，既不是氏，也不是姓。"公孙"是宗法血缘关系下产生的一个专有名词，深刻地反映了当时社会的血缘宗法内涵与"亲亲"的等级特色。战国时期由于种种原因，导致了姓氏制度发生了变化，加之战国史料"史文阙（缺）轶（佚），考古者为之茫昧"。汉代以降，人们对先秦时期的姓氏制度已经搞不清楚了。就目前的史料来看，《史记》首先记载了公孙为姓的说法，公孙也被误解成为姓，并作为一个姓普及开来了。

（作者：赵晓龙，陕西师范大学历史文化学院古文字与先秦史专业硕士研究生）

① 陈絜：《商周姓氏制度研究》，商务印书馆，2007年，第466页。

岭南“陶瓦筑堵”说试解

孟宪军　刘永连

【提　要】通过认真梳理岭南砖瓦建筑发展史资料，笔者不同意《新唐书》所谓宋璟教民“陶瓦筑堵”使“越俗始知栋宇利”的看法，认为早自秦末砖瓦技术在岭南就有传播，至唐代推广到广州民居，宋代开始向各州县传播，明代达到一定水平。进一步分析其背景因素，砖瓦技术传播漫长而复杂这一特点，主要是由岭南地区自然环境的特殊性、经济条件的限制和风俗习惯的影响所造成的。

【关键词】岭南　陶瓦筑堵　砖瓦技术　传播　原因

探讨岭南建筑发展史，前人首先提起的是宋璟教民“陶瓦筑堵”的史实。《新唐书》载，开元三年（715）璟做广州都督，“广人以竹茅茨屋，多火。璟教之陶瓦筑堵，列邸肆，越俗始知栋宇利而无患灾”①。似乎岭南地区至盛唐始有砖瓦技术，而此后砖瓦建筑很快普及，以至于再无火患。其实砖瓦技术在岭南的传播远非这么简单。笔者钩稽史料，试从其传播过程、背景因素两方面对岭南砖瓦建筑发展史作一梳理和诠释。

一

考察砖瓦技术在岭南地区的传播过程，可以发现其始自秦末而非盛唐，并表现出相当漫长和复杂的特点。

1. 秦末砖瓦技术在岭南地区的初步传播

砖瓦技术传播岭南应以秦代大规模开发为条件。统一中原地区以后，秦始皇经略南粤之地，当时大量征发“诸尝逋亡人、赘婿、贾人”为士兵②，后又“以谪戍民五十万戍五岭，与越杂处”③。这些南下的民众身份复杂，为数众多，极易维持原有的生活习惯和技艺，从而为砖瓦技术的南传奠定了基础。

至迟在秦末时期，砖瓦技术肯定已传播到岭南地区。考古发掘中所发现的南越王国时期的大量砖瓦遗物，可以为此提供充分的证据。南越砖从 1975 年出土南越宫署砖石走

① 《新唐书》卷一二四《宋璟传》，以下正史各书均用中华书局点校本，后不重复。

② 《史记》卷六《秦始皇本纪》。

③ 《资治通鉴》卷七“始皇帝三十三条年”，上海古籍出版社，1987 年。

道起陆续有所发现。其砖型规格多样，有方形、长方形、梯形、三角形、扁平弧形及长方条形空心砖、包角砖等。就烧制质量而言，多胎质硬，火候高，制作也精，明显为窑内烧制。南越瓦早自20世纪30年代起就有发现。先是在广州市东山区龟岗寺背底瓦窑遗址，曾出土了一批瓦当；后来在中山四路南越宫署遗址，出土了更具代表性的瓦件，不但为数众多，而且种类丰富，板瓦、筒瓦、连当瓦和折腰瓦等都有发现。①

南越王公署的铺地方砖（67厘米×67厘米）

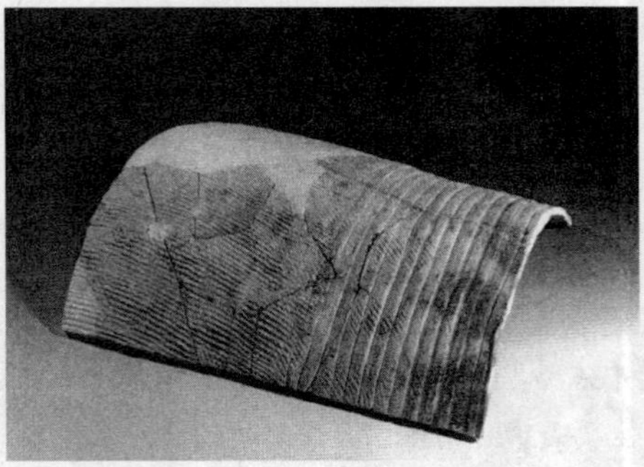

南越国板瓦（51厘米×38厘米）

（资料来源：广州市文化局编：《广州秦汉考古三大发现》，广州出版社，1999年，第129、137页。）

不过，必须指出的是，这一时期岭南地区的砖瓦业尚存许多局限，主要表现在：

（1）应用仅限于宫廷建筑。南越砖瓦主要出土于南越宫署遗址，而在其他地方则罕有发现。同时瓦窑遗址出土遗物以“万岁”瓦当和带文字瓦居多。“万岁”瓦当显然是南越王模仿中原帝王建制的产物。就带文字砖瓦而言，其中工匠所做的印记铭文能表明自身身份或所属机构的可分以下几个类别：一是“左官××”，如“左官奴兽”、“左官卒犁”、“左官卒窟”、“左官侈忌”等；二是“右官”；三是“右冢”；四是“官×”，如“官节”、“官伎”等；五是“官”字、“公”字；六是“奴×”，如“奴利”等。此外还有“右贫”等类。由此可以看出，这些工匠或为官奴，或为卒吏，很可能就是秦王朝经略岭南时所征发的罪犯、贫民和将吏的后裔。他们处于官府的直接管理之下，那么其所从砖瓦业应为官营，生产目的则是为南越宫廷服务。这种经营机制限制了砖瓦技术的普及和发展。

“万岁”瓦当（直径16厘米）

“左官奴兽”铭文

① 广州市文化局编：《广州秦汉考古三大发现》，广州出版社，1999年，第108、128页。

“左官卒犁”铭文

“右官”铭文

“右冢”铭文

“官伎”铭文

“官”字铭文

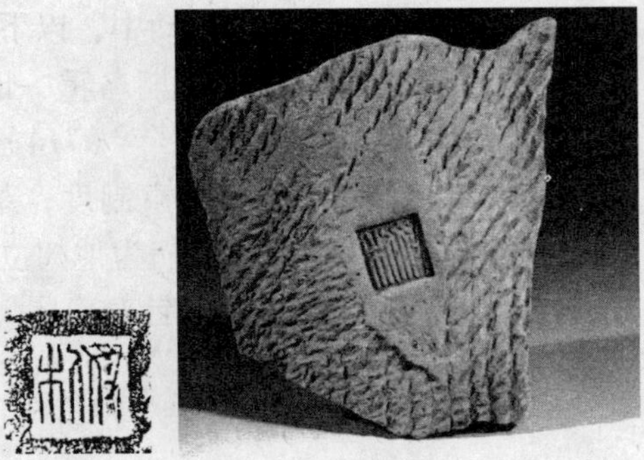

“奴利”铭文

（资料来源：广州市文化局编：《广州秦汉考古三大发现》，广州出版社，1999年，第159、160、163、164、165、169、166等页。）

（2）砖瓦多铺于道路、地基、屋面等，基本还未用于筑堵做墙。在出土的南越砖中，尽管数量、种类不少，但是缺乏用于筑堵做墙的充分证据。其中占了绝大多数的方砖，以67厘米×67厘米为最常见，某些边长甚至有90多厘米，显然无法用于砌墙，而是铺地用的；扁平弧形砖专门用于累砌井壁；包角砖专门用来保护宫殿台基四角，其他像带隼卯的砖也显然用在建筑结构中必须衔接的部位。至于长方形砖，其数量非常之少，与垒砌墙壁的用量根本无法比拟。笔者认为，尽管当时砖瓦技术已由秦人带至岭南，但是在建筑应用上又受到岭南地方资源的限制和风俗习惯的影响，即使宫殿的墙壁很可能也用竹木而非砖瓦，甚至其建筑主体都是竹木结构的。

（3）砖瓦技术传播范围仅限于南越政治中心——番禺。无论是文献记载还是考古资料都表明，秦末汉初砖瓦技术只是初步传播到岭南地区的政治中心——番禺，即今天的广州市部分市区。而在其他地区，尚未见砖瓦技术传播的痕迹。

2. 唐代砖瓦技术推广到广州民居

唐朝时期，随着海上丝绸之路的兴起，岭南地区特别是广州的政治经济地位获得进一步提高。由此，中原王朝越来越重视岭南地区的开发。无论是出镇广州的朝廷大员，还是贬流岭南的官吏名士，他们或改革吏治，或移风易俗，都曾对岭南地区的发展作出过贡献。这一形势，促成砖瓦技术在岭南地区的重大发展。其主要标志就是，广州民居开始采用砖瓦技术。

岭南民居初以竹茅做楼、蒲葵覆屋[①]为流行形式。《旧唐书》云：“广州旧俗，皆以竹茅为屋。”[②]李翱记述杨於陵改革岭南风俗，称其“撤去蒲葵，陶瓦覆屋”[③]。这种建筑形式存在一种致命的缺点，即竹木蒲葵为易燃之物，每当夏季燥热之时，经常引起火灾，而且一旦火起，就会将大片房屋焚烧无余。正如颜真卿在宋璟神道碑铭中所描绘：“彼之风俗，競趋苟简，茅茨竹檐，比屋鳞次，火灾岁起，煨烬无余。”[④]到唐代广州城市建设已有很大发展，人口增多，房屋密集，每有火灾，损失应是相当惨重的。为了清除这种严重的灾患，一些官吏首先在广州大力倡导建筑改革，促使广州民居开始由竹茅结构向砖瓦结构过渡。

在广州民居的这场变革运动中，以下几位著名人物曾起到重大倡导作用。

一是在武则天至唐玄宗时期名重一时的宰臣宋璟。宋璟，邢州（今河北邢台）人，精于吏治，多有政绩。开元二年（714），曾“坐小累为睦州刺史”，三年“徙广州都督”[⑤]。在广州都督任上，他整肃制度，革除鄙俗，大得岭南民众的爱戴和中央政府的重视。经过玄宗皇帝的批准，人们为他树立遗爱碑以颂扬其功德。据载，宋璟在广州“率人版筑，教人陶瓦”[⑥]，主要是针对房屋比较密集的商业区，大力“改造店肆”[⑦]。当时改

① 宋人朱翌认为岭南用来覆盖屋顶的蒲葵其实是棕榈（见朱翌《猗觉寮杂记》卷上，文渊阁四库全书本）。

② 《旧唐书》卷九六《宋璟传》。

③ 《全唐文》卷六三九，李翱《唐故金紫光禄大夫尚书右仆射致仕上柱国宏农郡开国公食邑二千户赠司空杨公墓志铭》，上海古籍出版社，1990 年。

④ 《全唐文》卷三四三，颜真卿《有唐开府仪同三司行尚书右丞相上柱国赠太尉广平文贞公宋公神道碑铭》。

⑤ 《新唐书》卷一二四《宋璟传》。

⑥ 《全唐文》卷二二六，张说《广州都督岭南按察五府经略使宋公遗爱碑》。

⑦ 《旧唐书》卷九六《宋璟传》。

造规模很大，很快“千甍齐翼，万堵皆兴”[①]。改革之利也很快显现出来，“室皆涂塈，昼游则华风可观；家撤茅茨，夜作而灾火不发”[②]。可见，在宋璟倡导下所发生的这次变革开始真正深入到民间。

二是唐德宗在位时期（780—805）任岭南节度使的李复[③]。李复字初阳，族系李唐宗室，为淮安靖王李神通曾孙，以门荫入仕。在岭南节度使任上，他惩治赃官，平定叛乱，同时“教民作陶瓦，镌谕蛮獠”[④]，曾为岭南地方稳定和发展作出贡献。

三是唐宪宗在位时期（806—820）曾任岭南节度使的杨於陵。“元和初……出为岭南节度使。辟韦词、李翱等在幕府，咨访得失，教民陶瓦，易蒲屋以绝火患。”[⑤] 杨於陵这次变革也有较大力度，广州城区从此“遂无火灾，民赖以安”[⑥]。

砖瓦技术在广州民居中的传播和普及至少持续了唐代百余年的时间。从宋璟改造商业店铺开始，其间经历了地方官吏的多次倡导，最终促成了广州城市建设的巨大变化。

3. 宋代砖瓦技术向各州县传播

大致从宋朝时起，岭南地区因不断开发而继续发展，社会经济文化都有了不小的进步，逐步摆脱荒蛮落后的状态。这一时期，有相当一批地方官吏在各州县大力倡导推行砖瓦式建筑，教民陶瓦，甚至身体力行，自树榜样。从此砖瓦技术开始由核心城市向各州县蔓延渗透，影响层面日益广泛。仅赵宋一朝来看，就可见类似许多例子，较著名者有：

（1）曹克明在桂州（治所在今广西桂林）：大中祥符年间（1008—1016）知桂州，“州人覆茅为屋，岁多火。克明选北军教以陶瓦，又激江水入城，以防火灾”。[⑦]

（2）丁谓在崖州（今海南崖县）：乾兴元年（1022）七月，丁谓被贬崖州司户参军。“丁谓既窜朱崖……既至贬所，教民陶瓦。先为公宇，次营所居之第。为小楼，日游其上，阅书焚香，怡然以自得。”[⑧]

（3）刘宜言在邕州（治所在今广西南宁）：“（元丰三年即1080年三月）戊子，管勾广南西路常平等事刘谊言：邕州官舍民居悉以茅覆，兼兵火之后，边城楼橹未备，乞集陶匠烧瓦，运宜州木板，置溪峒竹，盖公私屋宇，庶绝火患。从之。”[⑨]

---

① 《全唐文》卷三四三，颜真卿《有唐开府仪同三司行尚书右丞相上柱国赠太尉广平文贞公宋公神道碑铭》。

② 《全唐文》卷二二六，张说《广州都督岭南按察五府经略使宋公遗爱碑》。

③ 《佩文韵府》卷五一之二，“陶瓦”条曰（文渊阁四库全书本）：“唐书：宗室传：齐物字道用，为岭南节度使时，教民作陶瓦。”以为教民作陶瓦者是李复之父齐物，误。

④ 《新唐书》卷七八《李复传》。

⑤ 《新唐书》卷一六四《杨於陵传》。

⑥ 《全唐文》卷六三九，李翱《唐故金紫光禄大夫尚书右仆射致仕上柱国宏农郡开国公食邑二千户赠司空杨公墓志铭》。

⑦ 《宋史》卷二七二《曹克明传》。

⑧ （元）陶宗仪《说郛》卷四三上。亦见于（宋）曾慥《类说》卷四五，《圣宋掇遗》“教民陶瓦”条。

⑨ 《续资治通鉴长编》卷二九七，“元丰三年三月”条，中华书局，2004年。

（4）苏缄在廉州（治所在今广西合浦）：约在熙宁元年即1068年前夕，苏缄“知廉州。屋多茅竹，戍卒杨禧醉焚营，延烧民庐，因乘以为窃。缄戮之于市”。[①]因为意识到火灾的严重性，他也曾请人向当地百姓传授烧制砖瓦的技术。有史料记述说：“廉民用茅竹为屋，多火灾。缄饬民陶瓦……”[②]

（5）邓酢在梅州：“邓酢，字宾礼，始兴人。……（绍兴年间即1131—1162）知梅州，教民陶瓦筑室，以绝火患。”[③]

（6）苏轼在惠州：绍圣四年（1097），年已62岁的苏轼被贬岭南，流落惠州。他在《与毛泽民推官书》中说道：“寓居粗遣，本带一幼子来。今者长子又授韶州仁化令，冬中当挈家至此。某已买得数亩地，在白鹤峰上，古白鹤观基也。已令斫木陶瓦，作屋三十许间，今冬成。”[④]

4. 明代砖瓦建筑在岭南广泛出现

到明代，砖瓦式建筑以多种形式并且更为频繁地出现在广西各地乃至南部边境一带。例如，永乐十四年（1416）监察御史黄宗载巡按交趾（永乐五年即1407年设省，辖今越南中、北部），“令三司募官伐材陶瓦，不半年营房皆覆瓦”[⑤]。以砖瓦建造营房；天顺年间（1457—1464），庆远（今广西宜山）知府周一清以砖瓦改造城楼，“各门城楼与沿城串楼皆易材一新之，覆以陶瓦”[⑥]；成化四年（1468），富川知县韦忠等，“伐木于山，陶瓦于野，鸠工聚材”，重修县学[⑦]；成化五年（1469），贺县“召土木、灰石、陶瓦诸工”[⑧]，并广泛筹集募捐以修缮县学；成化十二年（1476），太平府（治所在今广西崇左西北）“抡材琢石，运甓陶瓦，财罔民征，开廓地基”[⑨]，拓建城隍庙；成化十三年（1477），河池州（今广西河池）重建治所，“伐木陶瓦，恢拓旧制”，“以次第建为廨宇，而一新之”[⑩]；正德十六年（1521），靖江国主施财派官，“程工市材，陶瓦砖埴”[⑪]，修复桂林宁寿古刹。当然最有意义和影响的还是嘉靖八年（1529）梧州民居的改革活动，上下官吏群策群力，缜密筹划，将政策与教化相配合，使当地民居很快过渡到砖瓦结构。

明代砖瓦技术之所以传播如此迅速，一方面是当地官吏采取了比较有效的措施。他们多以政府拨款、官民捐资等方式筹划经费；以官府主持、招雇工匠等方式建设工程；以法令与教化两相配合的方式统一思想，效果都非常明显。梧州官吏改革民居时，“其令

① 《宋史》卷四四六《苏缄传》。

② （明）黄佐《嘉靖广东通志》卷三九（广东地方志办公室1997年誊写本）。

③ 《嘉靖广东通志》卷四四。

④ 苏轼《东坡全集》卷七七（明刻115卷本）。

⑤ 《明史纪事本末》卷二二，中华书局，2007年。

⑥ （明）章纶《重建庆远卫城楼关堡记》，见（清）汪森编《粤西文载》卷二三，广西人民出版社，1990年。

⑦ （明）袁衷《富川县学记》，见（清）汪森编《粤西文载》卷二七。

⑧ （明）袁衷《贺县学记》，见（清）汪森编《粤西文载》卷二七。

⑨ （明）黎淳《太平府城隍庙碑》，见（清）汪森编《粤西文载》卷三九。

⑩ （明）冯俊《河池州治记》，见（清）汪森编《粤西文载》卷二三。

⑪ （明）徐淮《重修宁寿寺碑》，见（清）汪森编《粤西文载》卷四一。

民自今皆易竹庐为瓦屋，力不足者官为赀给助之，能以义倡为凡民先者旌之，有不如令者罚之，甚者籍其地而墟之。于是乃发窑戍千人，命中军监制砖瓦。凡累数十钜万，恣贫民所易取。令藩臬使者以意行之，行之郡县。五月而镇城外内居民无敢复为竹舍矣。”①这种措施相当得力。另一方面是当时岭南地区社会经济的发展。到明代，岭南经济开始发达，制陶业也已兴起，为砖瓦烧制奠定技术条件。学术界明确认为：“明代制砖技术有了很大的发展，砖的产量剧增，已成为一种并不昂贵的建筑材料，因此它被普遍地运用于民居、宫殿、庙宇、城墙等建筑上。”②岭南地区恐怕也不例外。

二

以上史料显示，砖瓦技术在岭南地区的传播表现得极其缓慢和旷日持久。从秦末汉初南越宫廷使用砖瓦技术到广州民居陶瓦立堵，就经历了近千年时间。再从广州这一中心城市向各州县逐步普及，又经历了至少数百年的时间。在砖瓦技术艰难传播的背后，隐藏着多层面的影响因素。撮其主要，岭南地区的资源环境、经济条件和风俗习惯等，都起到一定作用。

1. 岭南地区自然环境的特殊性

岭南地区雨水丰沛，植被稠密，地多竹木茅茨。用于房屋楼台，竹木茅茨容易搭建，且省钱省力。对于一般百姓来讲，节省尤其重要。这是岭南民居长期流行竹楼茅屋的一条重要原因。

与此类似，中国南部广大地区也曾流行竹木结构的建筑。如湖北一带，“荆俗不理室居，架竹苫茅”③；“襄人不善陶瓦，率为竹屋”④。江西一带，洪州（治所在今江西南昌）“屋居以茅竹为俗”⑤；“会昌民素不知井饮，汲于河流，故多疾疠；不知陶瓦，以茅覆屋，故多火灾”⑥。江苏一带，扬州“惟是比户向系茅舍”⑦。浙江一带，临安府（治所在今浙江杭州）“市皆茇舍”⑧。四川一带，剑州（治所在今四川剑阁）“郡当两山间，民架竹为茅屋，依山而居”⑨。云南一带，“官民居以草覆之，无陶瓦，小民以竹为楼”⑩。之所以

---

① （明）林大春《肇造全镇民居碑》，见（清）汪森编《粤西文载》卷四四。

② 中国科学院自然科学史研究所主编：《中国古代建筑技术史》，科学出版社，1985年，第167页。

③ 《全唐文》卷六五五，元稹《故金紫光禄大夫检校司徒兼太子少傅赠太保郑国公食邑三千户严公（彦）行状》。

④ 《宋史》卷三〇〇《周湛传》。

⑤ 《文苑英华》卷八七〇，杜牧《江西观察使武阳公韦公遗爱碑》（中华书局，1966年）。

⑥ 《元史》卷一六四《杨景行传》。

⑦ （宋）郑兴裔《郑忠肃奏议遗集》卷上《请蠲扬州缗钱疏》（文渊阁四库全书本）。

⑧ （宋）周必大《文忠集》卷六九《九宝文阁学士通奉大夫赠少师梁公神道碑》（文渊阁四库全书本）。

⑨ （宋）范祖禹《范太史集》卷四二《朝奉郎郭君墓志铭》（文渊阁四库全书本）。

⑩ （明）谢肇淛《滇略》卷九（文渊阁四库全书本）。

如此，“以其价廉而工省也”[①]。

不过，与以上地区相比，岭南一带又有不同之处：一是开发相对较晚，植被保留较好，竹木资源更加丰富；二是地处热带，气候常年温暖，无须坚墙厚壁御寒；三是环境闷热潮湿，住在竹楼茅屋更有利于透风散热。这些使得南粤居民对竹木结构的建筑钟情难舍。值得指出的是，即使到了明朝，岭南某些州县仍然没有出现向砖瓦结构过渡的趋向。例如，《明一统志》记述：封川一带“俗荒陋，市肆无陶瓦”[②]。黄佐《嘉靖广东通志》提到，肇庆府“市无陶瓦”[③]。

2. 岭南地区经济条件的限制

砖瓦技术的传播和应用，是以社会经济的发展为前提的。因为砖瓦的烧制成本较高，耗资较巨。特别在技术条件方面，砖瓦烧制建立在制陶技术的基础上。在制陶技术不发达的情况下，砖瓦烧制无从发展，砖瓦建筑也就难以普及。在中国历史上，岭南地区是经济发展较晚的地区。发达的海上对外贸易因是官方朝贡贸易，多与岭南当地社会无关。而岭南地区的百姓生活，在较长时期处于比较贫苦的状态。同时与五岭以北地区相比，岭南制陶业兴起较晚，而且发展不够充分，这使得砖瓦技术和砖瓦建筑缺乏推广和普及的力量。

3. 南粤居民风俗习惯的影响

与其他地区不同，岭南长期处于荒蛮状态，居民生活比较原始，由此形成一种简朴和苟安的观念和风气。颜真卿在宋氏神道碑中就强调“彼之风俗，競趋苟簡，茅茨竹檐，比屋鳞次”。即使在州县城镇里，民风依然如此。如“梧州为东南重镇，实两省冠裳之会，三军所出，四民聚焉。……其俗尚简朴，无高堂华屋之观。盖自官府学宫之外，率多竹庐以蔽风雨”。一般民众“惮费惜劳而安于陋习”，“乃欲为一切目前之计以苟岁时，卒有不便于已即委而去之，视弃其居如弁髦然”[④]。即使房屋被火焚毁，他们还会依前搭建，而从不考虑变革建筑结构。

结论：岭南地区砖瓦技术的传播和建筑形式的发展呈现出其特有的历史轨迹。尽管秦末业已奠定基础，但推广和普及比较缓慢；特别是民居部分，甚至到明代仍有某些州县浑然处于原始状态。究其原因，其自然环境的特殊性、经济条件的限制和风俗习惯的影响是主要因素。

（作者：孟宪军，暨南大学研究生部招生办调研员；刘永连，暨南大学文学院华侨华人研究院副教授）

---

① （宋）王禹偁《小畜集》卷一七《小竹楼记》（文渊阁四库全书本）。

② 《明一统志》卷八一（文渊阁四库全书本）。

③ 《嘉靖广东通志》卷五一。

④ （明）林大春《肇造全镇民居碑》，见（清）汪森编《粤西文载》卷四四。

山西汉代城址研究

王银田

【提　要】山西地处黄土高原东缘，是中国较早开发的地区之一，西汉曾设6郡89县，东汉8郡国所辖76县，目前已经发现两汉时期各类古城址共计71座，约占全国已发现汉代城址的九分之一多，包括郡城5座，县城24座，县治以下城邑42座，对于这些城邑在选址、平面布局、功能等方面的探讨将有助于我们全面了解汉代社会。

【关键词】山西　汉代　城址　考古

一

山西地处黄土高原东缘，地貌属山地型高原，东屏太行山与河北为邻，西、南隔黄河与陕西、河南相望，北接蒙古高原和内蒙古自治区接壤，境内在东、西两侧太行山与吕梁山之间，从北到南依次有大同盆地、忻定盆地、太原盆地、临汾盆地、运城盆地五个面积宽阔的山间盆地。全省地形可分为三个区域：东部山地区、西部高原区、中部盆地区。除中南部的盆地和谷地海拔较低外，大部分地区海拔在700米以上，属大陆性气候，四季与昼夜温差较大，季节分明。

《尚书·禹贡》载："禹别九州。"① 山西属冀州，是中国最早开发的地区之一，因山西全省大部分地区在西周、春秋时期晋国地域，故称"晋"；战国时韩、赵、魏三家分晋，又称"三晋"；又因位于黄河以东，秦汉至唐宋时期称"河东"；元代设河东山西道，因山西位于太行山之西故，"山西"名称沿用至今。

秦灭六国，"分天下以为三十六郡"，② 在山西设五郡二十一县。汉初封魏王豹于山西中南部，魏灭后山西主要为韩王信所领，之后刘恒被封代王，山西大部属代国领地，直至武帝北伐匈奴，山西全境为汉王朝直接统领。汉武帝元封五年（前106）全国设13州刺史部，并州刺史部监9郡，其中6郡在山西，即雁门郡、太原郡、上党郡、代郡大部、西河郡小部分、山西西南部属司隶部的河东郡。依《汉书·地理志》所记平帝元始二年（公元2）政区设置，雁门郡治善无，辖14县，今山西有12县。代郡治代县，辖18县，今山西有10县。太原郡治晋阳，辖21县，上党郡治长子，辖14县，河东郡治安邑，辖

① 《十三经注疏》卷五《尚书正义》，中华书局影印本，1980年。

② 《史记》卷六《秦始皇本纪》，中华书局，1959年。

24县，此三郡所辖县尽在山西省境内。西河郡先治平定（今内蒙古自治区伊盟杭锦旗霍洛柴登古城），[①] 后迁离石，辖36县，其中16县无考，今山西可考者8县。以上6郡共辖127县，其中可考在山西者共计89县。

东汉废除王莽政区建制，全国郡县多有省并，山西境内有76县，分属8郡国，即雁门郡治阴馆，辖14县，今山西有13县。代郡治高柳，辖11县，今山西有6县。定襄郡治善无，辖5县，今山西有2县。太原郡治晋阳，辖16县，上党郡治壶关，辖13县，河东郡治安邑，辖20县，全在今山西境内。西河郡治离石，辖13县，其中3县无考，今山西可考者5县。常山国都元氏县，今山西有1县。以上共计山西有东汉8郡国所辖76县。[②]

山西目前已经发现的两汉时期各类古城址共计71座，约占全国已发现的汉代古城址的九分之一多。[③] 包括郡城5座，即阳高东汉高柳城（西汉高柳县治，东汉代郡治此，郡县同治。图1），[④] 朔州市东汉雁门郡治阴馆故城（西汉阴馆县治，东汉郡县同治。图2、图3），右玉县旧城关西汉雁门郡善无故城（西汉雁门郡治，善无县治；东汉定襄郡治，善无县治），[⑤] 太原晋阳古城（两汉太原郡与晋阳县均治此），运城夏县禹王城（两汉河东郡治与安邑县治，图4）。[⑥] 县城24座（不包括郡县同治的城），县治以下城邑42座。其中大同市9处：大同城区汉平城县故城，[⑦] 云冈镇吴官屯城址（图5），[⑧] 大同县小坊城和平邑城，[⑨] 广灵平舒县故城，灵邱灵丘县故城（图6），阳高县高柳城，左云县武州故城，浑源崞县故城。[⑩] 朔州市12座：即右玉县善无故城、中陵古城（图7、图8）与沃阳

① 内蒙古文物工作队等：《内蒙古自治区文物工作的重大成果》，《文物》，1977年第5期。

② 山西省史志研究院编：《山西通史》，山西人民出版社，2001年。

③ 张继海先生于2006年6月出版的《汉代城市社会》一书中说已发现的汉代城址有200多座，见张继海《汉代城市社会》，社会科学文献出版社，2006年。徐龙国先生在《北方长城沿线地带秦汉边城初探》一文中，提到全国已发现的汉代城址约为600多座，见《汉代考古与汉文化国际学术研讨会论文集》，齐鲁书社，2006年。这两组数据相差悬殊，就笔者掌握的资料，仅山西、河北、内蒙古、甘肃四省区的汉代古城址数量已超出200座，今以徐说为据。

④ 方连宝：《高柳城址初探》，《文物世界》，2005年第5期。

⑤ 支配勇等：《怀仁日中城即汉剧阳城代公新平城考》，《黄河文化论坛第九辑》，中国戏剧出版社，2003年。

⑥ 陶正刚等：《古魏城和禹王城调查简报》，《文物》，1962年第4期、第5期；中国科学院考古研究所山西工作队：《山西夏县禹王城调查》，《考古》，1963年第9期；张童心：《禹王城遗址》，山西省考古研究所编：《山西考古四十年》，山西人民出版社，1994年。

⑦ 曹臣明等：《汉代平城县遗址初步调查》，山西省考古研究所等：《山西省考古学会论文集（三）》，山西古籍出版社，2000年；王银田：《试论大同操场城北魏建筑遗址的性质》，《考古》，2008年第2期。

⑧ 曹臣明：《大同市西郊吴官屯古城遗址调查》，《文物季刊》，1996年第4期。

⑨ 张志忠：《秦汉代郡平邑城址初探》，《文物世界》，2009年第1期。

⑩ 山西省文物工作委员会等：《山西浑源毕村西汉木椁墓》，《文物》，1980年第6期。

县故城，山阴县永静城与故驿城，[①] 应县繁峙古城，[②] 朔城区马邑县故城、楼烦县故城、阴馆县故城、祝家庄城址，怀仁县东昌城和剧阳县故城（图9）。[③] 忻州市13处：代县广武县故城（图10），神池县北沙城城址，宁武县苗庄古城址（图11、图12），[④] 五台滤泗县故城，定襄阳曲县故城，繁峙县卤城故城，静乐县赵王城城址，岢岚县梁家会城址和梁家会北城址，偏关县吴城城址、百草坪城址（图13）、教官咀城址、校场城址。太原市2处：晋源区晋阳古城，阳曲县狼孟城址。晋中市6座：和顺县北关城址，平遥县南北庄城址与五里庄城址，昔阳县东冶头城址，榆次区砖窑街城址，[⑤] 榆社县辉沟城址。阳泉市2座：郊区平坦垴城址，平定县新城遗址（疑为汉上艾县治所）。吕梁市12座：方山皋狼县故城，贯家塔城址，汾阳县李家沟城址，岚县岚城城址，临县曜头城址，柳林县青龙城址、穆村城址、隰城县故城、坪上城址和堡上城址，兴县古城岭城址，中阳县庞家会城址。临汾市5座：洪洞县韩侯城址，杨县故城，[⑥] 襄汾临汾县故城、[⑦] 永固城址与陶寺城址。晋城市2座：沁水县王离城，阳城濩泽县故城。运城市8座：芮城县杨家寨城址、东陌城址、北垣城址，万荣汾阴县故城，[⑧] 闻喜县上郭古城和大马城址，[⑨] 夏县禹王城，新绛长修县故城。以上除郡县级城址外，其余42座汉代城址多难以确定其古名称，详情见"山西汉代古城址统计表"。

图1　阳高县汉高柳城北墙

（以下图片全部为作者拍摄，恕不另注）

图2　朔州市汉阴馆城东城墙

---

① 傅振伦：《山阴县城南古城勘查记》，《雁北文物勘察团报告》，中央人民政府文化部文物局出版，1951年。

② 该城址是1940年8月日本京都大学的水野清一先生在对应县辽代木塔进行调查时发现的，调查资料于2006年由水野的后继者冈村秀典先生发表在《云冈石窟遗物篇》一书中，文中为陶器类遗物，无城址。见冈村秀典编：《云冈石窟遗物篇》，[日] 朋友书店，2006年。

③ 支配勇等：《怀仁日中城即汉剧阳城代公新平城考》，《黄河文化论坛第九辑》，中国戏剧出版社，2003年。

④ 郭银堂等：《宁武苗庄古城及长城考》，山西省考古研究所等编：《山西省考古学会论文集（三）》，山西古籍出版社，2000年。

⑤ 王玉山：《山西榆次市郊发现古城遗址及古墓葬》，《文物》，1955年第1期。

⑥ 张德光：《山西洪洞古城的调查》，《考古》，1963年第10期。

⑦ 山西省文物管理委员会侯马工作站：《山西襄汾赵康附近古城址调查》，《考古》，1963年第10期。

⑧ 杨富斗：《山西万荣县发现古城遗址》，《考古》，1959年第4期。

⑨ 陶正刚：《山西闻喜的"大马古城"》，《考古》，1963年第5期。

图3　朔州市阴馆城城墙夯窝

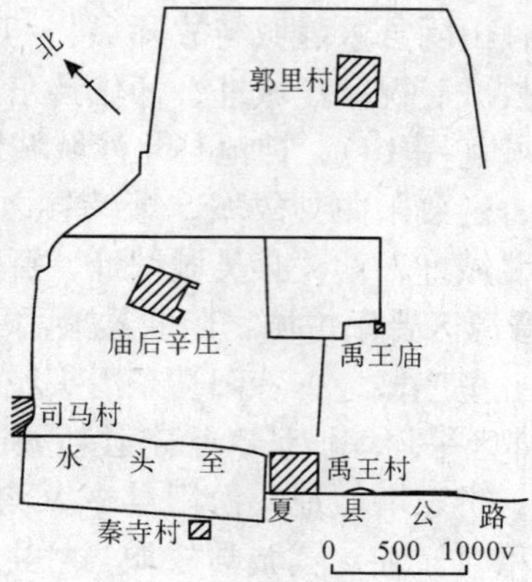

图4　夏县战国至汉代安邑城

图5　大同市吴官屯汉城北墙断面

图6　灵丘县故城东城墙

图7　右玉县中陵故城东城墙及中陵川

图8　右玉县中陵故城地表汉代陶片

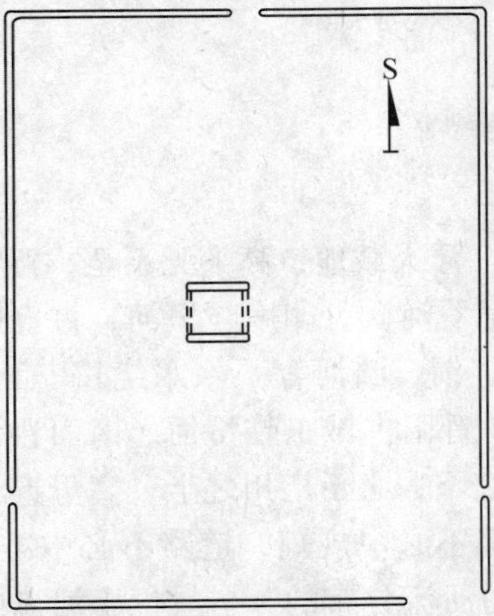

图 9　朔州市山阴县剧阳县故城平面示意图

图 10　代县广武城东墙

图 11　宁武县苗庄古城北墙及马面

图 12　苗庄古城隔墙夯土

图 13　偏关县百草坪古城远眺（图片中间位置）

二

郦道元《水经注·序》曰："天下之多者，水也。浮天载地，高下无不至，万物无不润。"[①] 自古人类文明都与河流紧密相连：古埃及与尼罗河，古印度与恒河，古巴比伦与幼发拉底河及底格里斯河，中国古城中的西安有泾、渭、灞河等"八水绕长安"之说，洛阳位洛水之阳，建康建邺城西傍长江，南濒秦淮，晋阳古城东临汾河，南面晋水，凡此种种。《管子·乘马》曰："凡立国都，非于大山之下，必于广川之上，高毋近旱而水用足，下毋近水而沟防省。因天材，就地利，故城郭不必中规矩，道路不必中准绳。"[②] 考察山西汉代古城址，基本上是沿山西南北几条大的河流分布的，一般位于河流的二级或三级阶地上。

山西北部以大同盆地为中心，西侧、北侧为吕梁山脉的北端管涔山及其余脉，东、南为太行山脉的北段恒山，盆地中央是呈西南—东北走向的河流桑干河，汉代称治水，[③] 雁门郡和代郡古城大多分布于治水两岸，这些两汉古城包括：阴馆、汪陶、班氏、平邑、狋氏以及位于今河北省境内的阳原、桑干、下落等，其余位于治水支流的古城有：桑干水侧（今恢河）的马邑，崞川水（今浑河）沿岸的崞县、繁峙、剧阳，如浑水（今御河）及其支流武州川（今十里河）沿岸的武州故城、吴官屯古城、平城，桑干河一级支流坊城河岸边的小坊城，祁夷水（今壶流河）沿岸古城有平舒、代县、当城，位于雁门水[④]沿岸的有高柳城，天镇八里城址则位于雁门水右岸的支流一侧。西汉雁门郡治善无的确切位置考古学界一般以为即今老右玉城，该城位于古中陵川（今苍头河）东侧，上游的汉中陵县城址至今尚存，中陵川水沿城址东南侧穿过。[⑤] 此外，还有位于滱水（今唐河）东岸的灵丘城。

忻定盆地与大同盆地以恒山相隔，滹沱河由盆地北部西南流，至盆地中央后折向东流，在河北、天津汇聚多条河流后流入渤海。滹沱河汉代称虖池河，沿岸的汉代古城有卤城、葰人、广武、原平、阳曲等，进入中下游后有更多的郡国县城分布于支干流沿岸，但在山西境内，虖池河夹于恒山与五台山的崇山峻岭之间，忻定盆地的面积也不大，河流东折后又进入太行山峡谷，所以太原郡所辖县城在该流域的密度远不及治水流域。太原郡所辖城主要集中于汾水沿岸，在汾水源头，有雁门郡的楼烦、埒县，中下游城市最为密集，依次有太原郡的汾阳、晋阳、大陵、平陶、兹氏，西河郡的平周，河东郡的彘县、杨县、襄陵、临汾、长修、皮氏、汾阴，太原郡的榆次、阳邑、祁县、京陵、中都、

① 郦道元：《水经注·序》引《玄中记》，杨守敬等：《水经注疏》，江苏人民出版社，1989年。

② 黎翔凤：《管子校注》卷一，中华书局，2004年。

③ 今桑干河上游共有两条河流，一条为恢河，发源于宁武县境内海拔2603米的管涔山，为桑干河的主流，另一条为黄水河，即古治水，二水在今应县境内会合后称桑干河。此后有几条大的支流先后汇入浑河（古称崞川水）、御河（古称如浑水）、壶流河（古称祁夷水），在河北省涿鹿左合洋河（古称于延水）后，东南流经北京、天津入渤海。此桑干河下游，北京至天津段今称永定河，天津市区以下称海河。

④ 雁门水今称南洋河，下游汇入洋河，即《水经注》之于延水，雁门水流经阳高段今称黑水河。

⑤ 中陵川今称苍头河，向北流出山西进入内蒙古后称浑河，在和林格尔南面西南流，汇入黄河。

邬县，介休也当距离汾水不远。汾河是流经山西境内最长的河流，流域内土地肥沃，水量充沛，适宜耕种，历来是人口密集之地，两汉时期也是经济、文化发达地区，城市也设置较多。

河东郡另一城市密集区位于涑水（今涑水河）沿岸，这条呈东北—西南走向的河流，在今永济汇入黄河，沿岸有左邑、闻喜、安邑、猗氏、解县、蒲反六座县城，此外，河东郡南部黄河北岸还有河北（今芮城）、大阳（今平陆）、垣县（今垣曲南）等县城。

上党郡的郡、县城多分布于浊漳水沿岸，① 该河流因支流众多，水量充沛，成为山西东南部城市与人口较为密集的地区，沿河城市有涅县、襄垣、潞县、长子、屯留、壶关、余吾，此外，清漳水（今称清漳河）上游有沾县，下游有魏郡的涉县。沁水（今沁河）沿岸有谷远（今沁源）、陭县（今安泽）、阳阿以及河东郡的端氏县。泫水（今丹水）沿岸有泫氏、高都，两河流下游近黄河处，更是河内郡与河南郡郡、县城最为密集的区域。②

山西汉代古城址多数位于地势较为平坦的河流二、三级阶地上，也有少数城址位于陡峭的山坡上，如近年发现的宁武县苗庄古城。该城址所处位置接近桑干河、汾河二水的源头，是桑干河流域进入汾河流域的重要通道，由此向北经中陵、善无，出杀虎口可达内蒙古中南部，向东沿桑干河进入大同盆地，东南临近忻定盆地，可通山西中南部或河北，至今一条长城横亘于古城东西两侧，显示出其十分重要的战略地位。该城址东侧紧邻今桑干河的主流恢河。位于云冈石窟附近的吴官屯古城也是一座山城，该城位于武州川北岸的山坡上，居高临下而建，南面临近河岸边。武州川南北两侧是纵深数十公里的山地，沿武州川可从大同盆地经武州、善无、沃阳抵达内蒙古中南部，它是秦汉时期除长安北面的直道以外，另一条从中原通向大漠的交通干道，魏晋南北朝时期更成为拓跋鲜卑往来盛乐与平城之间的官道。吴官屯古城扼守武州川，战略意图十分明显。据史料记载，秦始皇四次东巡，曾有两次路过山西：第三次东巡（始皇三十二年，前215），归途经渔阳郡（今北京密云西南）、上谷郡（郡治沮阳，今河北怀来县东南）、代郡（郡治代县，今河北蔚县）、雁门郡（善无），至云中郡（托克托），南下经上郡（郡治肤施，今陕西榆林县东南）沿直道返回咸阳，显然从代郡至雁门郡需途经武州川。秦始皇最后一次东巡（始皇三十七年，前210），死后返回路线，从恒山郡西入井陉关至太原郡，再经雁门郡、云中郡，从直道返回咸阳，走的仍然是武州川这条交通干道。

长沙马王堆三号墓为西汉初期墓葬，墓中出土的《地形图》（图14）中标有居民地80处，《驻军图》（图15）标有居民地58处，所显示的县城与邑里等居民点也都沿江河分布。③

---

① 浊漳水今称浊漳河，其上游分南北两支，北支古称涅水，今称漳北源，南支为浊漳水主流，亦称浊漳水，今称浊漳南源，该支有一支流古称绛水。南北两支汇合后在魏郡与清漳水合流，经邺城后东北流入虖池河。

② 因山西大多数汉代县城尚待发现，本章对于汉代古城址位置的认定主要依据文献，如《史记》、《汉书》、《后汉书》、《水经注》、《山西通志》和各地方志等，因考证具体古城址位置非本文重点所在，故文中不论及每一古城位置确认的依据。

③ 湖南省博物馆等：《长沙马王堆二、三号汉墓》第一卷《田野考古发掘报告》，文物出版社，2004年。

以上所言山西汉代古城址分布较多的地区，也是山西史前遗址分布密集的区域，按照目前已发现的新石器时代遗址的密集程度排序，依次为汾河流域、滹沱河流域、桑干河流域、漳河沁河流域、涑水河流域，此外，山西南部黄河沿岸也有较多的分布。这种分布上的相似性并非偶然，而是源于自然地理因素：这些河流周围有肥沃的土地，丰茂的植被，充足的水源和物产，这些都是人类生存所必备的条件，说明这里自古就是适宜人类生存的地方。进入文明社会之后，交通对于人类显得愈益重要，而早期的交通路线往往是利用河谷地带设置的。

由于自然条件与社会经济状况差异很大，汉代的城市发展水平和地区分布极不均衡。除四川盆地以外，当时全国大多数城市分布于黄河中下游地区，主要包括：位于泾、渭河流域的关中平原；三河地区——河东、河内、河南，即今汾河流域，太行山东南部平原及豫西伊洛河平原；华北平原区和山东。[①] 三河地区处于“天下之中，若鼎足，王者所更局也。……土地小狭，民人众”,[②] 山西多数地区处于这一区域之中。

图 14　西汉马王堆三号墓出土《地形图》

① 陈代光：《中国历史地理》，广东高等教育出版社，1997 年。

② 《史记》卷一二九《货殖列传》，中华书局，1959 年。

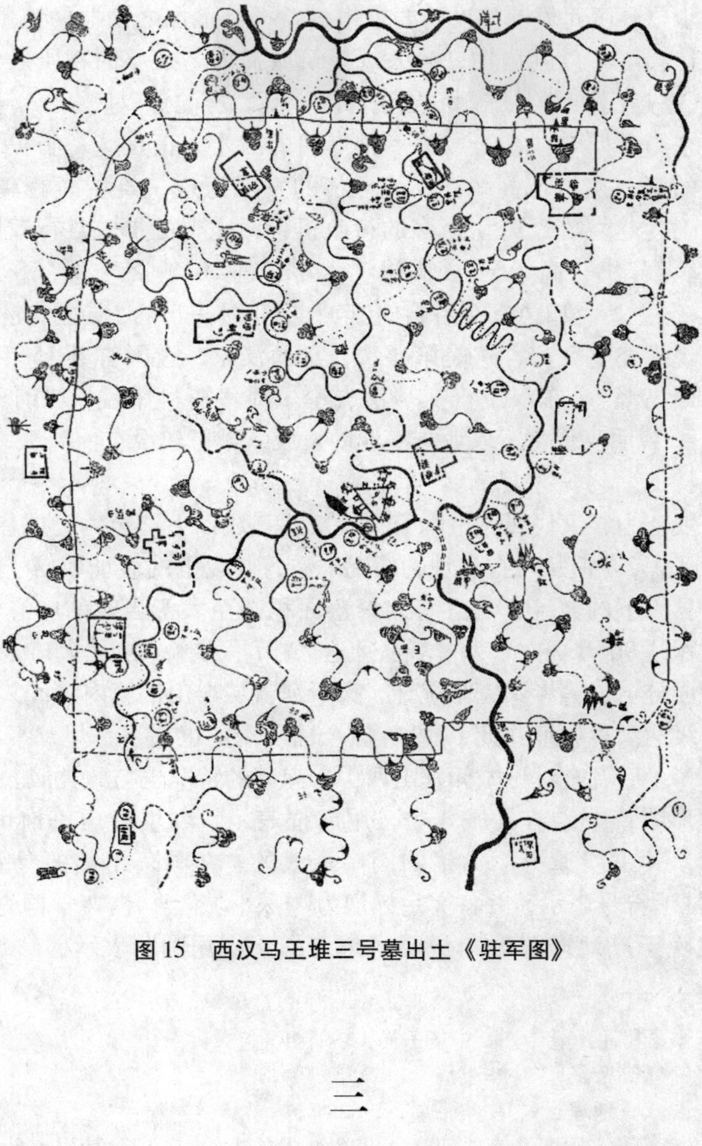

图 15　西汉马王堆三号墓出土《驻军图》

三

中国古代第一次筑城高峰出现在新石器时代晚期至国家政权建立初期，这时中国正处于所谓尧舜禅让时期的原始民主制城邦阶段，[①] 一方面部族间战争、掠夺以及防止来自自然界野兽的侵害，构筑高大城墙凸显必要；另一方面，人类技术的进步足以使构筑高大城墙成为可能，至今在黄河、长江流域已发现史前至夏的古城址近 60 座，其中尤以黄河中下游居多。[②] 春秋至战国初期，中国进入历史上的第二次筑城高峰，这一时期是中国中古以前典型的城邦国家时期，[③] 经过西周时期的大规模分封，其弊端开始显现，春秋以来，诸侯割据，战争频仍，作为最重要的防卫设施，城池的大规模修筑十分必要；又由

① 日知主编：《古代城邦史研究》，人民出版社，1989 年。

② 曲英杰：《古代城市》，文物出版社，2003 年。

③ 杜正胜：《周代城邦》，联经出版事业公司，1981 年。

于攻城战术的进步，各国对城池的设防要求也日益提高；加之铁器的使用，耕作的改良，经济快速发展，社会财富急剧增加，为大规模筑城提供了必要的物质条件，于是各地纷纷筑城。《墨子·备城门》："凡守围城之法，厚以高，壕池深以广"，[①]《墨子》对城防问题有详细阐述，东周时期守城甚至成为一种专门的战术，正是这一历史现象的表白。西汉则是中国古代的第三次筑城高峰，汉代经济的发展为这一筑城高峰奠定了物质基础，又由于西汉统一王朝建立了严密而众多的行政机构，完整的郡、县行政区划设置，也需要城池作为保障。《汉书·高帝纪》：高祖"六年（前201）冬十月，令天下县、邑城"，张晏曰："皇后、公主所食曰邑。令各自筑其城也。"师古曰："县之与邑，皆令筑城"，[②]政府诏令全国大规模建立城郭，这是第一次，至西汉末，全国有县1587个，[③] 达到中古以前城市数量的最高峰。[④] 东汉王符在《潜夫论·浮侈篇》中说，当时天下有"百郡千县，市邑万计"，[⑤] 说明汉代由于农业与商业的发展，城市建设空前高涨，成为汉代经济、社会发展的重要特征。

历史学界一般认为，汉代属城市国家，人口的三成以上甚至六七成住在城里，[⑥] 中日学者都有这样的认识，[⑦] 但从考古发现的情况来看，县以下的城址数倍于县城，无城郭的聚落又数十倍于县以下的城址，而且有的聚落面积甚至大于当时的中等城市，如右玉县牛心堡遗址，面积达90万平方米，古城遗址达72万平方米。汉代人口多居于城郭中的说法明显有夸大的成分。据笔者不完全统计，桑干河流域今山西境内汉代共设有县城16个，目前已发现的各级两汉古城址共计17处，但今已发现的汉代乡、里、亭等性质的聚落遗址共有290处之多，后者全不见城郭，山西中、南部的情况也与此类似。再如马王堆三号汉墓出土的《地形图》中绘有县城8个，用方框表示，乡里级居民地可以辨认的有72个，用圆圈表示，其中"深平"为诸圆圈中最大的。在同墓出土的《驻军图》中，此"深平"改用方框形符号表示，并将文字标记为"深平城"。[⑧] 据曹学群先生研究，《驻军图》的制作年代晚于《地形图》，[⑨] 说明《地形图》中用圆圈表示的"深平"在《驻军

① 吴毓江：《墨子校注》卷十四，中华书局，1993年。

② 《汉书》卷一《高帝纪》，中华书局，1962年。

③ 《汉书》卷二八《地理志》，中华书局，1962年。

④ 如果按照文献记载，则两晋南北朝时期设置的县当更多，若剔除其中大量的虚置、侨置的郡县，实际设置的县当少于西汉，但目前尚无这一时期设县的确切统计数字。

⑤ 《后汉书》卷四九《王符传》，中华书局，1965年。

⑥ 张继海：《汉代城市社会》，社会科学文献出版社，2006年。

⑦ 宫崎市定的论点见张继海：《汉代城市社会》，社会科学文献出版社，2006年。何兹全先生在《中国古代社会形态演变过程中三个关键性时代》一文中指出："汉代城市人口是非常多的。'耕者不能半'，大约接近事实。可以大略地说，汉代城市人口占总人口的40%左右。战国、秦汉是城市国家，人口一般可以说是由城区向外辐射的。那时全国5000万人口，大约居住在现在内地人烟稠密的10亿人口居住的地区，人口围着城市居住，远离城郭的地区，人口是越来越少的。汉代人说到农民流亡，不说'离开农村'，都是说'离其城郭'，'亡去城郭'，'前去城郭'。盖汉代人口多居住在城郊和城区辐射区以内也。"《历史研究》，2000年第2期。

⑧ 湖南省博物馆等：《长沙马王堆二、三号汉墓》第一卷《田野考古发掘报告》，文物出版社，2004年。

⑨ 曹学群：《论马王堆古地图的绘制年代》，《马王堆汉墓研究文集》，湖南出版社，1994年。

图》中已由原来的一个较大的邑修筑为城。可见方形或长方形图例有代表“城”的含义，圆圈所代表的邑、里大多非城，无城郭。以上两幅地图中，一般邑里仍用圆圈表示，并标注文字“某某里”，《地形图》中的县城全用方框或长方形框表示，《驻军图》较大的图标全用直线组成的图案表示，这些图案有三角形、方形、长方形、凸字形、一角内凹的不规则长方形等，共有7种之多，这显然不是统一的图标，只能是按照城郭的实际外形轮廓勾勒出来的。这类“图标”内填的文字有“周都尉军”、“周都尉别军”、“徐都尉军”、“徐都尉别军”、“司马得军”、“桂阳郡军”，从文字分析是军事营垒。三角形城堡内注有“箭道”字样，城堡上设有五个箭楼和四个望台，并有“复道”与前方的工事相连接。在众多里一级小型图标中，仅有2个用长方框，框内文字为“故官”、“龀障”，学者已注意到“故官”在《地形图》上原“龀道”的位置，应是原来的县一级衙署，“龀障”则可能是一座小型的障城。圆圈表示的聚落十分密集，这种不同图例密集程度的分布很能说明问题：在条件适宜的地方，一般的聚落存在较多，聚落的分布较为密集；城市的分布则不然，这与考古发现的汉代城址和聚落的分布是吻合的。当然我们也注意到除都城与郡国、县城以外，尚有部分城址遗存，如上文所言宁武的苗庄古城与大同吴官屯古城等，但这样的城址数量远少于无城郭的聚落，从其城址所处位置来看，大多地处战略要冲，具有鲜明的军事色彩，与马王堆《驻军图》中的军事城堡一致，而大多数县以下聚落如邑、里、乡、聚、亭等并不见城郭。

四

山西汉代古城址依据外形轮廓，可分为六种：长方形、方形、“日”字形、梯形、圆形和不规则形。在已发现的全部71座不同等级的城址中，11座平面形制不明，其余60座城址中，以长方形城址最多，共44座，方形次之，为11座，“日”字形2座，梯形1座，圆形1座，不规则形1座。长方形城址与“日”字形城址合计46座，占76.67%，方形城址占18.33%，其他类型占5%。不同外形的选择主要与地貌环境有关。夯土筑城适宜沿直线进行，故以四边形最为适宜，四边形中以正方形的面积最大，但限于周边环境，很难有恰巧适合的距离，所以古城总是以长方形最多见，其次是正方形。两座“日”字形城址分别是右玉中陵故城与宁武的苗庄古城，[①] 外轮廓其实接近长方形，东西较长，南北较短，城中设有一条隔墙，将城一分为二，形似横置的“日”字形。此二城始建于汉，汉代以后废弃，并非像大多数汉代城址往往沿袭周、秦旧城，应该是真实反映了汉代城址的布局形制。位于江苏省盱眙县的秦汉东阳县城就是典型的横“日”字形古城址，古城正南北方向，东西二城间设隔墙，二城皆接近正方形，东城稍大于西城（图16）[②]。汉长安城武库遗址四周设封闭的围墙，俨然是一处独立的城，围墙外形也是横置的“日”

---

① 该城址的外轮廓并不规整，城址分东西两部分，其间设隔墙，东城外形呈梯形，西城平面为方形，且无南墙。

② 尤振尧：《秦汉东阳城考古发现与有关问题的探析》，《中国考古学会第五次年会论文集》，文物出版社，1988年。

字形，即在长方形的围墙中设置隔墙，东西710米，南北322米（图17）。汉长安城武库始建于汉高祖时期，废弃于更始末年的赤眉军起义，为西汉遗存。① 再如河北怀来县大古城村附近的大古城，疑即秦汉上谷郡沮阳县故城（上谷郡亦治此），也是东西并列的二城，东城方形，小而规整，西城较大，外形为不规则形（图18）。② 汉代这种“日”字形城，可能源于先秦以前流行的小城大郭制度，③《世本》张澍补注引《吴越春秋》曰：“鲧筑城以卫君，造郭以守民。”④ 据尤振尧先生调查，东阳古城当地百姓称东城为内城，西城为外城，考古发掘也证实，东城存在衙署建筑遗存，西城则可能为一般平民所居。

一座圆形城址是位于洪洞县万安镇韩侯村西的韩侯城址，平面圆形，直径约100米。目前已知我国最早修筑城墙的古城是城头山古城，城址平面就是规整的圆形，外圈直径325米，位于湖南省澧县西北约10公里的徐家岗，距今6000多年。⑤ 山东费县方城镇防故城平面呈椭圆形，时代为龙山、东周至汉代⑥。此外，椭圆形城址还有河北蔚县汉代王城。⑦ 版筑夯土墙最宜于沿直线修筑，圆形城墙需夯筑出一定弧度，施工效率较低，且不利于防守，故较为少见。

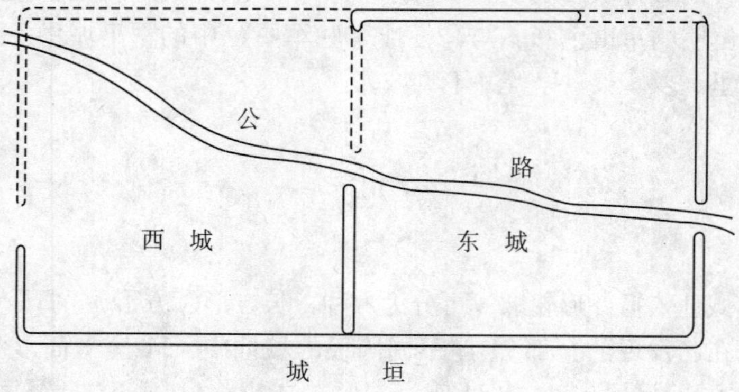

图16　江苏省盱眙县的秦汉东阳县城平面示意图

① 中国社会科学院考古研究所：《汉长安城武库》，文物出版社，2005年。

② 安志敏：《河北怀来大古城村古城址调查记》，《考古》，1955年第3期。

③ 杨宽先生对小城大郭制度有详细的论述，见杨宽：《中国古代都城制度史》，上海人民出版社，2003年。

④ 宋衷注：《張澍稡集补注》，《世本》卷一，中华书局，1985年。

⑤ 湖南省文物考古研究所：《澧县城头山新石器时代遗址发掘报告》，文物出版社，2007年。

⑥ 防城考古工作队：《山东费县防故城遗址的试掘》，《考古》，2005年第10期。

⑦ 蔚县博物馆：《代王城城址调查报告》，《文物春秋》，1997年第3期。

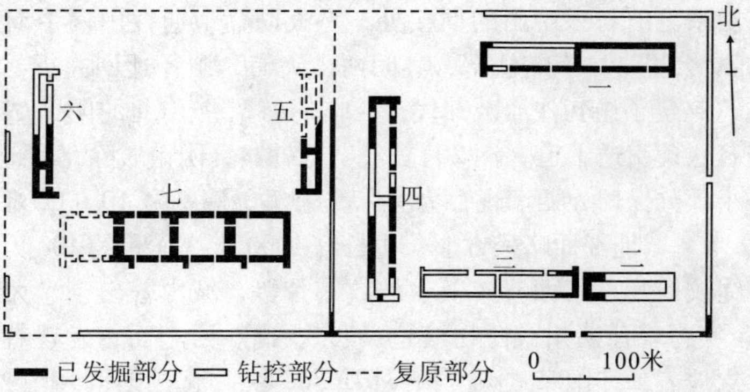

图 17　汉长安城武库遗址平面图

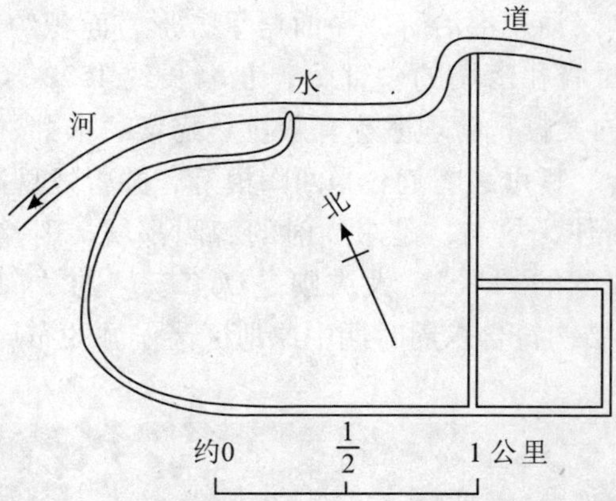

图 18　河北怀来县大古城村汉代古城址平面图

梯形城址仅 1 座，即临县白文镇曜头村东的曜头城址，城址位于黄河一级支流湫水河东岸台地上，依山势而建，外形呈不规则梯形，显然是迁就地形的结果，此外，该城始建于战国，沿用至汉，几条城墙也可能是不同年代的遗存，但因城址尚未进行考古发掘，这里只能是猜测。位于昔阳县冶头镇东冶头村的东冶头城址，平面呈不规则形，该城城墙保存较差，从春秋沿用至汉代，不规则外形也应与不同年代的夯筑有关。

已知的 5 座郡城中，善无故城布局不明，城址上被一明代城堡叠压。汉代晋阳城虽然一直被认为就是位于今太原市区西南部的晋阳古城，但至今尚未得到考古材料的支持。据多年主持晋阳古城发掘工作的常一民研究员说，在已经连续 7 年多的晋阳古城调查发掘工作中，至今尚未找到汉代文化层，汉代遗物发现极少。汉代城址附近一般均有大型墓葬区，但晋阳城附近的汉墓并不多见，已发现的古墓多是北齐和唐代的。太原市汉墓最集中的地点发现在晋阳古城东北 20 公里处的尖草坪，但这里不见古城址，汉代晋阳城的位置很难说已经得到确认。高柳城在现阳高县城关镇李官屯村，位于县城东北方向 2. 5 公里处，城址周围地势平坦，城北面对东西连绵、陡峭的雁门山（图 19），因地表遗迹破坏严重，直到近年才由遗址所在地阳高县文管所的方连宝先生发现，可惜地面遗迹所剩无几，城址所处位置与文献记载基本吻合。该城为东西向长方形，东西长 1050 米，南北长 600 米，面积约 63 万平方米。阴馆城位于朔州市东夏关城村至里仁村一带，城北临治水，南背句注山，该山系恒山与云中山的衔接处，是大同盆地通往山西中南部最为捷近的地方，南北纵跨约20公里，中有句注塞，其间两山夹峙，山径迂回曲折，为东周时天下九塞之一，战国时“赵襄子逾句注而破并代，以临胡貉”,① 山北的阴馆城与山南的广武城南北呼应，把守着这条交通干道（图20)。经实地勘察，阴馆城除北墙地表不见以外，东墙和南墙各有一小部分保留，西墙现存尚有1.5公里，墙基宽10～12米。墙体夯筑，夯层厚0.06～0.09米。城址平面略呈方形，边长约1000米，面积约100万平方米。地面散见有布纹板瓦、绳纹筒瓦、素面青砖及水波纹陶片等，城内曾出土过大量铜镞和汉五铢(资料均未发表，实物现存朔州市博物馆)。城东、南、西三面皆发现有汉墓群，众多高大的封土至今耸立地表，即国家重点文物保护单位——广武汉墓群（图21)。由于来自南面山洪的冲积，城址大部被泥沙覆盖。现存五座郡城中，以河东郡治安邑保存较好。城址位于夏县西北7.5公里处的禹王村至郭里村一带，由大城、中城和小城组成。中城位于大城西南部，被认为是秦汉河东郡治所，平面略呈方形，面积约600万平方米。城之西、南两墙分别沿用大城的西墙和南墙的一部分，北墙长约1522米。墙体夯筑，夯层厚约0.08米。1991年曾在城内发掘，清理遗迹有灰坑、陶窑、水井、道路等，出土有各类陶罐、盆、筒瓦、瓦当、砖、货币、陶范、半两陶模等，并曾发现冶铸遗址。② 安邑今称禹王城，据传夏禹曾在此居住，故名，是东周时的魏国都城，因整个城址规模巨大，杨宽先生认为中城原是魏都安邑的“城”，大城则是魏都安邑的“郭”,③ 汉代沿用其“城”而弃其“郭”，这种城郭结构符合东周时期中原地区诸侯城的布局规律，笔者认同此说。

图19　阳高县高柳城北的雁门山

① 《史记》卷一一〇《匈奴列传》，中华书局，1959年。

② 黄永久：《禹王城遗址发现的铸币范》，山西省考古研究所等：《山西省考古学会论文集(二)》，山西人民出版社，1994年；张童心等：《禹王城地坑式陶窑发掘简报》，山西省考古研究所等：《山西省考古学会论文集（二)》，山西人民出版社，1994年。

③ 杨宽：《中国古代都城制度史》，上海人民出版社，2003年。

图 20　明代雁门关城下通往忻定盆地的山路

图 21　朔州市山阴县广武汉墓群

以上 5 座郡城中，3 座城址的面积分别为 63 万平方米、100 万平方米和 600 万平方米，相差悬殊，但面积明显大于一般县城，尤其是禹王城中城的面积达 600 万平方米，与汉广武城相当，是山西汉代城址中最大的。汉河东郡治安邑之所以如此之大，首先是因为它地处河东富庶之地，这里是自仰韶文化以来传统的农业区，土地肥沃，交通便利，西汉时临近都城长安，城址西南 20 余公里处有中国内陆最大的盐湖——河东盐池。《汉书·地理志》载："河东土地平易，有盐、铁之饶，本唐尧所居。"① 河东盐池亦称解池，地处运城盆地南部，中条山北麓，面积 130 平方公里，形成于新生代第四纪。盐池的开发

① 《汉书》卷二八《地理志》，中华书局，1962 年。

至迟不晚于西周,[①] 春秋战国时期已名声远扬，汉代其盐已远销豫、鲁、冀、甘、陕等地，成为国家赋税的重要来源，也为地方经济的发展积累了财富。河东郡又是两汉时期山西人口最为密集的地区，按《汉书·地理志》西汉元始二年（2）户籍统计，河东郡总人口962012人，县均人口40121人，两项指标均占山西各郡县首位，河东郡人口占全山西总人口的37.87%；东汉全国人口有所减少，黄河流域人口减少幅度更大，以《后汉书·郡国志》所载永和五年（140）统计，河东郡总人口570803人，县均人口28540人，也占山西各郡人口首位，河东郡人口占全山西总人口的45.29%。其次，汉河东郡治利用了魏国都城安邑，而东周诸侯国一般都较大，城郭皆备，入汉以后这些城大多数只是被局部利用，汉安邑正是利用了原魏安邑的内城部分。

山西汉代县城城址面积最大者为广武故城，面积达600万平方米。该城址位于今忻州市所辖代县城西4公里处的古城村西，平面呈长方形，东西约3000米，南北约2000米，现东墙尚存，墙体夯筑，墙基宽约19米，采用平夯筑成，断面上有清晰的水平线，夯层厚0.07~0.11米，残高3~4米，东墙中南段个别地段高达7米多。北墙也有部分保留，墙基宽24~25米，明显比东墙厚实，南墙与西墙地面以上部分多已不存。采集有汉代的粗绳纹板瓦、筒瓦、篮纹板瓦、瓦当、砖等残片，并有战国陶豆、盆、夹砂灰陶鬲等陶片。据清光绪《代州志》载，此城初筑于战国，汉高祖三年（前204）始置广武县，北魏熙平间（516—517）迁于上馆城（今县城），原城遂废。山西汉代县城规模仅次于广武城的是五台的滤泗县故城，面积达168万平方米，位于五台县台城镇古城村东北约1公里处，平面呈长方形，墙体夯筑。南北长约1460米，东西宽约1150米。现存东墙残长约600米，残高约6.5米。地表散见砖瓦残件。曾出土有铜马衔、铜剑、箭头等。据清光绪九年（1883）《五台新志》载，此为汉代滤泗县治所在。

现存山西24座县城中，共有17座可以大概计算出城址面积，基本上可以40万平方米作为一个标尺，高于此面积的城址有9座，占52.94%，除以上提及的广武县治和滤泗县故城为特例外，其余城址面积在40万~80万平方米之间，如应县繁峙故城80万平方米，洪洞杨县故城75万平方米，其他在40万~56万平方米之间，有右玉县中陵故城、沃阳故城、临汾市临汾故城、新绛长修故城、阳城濩泽故城。其余城址面积在1.5万~34万平方米之间，这些古城址有怀仁县剧阳故城，面积34万平方米，平定新城遗址，疑为上艾县故城，面积25万平方米，左云县武州故城15万平方米，其余全在8万平方米以下，这些城址包括灵丘县灵丘故城8万平方米，广灵县平舒故城6万平方米，阳曲狼孟故城6.48万平方米。山西最小的汉代县治城址为柳林隰城县故城，位于柳林县穆村镇杨家坪村东北约2.5公里处，平面呈长方形，东西长约150米，南北宽约100米，面积仅1.5万平方米。现存东墙残段，残长约20米。

郡县以下的城址多不见于文献记载，这些城址面积相差同样悬殊，它们的等级、功能、隶属关系、始筑时间、延续时间、人口构成等方面都各不相同，情况可能较为复杂。全部42座县以下城址中，有38座可以计算出面积，其中超过80万平方米的共有8座，占21.05%，这一面积大于多数山西汉代县城的面积，最大的是位于神池县长畛乡北沙城村附近的北沙城，该城平面方形，边长约2000米，面积近400万平方米。其次是位于临

① 卫斯：《河东盐池开发时代考》，《中国社会经济史研究》，1983年第4期。

县白文镇曜头村的曜头城址，平面呈不规则梯形，东西最长约2000米，南北最宽约1000米，估计面积约160万~180万平方米。柳林县穆村城址和静乐县赵王城城址面积皆为150万平方米。面积在10万~80万平方米之间的城址有14座，占36.84%，10万平方米以下的城址有16座，占42.11%，规模大小皆相去甚远。位于中阳县宁乡镇庞家会村东的庞家会城址，平面呈长方形，东西长约70米，南北宽约40米，面积仅2800平方米；位于偏关县万家寨镇教官咀村的教官咀城址，平面呈长方形，南北长约50米，东西宽约30米，面积1500平方米，为目前山西发现的最小的汉代城址。

山西汉代城址由于破坏严重，门址数量和位置大多不明。两汉大型城址的城门设置会多些，西汉长安城和东汉洛阳城作为都城皆设城门12座。地方大型郡国都邑，城门设置最多的是位于河北省北部蔚县境内的代王城，该城址平面呈椭圆形，东西3400米，南北2200米，全城周长达9265米，共有9座城门，11座马面。① 该城大约修筑于汉初，曾为西汉代国都邑，两汉代郡郡治（东汉曾一度迁郡治于高柳），是西汉初年北方重要的大型城池。山西汉代中小型城址根据城墙豁口位置判断，大概有以下几种情况：由于城址多方形或长方形，中型城址一般在四面城墙中央开四门，如闻喜县毗底镇的大马城，平面近方形，东西长约998米，南北宽约980米，四面各设一门，外围护城河。但有的城门不全部居中，如怀仁县金沙滩镇的剧阳县故城，平面长方形，南北850米，东西400米，四面各设一门，北门设在北墙正中，东西门位于东西两墙偏南处，南门则位于南墙东侧，即城的东南角。柳林县三交镇坪上城址，平面长方形，东西长约1000米，南北宽约500米，东墙南部设一门，当然，从该城址的规模分析，不可能仅此一个门。小型城址则只设二门甚至一门，设置二门的城往往根据城邑周围地形和交通状况，或南北开门，或东西开门，如大同县西坪镇小坊城，平面长方形，东西350米，南北445米，东西墙各有一城门，外设护城河。山阴县马营庄乡故驿城，平面长方形，南北875米，东西750米，南北二城墙中央各开一个城门。据《水经注·汾水》载，狼孟县故城"旧断涧为城，有南、北门，门闉故壁尚在"。② 襄汾县陶寺古城平面长方形，东西长约100米，南北宽约80米，北墙中央设一门，外围护城河。偏关县天峰坪镇校场古城，平面长方形，南北长约150米，东西宽约135米，南墙中部设一门。

发现护城河的城址共6座，除右玉县中陵故城为汉代县城外，其余全部是郡县级以下的城，分别是：大同县小坊城，静乐县赵王城城址，平遥县南北庄城，襄汾县陶寺城址，闻喜县大马城。东周时城邑设置护城河已很普遍，山西汉代大中型城也应当是有护城河的，从近来我们在中陵故城的调查情况看，此城址城墙外侧地表不见任何护城河的痕迹，经钻探发现现存的三面城墙外皆有护城河。当然，山城原本就不可能有护城河。

山西汉代古城址发现马面很少，目前地面仍然保留马面的仅发现苗庄古城址一处，中陵故城经钻探已证实有马面存在。据《中国文物地图集·山西分册》，苗庄古城址的年代从汉代持续到北朝，但笔者在对该城址的调查中并未发现北朝遗存，郭银堂等人在

① 蔚县博物馆：《代王城城址调查报告》，《文物春秋》，1997年第3期。

② 杨守敬等：《水经注疏》卷六《汾水》，江苏人民出版社，1989年。

《宁武苗庄古城及长城考》一文中也未提及有北朝遗存,[①] 不知该条目的撰写是否确有依据，由于没有进行考古发掘，马面的修筑年代不明，但从目前地面所见遗物判断，汉代的可能性最大。北方长城沿线的汉代边城出于军事防务的需要，设置马面的古城很多，已先后发现于甘肃、陕西、内蒙古、河北等地，以往认为“马面……至迟不晚于西汉已在内蒙古西部地区长城沿线古城开始使用”,[②] 但近年来内蒙古的考古工作者在赤峰市松山区初头朗镇三座店自然村发现的青铜时代夏家店下层文化城墙外侧有大量马面,[③] 说明马面起源甚早。紧邻内蒙古的山西在汉代古城中出现马面是很自然的事，尤其是在西汉前期，这里曾是防御匈奴人的边防前哨。但在汉武帝击败匈奴人以后，山西在两汉多数时间内并不处于边防前线，尤其是山西中南部，所以山西汉城在军事防务方面的特点不及北部内蒙古、陕北、甘肃长城沿线的边城突出，而且城址面积也明显大于这些边城。

此外，山西汉代城址中尚未发现用砖包砌城墙的做法，四川广汉发现的东汉雒县城址局部已有用砖包砌的现象,[④] 这可能与西南地区气候潮湿，不利于夯土城墙的保存有关，但这种做法在全国尚属罕见，中原地区魏晋时期开始出现城墙局部用砖包砌的做法，左思《魏都赋》曰：“其城东西七里，南北五里，饰表以砖。”[⑤] 所以山西汉代城址中发现瓦很多而发现砖较少。

山西汉代城址统计表

序号	名称	位置	平面形状及规模	隶属郡县	备注
1	平城县	大同市区操场城	方形或长方形	雁门郡平城县	
2	吴官屯城址	大同市矿区吴官屯村	长方形 东西450米，南北长度不明		《文物季刊》1996年第4期
3	小坊城	大同县西坪镇小坊城村东北800米	长方形。东西350米，南北445米，东西墙各有城门，外有护城河		
4	𡵓县故城	浑源县西毕村古城洼	长方形	汉雁门郡𡵓县	《山西浑源毕村西汉木椁墓》，《文物》1980年6期

① 郭银堂等：《宁武苗庄古城及长城考》，山西省考古研究所等编：《山西省考古学会论文集(三)》，山西古籍出版社，2000年。

② 李兴盛：《内蒙古卓资县三道营古城调查》，《考古》，1992年第5期。

③ 内蒙古文物考古研究所：《赤峰市松山区三座店遗址2005年度发掘简报》，《内蒙古文物考古》，2006年第1期。

④ 沈仲常等：《四川广汉发现的东汉雒城遗迹》，《中国考古学会第五次年会论文集》，文物出版社，1988年。

⑤ 杨守敬等：《水经注疏》卷十《浊漳水》，江苏人民出版社，1989年。

（续上表）

序号	名称	位置	平面形状及规模	隶属郡县	备注
5	平舒县故城	广灵县作疃乡百疃南堡村西南	长方形。东西 200 米，南北 300 米	代郡平舒县	
6	灵丘县故城	灵丘县武灵镇麻嘴村	长方形 东西 400 米，南北 200 米	代郡灵丘县	
7	高柳城	阳高县城关镇李官屯村	长方形 东西 1050 米，南北 600 米	西汉高柳县 东汉代郡治所	《文物世界》2005 年第 5 期
8	武州故城	左云县云兴镇古城村北	长方形 东西 500 米，南北 300 米	雁门郡武州县	
9	善无故城	右玉县旧城关		西汉雁门郡善无县治，东汉定襄郡善无县治	
10	中陵古城	右玉县威远镇西南 2.5 公里	“日”字形 东西 800 米，南北 700 米	西汉雁门郡中陵县，东汉定襄郡中陵县	
11	沃阳县故城	右玉县李达窑乡破虎堡村东约 1 公里	长方形 东西 1000 米，南北 500 米	西汉雁门郡沃阳县	
12	永静城	山阴县北周庄镇永静城村东南约 1 公里	长方形 东西残长 295 米，南北残长 160 米		
13	故驿城	山阴县马营庄乡故驿村东北 500 米	长方形 南北 875 米，东西 750 米。南北二城墙中央各有一个城门		《山阴县城南古城勘查记》，《雁北文物勘察团报告》
14	繁峙古城	应县镇子梁乡城下庄村东北	长方形 东西长约 1120 米，南北宽约 720 米	雁门郡繁峙	
15	祝家庄城	朔州市朔城区小平易乡祝家庄村西北约 500 米			
16	马邑故城	朔州市朔城区		雁门郡马邑县	《山西秦汉墓发掘简报》，《文物》1987 年第 6 期

（续上表）

序号	名称	位置	平面形状及规模	隶属郡县	备注
17	梵王寺城	朔州市朔城区窑子头乡梵王寺村西北约500米	长方形 北墙残长约370米，西墙残长约1330米	疑即汉楼烦县	《怀仁日中城即汉剧阳城代公新平城考》，《黄河文化论坛》第九辑
18	阴馆县故城	朔州市滋润乡夏官城村北	方形 边长1000米	两汉雁门郡阴馆县治，东汉雁门郡治	
19	东昌城址	怀仁县河头乡东昌城村东约500米	方形 边长1000米		
20	剧阳县故城	怀仁县金沙滩镇日中城村西南约400米	长方形，四面各设一门 南北850米，东西400米	汉雁门郡剧阳县	《怀仁日中城即汉剧阳城代公新平城考》，《黄河文化论坛》第九辑
21	广武县故城	代县阳明堡镇古城村西约200米	长方形 东西约3000米，南北约2000米	太原郡广武县	
22	苗庄城	宁武县余庄乡苗庄村东北约300米	外轮廓呈长方形，东西二城相连。北墙外设马面。东西长约1000米，南北宽约400米		《山西省考古学会论文集（三）》
23	滤泗县故城	五台县台城镇古城村东北约1公里	长方形 南北长约1460米，东西宽约1150米	滤泗县	
24	阳曲县故城	定襄县晋昌镇	方形	西汉太原郡阳曲县，东汉末改为定襄县	
25	卤城故城	繁峙县大营镇小庄村北约1公里	长方形 东西长约1000米，南北宽约800米		汉高祖十二年（公元前195）封张平为卤侯时所建
26	赵王城城址	静乐县鹅城镇赵王城村东南约200米	长方形，外围有护城河 南北长约1500米，东西宽约1000米		

（续上表）

序号	名称	位置	平面形状及规模	隶属郡县	备注
27	梁家会城址	岢岚县岚漪镇梁家会村东北约 500 米	长方形 东西长约 300 米，南北宽约 200 米		
28	梁家会北城址	岢岚县岚漪镇梁家会村北约 500 米	长方形 南北长约 400 米，东西宽约 300 米		
29	吴城城址	偏关县楼沟乡吴城村	长方形，但不规整 东西约 500 米，南北 1000 米		
30	百草坪城址	偏关县水泉乡百草坪村南 1.5 公里	长方形 南北长 150 米，东西宽约 100 米		
31	教官咀城址	偏关县万家寨镇教官咀村西北约 1 公里	长方形，南北墙各设一门 南北长约 50 米，东西宽约 30 米		
32	校场城址	偏关县天峰坪镇桦林堡村西约 1 公里	长方形，南墙中部设一门 南北长约 150 米，东西宽约 135 米		
33	北沙城城址	神池县长畛乡北沙城村北约 100 米	方形 边长约 2000 米		
34	晋阳古城	太原市晋源镇		两汉太原郡治与晋阳县治	《晋阳古城勘查记》，《文物》1962 年第 4、5 期
35	狼孟城	阳曲县黄寨镇黄寨村东 100 米	长方形 南北长约 360 米，东西宽约 180 米	汉太原郡狼孟县	
36	北关城址	和顺县义兴镇北关村西北 2000 米	地表现仅存残墙一段，残长约 26 米		
37	南北庄城	平遥县南政乡南北庄村西 500 米	长方形，有护城河 东西长约 200 米，南北宽约 250 米		
38	五里庄城	平遥县洪善镇五里庄村南 200 米	方形 城墙边长约 400 米		

(续上表)

序号	名称	位置	平面形状及规模	隶属郡县	备注
39	东冶头城址	昔阳县冶头镇东冶头村东200米	平面呈不规则形 面积约5万平方米		
40	砖窑街城址	晋中市榆次区砖窑街	东西长约320米，南北长约400米		《山西榆次市郊发现古城遗址及古墓葬》，《文物》1955年第1期
41	辉沟城址	榆社县北寨乡辉沟村南1000米	长方形 南北长约400米，东西宽约300米		
42	平坦垴城	阳泉市郊区平坦镇平坦垴村东北500米	长方形，分内外两城。外城东西长约500米，南北宽约400米		
43	新城遗址	平定县张庄镇新城村	面积约25万平方米	疑即西汉上艾县治，东汉隶属常山国	
44	南村古城址	方山县峪口镇南村		汉西河郡皋狼县，十六国刘渊左国城	该城年代包括战国、秦汉、十六国多个时期，汉代城郭范围不清
45	贯家塔城址	方山县麻地会乡贯家塔村	长方形 东西长约1000米，南北宽约500米		
46	李家沟城址	汾阳县峪道河镇李家沟村南100米	正方形，北墙中部设一门 边长约200米		
47	隋城城址	岚县岚城镇岚城村北1000米	长方形 南北长约1000米，东西宽约800米	隋唐岚县、岚州治所	
48	曜头城址	临县白文镇曜头村	不规则梯形 东西最长约2000米，南北最宽约1000米		
49	青龙城址	柳林县柳林镇青龙村	长方形 东西1000米，南北400米		

（续上表）

序号	名称	位置	平面形状及规模	隶属郡县	备注
50	穆村城址	柳林县穆村镇穆村	长方形 东西长约1500米，南北宽约1000米		
51	隰城故城	柳林县穆村镇杨家坪村东北2.5公里	长方形 东西长约150米，南北宽约100米	汉代隰城县治所	
52	坪上城址	柳林县三交镇坪上村	长方形，东墙南部设一门 东西长约1000米，南北宽约500米		
53	堡上城址	柳林县穆村镇堡上村	长方形 东西长约300米，南北宽约100米		
54	古城岭城址	兴县东会乡寨上村东100米	方形 边长约200米		
55	庞家会城址	中阳县宁乡镇庞家会村东500米	长方形 东西长约70米，南北宽约40米		
56	韩侯城址	洪洞县万安镇韩侯村西1000米	圆形 直径约100米		
57	杨县故城	洪洞县曲亭镇范村、敬村一带	长方形 东西长约1300米，南北宽约580米	河东郡杨县县治	《考古》1963年第10期
58	永固城址	襄汾县永固乡永固村西1500米	长方形 东西长约334米，南北宽约314米		
59	陶寺城址	襄汾县陶寺乡陶寺村西南700米	长方形，北墙中部设一门，有护城河 东西长约100米，南北宽约80米		
60	临汾县故城	襄汾县赵康古城	大小城相套，小城可能是汉城，位于大城北部中央，东西660~700米，南北700米	汉临汾县治	《考古》1963年第10期

（续上表）

序号	名称	位置	平面形状及规模	隶属郡县	备注
61	王离城址	沁水县郑庄镇王必村北500米	面积约20万平方米		
62	濩泽县故城	阳城县固隆乡泽城村北100米	长方形 南北长约800米，东西宽约500米	汉河东郡濩泽县治	
63	杨家寨城址	芮城县东垆乡杨家寨村北约1.5公里	长方形 南北长约80米，东西宽约50米		
64	东陌城址	芮城县西陌镇东陌村南约100米	方形 边长约150米		
65	北垣城址	芮城县风陵渡镇北垣村			
66	汾阴古城	万荣县荣河镇庙前村北约500米		汉汾阴县治	《考古》1959年第4期
67	上郭古城址	闻喜县桐城镇上郭村	7.5万平方米		
68	大马城	闻喜县畖底镇东大马村北	近方形，四面各设一门，外围护城河 东西长约998米，南北宽约980米，周长3920米		《考古》1963年第5期
69	禹王城	夏县禹王乡禹王村	城址分大城、中城、小城和禹王庙四部分，中城为汉城，平面略呈方形，边长约1522米	两汉河东郡治……与安邑县治	《文物》1962年第4、5期
70	长修故城	新绛县古交镇泉掌村北500米	长方形 东西长约800米，南北宽约600米	西汉河东郡长修县治	

（注：本表凡不另注出处者，资料均出自《中国文物地图集·山西分册》）

（本文为暨南大学人文社会科学发展基金项目，项目批准号：006JSYJ012。
日本平成十七至十九年度科学研究费补助金基盘C研究成果，合作单位：日本国立历史民俗博物馆。）

（作者：王银田，暨南大学历史系教授）

仇池诸国通考

刘雁翔

【提　要】仇池本是山名，位于甘肃西和县南，氐族杨氏于此建国，于是有“仇池国”之称。历史上的仇池国主要是指杨茂搜建立的前仇池国、杨定重建的后仇池国，而杨氏后裔所建武都国、武兴国、阴平国也被史家认为是仇池国的延续。这五个政权绵延250多年，几乎和魏晋南北朝时期相始终，在中国历史上这个大分裂的年代扮演了极其重要的角色，和名列史册的“十六国”相比，其影响力毫不逊色。但处于南北朝中间地带的仇池政权，因国力所限，每每称臣于南朝政权或北方政权，所以被古代史家忽视，相关记载凌乱不堪，系统梳理本属必要。兹以正史记载为基点，结合已有研究成果，对仇池诸国的地理形势、发展过程、地域物产、败亡因由等方方面面情况逐一考述之，以期理清其兴亡始末，使仇池国史的轮廓更为清晰。

【关键词】仇池山　前仇池国　后仇池国　武都国　武兴国　阴平国

仇池国是魏晋南北朝时期氐族杨氏建立的政权名称，因其立国之时政治中心在仇池山而得名。历史上的仇池国主要是指杨茂搜建立的前仇池国、杨定重建的后仇池国，而杨氏后裔所建武都国、武兴国、阴平国也被史家认为是仇池国的延续①，所以完整意义上的仇池国应该指前仇池国、后仇池国、武都国、武兴国、阴平国五个政权。

一、仇池山古今地理形势

仇池山，亦名常羊、仇维、仇夷、瞿堆、河池、氐池、百顷②，在今甘肃省西和县南60公里处，行政区划上属西和县大桥乡。仇池山和仇池国的关系，可以用两句话概括，国因山名，山以国显。史籍上对仇池山的描述颇具传奇色彩。《水经注·漾水》说：

> 汉水又东迳瞿堆西，又屈迳瞿堆南，绝壁峭峙，孤险云高，望之形若覆唾壶。高二十余里，羊肠蟠道三十六回，《开山图》谓之仇夷，所谓积石嵯峨、嵚岑隐阿者

① 张维《仇池国志》、李祖桓《仇池国志》（书目文献出版社，1986年）、杨铭《氐族史》（吉林教育出版社，1992年）、王钟翰主编《中国民族史》（中国社会科学出版社，1994年）等著作均持此观点。

② 赵逵夫先生《仇生·仇维·仇池山》认为，仇池山即《山海经》所言“常羊之山”，“常羊”、“仇夷”、“仇池”乃一音之转，这些名称都和传说仇生即仇维在仇池山修道有关。“瞿堆”也应是“仇维”等的同音异写。至于“百顷”是因山上有田百顷而名。文载《中国道教》2001年第2期。

也。上有平田百顷，煮土成盐，因以“百顷”为号。山上丰水泉，所谓清泉涌沸，润气上流者也。[1]

又《元和郡县志》“上禄县”条说：

仇池山，在县南八十里。壁立百仞，有自然楼橹却敌，分置均调，有如人功。上有数万人家，一人守道，万夫莫向。其地良沃，有土可以煮盐。杨氏累世据焉。[2]

由此可见，仇池山有险绝的地势，有丰饶的土产，有肥沃的良田，有清澈的泉水，诚风水宝地也。

南宋绍兴四年（1134），曹居贤主持重修仇池氐王杨难敌庙，所立《仇池记》碑，更加详细地记述了仇池风物：

仇池福地，本名围（维）山。《开山》为仇夷山。上有池，古号仇池。当战国时为白马氐所居，晋系胡羌，唐籍成州。逮我大宋隶同谷。背蜀面秦，以其峭绝险固，襟武都、带西康，相结茅储粟，以为形势镇戍之地。现其上土下石，屹然特起，界于沧、洛二谷之间，有首有尾，其形如龟，丹岩四面，壁立万仞，天然楼橹，二十四隘路，若羊肠三十六盘，周围九千十四步，高七里有奇。东西二门，泉九十九，地百顷。农夫野老，耕耘其间。云舒雾惨，常震山腰，朝晖夕阴，气象万千。当其上，群谷环翠，流泉交灌，集而成池，广荫数亩，此世传仇池之盛。且神鱼闻于上古，麒麟瑞于近世，有长江穷谷以为襟带，有群峰翠麓以为黼藻。虽无琼台珠阁，流水桃花，其雄峻之状，壮丽之观，即四明、天台、青城、崆峒亦未过此。[3]

就是说在氐族杨氏政权覆灭500余年之后，仇池风光依旧，这段引人入胜的文字，可直抵晋陶渊明的《桃花源记》。以后史志和诗文言及仇池山多是因袭旧说，了无新意。直到民国之时，慕寿祺《登仇池山绝顶》尚有这样的诗句：“四壁山钩连，望中气万千。山路有一线，上通坠云颠。是山即仇池，满目草芊芊。其初曰围山，高处无人烟。开者乃仇夷，今名赖以传。状与龟相似，首尾形俱全。四周廿余里，其中别有天。楼橹二十四，气象何森然。九千四百步，地址足回旋。鸟道卅六盘，梯阶凌空悬。东西敞二门，怪石当其前。清泉九十九，灌溉百倾田。穴深尘不到，盐煮土能煎。白马所居地，神鱼潜在渊。”[4] 全然是上引《仇池记》碑的翻版，所不同者，前者是散文，后者是诗。

那么，现在的仇池山又是怎样一番景象呢？新编《西和县志》第二编《地理》“仇池山”条说：

仇池山……位于县南60公里处。该山系西秦岭南延余脉，呈北南方向，三面环水，一头衔山，尽于西汉水与洛峪河交汇的河谷。其山悬崖峭壁，四面陡绝，山上地势平缓，沟壑纵横，泉水交盈，有良田千余亩。东西宽约3公里，南北长约6公里，最高山峰伏羲崖，海拔1793米，相对高程791米。山形状如巨轮，在两水夹峙中荡漾，故今村有上、下码头之称。自古以来，历代兵家常依此天险，称王称霸，

---

① 陈桥驿校：《水经注校释》，杭州大学出版社，1999年，第363页。

② 李吉甫：《元和郡县志》，中华书局，1983年，第572页。

③ 新编《西和县志》，陕西人民出版社，1997年，第844—845页；又见李祖桓：《仇池国志》，书目文献出版社，1986年，第223页。

④ 新编《西和县志》，陕西人民出版社，1997年，第682页。

雄踞一方。过去交通闭塞，与世隔绝，现今西高山至仇池，大桥至仇池公路直通山顶，交通较为方便。①

仇池山巅现有一行政村即名仇池，有人口700余。泱泱大池早已绝迹，仇池国古城垣也荡然无存，而上、下殿地遗存有瓦片、砖块，出土文物有石锤、镞、弩、斧、剑、鉞等。不过，仇池山势依旧，林木葱茂，风景秀美，是陇南市著名的旅游胜地。景观有伏羲仙崖、石勺奇潭、金龙滚珠、八仙上寿、麻崖古洞、东石无根、洞涌神鱼、小有洞天等，所谓“仇池八景”，② 西和民谣唱道：“伏羲仙崖第一景，轩辕神修滚龙珠。东石无根西石勺，中洞潜藏小有天。四大菩萨云霄殿，八仙上寿吉祥山。一上仇池百顷田，麻姑仙洞几千年。”

总之，仇池山自古以来就是形胜之地，有险可依，有水可饮，有粮可食，占尽地利，具备了所有割据自守的条件。③ 前后仇池国能在南北强敌的夹缝之中自存一百多年，仇池地利起了举足轻重的作用。虽然仇池政权的军政中心并不是始终在仇池山上，而每当遇到挫折之后，氐杨集团退缩的最后据点必然是仇池山。④ 在这里，他们获得喘息的机会，抗拒强敌。而当外敌退却后，以仇池为根据地的氐人就会很快收复失地，并窥探南北对峙局面所可能提供的便利，为自己谋取最大利益。仇池山之于仇池国来说，是名副其实的心脏。

二、仇池的兴起与建国

氐族杨氏和仇池发生关系是在汉献帝建安年间，具体情形，说法不一。《水经注·漾水》说：

汉献帝建安中，有天水氐杨腾者，世居陇右，为氐大帅，子驹，勇健多计，迁居仇池，魏拜为百顷王。

这是说在建安年间，氐帅杨腾勇健多计的儿子杨驹由陇右迁居仇池，曹魏封之为百顷王。而按《魏书·氐传》的说法：

汉建安中，有杨腾者，为部落大帅。腾勇健多计略，始徙仇池。仇池地方百顷，因以为号。

这是说勇健多计略，始徙仇池的是杨腾自己，而非其子杨驹，以“百顷”为号似是自号，而非封赐。至于从什么地方迁入的，只字未提。《宋书·氐胡传》和《魏书·氐传》又有不同：

略阳清水氐杨氏，秦汉以来，世居陇右为豪族。汉献帝建安中，有杨腾者，为部落大帅，腾子驹，勇健多计略，始迁徙仇池。仇池地方百顷，因以百顷为号……

---

① 新编《西和县志》，陕西人民出版社，1997年，第210页。

② 韩博文、陈启生：《陇南风物志》，兰州大学出版社，1996年，第44页。

③ 清顺治三年（1646），明原固原副将武大定盘踞仇池山反清。20世纪30年代马思才、马尚智等人组织神团，盘踞仇池山和当局对抗达数年。

④ 仇池山一直是仇池国最大的后勤基地，其战备仓库就设在仇池山顶，即所谓“置仓储于百顷”。

骑后有名千万者，魏拜为百顷氐王。

这是说迁居仇池的是略阳清水氐杨腾的儿子杨驹，而被曹魏封为百顷氐王的并非杨驹，而是杨驹之后杨千万。综合分析，《水经注》的记载似有脱文，因为建安中曹魏尚未废汉自立，哪能"魏拜为百顷王"？以《魏书·氐传》和《宋书·氐胡传》相较，后者叙事条理清晰，再者行文强调"勇健多计"是为"迁徙"的重大决定埋下伏笔，因此，氐族杨氏迁仇池，应以《宋书·氐胡传》叙事为准，认定杨驹是迁居仇池的第一代。至于"驹后有名千万者，魏拜为百顷氐王"似又和《三国志》记事不合。按《三国志·武帝纪》和《夏侯渊传》，杨千万是马超反曹的追随者，事在建安十八年。千万氐部被夏侯渊攻破后，随马超入蜀。如前所言，建安十八年，汉尚未亡，何来"魏拜为百顷氐王"？既然"魏拜为百顷氐王"，氐应感恩戴德才行，又何以随马超和曹操作对？因此"魏拜为百顷氐王"不管主人公是杨驹还是杨千万都是靠不住的，倒是自号百顷氐王符合情理。

以论辩为基础，氐族杨氏入居仇池的早期历史可叙述为——略阳清水氐杨氏，世居陇右，秦汉以来就是陇右豪族。东汉末年，其部落大帅杨腾的儿子杨驹勇健多谋，趁天下大乱之机，率部众南下迁居仇池，自号百顷氐王，割据一方。①

对于略阳清水氐杨氏是土著还是从武都郡迁出者，史学界说法不一。但有一点是可以肯定的，秦汉以来氐族的聚居区，一个在今甘肃东南部，即今甘肃天水市、陇南市一带；一个在今陕西西南部；另一个在今四川西北部。这也就是《北史·氐传》所说的"秦汉以来，世居岐陇以南，汉川以西……自汧渭抵于巴蜀，种类实繁"。文中的"陇"指的就是"陇山"，而略阳郡之清水就和陇山毗邻。因此，就氐族生活的地域而言，武都固然是氐族的大本营，仇池固然是氐族的发祥地，而陇山左右也是氐族的世居地。汉魏间，氐人自称"盍稚"，类"氐"之缓读。"氐"是何意？《说文》云："巴蜀名山岸胁之旁箸欲落堕者曰氐，氐崩，闻数百里……扬雄赋：响若氐隤。"又《说文》释："阺"云："秦谓陵阪曰阺。"是说秦地叫大土山和山坡作阺。《昭明文选》卷四五《解嘲》注引应劭曰："天水有大阪，名陇坻，其山堆旁着，崩落作声，闻数百里，故曰坻隤。"对照陇阺正好是氐人分布区的这一事实，氐族之"氐"或起自"陇阺"之"阺"，"氐"即汉人加给氐族的称谓，也为氐人所接受。由此看来，略阳清水氐杨氏应是清水的土著，有时按郡望称"天水氐"。据《三国志》裴松之注引《魏略·西戎传》："氐人有王，所从来久矣。自汉开益州置武都郡，排其种人，分窜山谷间，或在福禄，或在汧陇左右……今虽统于中国，然自有王侯在其虚落间。"可见略阳清水氐也肯定有武都氐或仇池氐的成分，这大概是受到中原政权压迫后，杨驹毅然选择迁居仇池的原因之一。

东汉献帝建安十八年（213），杨驹后人杨千万（是子还是孙不详）从仇池率部北上

---

① 综合有关氐族杨氏的史料，都将杨腾、杨驹、杨千万的事迹放在"汉献帝建安中"，建安（196—220）一共25年，杨驹迁仇池的具体时间不清，而杨千万在建安十八年（213）附马超反对曹操，则杨驹迁仇池肯定在建安十八年前的十余年间。至于杨驹和杨千万的关系，《资治通鉴》卷八二《晋纪四》认为："杨驹……至其孙千万附魏，封为百顷王。"认定是孙子；而《魏书·氐传》说："腾后有名千万者，魏拜为百顷氐王。"《宋书·氐胡传》同，笼统地说是"后人"，至于是子是孙不清楚。如史籍所记杨千万事迹属实，则无论杨千万是子是孙，杨驹在建安中迁仇池的可能性很小，其事疑在建安之前。如杨驹和千万是同一个人，倒更符合他被框定在建安年间的事迹。

依马超，据略阳（今甘肃秦安陇城）和兴国氐王阿贵共同反抗曹操[①]，时阿贵、千万各有部落万余，势力还是相当大的。建安十九年，曹操部将行护军将军夏侯渊督张郃等上陇反攻，大败马超，依次收复显亲、略阳等陇上郡县，千万败逃入蜀，其部众不能随者，尽皆降伏，被分徙安置在扶风、天水、南安三郡边远山区。建安二十四年，曹操与刘备争夺汉中，战败北归，曹恐刘联络氐人进攻关中，乃令张既、杨阜等迁武都氐五万余落出居扶风、天水界，氐杨的根据地仇池几乎被洗劫一空。

入蜀后的杨千万经数十年的苦心经营，到孙子杨飞龙时重新恢复元气[②]，时在西晋初期，晋朝予假平西将军的封号，并准许迁回故地略阳。晋惠帝元康六年（296），关中氐帅齐万年为首的关陇各族人民大起义爆发，波及秦、雍等二州八郡，飞龙养子杨茂搜[③]率部四千余迁回仇池以自保，并自号辅国将军右贤王。以此为标志，本年当为氐杨仇池政权建立之始。

三、前仇池国

仇池的开国者杨茂搜是一位眼光远大的领袖人物，"还保仇池"之时，正当天下大乱之际，相对安定富足的仇池成为关陇流民向往的乐土。而杨茂搜来者不拒，广纳豪杰，《宋书·氐胡传》说："关中人士奔流者多依之，茂搜延纳抚接，欲去者，则卫护资遣之。"这些举措为他赢得了很好的声誉，仇池一带的"群氐"全部归服，氐杨势力迅速壮大。同时，杨茂搜还遥尊摇摇欲坠的西晋王朝，晋愍帝封之为骠骑将军、右贤王。在和仇池山一水之隔的西高山曾出土两颗金质封印，一为"晋归义氐王"，一为"晋归义羌侯"，二印等大，方形，驼钮，高 3 厘米，边长 2. 3 厘米，重 150 克，无廓。[④] 从历史背景分析，前者极有可能是杨茂搜受封左贤王后的封印，后者当是依附仇池的羌人首领封印。朝廷颁赐印玺，在政治上意义重大，表明杨茂搜的仇池国名正言顺地列入藩国之列。

东晋建武元年（317），杨茂搜卒，其长子难敌袭位，难敌号左贤王，屯下辨；按父亲遗命，难敌少弟坚头号右贤王，屯河池。下辨，秦县，东汉以来为武都郡郡治，地在今甘肃陇南市成县境；河池，汉县，治地在今甘肃陇南市徽县境。二地均在仇池东南，可见此时仇池政权的重心从仇池山区移至今徽成盆地，疆域扩大到西以汉水流域为中心，

---

① 《三国志·武帝纪》说："氐王千万叛应超，屯兴国。"据《魏略·西戎传》，叛应马超的还有兴国氐王阿贵，阿贵才是兴国的主人，可见千万屯兴国是和阿贵联兵共守。

② 关于杨千万入蜀之后的作为，史料失载，不过可以肯定，他所依附的必然是蜀汉政权，蜀汉有"西和诸戎"的民族政策，所以他得以发展。

③ 杨飞龙无子，以外甥令狐茂搜为子，改姓杨。

④ 二金印现藏甘肃省博物馆。关于此二印的印钮，有人认为是羊钮，也有认为是虎钮者。详察之，钮应为略近卡通形的卧驼形象。在陇南相邻的天水市麦积区吴砦，20 世纪 80 年代出土一"魏归义氐侯印"亦藏甘肃省博物馆。上海博物馆藏一"晋归义氐王"印，近方形，驼钮，高 2. 2 厘米，印面长 2. 2 厘米，宽 2. 1 厘米，重 88. 5 克，字形和甘肃博物馆藏"晋归义氐王"印完全相同，而印文更加清晰。还有，陕西宝鸡市博物馆藏"晋率善氐邑长"、"晋率善羌邑长"铜印各一颗。氐、羌印总是同时且对应现世，值得关注。

西南至白龙江、东至嘉陵江上游纵横数百里的区域，今甘肃陇南市大部分地区都在其控制范围之内。①

东晋大兴三年（320、前赵光初三年），前赵主刘曜率师西征，目标直指据守上邽（今甘肃天水市城区）的晋宗室司马保②，司马保遣雍州刺史杨曼、扶风太守王连守陈仓（今陕西宝鸡）拒战，为刘曜所败，杨曼投奔仇池。大兴四年，刘曜乘胜亲征陇右氐羌，意欲拔除氐杨仇池政权，杨难敌率兵抗击，为刘曜前锋所败，杨退保仇池。恰好此时刘曜身染重病，军中疾疫流行，于是合议班师，又怕杨难敌蹑后掩杀，于是遣使和杨难敌约和，身处困境的杨难敌做了个顺水人情，积极响应，遣使称藩。刘曜非常高兴，给难敌封了一个长达51字的名号——“署难敌为使持节、侍中、假黄钺、都督益宁南秦凉梁巴六州陇上西域诸军事、上大将军、益宁南秦三州牧、领护南氐校尉、宁羌中郎将、武都王”③，并大封其子弟15人为公侯、列将。

东晋太宁元年（323、前赵光初五年），前赵主刘曜再次率兵西征，攻打举兵反叛前赵的原司马保部将陈安，并击斩之。杨难敌深知，前赵的下一个目标必然是自己，于是和兄弟坚头相约南逃汉中避祸，随后入居葭萌（今四川广元西南昭化镇）。刘曜令镇西将军刘厚追击，“获其辎重千余两，士女六千余人，还之仇池。”④ 刘曜命田崧为镇南大将军、益州刺史，镇守新获得的仇池。这是仇池立国之后第一次丧失仇池故地，从前赵军俘获“士女六千余人”看，杨难敌南逃避战之时，有大批眷属随迁。败逃葭萌后，孤立无援的杨氏兄弟请降于成汉李雄，并以重金结好其安北将军李稚，得李稚支持，在前赵追兵退后，还拒武都，随即脱离成汉，进占其阴平等地。李稚自悔失计，自请率众讨伐杨难敌，杨难敌充分利用下辨一带的险恶地形，断其退路，四面伏击，俘李稚、李琀兄弟，杀数千人。太宁三年，在击退成汉进攻之后，杨难敌偷袭仇池，一举克之，并俘前赵仇池镇将田崧，杨、田之间的对话非常有趣：

> 杨难敌袭仇池克之，执田崧立之于前，左右令崧拜，崧瞋目叱之曰：“氐狗，安有天子牧伯而向贼拜乎？”难敌字谓之曰：“子岱，吾当与子共定大业，子忠于刘氏岂不能忠我乎？”崧厉色大言曰：“贼氐，汝本奴才，何谓大业？我宁赵鬼，不为汝臣。”顾排一人，夺其剑，前刺难敌，不中。难敌杀之。⑤

由这段话看出，杨氏身为氐族，从种族而言备受歧视，被正统观念认定只有做奴才的命，不可以自立大业；同时也看出杨难敌本人胸怀大志，不同于一般的草头王。两次大战，两次获胜，这对仇池国来说是空前盛举，使之站稳脚跟，独树一帜。杨难敌也就成为前仇池国声望最为显赫的首领，后世在仇池山上所建的“晋杨将军庙”所奉祀就是杨难敌。南宋《仇池记》碑赞其武功说：“大宁咸和间执田崧，擒李稚，抗衡前赵，控制后蜀，鼎峙之国，雄霸一隅，一时英杰也。”

---

① 西晋建兴元年（313），杨难敌一度占有成汉汉中，随即被逐。

② 司马保为晋宗室，西晋亡后，保于319年在上邽自称晋王，以抗击前赵。陇城陈安是其坚定的追随者，秦陇氐羌多响应者。320年，司马保被部将所杀。

③ 《晋书》卷一〇三《载纪第三》。

④ 《晋书》卷一〇三《载纪第三》。

⑤ 《资治通鉴》卷九三《晋纪十五》。

东晋咸和九年（334），杨难敌卒，子杨毅继位。杨毅自号龙骧将军、左贤王、下辨公，并以叔父坚头子杨盘为冠军将军、右贤王、河池公，由“下辨公”、“河池公”这两个称号看，他们基本维持父辈屯守格局，[①] 此后不久，仇池陷入连续不断的恶性内讧之中，相互残杀，国无宁日。

东晋咸康三年（337），杨毅兄杨初袭杀杨毅，自立为仇池公。

东晋永和十一年（355），杨毅弟杨宋奴为兄报仇，指使其姑母子梁式王刺杀杨初。而初子杨国率部反攻，诛杀梁式王和杨宋奴，自立为仇池公。

东晋永和十二年，仇池公宝座尚未坐稳的杨国又被从父杨俊杀死，杨俊自立为主。

东晋升平四年（360），杨俊卒，子杨世立。东晋太和五年（370）杨世卒，子杨纂立，其叔父武都太守杨统起兵争位，打得昏天黑地，不亦乐乎。[②] 次年，即东晋咸安元年（371、前秦建元七年），前秦王苻坚知仇池内乱，遣苻雅、杨安、王统、姚苌等起步骑7万，大伐仇池，杨纂集兵5万北上鹫峡（在仇池北，亦称塞峡，在今甘肃西和县长道乡山脚的漾水河谷，今名祁家峡或大晚家峡）阻击，大败而归。当此危机存亡之时，与杨纂争位的杨统，献武都投降前秦，杨纂自知大势已去，面缚请降，被苻雅等押回长安。紧接着，“徙民关中，空百顷之地”。[③] 将仇池山周围之民尽数迁往关中，地为之空。前仇池国亡，共传八主计76年。

从337年杨初被杀至371年杨纂被擒灭国，前后34年的时间，仇池接连发生四次政变，换了四位国主，一区区小国，何而能经得起如此折腾？从纷杂的史料看，杨难敌之后，仇池的领导者只干了两件事，一是制造内讧，二是急急忙忙向南北各政权称藩，既不能自重，又不能自强，等待他们的只有灭亡的命运。

附前仇池国世系：

①杨茂搜（杨飞龙外甥，296—317）→②杨难敌（茂搜子，317—334）→③杨毅（难敌子，334—337）→④杨初（杨毅族兄，337—355）→⑤杨国（杨初子，355—356）→⑥杨俊（杨国从父、杨初兄或弟，356—360）→⑦杨世（杨俊子，360—370）→⑧杨纂（杨世子，370—371）。

四、后仇池国

东晋太元八年（383、前秦建元十九年），前秦王苻坚倾全国之力伐晋，淝水一战，大败而归，北方重新分裂，群雄纷起，称王称霸。太元十年（385），氐杨后裔杨定举家奔还陇右，复据仇池。进而徙治历城（甘肃西和县西峪坪），并在仇池山上建立军备仓库，集氐汉千余家自保，自号龙骧将军、平羌校尉、仇池公。在战乱之中，仇池复国，

---

① 杨难敌继位后曾自屯下辨，而以弟坚头屯河池。

② 关于杨纂和其叔父杨统争位之事，史书记载不一，《宋书·氐胡传》、《魏书·氐传》俱言杨统废纂自立，反为杨纂袭杀。而据《晋书·载纪十三》，杨纂、杨统是因王位而相互攻杀，争斗未见分晓，没有谁代谁、谁杀谁之事。综合分析，《晋书》近理，此从《晋书》叙述。

③ 《魏书·氐传》。引文中的“百顷”特指仇池山，非整个仇池国。

史称“后仇池国”。

这位后仇池国的立国之主有着曲折的家世和丰富的阅历，如前所言，早在东晋永和十一年（355），仇池内讧，原仇池公杨毅（被族兄杨初袭杀）弟宋奴为兄报仇，刺杀杨初，而为杨初子杨国合众攻杀，宋奴子佛奴、佛狗出逃，投奔了前秦。杨定即佛奴之子，此人果勇善战，颇受苻坚赏识，并招为驸马。淝水战后，苻坚众叛亲离，而杨定忠贞不二，佐苻坚，保卫长安，奋力抵抗西燕主慕容冲的进攻，屡破西燕，终因寡不敌众，为高盖所擒。太元十年十月，慕容冲命高盖率兵5万进攻后秦，新平大战，全军覆灭，高盖投降后秦，于是杨定得以乘乱逃奔陇右，仇池也得以复国。从杨定这一系列的作为可以看出，他是一个有本事的人，史称“定，秦之骁将也”。[①] 他还是一个有操守的人，尽力奉坚，直至被擒，而出逃陇右也是在苻坚被姚苌缢杀之后；他也是一个有抱负的人，脱离南燕羁绊后，没有投诚势力勃兴的后秦，而是亡归祖上故地仇池，兴其灭国。

这里还应再分析一个问题，只带眷属逃归陇右的杨定势单力薄，何以能迅速复国呢？这还得看当时的时势。东晋咸安元年（371），前仇池灭国之后，前秦从伐仇池的将军中留出两位，以王统为南秦州刺史、前将军杨安为都督南秦州诸军事，共镇仇池，其中杨安实为氐杨之宗室。[②] 前秦特地以杨安守仇池，无非是想利用氐杨的影响力怀柔氐人。到杨定亡归的东晋太元十年（385），王统已改任秦州刺史，而杨安也调任，时接任南秦州刺史的杨壁也属仇池杨氏，前秦还是想以氐杨的影响力怀柔氐人。据《资治通鉴·晋纪二十八》：“太元十年六月，秦太子宏不能守长安，将数千骑与母、妻宗室奔下辨……七月，太子宏至下辨，南秦州刺史杨壁拒之。壁妻，坚之女顺阳公主也，弃其夫从宏。宏奔武都，投氐豪强熙，假道来奔，诏之江州。”杨壁本来是苻秦的驸马，按理苻坚太子和眷属来投，应热烈欢迎才对，而他为何一反常态、拒而不纳呢？唯一的解释是他图谋恢复氐杨的仇池国，于是不惜妻子背离而拒之。[③] 同年十月，杨定奔陇右，正好和杨壁一拍即合，也就是说杨定肯定得到了杨壁的支持，杨定是仇池宗室的后代，以杨定为主复国更加具有吸引力，这就是杨定能快速复国的根本原因。杨定之所以“徙治历城”[④]，这是因为：第一，有他的支持者杨壁镇守仇池，杨定对大本营是放心的；[⑤] 第二，后秦已占有关中，时刻想着争夺陇右，徙治历城则靠近陇右重镇秦州上邽，便于联合尚未受损的陇

① 《资治通鉴》卷一〇六《晋纪二十八》。

② 杨安，本是前仇池国主杨国之子，其从父杨俊杀杨国自主，杨安出逃投奔前秦，事在东晋永和十二年（356）。依附前秦之后，安屡立战功，终随苻雅破仇池，并成为仇池镇将。东晋宁康元年（373），和王统等共破东晋益州，任益州牧，镇成都。

③ 《资治通鉴》胡三省注曰：“苻坚破仇池，置南秦州。杨壁，氐之种类，仕秦尚主，任居方面，以宏奔败，拒而不纳。”胡先生看到的是表面原因，未及深层。杨定也娶苻坚之女，由此看来，杨壁和杨定还是连襟关系。

④ 这里要特别强调，“徙治历城”事实上说的是为适应战时需要将指挥所迁到了历城，而仇池的中心依旧，一个是仇池山，即百顷；一个是南秦州刺史的治所骆谷城；另一个是从前仇池杨难敌开始仇池国主所居的下辨。

⑤ 前秦苻登即皇帝位之后，谋在太元十四年（389、前秦太初四年）约杨定等率陇上军共取长安，时留守仇池的就是杨壁。《晋书·载纪十五·苻登》说：“（登）使定率诸军为其后继，壁留守仇池。又使其并州刺史杨政、冀州刺史杨锴率所统大会长安。”“壁留守仇池”一语透露出一条信息，即使在杨定复国之后数年内，镇守仇池的仍然是杨壁，也就是说杨壁任节之地和前秦时的一样。

右前秦力量抗击后秦。事实上，在杨定徙治历城后，就和秦州刺史王统、南秦州刺史杨壁等联合表示效忠前秦的继任者苻丕。次年，苻丕被杀后，苻登于南安称帝，杨定等转而支持苻登，受封益州牧，抗击后秦。

东晋太元十一年（386），王统以秦州投降后秦，杨定独立抗击后秦。太元十四年，攻陷陇城（今甘肃秦安陇城乡）、冀城（今甘肃甘谷县城西）；太元十五年又攻占天水、略阳二郡，取得重大胜利，杨定自称秦州牧、陇西王，前秦王苻登“因其所称而授之”。杨定助前秦伐后秦的事业达到了顶峰，完全据有了陇山以西的渭水流域。太元十九年，苻登伐后秦败死，前秦亡。太子苻崇逃奔湟中，被西秦乞伏乾归驱逐，辗转来投杨定，杨定率步骑二万为苻崇复仇，先胜后败，全军覆没，杨定及苻崇同时被杀，陇西之地全部丧失。①

杨定败死，无子，由其从弟（其叔父佛狗之子）杨盛继位，盛谥杨定为“武王”，自称征西将军、秦州刺史、仇池公。为稳定局势，杨盛先称藩于后秦，再称藩于东晋，三称藩于北魏，封号或为仇池公，或为仇池王。杨盛的另一个重大举措是“分诸四山氐羌为二十部护军，各为镇戍，不置郡县”。② 这是一种军民混合的体制，其特点是以军守城，以城代边，能战能守，各为镇戍，军以战守，政行郡县；另外，战胜克敌又能迁徙人口以处其中。③ 这种非常时期的特殊制度，对抵抗列国进攻和扩大军事力量意义重大。当是时也，仇池东面和北面是势力日盛的后秦，西面是虎视眈眈的西秦，南面是东晋的梁州和益州，势力弱小的仇池虽然一再称藩，但仍就战事不断，兹列举如下：

东晋元兴元年（402），后秦西秦联合攻占仇池皮氏堡、西阳堡。

东晋元兴三年（404），仇池杨盛反击，在竹岭大败西秦军。

东晋义熙元年（405）二月，东晋益州内乱，汉中空虚，杨盛乘乱遣兄子杨抚入据汉中。六月，后秦姚硕德等大伐仇池，杨盛屡战屡败。同时，后秦又派将军敛俱进军汉中，攻陷成固（今陕西成固县东），并迁流民3000余户入关中，杨抚等兵退仇池，汉中得而复失。杨盛无奈，被迫请降，遣子杨难当等为人质，后秦撤军。十一月，西秦再攻仇池，杨盛击败之。

东晋义熙三年（407），杨盛遣平北将军苻宣等兵入汉中，后秦守将梁州别驾吕荣等倒戈，汉中再次归仇池所有，并遣使与东晋通好。

东晋义熙八年（412），积怨甚深的后秦、仇池之间展开了一场大规模的厮杀，先是杨盛派兵收复被后秦占领的军事要地祁山（今甘肃礼县祁山乡），而后是后秦举大兵遣建威将军赵琨等分数道从鹫峡、羊头峡、汧城围攻仇池，后秦主姚兴亲自带5000轻骑兵督战，志在必得。杨盛据险自守，与之周旋，击败前锋赵琨等，姚兴见取胜无望，只好退回关中。仇池和后秦纷争多年，而此次大胜，足以扬眉吐气了。

东晋义熙九年（413），东晋平息谯纵叛乱，杨盛主动招回汉中守将苻宣，东晋以梁州刺史索邈接收汉中。

---

① 据《晋书·载纪二十五·乞伏乾归》，当杨定攻西秦之时，西秦国主乞伏乾归对众将说：“杨定以勇虐众，穷兵逞欲。兵犹火也，不戢，将自焚。定之此役，殆天以之资我也。”

② 《宋书》卷九八《氐胡传》。

③ 徐日辉：《后仇池国述论》，《秦州史地》，陕西人民美术出版社，1994年，第198页。

击败后秦，结好东晋，仇池迎来了相对平稳的时期。宋元嘉二年（425），杨盛卒，享年62岁。从390年至425年，杨盛在位35年，是仇池国历史上在位最长的一位仇池公。杨盛之世也是后仇池国的鼎盛阶段，虽四面受敌，但国内较为稳定，四方流民因仇池丰实，多往依附，仇池一度出现了小康局面。

杨盛去世后，子杨玄即位，自号使持节、都督陇右诸军事、征西将军、开府仪同三司、平羌校尉、秦州刺史、武都王。元嘉三年（426、北魏始光三年），北魏攻陷长安，有席卷秦陇之势，杨玄遣使附魏。元嘉四年，魏封杨玄为南秦王。元嘉六年，杨玄病卒。杨玄在位5年，是一位守成之主，在位之时，四方比较安定，而本人也奉行来者不拒的开放政策，“善待士，为流旧所怀”。①

杨玄之后，子保宗继位。不久，杨玄弟杨难当废保宗自立，号督都雍凉秦三州诸军事、征西大将军、开府仪同三司、秦州刺史、武都王。杨难当是一位不甘寂寞的、力图有所作为的国主，从登位的第二年始，几乎历年都有军事行动。

宋元嘉七年（430）十一月，助西秦乞伏暮末击溃南安羌人。

宋元嘉九年（432），仇池大饥荒，而刘宋益、梁二州大丰收。益州刺史刘道济是一个有聚敛癖的腐败官僚，手下又有一批贪污犯，于是大失民心。杨难当于元嘉十年授意流民许穆之、郝惔之改名司马飞龙、司马康之，诈称晋室，资给兵力，进扰蜀地。② 与此同时，杨难当自率大军，在宋梁州刺史换任未到之际，攻破汉中门户白马戍（陕西勉县西老城乡），宋军全线溃败，杨难当一举占有汉中。原本称藩于宋的杨难当和宋彻底撕破了脸皮。

汉中盆地北瞰关中，南蔽巴蜀，丧失汉中，震惊刘宋朝廷。元嘉十一年（434），宋文帝急令萧思话等率兵反攻，宋军依次推进，节节胜利，将杨难当逐回仇池，悉收失地，并在葭萌水置戍镇守。杨难当见宋军临境，奉表谢罪，一再辩解，始得宽免。

宋元嘉十三年（436），杨难当自称大秦天王，改元建义，立妻为王后，改世子为太子，置百官，类同天子制度，做起了“天子”。五月，遣兵北上占据上邽，魏军征讨，杨难当谢罪退兵仇池。

宋元嘉十七年（440），仇池国内大旱，灾异频发，杨难当自责，将大秦天王的称号降为武都王。元嘉十八年，为摆脱仇池困境，杨难当自率大军攻蜀，陷葭萌（今四川广元昭化镇）等要塞，围攻成都门户涪城（今四川绵阳市城区），大掠蜀境，迁雍州流民7000余家返回仇池。被激怒的宋文帝刘义隆以刘道真为主将，调龙骧将军裴方明、太子左积弩将军刘康祖、后军参军梁坦带精兵救援，并发荆、益二州兵进讨。元嘉十九年五月，裴方明等连克仇池（今陕西略阳县）武兴、下辨、白水（今陕西略阳白水江镇）等地，势如破竹，并在浊水（今甘肃成县西南）大败仇池主力。杨难当一路北逃，宋军穷追不舍，终将其赶出仇池国境。被逼无奈的杨难当奔入上邽（今甘肃天水市城区）投降了北魏，宋军前锋直达上邽南郊的赤亭（今甘肃天水城区西南）方还。而此前留守仇池的丞相杨万寿、将军姚宪等各率部投降，仇池全境归宋。后仇池国亡。

---

① 《宋书》卷九八《氐胡传》。

② 改名换姓的许穆之、郝惔之虽然先后败死，但二人入蜀，引发了蜀中各地反对刺史刘道济的大起义，蜀中一片混乱，直至7年之后的439年方被刘宋完全镇压。

杨难当在位14年（442—429），这位好战的国主，过高地估计了自己的实力，连年用兵，致使国力耗尽，一朝被攻便土崩瓦解，仇池之亡，无疑是杨难当穷兵黩武的结果，真乃咎由自取。

杨难当入魏之后，世祖拓跋焘奇货可居，将他迎入平城，大加赞赏，命文学家崔浩写颂辞即欢迎辞一篇，并刻辞树碑，以示褒奖。文曰：

肃清帝道，振摄四荒，有蛮有戎，自彼氐羌，无思不服，重泽稽颡。恂恂南秦，敛敛推亡，峨峨广德，奕奕焜煌。

北魏如此看重杨难当，其实是出于政治上的考虑，说白了就是将杨看成是向刘宋发难的砝码，以宋破其藩属作为南伐的借口。元嘉二十年，北魏恢复仇池后，并未委以杨难当重任就是最好的证明。无所事事的杨难当于北魏和平五年（464）卒于平城，此时距其失国已36年了。

附后仇池国世系：

①杨定（杨难敌孙佛奴子，385—394）→②杨盛（杨难敌孙佛狗子，394—425）→③杨玄（杨盛子，425—429）→④杨保宗（杨玄子，429）→⑤杨难当（杨玄弟，429—442）。

五、武都、武兴、阴平三国

（一）武都国

仇池国主杨难当被逐后，刘宋完全控制仇池，以辅国司马胡崇之为龙骧将军、秦州刺史、平羌校尉，镇守其地。同时，为安稳仇池杨氏部众，扶持杨难当兄杨玄之子杨保炽恢复杨玄一系仇池国主的地位。[1] 刘宋占据仇池，随时可以侵扰陇右，北魏感到莫大的威胁，于是快速作出决断，在杨难当被逐两个月之后，以宋侵藩国、为难当报仇为名遣安西将军古弼（一作“吐奚爱弼”或“吐奚弼”）、征西将军皮豹子等兵分数道，进攻仇池。全面开战之前，双方还进行了一场口舌大战，魏指责宋“不图彼朝，计疆场之小疵，不相关系，窃兴师旅，亡我宾属”。[2] 宋辩解：“杨氏先世以来，受晋爵号，修职守藩，为我西服。十载之中，再造逆乱，年号‘建义’，猖狂妄作，为臣不忠，宜加诛讨。又知难当称臣彼国，宜是顾畏首尾，两属求全。果是纯臣，服事于魏，何宜与人和亲，而听臣下纵逸?”[3] 有道是公说公有理，婆说婆有理，其实质并不是报仇与否，而是政治利益，因为仇池的归属对双方的疆界安全都非同小可，谁也不想轻易放弃这一块“肥肉”。宋元嘉二十年（443、北魏太平真君四年）春，魏宋争夺仇池进入刀枪见红阶段，魏皮豹子一

---

① 杨难当本是夺其兄杨玄子、杨保宗之位而自立，刘宋在攻取仇池之后，急需扶持一个亲宋的仇池政权为自己效力，于是便继杨玄之“绝世”而立尚在仇池的杨玄之子保炽为杨玄后，实质上这是一个受刘宋节制的傀儡。

② 《宋书》卷九五《索虏传》。

③ 《宋书》卷九五《索虏传》。

路出散关从东路进入仇池南，攻克下辨等地；而古弼一路出祁山，由北向南，连克塞峡、峡亭（今甘肃西和石城堡）等地，两路合兵，在浊水戍一举擒获宋仇池镇将胡崇之。宋在仇池的统治崩溃，杨保炽败逃。魏在攻取仇池之后，采取了和宋大致相同的办法，扶持杨玄的另外一个儿子杨保宗在骆谷恢复仇池国。

杨保宗本是杨保炽之弟，其经历坎坷，在继位的当年即被叔父杨难当推翻，后因图谋复位，又被杨难当关押三年。宋元嘉十六年（339）和弟杨保显出逃北魏。为培养以后向仇池渗透的工具，魏封之为征南大将、秦州牧、武都王，并将宗室公主嫁给他为妻。宋元嘉二十年，魏攻仇池，杨保宗就在军中，受古弼节制。就是说，支持杨保宗复国是北魏早就计划好了的。虽然杨保宗的封号是武都王，但依然是受北魏控制的傀儡，他和兄长杨保炽的处境其实是一样的，所不同者只是主人不同而已。这对时刻想重整仇池昔日雄风的杨保宗而言，显然是不能接受的，于是受其弟杨文德支持怂恿，计划据险自守，脱离北魏，不料被人告密。监视杨保宗的平北将军、河间公拓跋齐诈告接旨，逮捕杨保宗，传送京师处斩。而就在杨保宗被杀的当月，原仇池国镇东司马苻达、征西咨议从事中郎任朏，据白崖（今陕西勉县西北）拥立杨文德为主，起兵反魏，分兵四向攻城略地，并遣使向宋告捷，宋封之为武都王。

武都国是建立了，而在仇池故地，北魏设置了武都、天水、汉阳、武阶、仇池五郡，并以猛将皮豹子为镇将，势力依然非常强大，急欲打开局面的杨文德在宋的支助下于五月、十二月对仇池发动了两次进攻，两战两败，只得退归原地。

宋元嘉二十三年（446、北魏太平真君七年），金城人边冏、天水人梁会占据秦州治所上邽发动反魏起义，陇右一带氐羌各族纷纷响应，众至数万人。起义虽然只坚持了数月，但彻底打乱了北魏在陇右的统治秩序。元嘉二十四年，杨文德不失时机进据葭芦城（今甘肃武都县外纳乡），武都等五郡氐羌尽皆依附，形势一片大好。元嘉二十五年正月，魏仇池镇将皮豹子反击，杨文德固险抗拒，无奈宗人杨高突然叛变，并引魏军猛攻葭芦城，杨文德只好弃城南奔汉中。而其妻子、僚属、资粮及杨保宗妻魏公主全被魏军所得。① 初建的武都国因此次惨败，国土尽失，杨文德本人因战事失利被雍州刺史刘骏押至宋京建康，免官削爵。

元嘉二十七年（450、北魏太平真君十一年），宋文帝刘义隆决意大举伐魏，于是起用杨文德为辅国将军，杨文德军自汉中西入，击杀叛将杨高，重占阴平、平武等地。元嘉三十年，宋再遣萧道成、王虬、马光等进驻汉中，伺机北取关中，而别令杨文德等率诸氐围攻武都。杨文德先败于皮豹子，转攻附魏的啖提氐，还是不胜，终被梁州刺史刘秀之以延误军机执送荆州，而葭芦改由杨文德从祖兄杨头驻守。宋孝建元年（454），荆州刺史刘义宣叛乱，胁迫杨文德参与，杨不从被杀。

杨文德冤死了，而宋仍然需要氐杨作为和魏争斗的工具，于是在孝建二年（455）封原氐王杨保宗子杨元和为征虏将军，居白水（今甘肃武都县龙坝乡秦家河）；另封杨文德从祖兄杨头为辅国将军，守葭芦。按仇池世系，杨元和是嫡系正统，但年幼才弱，不堪

---

① 杨保宗传送京师处斩，其妻魏公主滞留仇池，此次遭劫，公主被俘，送往京师赐死。关于公主被杀的原因，《魏书·氐传》的解释是：“初公主劝保宗反，人问曰：‘背父母之帮若何？’公主曰：‘礼，妇人外成，因夫而荣，事立，据守一方，我亦一国之母，岂比小县之主。’以此得罪。”

大任；杨头年富力强[①]，却非嫡系正统。对此，宋帝刘骏不置可否，既不正杨和位号，也不让杨头染指武都王之位，得过且过，一拖再拖。但拖下去终究不是个办法，为此，雍州刺史王玄谟建言："如果确定让杨元和继承杨氏世系，则应该授以王爵；如果认为他年幼无知，则应改任他人，不能再拖啦！现在群氐不安，其实就是国主未立的缘故。杨头是一个忠诚可靠之人，宜任命其监国，以稳定当前局势。等过上几年杨元和长大成人，必然能承嗣祖业，如果依旧才用不称，那就让杨头承嗣祖业好了。氐杨坐镇的葭芦是汉中的门户，葭芦不守，则汉中也就完蛋了，这事马虎不得。"[②] 如此透彻的分析并未打动宋帝，依旧是不予理睬。

问题终于给拖出来了。宋泰始二年（466），迟迟得不到王位的杨元和熬不住了，于是献城于魏[③]，投靠魏国了事。魏封之为征南大将军、武都王，并迁之于京城洛阳。杨元和走了，他的从叔父杨僧嗣自立为主，号宁朔将军、仇池太守。同年，宋益、宁二州刺史萧惠举兵叛宋，并遣将军程法度带兵三千收取梁州。当此动乱之际，杨僧嗣审时度势，坚决站在刘宋一边，率"群氐"把守险要，阻击南叛军北上，并遣使向宋汇报情况。这一举动对武都国是至关重要的，赢得了宋王朝的信任，于是下诏说："僧嗣远守西疆，世笃忠款，宜加旌显，以甄义概。可冠军将军、北秦州刺史、武都王，太守如故。"[④] 很爽快地赐予了武都王的封号。杨僧嗣得以封王，也标志着武都国的再度兴起。宋泰始三年，宋又加封杨僧嗣为"加持节、都督北秦、雍二州诸军事，进号征西将军、校尉，刺史如故。"[⑤]

宋元徽元年（473），杨僧嗣卒，从弟杨文度自立为武兴王。杨文度自立后，立刻遣使投魏，魏授之为武兴镇将。对这个封号，杨文度显然不满，虚晃一枪之后，复投宋，宋封之为龙骧将军、略阳太守、武都王。元徽四年，杨文度集合众氐，以弟杨文弘（因避魏主拓跋宏讳，《魏书》以他的小名称之，作杨鼠）为将进攻故地仇池。宋升明元年（477）十月，杨文度攻破仇池，这是氐杨自失去老根据地之后，第一次踏上故土，同时也是最后一次。作为魏西疆重镇，仇池的沦落北魏不可能无动于衷。同年十二月，急诏广川公皮欢喜（又作皮喜，名将皮豹子之子）、镇西将军梁丑奴、平西将军杨灵珍起大兵四万反击，杨文弘一触即溃，皮欢喜等收复建安、浊水，击溃杨文度仇池守将杨真，进而攻下复津要道，并攻陷武都国都城葭芦，斩杀国主杨文度，传首京师示众。至此，立国 35 年的武都国败亡。

---

① 杨头和杨文德是"从祖兄"的关系，即他们的祖父辈是亲兄弟，而杨文德和杨保宗又是亲兄弟，因此杨保宗子杨元和杨头有远房的侄伯关系。

② 《宋书》卷九八《氐胡传》。

③ 对杨元和投奔魏国一事，《资治通鉴》等史书的解释是因"微弱不能自立"的缘故。实则不然，确定让杨元和为武都王的候选人是在宋孝建二年（455），而杨元和投魏则在宋泰始二年（466），间隔 12 年。即便当初立嗣之时是 10 岁，投魏时也是 22 岁的少年了，如非白痴，不可能"微弱不能自立"。以实际情况分析，杨元和投魏是处境使然，因为宋廷迟迟不明确他武都王的地位，又处处受从伯父杨头的掣肘，因此惶惶不可终日，是以出逃。恰恰相反，出逃是有主见、能自立的表现。一个"微弱不能自立"之人是绝不会有出逃谋存这样的激进行动的。

④ 《宋书》卷九八《氐胡传》。

⑤ 《宋书》卷九八《氐胡传》。

附武都国世系：

杨文德（杨难当兄杨玄子，443—454）→杨元和（杨文德兄杨保宗子，455—466）→杨僧嗣（杨元和从叔，466—473）→杨文度（杨僧嗣从弟，473—477）。

（二）武兴国

杨文度被击杀，从仇池逃到武兴（今陕西略阳县）的杨文弘依险自守，自称武兴王。并奉表向魏谢罪，且以子苟奴为人质入侍魏京，表示诚心。北魏给了杨文弘一个封号："都督、南秦州刺史、征西将军、西戎校尉、武都王"①。仅过了半年，到了宋升明二年（478）六月，为了同魏争夺杨文弘这粒"棋子"，刘宋又给了他一个封号："北秦州刺史、武都王"②。南北两大政权都承认了杨文弘"王"的地位，标志着武兴国的肇始。武兴是以居地武兴为号。

南齐建元元年（479），晋寿（今广元市利州区）人李乌奴与白水氐人杨成联合起义，进攻南齐梁州地区。梁州刺史范伯年巧言说服李乌奴，攻杀杨成，并将李招致帐下，成为心腹。接着范被污告"恃险聚众，欲专一州"赐死。李乌奴北逃往依武兴杨文弘，杨文弘遣兵助李侵扰梁州，并攻陷白马戍等。接着李遭到南齐军的强力反击，再退武兴。建元二年七月，南齐梁、南秦二州刺史崔慧景遣派长史裴叔保等攻武兴关城，被杨文弘击破之，迫使其退回南郑。杨和代宋而立的齐王朝的矛盾，是双方的互不信任引发的，南齐在给武兴封号的同时，还和北魏支持的阴平国主杨广香亲密接触，给予封号，这自然引起武兴的不安和不满，冲突不可避免。南齐还火上浇油，册封杨文弘之从子杨后起，意欲取代杨文弘。冲突的结果，发现杨文弘并不是好惹的，只好又承认他武兴王的"合法"地位。

南齐建元三年（481），阴平国主杨广香病卒，部众奔散，一部分投梁州刺史崔慧景，一部分则投武兴国主杨文弘。杨一时实力大增，便遣杨后起进据南齐之重镇白水，武兴地盘有所扩大。

南齐建元四年（482），杨文弘卒，史书言"诸子皆年幼"，于是掌握军权的杨后起继位。③ 北魏随之封杨为武都王，南齐唯恐落人之后，封杨为冠军将军，两年后又改封征虏将军。南齐永明四年（486），杨后起卒，南齐封先任白水太守杨文弘嫡子杨集始为北秦州刺史、武都王，又任命杨后起弟杨后明为白水太守，而北魏也封杨集始为南秦州刺史、武都王。此后，同时接受魏、齐封号的武兴国度过了一段和平时光。

南齐永明十年（492），羽翼丰满的杨集始集"氐、蜀杂众"数万人进攻南齐汉中④，先胜后败，丧师数千，逃还武兴，向北魏请降求援。为表诚心，杨还前往京师洛阳朝见

---

① 《魏书》卷一〇一《氐传》。

② 《资治通鉴》卷一三四《宋纪十六》。

③ 《资治通鉴》卷一三五《齐纪一》言："既而集始自立为王，后起击破之。"集始是杨文弘嫡子。既敢自立为主，说明有践位之能力。集始不能继父之位，只能说是实力不济，和是否年幼关系不大。

④ 《南齐书》卷五九《氐传》。

魏孝文帝。孝文帝热情招待，并赏赐库骑、戎马、锦彩等物。杨集始很荣耀地回到了武兴。三年之后的齐建武二年（495、北魏太和十九年），北魏以安南将军、梁州刺史元英为主帅，起大兵十万，由斜谷南下进攻汉中。南梁州刺史萧懿拒战，大败。于是元英等进围南郑，自春至夏，长达六十余日。南齐担心武兴国南下，协助魏军，形成夹攻态势。于是萧懿起用杨后起弟子杨元秀前往仇池[①]，说服氐众截断魏军粮道，并攻破历城、兰皋（今甘肃康县大南峪乡）等六戍，和魏仇池公杨灵珍在泥公山（今甘肃成县西）一带对峙。不久，杨元秀病卒，氐酋杨馥之屯沮水，大败前来迎击的武兴军，杨集始奔逃下辨，武兴被杨馥之据有。北魏主帅元英见取胜无望，便退军至下辨，撤军北还。

南齐建武四年（497），魏留守仇池的南梁州刺史杨灵珍举州叛魏降齐，并派其弟婆罗、阿卜珍带兵一万余人袭击武兴王杨集始，杀死集始弟集同、集众，迫使杨集始一道降齐。南齐对杨集始接连加封，南齐永元二年（500），身为南齐北秦州刺史的杨集始将兵一万余人自汉中北出，意欲恢复武兴旧地，经北魏梁州刺史杨椿劝说，又降北魏。魏恢复他的爵位，并使他重回老家武兴。经过一系列的波折，降来降去，武兴总算未亡，很幸运地保留下来了。

梁武帝天监二年（503）正月，杨集始卒，北魏立其子绍先为武兴王。天监四年（505、北魏正始二年），梁汉中太守夏侯道迁叛梁降魏，杀协助戍守汉中的、此时已赐爵仇池王的杨灵珍及其子，并派使者传首洛阳。梁白马戍守将尹天宝得到消息，引兵讨伐夏侯道迁，道迁急忙向武兴王杨绍先求救[②]，未料杨绍先不予理睬，而其从叔杨集朗救援道迁，并击杀尹天宝。二月，北魏见汉中大乱，有机可乘，于是以尚书邢峦为镇西将军引大军赴汉中，兵到之处，所向披靡，郡县纷降，大有吞并巴蜀之势。魏军大胜，引起武兴杨氏的恐慌，因为魏一旦吞并巴蜀，武兴绝无长久为藩国之理，于是杨绍先的两个叔父杨集起、杨集义率先行动起来，联络氐族部落，截断魏军汉中粮道。十月，杨氏兄弟拥立杨绍先称帝，自皆称王，和北魏对抗。十二月，北魏再派骠骑大将军源怀到达汉中，节制各路军马围攻武兴，决心一灭了之。天监五年正月，建武将军傅竖眼攻克武兴，俘国主杨绍先，传送洛阳。杨集起、杨集义兄弟逃亡，不知所终。接下来，魏以武兴为镇戍，设东益州，辖武兴、仇池、盘头、广长、广业、梓潼、洛丛七郡。

东益州设立之后，前后所派镇将刺史多无能之辈，恩威尽失，氐人反抗不断。北魏孝昌年间（525—527），东益州氐族部落一时并起，东益州刺史唐永弃城逃走，武兴再度被氐人控制。梁大通六年（534、北魏永熙三年），北魏大乱，分裂成东、西两魏，原武兴国主杨绍先乘乱逃归武兴，复称武兴王。此时距杨绍先被俘失国已28年了。自立之后的杨绍先依然用原来的老办法向西魏、梁两面讨好，两面称藩。梁大同元年（535），杨绍先卒，子杨智慧袭位。本年，梁收复汉中，杨智慧遣使上表领氐族四千户要求归附，梁设东益州安置之。此后关于杨智慧的事迹史书失载。梁大同十一年，西魏于武兴再置东益州，以投靠西魏的杨绍先另一个儿子杨辟邪为刺史。梁承圣元年（552），杨辟邪举

---

① 杨后起一族因和杨集始争夺王位矛盾很深，因此萧懿起用杨后起从子杨元秀前往仇池扰乱北魏后方，与北魏和武兴对敌。

② 杨灵珍叛魏后，曾攻杀杨绍先叔父杨集同、杨集众，和杨绍先有世仇，故夏侯道迁向杨绍先求救。

州反叛西魏。承圣二年，西魏叱罗协、赵昶带兵镇压，杨辟邪弃城出逃，被魏军追杀。至此，武兴杨氏最终败亡，而族人庐落耗散，留居武都的有苻氏、杨氏、窦氏、强氏、苟氏、毛氏等大姓，和汉民杂处，逐渐触合。

据实而论，杨绍先复国，一年而卒，他的继承者杨智慧又是不足一年而撤藩归梁，另一子杨辟邪虽是镇守武兴，而头衔只是东益州刺史，而非“王”，因此杨绍先的复国的确不成其为“国”。武兴杨氏的亡国应以杨绍先被俘的506年为准。

附武兴国世系：

杨文弘（杨文度弟，478—482）→杨后起（杨文弘从子，482—486）→杨集始（杨文弘子，486—503）→杨绍先（杨集始子，503—506）。

（三）阴平国

南朝宋升明元年（477），北魏南伐大军攻灭武都国，得胜后的魏军，一方面筑骆谷城（今甘肃西和喜集乡），以备宋军反攻；另一方面，奉诏封原仇池国主杨难当族弟杨广香为阴平公、葭芦镇主，以统领氐众。阴平国自此建立。这里强调一点：阴平国和武兴国是武都国亡后，仇池杨氏子孙建立的小藩国，同时并存，建立之时，前者附魏，后者附宋。

南齐建元元年（479），南齐伐宋，阴平国主杨广香举镇投降南齐。高帝萧衍非常高兴，下诏褒奖，“广香军追其远世之诚，仰我惟新之化，肉袒请附，复地千里，氐羌杂种，咸同归从。宜时领纳，厚加优卹”。并封杨广香为督沙州诸军事、平羌校尉、沙州刺史。此沙州置于何时不详，废于隋大业二年（606），治所在今四川青川县沙州镇，和河西沙州无涉。建元二年十月，齐又加封杨广香为西秦州刺史，封子杨炅为征虏将军、武都太守。建元三年，杨广香卒，子杨炅继位①，部众奔散，国力骤减。

南齐永明元年（483），正式封杨炅为沙州刺史、阴平王。面对北方强大的魏国，军事对抗显然不是上策，为了图存，杨炅在接受南齐封号的同时，又遣使通好北魏。南齐永明八年、永明十一年，两次派使者向北魏朝贡。永明十二年，杨炅还亲自入魏觐见。南齐建武二年（495）十二月，杨炅卒。次年正月，南齐封杨炅子杨崇祖为沙州刺史、阴平王，继杨炅之位。

梁天监元年（502），杨崇祖卒，子杨孟孙继位，梁给他的封号和他父亲的一样，同为沙州刺史、阴平王。杨崇祖之时，阴平国实力有所增强，“拥户数万”。因此，在梁的支持下，不时侵扰北魏郡县。经魏益州刺史裴宣招谕，又和魏通好，并遣子朝见。梁天

---

① 阴平国主杨广香死于何年，史书上没有确载。而据《南齐书·高帝纪》，建元二年十一月，因武兴杨文弘叛齐附魏，特地加封杨广香和其子杨炅。另外，据《资治通鉴》卷一三五《齐纪一》，建元三年七月，杨文弘又归降南齐。对这件事，《南齐书·氐传》的记述是这样的：“三年，文弘归降，复以为征西将军、北秦州刺史。先是，广香病死，氐众半奔文弘，半诣梁州刺史崔慧景。”建元二年十一月之时，杨广香还健在，而建元三年七月之时已去世，因此引文中“先是广香病死”的时间当在建元三年上半年。按父死子继的规程，杨广香去世之时，也当是其子杨炅继位之日。虽然，杨炅的封号是齐永明元年（483）南齐封赠的，但之前处于独立藩国地位的阴平世子杨炅肯定是在阴平王位上的，只是没有正式任命而已。

监十年，杨孟孙卒，子杨定继位。梁天监十五年，杨定遣使入魏朝贡。天监十七年，魏封杨定为阴平王。同年，杨定随魏军攻梁，与将军傅昙攻克阴平。当时阴平有二：一是今甘肃文县西北的阴平；一是今四川广元境内的阴平，魏军攻克的就是今四川广元西北白水街的阴平，杨定遂以此阴平作为阴平国的新王都。从此阴平国重心由今甘肃南部转移到四川北部地区。大约在梁普通六年（525）杨定卒。① 此后阴平国存，但阴平王已不属杨广香一系，严格地说仇池杨氏的藩国地位业已消失。从杨广香至杨定，阴平国共传了五代，约50年。

杨定卒后，氐酋杨法琛据有阴平，自称是氐王杨盛的后代，并自立为阴平王。随后举众内附，对魏职贡不绝，同时又和南朝梁拉关系，梁大同元年（535），得到平北将军和骠骑将军封号。梁大宝元年（550）九月，梁黎州（今四川广元）城民起义，赶走刺史张贲，迎接杨法琛据黎州理事，并派代表和坐镇成都的武陵王萧纪谈判，求正式任命杨法琛为刺史，萧纪拒绝黎州百姓请求，并囚禁同去的杨法琛的两个儿子。杨法琛见和谈无望，便投降西魏。萧纪急忙派潼州刺史杨乾运、南梁州刺史谯淹合兵两万镇压，杨法琛拒守剑阁抗击。梁大宝二年初，梁军攻克剑阁，并接连攻占阴平、平兴。杨法琛退保鱼石洞，杨乾运等纵火焚平兴城而还。

梁承圣元年（552）四月，武陵王萧纪在成都称帝。西魏见吞蜀机会来了，便起大军南伐，一路所向无敌，于次年八月攻陷成都，益州全州并入西魏。杨法琛因随尉迟迥伐蜀有功，得回阴平。不久氐族内部发生大规模冲突，杨法琛同杨崇集等各拥众相攻，难解难分。西魏督成武沙诸军事、成州刺史赵昶派人调解，杨法琛等接受和平条款，“乃分其部落，更置州郡以处之”。② 至此，阴平国亡。杨法琛不见史载。

附阴平国世系：

杨广香（杨难当族弟，471—481）→杨炅（杨广香子，481—495）→杨崇祖（杨炅子，496—502）→杨孟孙（杨崇祖子，502—511）→杨定（杨孟孙子，511—?）。

六、仇池的疆域与物产

（一）疆域

仇池疆域时大时小，不好界定。张维先生《仇池国志》有一个笼统的界定，比较客观。“仇池之地当秦、梁二州之交，故杨氏驰骋所及，率不出秦梁州境。考《晋志》，秦州领郡六：陇西、安阳、天水、略阳、武都、阴平；梁州领郡八：汉中、梓潼、广汉、新都、涪陵、巴郡、巴西、巴东。”这是按仇池诸国曾经活动过的地域或军事上到达过的地域框定的，取的是最大值。而纵观仇池的历史，其活动的基本区域是武都、阴平二郡，相当于今甘肃陇南市辖地，活动的中心则是今甘肃西和境内的仇池山。

---

① 徐日辉：《阴平国述论》，载《秦州史地》，陕西美术出版社，1994年，第233页。

② 《周书》卷四九《氐传》。

1. 前仇池国

前仇池国立国之初政治军事中心在仇池，杨茂搜之后中心东移至武都郡治下辨。杨难敌时曾一度拥有梁州，疆域直达今四川北部。其基本疆域实有武郡的下辨、河池、武都三县；阴平郡的阴平、平武二县；秦州天水郡的始昌，大体为三郡六县。相当于今甘肃东南的礼县、西和、武都、文县、成县、徽县、康县和四川北部的青川县，计8县之地。①

2. 后仇池国

疆域较前仇池有所拓展，杨定时向北曾攻取天水、略阳二郡，前锋直抵陇山。杨盛、杨难当时曾几度占领汉中，势力深入到益州西北一带。不过实际保有的地域和前仇池国时差不多。拥有仇池郡的历城、白石、岩备、祁山军、金盘军、安民、平夷、兰仓、神蛇、威武、龙门、上禄县、骆谷城、仇池、阶陵、董亭等县、城、戍；武都郡的下辨、武街、浊水、高平、河池、广化、沮县、武兴、白马、武都、修城、广业城、兰皋、故道等县、城、戍；阴平郡的阴平、平武、石门等县、戍。② 相当于今甘肃东南的西和、礼县、徽县、两当、成县、武都、文县、康县、宕昌县；四川北部的青川、平武两县和陕西南部的凤县，计14县之地。

3. 武都国

武都国基本上是一个城邦藩国，其中心是葭芦，所据之地有阴平、白水等，杨文弘时曾兵屯仇池，但很快败失。疆域仅有今陕西汉中西部及四川北部一小部分地方。

4. 武兴国

武兴国是以武兴为中心的城邦藩国，另外据有白水，疆域相当于今陕西略阳县、凤县、甘肃康县等地。

5. 阴平国

阴平国是以阴平为中心的城邦藩国，和武兴国并存，杨定时势力深入到益州南阴平。疆域相当于甘肃文县、武都县、康县南部，四川的平武、青川一带。

（二）物产

从自然地理分析，仇池诸国地处西秦岭与岷山之间，位于青藏高原的东侧边缘。西部向青藏高原之一的甘南高原过渡，南部向四川盆地过渡，北部向陇中黄土高原过渡，东接陕西秦岭与汉中盆地。境内高山、丘陵、河谷、盆地交错分布。植被良好，气候温

① 徐日辉：《前仇池国述论》，载《秦州史地》，陕西美术出版社，1994年，第187—188页。

② 张维：《仇池国志·疆域》，民国三十九年甘肃省银行印刷厂承印本。此时州郡县设置错综复杂，州郡县关系及许多地名无法考知确切地点，因此这里仅以史料中出现的县、戍或城列举其大概。

润，北国之雄、江南之秀集于一身，是一块物产丰饶的宝地。[①]

1. 农牧业

仇池诸国所在是氐族的大本营，广大氐族民众善耕作，能纺织，更是畜养良马牛羊的能手。据《穆天子传》，早在西周，武都附近的部落头人协助周穆王西征，献良马九百，牛羊七千。[②]《后汉书·南蛮西南夷传》“白马氐”条说：“土地险阻，有麻田，出名马、牛羊、漆、蜜。”《三国志》裴松之注引《魏略·西戎传》说：“俗能织布，善田种，畜养豕牛马驴骡。”《三国志·夏侯渊传》说：“还击武都氐羌下辨，收氐谷十余万斛。”这些史料都能说明仇池立国的陇南地域秦汉以来农牧业生产都是达到相当的水平。那么，仇池建国之时的状况又如何呢？《魏书·氐传》说：“先是，四方流人以仇池丰实，多往依附。”魏文成帝兴安二年（453）魏和宋争汉中，魏将“（皮）豹子遣人于祁山取马，欲往赴援”。从中也可窥见当时农牧业的发达。

2. 自然物产

仇池所在的陇南地形多样化、气候多样化决定了物产的丰富和多样化，紫泥、井盐、蜜、漆等自古就是大宗土产之物，另外还有诸多中药材和矿产品。《南史》卷七九《夷貊下》“武兴国”条说：“地植九谷……种桑麻，出䌷、绢、布、漆、蜡、椒等，山出铜铁。”这些可基本代表仇池之物产。另外，汪受宽先生综合唐代以来的史志资料对陇南的贡品做过一个详细统计，其中物品堪称陇南特产最有特色的代表，推而及之，也正是仇池诸国特产的代表。因为魏晋南北朝时仇池一带的自然环境比起唐宋以降有过之而无不及，唐宋有者，前代肯定有之。兹照录如下：植物贡品有：漆、杉木、花椒、柑、大黄、防葵、狼毒、巴戟、红花、天门冬、麦门冬；矿物品有：紫泥、朱砂、水银、碌矾、雌黄、雄黄、石胆（白石胆）、麸金、散金、银、盐（石盐）；动物贡品有：麝、麝香（散麝香）、熊、麃、獐子、鹿茸、狨（狨皮）、羚羊角、马、羊、牛、蜡、蜜蜡、白蜜、山鸡尾、白鹰。[③] 的确是琳琅满目，让人应接不暇。唐乾元二年（759）诗圣杜甫流寓秦州，再南下，准备经同谷入蜀，在《发秦州》一诗中以无限向往的心情对今陇南的风物进行了生动描述：“栗亭名更佳，下有良田畴。充肠多薯蓣，崖蜜亦易求。密竹复冬笋，清池可方舟。”栗亭即今陇南市徽县之栗川。

3. 手工业

《太平御览》卷八二四引南朝《仇池记》说：“城东有苜蓿园，园中有三水碓。”水碓就是水磨，在水能资源丰富的仇池使用水磨加工粮食当然是最便捷的办法。另外，氐族部众从来都是善纺织，䌷、绢、布皆是土产大宗。仇池所在的陇南一带盛产蜂蜜，于是以蜜滓而为之的蜡更是久负盛名的特产。据《资治通鉴》卷一二二《宋纪四》，宋文帝元嘉十一年（434），刘宋和仇池杨难当交兵，难当子杨和将兵与宋将萧承之对阵，“氐悉

---

① 罗卫东：《陇南史话》，甘肃文化出版社，2004年，第3页。

② 《水经注·漾水》。

③ 汪受宽：《紫泥用途及陇南贡品》，《天水师范学院学报》，2002年第2期。

衣犀甲，戈、矛所不能入。”犀甲以犀牛皮炮制而为之,《离骚·国殇》言：“操吴戈兮按犀甲。”要做到戈矛不入，工艺水准要求是相当高的。又，《宋书》卷七四《沈攸之传》说：“世祖以其善战，配以仇池步槊。”槊即长矛，因将军雄勇而奖赏仇池步槊，足见仇池所产之步槊乃闻名全国的品牌，由仇池氐人精良的军事装备也可看出其手工业的水准是相当高的。

七、仇池兴亡论

仇池五国起于杨茂搜建国的296年，亡于西魏赵昶置州郡安插氐族部落、解散阴平国的553年，共历33主，绵延258年。[①] 这个时间与年号纪年对照，为西晋惠帝元康六年至梁元帝承圣二年，几乎跨越整个魏晋南北朝时期。虽然仇池国时常称藩于南北政权间而被史家所忽视[②]，但其延续时间长，活动频繁，在中国历史的大分裂年代扮演了极其重要的角色，和名列史册的“十六国”相比，其影响力毫不逊色。尤其是绵延258年的立国史，这更是“十六国”中的任何一国都无法企及的。一个地处秦、梁二州间，最盛时拥兵也不足十万[③]的小国能和魏晋南北朝相始终[④]，堪称奇迹。

对于仇池长久独存的原因，论者见解颇多：或以为物产丰饶；或以为地势险要；或认为流民归附；或认为民俗劲悍；或以为外交灵活；或以为武器精良；或以为仇池氐族势力强大……诚然，这些都是仇池的优势，也都是仇池长久独存的因素之一，但为了追寻历史规律，有必要在这些因素中找到首要因素，即抓到主要矛盾。《孟子·公孙丑章句下》云：“天时不如地利，地利不如人和。”孟夫子这两句俗语式的格言或者说命题，包含了诸多哲理和人生经验。兹借用孟夫子的思想，以天时、地利、人和三大要素为基点，对仇池国盛衰及长久存在的条件做一番分析。

（一）民族因素，即所谓人和

仇池杨氏的基本活动区域在今甘肃陇南市，这也正是氐族的发祥地，而其势力所及的陕南和川西北也是氐族的聚居地，是为仇池立国的最基本条件。魏晋南北朝时期民族冲突激烈，聚族自保成为一种客观需要，仇池杨氏打出民族旗帜，以氐族豪帅的身份组织以氐族部落为主、包括其他民族在内的地方政权，其根基是非常牢固的，也颇具号召力。在仇池政权建设上，氐杨也是有意识地强化“氐本位”政治，所任用的领军大将除

① 按起始时间推定当为258年，其间前后仇池国有15年是间断的，实际享国的时间为243年。又，武兴国和阴平国共存，武兴亡于553年，其间23年失国；阴平也亡于553年，而最后一位国主杨法琛并非仇池杨氏的同宗，但他仍以“阴平王”称号割据，因此可看成是阴平国的延续。

② 北魏崔鸿《十六国春秋》不列仇池国，唐人撰《晋书》忽略仇池，不设“仇池载纪”；清顾祖禹《读史方舆纪要》言：“仇池常称臣于南北间，故不谓之国。”

③ 371年前秦和仇池决战，仇池公杨纂带兵五万迎敌，这当是仇池军队的主力，乐观地估计其总兵力不过十万人。

④ 十六国立国最长的是张氏的前凉，延续76年；最短的是慕容德所建的西燕，只有13年。

宗室子弟之外，不出苻、吕、任等氐族大姓，而杨盛时实行军政合一的护军制度，其基础依然是氐族部落组织。民族的认同感决定了氐杨政权行政的高效率和对外斗争的一致性。前秦灭亡后，关中氐人大量流亡仇池，如苻坚太子苻宏在长安失守后即领眷属及数千骑奔仇池[1]；再如前凉灭亡，吕光之家也奔仇池依杨氏[2]，其中的缘由还是相同种族的认同感。正是特有的种族认同感，才能使氐杨屡亡国而屡复国。296 年，氐酋杨茂搜率部落四千余家还保仇池，群氐拥戴为王。385 年，杨定将眷属逃归陇右，在同属氐族的当时留守仇池的前秦镇将杨壁的支持下，招集氐众复立后仇池国。443 年，氐族籍将领苻达、任朏举兵拥立杨文德建立武都国。如果说仇池国是舟船，那么氐族部众就是流水，水不竭则舟自稳。正因为如此，以仇池为敌的其他王国深知，要制服仇池最有效的办法就是割断仇池和氐人的联系。322 年，前赵主刘曜攻仇池，将氐羌一万余户迁往长安。371 年，前秦攻灭仇池，为遏制其死灰复燃，一举将仇池周围人口迁光，“空百顷之地”。这些例证从侧面说明氐族的支持对仇池国的重要意义。

纵观魏晋南北朝时期，中原动荡，战无虚日，相较而言，偏居一隅的仇池比较稳定，又当入蜀必经之路，于是成为流民奔附的一方乐土、梦想中的桃花源。往依者既有氐羌等少数民族，也有大量的汉人；既有普通老百姓，也有达官贵人，而这些各色人种对仇池都是衷心拥戴的，因为只有仇池存在，他们才会有依靠。而仇池的领导者对流人也是一贯采用优待政策，如杨茂搜时对投奔者善待安抚，离去者卫资遣送；再如后仇池杨盛时，“善待士，为流旧所怀”。这些流民在视“流民为珍货”的特殊时代，既对开发仇池大有裨益，也可成为充足的兵源，是为仇池占有人和的另外一个方面。

当然，事物总是处在不断的变化之中，仇池和南北政权的对峙冲突，每当失势失国，本民族大量人口即被强迁而去；而每当仇池恢复，政权相对稳固之时又有大量流人回归。还有，每当国力强盛，辄向外掠夺人口，亦有自行来附者；但遇荒灾或战乱，又相率离去。人口的不稳定，族属的混杂，自然而然冲击着氐族共同体结构，使之逐渐松散，加之各种族间经济文化的交流促成的民族融合，造成一种不可避免的结果——氐族的聚合力渐次削弱，生活习惯和汉族更加接近，原有的个性更多地为各民族交融后的共性取代，于是作为独立王国根基的民族因素就不复存在了。所以，在 553 年，距隋朝统一中国还有 28 年的时候，仇池的最后一个王国——阴平国被地方官赵昶解散部落组织，设州郡分而治之（类似清代的改土归流）就成了顺理成章之事。

（二）南北分裂的客观形势，即所谓天时

先解释一下，孟子立论之时以攻城为例，天时指的是合乎天时的战机，即阴晴寒暑之宜于攻战与否，是个变数，最终的目的是提出他以人为本的仁政思想。而“天时不如地利，地利不如人和”三者的关系落实到具体事物上，是相对的，非绝对的。就仇池而论，南北分裂三百多年的这一事实，对其长久独存是至关重要的。因为大一统的国家绝不允许独立王国存在，和地势险要的“地利”相较，长期分裂的“天时”对于仇池兴亡

① 《资治通鉴》卷一〇六《晋纪二十八》。

② 《资治通鉴》卷一〇七《晋纪二十九》。

产生的作用显然要大于地利。

具体分析，仇池地处南北政权在陇右一带的结合部，在南北方政权谁也吃不掉谁的情况下，需要一个缓冲区域，以免直接冲突，这对双方政治或军事都是有利的，仇池就自觉不自觉地充当了这一角色。南北方的大国也清楚地看到，偏安一隅的仇池，在南北夹缝中生存，没有能力也不可能逐鹿中原或饮马长江，不会对自己构成致命威胁，所以对方都乐意通过外交手段，培植仇池成为自己的羽翼，成为向对方发难的先锋。正好，仇池利用这一态势，外交灵活多变，按实际情况，或投南背北，或投北背南，或两面称臣，尽收渔翁之利。南北对峙，双方都如临深渊，如履薄冰，谁都不愿轻易陷入这个氐人当家的是非之地。北方的魏、南方的宋都曾攻入仇池，但因氐人势力强大，最终还是扶持心腹，氐人治氐。就此而言，仇池的存在双方都是能够接受的。事实上，国家分裂，才会出现独立王国，而仇池国恰好就处在南北长期对峙的中间地带，这一客观机遇决定了它比较长寿的命运。

（三）地理优势，即地利

这一要素可以从两方面分析：一是自然条件较好，物产丰饶，即仇池的经济基础比较坚实（特产情况见本文第六部分）；二是仇池一带地形复杂，山势陡峭，河流湍急，险阻重重，易守难攻，而“一夫守关，万夫莫向”的氐族聚居中心仇池山更是险中之险（本文第一部分有详论）。仇池的险要也的确是氐杨赖以生存的资本之一，史书中常有杨氏“恃险不服”或“恃险骄慢”之类的记载。412 年，后秦进攻仇池，天水太守王松劝告主将姚嵩说：“先皇神略无方，徐洛生以英武佐命，再入仇池，无功而还，非杨氏智勇能全也，直地险固耳。”① 姚嵩不从，终遭失败。清顾祖禹《读史方舆纪要》卷五九《巩昌府》言：“州（指阶州）接羌、戎，道通陇、蜀，山川险阻，自古为用武之地。后汉虞诩为武都太守，筑营垒百八十所，以制羌裔。诸葛武侯图兼关陇，先取武都，为北伐之道。晋之衰也，仇池氐杨氏窃据武都，北侵陇西、天水，南扰汉中，纵横百余年。盖虽僻在西陲，而控扼禁要，用之得其道，未始不可有为也。”每有战事起，仇池往往是伐木塞道，依险固守，而因山路狭窄，进攻者无从施展，吃尽苦头，这些都是地利之优势。

综而言之，仇池前赴后继，存在二百余年，是由多种因素造成的。但最重要的因素可归结为三点：第一是民族因素即民族的认同感和向心力；第二是南北分裂的客观形势；第三是物产丰饶和山川险阻。有道是，没有攻不破的堡垒，没有不灭亡的国家。仇池的灭亡也是由多种因素造成的，如政治体制落后、兄弟相残等，但归根到底有一条，随着民族融合的步伐加快，大一统的即将来临，仇池割据的客观条件便荡然无存，而割据的落后性与全国大一统趋势之间的矛盾更是无法调和。中国历史进程的总趋势是和平统一，战乱与分裂只是末节支流，凡有碍于国家大一统的绊脚石终将被历史无情地扫除。

（作者：刘雁翔，天水师范学院文史学院教授，陇右文化研究中心副主任）

① 《资治通鉴》卷一一六《晋纪三十八》。

略论北魏前期音乐及其影响

翟景运

【提　要】西晋以后，伴随着政治上南北分裂格局的形成，南北政权内的乐府歌诗也各自开辟了不同的道路。南方逐渐形成以吴声、西曲为主要内容的清商新声系统，北方则在鲜卑乐歌为主的基础上逐渐形成了多民族音乐交汇集中、并肩发展、共同繁荣的胡乐系统。孝文帝迁洛之后的北魏、北齐、北周乃至隋、唐胡乐的高度繁荣，都同北魏迁洛之前的乐府歌诗有极其密切的关系，后者是前者的渊源和基础。隋唐的胡乐，从曲调和歌辞来说多来自北齐和北周，但早在北魏迁洛之前，这种音乐民族构成的基本格局就已经形成。

【关键词】北魏前期　胡乐　鲜卑化　胡化

无论拓跋氏还是慕容氏，其早期乐歌大抵都用鲜卑语演唱，也用鲜卑语记录，早在唐代的时候，就已经“虽译者亦不能通知其辞，盖年岁久远，失其真矣”①。在音乐、歌辞全部失传的情况下，很难用惯常的方法和途径对这种音乐形态作出研究，故学者对北魏前期的音乐罕有涉及。孝文帝迁洛之后的北魏、北齐、北周乃至隋、唐胡乐的高度繁荣，都同北魏迁洛之前的乐府歌诗有极其密切的关系，后者是前者的渊源和基础。隋唐的胡乐，从曲调和歌辞来说多来自北齐和北周，但这种音乐民族构成的基本格局却早在北魏迁洛之前就得以形成。本文的目的，是结合统治阶级的特殊文化心态，以及北朝文学创作水平的变化等因素，探讨北魏前期乐府歌诗形态得以形成的原因及其影响，对它在古代乐府历史中的地位和意义获得更加深入的认识。从道武帝登国元年到孝文帝迁洛，就是本文论题在时间上的前后断限，也就是史家所说的北魏平城时代。

一、《真人代歌》及北魏早期音乐中的胡族因素

鲜卑与乌桓同出于东胡民族，“其语言习俗与乌丸（桓）同”。② 史载鲜卑、乌桓“贵兵死，敛尸有棺，始死则哭，葬则歌舞相送……至葬日，夜聚亲旧员坐，牵犬马历位，或歌哭者……”③ 这种出现在葬礼上的原始哀歌，同中古时代汉族所流行的挽歌颇为

① 《旧唐书》卷二九《音乐志二》，中华书局，1975 年，第 1072 页。

② 《三国志》卷三〇《乌丸鲜卑东夷传》注引《魏书》，中华书局，1982 年，第 836 页。

③ 《后汉书》卷九〇《乌丸鲜卑列传》，中华书局，1965 年，第 2980 页。

相似。诸如此类关于鲜卑民歌的记载，在史籍中十分罕见，原因大概在于鲜卑民族早期阶段缺乏足够的文字记载，我们并不能因此认为这个民族民间歌诗不够发达。史籍中存有若干关于北魏前期皇族歌诗活动的记载，大抵可以说明鲜卑民族本来就有爱好歌唱舞蹈的传统。《魏书》卷十五《拓跋仪传》载："世祖（太武帝拓跋焘）之初育也，太祖（道武帝拓跋珪）喜，夜召仪入。……告以世祖生，仪起拜而歌舞，遂对饮申旦。"太武帝神䴥三年（430）行幸广宁温泉，作《温泉之歌》以纪其事。[①] 他还令乐府歌工历颂群臣，赞美"廉如道生，智如崔浩"。[②] 不过同东晋南朝相比，北魏前期的歌诗活动在总体上还是显得十分寂寥。鲜卑拓跋部在相当长的时期内，缺乏两汉魏晋和南朝完善的乐府机关和乐府制度，因此它的歌诗生产、记录和消费完全没有相应的保障。

从力微到道武帝拓跋珪即位之前，拓跋部和其他鲜卑部族还是游牧部落，没有定居的城郭。游牧经济决定了鲜卑民族不可能有高度封建化的社会上层建筑。两汉魏晋历代相承的乐府机构，在早期鲜卑社会中是不存在的，即便是鲜卑民族的民歌民谣，在早期"刻契记事"的简陋条件下也没有得到多少反映。

太祖拓跋珪登国元年（386）北魏建国，天赐三年（406）选择平城建都，到高祖拓跋宏太和十七年（493），为了迁都而建设洛阳，前后经历了将近一个世纪的时间，这一个世纪是拓跋魏文化转变的关键时期。天兴元年（398）冬，拓跋珪下诏让尚书吏部郎中邓渊"典官制，立爵品，定律吕，协音乐；仪曹郎中董谧撰郊庙、社稷、朝观飨宴之仪；三公郎中王德定律令，申科禁；太史令晁崇造浑仪，考天象；吏部尚书崔玄伯总而裁之"。[③] 同年，又由左丞相卫王仪率领百官，请道武帝身着衮服，仿照历代帝王追尊祖先，用《皇始》之舞，易服饰，行夏历。以上种种措施，都是在仿效、推行汉族帝王的制度。定律吕、协音乐，乃是拓跋珪在立国之初创设基本制度的一项重要内容。邓渊将北魏所得四方音乐与汉族传统音乐相结合，改制出一套适合北魏朝廷使用的雅乐，自此之后，每年"正月上日，飨群臣，宣布政教，备列宫县正乐，兼奏燕、赵、秦、吴之音，五方殊俗之曲。四时飨会亦用焉"。[④] 这里"燕"当指慕容鲜卑部，"赵"指匈奴刘氏和羯族石氏，"秦"指氐族苻氏和羌族姚氏，"吴"则指东晋。《隋书》卷十四《音乐志中》说："魏氏来自云朔，肇有诸华，乐操土风，未移其俗。"邓渊所定音乐，既有拓跋鲜卑的民族特色，又掺杂着中原音乐的因素，而整体上则是鲜卑和其他胡族音乐为主导。据《魏书》卷一〇九《乐志》，这些音乐的主要内容包括：

> 及追尊皇曾祖、皇祖、皇考诸帝，乐用八佾，舞《皇始》之舞。《皇始》舞，太祖所作也。
>
> 掖庭中歌《真人代歌》，上叙祖宗开基之由，下及君臣废兴之迹，凡一百五十章，昏晨歌之，时与丝竹合奏。郊庙宴飨亦用之。[⑤]

《皇始》舞为太祖拓跋珪亲手所定，但它并非拓跋珪自己的创作，可能源自拓跋氏族

① 《魏书》卷四《世祖纪》，中华书局 1974 年，第 75 页。

② 《魏书》卷二五《长孙道生传》，第 646 页。

③ 《魏书》卷二《太祖纪》，第 33 页。

④ 《魏书》卷一〇九《乐志》，第 2828 页。

⑤ 《魏书》卷一〇九《乐志》，第 2829 页。

部落时代所流行的某种舞蹈，经过加工改造而成，这种舞蹈“以明开大始祖之业”为主题。《真人代歌》本是鼓吹乐，马上奏之，只有入乐府后始“与丝竹合奏”，才能脱朔漠土风而成为庙堂宴飨的雅乐。①《旧唐书》卷二九《音乐志二》：“北狄乐，其可知者鲜卑、吐谷浑、部落稽三国，皆马上乐也。……后魏乐府始有北歌，即魏史所谓《真人代歌》是也。”据魏收的介绍，《真人代歌》的内容大抵是歌颂鲜卑民族早期创业开基的史诗。两《唐书》的《乐志》都说它是北魏乐府《代歌》，到周、隋之世与西凉乐杂奏，原有的《代歌》一百五十章由于只有鲜卑音而没有汉译，理解者越来越少，以至于逐渐失传。另外，《隋书·经籍志》还有《国语真歌》十卷、《国语御歌》十一卷，从题目上看，同《真人代歌》一样，最初都是用鲜卑语演唱的乐歌。孝文帝迁都之后，大力推行汉化政策，提倡汉语，禁断鲜卑语，鲜卑语言逐渐为大众所不能通晓，遂导致后来流传的鲜卑乐歌只有声音和乐曲，而无法探究其内容和意义了。

北魏是将《真人代歌》作为郊庙雅乐使用的。《真人代歌》当中包含着不少拓跋鲜卑之外北方少数民族的音乐成分，比如慕容鲜卑、氐族等。《旧唐书》卷二九《音乐志二》载：“后魏乐府始有北歌，即《魏史》所谓《真人代歌》是也。代郡时，命掖庭宫女晨夕歌之。周、隋世，与西凉乐杂奏。今存者五十三章，其名目可解者六章：《慕容可汗》、《吐谷浑》、《部落稽》、《巨鹿公主》、《白净王太子》、《企喻》也。其不可解者，咸多可汗之辞。”我们将《真人代歌》现存曲目同南朝乐府所保存的《梁鼓角横吹曲》相比较，可以发现其中有些曲目是重合的；借助《古今乐录》、《乐府诗集》的解题，可以考知《真人代歌》部分曲目的来源。六章当中，可知至少五曲来自拓跋鲜卑之外的少数北方少数民族。

《巨鹿公主》来自羌族。《旧唐书》卷二九《音乐志二》云：“梁有《巨鹿公主歌》（按，指《梁鼓角横吹曲》），似是姚苌时歌。”后秦国主姚氏，属于羌族。

《慕容可汗》和《吐谷浑》两曲大抵为慕容鲜卑早期民歌。吐谷浑是从慕容鲜卑中分离西迁的一支，立国于西北地区，唐高宗龙朔三年（663）为吐蕃所灭，享国三百余年。《唐会要》卷三三《四夷乐·北狄三国乐》条云：“吐谷浑亦鲜卑别种之一，歌曲皆鲜卑中出也，但音不可晓，与《北歌》较之，其音异。”《太平御览》卷五七〇《乐部八·歌一》引崔鸿《十六国春秋·前燕录》说，慕容廆“以孔怀之思，作《吐谷浑阿于歌》”（《魏书》卷一〇一《吐谷浑传》、《宋书》卷九六《鲜卑吐谷浑传》均有《阿干之歌》，“于”当为“干”之讹），这是慕容鲜卑喜歌《吐谷浑》的一个显著例证。又，王先谦《水经注合校》卷二《河水二》引全祖望云：“阿步干，鲜卑语也。慕容廆思其兄吐谷浑，因作《阿干之歌》，盖胡俗称其兄曰阿步干。阿干者阿步干之省也。今兰州阿干峪、阿干河、阿干城、阿干堡，金人置阿干县，皆以《阿干之歌》得名。阿干水至今利民，曰溥惠渠。”这一地带正是吐谷浑政权之故地。《前燕录》说，慕容廆作《吐谷浑阿干歌》之后，“及（慕容）俊、垂僭号，以为辇后大曲”（《魏书》卷一〇三《吐谷浑传》作“子孙僭号，以此歌为辇后鼓吹大曲”），然则《吐谷浑》歌在慕容燕时代就已经用作宫廷雅乐。吐谷浑音乐直到唐代仍然得以保存，而且其音乐性质与一般北狄歌曲有所不同。当慕容鲜卑的乐歌进入北魏乐府之后，即演变为“北歌”的有机组成部分。

---

① 参见《乐府诗集》卷二五《企喻歌》解题，中华书局，1979年，第362页。

《企喻歌》源自氐族。《乐府诗集》卷二五引《古今乐录》，说《企喻》“男儿可怜虫”一曲歌辞乃苻融所作。苻融是前秦国主苻坚之弟，前秦苻氏为氐族，然则《企喻》为氐族乐曲，至少含有氐族音乐的成分。

《部落稽》可能同山胡族音乐有关。山胡，也称稽胡、部落稽、步落坚、步落稽，是一支族源比较难考的胡人，按照正史的说法，山胡是刘渊南匈奴五部的苗裔，但也有人认为他们是春秋时期就活动于陕西北部的山戎、赤狄的后人，还有人认为山胡中可能还夹杂着西域人种，血统非常复杂。北魏时期，山胡在今天的山西、陕西两省的北部部落繁多，居住于山谷之间，一度是北朝内部的隐患，北魏末年更掀起了大规模起义。

除了《真人代歌》以外，太武帝太延元年（435），北魏通西域，“又以悦般国鼓舞设于乐署”①。悦般国鼓舞是否为北魏王朝用为雅乐不得而知，但它无疑使北魏乐府的胡乐成分更加浓厚。又《隋书》卷十五《音乐志下》所叙隋大业年间所确定的九部乐，其中《西凉》、《龟兹》、《疏勒》、《安国》、《高丽》等五部乐，都是北魏迁都洛阳之前从各北方少数民族政权手中接受而来的。其中《西凉》乐在北魏初期宫廷音乐中就享有很高的地位。《隋书》卷十四《音乐志中》载：“天兴初……初用八佾，作《皇始》之舞。至太武帝平河西，得沮渠蒙逊之伎，宾嘉大礼，皆杂用焉。此声所兴，苻坚之末，吕光出平西域，得胡戎之乐，因又改变，杂以秦声，所谓《秦汉乐》也。”又据《隋书》卷十五《音乐志下》载，隋文帝开皇年间置七部乐，其一叫做“国伎”，《隋书》解释说：“西凉者，起苻氏之末，吕光、沮渠蒙逊等据有凉州，变龟兹声为之，号为‘秦汉伎’。魏太武既平河西得之，谓之《西凉乐》，至魏、周之际，遂谓之‘国伎’。”

就现存史料来看，北魏音乐中大概只有所谓《簸逻回歌》等少数乐章完全出自鲜卑。《乐府诗集》卷二一《横吹曲辞》解题云：“后魏之世，有《簸逻回歌》，其曲多可汗之辞，皆燕、魏之际鲜卑歌，歌辞虏音，不可晓解，盖大角曲也。”道武帝天兴初年，邓渊奉诏“奏上庙乐，创制宫悬，而钟管不备，乐章既阙，杂以《簸逻回歌》。”所谓“燕魏之际”，严格来讲乃是指道武帝皇始元年（396）建天子旌旗、取并州、夺中山，到天兴元年（398）克邺、灭后燕、定都平城之间的这一段时间。后燕国主属鲜卑慕容部，然则“鲜卑歌”当是总括此时鲜卑各部音乐而言。《隋书》卷十五《音乐志下》有《大角》，凡七曲，可能与《簸逻回歌》同类，“其辞并本之鲜卑”。

《真人代歌》题中所谓“真人”，很可能同汉族神仙、道教之说有密切关系，因为这是秦、汉以来神仙家常用的称谓。《庄子》当中，“真人”十分多见，所谓“真人”，“其好之也一，其弗好之也一；其一也一，其不一也一；其一与天为徒，其不一与人为徒，天与人不相胜也”（《大宗师》）；同时“大泽焚而不能热，河汉冱而不能寒，疾雷破山，飘风振海而不能惊。乘云气，骑日月，而游乎四海之外，死生无变于己”（《齐物论》）。据《史记》卷六《秦始皇本纪》，始皇帝三十六年，陨石于东郡，始皇帝不悦，乃使博士作《仙真人诗》，“及行所游天下，传令乐人歌弦之”。《文心雕龙·明诗》云：“秦皇灭典，亦造仙诗”，所指正是《仙真人诗》。《仙真人诗》久已失传，《乐府诗集》卷八三《杂歌谣辞·秦始皇歌》解题引《古今乐录》云：“秦始皇祠洛水，有黑头公从河中出，呼始皇曰：‘来受天宝。’乃与群臣作歌曰：洛阳之水，其色苍苍。祠祭大泽，倏忽南临。

① 《魏书》卷一〇九《乐志》，第2828页。

洛滨醊祷，色连三光。”这首诗大抵出于附会，并非秦代诗歌之旧，但无疑带有浓厚的神仙色彩。王逸《九思·守志》：“随真人兮翱翔”，注云：“真，仙人也。”《魏书》卷一一三《官氏志》载，天兴三年（400）“置仙人博士官，典煮炼百药”。《魏书》卷一〇九《乐志》叙《代歌》事于天兴元年（398）至六年（403）之间，道武帝迷恋神仙道教长生不老之说，煮炼百药当即与此相关；然则《真人代歌》的命名，可能正是道武帝本人喜好的一种体现。又《魏书》卷一〇五《天象志》载，皇始元年（396），“先是有大黄星出于昴、毕之分，五十余日，慕容氏太史丞王先曰：‘当有真人起于燕、代之间，大兵锵锵，其锋不可当。’”这种关于“真人”的传言大概是道武帝操纵方士为他所制造的舆论。如果说《真人代歌》含有汉族文化因素的话，这就是唯一的一点，而且主要是从功利和实用的角度加以吸收和利用的。

《隋书》卷三五《经籍志四》说：“后魏已来，制度咸阙。天兴之岁，草创缮修，所造车服，多参胡制。故魏收论之，称为违古，是也。”其实不仅车服制度“多参胡制”，音乐方面同样是以胡族因素为主。北魏虽然在统一北方过程中陆续得到中原旧乐的遗存，却往往并不重视，他们对这些东西的热情甚至远逊于某些南方士人。《南齐书》卷三三《王僧虔传》载，南齐初年，王僧虔写信给王俭，建议借南北通使的机会，派遣乐署中人充任出使北魏的散役，顺便寻访南方所缺的汉魏旧曲。他说：“北国或有遗乐，诚未可便以补中夏之阙，且得知其存亡，亦一理也。但鼓吹旧有二十一曲，今所能者十一而已。”王僧虔是一个深通音律、对乐府歌诗也十分稔熟的人，曾经撰辑《大明三年宴乐伎录》，他之所以建议派人到北魏搜求遗乐，当是由于他了解到南方汉魏旧曲中有不少是从北方流入的。但是从作为汉魏旧乐输出之地的北魏方面来看，乐府歌诗当中基本上看不到中原旧曲的影子。

二、北魏前期音乐“胡风”、“国俗”杂糅的成因

《南齐书》卷五七《魏虏传》云：“佛狸（太武帝拓跋焘小名）已来，稍僭华典，胡风国俗，杂相糅乱。”在音乐方面表现尤其明显。之所以会出现这种状况，原因不是单方面的，而是多方面社会文化原因综合作用的结果。

第一，鲜卑拓跋氏汉化过程中的阻力，造成鲜卑乐和胡乐的成分远远超出汉族音乐。

在永嘉之乱以后陆续进入黄河流域的各少数民族当中，鲜卑拓跋氏受汉族文化的影响相对较浅。北魏前期，鲜卑贵族的汉化是不自觉的，自觉的是鲜卑部酋对汉化的抵制。鲜卑部酋反对汉化的力量超过了汉人儒家大族的汉化力量。①

在由畜牧变为农耕、由迁徙变为定居的过程中，鲜卑拓跋部仍有许多原有的文化特质被保留下来，反映在日常生活的方方面面。在平城时代的经济结构中，农耕并没有完全取代畜牧，明元帝拓跋嗣泰常六年（421）所定税收制度中，有“调民二十户输戎马一

---

① 参见陈寅恪：《魏晋南北朝史讲演录》第十五篇《北魏前期的汉化》，万绳楠整理，黄山书社，1987年，第240—253页。

四、大牛一头”和“制六部民，养满百口输戎马一匹”等规定①，北魏中央政府还有专门管理畜牧业的驾部尚书，可见畜牧仍然是经济结构中的重要组成部分。拓跋氏君主每年六月末都要到阴山“却霜”。《宋书》卷九五《索虏传》云：“六月末率大众至阴山，谓之却霜。阴山去平城六百里，深远绕树木，霜雪未尝释，盖欲以暖气却寒也。”虽然平城已经成为新都，但拓跋氏君主仍然在迁徙、射猎的草原生活传统中度过大部分时间。鲜卑人虽然欣赏中原生产的锦帛，却不愿意放弃传统的服饰习惯，太武帝拓跋焘曾经说：“国人皆着皮裤，何用丝帛！”羊肉奶酪是鲜卑人传统的主食，拓跋君主长期保持着这种饮食习惯，即使后来醉心中原文化、力主汉化的孝文帝，同样对这个传统执著固守。②《汉书》卷二二《礼乐志二》云：“凡乐，乐其所生，礼不忘本。”《魏书》卷一〇九《乐志》在叙述北魏前期雅乐的时候也引用了这句话，这就是北魏前期雅乐多是鲜卑乐、鲜卑语的根本原因。

北魏前期的皇帝对汉族士大夫和汉族文化的态度颇为矛盾，一方面他们占领了广大的汉族地区，需要汉族士人帮他们进行统治；另一方面他们对这些汉人又有很深的猜忌心理。清河崔逞历仕前燕、前秦和后燕，拓跋珪伐后燕，崔逞归附，“拜为尚书，任以政事，录三十六曹，别给吏属，居门下省。寻除御史中丞。”可见道武帝对崔逞非常重用，但北魏攻打中山时军中乏粮，崔逞建议取桑椹以充军粮，并且画蛇添足地引用了《诗经》“飞鸮食椹而改音”的典故，引起道武帝的反感，后来借故将其处死。又《北史》卷二〇《贺狄干传》载，贺狄干奉拓跋珪之命出使后秦，被姚兴扣留，“在长安因习读书史，通《论语》、《尚书》诸经，举止风流，有似儒者”，回到北魏之后，“帝见其言语衣服类中国，以为慕而习之，故忿焉，既而杀之”。于此可见道武帝对汉族文化忌讳之深。太武帝拓跋焘时代，鲜卑贵族同汉族士大夫之间的对立情绪仍然相当明显。《魏书》卷三八《王慧龙传》载，王慧龙从南方逃到北魏，自称太原王氏之后，崔浩见了，说是“真贵种矣”，并到处向人夸赞，还将女儿嫁给他。“司徒长孙嵩闻之不悦，言于世祖（拓跋焘），以其叹服南人，则有讪鄙国化之意。世祖怒，召浩责之。浩免冠陈谢得释。”崔浩后来因修史获罪，“清河崔氏无远近，范阳卢氏、太原郭氏、河东柳氏皆浩之姻亲，尽夷其族”③，也与他记载、宣扬鲜卑部落早期落后状况，触怒鲜卑贵族有直接关系。崔浩之死是北魏前期统治阶级内部胡汉矛盾长期累积的结果，国史案不过是一个近因。

早期鲜卑拓跋氏文化相对汉族文化来说本来就有不小的差距，加上汉族统治者自秦汉以来推行大汉族主义政策，惯于歧视、压迫边疆少数民族，更加激起少数民族政权在心理上对汉人和汉文化的敌视。再者，鲜卑拓跋部本是马上民族，勇武善战是其长处，也是其赖以统一北方的基本素质，高度发达的汉文化一方面容易让人经过精神熏陶之后在言行上倾向文雅化，对整体战斗力有消解作用；另一方面，汉民族除了正面的战场厮杀之外，更加擅长使用政治手段解决军事问题，机巧百出，同样容易引起北魏皇帝的警

① 参见《魏书》卷三《太宗纪》，第61页。

② 《洛阳伽蓝记》卷三：“（王）肃初入国，不食羊肉及酪浆等物，常饭鲫鱼羹，渴饮茗汁。……经数年已后，肃与高祖殿会，食羊肉酪粥甚多。高祖怪之，谓肃曰：‘卿中国之味也，羊肉何如鱼羹？茗饮何如酪浆？’”周祖谟：《洛阳伽蓝记校释》，上海书店出版社，2000年，第124页。

③ 《魏书》卷三五《崔浩传》，第826页。

惕和忌讳。基于这些原因，北魏前期即使获得了中原音乐，往往也很少借鉴和利用。《隋书》卷十四《音乐志中》载北齐祖珽上书云："道武帝皇始元年，破慕容宝于中山，获晋乐器，不知采用，皆委弃之。"后来太武帝拓跋焘破赫连昌，曾经"得古雅乐"，及平凉州，又获"伶人、器服"，不过他们对这些中原雅乐，并没有全盘接受，只是"择而存之"，或者"间有施用"①。其他少数民族音乐大抵因为不存在上述容易引起拓跋氏贵族戒心的因素，所以很容易被他们接受。

第二，汉族旧乐在战乱中屡经辗转，损失巨大，北魏政权接收之后很难在整体上加以吸收利用。

《魏书》卷一〇八《礼志一》云：

> 自永嘉之扰攘，神州芜秽，礼坏乐崩，人神歼殄。太祖南定燕、赵，日不暇给，仍世征伐，务恢疆宇。虽马上治之，未遑制作，至于经国仪轨，互举其大，但事多粗略，且兼阙遗。

所谓"经国仪轨"，自然囊括礼制、音乐、器服、辇舆等诸多方面，这些文物制度在长期战乱的摧残之下，多半失散；而且当时拓跋氏忙于四方征战，对于国家的上层建筑根本无法投入太多的精力。《魏书》卷一〇九《乐志》载：

> 永嘉已下，海内分崩，伶官乐器，皆为刘聪、石勒所获，慕容儁平冉闵，遂克之。王猛平邺，入于关右。苻坚既败，长安纷扰，慕容永之东也，礼乐器用多归长子，及垂平永，并入中山。自始祖内和魏晋，二代更致音伎；穆帝为代王，愍帝又进以乐物；金石之器虽有未周，而弦管具矣。逮太祖定中山，获其乐县，既初拨乱，未遑创改，因时所行而用之。世历分崩，颇有遗失。

这段记载，描述了永嘉之乱以后中原音乐在北方政权间的流转，以及最终随着拓跋氏统一北方而为其所接受的情形。一套完整的音乐至少是包括乐工、乐器在内的完整系统，它的完整性和生命力在战乱流离中显得相当脆弱。中原音乐经过汉、魏的流传和积累，为西晋乐府所继承，经过在北方少数民族政权之间屡次转手之后，流失已经极其严重，在支离破碎的基础上恢复它的原貌无疑相当困难。

第三，北魏迁洛之前汉文学创作极其凋落，在客观上限制了汉语歌诗的发展。

从拓跋珪建立代国到孝文帝拓跋宏迁洛，北魏基本上没有什么作家。《魏书》卷八五《文苑传》所载文人，都生于北朝后期。《魏书》所收各种公私文翰，在孝文帝迁洛、大力推行汉化以前，大多是比较质朴的散文，绝少文采。《宋书·索虏传》录有魏太武帝拓跋焘写给宋文帝刘义隆的两通书信，鄙朴如同口语，当是原貌。北魏初年的统治者对诗赋并不欣赏，对辞藻华美的骈文也缺乏兴趣。他们的公文除了达意之外，别无他求。北魏早期的诏令、章奏一般都用散体，但就散文艺术的标准来看，基本上没有什么佳作。

北魏前期的皇帝不仅对汉语文学创作不重视，对汉族文人士大夫的态度也非常苛刻。《魏书》卷二八《李栗传》载："栗性简慢，矜宠，不率礼度，每在太祖前舒放倨傲，不自祇肃，咳唾任情。太祖积其宿过，天兴三年遂诛之。于是威严始厉，制勒群下尽卑谦之礼。"中原士族在拓跋氏统治之下动辄得咎，境遇相当可悲。宋隐临终时沉痛地告诫子侄："苟能入顺父兄，出悌乡党，仕郡幸而至功曹史，以忠清奉之，则足矣，不劳远诣台

① 《魏书》卷一〇九《乐志》，第2828页。

阁。恐汝不能富贵，而徒延门户之累耳。若忘吾言，是为无若父也，使鬼而有知，吾不归食矣。”[①] 中原士族的身份是被征服者，尽管他们为拓跋政权服务，却多被降低品秩而录用，而且没有俸禄。崔玄伯在中原士族中算得上是拓跋氏的宠臣，对拓跋氏建国的贡献极大，然而生活非常清苦。《魏书》卷二四本传说他“家徒四壁；出无车乘，朝晡步上；母年七十，供养无重膳”。高允是拓跋氏征服地区被迁徙代郡的渤海士族，是深得拓跋氏眷顾的首屈一指的重臣和文人，然而他家“惟草屋数间，布被缊袍，厨中盐菜而已。……时百官无禄，允常使诸子樵采自给”[②]。这种情形同南方士族优裕的生活环境形成鲜明对比，如同天壤悬隔。用今天的观点来看，文学处于上层建筑中最高的层次，在“樵采自给”的物质条件下从事文学创作自然是极其困难的。北方汉语文学创作不发达，这是一个重要原因。所谓歌诗，至少包括歌辞和音乐两个最基本的组成部分。歌辞同音乐的关系相当密切，试想如果东晋南朝的吴声歌和西曲歌没有清丽宛转的歌辞，单凭曲调恐怕很难博得当时贵族、文人的青睐，更不会对东晋南朝乃至后代文人诗歌创作产生那样深远的影响。北魏迁洛之前的社会文化环境，既不具备从民间搜集歌诗的条件，显然也不可能培育出像江南文人拟乐府那样杰出的歌辞。

《文镜秘府论·四声论》说，自孝文帝迁洛之后，“才子比肩，声韵抑扬，文情婉丽，洛阳之下，吟讽成群。及宅邺中，辞人间出，风流弘雅，泉涌云奔，动合宫商，韵谐金石者，盖以千数，海内莫之比也。郁哉涣乎，于斯为盛”。认为北魏迁洛之后的文学创作“海内莫之比”，这段议论虽然不免有所夸张，但确实反映出北魏后期的文学较之迁洛之前要繁荣得多。整体社会环境改变了，才会出现魏收、邢劭、温子升这样高水平的文人，才会带动乐府歌诗创作。

三、北魏前期音乐的影响

十六国时代各少数民族政权为北魏所统一，各族音乐也通过各种途径融合到北魏乐府，形成一种以鲜卑和各北方少数民族音乐为主，杂糅汉族音乐影响的多民族音乐共同体。无论是北魏迁洛之后，还是北齐、北周，均在民族文化形态、民族关系方面同北魏前期有很大的相似性，北魏前期音乐为此类后继王朝以胡乐为主的乐府歌诗格局乃至隋唐时代胡乐繁荣的局面奠定了基础。

孝文帝推行汉化的决心和力度足以辉耀千古，汉化措施对鲜卑以及北方各少数民族封建化的推动作用彪炳史册，汉化措施在语言、服饰、族姓、婚姻等方面均可谓卓有成效，但在音乐方面却未能改变迁洛之前所奠定的以胡乐为主的基本格局。孝文帝以校正音声为务，着力搜求古乐，北魏乐府始盛。乐府音声审定、器物调试、歌辞取舍，编撰次第诸事，魏初邓渊当居首功，其后续成其事者还有高允、高闾等人。太和初年，孝文帝曾经力图恢复中原雅乐的旧日规模，但“虽经众议，于时卒无洞晓声律者，乐部不能立，其事弥缺。然方乐之制及四夷歌舞，稍增列于太乐”。可见北魏前期的宫廷雅乐乃是

---

① 《魏书》卷三三《宋隐传》，第773—774页。

② 《魏书》卷四八《高允传》，第1076页。

以北方各少数民族的音乐为主拼合而成的。孝文帝还曾让高闾审定音乐，但“遇迁洛不及精尽，未得施行，寻属高祖（孝文帝拓跋宏）崩，未几，闾卒”[①]。孝文帝恢复传统雅乐规模的努力由于历史条件的限制而未能实现，虽然在乐舞数量上有所增益，但以“方乐之制”和“四夷歌舞”为主的北魏雅乐形制仍然延续下来。直到北魏亡国，北齐、北周并立的局面形成之后，这种体制依旧没有得到根本的改变。

北齐、北周，甚至隋、唐皇族，大抵渊源于北魏的六镇军人，汉化程度本来就不深，而且六镇军人是一个执著保持鲜卑化的武装集团，六镇起兵是对孝文帝汉化政策的反对。隋、唐皇室的祖先虽然从血统来说都是汉人，却早已深刻鲜卑化了。在北齐和北周，王公贵族所用的语言，大约主要还是鲜卑语。

北齐皇族高氏虽然号称渤海蓨人，但史书所载世系极不可靠。齐文宣帝曾经说他的太子“得汉家性质，不似我”。北齐皇室如果不是出自鲜卑，就是完全鲜卑化了的汉人。北齐社会弥漫着一种大鲜卑主义的气氛。汉人向往南朝文化或者表现出南朝人的某些作风，就会遭到北齐统治者的极度反感。文宣帝因为王昕“疏诞非济世所须”[②]，将他削爵为民，诏书说他“伪赏宾郎之味，好咏轻薄之篇。自谓模拟伧楚，曲尽风致。推此为长，余何足取”。槟榔是南方士人常用的物品，《洛阳伽蓝记》城东孝义里条载杨元慎嘲笑吴人“口嚼槟榔”；《南齐书》卷二二《豫章王嶷传》载，萧嶷临终诫子当守俭约，祭祀只设“干饭酒脯槟榔而已”。孙搴因为通晓鲜卑语而为人所重；祖珽最初因为通晓鲜卑语而得到推荐，但因为是汉人而最终不能做领军[③]。《颜氏家训·教子篇》说：“齐朝有一士大夫，尝谓吾曰：‘我有一儿……教其鲜卑语及弹琵琶，稍欲通解。以此伏事公卿，无不宠爱，亦要事也。’”[④] 同书《省事篇》又说某两人经史文章书法无一可取，仅鲜卑语略得梗概，便可称“朗悟”之士。[⑤] 高欢进攻北周的玉壁，为韦孝宽所败，他叫斛律金唱《敕勒歌》并且自和之。《乐府诗集》卷八六《敕勒歌》解题引《乐府解题》云：“其歌本鲜卑语，易为齐（北齐）言，故其句长短不齐。”

北齐社会弥漫着一种大鲜卑主义的气息，鲜卑和汉族之间的矛盾较之北魏前期有过之而无不及。缪钺先生在《东魏北齐政治上汉人与鲜卑之冲突》一文中说：“北齐一代，鲜卑势盛，汉人虽数次起而相争，欲抑黜鲜卑，整顿政治……然卒不能胜鲜卑而归于失败，北齐政治遂始终不上轨道，以讫于亡。”[⑥]《北史》卷五《魏孝武帝纪》：“（高）欢遣四百骑迎帝……即位，用代都旧制。”《北齐书》卷二一《高昂传》：“于时鲜卑共轻中华朝士，唯惮服于昂。高祖每申令三军，常鲜卑语。昂若在列，则为华言。”相反，北齐对胡族文化不仅不排斥，而且乐此不疲。北齐鲜卑或鲜卑化贵族，起用大批西域胡人专门从事音乐、舞蹈的创作和表演，因此陈寅恪先生指出北齐文化存在西胡化的倾向。[⑦] 我们在前文的论述中已经指出，北魏前期的音乐如《真人代歌》等，除了以鲜卑本族音乐为

---

① 《魏书》卷一〇九《乐志》，第2830页。

② 《北史》卷二四《王昕传》，中华书局，1974年，第884页。

③ 《北史》卷四七《祖珽传》，第1616页。

④ 王利器：《颜氏家训集解》卷一，中华书局，1993年，第12页。

⑤ 王利器：《颜氏家训集解》卷一，第327页。

⑥ 缪钺：《读史存稿》，三联书店，1982年，第69页。

⑦ 《魏晋南北朝史讲演录》第十八篇《北齐的鲜卑化和西胡化》，第292—300页。

主体之外，吸收最多的就是其他胡族的音乐；它的组成结构和艺术特质表现出对胡族音乐的特殊亲和力，对汉族音乐的吸收反倒比较保守和谨慎。就这一点而言，北魏、北齐一脉相承且愈演愈烈。

北周不像北齐那样大鲜卑主义流行，专以欺凌汉人为事。但这是因为关中地区汉族高门势力微弱，不能和胡人统治者相抗衡，并不说明北周鲜卑化和胡化的程度就比北齐轻。《周书》卷二六《长孙俭传》载："时梁岳阳王萧詧内附，初遣使入朝，至荆州，俭于厅事列军仪，具戎服，与使人以宾主礼相见。俭容貌魁伟，音声如钟，大为鲜卑语，遣人传译以问客，客惶恐不敢仰视。"可见北周鲜卑文化气氛同样浓厚。因此史家说他们"登歌之奏，协鲜卑之音"①；"元魏、宇文，代雄朔漠，地不传于清乐，人各习其旧风"②。

整个北朝境内都有大量的胡人活动，其中既包括月支或昭武九姓胡人西迁前后已入居中国者之后裔，也有九姓在中亚建国以后才入中国的胡人。《洛阳伽蓝记·城南》"永桥以南圜丘以北伊洛之间夹御道有四夷馆"条云：

> 西夷来附者处崦嵫馆，赐宅慕义里。自葱岭以西至于大秦，百国千城莫不款附，商胡贩客日奔塞下，所谓尽天地之区矣。乐中国土风因而宅者，不可胜数，是以附化之民万有余家，门巷修整，阊阖填列，青槐荫陌，绿柳垂庭，天下难得之货，咸悉在焉。

在北魏首都洛阳定居的万余家西域胡人，在东魏迁邺的时候大抵随之东徙。北朝皇族鲜卑化、西胡化的倾向，以及鲜卑化政权同其他胡族往来的频繁，必然带动文化上的交流，这在音乐方面表现尤其显著。《隋书》卷十四《音乐志中》叙述北齐音乐云：

> 杂乐有西凉、鼙舞、清乐、龟兹等，然吹笛、弹琵琶、五弦歌舞之伎自文襄以来皆所爱好，至河清以后传习尤盛。后主唯赏胡戎乐，耽爱无已，于是繁手淫声，争新哀怨，故曹妙达、安未弱、安马驹之徒至有封王开府者。

又如《隋书》卷十四《音乐志中》载："（北周）太祖辅魏之时，高昌款附，乃得其伎，教习以备飨宴之礼。及天和六年，武帝罢掖庭四夷乐，其后帝娉皇后于北狄，得其所获康国、龟兹等乐，更杂以高昌之旧，并于大司乐习焉，采用其声，被于钟石，取周官制以陈之。"

隋文帝开皇年间置七部乐，炀帝大业中置九部乐，连同唐太宗时代所颁布的十部乐，都以胡乐成分占绝大比例。从根本上说，自北魏到隋、唐，胡乐的繁荣发展同北方少数民族大融合的历史背景密切相关；北魏的建国和统一北方各族，又是促成各族音乐熔为一炉的直接动因，北魏以后诸朝代胡乐地位极其突出的乐府歌诗的基本格局，也是在北魏前期得以奠定的。汉、魏、西晋以后，以相和歌和清商三调为代表的清商旧曲渐趋衰落，伴随着政治上南北分裂格局的形成，南北政权内的乐府歌诗也各自开辟了不同的道路。南方逐渐形成以吴声、西曲为主要内容的清商新声系统，北方则在鲜卑乐歌为主的基础上逐渐形成了多民族音乐交汇集中、并肩发展、共同繁荣的胡乐系统。隋、唐帝国在北方政权的基础上取得全国统一，而此时南方的清商新声系统也因过度雅化而衰落，

---

① 《隋书》卷十四《音乐志中》，中华书局，1973 年，第 346 页。

② 《旧唐书》卷二八《音乐志一》，第 1040 页。

北方胡乐系统则在此后相当长的时期内继续显示出充沛的活力和顽强的生命力。平城时代的北魏政权，虽然甫离朔漠，制度多阙，而且戎马倥偬，烽火不息，但由它所草创的乐府歌诗体系，影响可谓至深至巨。

（作者：翟景运，青岛大学文学院讲师）

以高欢家族为例看东魏北齐汉化

黄寿成

【提　要】北朝后期是一个胡汉文化趋同的重要历史时期，在这一时期割据山东地区并实际控制东魏北齐政权的高氏家族，在胡汉文化的碰撞过程中，选择了接收文明程度较高的汉文化，使得其家族的绝大多数成员迅速汉化，却并非如同有的学者所说的北齐政权中胡人具有“气焰熏天的影响力”。而之所以出现这种局面，当然与东魏北齐统治的山东地区自先秦以来就是儒家思想和诸子百家中绝大多数思想的发源地，以及汉文化底蕴深厚有很大的关系。

【关键词】高氏家族　东魏北齐政权　汉化

魏晋南北朝时期是中国古代文化发展的一个重要历史时期，特别是南北朝时期各种文化逐渐趋同于汉文化，可是以往学者对南朝以及北魏时期的政治文化多有研究，却没有对于北朝后期即东魏北齐与西魏北周对峙时期中国北方的文化发展给以足够的重视，并少有研究，而东魏北齐文化实乃一脉相承，近年已有学者开始注意到这个问题，关于北齐文化，黄永年教授《论北齐的文化》一文中认为“东魏、北齐之经济优越于西魏、北周，以至文化也远胜于西魏、北周”①。此外也有学者以为“与北齐宫廷内胡人众多、胡化颇盛的情况相比，在北周中央政权中，虽然在宣帝时期也出现了较强的胡化倾向，但总体说来，文献记载中所见的胡人还是很少，更毋庸说像北齐政权中的胡人那般气焰熏天的影响力了”②。言下之意就是北齐中央政权中胡人及胡化现象远胜于北周。但是我近来读史时觉得事实并非如此，特别是东魏的权臣高欢及其家族就没有坚持本身原有的胡文化，相反却逐渐接受了汉文化，且在进入北齐统治时期这种汉化的趋势并没有受到遏制。

① 黄永年：《论北齐的文化》，《陕西师范大学学报》（哲学社会科学版），1994 年第 4 期。

② 毕波：《论北周时期的胡人与胡化》，《文史》，2005 年第 4 期。

有关高欢家族族属有多种说法，[1] 但是正如陈寅恪先生所说“魏晋南北朝时期的民族，往往以文化来划分，而非以血统来划分”。因此说不论高欢原来是汉族还是其他胡族，到高欢及其子侄进入中原割据山东地区以前他是完全鲜卑化了，这样他们进入中原后原有的胡文化就与中原汉文化发生碰撞，他们必然也就受到汉文化的影响。下面就高欢家族的汉化问题略作考释，进一步分析东魏及其统治区的汉文化发展演变。

一

由于中原地区长期以来是汉文化相当发达的地区，而高欢“累世北边，故习其俗，遂同鲜卑”，明显地鲜卑化，[2] 因此鲜卑化的高欢家族进入中原地区后即与汉民族发生交往，其本身所具有的胡文化与汉文化发生冲突，他们中的一些人逐渐开始接受汉文化，而高欢当时对于汉文化的态度如何在很大程度上影响着进入该地区的胡人以及胡化汉人汉化的进程，此外也可看出他们是否接受了汉文化，《北齐书》卷二《神武帝纪》说：

始范阳卢景裕以明经称，鲁郡韩毅以工书显，咸以谋逆见擒，并蒙恩置之第馆，教授诸子。

《魏书》卷三六《李顺附同轨传》说：

卢景裕卒，齐神武引［李］同轨在馆教诸公子，甚嘉礼之。

《北齐书》卷四四《儒林传》说：

魏天平中，范阳卢景裕同从兄礼于本郡起逆，高祖免其罪，置之宾馆，以经教授太原公以下。及景裕卒，又以赵郡李同轨继之。二贤并大蒙恩遇，待以殊礼。同轨之亡，复征中山张雕、渤海李铉、刁柔、中山石曜等递为诸子师友。及天保、大宁、武平之朝，亦引进名儒，授皇太子诸王经术。

《北齐书》卷四四《儒林·李铉传》说：

废帝之在东宫，显祖诏铉以经入授，甚见优礼。数年，病卒。特赠廷尉少卿。及还葬故郡，太子致祭奠之礼，并使王人将送，儒者荣之。

---

① 关于北齐高氏族属的问题，当前学术界大致可以归纳为五种说法：①周一良先生的“非汉人说”（周一良先生《领民酋长与六州都督》，刊于《魏晋南北朝史论集》190—214 页）；②姚薇元、王仲荦先生的“鲜卑人说”（姚薇元先生《北朝胡姓考》135—137 页，王仲荦先生《魏晋南北朝史》545—546 页）；③缪钺先生的“鲜卑人或鲜卑化汉人说”（缪钺先生《东魏北齐政治上汉人与鲜卑之冲突》，刊于《读史存稿》81 页）；④谭其骧先生的“高丽人说”（见于谭其骧先生的信函，缪钺先生附于《东魏北齐政治上汉人与鲜卑之冲突》一文附记，见《读史存稿》93 页）；⑤陈寅恪先生的“鲜卑化汉人说”（《陈寅恪魏晋南北朝史讲演录》293 页）。这五种说法谁是谁非，史学界尚无定论，但是对于高欢本人鲜卑化基本上可以说没有异议。陈寅恪先生《陈寅恪魏晋南北朝史讲演录》第十八篇（一）《北齐的鲜卑化》中说：“说他是汉人，为就血统而言。《北齐书·神武纪上》所说：‘神武既累世（高谧、高树、高欢三世）北边，故习其俗，遂同鲜卑’，这就是‘化’的问题。高欢在血统上虽是汉人，在‘化’上因为累世北边，已经是鲜卑化的人了。‘化’比血统重要，鲜卑化人也就是鲜卑人。‘化’指文化习俗而言。”（《陈寅恪魏晋南北朝史讲演录》293—294 页）因此北齐高氏进入中原以后的“汉化”就需要进行研究。

② 见《北齐书》卷一《神武帝纪》，中华书局，1972 年。

《北齐书》卷四四《儒林·马敬德传》说：

世祖为后主择师傅，赵彦深进之，[马敬德] 入为侍讲。……武平初，犹以师傅之恩，超拜国子祭酒，加仪同三司、金紫光禄大夫，领瀛州大中正。

《北齐书》卷四四《儒林·张景仁传》说：

与魏郡姚元标、颍川韩毅、同郡袁买奴、荥阳李超等齐名，世宗并引为宾客。……后主在东宫，世祖选善书人性行淳谨者令侍书，景仁遂被引擢。小心恭慎，后主爱之，呼为博士。

《北齐书》卷四四《儒林·孙灵晖传》说：

征为国子博士，授南阳王 [绰] 经。

《北齐书》卷四四《儒林·张雕传》说：

值帝侍讲马敬德卒，乃入授经书。帝甚重之，以为侍读，与张景仁并被尊礼，同入华光殿，共读《春秋》。加国子祭酒，假仪同三司，待诏文林馆。

可见东魏权臣高欢、高澄，北齐显祖高洋、废帝高殷、世祖高湛皆尊重师长、礼贤下士，说明尊重师长、礼贤下士的汉文化传统美德在东魏北齐统治区域内沿袭下来。特别是高欢据前文所引诸前辈学者考证即非出自渤海高氏。在文化上他已经鲜卑化，但是他进入中原后始崇尚儒术，接受汉文化的影响，这当然与他本人向往文明的素质有很大的关系。而且高欢还下令先后以卢景裕、韩毅、李同轨等名儒教授诸公子，这种传统当在东魏北齐统治区内发扬光大。

北齐后主高纬也重视汉士族，在汉士族宰相祖珽的建议下于武平三年设立文林馆，[①]引用的文士，据《北史》卷八三《文苑传》记载：

[武平] 三年，祖珽奏立文林馆，于是更召引文学士，谓之待诏文林馆焉。珽又奏撰《御览》，诏珽及特进魏收、太子太师徐之才、中书令崔劼、散骑常侍张雕、中书监阳休之监撰。珽等奏追通直散骑侍郎韦道逊、陆乂、太子舍人王劭、卫尉丞李孝基、殿中侍御史魏澹、中散大夫刘仲威、袁奭、国子博士朱才、奉车都尉眭道闲、考功郎中崔子枢、左外兵郎薛道衡、并省主客郎中卢思道、司空东阁祭酒崔德立、太傅行参军崔儦、太学博士诸葛汉、奉朝请郑公超、殿中侍御史郑子信等入馆撰书，并敕放、悫、之推等同入撰例。复命散骑常侍封孝琰、前乐陵太守郑元礼、卫尉少卿杜台卿、通直散骑常侍杨训、前南兖州长史羊萧、通直散骑侍郎马元熙、并省三公郎中刘珉、开府行参军李师上、温君悠入馆，亦令撰书。后复命特进崔季舒、前仁州刺史刘逖、散骑常侍李孝贞、中书侍郎李德林续入待诏。寻又诏诸人各举所知，又有前济州长史李翥、前广武太守魏骞、前西兖州司马萧溉、前幽州长史陆仁惠、郑州司马江旰、前通直散骑侍郎辛德源、陆开明、通直郎封孝骞、太尉掾张德冲、并省右户郎元行恭、司徒户曹参军古道子、前司空功曹参军刘顗、获嘉令崔德儒、给事中李元楷、晋州中从事阳师孝、太尉中兵参军刘儒行、司空祭酒阳辟强、司空士曹参军卢公顺、司空中兵参军周子深、开府行参军王友伯、崔君洽、魏师謇并入馆待诏。又敕仆射段孝言亦入焉。[②]

---

① 见《北齐书》卷四五《文苑传》，中华书局，1972 年。

② 由于现存的《北齐书》卷四五《文苑传》有脱误，故采用《北史·文苑传》。

可知北齐后主于武平年间采纳祖珽的建议设立文林馆，招引文人，而且从右仆射段孝言、特进崔季舒、中书侍郎李德林等亦入文林馆，可证文林馆不只是文人撰书的机构，也多少参与政事。

再根据《北史》卷八四《儒林传》所说：

正光二年，乃释奠于国学，……暨孝昌之后，海内淆乱，四方校学所存无几。永熙中，复释奠于国学，……复置生七十二人。及迁都于邺，国子置生三十六人。至于兴和、武定之世，寇难既平，儒业复光矣。

《北齐书》卷四《文宣帝纪》说：

[天保元年] 八月，诏郡国修立黉序，广延髦俊，敦述儒风。其国子学生亦仰依旧铨补，服膺师说，研习《礼经》。往者文襄皇帝所运蔡邕石经五十二枚，即宜移置学馆，依次修立。

《北齐书》卷六《孝昭帝纪》说：

[皇建元年八月甲午] 又诏国子寺可备立官属，依旧置生，讲习经典，岁时考试，其文襄帝所运石经，宜即施列于学馆。外州大学亦仰典司勤加督课。

《隋书》卷二七《百官志》说：

国子寺，掌训教胄子。祭酒一人，亦置功曹、五官、主簿、录事员。领博士五人，助教十人，学生七十二人。太学博士十人，助教二十人，太学生二百人。四门学博士二十人，助教二十人，学生三百人。

《北齐书》卷四四《儒林传》说：

故横经受业之侣，遍于乡邑；负笈从官之徒，不远千里。伏膺无怠，善诱不倦。入闾里之内，乞食为资；憩桑梓之阴，动逾千数。燕、赵之俗，此众尤甚。齐制：诸郡并立学，置博士、助教授经，学生俱差逼充员，士流及豪富之家皆不从调。备员既非所好，坟籍固不关怀，又多被州郡官人驱使。纵有游惰，亦不检治，皆由上非所好之所致也。诸郡俱得察孝廉，其博士、助教及游学之徒通经者，推择充举。射策十条，通八以上，听九品出身，其尤异者亦蒙抽擢。

《隋书》卷九《礼仪志》说：

后齐制，新立学，必释奠礼先圣先师，每岁春秋二仲，常行其礼。每月旦，祭酒领博士已下及国子诸学生已上，太学、四门博士升堂，助教已下、太学诸生阶下，拜孔揖颜。日出行事而不至者，记之为一负。雨沾服则止。学生每十日给假，皆以景日放之。郡学则于坊内立孔、颜庙，博士已下，亦每月朝云。

知东魏北齐时恢复沿袭了北魏的国子学、太学、四门学，并设有祭酒、功曹、五官、主簿、录事员，引用名儒任国子学博士、助教，太学博士、助教，四门学博士、助教，讲学传授经传，还有高氏诸王以及许多学生在国子学、太学、四门学中学习。高澄又将汉、魏《石经》由洛阳搬迁至邺城国子学内。北齐建立后还在其统治区内郡国设立学校，并且制定了一套比较完备的讲学和设立新学校的礼仪制度。这些都是由于在该地区儒学继续延续并有所发展、人们尊师礼贤、以高氏为首的统治者对教育的重视以及前面所论述的诸原因，加快了那些胡人以及胡化汉人汉化步伐，使得汉文化在该地区不但没有中断反而有所发展，这些当然与以高欢为首的胡化人群迅速接受汉文化有很大的关系，正是由于他们接受了汉文化才能够采取这一系列汉魏以来的制度和措施。

二

由于高欢、高洋、高湛等掌权者为其子侄选择师傅，教授儒家经典，而且《北史》卷五二《齐宗室诸王传》也说“文襄诸子，咸有风骨。虽文雅之道，有谢间、平”，说明其家族成员基本上都接受了汉文化，其中史书中有明确记载接受汉文化的就有东魏权臣高欢、高澄，北齐皇帝高洋、高殷、高演、高湛、高纬以及高齐皇族的一些成员，其中高澄，字子惠，《北齐书》卷三本纪说他“就杜询讲学，敏悟过人，询甚叹服”。“至于才名之士，咸被荐擢，假有未居显位者，皆致之门下，以为宾客，每山园游燕，必见招携，执射赋诗，各尽其所长，以为娱适。”“王寻览［侯景］书，问谁为作。或曰：‘其行台郎王伟。’王曰：‘伟才如此，何因不使我知。’”《隋书》卷三五《经籍志》还说，他撰有《高澄与侯景书》一卷，[①] 但该文是否高澄所作？据上文所记载，他曾随杜询讲学，并得到杜询的赞叹，又据《北齐书》记载高澄之子多能文，故此当是高澄所作。因此说他不但接受了汉文化，而且学识不凡，还有著述。

北齐文宣帝高洋是高欢之子，字子进，《北齐书》卷四《文宣帝纪》说他“幼时师事范阳卢景裕，默识过人，景裕不能测也”。而卢景裕出身范阳卢氏，是当时名儒，连他都认为高洋学识不可测，可见高洋的学识不凡。

废帝高殷，字正道，是高洋嫡子，据《北齐书》卷五《废帝纪》说他“天保元年，立为皇太子，时年六岁。性敏慧。初学反语，于‘迹’字下注云自反。时侍者未达其故，太子曰：‘迹字，足傍亦为迹，岂非自反耶?’”“初诏国子博士李宝鼎傅之，宝鼎卒，复诏国子博士邢峙侍讲。太子虽富于春秋，而温裕开朗，有人君之度，贯综经业，省览时政，甚有美名。七年冬，文宣召朝臣文学者及礼官于宫宴会，令以经义相质，亲自临听。太子手笔措问，在坐莫不叹美。九年，文宣在晋阳，太子监国，集诸儒讲《孝经》。”为文学之臣称赞，可见其才学。

孝昭皇帝高演，也是高欢之子，字延安，《北齐书》卷六《孝昭帝纪》说他“所览文籍，源其指归而不好辞彩。每叹云：‘虽盟津之师，左骖震而不衄。’以为能。遂笃志读《汉书》，至李陵传，恒状其所为焉”。可知他精读史传，颇有见识，自然汉化程度不浅。

武成皇帝高湛，也是高欢之子，史书中虽然没有他直接接受汉文化的记载，可是《北齐书》卷七《武成帝纪》中却有河清“二年春正月乙亥，帝诏临朝堂策试秀才”。而敢亲自策试秀才，再加上前文说高欢明令卢景裕、李同轨等名儒教授诸子，应该说他的汉化程度不低。

后主高纬，《北齐书》卷八《后主纪》说是武成帝高湛之子，“幼而念善，及长，颇学缀文，置文林馆，引诸文士焉”。武平三年二月“敕撰《玄洲苑御览》，后改名《圣寿堂御览》”。八月“《圣寿堂御览》成，敕付史阁，后改为《修文殿御览》”。“四年五月丙子，诏史官更撰《魏书》。”可见他汉化程度颇深。

以上这些东魏北齐的统治者基本上汉化水准不低，此外高欢的其他子孙明确接受汉

---

① 见《隋书》卷三五《经籍志》，中华书局，1972 年，第 1089 页。

文化的还有一些，如高湝，字子深，《北齐书》卷十本传说他是“神武第五子也”。“博士韩毅教湝书，见湝笔迹未工，戏湝曰：‘五郎书画如此。忽为常侍开国，今日后宜更用心。’湝正色答曰：‘昔甘罗幼为秦相，未闻能书。凡人唯论才具何如，岂必动夸笔迹。博士当今能者，何为不作三公？’时年盖八岁矣。毅甚惭。”因此说高湝虽然出身于边地胡化汉人家庭，但是他汉文化水准不低。

高孝瑜“兼爱文学，读书敏速，十行俱下，覆棋不失一道”。可知他受到汉文化的影响颇深，学识不凡。

高孝珩，《北齐书》卷一一本传说他是“文襄第二子也”。“孝珩爱赏人物，学涉经史，好缀文，有伎艺。尝于厅事壁自画一苍鹰，见者皆以为真，又作朝士图，亦当时之妙绝。”“齐王宪问孝珩齐亡所由，孝珩自陈国难，辞泪俱下，俯仰有节。”“后周武帝在云阳，宴齐君臣，自弹胡琵琶，命孝珩吹笛。辞曰：“亡国之音，不足听也。”“固命之，举笛裁至口，泪下呜咽，武帝乃止。”因此说高孝珩虽然出身于胡化汉人家庭，但是他已经随其父高澄接受了汉文化，而且颇有学识。

高孝琬，《北齐书》卷一一本传说他是“文襄第三子也”。“河南王之死，诸王在宫内莫敢举声，唯孝琬大哭而出。”“初，突厥与周师入太原，武成将避之而东。孝琬叩马谏，请委赵郡王部分之，必整齐，帝从其言。”“有陈氏者无宠，诬对曰‘孝琬画作陛下形哭之’，然实是文襄像，孝琬时时对之泣。”虽然没有他接受汉文化的记载，但是从高孝琬能作画像以及上文所考证其父高澄汉文化程度已相当高了，其子高正礼“幼聪颖，能诵《左氏春秋》”，皆可说明高孝琬汉化颇深。

高百年，《北齐书》卷一二本传说他是“孝昭第二子也”。“博陵人贾德胄教百年书，百年尝作数‘敕’字，德胄封以奏。”可见他受到了汉文化的教育。

高绰，《北齐书》卷一二本传虽然没有他接受汉文化的记载，但是卷四四《儒林·孙灵晖传》说：“征为国子博士，授南阳王［绰］经。王虽不好文学，亦甚相敬重。”这说明高绰多少接受了一些汉文化。

再加上前文所说高欢等统治者提倡儒学，命名儒教授高氏诸王，都说明高欢的子孙基本上接受了汉文化，其中有些人的汉化程度颇深，特别是高澄、高洋、高殷、高演、高湛、高纬这些东魏北齐的最高统治者汉化程度都不浅，这对于其家族的汉化进程起着重大的推进作用。

另外由于高欢、高洋、高湛等掌权者明令名儒教授高氏诸王，高齐宗室的其他成员大多也应该或多或少地接受了汉文化，其中史书中明确记载了一些人受到汉文化影响的史实，如赵郡王高叡，《北齐书》卷一三本传说他是赵郡王高琛之子，高欢之侄，“生三旬而孤，聪慧夙成，特为高祖所爱，养于宫中，令游娘母之，恩同诸子”。“叡初读《孝经》，至‘资于事父’，辄流涕歔欷。十岁丧母，高祖亲送叡至领军府，为叡发丧，举声殒绝，哀感左右，三日水浆不入口。高祖与武明娄皇后殷勤敦譬，方渐共顺旨。居丧尽礼，持佛像长斋，至于骨立，杖而后起。高祖令常山王共卧起，日夜说喻之。并敕左右不听进水，虽绝清漱，午后辄不肯食。”“摄宗正卿，进拜太尉，监议五礼。睿久典朝政，清真自守，誉望日隆，渐被疏忌，乃撰古之忠臣义士，号曰要言，以致其意。”“子整信嗣。历散骑常侍、仪同三司。好学有行检。”

高岳，字洪略，《北齐书》卷一三本传说他是“高祖从父弟也。父翻，字飞雀”。

"岳幼时孤贫，人未之知也，长而敦直，姿貌岸然，沈深有器量。""岳辟引时贤，以为僚属，论者以为美。寻都监典书，复为侍学。""岳性至孝，尽力色养，母若有疾，衣不解带，及遭丧，哀毁骨立。"可见高岳虽然出身于边地胡化汉人家庭，但是已经接受了汉文化。

高劢，《北齐书》卷一三《清河王岳传》说他是高岳之子。"字敬德，夙智早成，为显祖所爱。""励攘袂语文殊曰：'自献武皇帝以来，抚养士卒，委政亲贤，用武行师，未有折衄。今西寇已次并州，达官多悉委叛，正坐此辈专政弄权，所以内外离心，衣冠解体。若得今日斩此卒，明日及诛，亦无所恨。王国家姻娅，须同疾恶，返为此言，岂所望乎！'"因此说他当已接受了汉文化。

高元海，是高欢的侄孙，《北齐书》卷一四本传说他"愿处山林，修行释典。文宣许之，乃入林虑山"，也应该说接受了汉文化。

高伏护，字臣援，是高齐宗室长乐太守灵山的嗣子，《北齐书》卷一四本传说他"粗有刀笔"，也接受了汉文化。

加上前面所说的高欢、高洋、高湛等掌权者提倡接受汉文化，其宗室成员必然或多或少、或自愿或被迫地接受了一些汉文化，当然他们中的个别与高欢平辈的本家兄弟没有接受汉文化，如赵郡王高琛可能就没有接受汉文化，不过他早死，可是其子高叡既读《孝经》，又监议五礼，其孙高整信"好学有行检"，从前文记载看应该是主动接受汉文化的，由此可见高齐宗室成员大多接受了汉文化，这些都说明当时在东魏北齐统治区接受汉文化已成为不可阻挡的历史潮流。

三

高欢家族之所以进入中原后很快就接受了汉文化，并且其中有些人的汉化程度还相当高，是因为东魏北齐统治区域自先秦以来不但是儒家思想的发源地，也一直是思想活跃、文化兴盛的地区，虽然经过五胡十六国时期的战乱，经济、文化遭到了一定程度的破坏，但是汉族的思想文化仍然顽强地生存了下来并且在某些方面得到发展，同时汉文化中重视儒学、尊重师长、礼贤下士的传统美德也传承了下来。

这还与东魏北齐统治区域的风俗及汉文化传统有关，而这方面的记载详见于《隋书·地理志》：

[豫州]或"洛阳得士之中，赋贡所均，故周公作洛，此焉攸在。其俗尚商贾，机巧成俗"。或"邪僻傲荡，旧传其俗。今则好尚稼穑，重于礼文，其风皆变于古"。

[兖州]"旧传太公唐叔之教，亦有周孔遗风。今此数郡，其人尚多好儒学，性质直怀义，有古之风烈矣。"

[冀州]或"人性多敦厚，务在农桑，好尚儒学，而伤于迟重。前代称冀、幽之士钝如椎，盖取此焉。俗重气侠，好结朋党，其相赴死生，亦出于仁义"。或"浮巧成俗，雕刻之工，特云精妙，士女被服，咸以奢丽相高，其性所尚习，得京、洛之风矣"。或"故汉之官人，得以便宜从事，其多行杀戮，本以此焉。今风俗颇移，皆向于礼矣"。或"人多重农桑，性尤朴直，盖少轻诈"。或"土地沃少瘠多，是以伤

于俭啬。其俗刚强，亦风气然乎”？或“山川重复，人物殷阜，然不甚机巧”。或“人性劲悍，习于戎马”。或“连接边郡”。或“多文雅之士，虽俱曰边郡，然风教不为比也”。

［青州］或“故士庶传习其风，莫不矜于功名，依于经术，阔达多智，志度舒缓。其为失也。夸奢朋党，言与行谬”。或“其俗好教饰子女淫哇之音，能使骨腾肉飞，倾诡人目。俗云‘齐倡’本出此也。祝阿县俗，宾婚大会，肴馔虽丰，至于蒸脍，尝之而已。多则谓之不敬，共相诮责，此其异也。大抵数郡风俗，与古不殊，男子多务农桑，崇尚学业，其归于俭约，则颇变旧风”。或“人尤朴鲁，故特少文义”。

［徐州］“考其旧俗，人颇劲悍轻剽，其士子则挟任节气，好尚宾游，此盖楚之风焉。大抵徐、兖同俗，故其余诸郡，皆得齐、鲁之所尚。莫不贱商贾，务稼穑，尊儒慕学，得洙泗之俗焉。”

可见当时中国北方除个别州的边地出现了“杂有獠户”、“连杂氐羌”的现象以及“俗具五方，人物混淆”、“去农从商，争朝夕之利，游手为事”、“女淫而妇贞”、“多尚武节”、“好祀鬼神”、“人尤劲悍”、“工习猎射”之俗外，其他地区多是“好尚稼穑，重于礼文”、“人性多敦厚，务在农桑，好尚儒学”、“崇尚学业”、“挟任节气”、“莫不贱商贾”，特别是豫州、冀州、青州、徐州的一些地区一改“邪僻傲荡”、“多行杀戮”、“好教饰子女淫哇之音”、“挟任节气，好尚宾游”之风，变得“好尚稼穑，重于礼文”，“崇尚学业”，“尊儒慕学”，这些变化都说明虽然由于胡族大举进入中原等中国北方的农业地区，出现了胡汉文化相互碰撞、相互交流、相互影响的局面，这些胡族文化的个别因素对该地区产生了一定的影响，但是这些胡文化的因素并没有从根本上对汉族文化造成大的影响，相反，进入中原地区的那些边地胡人以及胡化汉人在胡汉文化的碰撞过程中选择了文明程度较高的汉文化，他们中的绝大多数人接受了汉文化，并逐渐汉化，而北齐皇族的高氏家族也毫不例外地选择了汉化的道路。

总之，正是因为东魏的实际统治者高欢以及其子孙在东魏北齐统治区域内实施汉化政策，提倡接受文明程度较高的汉文化，才使得其家族的绝大多数成员迅速汉化，并非如同有的学者所说的北齐政权中的胡人具有“气焰熏天的影响力”。而之所以出现这种局面，当然与东魏北齐统治的山东地区自先秦以来不但是儒家思想以及诸子百家中绝大多数思想的发源地，而且一直是思想活跃、文化兴盛的地区，其间虽然经过五胡十六国时期的战乱，汉族的经济、文化遭到了一定程度的破坏，但是汉族的思想文化仍然顽强地生存了下来并且在某些方面得到发展有很大的关系。

（作者：黄寿成，陕西师范大学历史文化学院副教授）

试论北朝时期的政治性救灾措施[①]

李　辉

【提　要】北朝时期国家政府在灾后采取的政治性救灾措施主要有皇帝自责、纳谏、整顿吏治、安抚灾民、号召社会力量救灾，在一定程度上发挥了辅助救灾的作用。总结北朝时期政治性救灾措施，有助于为现代救灾研究提供历史借鉴。

【关键词】北朝时期　政治性救灾

自然灾害发生后，北朝各国统治者在采取多种形式的经济性救济的同时，为了稳定民心，巩固统治秩序，通常采取一些政治手段表达对灾民的负责。本文试从四个方面对北朝时期的政治性救灾措施加以论述，敬请专家批评指正。

一、皇帝自责、纳谏

1. 皇帝自责

在发生比较严重的自然灾害时，北朝各国最高统治者往往下发"罪己诏"承担责任。张金龙先生认为，灾后下发"罪己诏"是儒家"天人感应"学说关于加强专制主义中央集权统治的一项制度，在维护封建统治机器正常运转方面有着积极意义。[②] 北方各国最高统治者在政治思想中纷纷吸收了"天人感应"这一学说并付诸行动。后秦姚苌曾因"时天大雪"，"下书深自责罚"。[③] 北凉沮渠蒙逊曾下书曰："顷自春炎旱，害及时苗，碧原青野，倏为枯壤。将刑政失中，下有冤狱乎？役繁赋重，上天所谴乎？内省多缺，孤之罪也。《书》不云乎：'百姓有过，罪予一人。'可大赦殊死已下。"[④]"罪己诏"中对"刑政失中"、"役繁赋重"都作了深刻反省。北魏高祖太和六年（482），孝文帝首次下发"罪己诏"，诏曰："朕以寡薄，政缺平和，不能仰缉纬象，蠲兹六沴。去秋淫雨，洪水为灾，百姓嗷然，朕用嗟愍，故遣使者循方赈恤。"[⑤] 孝文帝是全面接受并充分运用儒家思

---

① 本文为吉林省教育厅高校人文社会科学研究课题（吉教科文合字〔2005〕115号）。

② 张金龙：《北魏政治与制度论稿》，甘肃教育出版社，2003年，第76页。

③ 房玄龄：《晋书》卷一一六《姚苌载纪》，中华书局，1974年。

④ 房玄龄：《晋书》卷一二九《沮渠蒙逊载纪》，中华书局，1974年。

⑤ 魏收：《魏书》卷七上《高祖纪上》，中华书局，1974年。

想教育的第一位拓跋族皇帝，因此，我们不难理解他的开创之举。此后，灾后“罪己诏”屡见于《魏书》卷七上《高祖纪上》、《魏书》卷七下《高祖纪下》、《魏书》卷八《世宗纪》、《魏书》卷九《肃宗纪》、《魏书》卷一一《出帝纪》、《周书》卷四《明帝纪》、《周书》卷五《武帝纪上》、《周书》卷七《宣帝纪》诸帝纪中。

从中可知，北魏高祖、世宗、肃宗、出帝四位皇帝，北周明帝、武帝、宣帝三位皇帝，分别在不同时期下发了灾后“罪己诏”。皇帝们每下发一道“罪己诏”，都要在例行检讨之后，提出诸如赈恤、减免赋役、医疗救治、减轻刑罚等各种形式的救灾措施。笔者之所以罗列这些“罪己诏”的内容，是为了充分说明，各位皇帝在“罪己诏”中都纷纷针对彼此不同的政治得失作出了较为全面的考察并相应地提出了当时最急需解决的问题的办法。从中不难看出，“罪己诏”的真正含义并非单纯迷信天意，答谢天谴，而主要目的是通过检讨治政得失，改进统治政策、策略，减少灾害造成的损失。

皇帝们在下发“罪己诏”自责的同时，也鼓励百官检讨治政不足，改进为政之道。如《魏书》卷九《肃宗纪》记载：正光三年（522），孝明帝因旱自责的同时，要求“上下群官，侧躬自厉，理冤狱，止土功，减膳撤悬，禁止屠杀”。又《周书》卷五《武帝纪上》：建德元年（572），“帝以大旱，集百官于庭”，命令“公卿各引咎自责”。

和两汉时期皇帝们常常以谴责大臣、官吏来代替自责所不同的是，这一时期，北方各国的最高统治者似乎更愿意承担责任。后秦姚兴统治时期，后秦境内地震，“前后一百五十六”，姚兴的公卿大臣们纷纷“抗表请罪”，兴曰：“灾谴之来，咎在元首；近代或归罪三公，甚无谓也。公等其悉冠履复位。”[①]又北魏世宗延昌三年（514），侍中、太保元雍“以旱故，再表逊位”，宣武帝“优诏不许”。[②] 也就是说，元雍因旱灾两次主动辞职，可宣武帝不同意，说明皇帝根本没打算责备大臣。而北魏前废帝普泰元年（531），“司徒公尔朱彦伯以旱逊位”。[③] 这是否说明皇帝开始模仿两汉时期，为削弱王公大臣的权力，借口灾害罢免大臣了呢？据《魏书》卷七五《尔朱彦伯传》载，“于时炎旱，有劝彦伯解司徒者。乃上表逊位，诏许之。俄除仪同三司、侍中”，“长孙稚等于神虎门启陈齐献武王义功既振，将除尔朱。废帝令舍人郭崇报彦伯知。彦伯狼狈出走，为人所执”。从文献记载可知，尔朱彦伯是主动辞职，朝廷在同意他辞职后，又给他加官“仪同三司”、“侍中”等职，说明对他还是很重用的；并且在他即将被抓捕之前，废帝还命人给他通风报信，说明皇帝一直很宠爱他。所有这一切都说明，此次尔朱彦伯以旱逊位并不是朝廷有意策划，借口灾害罢免大臣。这是文献中唯一一次北朝时期王公大臣因灾逊位的记载，笔者以为，这只是特定历史时期的一次特殊事件。

对于救灾过程中，没能按照朝廷意旨办事的官员，皇帝们也曾严加指责，但并没有推卸责任，而是积极想办法补救这些过失，以期给平民一个满意的结果。如《魏书》卷七上《高祖纪上》：太和六年（482），诏曰：“朕以寡薄，政缺平和，不能仰缉纬象，蠲兹六沴。去秋淫雨，洪水为灾，百姓嗷然，朕用嗟愍，故遣使者循方赈恤。而牧守不思利民之道，期于取办。爱毛反裘，甚无谓也。今课督未入及将来租算，一以丐之。有司

① 房玄龄：《晋书》卷一一八《姚兴载纪下》，中华书局，1974 年。

② 魏收：《魏书》卷二一上《献文六王　高阳王元雍传》，中华书局，1974 年。

③ 魏收：《魏书》卷一一《前废帝纪》，中华书局，1974 年。

勉加劝课，以要来穰，称朕意焉。"《魏书》卷七下《高祖纪下》：太和十一年（487），诏曰："去夏以岁旱民饥，须遣就食，旧籍杂乱，难可分简，故依局割民，阅户造籍，欲令去留得实，赈贷平均。然乃者以来，犹有饿死衢路，无人收识。良由本部不明，籍贯未实，廪恤不周，以至于此。朕猥居民上，闻用慨然。可重遣精检，勿令遗漏。"又《魏书》卷八《世宗纪》：延昌元年（512），诏曰："去岁水灾，今春炎旱，百姓饥馁，救命靡寄，虽经蚕月，不能养绩。今秋输将及，郡县期于责办，尚书可严勒诸州，量民资产，明加检校，以救艰弊。"

2. 纳谏

为了减轻自然灾害造成的损失，北方各国最高统治者常常在灾后向群臣、平民征求意见、建议，及时调整统治政策，实施了一些有利于国家、人民的救灾措施。

征求意见主要有两种形式，一是向群臣询问为政得失、安民之术。北魏高祖太和三年（479），严重的旱灾、地震过后，北魏最高统治者"诏群臣直言尽规，靡有所隐"。[①] 太和十一年大旱、牛疫之后，孝文帝连续两年征求救民济国良策。如太和十一年（487），孝文帝下令"公卿内外股肱之臣，谋猷所寄，其极言无隐，以救民瘼"；[②] 十二年，"诏群臣求安民之术"。[③] 北周武帝也曾连续两年向群臣询问为政得失。如《周书》卷五《武帝纪上》记载：北周武帝建德元年（572），"帝以大旱，集百官于庭"，下令公卿大臣"宜尽直言，无得有隐"；建德二年（573），春夏秋连续发生旱灾，武帝"集百寮于大德殿"，在自我检讨的同时，"问以治政得失"。

二是向天下平民广求治国良策。《魏书》卷七下《高祖纪下》：太和二十年（496），久旱之际，孝文帝下令"精访幽谷，举兹贤彦，直言极谏，匡予不及"。《魏书》卷九《肃宗纪》：神龟二年（519），孝明帝因旱"诏求直言，诸有上书者听密封通奏"。《魏书》卷九三《王叡传附王椿传》：出帝永熙二年（533），"时有风雹之变，诏书广访谠言"。又《周书》卷四《明帝纪》：武成元年（559），"大雨霖"促使明帝下令"公卿大夫士爰及牧守黎庶等，今宜各上封事，谠言极谏，罔有所讳"。《周书》卷五《武帝纪上》：保定三年（563），武帝因旱"诏百官及民庶上封事，极言得失"。

最高统治者主动倾听臣民呼声的举措确实收到了不同凡响的效果，北方各国许多救灾备荒、利国利民的措施都是因采纳臣民的建议而实施的。这一时期，因臣民上书而采取的救灾利民措施涉及各个方面。主要表现在以下七个方面：

第一，移民就粟、移粟就民。北魏历史上第一次因自然灾害而"移民就粟"就是采纳了博士崔浩与特进周澹"可简穷下之户，诸州就谷"的意见而实施的。[④] 北魏历史上第一次"移粟就民"救灾行动也是因为镇南大将军、博陵公尉元上表建议调运冀、相、济、兖四州的粮食供给彭城灾民，"显祖从之"才实施的。[⑤] 因为这两次救灾都取得了很好的

① 魏收：《魏书》卷七上《高祖纪上》，中华书局，1974年。
② 魏收：《魏书》卷七下《高祖纪下》，中华书局，1974年。
③ 魏收：《魏书》卷一一〇《食货志》，中华书局，1974年。
④ 魏收：《魏书》卷三五《崔浩传》，中华书局，1974年。
⑤ 魏收：《魏书》卷五〇《尉元传》，中华书局，1974年。

效果，所以后来在灾后“移民就粟”、“移粟就民”又有多次实施。

第二，充实仓储，建立常平仓。经历了太和十一年大旱灾之后，孝文帝广求“安民之术”，韩麒麟建议充实粮仓，“可减绢布，增益谷租，年丰多积，岁俭出赈。所谓私民之谷，寄积于官，官有宿积，则民无荒年矣”；① 秘书丞李彪建议设立常平仓，“臣以为宜析州郡常调九分之二，京都度支岁用之余，各立官司，年丰籴积于仓，时俭则加私之二，粜之于人。如此，民必力田以买官绢，又务贮财以取官粟，年登则常积，岁凶则直给”。② 史载“帝览而善之，寻施行焉”。③ 北齐、北周吸取了经验，相沿不废。

第三，减免租赋。北魏统治者第一次因灾在全国范围内减免租赋是在世祖神䴥四年(431)，这主要归功于尚书令刘洁“应加哀矜，以鸿覆育”的建议，史载“世祖从之，于是复天下一岁租赋”。④ 这以后，北方各国多次实施了灾后减免措施。

第四，兴修水利。北方各国许多水利设施的兴建，都是灾后各级官员大力提倡的结果。北魏世祖时期的薄骨律镇将刁雍，⑤ 世宗时期的徐州刺史李彦，⑥ 肃宗时期的崔楷、⑦ 幽州刺史裴延俊，⑧ 出帝时期的南荆州刺史李愍⑨等等，分别在灾后倡议并主持修建了灌溉排涝水利工程。

第五，罢减享用。灾后平民生活困苦，统治阶级却衣食无忧，为了广大灾民的心理平衡，一些严于律己的忠臣往往建议最高统治者率先作出勤俭节约的姿态，为各级官吏作出榜样，以博得平民的信赖，巩固统治秩序。北魏高祖时期的高闾⑩、世宗时期的邢峦⑪、肃宗时期的崔光⑫，都曾建议皇帝罢减享用并被采纳。

第六，劝免农桑、组织民屯。北魏高祖太和十一年因旱灾引起的大饥荒，引起了统治阶级的高度重视，群臣纷纷上表，各抒己见，韩麒麟认为，饥荒之所以发生是因为“今京师民庶，不田者多，游食之口，三分居二”，“实由农人不劝，素无储积故也”，为了防止灾后发生饥荒，就应劝免农桑，“制天下男女，计口受田。宰司四时巡行，台使岁一按检。勤相劝课，严加赏赐。数年之中，必有盈赡，虽遇灾凶，免于流亡矣”。⑬ 李彪建议组织民屯，“别立农官，取州郡户十分之一以为屯民，相水陆之宜，料顷亩之数，以赃赎杂物余财市牛科给，令其肆力。一夫之田，岁责六十斛，蠲其正课并征戍杂役”。⑭

---

① 魏收：《魏书》卷六〇《韩麒麟传》，中华书局，1974 年。

② 魏收：《魏书》卷六二《李彪传》，中华书局，1974 年。

③ 魏收：《魏书》卷一一〇《食货志》，中华书局，1974 年。

④ 魏收：《魏书》卷二八《刘洁传》，中华书局，1974 年。

⑤ 魏收：《魏书》卷三八《刁雍传》，中华书局，1974 年。

⑥ 魏收：《魏书》卷三九《李宝传附李彦传》，中华书局，1974 年。

⑦ 魏收：《魏书》卷五六《崔辩传附崔楷传》，中华书局，1974 年。

⑧ 魏收：《魏书》卷六九《裴延俊传》，中华书局，1974 年。

⑨ 李百药：《北齐书》卷二二《李元忠传附李愍传》，中华书局，1972 年。

⑩ 魏收：《魏书》卷五四《高闾传》，中华书局，1974 年。

⑪ 魏收：《魏书》卷六五《邢峦传》，中华书局，1974 年；司马光：《资治通鉴》卷一四五“梁纪天监三年”条，中华书局，1956 年。

⑫ 魏收：《魏书》卷六七《崔光传》，中华书局，1974 年。

⑬ 魏收：《魏书》卷六〇《韩麒麟传》，中华书局，1974 年。

⑭ 魏收：《魏书》卷六二《李彪传》，中华书局，1974 年。

史载“帝览而善之，寻施行焉”。①

第七，整顿吏治。北魏世宗景明年间，北方诸镇连年灾旱，但镇将武吏照旧盘剥平民，广占良田，使遭受自然灾害侵袭的北镇兵民“因此困弊，日月滋甚”，宣武帝诏源怀为使持节，加侍中、行台，循行北方诸镇。源怀深入考察了北镇的社会状况，上表建议借重新分配土地之机整顿吏治，“诸镇水田，请依地令分给细民，先贫后富，若分付不平，令一人怨讼者，镇将已下连署之官，各夺一时之禄，四人已上夺禄一周”；同时指出，北镇将吏太多，平民负担过重，应裁减官员，“请主帅吏佐五分减二”。宣武帝采纳了他的建议并付诸实施，“时细民为豪强陵压，积年枉滞，一朝见申者，日有百数”②。源怀还提出了有利于北镇建设的建议四十多条，都被宣武帝采纳了。

这一时期还有许多救灾利民建议纷纷被采纳，如《魏书》卷五四《高闾传》记载：北魏高祖太和十四年（490），高闾提出的“开关弛禁，薄赋贱粜”、“集见囚于都曹，使明折庶狱者，重加究察。轻者即可决遣，重者定状以闻”、“罢非急之作”等一系列救灾谏议均被孝文帝采纳、施行。又据《资治通鉴》卷一六七《陈纪》永定三年条记载，陈武帝永定三年，也就是北周明帝武成元年（559），左光禄大夫猗氏乐逊提出的灾后减轻百姓负担、禁止奢侈浪费、公开选举贤良、不急于和北齐争夺领土等四项建议都被采纳。

当然，也有个别最高统治者虽然表面上广泛征询意见但实际上却对上表的忠良谏议置之不理。据《资治通鉴》卷一四六《梁纪》天监五年条记载，梁武帝天监五年，也就是北魏世宗正始三年（506），“二月，丙辰，魏主诏王公以上直言忠谏”，治书侍御史阳固上表，以为：“当今之务，宜亲宗室，勤庶政，贵农桑，贱工贾，绝谈虚穷微之论，简桑门无用之费，以救饥寒之苦。”阳固之所以提出这些建议，是因为“时魏主委任高肇，疏薄宗室，好桑门之法，不亲政事”，宣武帝也许明白阳固的良苦用心，但他对此谏议置若罔闻，继续重用外戚高肇。

北魏肃宗神龟二年，最高统治者因境内大旱广求意见，结果是，崔光谏议灵太后不要灾后践踏平民庄稼，灵太后没有听从。据《魏书》卷六七《崔光传》记载，灵太后想要行幸嵩高，崔光上表谏曰：“伏闻明后当亲幸嵩高，往还累宿。銮游近甸，存省民物，诚足为善。虽渐农隙，所获栖亩，饥贫之家指为珠玉，遗秉滞穟，莫不宝惜。步骑万余，来去经践，驾辇杂遝，竞骛交驰，纵加禁护，犹有侵耗，士女老幼，微足伤心。秋末久旱，尘壤委深，风霾一起，红埃四塞。……霜旱为灾，所在不稔，饥馑荐臻，方成俭弊。为民父母，所宜存恤，靖以抚之，犹惧离散，乃于收敛初辰，致此行举，自近及远，交兴怨嗟。伏愿远览虞舜，恭己无为；近遵《老》《易》，不出户牖。罢劳形之游，息伤财之驾，动循典防，纳诸轨仪，委司责成，寄之耳目。人神幸甚，朝野抃悦。”可谓引经据典，苦口婆心，却丝毫没能打动灵太后，“灵太后不从”。

更有甚者，个别皇帝将因灾指责朝廷为政不当的忠臣进行体罚。据《资治通鉴》卷一六七《陈纪》永定元年条记载，陈武帝永定元年，也就是北齐文宣帝天保八年（557），“河南、北大蝗。齐主问于魏郡丞崔叔瓒曰：‘何故致蝗？’对曰：‘《五行志》：土功不时，蝗虫为灾。今外筑长城，内兴三台，殆以此乎！’齐主大怒，使左右殴之，擢其发，

① 魏收：《魏书》卷一一〇《食货志》，中华书局，1974 年。

② 魏收：《魏书》卷四一《源贺传附源怀传》，中华书局，1974 年。

以溷沃其头，曳足以出”。

简而言之，除以上三例史料反映了个别统治者的不负责任甚或昏庸以外，这一时期的大多数统治者还是比较虚心地采纳了臣民建议，实施了一些切实可行的救灾措施的。

二、整顿吏治

笔者认为，北朝各国统治者灾后整顿吏治主要原因有二：一是受传统的“灾害天谴说”的影响，认为灾害发生的主要原因是上天在惩罚他们治理国家不善，而国家没有治理好的最主要原因是用人不当，因此要诏举贤良；二是在实际救灾过程中确实有部分官吏呵护灾民，值得嘉奖；有部分官吏擅权渎职，理应惩罚。这一时期的吏治整顿主要通过以下两种形式：

1. 诏举贤良

《魏书》卷七上《高祖纪上》载：延兴二年（472），经过安州雹灾，北魏最高统治者下令当年贡举应该“皆门尽州郡之高，才极乡闾之选”。《魏书》卷九《肃宗纪》：正光四年（523），孝明帝因旱下诏“若孝子顺孙、廉贞义节、才学超异、独行高时者，具以言上，朕将亲览，加以旌命”。又《北齐书》卷八《后主纪》：天统三年（567），雪灾过后，“太上皇帝诏京官执事散官三品已上各举三人，五品已上各举二人；称事七品已上及殿中侍御史、尚书都、检校御史、主书及门下录事各举一人”。统治者们希望通过诏举贤良来答谢天谴而消灾，同时为国家治政网罗英才。

2. 赏善惩恶

《资治通鉴》卷一一一《晋纪》隆安三年条记载：东晋安帝隆安三年（399），后秦姚兴因“灾异屡见”而整顿吏治，“守令之有政迹者赏之，贪残者诛之，远近肃然”。《魏书》卷三《太宗纪》：永兴三年（411），水旱灾害过后，明元帝“诏北新侯安同等持节循行并、定二州及诸山居杂胡、丁零，问其疾苦，察举守宰不法”。又《魏书》卷五《高宗纪》：太安五年（459），文成帝下令救灾过程中严肃吏治，“若曲司之官，分职不均，使上恩不达于下，下民不赡于时，加以重罪，无有攸纵”。北魏世宗、肃宗也分别在灾后下诏晋升“贤良谠直”，罢黜“贪残佞谀”。[①] 北魏世宗时期的徐州刺史李彦、[②] 肃宗时期的并州刺史元徽、[③] 敬宗时期的光州刺史杨逸、[④] 东魏孝静帝时期的光州刺史李元忠、[⑤] 北周武帝时期的同州刺史达奚武[⑥]等众多地方官，都曾在灾后积极为平民着想，或

① 魏收：《魏书》卷八《世宗纪》，中华书局，1974 年；魏收：《魏书》卷九《肃宗纪》，中华书局，1974 年。

② 魏收：《魏书》卷三九《李宝传附李彦传》，中华书局，1974 年。

③ 魏收：《魏书》卷一九下《景穆十二王　城阳王元长寿传附元徽传》，中华书局，1974 年。

④ 魏收：《魏书》卷五八《杨播传附杨逸传》，中华书局，1974 年。

⑤ 李百药：《北齐书》卷二二《李元忠传》，中华书局，1972 年。

⑥ 令狐德棻：《周书》卷一九《达奚武传》，中华书局，1971 年。

开仓赈粮、或排泄洪水、或为民祈祷，他们都不同程度地获得了统治者的奖赏或提升。

三、安抚灾民

北方各国统治者在灾后为了稳定民心，维护正常的社会秩序，往往采取一些政治性措施安抚灾民，主要体现在以下五方面：

1. 改年号、降等级、赦天下（曲赦）

统治者希望通过改年号革新国家面貌、降等级革新官吏面貌、赦天下革新平民面貌，企望这一系列革新手段能消除灾害。后秦姚兴统治时期，“秦主兴以灾异屡见，降号称王，下诏令群公、卿士、将牧、守宰各降一等；大赦，改元弘始”。[①] 北凉沮渠蒙逊统治时期，蒙逊因旱灾下书“大赦殊死已下”。[②] 北魏高宗和平元年（460），文成帝因太安五年“六镇、云中、高平、二雍、秦州，偏遇灾旱，年谷不收”而下令“大赦，改元”。[③] 高祖太和五年（481）、太和六年（482）连续两年，因严重灾害“大赦天下”。[④] 世宗景明二年（501）、正始元年（504）、延昌元年（512），宣武帝分别因灾“大赦天下”、“大赦，改年”。[⑤] 肃宗熙平二年（517）、神龟二年（519），孝明帝因水旱灾害而“大赦天下”。[⑥] 东魏孝静帝武定六年（548），“以冬春亢旱，赦罪人各有差”。[⑦] 北齐后主武平五年（574）、武平六年（575），分别因旱灾、水灾而“大赦”。[⑧] 北周武帝建德三年（574），武帝因“蒲州民遭饥乏绝”而“曲赦蒲州见囚大辟以下”。[⑨]

通过上述各例可见，北朝时期各国统治者普遍采用了改年号、降等级、赦天下（曲赦）等措施安抚灾民。

2. 放免宫女、杂户、奴婢

放免宫女是皇帝在灾后表达体察民情的一种特殊方式，放免的宫女一般都是在宫中无事可做的人或年岁很大的人。《魏书》卷一一〇《食货志》记载：太宗永兴三年（411），明元帝因“频有水旱，诏简宫人非所当御及非执作伎巧，自余出赐鳏民”。北魏

① 司马光：《资治通鉴》卷一一一“晋纪隆安三年”条，中华书局，1956年。

② 房玄龄：《晋书》卷一二九《沮渠蒙逊载纪》，中华书局，1974年。

③ 魏收：《魏书》卷五《高宗纪》，中华书局，1974年。

④ 魏收：《魏书》卷七上《高祖纪上》，中华书局，1974年。

⑤ 魏收：《魏书》卷八《世宗纪》，中华书局，1974年；魏收：《魏书》卷一一二上《灵征志上》，中华书局，1974年。

⑥ 魏收：《魏书》卷九《肃宗纪》，中华书局，1974年；魏收：《魏书》卷一〇五之四《天象志四》，中华书局，1974年。

⑦ 魏收：《魏书》卷一二《孝静帝纪》，中华书局，1974年。

⑧ 李延寿：《北史》卷八《齐本纪 后主纪》，中华书局，1974年；李百药：《北齐书》卷八《后主纪》，中华书局，1972年。

⑨ 令狐德棻：《周书》卷五《武帝纪上》，中华书局，1971年。

高祖太和年间曾先后三次因灾放免宫女，《魏书》卷七上《高祖纪上》记载：太和三年（479），“诏宫人年老及疾病者，免之”；太和五年（481），“免宫人年老者还其所亲”；又《魏书》卷七下《高祖纪下》记载：太和十一年（487），“出宫人不执机杼者”。我们从中得知，只是在北魏明元帝、孝文帝执政时采取了放免宫女措施，这是否可以说明，只有这二位皇帝是真正做到了体察民情呢？

放免杂户是皇帝在灾后表达体察民情的另一种特殊方式。“杂户”是魏晋南北朝时期的特殊依附民，杂户制度普遍推行于十六国北朝时期。“杂户”的内涵比较广泛，其类别较多，诸如隶户、金户、牧户、工户、绫罗户、营户、军户等，当时都可称为“杂户”，或统称为“营、杂户”。这些不同名称的户别，其共同之处在于身份、地位和性质相同，都是在官署服杂役并隶属于官府的人户。其地位略高于奴隶，低于普通编户民和自耕小农，甚至略低于私家依附民的佃客和部曲等，被政府牢牢控制。① 但当发生严重自然灾害时，北魏政府曾采取了放免杂户的措施。北魏高祖延兴二年（472），北魏政府因“天安、皇兴间岁频大旱”，② 外加皇兴年间严重的疫灾、水灾，“诏工商杂伎，尽听赴农”。③ 高祖太和十一年（487），孝文帝因旱灾“诏罢尚方锦绣绫罗之工，四民欲造，任之无禁”。④ 可见，在发生自然灾害等非常时期，允许杂户从事农业生产甚至手工业制作，主要是为了解决饥荒问题。这一措施的实施也只是在孝文一朝，这似乎再次证明，孝文帝是北朝诸位皇帝中最体察民情的一位。

放免奴婢是北朝各国政府在灾后充实劳动力人口的一种重要措施。刘汉东先生认为，魏晋南北朝时期的奴婢实际上是脱离了政府控制，不向国家服役纳税的劳动力，奴婢数量的多少，直接影响到政府的财政收入及劳役、兵役的征发。所以，政府采取了对奴婢加以控制、限制的措施，并形成政策，用以防止奴婢数量过多。⑤ 笔者以为，刘先生所说不够精确，从北魏、北齐实行的均田制及租赋制来看，都把奴婢纳入法令制度当中。北魏推行均田制以后的租调制度，据《魏书》卷一一〇《食货志》记载是：“其民调，一夫一妇帛一匹，粟二石。民年十年五以上未娶者，四人出一夫一妇之调；奴任耕，婢任绩者，八口当未娶者四；耕牛二十头当奴婢八。”即奴婢一人的租调量是一夫一妇租调量的1/8，也就是说，一奴或一婢应纳帛1/8匹、粟1/4石。北齐河清三年均田令中规定的租调制度提出：“率人一床，调绢一疋，绵八两，凡十斤绵中，折一斤作丝，垦租二石，义租五斗。奴婢各准良人之半。”⑥ 即奴婢一人的租调量是“良人之半”。从中可知，在北魏、北齐，奴婢并未脱离政府控制，而是要向国家交纳租赋的，只不过和正常劳动力有很大区别。无论如何，奴婢对国家的赋税贡献远远不如正常劳动力，这是各国政府要努力把奴婢转变为正常劳动力的关键所在。而自然灾害的发生恰好为国家政府采取放免措施提供了良好契机。灾后因生活所迫，良人自卖为奴或他卖为奴的现象很严重，因此，

---

① 高敏：《魏晋南北朝经济史（下册）》，上海人民出版社，1996年，第691、698页。
② 魏收：《魏书》卷一一〇《食货志》，中华书局，1974年。
③ 魏收：《魏书》卷七上《高祖纪上》，中华书局，1974年。
④ 魏收：《魏书》卷七下《高祖纪下》，中华书局，1974年。
⑤ 高敏：《魏晋南北朝经济史（下册）》，上海人民出版社，1996年，第687页。
⑥ 魏征：《隋书》卷二四《食货志》，中华书局，1973年。

各国政府纷纷下令放免奴婢。后秦姚兴曾因“灾异屡见”而“班命郡国，百姓因荒自卖为奴婢者，悉免为良人”。[①] 北魏高宗和平四年（463），诏曰：“前以民遭饥寒，不自存济，有卖鬻男女者，尽仰还其家。或因缘势力，或私行请托，共相通容，不时检校，令良家子息仍为奴婢。今仰精究，不听取赎，有犯加罪。若仍不检还，听其父兄上诉，以掠人论。”[②]又高祖太和九年（485），诏曰：“数州灾水，饥馑荐臻，致有卖鬻男女者。天之所谴，在予一人，而百姓无辜，横罹艰毒，朕用殷忧夕惕，忘食与寝。今自太和六年已来，买定、冀、幽、相四州饥民良口者，尽还所亲，虽娉为妻妾，遇之非理，情不乐者亦离之。”[③]

3. 促成男女婚配

这是前代“荒政”措施之“多昏”的继承和发展。北魏高祖太和二十年（496），孝文帝因久旱下诏采取一系列救灾措施，其中包括“又夫妇之道，生民所先，仲春奔会，礼有达式，男女失时者以礼会之”。[④] 又北魏世宗正始元年（504）、肃宗正光二年（521），最高统治者都曾因旱灾下诏“男女怨旷，务令媾会”，[⑤] “男女怨旷，务令会偶”。[⑥]

4. 减免刑罚

北朝时期因灾减免刑罚的措施主要有两种形式：录囚减免刑罚、直接减免刑罚。

（1）录囚减免刑罚。录囚，或称虑囚、理囚，是我国古代司法制度史上的一项重要制度，它是指对监狱在押犯进行审录复核，对狱政管理状况进行监督检查，以纠正错案、督办淹狱、宥减轻系的制度。这一制度始于汉朝。录囚有定期、不定期两种。因灾录囚是指在自然灾害发生时，由皇帝亲自或诏令有关部门、专差官员进行录囚，因而是不定期的，是统治阶级消弭灾害的重要措施，源于“天人感应”的“灾害天谴论”。[⑦] 北方各国承袭了因灾录囚的办法。因灾录囚的形式主要有皇帝亲录、诏令专官或地方政府录问。

①皇帝亲录。北魏高祖太和四年（480）、太和十七年（493）、太和二十年（496），孝文帝曾先后三次灾后亲录囚徒，并分别采取了“轻者皆免之”、[⑧] “咸降本罪二等决遣之”[⑨] 的减免刑罚措施；北魏世宗正始元年（504），宣武帝因旱亲录囚徒，下令“殊死已下皆减一等，鞭杖之坐悉皆原之”；[⑩] 永平二年（509），宣武帝再次因旱亲录囚徒，同

---

① 房玄龄：《晋书》卷一一七《姚兴载纪上》，中华书局，1974 年。
② 魏收：《魏书》卷五《高宗纪》，中华书局，1974 年。
③ 魏收：《魏书》卷七上《高祖纪上》，中华书局，1974 年。
④ 魏收：《魏书》卷七下《高祖纪下》，中华书局，1974 年。
⑤ 魏收：《魏书》卷八《世宗纪》，中华书局，1974 年。
⑥ 魏收：《魏书》卷九《肃宗纪》，中华书局，1974 年。
⑦ 阎守诚、李军：《唐代的因灾虑囚》，《山西大学学报》，2004 年第 1 期。
⑧ 魏收：《魏书》卷七上《高祖纪上》，中华书局，1974 年。
⑨ 魏收：《魏书》卷七下《高祖纪下》，中华书局，1974 年。
⑩ 魏收：《魏书》卷八《世宗纪》，中华书局，1974 年。

时下令“犯死罪已下降一等”；[1] 北周武帝保定三年（563），周武帝也曾因旱亲录囚徒。[2] 皇帝亲录，表明了最高统治者对国家刑法、刑罚的重视，他们不但对有罪之人采取从轻发落的原则，而且尤其重视梳理冤案，以使无罪之人尽快洗清不白之冤。北魏诸皇帝中，宣武帝是审理冤案最突出的典范，他不但下诏修建听讼观、理诉殿、申讼车，“以尽冤穷之理”；[3] 而且在延昌二年（513）、延昌三年（514）两年的时间里，先后三次灾后“御申讼车，亲理冤讼”。[4] 出帝也曾在太昌元年（532）采取过两次“纳讼”、“亲理冤狱”的措施。[5]

②诏令专官或地方官审录囚徒。文献所见北魏时期灾后录囚的官员主要有四种。其一，廷尉之官。《魏书》卷七上《高祖纪上》：太和四年（480）四月，朝廷曾下令廷尉官旱灾后快速办理录囚事宜，“随轻重决遣，以赴耕耘之业”；九月，皇帝下诏“遣侍臣诣廷尉狱及有囚之所，周巡省察，饥寒者给以衣食，桎梏者代以轻锁”。其二，尚书之官。《魏书》卷八《世宗纪》：景明四年（503），宣武帝因旱下令尚书之官“鞫京师见囚，务尽听察之理”；延昌元年（512），“以旱，诏尚书与群司鞠理狱讼”；又《魏书》卷九《肃宗纪》：熙平元年（516），孝明帝因旱下诏“尚书可厘恤狱犴，察其淹枉，简量轻重，随事以闻，无使一人怨嗟，增伤和气”。其三，政府各机构官员。《魏书》卷五四《高闾传》：太和十四年（490），孝文帝因旱敕有司“集见囚于都曹，使明折庶狱者，重加究察。轻者即可决遣，重者定状以闻”。《魏书》卷八《世宗纪》：正始元年（504），宣武帝因旱下诏“有司可循案旧典，祗行六事”，其中头等大事就是“囹圄冤滞，平处决之”。又《魏书》卷九《肃宗纪》：正光二年（521），孝明帝因旱下诏“有司可修案旧典，祗行六事”，其中“圄犴淹枉，随速鞫决”被列作首件大事。其四，地方官。《魏书》卷九《肃宗纪》：肃宗正光元年（520），孝明帝因旱下诏刺史守令“抚恤穷冤，理决庶狱”。

综上可见，无论是皇帝亲录还是诏令专官或地方官审录囚徒，都依照从轻从快处理的原则，部分轻犯得到释放，转化为社会生产的劳动力人手；重犯减刑，有利于稳定民心；同时又减轻了国家狱政负担。

（2）直接减免刑罚。统治阶级认识到减免刑罚的诸多益处，在发生严重灾害时往往不采取录囚措施就直接下令减免刑罚。北魏高祖太和十一年（487），孝文帝因严重旱灾和牛疫下诏“自今月至来年孟夏，不听拷问罪人。又岁既不登，民多饥窘，轻系之囚，宜速决了，无令薄罪久留狱犴”。[6] 北魏世宗延昌二年（513），诏曰：“顷水旱互侵，频年饥俭，百姓窘弊，多陷罪辜，烦刑之愧，朕用惧矣。其杀人、掠卖人、群强盗首，及虽非首而杀伤财主，曾经再犯公断道路劫夺行人者，依法行决；自余恕死。徒流已下各准减降。”[7]东魏孝静帝武定二年（544），“以旱故，宥死罪以下囚”。[8] 北齐后主天统二

① 魏收：《魏书》卷八《世宗纪》，中华书局，1974 年。
② 令狐德棻：《周书》卷五《武帝纪上》，中华书局，1971 年。
③ 魏收：《魏书》卷八《世宗纪》，中华书局，1974 年。
④ 魏收：《魏书》卷八《世宗纪》，中华书局，1974 年。
⑤ 魏收：《魏书》卷一一《前废帝纪》，中华书局，1974 年。
⑥ 魏收：《魏书》卷七下《高祖纪下》，中华书局，1974 年。
⑦ 魏收：《魏书》卷八《世宗纪》，中华书局，1974 年。
⑧ 魏收：《魏书》卷一二《孝静帝纪》，中华书局，1974 年。

年（566）、天统五年（569），后主因旱先后采取“降禁囚”、“降罪人各有差”措施。[①] 北周武帝保定元年（561）诏曰：“亢旱历时，嘉苗殄悴。岂狱犴失理，刑罚乖哀欤？其所在见囚：死以下，一岁刑以上，各降本罪一等；百鞭以下，悉原免之”；保定二年（562），“以久不雨，降宥罪人”。[②] 静帝大象二年（580），宣帝因春夏连旱下诏“见囚死罪并降从流，流罪从徒，五岁刑已下悉皆原宥。其反叛恶逆不道，及常赦所不免者，不在降例”。[③]

从上述减免刑罚的措施来看，减免是有一定尺度的，一般是轻罪放免，死罪以下依次减等；特殊的情况下，死罪也可减刑，如前所引北魏高祖太和二十年、北周静帝大象二年的例子。但对杀人、掠卖人、群强盗首、反叛恶逆不道、常赦所不免者，统治阶级通常严惩不贷，如前所引北魏世宗延昌二年、北周静帝大象二年的例子。

5. 问民疾苦

从现代心理学角度来看，每当大的自然灾害发生，在受灾民众中会普遍出现灾民意识，即“灾民在灾害发生前后出现的以灾害心理中的消极因素为内容的关于灾害的情感、意识和观念的综合表现，其结果将导致灾民在灾害条件下的消极行为”。[④] 毛阳光先生指出，灾民意识不仅表现为消极的精神状态，还会导致社会规范无法约束的一些反常越轨行为发生。这种灾害意识是救灾过程中首先面临的问题，需要政府正确引导。[⑤] 政府的正确引导属于精神范畴的救灾。所谓精神救灾是指对人的精神在灾害中遭受破坏之后的救助，其目的在于恢复、重建被灾害破坏了的精神世界，唤起人的主体意识，重新激发起人的生存意识和生存意志。[⑥]

北方各国统治者常常采取精神救灾措施来安慰受灾民众，表达朝廷的关怀，以稳定民心。北朝时期的精神救灾措施主要有三种形式：一是最高统治者亲自慰问。《资治通鉴》卷一一一《晋纪》隆安三年条记载：东晋安帝隆安三年（399），后秦姚兴因灾采取了一系列救助措施，包括亲自“存问孤贫”。二是朝廷下令地方官抚慰。《魏书》卷七上《高祖纪上》载：北魏高祖太和四年（480），朝廷因旱灾采取一系列措施，其中要求地方官“民有疾苦，所在存问”。三是朝廷派遣使臣巡抚。北魏太宗、高祖、世宗在位时，纷纷派遣使臣在灾后进行巡抚慰问。北魏太宗永兴元年（409），因为频繁发生水旱灾害，明元帝不得不“诏郑兵将军、山阳侯奚斤巡行诸州，问民疾苦，抚恤穷乏”。[⑦] 北魏高祖太和八年（484），“十有二月，诏以州镇十五水旱，民饥，遣使者循行，问所疾苦，开仓赈恤”。[⑧] 北魏高祖太和二十三年（499），“徐州大水，遣芳抚慰赈恤之”。[⑨] 北魏世宗景

---

① 李百药：《北齐书》卷八《后主纪》，中华书局，1972 年。
② 令狐德棻：《周书》卷五《武帝纪上》，中华书局，1971 年。
③ 令狐德棻：《周书》卷七《宣帝纪》，中华书局，1971 年。
④ 王子平：《灾害社会学》，湖南人民出版社，1998 年，第 243—244 页。
⑤ 毛阳光：《遣使与唐代地方救灾》，《首都师范大学学报》，2003 年第 4 期。
⑥ 王子平：《灾害社会学》，湖南人民出版社，1998 年，第 250、251 页。
⑦ 魏收：《魏书》卷三《太宗纪》，中华书局，1974 年。
⑧ 魏收：《魏书》卷七上《高祖纪上》，中华书局，1974 年。
⑨ 魏收：《魏书》卷五五《刘芳传》，中华书局，1974 年。

明元年（500），“以北镇大饥，遣兼侍中杨播巡抚赈恤”。[1] 北齐后期也曾派遣使臣巡抚灾民，据《北齐书》卷八《后主纪》记载，北齐后主武平七年（576），“以水涝遣使巡抚流亡人户”。使臣们纷纷将朝廷的赈救政策传达给灾民，体现了皇帝对灾民的关怀。

上述精神救灾措施，主要是通过精神安慰，树立灾民的生活信心，使灾民感受到继续生存、重新发展的希望，不至于因绝望而铤而走险，动摇统治秩序。

四、号召社会力量救灾

当国家的公共储蓄满足不了救灾的需要时，政府常常号召社会力量救灾。最常见的形式是号召民间互相借贷，《魏书》卷七上《高祖纪上》载：高祖延兴二年（472）发生了严重水灾，孝文帝采取了一系列救灾措施，为了尽快恢复社会生产，孝文帝又于延兴三年（473）二月，“诏牧守令长，勤率百姓，无令失时。同部之内，贫富相通。家有兼牛，通借无者，若不从诏，一门之内终身不仕。守宰不督察，免所居官”。此次借贷，国家采取了非常严厉的强制性措施，不但要求富户必须出借耕牛，如果不按照国家要求去做，“一门之内终身不仕”；而且规定地方官的组织、监督职责也非常重大，工作不到位，就要丢官。政府要求民间互借耕牛，这是北朝时期比较特殊的灾后借贷形式。

通常的灾后借贷形式是“贷粟”，如《魏书》卷八《世宗纪》载：北魏世宗延昌元年（512），严重的水、旱、地震灾害过后，宣武帝采取了一系列救灾措施，同时“诏天下有粟之家，供年之外，悉贷饥民”。《魏书》卷八〇《樊子鹄传》载：孝庄帝时，樊子鹄任殷州刺史，“属岁旱俭，子鹄恐民流亡，乃勒有粟之家分贷贫者”。从“勒”字，不难看出此次地方政府的强制性手段。又《北齐书》卷四六《循吏·苏琼传》载：天保中，苏琼担任南清河太守，“郡界大水，人灾，绝食者千余家。琼普集部中有粟家，自从贷粟以给付饥者”。

从上述仅有的四例记载可见，北朝时期国家或地方政府只有在灾害非常严重，政府实在无法解决灾民的生存问题时，才被迫号召民间互相借贷，这只是临时性的应急措施，并没有形成定制。

除此之外，北魏末年，由于天灾人祸不断，致使政府仓廪空虚，朝廷还采取了入粟拜官赐爵的措施积累粮食，以备饥荒。据《魏书》卷九《肃宗纪》记载：孝昌三年（527），孝明帝下诏“凡有能输粟入瀛、定、岐、雍四州者，官斗二百斛赏一阶；入二华州者，五百石赏一阶。不限多少，粟毕授官”。另据《魏书》卷一一〇《食货志》记载：“庄帝初，承丧乱之后，仓廪虚罄，遂班入粟之制。输粟八千石，赏散侯；六千石，散伯；四千石，散子；三千石，散男。职人输七百石，赏一大阶，授以实官。白民输五百石，听依第出身，一千石，加一大阶；无第者输五百石，听正九品出身，一千石，加一大阶。诸沙门有输粟四千石入京仓者，授本州统，若无本州者，授大州都；若不入京仓，入外州郡仓者，三千石，畿郡都统，依州格；若输五百石入京仓者，授本郡维那，其无本郡者，授以外郡；粟入外州郡仓七百石者，京仓三百石者，授县维那。”

---

① 魏收：《魏书》卷八《世宗纪》，中华书局，1974 年。

北齐政府还曾下令地方政府强制寺院和富户救济贫困户。据《北齐书》卷八《后主纪》记载：北齐后主武平六年（575），“诏去秋已来，水潦人饥不自立者，所在付大寺及诸富户济其性命”。

综上所述，北朝时期国家政府在灾后采取的政治性救灾措施主要有皇帝自责、纳谏、整顿吏治、安抚灾民、号召社会力量救灾，这些救灾措施的实施在不同程度上起到了辅助救灾的作用。

（作者：李辉，长春师范学院历史学院副教授）

唐代胡僧考源

介永强

【提　要】胡僧是唐代中外文化交流的特殊使者，唐代胡僧主要来源于西域的于阗国、疏勒国、高昌国、康国、曹国、何国、石国、毕国、吐火罗等国以及天竺五国。为数众多的唐代胡僧，一类是入唐胡人后裔出家为僧，另一类通常是从西域诸国或天竺五国远道而来的异域高僧，他们主要从西北陆路而来，也有一些从南海海路而来。

【关键词】唐代　佛教　胡僧　西域　天竺

“胡”是一个种族文化概念。历史上，先汉之世，匈奴、西域业已兼被称为“胡”；东汉以降，匈奴浸微，西域遂专“胡”号①；魏晋南北朝时期，大凡中原王朝北方边境地区的少数民族，概称“胡”；迨至唐代，“胡”不仅指北方边境地区的少数民族，还泛指中亚以及罗马等西方国家和地区的人，甚至连天竺（印度）也被笼统地称为“胡”②。唐代国力强盛，声名远播，由于统治者能较好地实行开放的对外政策以及开明的民族政策，因此，蕃贡继路，商贾交入，中外经济文化交流空前繁荣。正是在这种历史条件下，一批批胡人络绎不绝地来到了中国。

在纷至沓来的唐代各色胡人中，以弘法为怀的胡僧占有相当比重。唐代佛教异常兴盛，吸引了大量胡僧不惮艰危，远投中国。考诸史籍，唐代胡僧主要来自西域③诸国和天竺五国。

一

佛教主要是通过西域沿着“丝绸之路”传入中国内地的，西域向以佛教著称于世。魏晋以至隋唐，从中原内地前往西域求法的高僧大德，不绝如缕。与此同时，西域诸国高僧也纷纷东来中原内地弘法。根据佛教史传和有关历史文献，源自西域的唐代胡僧主

① 吕思勉：《吕思勉读史札记》，上海古籍出版社，1982 年，第 1177 页。

② 唐代“胡”、“梵”的界限并不严格，唐人释道宣就此感叹说：“胡本杂戎之胤，梵惟真圣之苗。见有胡貌即云梵种，实是梵人漫云胡族。莫分真伪，良可哀哉！”（参见《续高僧传》卷 2《彦琮传》）。

③ 为了行文方便，本文所谓西域概指广义上的西域，不仅包括今新疆地区，还包括葱岭以西的中亚诸国。

要有以下西域诸国人：

（1）于阗国人。早在公元前1世纪，佛教就传入了“丝绸之路”南道上的于阗（今新疆和田）。于阗是古代新疆最早传入佛教的地区，号称佛国“小西天”，是中国内地佛教的主要策源地。唐代胡僧中，来自于阗的著名高僧有提云般若、实叉难陀、尸罗达摩等人。

释提云般若（华言天智）学通大小，解兼真俗，咒术禅门，无不谙晓，他于永昌元年（689）谒武后于洛阳，朝廷敕令在魏国东寺译经。[①] 释实叉难陀（华言学喜）智度恢旷，风格不群，善大小乘，旁通异学，他携经夹于武周证圣元年（695）来到东都洛阳。长安四年（704），实叉难陀以母亲年老，思归慰觐，御史霍嗣光送至于阗。唐中宗即位，有敕再征实叉难陀入朝。景龙二年（708），实叉难陀复达京辇。景云元年（710）十月十二日，实叉难陀右胁累足而终于长安大荐福寺。[②] 释尸罗达摩（华言戒法）学业赅通，善知华梵，是于阗国大法师。唐贞元中，他在北庭龙兴寺翻译佛经。贞元五年（789），尸罗达摩携所译唐本至京。[③] 此外，唐京师长安奉恩寺释智严[④]、大慈恩寺释窥基[⑤]等也是于阗人。

（2）疏勒国人。疏勒（今新疆喀什）是“丝绸之路”上的交通枢纽之一，这里长期盛行小乘佛教。唐京师西明寺释慧琳即疏勒国人，他内持密藏，外究儒流，印度声明，支那诂训，靡不精奥。慧琳尝谓翻梵成华，华皆典故，典故乃西乾细语，于是，他引用《字林》、《字统》、《声类》、《三苍》、《切韵》、《玉篇》、诸经杂史，参合佛意，详察是非，撰成《大藏音义》一百卷，始于贞元四年（788），迄止元和五年（810），方得绝笔，“京邑之间，一皆宗仰”。[⑥] 元和十五年（820），慧琳卒于长安西明寺。

（3）高昌国人。“丝绸之路”北道上的高昌（今新疆吐鲁番）是西域佛教的一大中心。唐宜君坊（今陕西宜君县）玉华寺释玄觉即高昌国人。玄觉学慕大乘，从玄奘三藏研核经论，亦于玉华宫参与翻译佛经[⑦]。彼岸法师、智岸法师并是高昌国人，少长京师，传灯在念，既而归心胜理，遂乃西行求法。彼岸、智岸法师与使人王玄廓相随，泛舶海中，遇疾俱卒[⑧]。

（4）康国人。康国是中亚昭武九姓胡诸国之宗主，其地位于今乌兹别克斯坦的撒马尔罕一带。中国佛教华严宗三祖唐释法藏，字贤首，姓康，乃康国人。法藏风度奇正，利智绝伦，游方长安。咸亨元年（670），他削发为僧入太原寺，其后在崇福寺等长安诸

---

① （宋）赞宁撰，范祥雍点校：《宋高僧传》卷2《周洛京魏国东寺天智传》，中华书局，1987年，第33页。

② 《宋高僧传》卷2《唐洛京大遍空寺实叉难陀传》，第32页。

③ 《宋高僧传》卷3《唐北庭龙兴寺戒法传》，第46页。

④ 《宋高僧传》卷3《唐京师奉恩寺智严传》，第41页。

⑤ 《宋高僧传》卷4《唐京兆大慈恩寺窥基传》，第63页。

⑥ 《宋高僧传》卷5《唐京师西明寺慧琳传》，第108页。

⑦ 《宋高僧传》卷2《唐玉华寺玄觉传》，第24页。

⑧ （唐）义净撰，王邦维校注：《大唐西域求法高僧传》卷上《高昌彼岸、智岸法师》，中华书局，1988年，第95、96页。

寺以及洛阳佛授记寺译经、讲经。先天元年（712），法藏圆寂于长安大荐福寺。[①] 又有僧伽跋摩，亦是康国人。僧伽跋摩少出流沙，游步京辇，禀素崇信，戒行清严，檀舍是修，慈悲在念。显庆年间（656—660）他奉敕礼觐西国，出使归来后，又奉敕前往交趾（今越南北部）采药，不幸患病，奄尔而终。[②] 唐代宗大历二年（767）十月十三日《请降诞日度僧五人制》云："行者康守忠，年四十三，无州贯。诵经一百二十纸，并诵诸陀罗尼。请法名'惠观'，住东京广福寺大弘教三藏毗卢舍那院。"[③] 佛教徒康守忠"无州贯"，姓康，当是来自康国。

（5）曹国人。昭武九姓胡曹国，其地位于今乌兹别克斯坦的撒马尔罕北部。唐代宗大历三年（768）十月十三日《请降诞日度三僧制》云："童子曹摩诃，年□□，贯京兆府万年县安宁乡永安里，父为户，诵法华经一部，法名'惠顺'，请住千福寺。"[④] 唐长安是昭武九姓胡的聚居地，曹摩诃入籍京兆府万年县，本贯当是曹国人。

（6）何国人。昭武九姓胡何国，其地位于今乌兹别克斯坦的撒马尔罕西北部。唐泗州普光王寺释僧伽，自言俗姓何氏，葱岭北何国人。僧伽在本土少年出家，为僧之后，誓志游方。龙朔初年，他先至西凉府，次历江淮。景龙四年（710），僧伽卒于长安荐福寺，他"在本国三十年，化唐土五十三载"[⑤]。另有佛教徒何摩诃，亦是何国人。《唐故何君墓志铭并序》云："君讳摩诃，字迦，其先东海郯人也，因官遂居姑臧太平之乡。……曾祖瞻，齐为骠骑，七札居心。祖陁，梁元校尉，六奇在念。父底，隋授仪同，鸾弧写月，矫矢飞星……惟君不以冠缨在念，轩冕留心，惩襟定水之前，栖志禅林之上。"[⑥] 摩诃俗姓何，当是昭武九姓胡何国人，因其祖先徙居东海（今江苏省连云港市），遂成东海人，又因官遂居姑臧（今甘肃武威），乃成姑臧人。

（7）石国人。昭武九姓胡石国，其地位于今乌兹别克斯坦的塔什干。唐成都府净众寺释神会因祖父徙居，家于岐州（治今陕西凤翔），遂为凤翔人，俗姓石，本是石国人[⑦]。又据《唐故张掖郡石府君墓志铭并序》："府君石氏，讳崇俊，字孝德，其盛族徽烈，家谍著焉。府君以曾门奉使，至自西域，寄家于秦，今为张掖郡人也。祖讳宁芬，本国大首领；皇考讳思景，泾州阳府左果毅。……而府君执心有恒，秉志不夺，忠信是保，恭恪逾彰，征之古人，孰与齐列。而后回向释氏，克崇胜因，转读其乘，冥合旨趣，了然悬解，觉性圆明。"[⑧]这位皈依佛教的张掖郡石崇俊，"寄家于秦"，遂为张掖郡人，他"至自西域"，俗姓石，本是石国人。唐代宗大历二年（767）十月十三日，《请降诞日度

---

① 《宋高僧传》卷5《周洛京佛授记寺法藏传》，第89、90页。

② 《大唐西域求法高僧传》卷上《康国僧伽跋摩师》，第93页。

③ （唐）释圆照：《代宗朝赠司空大辨正广智三藏和尚上表制集》卷2，见《大正藏》卷52，台湾佛陀教育基金会，1990年影印本，第835页。

④ （唐）释圆照：《代宗朝赠司空大辨正广智三藏和尚上表制集》卷2，见《大正藏》卷52，台湾佛陀教育基金会，1990年影印本，第837页。

⑤ 《宋高僧传》卷18《唐泗州普光王寺僧伽传》，第449页。

⑥ 周绍良、赵超：《唐代墓志汇编》调露〇二五《唐故何君墓志铭并序》，上海古籍出版社，1992年，第670页。

⑦ 《宋高僧传》卷9《唐成都府净众寺神会传》，第209页。

⑧ 《唐代墓志汇编》贞元〇七八《唐故张掖郡石府君墓志铭并序》，第1892页。

僧五人制》云："童子石惠璨，年十三，无州贯。诵梵本大吼雀王经一部，诵随求陀罗尼并经。请法名'惠光'，住西明寺。"① 石惠璨，"无州贯"，因为他是石国人。

（8）毕国人。"毕国"即穆斯林著作中大名鼎鼎的 Baikand，位于那密水之南，今乌兹别克斯坦西境②。唐代宗大历二年（767）十月十三日，《请降诞日度僧五人制》云："行者毕数延，年五十五，无州贯。诵梵本贤护三昧经一部，并诵诸陀罗尼。请法名'惠达'，住庄严寺。行者毕越延，年四十三，无州贯。诵梵本楞伽经一部，诵金刚般若经并诸陀罗尼。请法名'惠日'，住庄严寺。"③"无州贯"的毕数延和毕越延，当是毕国人。

（9）吐火罗国人。中亚吐火罗国，即古大夏国（又名巴克特里亚），大体包括今阿姆河以南之地。唐代胡僧中，来自吐火罗国的著名高僧有释弥陀山和佛陀达摩等人。释弥陀山（华言寂友）睹货逻人（即吐火罗）。他自幼出家，游诸印度，遍学经论。弥陀山志传像法，不吝乡邦，杖锡孤征，来到唐朝。他与实叉难陀共译《大乘入楞伽经》，又与法藏等人翻译《无垢净光陀罗尼经》。译经完毕，弥陀山辞帝还乡，武则天厚礼饯别④。佛陀达摩，睹货速利国（即吐火罗）人，习小教，常乞食。"少因兴易，遂届神州"，他在益府（今四川成都）出家。佛陀达摩性好游涉，九州之地，无不履至，后乃西行求法，周观圣迹。⑤ 唐代宗大历二年（767）十月十三日，《请降诞日度僧五人制》云："童子罗诠，年十五，无州贯。诵梵本出生无边门经，诵随求陀罗尼咒并经。请法名'惠俊'，住西明寺。"⑥ 大历三年（768）十月十三日，《请降诞日度三僧制》云："罗文成，年三十，贯土火罗国，诵金刚般若经，诵起信论，诵菩萨戒经，法名'惠弘'，请住西明寺。罗伏磨，年四十五，宝应功臣武校尉守右羽林军大将军员［外］试太常卿上柱国赐紫金鱼袋，贯凉州天宝县高亭乡□□里，法名'惠成'，请住化度寺。"⑦ 长安西明寺和化度寺佛教徒罗诠、罗文成、罗伏磨俱是吐火罗国人。

二

佛教创立于古印度，在两汉之际传入中国内地。汉魏以来，就有印度高僧来到中国译经传教。到了唐代，由于统治者的提倡和支持，佛教在中国迎来了它的黄金时期，加之中印交通往来的新发展，来到中国的印度佛教徒，人数之多，空前绝后。在唐代，天

---

① （唐）释圆照：《代宗朝赠司空大辨正广智三藏和尚上表制集》卷2，见《大正藏》卷52，台湾佛陀教育基金会，1990年影印本，第835页。

② 蔡鸿生：《唐代九姓胡与突厥文化》，中华书局，1998年，第75页。

③ （唐）释圆照：《代宗朝赠司空大辨正广智三藏和尚上表制集》卷2，见《大正藏》卷52，台湾佛陀教育基金会，1990年影印本，第835页。

④ 《宋高僧传》卷2《周洛京寂友传》，第34页。

⑤ 《大唐西域求法高僧传》卷上《睹货罗佛陀达摩法师》，第47页。

⑥ （唐）释圆照：《代宗朝赠司空大辨正广智三藏和尚上表制集》卷2，见《大正藏》卷52，台湾佛陀教育基金会，1990年影印本，第836页。

⑦ （唐）释圆照：《代宗朝赠司空大辨正广智三藏和尚上表制集》卷2，见《大正藏》卷52，台湾佛陀教育基金会，1990年影印本，第836页。

竺（印度）常常被称为“西域”[①]，也每每被称为“胡”[②]。唐代胡僧中，印度人尤其多，见于佛教史传的著名印度高僧主要有：

（1）东印度人伊舍罗和瞿坛金刚。伊舍罗译梵文于菩提流志译场[③]，证梵本于义净译场[④]，译语于金刚智译场[⑤]。瞿坛金刚证译于义净译场[⑥]。

（2）西印度人伽梵达磨和智藏。伽梵达磨（华言尊法）有传译之心，坚化导之愿，遂远逾沙碛，来到中国。唐高宗永徽年间，伽梵达磨译经一卷。[⑦] 释智藏，姓皮氏，西印度种族，他于三学各所留心，而以律藏最为精敏。大历三年（768），智藏游豫章，因而隶名天宫寺。贞元中（785—804），及游会稽，智藏于杭乌山顶筑一小室安禅，至元和十四年（819）二月，无疾而终。[⑧]

（3）南印度人菩提流志和跋日罗菩提。菩提流志，姓迦叶氏，婆罗门种族，十二岁出家学习经论，后来又游五天竺，遍听讲肆。唐高宗永淳二年（683），他来到中国，译经弘法，开元十五年（727）十一月，卒于洛阳长寿寺。[⑨]南印度摩赖耶国人跋日罗菩提（华言金刚智）十六岁削发出家，经过十余年的学习，精通三藏。开元七年（719），他来到中国，弘法度众，开元二十年（732）八月，卒于洛阳广福寺。[⑩]

（4）北印度人阿月佉跋折罗、般剌若、佛陀多罗、佛陀波利、阿你真那、般若、牟尼室利、般若力、达磨难陀等。释阿月佉跋折罗（华言不空），婆罗门种族，他在唐玄宗、肃宗、代宗三朝翻译经典，宣扬佛法，功德卓著，成为中国佛教密宗之二祖[⑪]。释般剌若（华言智慧），姓桥答摩氏，迦毕试国人，他于唐德宗建中初年到达广州，贞元二年（786），始届长安，贞元八年（792）在西明寺译经，后来卒于洛阳。[⑫]释佛陀多罗（华言觉救），罽宾国人，他誓传法化，躬赍梵夹，来到唐朝，在洛阳白马寺译出《大方广圆觉了义经》[⑬]。释佛陀波利（华言觉护），也是罽宾国人，他于唐高宗仪凤元年（676）来到中国，杖锡五台山[⑭]。释阿你真那（华言宝思惟），迦湿蜜罗国人，刹帝利种族，他于武则天长寿二年（693）来到洛阳，在佛授记寺、天宫寺、福先寺等寺译经7部，开元九年

① 《宋高僧传》卷19《唐西域亡名传》云：“释天竺亡名，未详何印度人也。”释亡名是印度人，而本传题为“唐西域亡名传”。可见，印度也被笼统地称为西域。

② 宋人赞宁云：“胡语梵言者，一在五天竺，纯梵语。二雪山之北是胡。山之南名婆罗门，与胡绝，书语不同。……至于隋朝，皆指西天以为胡国。”因此，他感叹说：“既云西土有梵有胡，何不南北区分，是非料简？”（《宋高僧传》卷3《译经篇总论》）。

③ 《宋高僧传》卷3《唐洛京长寿寺菩提流志传》，第43页。

④ 《宋高僧传》卷1《唐京兆大荐福寺义净传》，第2页。

⑤ 《宋高僧传》卷1《唐洛阳广福寺金刚智传》，第6页。

⑥ 《宋高僧传》卷1《唐京兆大荐福寺义净传》，第3页。

⑦ 《宋高僧传》卷2《唐尊法传》，第29、30页。

⑧ 《宋高僧传》卷6《唐越州暨阳杭乌山智藏传》，第119、120页。

⑨ 《宋高僧传》卷3《唐洛京长寿寺菩提流志传》，第43—44页。

⑩ 《宋高僧传》卷1《唐洛阳广福寺金刚智传》，第4—6页。

⑪ 《宋高僧传》卷1《唐京兆大兴善寺不空传》，第6—12页。

⑫ 《宋高僧传》卷2《唐洛京智慧传》，第22—23页。

⑬ 《宋高僧传》卷2《唐洛京白马寺觉救传》，第27页。

⑭ 《宋高僧传》卷2《唐五台山佛陀波利传》，第28—29页。

(721) 卒于龙门天竺寺[①]。释般若，亦罽宾国人，在京师充义学沙门[②]。释牟尼室利（华言寂默），北印度人，唐德宗贞元十六年（800），他来到长安，先在兴善寺，后来徙居崇福寺和醴泉寺，后又驻锡慈恩寺，元和元年（806）圆寂于慈恩寺[③]。

（5）中印度人波罗颇迦罗蜜多罗、那提、戍婆揭罗僧诃、阿地瞿多、般剌蜜帝、地婆诃罗、莲华等。释波罗颇迦罗蜜多罗（华言明知识），通常称作波颇，姓刹利帝，中天竺刹利王种族，他于武德九年（626）来到唐朝，先后在长安兴善寺和胜光寺翻译佛经，贞观七年（633）卒于胜光寺[④]。那提三藏（华言福生）于永徽六年（655）来到长安，被朝廷安置在慈恩寺。显庆元年（656），他奉敕前往昆仑诸国采择异药。龙朔三年(663)，那提回到长安，在慈恩寺译经三部[⑤]。释戍婆揭罗僧诃（华言净师子），义译为善无畏，释迦如来季父甘露饭王之后。他于开元四年（716）来到唐长安，先后驻锡长安西明寺和洛阳福先寺，译经传法，开元二十三年（735）奄然而化于洛阳[⑥]，与南天竺人金刚智和北天竺人不空并称“开元三大士”。释阿地瞿多（华言无极高），永徽三年(652) 自西印度躬赍梵夹来到唐长安。永徽四年至五年，他在长安慧日寺从《金刚大道场经》中撮要译成《陀罗尼集经》十二卷，当时又有中印度大菩提寺阿难律木叉师、迦叶师等人在长安经行寺译出《功德天法》，编在《集经》第十卷内[⑦]。释般剌蜜帝（华言极量），怀道观方，随缘济物，展转游化，到达广州，驻锡广州制止寺，他以利乐为心，因敷秘赜[⑧]。释地婆诃罗（华言日照），唐高宗时来到中国，仪凤四年（679）表请翻译，至武则天垂拱末年，他在两京东西太原寺及西京广福寺一共译经十八部[⑨]。释莲华于兴元元年（784）杖锡谒见唐德宗，贞元十二年（796）六月至贞元十四年（798）二月，他在长安崇福寺译出《华严》（后分）四十卷[⑩]。

以上所述来自西域和印度的唐代胡僧，国籍十分明确。此外，尚有一些胡僧如释慧智、释波若屈多和释达摩、释掘多等[⑪]，史书仅说他们是印度沙门，未言是印度哪国人。还有一些胡僧国籍不明，如释满月、般若斫迦三藏、释安静、释利涉、释普明、释亡名、

---

① 《宋高僧传》卷3《唐洛京天竺寺宝思惟传》，第42页。

② 《宋高僧传》卷3《唐醴泉寺般若传》，第49页。

③ 《宋高僧传》卷3《唐京兆慈恩寺寂默传》，第45页。

④ （唐）道宣：《续高僧传》卷3《唐京师胜光寺中天竺沙门波颇传》，见《大正藏》卷50，台湾佛陀教育基金会，1990年影印本，第439—440页。

⑤ （唐）道宣：《续高僧传》卷4《唐京师大慈恩寺梵僧那提传》，见《大正藏》卷50，台湾佛陀教育基金会，1990年影印本，第458—459页。

⑥ 《宋高僧传》卷2《唐洛京圣善寺善无畏传》，第17—22页。

⑦ 《宋高僧传》卷2《唐西京慧日寺无极高传》，第30页。

⑧ 《宋高僧传》卷2《唐广州制止寺极量传》，第31页。

⑨ 《宋高僧传》卷2《周西京广福寺日照传》，第33页。

⑩ 《宋高僧传》卷3《唐莲华传》，第47页。

⑪ 分别参见《宋高僧传》卷2《周洛京佛授记寺慧智传》、卷3《唐洛京长寿寺菩提流志传》、卷10《唐邺都圆寂传》。

释难陀等[①]，史书笼统地称之为西域人。由于印度在唐代也时常被称为“西域”[②]，因此，这些胡僧虽被称为西域人，但不是一般意义上的西域，某些人有可能是印度人。另有胡僧菩提缚日罗和金刚悉地、无侧等[③]，我们只知他们是外国人。无侧等人虽无国籍，所幸还名留史册，未见经传的佚名胡僧在唐代则不知有多少。

三

林林总总的唐代胡僧大体可以分为两类。一类是从西域或印度诸国远道而来的异域高僧。另一类是入唐胡人后裔出家为僧者。入唐胡人后裔出家为僧者，如释窥基、释神会、释慧智、释智藏等人。释窥基字洪道，姓尉迟氏。窥基祖父尉迟罗迦是隋代州西镇将，其父尉迟宗为唐左金吾将军、松江都督、江由县开国公。因此，释窥基虽说是京兆长安人，追根溯源，乃是西域于阗国人。[④] 释神会则因祖父迁居岐州，遂为凤翔人，实际上，他是西域石国人[⑤]。释慧智，其父印度人，婆罗门种族，因使游历唐朝，而生慧智。慧智少而精勤，有出俗之志，唐高宗时，他师从一位婆罗门僧，奉敕度为弟子。[⑥] 释智藏姓皮氏，西印度种族，祖父入华，世居官宦，后侨寓庐陵[⑦]。胡人后裔，虽然生在唐朝，长在中华，但在种族上与汉人有别，带有胡人血统，他们出家为僧，是为胡僧。

唐代胡人后裔，深患尘劳，出家为僧，构成一类胡僧。大量唐代胡僧是从西域或印度诸国远道而来的异域高僧，他们主要从西北陆路而来。西印度人释伽梵达磨（尊法）“远逾沙碛，来抵中华”[⑧]。北印度罽宾国人释佛陀波利（觉护）“远涉流沙，躬来礼谒”[⑨]。中印度沙门波颇“远度葱河，来归震旦”[⑩]。中印度沙门善无畏经迦湿弥罗国，至突厥，登雪山，再至西州，终到长安[⑪]。也有胡僧从海路而到唐朝，如南印度沙门跋日罗菩提（金刚智）“始届番禺，渐来神甸”，“达于广府，敕迎就慈恩寺，寻徙荐福寺”。[⑫] 中印度人般剌蜜帝（极量）“怀道观方，随缘济物，展转游化，渐达支那（印度俗呼广府

---

① 分别参见《宋高僧传》卷3《唐京师满月传》、卷17《唐京兆大安国寺利涉传》、卷18《唐滑州龙兴寺普明传》、卷19《唐西域安静传》、卷19《唐西域亡名传》、卷20《唐西域难陀传》。

② 如《宋高僧传》卷21《唐五台山清凉寺道义传》云：“……遂召盖造都料，一僧名纯陀，为度土木，造金阁一寺。陀是西域那烂陀寺喜鹊院僧。”

③ 分别参见《宋高僧传》卷3《唐京师满月传》、卷29《唐京兆欢喜传》。

④ 《宋高僧传》卷4《唐京兆大慈恩寺窥基传》，第63—66页。

⑤ 《宋高僧传》卷9《唐成都府净众寺神会传》，第209页。

⑥ 《宋高僧传》卷2《周洛京佛授记寺慧智传》，第33页。

⑦ 《宋高僧传》卷6《唐越州暨阳杭乌山智藏传》，第120页。

⑧ 《宋高僧传》卷2《唐尊法传》，第29页。

⑨ 《宋高僧传》卷2《唐五台山佛陀波利传》，第28页。

⑩ （唐）道宣：《续高僧传》卷3《唐京师胜光寺中天竺沙门波颇传》，见《大正藏》卷50，台湾佛陀教育基金会，1990年影印本，第440页。

⑪ 《宋高僧传》卷2《唐洛京圣善寺善无畏传》，第19—20页。

⑫ 《宋高僧传》卷1《唐洛阳广福寺金刚智传》，第4页。

为支那，名帝京为摩诃支那也），乃于广州制止道场驻锡”[①]。北天竺迦毕试国人释般刺若（智慧）“乃泛海东迈，垂至广州，风飘却返，抵执师子国之东。又集资粮，重修巨舶，遍历南海诸国”，他于唐德宗建中初年到达广州，贞元二年（786），始至京师长安。[②]

西域和印度诸国高僧为何不畏艰险、长途跋涉来到中国唐朝？究其原因，盖有三端：

一是为弘扬佛教、光大佛法而来。西印度人伽梵达磨（尊法）“有传译之心，坚化导之愿”[③]，来抵中华。中印度人般刺蜜帝（极量），“怀道观方，随缘济物，展转游化，渐达支那”[④]。北印度迦湿弥罗国人释阿你真那（宝思惟）幼而舍家，禅诵为业；进具之后，专精律品，而慧解超群，学兼真俗，乾文咒术，尤攻其妙，“加以化导为心，无恋乡国”[⑤]，来到唐东都洛阳。北印度罽宾国人释佛陀多罗（觉救）“赍多罗夹，誓化脂那”[⑥]，止洛阳白马寺。睹货逻（吐火罗）国人释弥陀山（寂友）自幼出家，游诸印度，遍学经论，“志传像法，不吝乡邦，杖锡孤征，来臻诸夏”[⑦]。

二是慕唐朝佛教之名而来。中印度沙门那提“承脂那东国盛转大乘，佛法崇盛，赡州称最”，乃搜集大小乘经律论五百余夹合一千五百余部，于永徽六年（655）来到京师长安[⑧]。北印度罽宾国人释佛陀波利（觉护）忘身殉道，遍观灵迹，听说文殊师利在清凉山，于是远涉流沙，躬来礼谒，杖锡五台山[⑨]。北印度迦毕试国般刺若（智慧）“常闻支那大国，文殊在中，锡指东方，誓传佛教”，乃泛海东迈而来唐朝[⑩]。南印度摩赖耶国释跋日罗菩提（金刚智）“闻脂那佛法崇盛，泛舶而来”[⑪]。罽宾三藏般若力、中印度婆罗门三藏善部末摩、箇失密三藏舍那率皆慕化入朝[⑫]。

三是唐王朝遣使迎请而来。南印度国人释菩提流志12岁出家，师事波罗奢罗，学习《声明》、《僧法》等经论，对于历数、咒术、阴阳、谶纬，靡不赅通。他年逾耳顺，方知外法之乖违，始悟释门之渊默，于是隐居山谷，积习头陀。起初依从耶舍瞿沙三藏学习经论，其后游历五天竺，遍亲讲肆。唐高宗“闻其远誉，挹彼高风”，“遣使迎接”，菩提流志因而来到中国[⑬]。武则天明扬佛教，崇重大乘，她以《华严》旧经不甚完备，听说于阗有其梵本，于是发使求访，并请译人，于阗人释实叉难陀遂与经夹“同臻帝阙”[⑭]。可见，南印度人释菩提流志、于阗人释实叉难陀是唐王朝遣使迎请而来的胡僧。不过，受

---

① 《宋高僧传》卷2《唐广州制止寺极量传》，第31页。

② 《宋高僧传》卷2《唐洛京智慧传》，第23页。

③ 《宋高僧传》卷2《唐尊法传》，第29—30页。

④ 《宋高僧传》卷2《唐广州制止寺极量传》，第31页。

⑤ 《宋高僧传》卷3《唐洛京天竺寺宝思惟传》，第42页。

⑥ 《宋高僧传》卷2《唐洛京白马寺觉救传》，第27页。

⑦ 《宋高僧传》卷2《周洛京寂友传》，第34页。

⑧ （唐）道宣:《续高僧传》卷4《唐京师大慈恩寺梵僧那提传》，见《大正藏》卷50，台湾佛陀教育基金会，1990年影印本，第458页。

⑨ 《宋高僧传》卷2《唐五台山佛陀波利传》，第28页。

⑩ 《宋高僧传》卷2《唐洛京智慧传》，第23页。

⑪ 《宋高僧传》卷1《唐洛阳广福寺金刚智传》，第4页。

⑫ 《宋高僧传》卷3《唐罗浮山石楼寺怀迪传》，第45页。

⑬ 《宋高僧传》卷3《唐洛京长寿寺菩提流志传》，第43页。

⑭ 《宋高僧传》卷2《唐洛京大遍空寺实叉难陀传》，第31页。

唐王朝遣使迎请的胡僧毕竟是少数，唐代大量胡僧是为弘扬佛法，慕名唐朝，自发来到中国的。

（作者：介永强，陕西师范大学历史文化学院副教授）

唐朝岭南道容管地区行政区划沿革

郭声波　郭姝伶

【提　要】本文以唐朝鼎盛时期的天宝十三年（754）为时代断面，根据有关历史文献，复原唐朝置于岭南道容管地区的行政区及其变迁过程，内容包括都督府、方镇、州郡和县在整个唐代的建置沿革、分合省并、隶属关系、名称改易、治所今地等，对两《唐书·地理志》等历史文献及中国历史地图集的错误及遗阙，做了必要的考证、修订和补充。

【关键词】唐朝　容州都督府　普宁郡都督府　容州管内经略都防御使　容州管内观察使　宁远军节度使

今广西壮族自治区东南部，在唐朝先后为岭南道容州都督府、普宁郡都督府、容州管内经略使、容州管内经略都防御使、容州管内观察使、宁远军节度使辖区，习称“容管地区”。其行政区划虽然唐宋几部史书及地理总志都有记载，但《通典·州郡典》、《旧唐书·地理志》（以下简称《旧唐志》）以天宝初年的行政区划为基准，《元和郡县图志》（以下简称《元和志》）以元和初年的行政区划为基准，《新唐书·地理志》（以下简称《新唐志》）以唐末的行政区划为基准，《太平寰宇记》（以下简称《寰宇记》）以宋初的行政区划为基准，它们只列出了州、县二级，不仅缺失了州上面的军政区（如都督府、方镇），并且将一部分前后废置的政区与基准年代的政区并行列目，作为沿革地理著作在体例上不够严格，在内容上脱漏较多，在文字叙述上也缺乏精细的考订，互相矛盾、衍夺讹倒之处在所有之。谭其骧先生主编的《中国历史地图集》（中国地图出版社 1982 年版）唐代部分，也只有开元二十九年的图幅，整个唐代的沿革不能连贯。这就给本文留下了一些研讨、补充和修订的空间。

本文以唐朝鼎盛时期的天宝十三年（754）为断代，根据《通典》、两《唐志》、《元和志》、《寰宇记》等历史文献及赖青寿博士论文《唐后期方镇建置沿革研究》（复旦大学出版社 1999 年，以下简称《方镇沿革》），复原唐朝置岭南道容管地区的行政区及其变迁过程，内容包括都督府、州郡、县在整个唐代的建置沿革、分合省并、隶属关系、名称改易、治所今地等。在州县列目中，凡属天宝十三年存在者，皆加粗字体，以示区别。为使读者对整个唐代容管地区的行政区划沿革有较为完整的了解，增加贞观十三年、武周长安四年、元和十五年三个年代为断面，分别统计当年各州领县情况。诸书所记无歧异者，迳录，不出注。若有不同记载或错误、脱漏之处，则作必要考证、修订和补充。天宝十三年以前所置经略使是军戎机构，以后所置都督仅是虚职，本文不再反映。

容州都督府（649—742）—**普宁郡都督府**（742—756）—容州管内经略使（756—759）—容州管内经略都防御使（759—760）—容州管内观察使（760—862，863—897）—宁远军节度使（897—904）

贞观二十三年，割桂州都督府容、白、廉、绣四州及广州都督府义、窦二州置容州都督府①，隶属岭南道。

麟德元年，复置郁州。三年，改郁州为郁林州。乾封三年，置禺、牢二州。调露二年，置岩州。永淳元年，置党州。二年，置平琴州。垂拱二年，置山州。三年，废平琴州。

武周长安四年，容州都督府督容、义、窦、禺、牢、白、山、廉、岩、党、郁林、绣十二州。

唐神龙三年，复置平琴州。开元二年，割桂州都督府藤州来属，割山州隶邕州都督府②。二十四年，割安南都护府陆州来属。

天宝元年，改容州为普宁郡，藤州为感义郡，义州为连城郡，窦州为怀德郡，禺州为温水郡，牢州为定川郡，白州为南昌郡，廉州为合浦郡，陆州为玉山郡，岩州为安乐郡，郁林州为郁林郡，平琴州为平琴郡，党州为宁仁郡，绣州为常林郡，改容州都督府为普宁郡都督府，割南海郡都督府陵水郡来属。十年，割玉山郡隶安南都护府。十三年，普宁郡都督府领普宁、感义、连城、怀德、陵水、温水、南昌、合浦、安乐、定川、宁仁、平琴、郁林、常林十四郡。十五年，以普宁、感义、连城、怀德、陵水、温水、南昌、合浦、安乐、定川、宁仁、平琴、郁林、常林十四郡置容州管内经略使③，简称容管经略使。

乾元元年，复普宁郡为容州，感义郡为藤州，连城郡为义州，怀德郡为窦州，陵水郡为辩州，温水郡为禺州，南昌郡为白州，合浦郡为为廉州，安乐郡为岩州，定川郡为牢州，宁仁郡为党州，平琴郡为平琴州，郁林郡为郁林州，常林郡为绣州。二年，改为

---

① 史志不载此事。按郁贤皓《唐刺史考》（江苏古籍出版社，1987年），高宗时至开元初，已有容州都督一职，而此间容州以贞观末年增领县数较多，故推知都督府始置于此时。卢藏用《景灵寺碑铭》（载《全唐文》卷238）谓："容州都督府景星寺者，高宗天皇大帝所建也。……时都督乐处，元以式遏为心，未遑经始，后长史陈善宏以薰修为念，颇加薙翦。"可证。《旧唐志》谓开元中升为都督府，疑是开元中暂废复置，或从《唐刺史考》之说，系升中都督府。

② 开元初年卢藏用所作《景星寺碑铭》列举有容州都督府藤、义、禺、白、党、平琴、岩、牢、窦、郁林十州刺史，故今定开元二年割桂府藤州来属（参详"感义郡"条考证），而山州割隶邕府。《大唐六典》卷3载容府领容、藤、义、窦、禺、白、廉、绣、党、牢、岩、郁林、平琴十三州，则《景灵寺碑铭》缺绣、廉二州。

③ 《旧唐志》总序载，容州管内经略使管容、辩、白、牢、钦、岩、禺、汤、瀼、古等州。按钦、瀼、古三州未见于《新唐书·方镇表》容州管内栏，《方镇研究》容州管内观察使沿革一节亦未提及，俟考；汤州虽见于《新唐书·方镇表》容州管内栏，然汤州深处安南管内，似非容州管内所领，疑是藤州之误，参详下文"感义郡"条。又，邕管经略使始置于天宝十四年，依本书体例，方镇作为行政区一律以天宝十五年（至德元年）起算。

容州管内经略都防御使，因蛮獠之乱，寄治藤州①。后上元元年，改为容州管内观察使，寄治梧州②。大历五年，寄治藤州③。六年，还治容州（《资治通鉴》）。八年，置顺州。建中二年，废平琴州④。元和元年，割邕管经略使严州来属，割辩州隶岭南节度使。是年，割严州隶桂州管内经略使。十一年，废岩州，置行岩州。十五年，以废邕州管内经略使之邕、澄、宾、贵、浔、横、峦、钦八州来属，容州管内观察使领容、藤、义、窦、禺、顺、白、廉、行岩、钦、邕、澄、宾、峦、横、贵、郁林、牢、党、绣、浔二十一州。

长庆二年，割邕、澄、宾、贵、浔、横、峦、钦八州隶邕州管内经略使。咸通三年，割藤、行岩二州隶岭南西道节度使，置行交州，割隶安南管内都防御观察经略使。四年，罢镇，容、义、窦、禺、顺、白、廉、牢、党、郁林、绣十一州隶岭南西道节度使。五年，割岭南西道节度使，容、藤、义、窦、禺、顺、白、廉、行岩、牢、党、郁林、绣十三州复置容州管内观察使⑤，仍治容州。七年，以废安南管内都防御观察经略使之行安南都护府省入。乾宁四年，升为宁远军节度使。

一、普宁郡（容州）

铜州（621—634）—容州（634—742）—**普宁郡**（742—758）—容州（758—805）

武德四年，平萧梁，割南州北流、定川二县及藤州普宁县置铜州⑥，州西带铜山，因

① 《旧唐书》卷157《王翃传》："容州管内经略使自安史之乱，岭南溪洞夷獠乘此相恐为乱，其首领梁崇牵自号平南十道大都统，及其党覃问等诱西原贼张侯、夏永攻陷城邑，据容州，前后经略使陈仁琇、李抗、侯令仪、耿慎惑、元结、长孙全绪等虽容州刺史，皆寄理藤州，或寄梧州。"按《唐刺史考》，陈仁绣任容州管内经略使在至德、乾元间，今拟乾元二年寄治藤州。张声震等《壮族通史》第498页（民族出版社，1997年）云："大历六年，（梁崇牵）起义军回师广西，占领了容州，迫使容州刺史王翃寄治藤州。"年代与《旧唐书》等所记不合。

② 《资治通鉴》大历六年："前容州管内经略使元结等，皆寄治苍梧。"王象之《舆地碑目记》卷3《梧州碑记》有《元结冰井铭》，注云："唐大历〔十〕三年，容州经略使元结过郡，目曰冰井，又为铭刻石泉上。"可证元结及以前数任容州管内长官皆寄治梧州，今拟为后上元元年改经略都防御使为观察使之时。

③ 《旧唐书》卷157《王翃传》："大历五年，迁容州刺史。……及翃至藤州，言于众曰：'吾为容州刺史，安得寄理他邑！'"

④ 于邵《送崔判官赴容州序》："今年春，有诏特命元公都督十二州诸军事。"（载《文苑英华》卷724）元公，即元结，据《唐刺史考》，大历三年转容州都督兼侍御史、本管经略使。以是推知大历三年容州都督府领容、白、禺、牢、绣、党、窦、廉、义、郁林、辩、藤十二州。

⑤ 《方镇研究》第179页以为复置容州管内仅领十一州，无藤、行岩二州。按《新唐书·方镇表》、《资治通鉴》但言咸通五年复置容州管内领州如故，不言州数，若藤、行岩二州仍隶邕管，乃为飞地，似不合情理，今仍取咸通三年以前十三州为数。

⑥ 《舆地纪胜》容州引《普宁志》云："萧铣略定岭表，于此置铜州，领北流、豪石、容川、渭龙、南流、陵城、普宁、新安八县。"王象之据《唐志》及《州郡典》驳其非，谓铜州之置，乃在平萧铣之后，非置于萧铣之日。今从其说。

以为名，隶南尹州总管府，并置豪石、宕昌、南流、宕川、陵城、新安、渭龙七县，治北流县。是年，割定川、宕川二县隶前潘州。七年，隶南尹州都督府。贞观六年，改隶桂州都督府。八年[①]，改为容州，以州境容山为名。十一年，省新安县。十三年，容州领北流、豪石、宕昌、南流、陵城、普宁、渭龙七县，治北流县。二十三年，以废前潘州之定川、陆川、宕川三县及割藤州贺川、宁民二县，窦州罗窦县，贵州潭栗县来属，改宁民县为欣道县，置容州都督府。

麟德二年，割潭栗县隶郁州。乾封三年，割南流、定川、宕川三县隶牢州，陆川县隶东峨州。

武周长安四年，容州领北流、豪石、宕昌、陵城、欣道、贺川、普宁、渭龙、罗窦九县，治北流县。

唐开元二十四年，割禺州陆川县来属[②]。其后，省豪石、贺川二县。

天宝元年，改为普宁郡，以普宁县为名，隶普宁郡都督府，为郡治，割陆川县隶温水郡。十三年，普宁郡领北流、宕昌、陵城、欣道、普宁、渭龙、罗窦七县[③]，治北流县。十五年，隶容州管内经略使，为使治。

乾元元年，复为容州。二年，隶容州管内经略都防御使，以獠乱，寄治藤州镡津县。后上元元年，隶容州管内观察使，寄治梧州苍梧县，省罗窦县。大历六年，还治本州北流县。元和中，割宕昌县隶禺州，移治普宁县[④]。十五年，容州领普宁、渭龙、北流、陵城、欣道五县，治普宁县。

咸通四年，罢镇，容州隶岭南西道节度使。五年，复置容州管内观察使。乾宁四年，隶宁远军节度使，仍为使治。唐末，复割禺州陆川县来属。

1. 北流县（618—907）

本隋合浦郡旧县，武德元年，隶南合州。四年，割隶铜州，为州治，并析置豪石、宕昌、南流、陵城四县。贞观八年，隶容州，为州治。天宝元年，隶普宁郡，为郡治。乾元元年，复隶容州，为州治。元和中，移州治于普宁县。唐末，省禺州宕昌县来属。

2. 宕昌县（621—唐末）

武德四年，析北流县置宕昌县，因南朝荡昌县旧名改荡为宕，治故荡昌城（今北流

---

① 《旧唐志》容州条作元年，今依《旧唐志》桂州序及《新唐志》。

② 《舆地纪胜》容州引《元和志》逸文云："陆川县，开元二十四年割属容州。"《本钱簿》（载《中国文物》，1979年第1期）载容州有陆川县，可证。然则《本钱簿》禺州亦有陆川县，当是罗辩县之误，考详下文"温水郡"条。

③ 七县：《旧唐志》原作"天宝后，领县五"，无罗窦、宕昌二县。今据《州郡典》补罗窦县，据《本钱簿》及《新唐志》禺州条补宕昌县。按容州为都督府治，领县数当较多，天宝十三年时，当领七县，而史志失载。《旧唐志》言天宝后领五县，是指省去罗窦县、割去宕昌县后情景，与此不矛盾。

④ 《舆地纪胜》容州引《元和志》逸文作"开元中"，按《州郡典》、《旧唐志》容州仍治北流县，则《元和志》逸文恐不确，今依《新唐志》。

市塘岸镇)[①]，隶铜州。贞观八年，隶容州。天宝元年，隶普宁郡。乾元元年，复隶容州。元和中[②]，割隶禺州。唐末，省入容州北流县[③]。

3. 陵城县（621—907）

武德四年，析北流县置陵城县，治陵城（今北流市大里镇)[④]，以为县名，隶铜州。贞观八年，隶容州。天宝元年，隶普宁郡。乾元元年，复隶容州。

4. 宁民县（618—649）—欣道县（649—907）

欣道县，本隋永平郡宁民县[⑤]，武德元年，隶藤州。贞观二十三年，割隶容州，以避太宗讳，改为欣道县。开元末，省贺川县来属。天宝元年，隶普宁郡。乾元元年，复隶容州。

附旧县1：贺川县（618—开元末）

本隋永平郡旧县，武德元年，隶藤州。贞观二十三年，割隶容州。开元末，省入欣道县[⑥]。

5. 普宁县（618—907）

本隋永平郡旧县，武德元年，隶藤州。四年，割隶铜州，并析置渭龙、新安二县。贞观八年，隶容州。十一年，省新安县来属。天宝元年，隶普宁郡。乾元元年，复隶容州。元和中，自北流县移州治于此。

附旧县1：新安县（621—637）

武德四年，析普宁县置新安县[⑦]，治新安城（今容县罗江镇)[⑧]，盖以新民安辑为名，隶铜州。贞观八年，隶容州。十一年，省入普宁县。

---

① 《读史方舆纪要》梧州府容县："宕昌废县：在县西，唐武德四年置，因晋、宋旧名改荡为宕也。"《中国历史地图集》唐代幅拟宕昌县于今容县东南杨梅镇一带，不详所据。按宕昌县既系析北流县置，后又割隶禺州，则当在今北流市南，今依地理形势拟于塘岸镇。

② 按《旧唐志》、《州郡典》禺州无宕昌县，《新唐志》禺州则有此县，故知割隶时间在乾元后。又，宕昌县在容州南境，元和中容州往北徙治普宁县，疑与宕昌县割隶禺州有关。

③ 《读史方舆纪要》梧州府容县。

④ 《太平寰宇记》容州："废陵城县：在州西三十八里。"史为乐主编《中国历史地名大辞典》（中国社会科学出版社，2005年）第3919页云，陵城县治今北流市大里乡窖卑，今从之。《中国历史地图集》置于北流市东新荣镇罗村，方位不合，恐误。

⑤ 宁民：《隋书·地理志》、《新唐志》并作"宁人"。按该县既系贞观二十三年更名，乃避太宗讳改，可知本名宁民。太宗时单讳不避，宁人为后人所改。京畿道京兆府唐初有宁民县，《新唐志》亦改为宁人县，与此例相同。

⑥ 按《本钱簿》容州有贺川县，《新唐志》谓贺川县贞观后省，不确。然则《州郡典》、《旧唐志》不载此县，当省于开元末年。

⑦ 《新唐志》系新安县于北流县，按新安县既在容县西北，则当析自普宁县，今改。

⑧ 《读史方舆纪要》梧州府容县："又西北有新安废县。"今定于容县罗江镇。

6. 渭龙县（621—907）

武德四年，析普宁县置渭龙县，治渭龙城（今容县城容厢镇大渭坡）①，隶铜州。贞观八年，隶容州。天宝元年，隶普宁郡。乾元元年，复隶容州。后上元元年，省罗窦县来属。

7. 罗窦县（649—760）

贞观二十三年，析窦州特亮县置罗窦县，治罗窦洞（今容县黎村镇）②，因以为名，割隶容州③。天宝元年，隶普宁郡。乾元元年，复隶容州。后上元元年，以獠乱，省入渭龙县。

二、感义郡（藤州）

藤州（621—742）—**感义郡**（742—758）—藤州（758—907）

感义郡，本隋永平郡，领永平、戎成、隋安、安基、贺川、普宁、宁民、淳民、隋建、大宾、武林十一县。武德元年，萧梁改为藤州，以隋旧州为名，隶桂州总管府，置猛陵县④。四年，归唐，割隶南尹州总管府，改戎成县为戎城县，割普宁县隶铜州。五年，改隋安县为安昌县。七年，隶南尹州都督府，改淳民县为感义县。贞观三年，改永平县为镡津县，割大宾县隶前燕州。五年，置新乐、宁风、梁石、罗风四县，割新乐、宁风二县隶前燕州。六年⑤，改隶桂州都督府。七年，割武林县隶龚州，安基县隶泰州。八年，割猛陵县隶梧州。十二年⑥，割隋建县隶龚州。十三年，藤州领镡津、戎城、安昌、贺川、宁民、感义六县，治镡津县。十八年，省罗风县。二十三年，割贺川、宁民二县隶容州⑦。

永徽六年，割戎城县隶梧州（《太平寰宇记》）。

---

① 《太平寰宇记》容州："废渭龙县：在州东七十里。"《中国历史地名大辞典》第 3919 页云，渭龙县治今容县容厢乡大位坡，今从之。

② 《读史方舆纪要》高州府信宜县："雷公岭：《志》云：县南一里有罗窦洞，唐以此名州。"按该洞为唐初窦州信义县地，与容州中隔扶莱、特亮等县，故疑此罗窦洞非罗窦县治，今依地理形势分析，定罗窦县于容县黎村镇。

③ 两《唐志》容州不载罗窦县。按《本钱簿》、《州郡典》，容州有罗窦县，而《旧唐志》载窦州境旧有罗窦洞，故知罗窦县本窦州地，置县及割隶容州时间，疑在容州初置都督府之时。参详上文怀德郡特亮县条注。

④ 《新唐志》梧州："孟陵，本猛陵，萧铣置。"

⑤ 《旧唐志》贵州序作"七年"，今据桂州序。

⑥ 《元和志》作"七年"，《新唐志》作"十三年"，今依《旧唐志》、《太平寰宇记》。

⑦ 《记纂渊海》卷 15："贞观省隋安、贺川。"按隋安实改名安昌，而《本钱簿》贺川隶容州，则二县皆未曾省废，《记纂渊海》所记不确，唯贺川不隶藤州可据此定在贞观末年也。

武周长安四年，藤州领镡津、安昌、感义三县，治镡津县。

唐开元二年，割隶容州都督府[①]。

天宝元年，改藤州为感义郡，以感义县为名，隶普宁郡都督府。十三年，感义郡领镡津、安昌、感义三县，治镡津县。十五年，隶容州管内经略使[②]。至德二年，改安昌县为义昌县。

乾元元年，复为藤州，州城为夷獠所陷，遂割龚州宁风县来属，以为州治[③]。二年，还州治于镡津县，藤州隶容州管内经略都防御使，为使治。后上元元年，隶容州管内观察使。元和十五年，藤州领镡津、义昌、感义、宁风四县，治镡津县。

咸通三年，割隶岭南西道节度使[④]。五年，复隶容州管内观察使。乾宁四年，隶宁远军节度使。

1. 永平县（618—629）—镡津县（629—907）

镡津县，本隋永平郡永平县，武德元年，隶藤州，为州治。贞观三年，改为镡津县[⑤]，盖以《汉志》地名为名。五年，析置罗风县。十八年，省罗风县来属。天宝元年，隶感义郡，为郡治。乾元元年，复隶藤州，移州治于宁风县。二年，自宁风县还州治于此。

附旧县1：罗风县（631—644）

贞观五年，析藤州镡津县置罗风县，盖取獠语意为名，治罗风城（今藤县天平镇）[⑥]，隶藤州。十八年，省入镡津县。

2. 隋安县（618—622）—安昌县（622—757）—义昌县（757—907）

安昌县，本隋永平郡隋安县，武德元年，隶藤州。五年，去“隋”字，改为安昌县。

---

① 史志不载藤州割隶容州都督府时间。按藤州本隶桂州都督府，而据《新唐书·方镇表》，开元二年始置桂管经略使时不领藤州，推知是年割隶容州都督府。

② 《旧唐志》总序云，岭南节度使领藤州，《新唐书·方镇表》亦云，天宝十五年（至德元年），藤州隶岭南节度使，建中元年始还容州管内。按《旧唐书》卷157《王翃传》：“大历五年，迁容州刺史。……乃以手札告谕义州刺史陈仁璀、藤州刺史李晓庭等同盟，约讨贼。”王翃以容州管内经略使身份与义、藤二州刺史同盟，则藤、义二州皆为容州管内属州无疑，《旧唐志》盖据《州郡典》排序致误，《新唐书·方镇表》至德元年条则是误冈州为藤州，建中元年条亦属误文。

③ 《大明一统志》梧州府藤县。按《旧唐书》卷157《王翃传》：“容州管内经略使自安史之乱，岭南溪洞夷獠乘此相恐为乱，其首领梁崇牵自号平南十道大都统，及其党覃问等诱西原贼张侯、夏永攻陷城邑，据容州，前后经略使陈仁琇、李抗、侯令仪、耿慎惑、元结、长孙全绪等虽容州刺史，皆寄理藤州，或寄梧州。”上文“感义郡”注已考容州管内经略使乾元二年寄治藤州，可知藤州于乾元元年寄治宁风，亦与夷獠之乱陷没州城有关。其还治镡津，亦当在大历六年收复容州之时。

④ 《唐会要》卷71。“咸通三年”，原误作“咸亨三年”。

⑤ 《旧唐志》以镡津县为隋置，《新唐志》则以永平县贞观后隶昭州。按《隋书·地理志》无镡津县，昭州永平县则系证圣元年析平乐县置（《元和志》），且距藤州殊远，两《唐志》俱误。又，《本钱簿》永平县云：“改为镡津。”依例似于天宝元年改名，然昭、藤二州证圣初至开元初，均隶桂州都督府，不应有两永平县，故知《本钱簿》此处所记非天宝元年事。《读史方舆纪要》梧州府藤县云：“贞观中，改（永平）县曰镡津。”《中国历史地名大辞典》第3897页作贞观初改名，今参两说，拟于贞观三年。

⑥ 《读史方舆纪要》梧州府藤县云罗风县在县境，今依地理形势拟于藤县天平镇一带。

天宝元年，隶感义郡。至德二年，避安氏名姓，改为义昌县[1]。乾元元年，复隶藤州。贞元元年，移县治于林安乡（今岑溪市三堡镇）[2]。

3. 淳民县（618—624）—感义县（624—907）

感义县，本隋永平郡淳民县，武德元年，隶藤州。七年[3]，改为感义县，盖以民人感义为名。天宝元年，隶感义郡。乾元元年，复隶藤州。

三、连城郡（义州）

南义州（622—627）—义州（628—631，632—742）—**连城郡**（742—758）—义州（758—907）

武德五年，割南康州总管府南建州龙城、安义、义城三县及泷州连城县置南义州，取义城县首字、安义县末字为名，治龙城县，隶南康州总管府。七年，隶南康州都督府。九年，改隶广州都督府。贞观元年，州废，龙城、安义、义城、连城四县隶南建州。二年，割南建州龙城、安义、义城、连城四县置义州，治龙城县，隶广州都督府。五年，州废，龙城、安义、义城、连城四县隶南建州。六年，割南建州龙城、安义、义城、连城四县复置义州，仍治龙城县，隶广州都督府。十三年，义州领龙城、安义、义城、连城四县，治龙城县。十八年，以废药州之永业县来属。二十三年，割隶容州都督府。

永徽元年，省永业、义城二县。

武周长安四年，义州领龙城、安义、连城三县，治龙城县。

唐天宝元年，改为连城郡，以连城县为名，隶普宁郡都督府，改龙城县为岑溪县。十三年，连城郡领岑溪、安义、连城三县，治岑溪县。十五年，隶容州管内经略使[4]。至德二年，改安义县为永业县。

乾元元年，复为义州。二年，隶容州管内经略都防御使。后上元元年，隶容州管内观察使。元和十五年，义州领岑溪、永业、连城三县，治岑溪县。

咸通四年，改隶岭南西道节度使。五年，复隶容州管内观察使。乾宁四年，隶宁远军节度使。

---

① 至德二年：《舆地纪胜》藤州引《元和志》作天宝二年，今依两《唐志》、《太平寰宇记》。

② 《太平寰宇记》藤州镡津县：“废感义县：在州南九十里。废义昌县：在州西北五十里。”按《读史方舆纪要》梧州府藤县条，感义县在州西，义昌县在州南，今藤县南有义昌河、义昌口，可证其说，故知《太平寰宇记》将感义、义昌二县方位误倒，即感义县应在州西北五十里，义昌县应在州南九十里，即今岑溪市三堡镇。

③ 《太平寰宇记》、《新唐志》云武德中更名，《读史方舆纪要》在武德七年，今从之。

④ 《旧唐志》总序云，义州隶岭南东道节度使。然据《新唐书·方镇表》及《方镇研究》，义州未曾隶岭南东道，《旧唐志》盖据《州郡典》排序致误，今不取。

1. 龙城县（622—742）—岑溪县（742—907）

武德五年，析南建州永业县置龙城县，治皇华墟（今岑溪市归义镇）①，割隶南义州，为州治。贞观元年，州废，改隶南建州。二年，割隶义州。五年，复隶南建州。六年，又隶义州。永徽元年，省义城县来属。天宝元年②，隶连城郡，为郡治，以与本道柳州县名重，改为岑溪县，以岑溪为名。乾元元年，复隶义州，为州治。

附旧县1：义城县（622—650）

武德五年，析泷州正义县置义城县，治义城（今岑溪市梨木镇）③，隶南义州。贞观元年，州废，改隶南建州。二年，复隶义州。五年，复隶南建州。六年，又隶义州。永徽元年④，省入龙城县。

2. 永业县（618—650，757—907）

本隋永熙郡旧县，武德元年，隶泷州。四年，割隶南建州，五年，析置龙城、安义、义城三县，割三县隶南义州。贞观八年，隶药州。十八年，州废，隶义州。永徽元年，省入安义及泷州、永宁二县⑤。至德二年，改连城郡安义县为永业县，仍治隋永业城（今岑溪市筋竹镇）⑥。乾元元年，复隶义州。

附旧县1：安义县（622—757）

武德五年，析南建州永业县置安义县，治南朝永业城（今岑溪市大业镇）⑦，隶南义州。贞观元年，州废，改隶南建州。二年，复隶义州。五年，复隶南建州。六年，又隶义州。永徽元年，省永业县来属，移治隋永业城。天宝元年，隶连城郡。至德二年，避安氏名姓，改为永业县。

---

① 《舆地纪胜》藤州："岑溪县：今县治，自皇华墟迁至。"《读史方舆纪要》梧州府岑溪县："龙城废县：《志》云：在县东二十里。唐初置县于此，后改曰岑溪，宋初改县于今治。"

② 两《唐志》作"至德中"。按《本钱簿》义州龙城县注云："改为岑溪县。"依吴震考证，此类改名注文所据为天宝元年制书，今从之。《州郡典》义州连城郡亦已改龙城为岑溪，可证两《唐志》之非。

③ 《读史方舆纪要》梧州府岑溪县："又有义成废县，在县东南。"《广西通志》卷44古迹岑溪县："连城县：在县治东南五十里罗末村。"罗末，即今梨木，以方位判断，当是义城县，连城县在大隆镇，详参连城县条。

④ 按《本钱簿》、《州郡典》、《旧唐志》义州无义城县，《新唐志》以改名事系于至德后，恐误。疑与安义县同时省于永徽元年。

⑤ 《舆地纪胜》藤州引《元和志》逸文云："永业县，永徽后割属义州。"当是指永徽元年省永业县入安义县，安义县移治永业城一事。《太平寰宇记》南仪州岑溪县："废永业县：在州东北一百里，旧安义县，至德年中改。"宋初南仪州治岑溪县，此永业县为隋县，即今筋竹镇。

⑥ 《本钱簿》、《州郡典》资料断自天宝初年，义州无安义县，有永业县，似安义县改永业县非至德中事，今仍依《唐志》、《太平寰宇记》。

⑦ 徐乾学等：《大清一统志》卷362梧州府："永业废县：在岑溪县东。今县东三十里有永业乡。"此永业县为南朝县，即今大业镇。

3. 连城县（622—907）

武德五年[①]，析泷州正义县置连城县，治连城（今岑溪市大隆镇）[②]，隶南义州。贞观元年，州废，改隶南建州。二年，割隶义州。五年，复隶南建州。六年，又隶义州。天宝元年，隶连城郡。乾元元年，复隶义州。

四、怀德郡（窦州）

南扶州（621—627，628—631，632—634）—窦州（634—742）—**怀德郡**（742—758）—窦州（758—907）

武德四年，割泷州怀德县置南扶州，盖以州境扶莱水为名，并置信义县，隶南康州总管府。是年，又置潭峨、特亮二县。五年，置扶莱县。七年[③]，隶南康州都督府，以獠反，寄治泷州泷水县。九年，改隶广州都督府。贞观元年，州废，怀德、信义、潭峨、扶莱、特亮五县改隶泷州。二年，獠平，割泷州怀德、信义、潭峨、扶莱、特亮五县再置南扶州，治信义县。五年，州复废，五县仍隶泷州。六年，割泷州怀德、信义、潭峨、扶莱、特亮五县复置南扶州，仍治信义县。八年[④]，改为窦州，取州境罗窦洞为名。十三年，窦州领信义、潭峨、扶莱、特亮、怀德五县，治信义县。十四年，省扶莱县。二十三年，割隶容州都督府；置罗窦县，割隶容州。

乾封三年（总章元年），复置扶莱县，割隶东峨州。

武周长安四年，窦州领信义、潭峨、特亮、怀德四县，治信义县。

天宝元年，改为怀德郡，以怀德县为名，隶南海郡都督府。十三年，怀德郡领信义、潭峨、特亮、怀德四县，治信义县。十五年，隶容州管内经略使[⑤]。

乾元元年，复为窦州。二年，隶容州管内经略都防御使。后上元元年，隶容州管内观察使。元和十五年，窦州领县一如天宝十三年。

咸通四年，改隶岭南西道节度使。五年，复隶容州管内观察使。乾宁四年，隶宁远军节度使。

---

① 《舆地纪胜》藤州引《元和志》作“六年”。

② 《太平寰宇记》南仪州岑溪县：“州所理。废连城县：在州东南八十里。”按北宋初岑溪县治今岑溪县城，其东南八十里即今岑溪市大隆镇。

③ 《资治通鉴》：“武德七年六月辛亥，泷州、扶州獠作乱，遣南尹州都督李光度等击平之。”

④ 《旧唐志》作六年。今依《新唐志》及《唐会要》。

⑤ 《旧唐志》总序云，窦州隶岭南东道节度使。然据《新唐书·方镇表》及《方镇研究》，窦州未曾隶岭南东道，《旧唐志》盖据《州郡典》排序致误，今不取。

1. 信义县（621—907）

武德四年，析怀德县置信义县，治信义城（今信宜市东镇镇）[①]，隶南扶州。是年，析置潭峨、特亮二县。五年，析置扶莱县。贞观元年，州废，信义县隶泷州。二年，复隶南扶州，为州治。五年，复废州，县仍隶泷州。六年，还隶南扶州，为州治。八年，改隶窦州。贞观后，省扶莱县来属。乾封三年，复析置扶莱县，割属东峨州。天宝元年，隶怀德郡，为郡治。乾元元年，复隶窦州，为州治。

2. 潭峨县（621—907）

武德四年[②]，析信义县置潭峨县，治潭峨城（今高州市潭头镇五村）[③]，隶南扶州。贞观元年，州废，隶泷州。二年，复割隶南扶州。五年，州废，仍隶泷州。六年，还隶南扶州。八年，隶窦州。天宝元年，隶怀德郡。乾元元年，复隶窦州。

3. 特亮县（621—907）

武德四年[④]，析信义县置特亮县，治特亮城（今信宜市径口镇）[⑤]，隶南扶州。贞观元年，州废，隶泷州。二年，复割隶南扶州。五年，州废，仍隶泷州。六年，还隶南扶州。八年，隶窦州。二十三年，析置罗窦县，割隶容州[⑥]。天宝元年，隶怀德郡。乾元元年，复隶窦州。

4. 怀德县（618—907）

本隋永熙郡旧县，武德元年，隶泷州。四年，割隶南扶州，为州治，并析置信义县。贞观元年，州废，改隶泷州，二年，复隶南扶州。五年，复废州，仍隶泷州。六年，还隶南扶州。八年，隶窦州。天宝元年，隶怀德郡。乾元元年，复隶窦州。

---

① 《太平寰宇记》窦州序："东至高州一百里，西南至旧潘州八十里。"宋初高州治电白县，旧潘州即茂名县，据此，窦州治信义县在今信宜市镇隆镇。然《太平寰宇记》信宜县又云："窦州东六十里有怀德县，西南八十里有潭峨县，西北七十里有特亮县。"特亮县在今信宜市径口镇，据此，窦州又在今信宜市镇东镇。《舆地纪胜》则云"特亮县在窦州西北百一十里，〔潭〕（谭）峨县在州西南二十里"，可知信义县本治镇东镇，宋初始移镇隆镇，《太平寰宇记》窦州序未及改也。《中国历史地图集》、《历史地名》等皆以为唐代信义县治今镇隆镇，恐误。

② 《新唐志》作"五年"，今依《旧唐志》。

③ 《太平寰宇记》窦州信宜县："废潭峨县：在州西南八十里。"此州治信宜县仍在东镇镇。《舆地纪胜》高州："谭峨县城：在信宜县西南二十里。"此州治信宜县在今信宜市镇隆镇。《大清一统志》卷347高州府："《县志》：潭峨乡在县西北二十里，有旧县村。"此村当即今高州市潭头镇五村。

④ 《新唐志》作"五年"，今依《旧唐志》、《太平寰宇记》。

⑤ 《太平寰宇记》窦州信宜县："废特亮县：在州西北七十里。"此州治信宜县在今东镇镇。《舆地纪胜》高州："特亮县：在信宜县西北百一十里。"《大清一统志》卷347高州府："特亮废县：《旧志》：有德亮乡，在县北一百二十里，盖即特亮之讹也。"此州治信宜县在今信宜市镇隆镇。

⑥ 史志不载此事。按《本钱簿》及《州郡典》，容州有罗窦县，不载沿革，考窦州境有罗窦洞、罗窦蛮，则罗窦县本窦州地，贞观二十三年，置容州都督府，宜增置若干县以张大其事，故推测罗窦县始置于该年。

五、陵水郡（辩州）

前罗州（622—623）—南石州（623—635）—辩州（635—742）—**陵水郡**（742—758）—辩州（758—904）—勋州（904—907）

武德五年，割高州石龙、吴川二县置前罗州，以南朝旧州为名，治石龙县，隶高州总管府，并置罗肥、石城、零绿、招义、南河、龙化、罗辩、陵罗、慈廉九县①。六年，改为南石州，以隋旧州为名，割石城、零绿、招义、吴川、南河五县隶后罗州。七年，隶高州都督府。贞观九年，改为辩州，以罗辩县末字为名，省慈廉、罗肥二县。十三年，辩州领石龙、陵罗、龙化、罗辩四县，治石龙县。二十三年，改隶广州都督府。

乾封三年（总章元年），割罗辩县隶禺州②。

武周长安四年，辩州领石龙、陵罗、龙化三县，治石龙县。

唐天宝元年，改为陵水郡，以州境陵水为名③，割隶普宁郡都督府。十三年，陵水郡领石龙、陵罗、龙化三县，治石龙县。十五年，隶容州管内经略使。

乾元元年，复为辩州。二年，隶容州管内经略都防御使。后上元元年，隶容州管内观察使。大历八年，割龙化县隶顺州。元和元年，割隶岭南节度使。十五年，辩州领石龙、陵罗二县，治石龙县。

天祐元年，朱全忠以“辩”、“汴”声近，上表更名勋州。

1. 石龙县（618—907）

本隋高凉郡旧县，武德元年，隶高州。五年，割隶前罗州，为州治，并析置罗肥、南河、龙化、罗辩、陵罗、慈廉六县。六年，隶南石州。贞观九年，隶辩州，均为州治。天宝元年，隶陵水郡，为郡治。乾元元年，复隶辩州。天祐元年，隶勋州，仍为州治。

附旧县1：罗肥县（622—635）

武德五年，析石龙县置罗肥县，治罗肥城（今化州市笪桥镇）④，隶前罗州。六年，隶南石州。贞观九年⑤，省入石龙县。

附旧县2：慈廉县（622—635）

武德五年，析石龙县置慈廉县，治慈廉城（今化州市官桥镇）⑥，隶前罗州。六年，隶南石州。贞观九年⑦，省入石龙县。

---

① 《新唐志》作十县，衍石龙县。

② 《新唐志》谓乾封三年，析白、辩、窦、容四州地置东峨州。罗辩县本属辩州，割隶东峨州当在是年。

③ 《太平寰宇记》化州石龙县：“陵水，从禺州扶莱县界流入，会罗水。”

④ 《读史方舆纪要》高州府化州：“慈廉废县：在州西。又南，有罗肥废县。”

⑤ 《新唐志》作“元年”，今依《旧唐志》、《太平寰宇记》。

⑥ 《读史方舆纪要》高州府化州：“慈廉废县：在州西。”

⑦ 《新唐志》作“元年”，今依《旧唐志》、《太平寰宇记》。

2. 陵罗县（622—907）

武德五年，析石龙县置陵罗县，治陵罗城（今化州市平定镇东岸城）[①]，以县在陵、罗二水之间为名，隶前罗州。六年，隶南石州。贞观九年，隶辩州。天宝元年，隶陵水郡。乾元元年，复隶辩州。天祐元年，隶勋州。

3. 龙化县（622—907）

武德五年，析石龙县置龙化县，治龙化城（今陆川县滩面乡莲塘村）[②]，以县西龙化水为名，隶前罗州。六年，隶南石州。贞观九年，隶辩州。天宝元年，隶陵水郡。乾元元年，复隶辩州。大历八年，割隶顺州，为州治。

附旧州 1：顺州[③]（773—907）

大历八年，容州管内观察使王翃奏析辩州龙化县、白州龙豪县、禺州温水县、罗州南河县置顺州，以蛮獠归顺为名，治龙化县，隶容州管内观察使[④]。元和十五年，顺州领龙化、龙豪、温水、南河四县，治龙化县。

咸通四年，改隶岭南西道节度使。五年，复隶容州管内观察使。乾宁四年，隶宁远军节度使。

六、温水郡（禺州）

东峨州（668—669）—禺州（669—742）—**温水郡**（742—758）—禺州（758—907）

乾封三年（总章元年），将军王杲奏析白州温水县、容州陆川县、窦州扶莱县、辩州罗辩县置东峨州，以州境峨石为名，治温水县，隶容州都督府。总章二年，改为禺州，以古番禺之地为名（《太平寰宇记》），置峨石县，移州治于此。

武周长安四年，禺州领峨石、扶莱、罗辩、温水、陆川五县，治峨石县。

唐开元二十四年，割陆川县隶容州。

天宝元年，改为温水郡，以温水县为名，隶普宁郡都督府，割普宁郡陆川县来属。

---

① 《太平寰宇记》化州石龙县："废陵罗县：在州北一百二十里。"《读史方舆纪要》高州府化州："陵罗废县：宋白曰：'县在陵、罗二水间，因名。'"《大清一统志》卷347高州府陵罗废县："《州志》：陵罗乡在州北。"陵、罗二水即今化州市陵、罗二江，《中国历史地图集》定于今化州市平定镇东岸城，旁有地名曰良雷，盖即陵罗音讹。

② 《读史方舆纪要》梧州府郁林州陆川县："龙化废县：县东南五十里。"《大清一统志》卷367郁林州："龙化废县：在陆川县南四十里。"今依《读史方舆纪要》定于陆川县南五十里滩面乡莲塘村，龙化水即今九洲江。

③ 《新唐志》曰"顺州顺义郡"。按顺州始置于大历八年，而唐自乾元以后，悉废郡名，此处"顺义郡"当是误以天宝间河北道顺州顺义郡郡名冠于此，今删。

④ 《新唐书·方镇表》谓容州管内经略使建中元年始增领顺州，系年当有误。

十三年，温水郡领峨石、扶莱、罗辩、温水、陆川五县[①]，治峨石县。十五年，隶容州管内经略使。

乾元元年，复为禺州。二年，隶容州管内经略都防御使。后上元元年，隶容州管内观察使。大历八年，割温水县隶顺州。元和中，割容州宕昌县来属[②]。十五年，禺州领峨石、扶莱、罗辩、陆川、宕昌五县，治峨石县。

咸通四年，改隶岭南西道节度使。五年，复隶容州管内观察使。乾宁四年，隶宁远军节度使。唐末，复割陆川县隶容州，省宕昌县。

1. 峨石县（669—907）

总章二年，析温水县置峨石县，治峨石城（今北流市六麻镇）[③]，以南有峨石为名，隶禺州，自温水县移州治于此。开元末，省容州豪石县来属。天宝元年，隶温水郡，为郡治。乾元元年，复隶禺州，为州治。

附旧县1：豪石县（621—开元末）

武德四年，析北流县置豪石县，治豪石城（今北流市隆盛镇）[④]，隶容州。开元末[⑤]，省入禺州峨石县。

2. 扶莱县（622—640，668—907）

武德五年，析南扶州信义县置扶莱县，治扶莱城（今北流市白马镇）[⑥]，以扶莱水名之，隶南扶州。贞观元年，隶泷州。二年，还隶南扶州。五年，复割隶泷州，六年，又还隶南扶州。八年，隶窦州。十四年[⑦]，平罗窦獠乱，省入信义县。乾封三年，析信义县复置扶莱县，割隶东峨州。总章二年，隶禺州。天宝元年，隶温水郡。乾元元年，复隶禺州。

---

① 《旧唐志》、《州郡典》作峨石、温水、陆川、扶桑四县，脱罗辩县，且误扶莱为扶桑。罗辩县本隶辩州，然《旧唐志》辩州云：天宝领县三。可知天宝间罗辩县已不隶辩州。《读史方舆纪要》梧州府北流县云，罗辩县乾封中改属禺州（东峨州），今从之。参详下文罗辩县条。

② 参详上文普宁郡宕昌县条注。

③ 《太平寰宇记》窦州："西至旧禺州二百五十里。"容州（普宁县）："西至禺州一百八十里。"《读史方舆纪要》梧州府北流县："峨石废县：县东南百十里。"

④ 《大清一统志》卷367梧州府："豪石废县：在（北流）县东。"《中国历史地名大辞典》第3919页云："豪石县治今北流市隆盛镇峨母石大屋。"今从之。

⑤ 《新唐志》谓贞观后省。按《本钱簿》容州有隋安县，而隋安县实藤州安昌县之初名，乃隋朝县名，唐朝当革，且《本钱簿》安昌县仍隶藤州，故知《本钱簿》容州隋安县必系误载，当为豪石县之误，即豪石县开元中仍存，然则《州郡典》、《旧唐志》不载此县，今拟于开元末与贺川县同时省。

⑥ 《太平寰宇记》容州陆川县："扶莱县：在旧（禺）州东南八十里。"《中国历史地名大辞典》第3919页云："扶莱县治今白马镇旁楼脚。"今从之。

⑦ 《新唐志》作"贞观中"。按《旧唐志》窦州"旧领县五"，含扶莱县，知扶莱县省于贞观十三年后，《资治通鉴》贞观十四年三月云："窦州道行军总管党仁弘击罗窦反獠，破之，俘七千余口。"扶莱县当省于是年。

3. 罗辩县（622—907）

武德五年，析罗州石龙县置罗辩县，治罗辩洞（今北流市六靖镇）[①]，故以为名，隶前罗州。六年，隶南石州。贞观九年，隶辩州。乾封三年，割隶东峨州[②]。总章二年，隶禺州。天宝元年，隶温水郡。乾元元年，复隶禺州。

4. 温水县（621—907）

武德四年，析南宕州南昌县置温水县，治温水城（今陆川县城陆城镇）[③]，以地有温泉为名，隶南宕州。贞观八年，隶前潘州。二十三年，州废，改隶白州。乾封三年，割隶东峨州，为州治。总章二年，隶禺州，并析置峨石县，移州治之。天宝元年，隶温水郡。乾元元年，复隶禺州。大历八年，割隶顺州。

5. 陆川县（621—907）

武德四年，析南宕州定川县置陆川县，治陆川城（今陆川县马坡镇）[④]，以陆川为名，隶南宕州。贞观八年，隶前潘州。二十三年，州废，改隶容州。乾封三年，割隶东峨州。总章二年，隶禺州。开元二十四年，复隶容州[⑤]。天宝元年，割隶温水郡[⑥]。乾元元年，隶禺州。唐末，又隶容州。

七、南昌郡（白州）

南州（618—623）—白州（623—742）—**南昌郡**（742—758）—白州（758—907）

---

① 《太平寰宇记》容州北流县："废罗辩县：在旧州西南一百里。"《读史方舆纪要》梧州府北流县云："罗辩废县：县东南百里。"

② 《旧唐志》禺州无罗辩县，当脱，今据《新唐志》补。《读史方舆纪要》梧州府北流县云："《志》云：唐武德四年改置罗辩县，属罗州，寻属辩州，乾封中改属禺州。"可证。《本钱簿》禺州有陆川无罗辩，按该簿容州亦有陆川，故知禺州陆川当为罗辩之误。又，罗辩县沿革备载两《唐志》辩州条，《舆地纪胜》容州载陆川县，化州载罗辩县沿革，均各置于武德年中，未提及更名一事，《太平寰宇记》容州、《新唐志》禺州条谓罗辩本陆川，贞元中更名，当误。

③ 《读史方舆纪要》梧州府陆川县："温水废县：今县治。"

④ 《太平寰宇记》容州陆川县："（州）西南九十里。按《州郡典》作乐窦县。"即今陆川县马坡镇。然今本《州郡典》容州有罗窦县，无陆川县，则是天宝初陆川县已还隶禺州之故，非陆川更名罗窦也。《太平寰宇记》容州、《新唐志》禺州又云："废罗辩县：唐武德四年置，名陆川，贞元中，改为罗辩县。"亦误，考详上文罗辩县注。

⑤ 《舆地纪胜》容州陆川县引《元和志》逸文。王象之按语以为陆川县唐末乃还隶容州，是未详陆川县曾数度往返于容、禺二州之间也。

⑥ ·《本钱簿》、《州郡典》、《旧唐志》禺州有陆川县，知天宝元年还隶禺州。

武德元年，萧梁割合州南昌、定川、北流三县置南州[1]，以南昌县首字为名，隶钦州总管府。四年，归唐，割隶南尹州总管府，置博白、龙豪、周罗、建宁、朗平五县，移治博白县，割越州淳良县来属；割南昌、定川二县隶南宕州，北流县隶铜州。六年，改为白州，取博白县末字为名。七年，隶南尹州都督府。贞观六年，改隶桂州都督府，割廉州大都县来属。十二年，省朗平、淳良二县。十三年，省大都县，白州领博白、龙豪、周罗、建宁四县，治博白县。二十三年，割隶容州都督府，以废潘州之南昌、温水二县来属。

乾封三年（总章元年），割温水县隶东峨州。调露二年，置思封县，割隶岩州。垂拱二年，置龙池县，割隶山州。

武周长安四年，白州领博白、龙豪、周罗、建宁、南昌五县，治博白县。

天宝元年，改为南昌郡，以南昌县为名。十三年，南昌郡领博白、龙豪、周罗、建宁、南昌五县，治博白县。十五年，隶容州管内经略使。

乾元元年，复为白州。二年，隶容州管内经略都防御使。后上元元年，隶容州管内观察使。大历八年，割龙豪县隶顺州。元和十五年，白州领博白、周罗、建宁、南昌四县，治博白县。

咸通四年，改隶岭南西道节度使。五年，复隶容州管内观察使。乾宁四年，隶宁远军节度使。

1. 博白县（621—907）

武德元年，析合州南昌县置博白县[2]，治博白城（今博白县城博白镇），以博白山为名，割隶南州。六年，隶白州，为州治。贞观十二年，省朗平县来属。十三年，省大都县来属。调露二年，析置思封县，割隶岩州。天宝元年，隶南昌郡，为郡治。乾元元年，复隶白州，为州治。元和十三年，省岩州思封县来属。

附旧县1：朗平县（621—638）

武德元年，析合州南昌县置朗平县，治朗平城（今博白县浪平乡）[3]，割隶南州。六年，隶白州。贞观十二年，省入博白县。

2. 龙豪县（621—907）

武德四年，析合州南昌县置龙豪县[4]，治龙豪城（今陆川县大桥镇古城垌）[5]，隶南

① 两《唐志》皆云南州武德四年置，且无南昌县。按武德四年唐西南道行台亦有南州，则此南州似非唐所置。武德四年唐平萧后所置州，《旧唐志》例加“平萧铣”三字，而南州未加，盖本萧梁所置，而唐人不言，仅从武德四年起算。又，南州初置若无南昌县，则州名无所从出，故今拟南州本萧梁以南昌县所置。

② 南昌县：《旧唐志》作“合浦县”，以地理形势分析，当以“合浦郡”或“南昌县”为是。

③ 《读史方舆纪要》梧州府博白县：“《通志》：县北十五里有废郎平县。”

④ 南昌县：《旧唐志》作“合浦县”，以地理形势分析，当以“合浦郡”或“南昌县”为是。

⑤ 《太平寰宇记》容州：“废龙豪县：在废（顺）州之郭下。”按顺州为一小州，治龙化县，不得有双附郭县。《读史方舆纪要》梧州府陆川县云：“龙豪废县：在县西南。”《中国历史地名大辞典》第3927页：“云龙豪县治今陆川县大桥乡古城。”今从之。

州。六年，隶白州。天宝元年，隶南昌郡。乾元元年，复隶白州。大历八年，割隶顺州。

3. 周罗县（621—907）

武德四年，析合州合浦县置周罗县，治周罗城（今博白县宁潭镇）①，以周罗山、周罗水为名，隶南州。六年，隶白州。天宝元年，隶南昌郡。乾元元年，复隶白州。

4. 建宁县（621—907）

武德四年，析合州合浦县置建宁县，治建宁城（今博白县顿谷镇旧门村）②，隶南州。六年，隶白州。贞观十二年，省淳良县来属。天宝元年，隶南昌郡。乾元元年，复隶白州。

附旧县1：淳良县（621—638）

武德四年，析合州合浦县置淳良县，治北戍滩（今博白县沙河镇）③，盖以民人淳良为名，割隶南州。六年，隶白州。贞观十二年，省入建宁县。

5. 南昌县（618—907）

本隋合浦郡旧县（今玉林市沙田镇）④，武德元年，隶南州，为州治。四年，割隶南宕州，为州治。贞观六年，移州治于定川县。八年，隶前潘州。二十三年，州废，改隶白州。天宝元年，隶南昌郡。乾元元年，复隶白州。

八、合浦郡（廉州）

合州（618—621）—越州（621—634）—廉州（668—742）—**合浦郡**（742—758）—廉州（758—907）

---

① 《太平寰宇记》白州博白县："废周罗县：在县东九十里。"《读史方舆纪要》梧州府博白县："周罗废县：在县东南百里。"即今博白县宁潭镇。《中国历史地图集》置于凤山镇，里距太近，不取。

② 《太平寰宇记》白州博白县："废建宁县：在县西。贞观十二年，省淳良县入。"《读史方舆纪要》梧州府博白县："建宁废县：县东五十里。"今从《太平寰宇记》，亦取五十里为远近。《中国历史地名大辞典》定建宁县于今博白县宁潭镇柯木，盖从《读史方舆纪要》之误，不取。

③ 《读史方舆纪要》梧州府博白县："《通志》：东南百里有废淳良县，今其地名安仁乡。"按淳良县既省入建宁县，而建宁县在博白县西，则淳良县当在博白县西南百里北戍滩（今沙河镇）。《中国历史地名大辞典》第3929页定淳良县治今英桥镇，盖以《读史方舆纪要》为准，按英桥镇既为周罗县治，不得再为淳良县治，今不取。

④ 《太平寰宇记》白州博白县："废南昌县：在县北九里。"按博白县西北十五里又有朗平县，三县相距太近，似不合理，疑在县北十九里，而脱一"十"字。《大清一统志》卷367郁林州云："《旧志》：在今县南十五里。"《中国历史地图集》依此置于三滩镇，然与《太平寰宇记》不合，不取。且如南昌县在博白县南，则武德四年与定川等县合置南宕州时，中为博白县所隔，亦非所宜。

合浦郡，本隋旧郡，领合浦、封山、龙苏、定川、北流、南昌、抱成七县[1]，武德元年，萧梁改为合州，以隋旧州为名，治合浦县，隶钦州总管府，割南昌、定川、北流三县隶南州。四年，归唐，割隶南尹州总管府，改为越州[2]，置淳良县，割隶南州。五年，改抱成县为大都县，置大廉、安昌二县，割封山、龙苏二县隶姜州。七年，隶南尹州都督府。贞观六年，改隶桂州都督府，置珠池县，割大都县隶白州。八年，改为廉州，以州境大廉洞为名。十年，以废姜州之封山、东罗、蔡龙、高城四县来属。十二年，省珠池、安昌、高城三县。十三年，廉州领合浦、封山、东罗、蔡龙五县，治合浦县。十八年，省东罗县。二十三年，割隶容州都督府。

调露二年，复置高城县，割隶岩州。垂拱二年，置盆山县，割隶山州。

武后长安四年，廉州领合浦、大廉、封山、蔡龙、大廉四县，治合浦县。

天宝元年，复为合浦郡，隶普宁郡都督府。十三年，合浦郡领合浦、封山、蔡龙、大廉四县，治合浦县。十五年，隶容州管内经略使[3]。

乾元元年，复为廉州。二年，隶容州管内经略都防御使。后上元元年，隶容州管内观察使。元和十三年，置行常乐县，割隶行岩州。十五年，廉州领合浦、封山、蔡龙、大廉四县，治合浦县。

咸通四年，改隶岭南西道节度使，析置行交州。五年，廉州复隶容州管内观察使。乾宁四年，隶宁远军节度使。

1. 合浦县（618—907）

本隋合浦郡旧县，武德元年，隶合州，为州治。四年，隶越州，为州治，析置淳良县。五年，析置大廉、安昌二县。贞观六年，析置珠池县。八年，隶廉州，为州治。十二年，省安昌、珠池二县来属。天宝元年，隶合浦郡，为郡治。乾元元年，复隶廉州，为州治。元和十三年，析置行常乐县。咸通四年，置行交州于本县海门镇（今合浦县城廉州镇）[4]。七年，以废行交州省入。

附旧县1：安昌县（622—638）

武德五年，析合浦县置安昌县，以南朝安昌郡为名，治海门镇，隶越州。贞观八年，隶廉州。十二年，省入合浦县。

---

① 《隋书·地理志》合浦郡还有海康、隋康、扇沙、铁杷四县，共十一县，按隋末宁长真以此四县别置徐闻郡，今删，参详上文海康郡条注。

② 《资治通鉴》：“武德五年二月戊寅，隋合浦太守宁宣来降。”《旧唐志》廉州序云：“武德五年，置越州。”《新唐志》云：“武德四年，曰越州。”盖武德四年萧铣以合州图籍归唐，改为越州，五年，合州刺史宁宣始正式来降。《资治通鉴》称宁宣为隋合浦太守，盖讳萧氏建置，今依《新唐志》定于武德四年。

③ 《旧唐志》总序云，廉州隶安南都护。然据《新唐书·方镇表》及《方镇研究》，廉州未曾隶安南，《旧唐志》盖据《州郡典》排序致误，今不取。

④ 《中国历史地图集》唐代幅置海门镇于今越南海防市，然据廖幼华《唐末海门镇之兴起及地理位置考》［载（台北）《国立中正大学报》人文分册，第8卷第1期，1997年］考证，唐海门镇在今合浦县城廉州镇，唐末行交州及安南都护府曾治于此。今从廖说。

附旧县2：珠池县（632—638）

贞观六年，析合浦县置珠池县，治珠池城（今北海市营盘镇）[①]，以海中有珠池为名，隶越州。八年，隶廉州。十二年，省入合浦县。

附新县1：行常乐县（818—907）

元和十三年，析合浦县置行常乐县，治行常乐城（今合浦县石康镇）[②]，割隶行岩州，为州治。

2. 大廉县（622—907）

武德五年，析合浦县置大廉县[③]，以隋旧县为名，治大廉城（今合浦县闸口镇）[④]，隶越州。贞观八年，隶廉州。垂拱二年，析置盆山县，割隶山州。天宝元年，隶合浦郡。乾元元年，复隶廉州。元和十一年，行岩州寄治于县境。永贞元年，以废山州之盆山县省入。

3. 封山县（618—907）

本隋合浦郡旧县，武德元年，隶合州。四年，隶越州。五年，割隶姜州，为州治，并析置东罗县。贞观十年，州废，隶廉州。十八年，省东罗县来属。天宝元年，隶合浦郡。乾元元年，复隶廉州。

附旧县1：东罗县（622—644）

武德五年，析封山县置东罗县，治东罗城（今灵山县武利镇）[⑤]，隶姜州。贞观十年，州废，隶廉州。十八年[⑥]，省入封山县。

4. 龙苏县（618—622）—蔡龙县（622—907）

蔡龙县，本隋合浦郡龙苏县，武德元年，隶合州。四年，隶越州。五年，改为蔡龙县[⑦]，以蔡龙洞为名，割隶姜州，并析置高城县。贞观十年，州废，改隶廉州。十二年，省高城县来属。调露二年，复析置高城县，割隶岩州。天宝元年，隶合浦郡。乾元元年，

---

① 《读史方舆纪要》廉州府合浦县："珠池废县：亦在府南。"

② 详见郭声波：《试解岩州失踪之谜——唐五代岭南岩州、常乐州地理考》，载《中国边疆史地研究》，2000年第3期。

③ 《新唐志》言大廉县系析合浦县置，按《隋书·地理志》云："龙苏：大业初，又并大廉县入。"则知大廉县非析自合浦，今改。

④ 《太平寰宇记》太平军石康县："废大廉县：在旧州东南一百里。"详见郭声波：《试解岩州失踪之谜——唐五代岭南岩州、常乐州地理考》。

⑤ 《读史方舆纪要》廉州府合浦县："东罗废县：在府南。"按东罗县既系析封山县置，则当在今浦北县武利江中游一带，不得在廉州府城之南，今不取。

⑥ 十八年：《新唐志》系于贞观十年后。按《旧唐志》廉州"旧领县五"，当含东罗县，则该县贞观十三年仍存，又考贞观十八年曾省罢一批岭南州县，如康州抚纳县、泷州正义县、药州及永业县、泰州、后燕州及新乐、安基二县，横州岭山县等，疑东罗县亦省于是年。

⑦ 两《唐志》言蔡龙县系析封山县置。按《太平寰宇记》太平军石康县云："废蔡龙县：旧州北一百五十里。"与隋龙苏县同在一地，即蔡龙洞（今浦北县福旺镇龙眼根），且龙苏县废于唐初，正与置蔡龙县时间相合，故知蔡龙县系龙苏县改名而来。

复隶廉州。

附旧州 1：姜州（622—636）

武德五年，割越州封山、龙苏二县置姜州，以姜山为名，治封山县，隶南尹州总管府，改龙苏县为蔡龙县，并置东罗、高城二县。七年，隶南尹州都督府。贞观七年，改隶桂州都督府。十年，州废，封山、东罗、蔡龙、高城四县改隶廉州。

附新州 1：行岩州（818—907）

元和十三年，析廉州合浦县地置行岩州及行常乐县，以安置废岩州移流民，隶容州管内观察使[①]。十五年，行岩州领行常乐一县。

咸通三年[②]，割隶岭南西道节度使。五年，复隶容州管内观察使。乾宁四年，隶宁远军节度使。

附新州 2：行交州（863）—行安南都护府（863—866）

咸通四年，置行交州于廉州合浦县海门镇[③]，隶安南都防御观察经略使，为使治。是年，改为行安南都护府。七年，罢镇，废行府，地还合浦县。

九、安乐郡（岩州）

岩州（680—742）—安乐郡（742—757）—**常乐郡（757—758）**—岩州（758—818）

调露二年（永隆元年），割郁林州安乐、石岩二县、白州思封县、廉州高城县置岩州[④]，以州境有岩冈为名，治安乐县，隶容州都督府。

武周长安四年，岩州领安乐、石岩、思封、高城四县，治安乐县。

天宝元年，改为安乐郡，以安乐县为名，隶普宁郡都督府。十三年，安乐郡领安乐、石岩、思封、高城四县，治安乐县。十五年，隶容州管内经略使。至德二年，避安氏名姓，改为常乐郡，改安乐县为常乐县。

乾元元年，复为岩州。二年，隶容州管内经略都防御使。后上元元年，隶容州管内观察使。元和十一年，为黄洞蛮所陷。十三年，州废，省常乐、石岩、思封、高城四县，别置行岩州于廉州境。

---

① 两《唐志》不载此事。《唐会要》卷 71 云："元和十三年十月，容州管内经略使奏：岩州黄洞贼所陷，请置行岩州于安乐县。从之。"按安乐县至德中已改常乐县，则所置行县亦当以常乐为名，详见郭声波：《试解岩州失踪之谜——唐五代岭南岩州、常乐州地理考》。

② 咸通：《唐会要》卷 71 作"咸亨"，误，今依《旧唐书·懿宗纪》、《资治通鉴》咸通三年五月。

③ 廖幼华：《唐末海门之兴起及地理位置考》，载（台北）《国立中正大学学报》人文分册，第 8 卷第 1 期，1997 年。

④ 《新唐志》云调露二年析横、贵二州置岩州，不确。详见郭声波：《试解岩州失踪之谜——唐五代岭南岩州、常乐州地理考》。

1. 安乐县（618—627，666—757）—常乐县（757—818）

武德元年，析南定州兴德县置安乐县，治安乐城（今贵港市木梓镇）[①]，以安居乐业为名，隶南定州。四年，隶南尹州。是年，割隶郁州。贞观元年，省入南尹州怀泽、郁州兴德二县。乾封元年，析贵州怀泽、郁林州兴德二县复置安乐县，仍隶郁林州。调露二年，割隶岩州，为州治。天宝元年，隶安乐郡，为郡治。至德二年，避安氏名姓，改为常乐县，隶常乐郡，为郡治。乾元元年，复隶岩州，为州治。元和十三年，州废，省入贵州怀泽、郁林州兴德二县。

2. 石岩县（680—818）

调露二年，析郁林州石南县置石岩县，治石岩城（今玉林市城隍镇）[②]，以县有岩冈为名，割隶岩州。天宝元年，隶安乐郡。至德二年，隶常乐郡。乾元元年，复隶岩州。元和十三年，州废，省入郁林州兴业县。

3. 思封县（680—818）

调露二年，析白州博白县置思封县[③]，治伏龙洞（今浦北县平睦镇）[④]，割隶岩州。天宝元年，隶安乐郡。至德二年，隶常乐郡。乾元元年，复隶岩州。元和十三年，州废，省入白州博白县。

4. 高城县（622—638，680—818）

武德五年，析姜州蔡龙县置高城县[⑤]，以高城水为名，治高城（今浦北县寨圩镇）[⑥]，隶姜州。贞观十年，州废，改隶廉州。十二年，省入蔡龙县。调露二年，析蔡龙县及横州乐山县复置高城县，割隶岩州。天宝元年，隶安乐郡。至德二年，隶常乐郡。乾元元年，复隶岩州。元和十三年，州废，省入廉州蔡龙县。

---

① 《新唐志》岩州：“常乐，本安乐，萧铣分兴德县置。”治地详见郭声波《试解岩州失踪之谜——唐五代岭南岩州、常乐州地理考》。白耀天《唐代在今广西设置的州县考（下）》（载《广西民族研究》，1999 年第 2 期）云在今玉林市西南，恐非。

② 郭声波：《试解岩州失踪之谜——唐五代岭南岩州、常乐州地理考》。

③ 思封：《新唐志》作“恩封”，今依《本钱簿》、《州郡典》、《旧唐志》。

④ 《新唐志》：“本伏龙洞，当牢、白二州之境。”今定于浦北县六硍镇，参详郭声波《试解岩州失踪之谜——唐五代岭南岩州、常乐州地理考》。

⑤ 史志不言此事，考详下文合浦郡条。

⑥ 《读史方舆纪要》廉州府合浦县：“高城废县，亦在府西。”按高城县后属岩州，则不在府西，而当在府北，系析蔡龙县置，《新唐志》系高城县沿革于合浦县，恐未的。参详郭声波《试解岩州失踪之谜——唐五代岭南岩州、常乐州地理考》。

一〇、定川郡（牢州）

南宕州（621—634）—前潘州（634—649）—牢州（668—742）—**定川郡**（742—758）—牢州（758—907）

武德四年，平萧铣，割南州南昌、定川二县置南宕州，并置陆川、温水、思城、宕川四县，治南昌县，隶南尹州总管府。七年，隶南尹州都督府。贞观六年，改隶桂州都督府，移治定川县。八年，改为前潘州，省思城县。十三年，前潘州领定川、陆川、温水、南昌、宕川五县，仍治定川县。二十三年[①]，州废，定川、陆川、宕川三县隶容州，温水、南昌二县隶白州。

乾封三年，将军王杲平蛮獠，割容州南流、定川、宕川三县置牢州[②]，以牢石为名（《太平寰宇记》），治南流县，隶容州都督府。

武周长安四年，牢州领南流、定川、宕川三县，治南流县。

唐天宝元年，改为定川郡，以定川县为名，隶普宁郡都督府。十三年，定川郡领南流、定川、宕川三县，仍治南流县。十五年，隶容州管内经略使。

乾元元年，复为牢州。二年，隶容州管内经略都防御使。后上元元年，隶容州管内观察使。元和十五年，牢州领县一如天宝十三年。

咸通四年，改隶岭南西道节度使。五年，复隶容州管内观察使。乾宁四年，隶宁远军节度使。

1. 南流县（621—907）

武德四年，析铜州北流县置南流县，治南流城（今玉林市城区）[③]，以南流江为名，仍隶铜州。贞观八年，隶容州。乾封三年，割隶牢州，为州治。天宝元年，隶定川郡，为郡治。乾元元年，复隶牢州，为州治。

① 史志不载前潘州罢废之年，按永徽元年，别析高州茂名、潘水、南巴、毛山四县置潘州，故知此前前潘州已罢。

② 两《唐志》皆载牢州本义州，武德二年以巴蜀徼外蛮置，五年为智州，贞观十一年（或十二年）更名牢州。按此段沿革乃黔中道夷州义泉条下故牢州之文，误羼入此，参详第十一章《黔中道》义泉郡条注。

③ 《太平寰宇记》郁林州南流县："（州）东南九十里。"

2. 定川县（618—907）

本隋合浦郡旧县[1]，武德元年，隶合州。四年，割隶南宕州，并析置思城县。贞观六年，移州治于此。八年，隶前潘州，仍为州治，省思城县来属。二十三年，州废，改隶容州。乾封三年，割隶牢州。天宝元年，隶定川郡。乾元元年，复隶牢州。

附旧县 1：思城县（621—634）

武德四年，析定川县置思城县，治思城（今玉林市石和镇）[2]，隶南宕州。贞观八年，省入定川县。

3. 宕川县（621—907）

武德四年，析定川县置宕川县，因泸宕水为名，治宕川城（今玉林市成均镇古城村）[3]，隶南宕州。贞观八年，隶前潘州。二十三年，州废，改隶容州。乾封三年，割隶牢州。天宝元年，隶定川郡。乾元元年，复隶牢州。

一一、宁仁郡（党州）

党州（682—742）—**宁仁郡**（742—758）—党州（758—907）

永淳元年，割郁林州善劳、宁仁、怀仁、善文四县置党州，以古党洞为名，治善劳县[4]，隶容州都督府。二年，析置安仁、怀义、福阳、古符四县，割隶平琴州。垂拱三年，以废平琴州之安仁、怀义、福阳、古符四县来属。

武周长安四年，党州领善劳、宁仁、安仁、怀义、福阳、古符、善文、怀仁八县，治善劳县。

唐神龙三年，复割安仁、怀义、福阳、古符四县隶平琴州。

天宝元年，改为宁仁郡，以宁仁县为名，隶普宁郡都督府，改怀仁县为抚安县。十

---

① 《新唐志》云定川县乃武德四年析北流县置，今据《隋书·地理志》。又，《太平寰宇记》郁林州南流县云："废定川县，在废州西北四十五里。"定川县似在今玉林市西北。然《读史方舆纪要》郁林州引《通志》云："今州西南三十里有定川下渡，相传即故定川县治。又州北二十里有定川上渡，亦以故定川县而名。"则定川县治今福绵镇船埠村，其地为定、宕二川水口，又为南流江上游码头，宜为县治。而所谓玉林西北说者，盖缘定川（今清湾江）经流而名也，非县治所在。《中国历史地图集》南朝齐、隋代幅置定川郡、定川县于船埠镇，而唐代幅置定川县于成均镇古城，互相矛盾。

② 依地理形势推定。

③ 《读史方舆纪要》郁林州："定川废县：其西有宕川废县。"宕川，《太平寰宇记》作"岩川"，今依《本钱簿》、《州郡典》、两《唐志》。《中国历史地名大辞典》第 3907 页云："岩川县治今（樟木镇）塘川。"今按其地近山而无大川，而宕川县位处泸宕川中，宜在今玉林市成均镇古城，泸宕水即今车陂江。

④ 此据《州郡典》、《太平寰宇记》。

三年，宁仁郡领善劳、善文、抚安、宁仁四县，治善劳县。十五年，隶容州管内经略使[①]。至德二年，改抚安县为抚康县[②]。

乾元元年，复为党州。二年，隶容州管内经略都防御使。后上元元年，隶容州管内观察使。建中二年，以废平琴州之容山、怀义二县来属，移治抚康县[③]，省善文、宁仁二县。元和十五年，党州领抚康、善劳、容山、怀义四县，治抚康县。

咸通四年，改隶岭南西道节度使。五年，复隶容州管内观察使。乾宁四年，隶宁远军节度使。

1. 善劳县（682—907）

永淳元年，析郁林州潭栗县置善劳县，治古党洞（今兴业县卖酒乡党州村）[④]，以为县名，隶党州，为州治。二年，析置安仁县，割隶平琴州。天宝元年，隶宁仁郡，为郡治。乾元元年，复隶党州，为州治。建中二年，移州治于抚康县，省宁仁县来属。

2. 怀仁县（682—742）—抚安县（742—757）—抚康县（757—907）

永淳元年，析郁林州潭栗县置怀仁县，治怀仁城（今兴业县小平山镇浪平村）[⑤]，隶党州。天宝元年，隶宁仁郡，以与河南道海州县名重，改为抚安县[⑥]。至德二年，避安氏名姓，改为抚康县，仍取怀柔之意。乾元元年，复隶党州。建中二年，移州治于此，省善文县来属。

3. 宁仁县（682—781）

永淳元年，析郁林州潭栗县置宁仁县，治宁仁城（今兴业县龙安镇滕冲村）[⑦]，隶党州。天宝元年，隶宁仁郡。乾元元年，复隶党州。建中二年[⑧]，省入善劳县。

---

① 《旧唐志》总序云，党州隶邕管经略使。然据《新唐书·方镇表》及《方镇研究》，党州未曾隶邕管，《旧唐志》盖据《州郡典》排序致误，今不取。

② 此据《太平寰宇记》、《舆地广记》。

③ 抚康：《新唐志》仍作抚安，误。今从《太平寰宇记》、《舆地广记》。

④ 《旧唐志》党州："西至平琴州二十二里，南至牢州一百里，北至绣州五十里，东南至容州一百五十里。"《太平寰宇记》郁林州南流县："废党州，理善劳县，……西至平琴治所二十里。……其（党州）善劳县，在容山县东二十里。"《读史方舆纪要》郁林州："善劳废县：州北七十里。"

⑤ 《太平寰宇记》郁林州南流县："废抚康县：在废（党）州东十五里。"《中国历史地名大辞典》云："抚安县治今蒲塘镇。"按蒲塘镇在党州村西北三十里，与《太平寰宇记》不合，不取。

⑥ 《本钱簿》。

⑦ 《中国历史地名大辞典》第3910页龙安乡滕冲条云："传唐代建村。"疑即古宁仁县治。

⑧ 《太平寰宇记》云，宋开宝间废党州时，仅已无宁仁县，《舆地广记》亦云，唐废平琴州入党州后，又省宁仁县，今定于建中二年。

4. 善文[①]县（682—781）

永淳元年，析郁林州兴业县置善文县，治善文城（今兴业县北市镇善民村）[②]，隶党州。二年，析置古符县，割隶平琴州。天宝元年，善文县隶宁仁郡。乾元元年，复隶党州。建中二年[③]，省入抚康县。

一二、平琴郡（平琴州）

平琴州（683—687，707—742）—**平琴郡**（742—758）—平琴州（758—781）

永淳二年，割党州安仁、古符二县及郁林州怀义、福阳二县置平琴州，治安仁县，隶容州都督府[④]。垂拱三年，州废，容山、怀义、福阳、古符四县隶党州。

神龙三年[⑤]，割党州安仁、怀义、福阳、古符四县复置平琴州。

天宝元年，改为平琴郡，隶普宁郡都督府。十三年，平琴郡领安仁、怀义、福阳、古符四县，治安仁县。十五年，隶容州管内经略使[⑥]。至德二年，改安仁县为容山县。

乾元元年，复为平琴州。二年，隶容州管内经略都防御使。后上元元年，隶容州管内观察使。建中二年，州废，容山、怀义二县还隶党州，省福阳、古符二县。

1. 安仁县（683—757）—容山县（757—907）

永淳二年，析党州善劳县置安仁县，治安仁城（今兴业县洛阳乡）[⑦]，割隶平琴州，为州治。垂拱三年，州废，还隶党州。神龙三年，复割隶平琴州，为州治。天宝元年，隶平琴郡，为郡治。至德二年，避安氏名姓，改为容山县，以县东容山为名。乾元元年，复隶平琴州，为州治。建中二年，州废，省古符县来属，容山县还隶党州。

---

① 《本钱簿》作善交，今从《州郡典》、《新唐志》。

② 《中国历史地名大辞典》第3907页云："善文县治今善民。"按唐代"文"、"民"音同，皆读"mən"。今从之。

③ 《太平寰宇记》云，宋开宝间废党州时，仅已无善文县；《舆地广记》亦云，唐废平琴州入党州后，又省善文县，今定于建中二年。

④ 《新唐书·方镇表》云，开耀后置桂州管内经略使时，无平琴州；而《大唐六典》、《本钱簿》平琴州隶容州管内。

⑤ 《舆地广记》郁林州南流县作"元年"，今依《新唐志》。

⑥ 《旧唐志》总序云，平琴州隶桂管经略观察使。然据《新唐书·方镇表》及《方镇研究》，平琴州未曾隶桂管，《旧唐志》盖据《州郡典》排序致误，今不取。

⑦ 《太平寰宇记》郁林州南流县："其（党州）善劳县，在容山县东二十里。"据此可知容山（安仁）县在今兴业县洛阳乡。《中国历史地图集》唐代幅置安仁县于今兴业县龙安镇第五塘山上，于地理环境不合，不取。

2. 怀义县（683—907）

永淳二年，析郁林州兴业县置怀义县，治怀义城（今兴业县蒲塘镇潭塘村）①，割隶平琴州。垂拱三年，州废，还隶党州。神龙三年，复割隶平琴州。天宝元年，隶平琴郡。乾元元年，复隶平琴州。建中二年，州废，省福阳县来属，怀义县还隶党州。

3. 福阳县（683—781）

永淳二年，析郁林州郁林县置福阳县，治福阳城（今兴业县高峰镇）②，割隶平琴州。垂拱三年，州废，还隶党州。神龙三年，复割隶平琴州。天宝元年，隶平琴郡。乾元元年，复隶平琴州。建中二年③，省入怀义县。

4. 古符县（683—781）

永淳二年，析党州善文县置古符县，治古符洞（今兴业县北市镇院垌村）④，割隶平琴州。垂拱三年，州废，还隶党州。神龙三年，复割隶平琴州。天宝元年，隶平琴郡。乾元元年，复隶平琴州。建中二年⑤，省入容山县。

一三、郁林郡（郁林州）

郁州（621—633，665—666）—郁林州（666—742）—**郁林郡**（742—758）—郁林州（758—907）

武德四年⑥，割南尹州石南、安乐、兴德三县置郁州，以隋旧州为名，治石南县，隶南尹州总管府，置潭栗县。贞观元年，省安乐县。七年⑦，州废，石南、兴德、潭栗三县还隶南尹州。

麟德二年⑧，割贵州石南、兴德、郁林三县及容州潭栗县复置郁州，治石南县，隶容

---

① 《太平寰宇记》郁林州南流县："废怀义县：在旧（平琴）州西北二十里。"《中国历史地图集》唐代幅置怀义县于今兴业县洛阳乡，按其地系安仁县治，其西北二十里当今蒲塘乡西境，今拟怀义县于潭塘村。

② 依地理形势推定。

③ 《太平寰宇记》云，宋开宝间废党州时，仅已无福阳、古符二县，"平琴州元领容山、怀义二县，尚列于废党州，其福阳、古符已绝基址，旧长庆时管户七百四十"。按长庆时管户既寡，可知福阳、古符二县已省，《舆地广记》亦云，唐废平琴州入党州后，又省福阳等县，今定于建中二年。

④ 依地理形势推定。

⑤ 参详本州福阳县注。

⑥ 《旧唐志》郁林州作"贞观中"。按《舆地纪胜》郁林州引《元和志》云："武德四年，于（石南）县置郁〔州〕（林），贞观六年废，以属贵州。"今从之。

⑦ 此据《旧唐志》桂州条。《舆地纪胜》引《元和志》原系于六年，按该条记载废南尹州都督府、龙州、郁州及置龚州都督府诸事，皆在七年，今改。

⑧ 《太平寰宇记》云麟德三年（即乾封元年）置郁州，今依《新唐志》。

州都督府[①]，置兴业县。三年（乾封元年），改为郁林州，以郁林县为名，割贵州安乐县来属。调露二年，割安乐县隶岩州。永淳元年，置善劳、宁仁、怀仁、善文四县，割隶党州。

武周长安四年，郁林州领石南、潭栗、兴业、兴德、郁林五县[②]，治石南县。

唐天宝元年，改为郁林郡，隶普宁郡都督府。十三年，郁林郡领石南、潭栗、兴业、兴德、郁林五县，治石南县。十五年，隶容州管内经略使[③]。

乾元元年，复为郁林郡。二年，隶容州管内经略都防御使。后上元元年，隶容州管内观察使。建中二年[④]，移治郁林县，省石南县。元和十五年，郁林州领郁林、兴德、兴业、潭栗四县，治郁林县。

咸通四年，改隶岭南西道节度使。五年，复隶容州管内观察使。乾宁四年，隶宁远军节度使。

1. 石南县（618—781）

本隋郁林郡旧县（今兴业县葵阳镇旧县村）[⑤]，武德元年，隶南定州，并析置兴德县。四年，隶南尹州。是年，割隶郁州，为州治，并析置潭栗县。贞观七年，州废，还隶南尹州。八年，隶贵州。麟德二年，复割隶郁州，为州治，并析置兴业县。乾封元年，隶郁林州，为州治。调露二年，析置石岩县，割隶岩州。天宝元年，隶郁林郡，为郡治。乾元元年，复隶郁林州，为州治。建中二年，移州治于郁林县，石南县省入兴业县。

2. 潭栗县（621—907）

武德四年，析石南县置潭栗县[⑥]，以潭栗水为名[⑦]，治潭栗城（今兴业县大平山镇古

---

① 据《大唐六典》、《本钱簿》，郁林州隶容州管内。

② 《本钱簿》郁林州有信丘县，共六县。吴震序云：“本簿‘郁林州’下有‘信丘县’。唐志并漏。《读史方舆纪要》一〇八：广西郁林州东南一里有信石山。据本簿，可知唐代曾于该州置有信石县（本簿误‘石’为‘丘’），宜以此补诸志之漏也。”按信石山在今玉林市东南，与郁林州中融南流县，不得置县隶郁林州，且信丘县不见于唐宋史志，疑系羼入。

③ 《旧唐志》总序云，郁林州隶桂管经略观察使。然据《新唐书·方镇表》及《方镇研究》，郁林州未曾隶桂管，《旧唐志》盖据《州郡典》排序致误，今不取。

④ 《新唐志》郁林州以郁〔林〕（平）县为首县，《舆地广记》郁林州兴业县云：“后州徙治郁林，而省石南入兴业。”以移州治与省石南县同时，今从之。《太平寰宇记》郁林州以兴业县为首县，盖五代时又移治兴业也。

⑤ 《旧唐志》郁林州：“东至平琴州九十里，南至牢州一百二里，西南至〔岩〕（昭）州一百一十里，北至贵州一百〔三〕（五）十里。”州治石南县当在今兴业县葵阳镇旧县村。《读史方舆纪要》郁林州兴业县云：“石南废县：县东北五十里。”当是兴德县道里。

⑥ 史志不载潭栗县沿革。按《旧唐志》云贵州旧领县八，仅列七县，尚缺一县，以地理形势推知，所缺县即潭栗县，郁州始置之初，由石南县析置，郁州废后隶贵州。

⑦ 《舆地纪胜》郁林州引《元和志》逸文：“潭礼水，在故牢州宕川县东五里。”按宕川县在今玉林市成均镇古城村，则潭礼水即潭栗水，亦即泸宕水，今车陂江是也。

城村），隶郁州。贞观七年，州废，隶南尹州。八年，隶贵州。二十三年，割隶容州[①]。麟德二年，还隶郁州。乾封元年，隶郁林州。永淳元年，析置抚安、善劳、宁仁三县，割隶党州。天宝元年，隶郁林郡。乾元元年，复隶郁林州。

3. 兴业县（665—907）

麟德二年，析石南县置兴业县[②]，治兴业城（今兴业县山心镇）[③]，隶郁州。乾封元年，隶郁林州。永淳元年，析置善文县，割隶党州。二年，析置怀义县，割隶平琴州。天宝元年，隶郁林郡。乾元元年，复隶郁林州。建中二年，省石南县来属。

4. 兴德县（618，621—907）

武德元年，析石南县置兴德县[④]，治兴德城（今贵港市湛江镇）[⑤]，隶南定州。是年，析置安乐县，而兴德县省入郁林县。四年，析郁林县复置兴德县[⑥]，仍治兴德城，隶南尹州。是年，割隶郁州。贞观七年，州废，还隶南尹州。八年，隶贵州。麟德二年，复割隶郁州。乾封元年，隶郁林州。天宝元年，隶郁林郡。乾元元年，复隶郁林州。

5. 郁林县[⑦]（618—907）

本隋郁林郡旧县（今贵港市东津镇），武德元年，隶南定州，为州治。是年，省兴德县来属。四年，隶南尹州，为州治。是年，复析置兴德县。贞观八年，隶贵州，仍为州治。麟德二年，移州治于郁平县，郁林县割隶郁州。乾封元年，隶郁林州。永淳二年，析置福阳县，割隶平琴州。天宝元年，隶郁林郡。乾元元年，复隶郁林州。建中二年，自石南县移州治于此。

---

① 史志不载此事。按《寰宇志》："唐麟德三（按三当作二）年，分贵、容二州置郁州。"时郁州郁林、兴业、兴德诸县皆系贵州旧县，唯潭栗县最靠东，有可能曾隶容州，其割隶容州时间，当在容州置都督府之时。

② 《太平寰宇记》云乾封元年置。

③ 白耀天《唐代在今广西设置的州县考（下）》（载《广西民族研究》，1999 年第 2 期）云："兴业县治今玉林市石南镇东北。"石南镇今属兴业县，其东北即山心镇。《太平寰宇记》郁林州云："北至贵州（界）九十二里，东南至旧牢州（界）五十里，西北至贵州（界）八十九里。"其地在今石南镇，距唐石南县仅六里，当为五代宋初兴业县治，非唐旧址。《读史方舆纪要》郁林州兴业县："州西北六十里，西北至浔州府贵县百二十五里。"则应是潭栗县道里。

④ 《新唐志》兴德县云："萧铣析石南置，寻废。"今定于武德元年置。

⑤ 《读史方舆纪要》郁林州兴业县："兴德废县：县西北二十里。"兴业县既在今兴业县山心镇，则可定兴德县在今贵港市湛江镇。

⑥ 郁林：《新唐志》作"郁平"，今依《旧唐志》。

⑦ 郁林：《本钱簿》、《太平寰宇记》、《新唐志》作郁平，《元和志》阙，今从《州郡典》、《旧唐志》。按唐代州郡名多从属县名，郁林郡以郁林县为名，则此处当以郁林县为是。

一四、常林郡（绣州）

林州（621—632）—绣州（632—742）—**常林郡**（742—758）—绣州（758—907）

武德四年，平萧铣，割南定州常林、阿林二县置林州，以常林、阿林二县各一字为名，治常林县，隶南尹州总管府，并置皇化、卢越、罗绣、归诚四县。五年，割皇化县隶前燕州。六年[①]，改为绣州，取罗绣县末字为名。七年，隶南尹州都督府。贞观六年，省卢越、归诚二县，复割前燕州皇化县来属。七年，改隶桂州都督府，割皇化县隶浔州。十三年，绣州领常林、阿林、罗绣三县，治常林县。二十三年，割隶容州都督府。

武周长安四年，绣州领县一如贞观十三年。

唐天宝元年，改为常林郡，以常林县为名，隶普宁郡都督府。十三年，常林郡领常林、阿林、罗绣三县，治常林县。十五年，隶容州管内经略使[②]。

乾元元年，复为绣州。二年，隶容州管内经略都防御使。后上元元年，隶容州管内观察使。元和十五年，绣州领县一如天宝十三年。

咸通四年，改隶岭南西道节度使。五年，复隶容州管内观察使。乾宁四年，隶宁远军节度使。

1. 常林县（621—907）

武德四年，析南定州郁林县置常林县[③]，治常林城（今桂平市下湾镇）[④]，割隶林州，为州治。是年，又析置归诚县。贞观六年，隶绣州，省归诚县来属，移治故归诚城。天宝元年，隶常林郡，为郡治。乾元元年，复隶绣州，为州治。

附旧县1：归诚县（621—632）

武德四年，析常林县置归诚县，治归诚城（今桂平市罗播乡）[⑤]，隶林州。贞观六年[⑥]，省入常林县。

2. 阿林县（618—907）

本隋郁林郡旧县，武德元年，隶南定州。四年，割隶林州，并析置罗绣、皇化二县。贞观六年，隶绣州。天宝元年，隶常林郡。乾元元年，复隶绣州。

---

① 《唐会要》作九年。

② 《旧唐志》总序云，绣州隶桂管经略观察使。然据《新唐书·方镇表》及《方镇研究》，绣州未曾隶桂管，《旧唐志》盖据《州郡典》排序致误，今不取。

③ 郁林：两《唐志》作“郁平”，按郁平县与常林县中隔郁林县，常林县当析郁林县置，今改。

④ 《中国历史地名大辞典》第3915页云：“武德四年置常林县，治今下湾镇。”今从之。

⑤ 《州郡典》常林郡：“南至宁仁郡五十里，西至怀泽郡百里，北至怀泽郡百里。”《读史方舆纪要》浔州府桂平县：“常林废县：府西南百五十里。……《旧志》：常林故县在今县西南〔一〕（二）百里。”贞观六年后之常林县治即故归诚城，在今桂平市罗播乡。

⑥ 《新唐志》云贞观七年省归诚县。今依《旧唐志》。

3. 罗绣县（621—907）

武德四年，析阿林县置罗绣县，治罗绣城（今桂平市罗绣镇），隶林州。是年，析置卢越县。贞观六年，隶绣州，省卢越县来属。天宝元年，隶常林郡。乾元元年，复隶绣州。

附旧县1：卢越县（621—632）

武德四年，析罗绣县置卢越县，以卢越水为名，治卢越城（今平南县六陈镇）[①]，隶林州。贞观六年，省入罗绣县。

（作者：郭声波，暨南大学文学院历史地理研究中心教授，博士生导师；郭姝伶，暨南大学文学院历史地理研究中心在读硕士研究生）

① 《太平寰宇记》容州："废常林县：卢越水，亦名灵溪水，在邑界。"按卢越县系析罗绣县置，而罗绣县又系析阿林县置，则卢越水当在原阿林县界，即今白沙河，《太平寰宇记》误系于常林，依地理形势分析，卢越县应在今平南县六陈镇一带。《中国历史地名大辞典》第3915页桂平市云："卢越县传治今中和乡境。"按今中和镇近山，地势狭隘，似非置县之地，不取。

宋人著作补正（60种）

李裕民

研究宋史离不开宋人著作，而我们在使用资料时，若不先做去伪存真的工作，就容易出偏差，故笔者在读书时，有所得，即做笔记，数十年来，已积累成一二十本册子，兹抽取近年所作60条录出，主要是对这些宋人著作内容做些补正，间及今人点校中的失误，供读者参考，不妥之处，欢迎指正。

目次：①《宋史艺文志》；②《宋会要辑稿》；③《宋太宗实录》；④《隆平集》；⑤《东都事略》；⑥司马光《资治通鉴》；⑦李埴《皇宋十朝纲要》；⑧《太平宝训政事纪年》；⑨《宋史全文》；⑩吕中《类编大事记讲议》；⑪《宋大诏令集》；⑫杜大珪《名臣碑传琬琰集》；⑬《象山先生年谱》；⑭梁克家《（淳熙）三山志》；⑮《（宝庆）会稽续志》；⑯陈骙《南宋馆阁续录》；⑰晁公武《郡斋读书志》；⑱王应麟《玉海》；⑲朱熹《朱子语类》；⑳董逌《广川书跋》；㉑《分门古今类事》；㉒钱易《南部新书》；㉓江邻几《嘉祐杂志》；㉔宋敏求《春明退朝录》；㉕司马光《涑水记闻》；㉖庞元英《文昌杂录》；㉗惠洪《冷斋夜话》；㉘《道山清话》；㉙赵令畤《侯鲭录》；㉚邵伯温《闻见录》；㉛马纯《陶朱新录》；㉜王观国《学林》；㉝张知甫《可书》；㉞何薳《春渚纪闻》；㉟张邦基《墨庄漫录》；㊱姚宽《西溪丛语》；㊲范公偁《过庭录》；㊳蔡絛《铁围山丛谈》；㊴费衮《梁溪漫志》；㊵陆游《老学庵笔记》；㊶李心传《建炎以来朝野杂记》；㊷叶绍翁《四朝闻见录》；㊸张端义《贵耳集》；㊹宋岳珂《桯史》；㊺《考古质疑》；㊻张方平《乐全集》；㊼胡宿《文恭集》；㊽王珪《华阳集》；㊾王安石《临川集》；㊿苏颂《苏魏公文集》；(51)苏轼《苏轼文集》；(52)张耒《张耒集》；(53)晁说之《晁景迂集》；(54)李昭玘《乐静集》；(55)陈东《少阳集》；(56)蔡絛《西清诗话》（明钞本）；(57)胡仔《苕溪渔隐丛话》；(58)《唐宋分门名贤诗话》；(59)赵与虤《娱书堂诗话》；(60)王仁俊《玉函山房辑佚书续编》所录宋人书。

1.《宋史艺文志》

陈乐素作《宋史艺文志考证》，颇正其失，然尚有未纠者，今补二则。

（1）卷202《艺文志》小学类：《石鼓音》一卷，《集古系时》十卷（作者不详）。

按：《石鼓音》，《古文苑》卷1："石鼓文（周宣王狩于岐阳所刻石鼓文十篇，近世薛尚功、郑樵各为之音释，王厚之考正而集录之，施宿又参以诸家之本，订以石鼓籀文，真刻刊梓于淮。）"则此书之作者先后有薛尚功、郑樵、王厚之、施宿四人。

又《集古系时》，其作者为郑樵。同书目录类已有郑樵所撰《集古今系时录》，二者实为一书，而前者缺"录"字，后者衍"今"字。《直斋书录解题》卷8："《集古系时录》十卷，《系地录》十一卷，郑樵撰。大抵因《集古》之旧，详考其时与地，而系之二书，相为表里。”（此条《文献通考》引陈氏之言，原本脱，今补入。）郑樵将欧阳修《集古录》按时间和地理重新编排，成为二书，《宋史艺文志》失载《系地录》十一卷。

（2）刘敞《先秦古器图》一卷（《宋史》卷202）。

《欧阳文忠公集·集古录跋尾》卷1作《先秦古器记》：“原甫在长安，所得古奇器物数十种，亦自为《先秦古器记》，原甫博学，无所不通。”

刘敞有《先秦古器记》，称：“先秦古器十有一物，制作精巧，有款识，皆科斗书，为古学者莫能尽通，以他书参之，乃十得五六，就其可知者校其世，或出周文武时，于今盖二千有余岁矣。嗟乎！三王之事万不存一，诗书所记，圣王所立，有可长太息者矣，独器也乎哉？兖之戈，和之弓，离磬崇鼎，三代传以为宝，非赖其用也，亦云上古而已矣。孔子曰多见而识之，知之次也，众不可盖，安知天下无能尽辨之者哉？使工模其文，刻于石，又并图其象，以俟好古博雅君子焉，终此意者，礼家明其制度，小学正其文字，谱牒次其世谥，乃为能尽之。”（《皇朝文鉴》卷79）则其书有文有图，故《籀史》所载为刘原父《先秦古器图碑》一卷，且云：“讳敞，吉州人，字原父，自叙其略云：‘先秦古器十有一物，制作精巧，有款识，皆科斗书，为古学者莫能尽通，以他书参之，乃十得五六，就其可知者较其世，或出周文武时，于今盖二千有余岁矣。’”引文即《先秦古器记》之文，则《先秦古器图碑》与《先秦古器记》实为一书。

2.《宋会要辑稿》

此书之价值已为世所公认，唯使用时仍需注意其缺陷。

（1）有些内容与事实不符。如“选举”、“职官”之黜降所记升、贬官的原因不可全信，不是诏书文字抄录错了，而是所列政绩未必符合事实。此仅举一例：“宣和三年闰五月六日，诏朝请郎、直秘阁、广南东路转运使燕瑛职事修举，应奉有劳，特除知龙图阁，令再任。”（《宋会要辑稿》选举33之35）

看了这一条，不要以为他真的干得很好，要注意“应奉有劳”四字，实际上是指他供奉上司有功，说白了是会拍上级马屁，拿什么供奉？无非是搜括、贪污。《可书》就说出了这一秘密：“燕瑛罢广漕，还朝，载沈水香数十舰以遗宦寺，遂尹应天府，时人谓之香燕大尹。”

（2）“职官”之黜降所收不全。如罢免知静江府詹仪之。《宋史全文》卷27下：“淳熙十六年春正月壬寅，……诏仪之落职罢官，送袁州居住。”

（3）年号有错误。如《宋会要》礼21之31“顺济庙”，“在兴化府莆田县白湖，灵惠昭应崇福善利夫人，绍兴四年十二月封灵惠妃”。

按：“绍兴”当作“绍熙”，楼钥撰有《兴化军莆田县顺济庙灵惠昭应崇福善利夫人封灵惠妃》（宋楼钥《攻媿集》卷34），按：此卷前之《知扬州钱之望复直宝文阁》、《郭棣知泸州》均撰于绍熙三年，其后之《大中大夫参知政事胡晋臣提举修寿皇会要并礼仪使转一官》，其修成《寿皇会要》在绍熙三年十二月（《宋史》卷34光宗纪）。知此必作于同一年。咸淳《临安志》卷73亦云：“顺济圣妃庙，在艮山门外，考之庙记，神本莆田林氏女，数著灵异，祠于莆之圣堆。宣和五年（1123）赐顺济庙额，自绍兴二十六年（1156）封灵惠夫人，绍熙三年（1192）改封灵惠妃。”

（4）时间有错误。《宋会要》礼41之52“辍朝”条：“保静军节度使郭承祐，皇祐三年（1051）十二月，辍一日。”按：《长编》卷171页4117：皇祐三年（1051）“十一月己酉（二日），许州言：保静节度使郭承祐卒”。则十一月己酉（二日）朝廷已知消息，不可能过一个多月才辍朝，一般都是第二天就辍朝，故此“十二月”应为“十一月”之误。

3.《宋太宗实录》

原来八十卷，今存二十卷。甘肃人民出版社2005年11月版，燕永成点校。

文末有辑佚，其中页237据《玉海》所辑《实录·郭贽传》，实为《真宗实录》文，《实录》的传均附于传主死之年月日下，郭贽卒于真宗大中祥符三年，其传必附于此年下。所记其与太宗的关系，乃是传中之追溯。

此外，尚有可补辑二条：

（1）《书史》引《太宗实录》载“购得顾笔一卷”。

（2）太宗淳化四年三月六日甲午，知雄州何承矩言：“近年水潦频降，河流泛滥，坏州城民舍，蓄聚为陂塘，妨种艺，欲因水利，大兴屯田以便民。”诏从之。壬子，乃以承矩为制置使，懋为判官（《宋会要》食货64之37）。

4.《隆平集》

卷19《郭恩传》：“时知麟府州武戡、通判夏倚已筑一堡。”

按：“麟府州”之“府”乃衍文，据《宋史》卷326、《长编》卷186均作知麟州武戡。武戡并未兼知府州，此时知府州乃折继祖。

5.《东都事略》

卷21《张永德传》：“并州曲阳人也。”

按：“曲阳”乃“阳曲”之误。阳曲为并州属县，曲阳则在河北。

人物传所载享年，颇有《宋史》所无或有异者，多可取，然也有失误者，例如：

卷48钱易，年五十九。按：《碑》作年五十七（《苏魏公集》卷52）。

卷55郑戬，年六十三。按：《墓志》作年六十二（《文恭集》卷36）。

卷56晏殊，年六十三。按：《碑》作年六十五（《欧阳文忠公集》卷22）。

卷58韩综，年四十六。按：《墓志》作年四十五（《乐全集》卷39）。

卷58韩亿，年七十二。按：《行状》、《碑》、《墓志》（《苏学士集》卷16、《乐全集》卷37、卷39）作年七十三。

卷60司马池，年五十三。按：《碑》作年六十三［《涑水司马氏源流集略》、《（成化）山西通志》卷15］。

卷70程戡，年七十七。按：《碑》作年七十（《乐全集》卷36）。

卷115苏舜钦，年四十。按：《墓志》作年四十一（《欧阳文忠公集》卷31）。

卷119李用和，年六十二。按：《行状》、《墓志》作年六十三（《景文集》卷58、卷61）。

以上九人年龄，《事略》当误，应以碑、志为准，碑、志乃第一手资料。

6. 司马光《资治通鉴》

（1）《资治通鉴》卷205：天册万岁元年（695）正月，韦巨源贬麟州。

考异：旧纪传、新纪表传皆作鄜州，《统纪》作瀛州，《实录》、《唐历》作麟州，今从之。

按：开元九年（721）秋七月始置麟州（《资治通鉴》卷212），此前二十余年，韦巨源不可能贬麟州，麟州当作“鄜州”，“麟”与“鄜”字形相近，致误。

（2）卷253页8211考异：郭延海《妖乱志》曰：初，黄巢将蹂践淮甸，委师铎为先锋，攻胁天长，累日不克，师铎之志沮焉。及巢北向，师铎遂降北海。

按：“延”当为“廷”之误。《新唐书》卷58、《通志》卷65、《文献通考》卷196均作郭廷诲，《宋史》卷203作郭廷晦（晦乃诲之误，此条，陈乐素已揭出，但廷字不误）。

又按：此书或云：实为罗隐所作。唐罗隐《罗昭谏集》卷7“杂著”第九篇为“广陵妖乱志”，凡4条，与《说郛》所载同。

（3）卷294页9594：显德六年二月壬午，“命侍卫都指挥使韩通、宣徽南院使吴廷祚，发徐、宿、宋、单等州丁夫数万浚汴水”。

按：“都指挥使”乃“都虞侯”之误。是时韩通为侍卫亲军都虞侯，侍卫都指挥使乃李重进。同卷页9596三月丁卯，“命侍卫亲军都虞侯韩通等将水陆军先发”可证。

（4）卷294页9598：显德六年五月辛亥，“以侍卫马步都指挥使韩令坤为霸州都部署”。

按：“马步都指挥使”乃“马军都指挥使”之误。是时侍卫马步都指挥使乃李重进，韩令坤为侍卫马军都指挥使，其官低于侍卫马步都指挥使、都虞侯。韩任此职始于显德元年（954）十月（《旧五代史》卷114页1520），至显德六年七月始升为侍卫马步都虞侯（《旧五代史》卷120页1592）。页9595：二月甲申，“命马军都指挥使韩令坤自大梁城东导汴水入于蔡水”可证。

（5）卷294页9601：显德六年六月己丑（十五日），“又以宣徽南院使吴延祚为左骁卫上将军，充枢密使；加归德节度使、侍卫将军都虞侯韩通、镇宁节度使兼殿前都点检张永德并同平章事；仍以通充侍卫亲军副都指挥使；以太祖皇帝兼殿前都点检”。

按：依此记载，此时后周同时有两位殿前都点检，显然有误。是时张永德已被解除军职，从此殿前司的大权落到赵匡胤手中，这是当时的一件大事，也为后来赵匡胤称帝创造了条件。《旧五代史》卷119有明确记载：己丑，“以宣徽南院使吴延祚为枢密使行左骁卫上将军；以宋州节度使、侍卫都虞侯韩通为侍卫亲军副都指挥使，加检校太尉同平章事；澶州节度使兼殿前都检点、驸马都尉张永德落军职，加检校太尉同平章事；以今上为殿前都点检，加检校太傅，依前忠武军节度使”。《资治通鉴》此条于“张永德”下应补“落军职”。

7. 李埴《皇宋十朝纲要》

以往都以为此书之前九朝系从《长编》摘抄而来，因而只重视其今本《长编》所缺的部分。实际并非如此。笔者核对过两书的治平元年至四年闰三月部分，发现有出乎

《长编》以外者，有补充史料之价值，也有《长编》虽有而彼此有出入，可资校勘者。

此书失误之处，兹订正如下：

（1）卷17页404：政和五年（1114）四月“己卯，毁台州天宁寺所刻《三教图》并《辨正论》毁辱道教等文字”。

按：此月庚子朔，无己卯，“己”乃“乙”之误，乙卯即十四日，观其下一条乃丙辰（十五日）即可知。

（2）卷18页432：宣和二年十月，“丙子（九日），睦州青溪妖贼方腊反，据帮源洞，四出焚掠，聚众几万人”。

按：其下为癸未（十六日）、己丑（二十二日）事，接着又记：“丙子（九日），方腊起帮源洞，杀里正，纵兵侵掠。”此条不应列于二十二日之后，其所记内容多见于前条，而又略有异，应并入前条。

（3）卷18页436：宣和三年二月乙未，“方腊陷处州，余党陷信州”。

按：信州未被攻陷。《通鉴长编纪事本末》卷128“讨方贼”：“方腊陷处州，余党逼信州。”《宋会要》兵10之17：“余党逼信州，又陷处州。”仲并《浮山集》卷4《后乐堂记》：“宣和二年……十二月……敌覆浙东，军张甚。倾之，焚吴（按：当作婺）源、开化，屡以兵逼信，知有备引去。”

此外，卷1“升改废置州府”开宝六年条应补：置大宁监于夔州大昌县之盐泉所（《宋朝事实》卷19）。

8.《太平宝训政事纪年》

五卷。有“宋史资料萃编”本。此书《四库全书》未收，所引《编年》、《宝训》等书，均佚，有较高史料价值。本书时引富弼“增释”之语，凡55条，都是借训释《宝训》，发挥大义，阐述个人观点，足可了解其政治、史学见解。富弼释文，《宋史全文》已大量征引，可见其在宋代影响颇大。本书所引，似为节文，与《宋史全文》相校，稍有脱误，如页8所引富弼语：“储蓄，待王师”句，“储”之前缺“怀州刺史知车驾将至，日夜”，“待”之前缺“以”字，可据《宋史全文》卷1补。又页28、页30、页65、页72富弼语，均有脱误，可据《宋史全文》所引补正。

此书乃抄本，不避宋孝宗讳，必非孝宗时所抄。书中颇有错字、脱字，页5“殷”误作“敖”，页50“普”误作“并”，页59“兴”误作“与”，页95“遗”误作“遣”，页101“迩”误作“通”，“阁”均误作“阁”，皆由形近而误。页105“得”误作“德”，因形、声皆近而误。页6“樊爱能”，脱“能”字。页89“两”下空一格，所阙乃“浙”字。

9.《宋史全文》

黑龙江人民出版社2004年6月版，三册，李之亮点校。此书有“宋史资料萃编”本、《四库全书》本，以前者较佳。点校本未以前者为底本，也未据以作校勘，出现不少无谓的失误。但数百年来，未见刊行，点校本之出，对读者来说多少还是提供了方便。惜此本既有点校之误，也有排印之误，读者得特别注意辨别，如“阁门”之“阁”，几乎都被误排为“阁”（如卷26上页1778行2“阁门祗候”等）。此例不再一一列举，其他失误，略举数例于下。

一是文字有误而失校者：

（1）卷12上页615："赐进士王铎以下……"

按："王"乃"徐"之误，见《长编》卷213页6693。

卷13下页765秋七月，"诏范祖禹移化州安置，刘光世移梅州安置，王岩叟、范祖禹、刘安世、朱光庭诸子并勒停，永不收叙。"按："刘光世"，《长编》卷500页19123记此事作刘安世，知"光"乃"安"之误。

（2）卷14页783："崇宁元年七月甲子，诏……置讲议司。"

按：是月无甲子，据《长编拾补》卷20、《宋史》卷19页364本纪当作"甲午"。

（3）卷14页784行8："冯子才文集"。

按："冯"乃"马"之误。"子才"乃"马存"之字。见《长编拾补》。

（4）卷14页816行2："蔡攸史补"。

按"攸"当作"絛"。《史补》系《国史后补》之简称，蔡絛所作。

（5）卷14页814："风凰"。

按："风"乃"凤"之误。

（6）卷20中页1276行14："徽州布衣工悱"。

按"工"当作"王"，见《要录》卷119页1920。

（7）卷20中页1297行8："时铨妾孕临月"。

按："妾"，据《要录》卷123页2044应作"妾"。

（8）卷21上页1346行7："金将那王"。

按："那"乃"邢"之误，见《要录》卷139页2235。

（9）卷21中页1381行5："赵性之"。

按："性"字应作"甡"，此人乃《中兴遗史》之作者。

（10）卷21中页1386行8："僧宗果"，两见。

按："果"均应作"杲"，见其年谱。

（11）卷21中页1408行6："左谏议大夫何苦"。

按："苦"应作"若"，参页1405。

（12）卷22上页1469："州人目之为水日灯笼"。

按："日"当作"晶"，见《系年要录》卷167页2735。

（13）卷22上页1484行10："武罔军"。

按："罔"当作"冈"。

（14）卷23上页1567行15："樅扬镇"。

按：点校本"樅"字左旁误从手，应据《要录》卷191页3201改。扬，本书与《要录》作"杨"，均误，当作"阳"，《元丰九域志》卷5页203有樅阳水。

（15）卷24下页1685行12："十二庚寅"。

按："二"下缺"月"字。

（16）卷24下页1688行1："将芾"。

按：应作"蒋芾"。参页1685。

（17）卷27上页1877行12："卢州"。

按：应作“庐州”。

（18）卷27上页1893行11，卷27下页1924行1：“张勺（左从示）”。

按：应为“张杓”，乃张浚之子，见卷24上页1656。

（19）卷27下页1916行2：“王偁上《东都事略》”。

按：“王偁”应作“王称”。

（20）卷29下页2056行7，卷29下页2057行9，卷29下页2058行4及5，卷29下页2068行10，卷30页2073行11及13：“丘崇”。

按：以上之“丘崇”均应作：“丘密”。

（21）卷36页2390行9：“参知政事休梦然”。

按：“休梦然”应作“何梦然”，见《宋史·宰辅表》。

二是标点之误：

（1）卷24上页1652行10：“詹叔善引年，知止足，励士风”。

按：上述标点，无法读通，应标为“詹叔善引年知止，足励士风”。

（2）卷25上页1722行7：“祖宗茶法已尽，是诚不必更变”。

按：当标为“祖宗茶法已尽是，诚不必更变”。

（3）卷26上页1791行15：“龚茂良李彦颖”。

按：此为二人名，应标作“龚茂良、李彦颖”。

（4）卷27上页1862行14：“三朝宝训”。

按：此乃书名，应作“《三朝宝训》”。

（5）卷27上页1887行3：“靖康明受”。

按：此为二年号，应标“靖康、明受”。

（6）卷29下页2050行1：“修宪圣慈烈皇后事迹”。

按：应标作“修《宪圣慈烈皇后事迹》”。

（7）卷29下页2051行5：“上钦宗皇帝玉牒、宪圣慈烈皇后事迹”。

应作“上《钦宗皇帝玉牒》、《宪圣慈烈皇后事迹》”。

10. 吕中《类编大事记讲议》

卷23：“种师道一败榆次”。

按：败于榆次者乃种师中，非种师道。

11. 《宋大诏令集》

1962年中华书局点校本。原书240卷，今存196卷。

前有司义祖序，称此书为“北宋九朝王言之汇编”。

按：此说不确，书中最晚记至宣和七年十二月（见卷184页669），并无宋钦宗时之诏令，只能说“北宋八朝王言之汇编”。另，页841有宣和八年六月诏，按：宣和无八年，据《宋史》本纪，此诏乃宣和六年所下，“八”为“六”之误。

12. 杜大珪《名臣碑传琬琰集》

《名臣碑传琬琰集》上23毕仲游《孙沔神道碑》：“四年甲申，薨于鄜州。”

按："四年甲申"乃"四月甲申"之误。《长编》卷208：治平三年夏四月甲申朔，"观文殿学士、户部侍郎孙沔自环庆改帅鄜延，未至，卒于道"。

13.《象山先生年谱》

宋李子愿编，清李绂增订，凡三卷。

卷中：淳熙八年，秋，作《祭吕伯恭文》。见《文集》卷26。

按：此文亦载吕祖谦《东莱集》附录二，题为"陆主簿子静"，首云："维皇宋淳熙八年岁次辛丑十有一月癸酉朔六日戊寅，廸功郎、新建宁府崇安县主簿陆九渊谨以清酌庶羞之奠，致祭于故主管直阁郎中吕公先生之灵：玉在山辉，珠存川媚。"《陆象山集》所收此文唯录"玉在山辉"以下内容，缺"维皇宋"至"之灵"61字，编者唯见陆集，而不查检《东莱集》，故系时有误，由此文，知祭文作于十一月六日，已属仲冬，年谱作"秋"，误也。

14. 梁克家《（淳熙）三山志》

海风出版社2000年点校本。以小草斋本为底本，以《四库全书》本等参校。

淳祐四年进士条下有"周淼，陈预，陈宁祖，张梦高，陈堥，张枋，许安国，庄孟芳，黄宏子，李周翰，郭珏，郑（阙），郑□龙，李得，冯腾，张清之，林应昴，陈仲实，黄有，林黄，陈锡，朱□，魏文俊，刘域，刘应霆，张全"等26人。

按：除"李得，冯腾，魏文俊，刘域，刘应霆"外，均见《宝祐四年登科录》，名列四甲、五甲之进士。他们是宝祐四年进士，当系错简，被误植于淳祐四年条。"郑（阙）"当即《登科录》中之郑应雷，五甲69人。"陈仲实"，《登科录》作"陈仲宾"，"实"当为"宾"之误。至于李得等5人，因今本《登科录》缺失部分名单，他们也可能在这缺失名单之中。

卷32页491及页493颇多缺字，兹略补于下：

（1）页491：余孟成字振□，侯官人，伯□之孙。

按：振□应为振之，伯□应为伯逵。政和八年进士，见卷27页344。

（2）页491：□□□……本族撰、宋臣、熹。

按：其姓为"李"，李撰、宋臣，均崇宁五年进士。见卷27页335。

（3）页491：□□龙，字大发。

按：□□，《八闽通志》卷48页94作林得。

（4）页491：□□□，字敬则，长溪人。继祖侄孙。

按：姓杨。杨继祖，乾道八年进士。见卷30页384。

（5）页493：张清一。

按：据《宝祐四年登科录》、《八闽通志》卷48页94，应作张清之，为五甲107人。

（6）页493：林应昂。

按：昂，据四库本《三山志》、《宝祐四年登科录》、《八闽通志》卷48页94应作"林应昴"，为五甲103人。

（7）页493：宗子正奏：孟俨，必橙，与锅，若琟，孟镄，若□。

按：四库本"孟俨"下有"上舍"二字。"若□"后，有"此后缺失，无考究处"。

应据补以上10字。

又按：《八闽通志》卷48页94所记宗子正奏人名，与此全异。录于下：

与秀（左从玉），古县人。必同，闽清人。时掌、崇窑（俱连江人）。

15.《（宝庆）会稽续志》

《四库全书》本据天一阁本收入。按《永乐大典》卷2267页8—12有此书，所收庆元二年徐汝铎镜湖文，为此书所未收。内引《中兴小历》绍兴二十九年事85字，今本未见，可补其缺。

16. 陈骙《南宋馆阁续录》

此书于任命馆职而未赴者不录。如张洽，曾命为秘书郎、著作佐郎而未上任，不收。《宋史》卷430页12785《张洽传》："端平初，大臣多荐洽，召赴都堂审察，洽以疾不赴，乃除秘书郎，寻迁著作佐郎。度正、叶味道在经幄，帝数问张洽何时可到，将以说书待洽。洽固辞，遂除直秘阁主管建康崇禧观。"

有点校本，间有不妥者。如：

《续录》卷3页181行1"吴道子一"之下"；"当标作"，"。

《续录》卷3页185行6"文仝"，"仝"当作"同"。

《续录》卷3页185行7"王侁"，"侁"当作"诜"，王诜乃宋神宗妹夫。

《续录》卷5页211行8"史浩"，行9"郑藻"，均缺标人名号。

《续录》卷8页301末行"蒋重修榜"，"修"当作"珍"。

17. 晁公武《郡斋读书志》

（1）卷1下：《左氏纲领》四卷，右皇朝文济道撰。排比事实为俪句蒙求之类也。

按：据本书体例作者均称其姓名，文济道名正伦，字济道（见《金石苑》卷3《文正伦墓志铭》），此称字显然不妥，应改称名。又此书志铭作《左氏纠□》三卷，与此异。

（2）卷4下："《艺圃折衷》六卷，右皇朝郑厚，莆阳人，绍兴中举进士第一，坐台评废于家。"

按：绍兴状元无郑厚，《要录》卷93绍兴五年九月乙亥（五日），"省试魁赋郑厚"，《八闽通志》卷71本传云："绍兴礼部奏赋第一，调广西提举司干办公事。"可见郑厚并非进士第一，也不是礼部进士试第一（绍兴五年礼部试进士第一为樊光远），而是礼部试赋第一。

（3）卷4下："《杨元素集》四十卷，右皇朝杨绘，字元素，汉州绵竹人。幼警敏，读书一过辄诵，至老不忘。皇祐初擢进士第二人，累擢翰林学士。沈存中为三司使，暴其所荐王永年事，因贬官，终于天章阁待制、知杭州。尝居无为山，号无为子，为文立就。"

按："初"字不确，应作"五年"。《宋会要》选举2之8："三（当作五）年五月初一日，以新及第进士第一人郑獬为将作监丞，第二人杨绘、第三人滕甫并为大理评事、通判诸州，第四人雍子方、第五人宇文之奇并为两使职官。"

18. 王应麟《玉海》

卷178：《夫农书》。

按：据《遂初堂书目》、《宋史》卷205《艺文志》，当作《农夫书》。

19. 朱熹《朱子语类》

《朱子语类》是朱熹语录的汇编，史料价值甚高，但也有失误处。如：

（1）卷130页3119："东坡下御史狱考掠之甚，苏子容时尹开封勘陈世儒事，有人言文潞公之徒尝请托之类，亦置狱。"注："子容与东坡连狱，闻其有考掠之声，有诗云云。"

按：朱子此语不符合事实。苏颂之诗名《元丰己未三院东阁作》，凡十四首，其第五首云："却怜比户吴兴守，诟辱通宵不忍闻。"自注："时苏子瞻自湖守追赴台劾，尝为歌诗有非所宜言，颇闻镴诘之语。"这里只说："诟辱"、"镴诘"，意即责问、侮辱、谩骂，没有说"闻其有考掠之声"。

还有以下三点可以作旁证：①有关这一案件的材料保留至今的非常多，但都没有说到用刑。②苏轼事后多次提及此事，从来没有说到对他用了刑。③苏辙《为兄轼下狱上书》云："轼之将就逮也，使谓臣曰：轼早衰多病，必死于牢狱。"这说明，当时苏轼的身体很差，哪能经得起120天的折磨？如果真是用刑，早就没命了。

（2）卷128：仁宗时淮南盗贼发，赵仲约知高邮军，反以金帛牛酒使人买觅他去。

卷108：淮南盗王伦破高邮，郡守晁仲约以郡无兵财，遂开门犒之使去。

以上记同一事，一作晁仲约，一作赵仲约，互相矛盾。按：《宋会要》职官64之43：庆历四年正月十一日，"高邮军知军、太常丞晁仲约追三官勒停"。则其人当姓晁，而非赵。

今本点校之误：

（1）卷110页2710：赵昌父相见，因论兵事。先生曰……今日诸生坐于屋下，何以知其能？纵有韩白复生，亦何由辨之？

按：韩白乃二人名，韩信与白起，当标为韩、白。

（2）卷128页3075：赵表之生做文官，才到封王，（封安定郡王。）便用换武。

按：当标为：安定郡王。又宋安定郡王无赵表之其人，表之当为字。

（3）卷128页3078：盖自绍圣初，章惇为相，蔡汴修国史。

按："汴"，《四库全书》本作"卞"，是。蔡卞乃蔡京之弟，王安石女婿。

（4）卷130页3098：又问韩师朴、曾子宣建中事如何？曰：渠二人却要和会。子宣日录极见渠心迹。

按："会"，《四库全书》本作"曾"，是。此条当标作：又问韩师朴、曾子宣建中事如何？曰：渠二人却要和。曾子宣《日录》极见渠心迹。

（5）卷130页3124：曾子宣手记被曾拣出好底印行，某于刘共父家借得全书，看其间邪恶之论甚多。或问若据布所记，则元符间何为与章厚同在政府，而能两立？

按："章厚"当作"章子厚"。

（6）卷130页3135：旧常见知宗子焘云：高宗在南京时有宗室十五太尉者名叔尚。

按：知宗即知大宗正寺，乃官名，赵子涛，淳熙时任是职，见《福建通志》卷21。标点中“宗”字下的短横宜删去。

（7）卷132页3175：邓名世吏，临川人，学甚博，赵丞相以白衣起为著作郎，与先吏部同局，吏部甚敬畏之，有考证文字甚多，考证姓氏一部甚详。

按：邓名世字元亚，见《中兴馆阁录》卷7“著作佐郎”条、《直斋书录解题》卷8“古今姓氏书辨证”条。此作“吏”，当因下文记吏部事而误。应删。

（8）卷138页3285：尝见徐侍郎敦立……

卷139页3318：旧见徐端立言……

按：“徐端立”即“徐敦立”。徐度字敦立，避光宗讳改“敦”为“端”。此“端”字应改为“敦”。

20. 董逌《广川书跋》

（1）卷7：《封氏记》：神龙（705—706）已来，杏园宴后，慈□塔下题名，同年中推善书者纪之，他时有将相朱书之，及第后知闻，或过未及第时题名，则添前字。

按：封氏《闻见记》不见此条记载。《广川书跋》所引内容实出《唐摭言》卷3。原文云：“神龙已来，杏园宴后，皆于慈恩寺塔下题名，同年中推一善书者纪之，他时有将相，则朱书之，及第后知闻，或遇未及第时题名处，则为添前字，或诗曰：曾题名处添前字，送出城人乞旧诗。”

（2）卷7又云：段成式曰：慈恩寺题名，自张莒于寺中题其同年人，因为故事。

按：今本《酉阳杂俎》，未见此条。此实出刘公《嘉话录》。原文如下：“慈恩题名，起自张莒，本于寺中闲游而题其同年人，因为故事。出《嘉话录》。”（《太平广记》卷256）

21.《分门古今类事》

卷18“郑珏吉凶”条李畋自述《该闻集》：“七十三罢和议郡，赴阙致仕。”

按：和议郡，“议”乃“义”之误，即荣州。《元丰九域志》卷7页329：“荣州，和义郡。”

22. 钱易《南部新书》

中华书局黄寿成点校本。

页37行2：“自明之鄞县来。”“明”下缺专名号，明即明州（今宁波）。

页123行4：“后著<u>唐历</u>”，唐下误标专名号，以其为朝代名。其实乃书名，应标作“《唐历》”。

23. 江邻几《嘉祐杂志》

上海古籍出版社点校本。此书随意而录，故时有类似处，如条24与条186。也有与孔平仲《谈苑》相同者。

页578第85条“杨弦望之当官……为江南转运使”。按：“弦”当作“纮”，《宋史》卷305《杨纮传》云：“杨纮字望之。”其为江南转运使在庆历三年，五年自江南转运使调知衡州（《长编》卷157）。

点校本之误：

（1）页577条79："太学生郑叔雄用……荐为秘书省校书郎、起居舍人。范师道论列云……"

按：起居舍人乃范师道之官，此应标点为"荐为秘书省校书郎，起居舍人范师道论……"

（2）页580条108："追官勒停举，主关吏一例见劾"。

按：应标为"追官勒停，举主关吏一例见劾"。

（3）页583条137："齐廊公辟大卿"。

按："廊"乃"廓"之误。

（4）页587条179："退传相公"。

按："传"当作"傅"，退傅即张士逊也。

24. 宋敏求《春明退朝录》

卷3页46："太宗诏诸儒编故事一千卷，曰《太平总类》……《总类》成，帝日览三卷，一岁而读周，赐名曰《太平御览》。"考今本《御览》卷首云："《国朝会要》曰：太平兴国二年三月，诏翰林学士李昉扈蒙、知制诰李穆、太子詹事汤悦、太子率更令徐铉、太子中允张洎、左补阙李克勤、左拾遗宋白、太子中舍陈鄂、光禄寺丞徐用宾、太府寺丞吴淑、国子监丞舒雅、少府监丞李文仲、阮思道等同以群书类集之，分门编为千卷。先是，帝阅前代类书门目纷杂，失其伦次，遂诏修此书，以前代《修文御览》、《艺文类聚》、《文思博要》及诸书参详条次，分定门目。八年十二月书成，诏曰：史馆新纂《太平总类》，包罗万象，总括群书，纪历代之兴亡，自我朝之编纂，用垂永世，可改名为《太平御览》。帝每听政之暇，日读御览三卷，有故或阙，即追之，虽隆冬短景，必及其数，大臣请少息，帝曰：朕开卷有得，不以为劳也。凡诸故事可资风教者悉记之，及延见近臣，必援引谈论，以示劝诫焉。"

按：《宋大诏令集》卷150《名太平御览诏》："史馆新纂《太平总类》一千卷，包罗群书，指掌千古，颇资乙夜之览，何止名山之藏，用赐嘉称，以传来裔，宜改名为《太平御览》。"题下注："太平兴国八年十二月庚子（十九日）。"从《会要》及诏令之文来看，改名是在十二月庚子（十九日），《续资治通鉴长编》卷24太平兴国八年（983）十一月庚辰（二十九日）："诏史馆所修《太平总类》自今日进三卷，朕当亲览。宋琪等言：'穷岁短晷，日阅三卷，恐圣躬疲倦。'上曰：'朕性喜读书，开卷有益，不为劳也。此书千卷，朕欲一年读遍，因思学者读万卷书，亦不为劳耳。'寻改《总类》名曰《御览》。"据此，太宗日读三卷，是在十一月庚辰（二十九日），下令改名是在读了20天之后，并不是一年以后，《春明退朝录》之说有小误。

25. 司马光《涑水记闻》

1989年中华书局点校本。卷15条418："熙宁初，余罢中丞，复归翰林。"

按：司马光为御史中丞在治平四年四月，同年九月二十七日后罢中丞，复归翰林。此作"熙宁初"，显系司马光记忆有误。

点校本之误：

（1）失收3条："宋人小说"本卷8页10、卷10页9，《永乐大典》卷19866页2。

（2）失校：页380"吕泰州"。按："泰州"当为"秦州"之误，吕秦州者吕大防也，熙宁九年八月继张诜知秦州，而此条记张诜事，必上任后听张诜或其下属所说。

（3）前言页4，论证此书确系司马光所作，可惜未举内证，书中自称"光"，称其父司马池为先公。如条1："明道二年先公为利州路转运使，光侍食于蜀道驿中。"

26. 庞元英《文昌杂录》

金园点校。《全宋笔记》第二辑，第四册。页111—190。其点校有误，列举如下：

（1）卷4页154：元英昔随侍太原……及至育州。

按：宋无此州，"育"字当误。按：此称"昔随侍太原"指随其父庞籍知太原也，其后庞籍知青州，又随侍至其地。则"育州"必为"青州"之误。

（2）卷5页173：昔见宋赐道说：唐朝帝王带……

按："赐"疑当作"次"，宋次道即敏求也。

（3）卷5页174：引柳子厚文。

按：以《柳宗元集》校之，字之误者有三："表"当作"夷"，"望"当作"重"，"汾"当作"邠"。缺者6字："渭南"下与"栎阳"下俱缺"其驿六"。

（4）补遗页186：李涪作刊误。

按：刊误乃书名，应标专名号。

27. 惠洪《冷斋夜话》

此书有多种版本，以日本五山本最佳，已有点校本。但此本仍有佚文。如《诗话总龟》前集卷28页289引二则：

"邹志完归常州，余在蒋山，以书见招，有长短句曰：慧眼舒光无不见，尘中一一藏经卷。闲话大千摊已遍。门方便，法轮尽向毛端转。月桂烛笼知再见，西方可履休回盼。要与老掣电。（新与岑禅师游）酬所愿，欣逢十二观音面。余未相识，作偈答之曰：'知有道乡何处是？（邹自号道乡居士）个中归路滑于苔。方机罢后见城郭，一念不生金锁开。''丹霞不见彭居士，已有言词满四方。何似他时亲面识，不劳语默稳遮藏。'"按：以上二偈见《石门文字禅》卷15，仅"方"作"万"、"彭"作"庞"略异，知确为《冷斋夜话》佚文。

"温关西，解州人。余渡丹阳，温荷布囊，如世所画布袋和尚，其丰硕如此。来附舟，好谈苏黄，大讶之。余住临汝景德，温来谒曰：'吾食荔子于闽，饱饫而还。过此，舂白粳米，欲入西川看未见碑。'余赠诗曰：'铁面关西气送勤，平生踪迹付浮云。瓜洲渡口曾同载，石廪峰前又见君。荔子招邀闽岭外，白粳留滞汝江渍。拄藤更入西川去，要读丰碑未见文。'余谪海外，中间传余死，温诵《华严经》泣拜荐福。已而闻未死，又喜遇还自南方，馆石门山寺，温来省，余作诗曰：'雀罗门巷榻凝尘，千里相寻骇四邻。好事真诚虹贯日，照人情气水含春。忽言我净今无比，高笑君痴亦绝伦。此别遥知对标格，断云残处拥冰轮。'"按：以上二诗见《石门文字禅》卷11，知确为《冷斋夜话》佚文。

《诗话总龟》前集卷32页326引《冷斋夜话》："余夜梦逢一道士，一奴负酒瓢随之。道士邀余坐茗坊，奴窃饮，瓢无有，乃笑。道士诟欲杖之。顾奴曰：汝从觉范求诗。曰：难藏为香衅，易满坐遍小。开口所有竭，馋奴法当笑。句句皆讥其褊。可怪也。"今本俱缺。

五山本及今存各本之文均有被删节之处，如：

"陈莹中甚爱之，作长短句赠之曰：槁木形骸，浮云身世。一年两到京华。又还乘兴，闲看洛阳花。闻道鞓红最好，春归后，终委泥沙。忘言处，花开花谢，不似我生涯。年华，留不住，饥餐困寝，触处为家。这一轮明月，本自无瑕。随分冬裘夏葛，都不会，赤水黄芽。谁知我春风一拐，谈笑有丹砂。"《苕溪渔隐丛话前集》卷58、《诗话总龟后集》引，而五山本卷8此条将词的后半阕"年华……谈笑有丹砂"47字改为"云云"二字，便是明白无误地表述了删节之意。宋人转引既全，则删节当出自元人之手，最早也在宋末之时。张伯伟以为五山本系覆宋本（《稀见本宋人诗话四种前言》），不确，仍当以日本学者覆元本说为是。

28.《道山清话》

上海古籍出版社，孔一校点。

校点订误：

条59："彭汝砺……晚娶宋氏妇，有姿色器资，承顺唯恐不及。"

按："姿色器资"，不可通，"器资"乃彭汝砺之字，此句应标点为"彭汝砺……晚娶宋氏妇，有姿色，器资承顺，唯恐不及。"

29. 赵令畤《侯鲭录》

中华书局，2002年。孔凡礼点校。

点校订误：

（1）卷1页737："汉有善铜出丹阳。"

按：丹阳乃地名，今属江苏省，应标专名号。

（2）卷1页41："予尝考王莽时居摄时作大诰云。"

按：大诰，文章名，系仿《尚书·大诰》之文而作，应标书名号。

（3）卷1页47：杜牧之《宫人》诗云："绛犹封系臂纱。"后人不解常见服饰。变古录云：始于晋武帝选士庶女子有姿色者，以绯彩系其臂……

以上乃孔氏点校之文。按：服饰变古录当为书名，"常"即"尝"，此文当标为：

杜牧之《宫人》诗云："绛犹封系臂纱。"后人不解。常见《服饰变古录》云："始于晋武帝选士庶女子有姿色者，以绯彩系其臂……"

（4）卷4页102："晏几道、叔原皆在数中。"

按：叔原乃晏几道之字，本为一人，而孔凡礼于中间加一顿号，成了二人，显然有误。

（5）卷7页172："传载曰"。

按：传载乃《大唐传载》之简称，应标书名号。

（6）卷7页173："崇宁中特奏名状元徐遹……十二年前进士也。""底本原校：芸窗本‘十二’作‘二十’。”

按：徐遹乃崇宁五年（1106）特奏名状元［《（嘉靖）建宁府志》卷15、《八闽通志》卷65页540］，下距本书撰写时间（1128）为二十二年，故本书说“二十年前进士”。点校本之“十二”应改为“二十”，并应重写校记。

（7）卷6页150：“《春秋》纬含。文嘉曰”。

按：《含文嘉》乃书名，是《春秋纬》中的一种。此当标点为“《春秋纬·含文嘉》曰”。

30. 邵伯温《闻见录》

卷12：李定，介甫客也，定不服母丧，子瞻以为不孝，恶之，定以为恨，劾子瞻作诗谤讪，子瞻自知湖州下御史狱，欲杀之，神宗终不忍，贬散官，黄州安置。

卷13：王荆公荐李定为台官，定尝不持母服，台谏给舍俱论其不孝，不可用，内翰因寿昌作诗贬定，故曰：此事今无古或闻也。后定为御史中丞，言内翰多作诗贬上，自知湖州赴诏狱，小人必欲杀之，张文定、范文忠二公上疏救，不报，天下知其不免矣。内翰狱中作诗寄黄门公子由云：与君世世为兄弟，更结来生未断因。或上闻，上览之凄然，卒赦之，止以团练副使安置黄州。

按：乌台诗案在元丰二年（1079），苏轼因寿昌作诗贬定，在诗案之后、元丰三年至七年谪居黄州之时，此以为诗案由此而起，本末颠倒矣。宋苏轼《东坡志林》卷2有明确记载：“蔡延庆所生母亡不为服久矣，闻李定不服所生母为台所弹，乃乞追服，乃知蟹匡蝉緌不独成人之弟也。是时，有朱寿昌，其所生母三岁舍去，长大刺血写经，誓毕生寻访，凡五十年乃得之，奉养三年而母亡，寿昌至毁焉。善人恶人相去尔远耶！余谪居于黄，而寿昌为鄂守，与余往还甚熟，余为撰《梁武忏引》者也。”

31. 马纯《陶朱新录》

（1）张彧字景安，文潜之子也。俊迈有家声，一日赴调得蔡州榷山市易务。

按：“榷”当作“确”。蔡州属县有确山，无榷山。

（2）郭行字思诚，不知何许人，自云举进士不第，遂学道不食，唯饮酒，先祖（马默也）知郓之项县日，惠然见访，素昧平生，一见如旧。

按：项，《宋史》卷344页10946本传作“须”。考项城县属陈州，须城县属郓州。此既为郓之属县，则必为须城无疑。

（3）“元祐党籍”条余官一百七十七人“秦国”。

按：“秦国”乃“秦观”之误。

32. 王观国《学林》

卷3：“朱温祖名茂琳，改戊为武，至今北人呼戊为武。又温父名诚，温篡唐，居汴，州人为讳城字，故韦城、考城、胙城、襄城等县，至今但呼为韦县、考县、胙县、襄县也。李克用父名国昌，克用立，州县名有昌字者悉改避之。又人名有昌字者亦改避之。高季昌改为季兴之类是也。”

按：薛居正《旧五代史》卷1《梁太祖纪》：“太祖神武元圣孝皇帝，姓朱氏，讳晃，本名温，宋州砀山人。其先舜司徒虎之后，高祖黯，曾祖茂琳，祖信，父诚，帝即诚之第三子。”则茂琳乃朱温之曾祖，《学林》作“祖”，误。

33. 张知甫《可书》

孔凡礼点校，此本收 114 则，比《四库全书》辑本多 64 则，库本另有“侍立修注官者自罗春伯始”一则，孔氏录于书末。按：此则实出李心传《建炎以来朝野杂记乙集》卷 15“侍立修注官”条。应删。

页 433“绍兴初，张浚以宣抚使按行川陕。至富川之败”，按“富川”乃“富平”之误，见《宋史》、《系年要录》，其地在今陕西。孔氏所拟标题“富川之败蜀谚”，“川”字也应改作“平”。

又页 403“徽宗”缺人名号。

34. 何薳《春渚纪闻》

十卷，中华书局，1983 年，张明华点校。

此书记载有错误。

卷 7 页 102“时秦少章为钱塘尉”。

按：此官职疑有误，张耒《柯山集》卷 40、《张右史集》卷 52 有《送秦少章赴临安簿序》：“元祐六年及第，调临安主簿。”秦观有《送少章弟赴仁和主簿》（《淮海集》卷 4）。则其官为县主簿。

此书之介绍有误。

前言称作者“大约生活在宋哲宗、徽宗、钦宗时期”（页 1 行 5），按：是书撰于高宗绍兴十三年（1143），其生活年代应加上“高宗”二字。

“出为徐州教授，历判庐州卒。”（页 1 行 10）按：“判庐州”是庐州的最高行政长官，在宋代官与差遣级别相当时，称“知某州”，高级的官任低级的差遣，称“判某州”。事实上其所任为庐州通判，乃庐州的第二把手，不可简称为判庐州。

此书之标点有误。

卷 7 页 103“坡在颍州和景文诗有……谓此后坡荐景文……”

按：末句标点应为“谓此。后坡荐景文……”

卷 7 页 105“徐……端崇字崇之……政和间，余过御儿，访其隐居……”

按：“御儿”乃地名，是崇德县之古称，其下应加专名号。

35. 张邦基《墨庄漫录》

孔凡礼点校，中华书局，2002 年。

卷 9 页 245“徐遹过平康戏题”：徐遹子，闽人。博学尚气，累举不第，久困场屋。崇宁二年（1103），为以特奏名，魁时已老矣。

按：此条“徐遹子”之“子”乃衍文。“崇宁二年”之“二”为“五”之误。末句不应点断，应连标为“以特奏名魁时已老矣”。据《八闽通志》卷 65 页 540 载：“徐遹字绍闻。瓯宁人。崇宁五年（1106），以特奏对策迎合意旨，擢第一人，诏视正奏名第一人恩例。”“特奏名魁”指特奏名第一。崇宁二年特奏名第一乃彭路（见同书）。

36. 姚宽《西溪丛语》

孔凡礼点校，中华书局，1993 年。点校本以缪校本为底本，缪曾与影宋本校过，比《四库全书》本多一自序、卷上内容 3 条。据《东湖丛记》，影宋本尚有钱遵王一跋，缪未录，而点校本也未收，兹录于下：

己酉清和晦日，校于述古堂之北窗。双钩阑外，柳翠池面，黄莺坐湿，求其友声，可谓今雨来人不到门矣。贯花道人钱曾遵王记（《东湖丛记》卷 2 页 41）。

此书校对有误者：

（1）上 65 条（页 43）："庐秉"。

按：此为人名，应作"卢秉"。

（2）下 87 条（页 109）：雍熙中，供奉官于延德使高昌还。

按："于延德"乃"王延德"之误。见《宋史》卷 490、《长编》卷 25。

标点有误者：

（1）上 84（页 59）：顾陶《为唐诗类选》。

按："为"非书名，应标点为：顾陶为《唐诗类选》。

（2）上 94（页 61）：盖唐人尝目杜甫为诗史。

按："唐"下缺专名号。

（3）上 113（页 109）：王珩彦，楚人。尝梦中得诗云……

按：此人姓王，名珩，字彦楚，鄞县人。《（宝庆）四明志》卷 8："珩字彦楚，说第五子也。十九岁入太学，大观三年登进士第，仕至宗正少卿，年八十卒。有《考经传异同论》三卷、《臆说》五卷、《时政更张议》四卷、《字学摭要》二卷、《杂言》三卷、《和杜诗》一百七十一篇。"《西溪丛语》此句之"人"字疑衍，上文应标点为：王珩彦楚（人）尝梦中得诗云……

（4）下 61（页 101）：汲冢琐语。

按：此乃书名，应标专名号。

37. 范公偁《过庭录》

孔凡礼点校，中华书局，2002 年。

点校说明云："范公偁事迹无考……似未出仕。"

按：公偁父直方（1083—1152），正思长子，字师厚。绍兴五年五月除刑部员外郎，七年召为四川宣谕使，二十一年辛未（1151）十二月二十四日卒于吴中至德里第，年六十九。著有《歗翁集》十五卷（《范氏家乘·范直方传》）。考《要录》卷 163 绍兴二十二年（1152）正月丁未（十一日），"太中大夫范直方卒"。比传晚十七日，当为奏闻之日。由此年上推 69 年，其生年应为 1083 年，其父正思于 1108 年三年终丧时，直方年二十七，本书页 347 作"三十七"，"三"当为"二"之误。孔氏以为直方年约八十，误。

页 373：忠宣守陈州，党锢祸起，尽窜善类，忠宣以救蔡新州为论，持正独免。

按：此以持正为蔡确之字，故标人名号，但这样标点，读不通，独免者并非蔡，而是范。此处应标点为：忠宣守陈州，党锢祸起，尽窜善类，忠宣以救蔡新州，为论持正，独免。

当年，蔡确属于新法派，故反新法派极力攻之，范虽与蔡非一派，但对用搞文字狱的方法整蔡，并不赞成，故救之。新法派再上台后，猛整反对派，而对范则因为这一事情而未整。

38. 蔡絛《铁围山丛谈》

中华书局，1983年，冯惠民、沈锡麟点校。

所记有误。如卷4页64："长安西去蜀道……有王提刑过焉……时介甫丞相年八九岁矣，侍其父行"。按：王安石父名益，曾知新繁县，官殿中丞，此为任满时事，后知韶州。其一生从未任提刑，此提刑当为殿丞之误。

点校之误颇多。

（1）卷1页3：诏曰："朕亲提六师，问罪上党"云云，"末有回日，今七夕在近……"

按：后一句引号应在"有"字之下，当作：末有"回日，今七夕在近……"

（2）卷2页29："国朝科制，恩榜号特奏名本，录潦倒于场屋，以一命之服而收天下士心尔。"

按：本字应下读。"……恩榜号特奏名，本录潦倒于场屋……"

（3）卷4页61："时弹文正谓其颠"。

按：文正乃蔡卞谥号，其下应标专名号。

（4）卷4页72："适坐宗室世居事几死"。

按：世居，人名，姓赵，太祖之后，被诬陷处死，其下应加专名号。

（5）卷6页105：则王氏博济方中之宝灵丹方尔。

按：博济方乃书名，应标书名号。

39. 费衮《梁溪漫志》

傅毓钤点校，山西人民出版社，1986年。

此书所载书名间有误者。如卷8页105："蔡絛，奸人……至《谈丛》所载，其家佞幸滥赏、可丑可羞之事，反皆大书特书因为荣，此乃窜南时所作。"按：蔡絛所撰书全名为《铁围山丛谈》，此简称《谈丛》，有误，当简称为《丛谈》。

内容有误者。如：

卷3页32："刘仲原父、贡父、钱穆父，皆只一字……盖伯仲与甫之类本语助。"

按：甫或父是语助，伯仲并非语助而是大小的排序，一般老大称伯，老二称仲，老三称叔，老四称季。刘敞行二，故称为刘仲原父，刘攽行三，故称刘叔贡父或刘叔赣父。

点校者对宋代职官制度不熟，对唐宋人名、著作不了解，故出现如下标点之误。

（1）卷2页23："太守谓之知某州，军州事者，言一州之军事，州事无所不统也。"

按：州下与事下之逗点，均应删去。宋代"知某州"是"知某州军州事"的简称。军指军事，州指民政，知是主管之意，全句意即主管该州的军事和民政。

（2）卷8页103：《颖滨龙川略志》。

按：颖滨即苏辙之别号，《龙川略志》是其所撰笔记，此句应标为：颖滨《龙川略志》。

（3）卷10页127："予尝见《梵志》数颂词，朴而理到……家有《梵志诗》。"

按：梵志即唐代诗人王梵志，系人名，此作书名，误。

40. 陆游《老学庵笔记》

（1）卷9页114：刘道原壮舆，载世藏书甚富。壮舆死无后，书录于南康军官库。

按：“刘道原壮舆”并非一名一字，而是父子二人，道原名恕，壮舆名羲仲。当标点为“刘道原、壮舆”。

（2）卷9页120：“而扬郡王存中来白事。”

按：“扬”乃“杨”之误，杨存中为南宋初大将。《宋史》有传。

（3）《续笔记》页139：“老泉布衣时，初未有名。雅安太守刘太简简夫独深知之，以书荐于酣魏公、欧阳文忠公、张文定公。”

按：“刘太简简夫”之“刘”乃“雷”之误。

41. 李心传《建炎以来朝野杂记》

内容订误：

（1）《甲集》卷6页149：“嘉泰禁私史”：

顷秦丞相既和议，始有私史之禁。时李［庄］（文）简［光］（焘）尝以此重得罪，秦相死，遂弛语言律。近岁私史益多，郡国皆［锓］（录）本，人竞传之。嘉泰二年春，言者因奏禁私史，且请取李文简《续通鉴长编》、王季平《东都事略》、熊子复《九朝通略》、李［丙］（柄）《丁未录》及家语、传等书下史官考订，或有裨于公议，乞即存留，不许刊行，其余悉皆禁绝，违者坐之。（二月甲午）文简所著《长编》凡九［百］（十）余卷，孝宗甚重之。季平、子复皆尝上其书，除职迁官，仍史馆。［丙］（内）以父任监行在都盐［仓］（食）。乾道八年夏，上其所编《丁未录》二百卷，自治平四年至靖康元年，诏特改京官（六月戊戌），付国史院。然纪载无法，学者弗称焉。其秋，商人载十六车私书，持子复《中兴小历》、《九朝通略》等书欲渡淮，盱眙军以闻，遂命诸道帅宪司察郡邑书坊所鬻书，凡事干国体者，悉令毁弃（七月戊申）。《中兴小历》者，自建炎初而至绍兴之季，书虽已成久，未尝进御，然其书往往疏略多抵牾，非古良史之比也。

按：“商人载十六车私书，持子复《中兴小历》、《九朝通略》等书欲渡淮……”此句有两大问题：其一，语法不通，同时用两个动词，既用“载”又用“持”，载是用车，持是用手。用车载了还需要再用手持吗？其二，意思也不通，“渡淮”，必须用船，用车怎么渡河？

《两朝纲目备要》主要是取《建炎杂记甲集》按年重编而成。上述史事几乎全盘照搬了过来，此句作：商人戴十六者，私持克所著《中兴小历》及《通略》、《事略》等欲渡淮。(《两朝纲目备要》卷7页126，影宋本、四库本等，均同)

在此，“载”作“戴”，“戴十六”乃人名，戴为姓，十六为其行第。“车”作“者”，则文字完全可以读通。

今《两朝纲目备要》有影宋本，所据《建炎杂记甲集》乃宋本，当比今所见之清代本《建炎杂记甲集》为可靠。

考《宋会要》刑法2之132载宋此时发布禁书令，并云：“以盱眙军获到戴十六等辄将《本朝事实》等文字欲行过界故也。”说明戴十六确实是人名，“载”确为“戴”之误。而“者”字，在此作“等”，似比“者”字更符合事实。私运书到北方，不止戴十六一人，因此引起朝廷重视。《宋会要》是政府的文件，比李心传笔记更原始。如果将“戴”改为“载”，就无法读通。

如此明白之事，刘浦江却以“载”为是，以《宋会要》为非（见《10—13世纪中国文学的碰撞与融合》页158），令人费解。

（2）《甲集》卷9页182：“状元年三十以下数”云：“莫内翰俦二十二”，“杨枢密砺，年二十四”，“许佥判奕，年三十”。

按：以上年龄均与事实不合。莫俦（1089—1164），1112年为状元时为二十四岁。又，杨砺（931—994）（《宋史》本传），960年为状元，应为三十岁。又，许奕（1170—1219），1200年为状元，时为三十一岁。“状元年三十以下数”中不应收入。

（3）《甲集》卷9页183：“余给事栗自及第至给事中，凡二年。”

按：宋状元无余栗其人，应是“俞栗”之误，俞栗乃崇宁四年（1105）释褐状元，《宋史》卷354页11170有传。其为给事中在大观三年（1109），凡五年。此书作“二年”，误。

（4）《甲集》卷10页202：“绍兴七年，王伦交割地界。”

按：四库本“七”作“九”，考《要录》卷125页034“七”作“九”，则当从四库本作“九”。

（5）《甲集》卷13页270：“曾一龙榜”。

按：“曾一龙”应作“曾从龙”。《宋会要》选举8之17：庆元“五年（1199）四月十八日，……得曾从龙以下四百一十二人，弟为五等”。《宋史》卷37宁宗本纪：庆元“五年五月戊戌，赐礼部进士曾从龙以下四百十有二人及第、出身”。

（6）《甲集》卷15页355：“咸平三年，马忠肃亮以虞部员外出使，始于江、池、饶、建四州，岁铸钱百三十五万贯，铜铅皆有余羡。真宗即以忠肃为江南转运副使兼都大提□江南福建路铸钱。”

按：“马忠肃亮”乃“冯亮”之误。《记纂渊海》卷34引《实录》：“本朝开宝置钱监于鄱阳，既而江淮荆浙闽广之地皆有监，系发运使兼提点。咸平三年以冯亮为河南转运副使兼都大提□江南福建路铸钱事，供奉官白丞睿同提□铸钱事。”

《翰苑新书前集》卷49更明确指出其误，云：“按《实录》及《长编》是‘冯亮’，此秀岩误以‘冯’为‘马’也，马忠肃咸平四年自西川运使召。”

（7）《甲集》卷14页274：“谅阁罢殿试”：自咸平以来，人主有三年之丧，则罢殿试，而以省元为榜首。真宗朝孙仅、仁宗朝宋郊、英宗朝彭汝砺、神宗朝许安世、徽宗朝李釜、高宗朝黄公度、孝宗朝木待问、今上朝莫子纯、傅行简是也。旧制止除职官，惟天圣二年宋元宪独除京官通判，绍兴八年黄公度复补京官，遂自为故事。

按：天圣二年榜有省元，为吴感，状元为宋郊。《宋会要》选举1之9：“仁宗天圣二年正月十四日，以御史中丞刘筠权知贡举，知制诰宋绶、陈尧佐、龙图阁待制刘烨权同知贡举，合格奏名进士吴感已下二百人。”《吴郡志》卷25：“吴感，字应之，以文词知名。天圣二年省试第一，九年中书判拔萃科，仕至殿中丞。”《文献通考》卷32《宋登科记总目》：“天圣二年进士二百人。诸科三百五十四人。省元吴感。状元宋郊。”

（8）绍兴内外大军数。

《甲集》卷18页404：江东刘光世、淮东韩世忠、湖北岳飞、湖南王燮（左从玉）四军十二万一千六百。

按：四库本“湖北”作“江襄”，“四军”下有“共”字。

（9）《甲集》卷20页466：“史丞相之在位也，尝与魏公议，欲以弟侄之礼事之。”注：“书见《郧峰漫录》。”

按：“郧”当作“鄮”。《鄮峰漫录》全名为《鄮峰真隐漫录》，史浩撰，今存。

（10）《乙集》卷7页621行7：“金人”。

按：《两朝纲目备要》卷10页189记此均作“虏人”，此必为清人所改。

（11）《乙集》卷10页663：“范少才，子张，双流人。”

按：范名子长，字少才，此“子张”乃“子长”之误。

（12）《乙集》卷12页691：“按唐德宗末年，赵殷衡为宣徽院副使，已见于史中。”

按：德宗乃昭宗之误，事见《新五代史》卷43页473。

（13）《乙集》卷16页802行6、行9“司马绰”。

按：据《宋会要》职官41之52“绰”当作“倬”。

（14）附录一页923史丞相条，亦见《续编两朝纲目备要》卷10页186。

（15）附录一页926“字文挺臣”。

按：“字”乃“宇”之误。宇文为姓，名绍节，字挺臣。《宋史》卷398有传。

标点订误：

（1）《甲集》卷4页114行7：故直秘阁陆寘家书缮藏之。寘，农师子也。

按：后一“寘”字下缺标人名号。

（2）《甲集》卷8页160倒行4：会其同舟者窃得本以献秦，并甫知之。

按：“并甫”下应加人名号。

（3）《甲集》卷18页404：绍兴初，内外大军凡十九万四千余，而川陕不与。宿卫、神武右军、中军七万二千八百（张俊将左军，杨沂中中军）。

按：宋并无叫“宿卫”的军名，它是负责宿卫之简称，指下面的神武右军、中军乃是负责宿卫的军队，《甲集》卷18页402“绍兴二年秋，诏三卫措置而已。上谓辅臣曰：一卫士所给可赡三四兵，朕命杨沂中治神武中军，此皆宿卫兵也。”故“卫”下不应有顿号。《甲集》卷17页379“渡江后郊赏数”条亦记此事，其标点则是正确的。

（4）《甲集》卷18页403倒行3：“光世”。

按：光世乃人名，其下应补专名号。

（5）《甲集》卷18页409：帅守郭浩、杨政并以备中军使唤。

按：此只在杨字下加专名号，“政”字下应补加专名号。

（6）《乙集》卷1页508：《史弥大世家》。

按：此五字下标书名号，不准确。《浙江通志》卷246引《（成化）四明郡志》：“《朴语》二篇、《世家》二篇，又《镜庵丛书》，又《朴斋外集》，史弥大著。”则《世家》乃史弥大所作之文，史弥大下应改标人名号，世家则用书名号。

（7）《乙集》卷9页648：末行“光宗”。

按：“光宗”下缺人名号。

42. 叶绍翁《四朝闻见录》

五集，沈锡麟、冯惠民点校。点校本前言所述叶绍翁事迹甚简，尚可补：许棐《赠叶靖逸》："回看旧隐西湖士"（《全宋诗》册59页36843），则其曾在西湖隐居。周端臣《题叶靖逸东庵》（《全宋诗》册53页32970），黄顺之《送叶靖逸》（《全宋诗》册55页34440）。

失校者：

（1）"丙集"121页"贤良"第三则："熙宁三年九月试制科二人：贤良方正能言直谏科太常博士王□，才识兼茂明于体用科，太庙斋郎张绘。"原注：皆成都人。

按："王□"乃"吕陶"之误，见《长编》卷215。《宋史》卷348本传"吕陶字元钧，成都人……应熙宁制科"。

（2）《丙集》129页行2："衰洁斋"。

按："洁"当作"絜"。

标点有误者：

（1）《丙集》页96行1："靖逸"。

按：靖逸乃叶绍翁之号，应标为"靖逸"。

（2）《丁集》页151行8："有蔡元定者"。

按："元定"乃蔡沈之谥，应标为"有蔡元定者"。

43. 张端义《贵耳集》

三卷，分别收95、92、98条。凡285条。各卷均有自序。分别作于淳祐元年十二月、四年十一月、六年闰四月。

卷下："钱参政良臣之妻弟章其姓者，自南康守回，忽进拟浙东仓，孝皇忽云：执政妻党便得好官。参政李彦颖奏云：章守南康有声，诸台列荐，以此除激励作郡者。章某见乞祠。孝皇云：且与祠。章由是而不复起矣。"

按：参政李彦颖罢知绍兴府在淳熙五年三月，而钱参政良臣是年六月始为签书枢密院事，至十一月任参知政事。则李在位时，钱尚未执政，"执政妻党"从何说起？此所记必有误。

44. 宋岳珂《桯史》

吴企明点校，中华书局，1981年。

（1）卷2页23行3："被香山居士，约林和靖，与苏公等，驾勒吾回。"

按："林和靖"乃人名，其下应补专名号。

（2）卷5页62行9："如中都。"

按：中都乃地名，其下应补专名号。

（3）卷6页71行11："时郭棣为帅"。

按："棣"误作"隶"。四库本不误。

（4）卷12页141行9："有亨阿封即墨之风焉。"

按："阿"乃地名，其下应补专名号。

（5）卷15页178行6：“修水经焉。”

按：修水水名，仅在修下画专名号，不妥，应在修水下画专名号。

45.《考古质疑》

叶大庆撰，李伟国点校。中华书局，2007年。书凡六卷，系四库馆臣辑自《永乐大典》。伟国又从《纯常子枝语》辑得4条，残本《大典》辑得5条。

佚文页258称“胡舜陟作《孔子编年》”。

按：此语不确，此书乃胡舜陟嘱其子胡仔所编。胡舜陟《孔子编年序》：“余令小子仔采摭其可信者而为编年，凡五卷，起襄公二十二年讫哀公十六年，自孔子始生而至于终。”

46. 张方平《乐全集》

（1）四库本《乐全集》卷36：《文定李公神道碑铭》：“庆历七年冬十一月壬子，元老太子太傅致仕陇西公薨于京师。”

按：是年十一月无壬子，当从《长编》卷161页3888作“十月壬子（十一日）”。

（2）卷30“举御史”：太常博士前知郓州胥城县马默。

按：胥城，《宋史》卷344页10946本传作“须城”。郓州属县有须城，无胥城，则“胥城”应作“须城”。

47. 胡宿《文恭集》

（1）卷36《文肃郑公墓志铭》：“皇祐五年（1053）冬十一月甲子，有宋儒帅宣徽北院使、奉国军节度使郑公薨于并，天子震嗟，朝不御者二日，以太尉赠册告其第。”索引据此定其生卒年为992—1053年。

按：此与《长编》所载相距甚远。《长编》卷167页4022：皇祐元年（1049）十一月“壬寅（十三日），并州言：宣徽北院使、奉国节度使郑戬卒”。此所云“皇祐五年（1053）冬十一月甲子”必有误，其一，墓志云：“庆历……七年……明年，除吏部侍郎，未几，拜宣徽北院使、检校太保仍判并州事……明年，就拜奉国军节度使，复表陈前志，自言衰疾不任军事，愿还节制，手疏恳到，卒不得谢，久之寖剧，以至薨落，年六十二。”庆历七年之后的明年为八年，又明年卒，则为皇祐元年。其二，墓志又云：“与故翰林叶道卿夙期相许……道卿出守河阳，自太原寄诗四十韵，以将笃好。叶复次韵以答，诗成未几，物故。世传名句，绝麟于此，公闻河阳之讣，恸哭不食者数日，力疾捉笔，以铭道卿之墓，才百余日，相继薨殒。”叶道卿名清臣，《长编》卷166页3995：皇祐元年三月癸卯，“叶清臣为翰林学士、知河阳……至河阳，未几卒”。郑在叶卒后的百余日，也必在同一年。显然，墓志之“皇祐五年”之“五”必为“元”之误。又，墓志所云：“十一月甲子”，也有误，皇祐元年十一月无甲子，十一月当为十月之误，十月甲子，为十月四日。此日子与《长编》稍有不同，那是因为十月四日是实际死亡的日子，而《长编》之“十一月壬寅（十三日）”则为其死讯传到开封的日子。

（2）卷38《李昭述墓志》：“嘉祐己亥（四年，1059）冬十月……癸未卒于正寝……卒年九十九。”

按：据志云：昭述为宗谔（965—1013）第二子，昭述年九十九，则生于961年，比其父亲还早四年，显然有误。墓志称其"年十五能属辞"，父欲"任以官，辞不就"，后"守秘书省校书郎"，其后书"太尉（宗谔）卒"。则其父卒时必在十六岁以后数年，《乞赠李昭述官赙邺其家表》："窃见故翰林侍读学士尚书右丞李昭述……弱冠立朝，台阁典章，多所该识，中外事任，莫不厌服。"（《文恭集》卷11）此称"弱冠立朝"，其年应为十九或二十岁。其后父卒，应在二十多岁。疑"九十九"为"六十九"之误。"六"与"九"形近易误，即应生于991年，其父卒时年二十三。

48. 王珪《华阳集》

卷35《夏文庄公竦神道碑铭》："皇祐三年秋，武宁军节度使检校太师兼侍中判河阳郑国公以疾请归于京师，天子方忧思公，饬太医驰视，又以肩舆往迎之，而公疾寖剧矣。既就第，未几，以薨闻……其薨，盖九月乙酉也。"

按：是年九月无乙酉，其卒上闻朝廷在皇祐三年九月"乙卯（七日），武宁节度使兼侍中夏竦卒"（《长编》卷171页4108）。九月七日之前干支无带乙者，带酉者唯有己酉，则"乙酉"当为"己酉"之误，乙与己字形相近，两字相混，是古籍中常见现象。九月己酉为朔日。

49. 王安石《临川集》

卷93《叔父临川王君墓志铭》："以至和四年祔于真州某县某乡铜山之原"（《王文公集》卷92页958同）。

按：至和三年九月已改元为嘉祐，不存在至和四年，此句必有误。

50. 苏颂《苏魏公文集》

中华书局1988年点校本。

卷54页816《二乐陵郡公石公神道碑》："少师韩中立，字表臣。"

按："韩"乃"讳"之误。

51. 苏轼《苏轼文集》

卷14页456《张文定公（方平）墓志铭》："十二月二日薨。享年八十五。讣闻，辍视朝一日。"

按：《宋会要》仪制41之5"亲临宗戚大臣丧"条："太子太保致仕张方平，元祐六年十二月初一日。"则墓志铭之"十二月二日薨"之"二"当为"一"之误。志作于方平卒后第二年七月，故有小误。

52. 张耒《张耒集》

65卷，附佚诗文。李逸安等点校，中华书局，1990年。

（1）卷49页763《冰玉堂记》："道原之子义仲"、"义仲敏于学"。

按：道原乃刘恕之字，其子名壮舆，字羲仲，此"义"乃"羲"之误。

（2）卷59页878《商屯田墓志铭》："知下邳县签书，平定军判官事。"

按：应标点为："知下邳县，签书平定军判官事。"

53. 晁说之《晁景迁集》

卷20《故赠承议郎陈公（造）墓志铭》："造字公甫（1037—1082）……为扬州节度推官。王君玉侍郎知扬州……待公忘年……韩丞相玉汝以员外郎年甫三十余来知州事……多与公议事。有江都宰者地寒而贤，后太守朱大监以私意欲罪去之，公率郡官廷辩曰：江都宰无罪，且才之。公在扬州四年，晚权江都，时散青苗钱之初也，公视可者与之，不以殿最为己事。"（《永乐大典》卷3141页7）《名臣琬琰集》下卷20《韩缜传》："神宗即位，迁刑部郎中、知扬州，赐三品服，就除淮南转运使，移河北，会国信使报谅祚亡秉常立。"

按：神宗即位在治平四年正月，谅祚亡于熙宁元年三月（《宋史·神宗纪》），其知扬州必在治平四年（1067），考韩缜生卒年为1019—1097年，知扬州时年为四十九岁，墓志作三十余岁，大误。其时已为郎中，墓志作员外郎，亦非。足证墓志铭亦不能尽信。

54. 李昭玘《乐静集》

卷30《张广叔墓表》："南阳张寓字广叔……绍圣四年（1097）春御试赐进士出身，未调归省……感疾而卒，享年三十五……以元祐七年（1092）七月十二日葬于金乡县进乐乡白茅村之原。"

按：1092年已葬，如何到1097年又中进士？疑元祐七年（1092）乃元符元年（1098）之误。

55. 陈东《少阳集》

北京古籍出版社，1999年，张国擎校注。

按：是书称作校注，而全书校记极少。虽然序中说，用了元、明、清各本，予以《三朝北盟会编》校其三上钦宗书一篇，发现"虏贼"已被改为"敌人"、"丑虏"改为"丑陋"，显然用的是清人所改之本。所谓用了元、明诸本恐怕是虚语。

卷4页110《答赵子崧书》："判府安抚延康阁下"，延康乃殿阁名，赵任延康殿学士，见本书163页。而注却云："延康为赵子崧号"。

此书附录甚多，可惜不曾将《三朝北盟会编》及《系年要录》有关内容辑附，以致有些真相被掩盖了，如究竟是谁杀了陈东，为什么要杀他？

赵甡之《遗史》云："东疏中有云：'上不当即大位，将来渊圣皇帝来归，不知何以处此？'按东书本不传，今且附此。"（《系年要录》卷8）

高宗以其能伏阙上书而召之，岂能又以其上书主张抗金而杀之？显然是冒犯了他的根本利益才出此下策，其根本利益在哪里？只能是当皇帝一事，《遗史》之语当可信。高宗几次下诏承认自己的责任，也非偶然。黄潜善说朝廷（政府）不知杀陈东事，也是不愿意为君受过之意。

56. 蔡絛《西清诗话》（明钞本）

此书仅有明钞本，近收入《稀见本宋人诗话四种》（江苏古籍出版社，2002年）中。

此书经编者张伯涛作校，订补不少脱误，但仍有错字未校出者。

（1）卷上条4，页175行3："林曰"。

按："林"当作"霖"，指傅霖也。

（2）条8，页177行4："贾公疏罔居郡中"。

按：此句不可通，"罔"乃"同"之误。

（3）卷下条20，页224："参寮"。

按："参寮"，僧人名，应作"参寥"。

（4）卷下条27，页227："晏元献、李邦颖自为童子"。

按："李邦"乃"季弟"之误。此句应标作："晏元献季弟颖自为童子"。

（5）卷下条38，页232倒行3："出十二诗赠彦高，今记其四。"

按："十二"当作"十三"，"四"当作"二"。邢仙翁所作凡是十三首，王明清《玉照新志》卷4全部收入。《西清诗话》所举实为原诗之第十、第十二首。

57. 胡仔《苕溪渔隐丛话》

《渔隐丛话前集》卷54《侯鲭录》云："崇宁初特奏名状元徐遹诗曰：白发青衫晚得官，琼林顿觉酒肠宽。平康夜过无人问，留得宫花醒后看。"

按：《侯鲭录》卷7原文"崇宁初"作"崇宁中"。考徐遹乃崇宁五年特奏名状元，《八闽通志》卷65页540："徐遹字绍闻。瓯宁人。崇宁五年（1106），以特奏对策迎合意旨，擢第一人，诏视正奏名第一人恩例。"《侯鲭录》作崇宁中，是，胡仔改为初，非。

《后集》卷17：山谷云：礼部员外裴说《寄边衣》诗云……《零陵总记》载说诗一篇，尤诙诡也。

按："山谷"乃"后山"之误，此段实出《后山诗话》。

58. 《唐宋分门名贤诗话》

此书唯有朝鲜藏本，江苏古籍出版社2002年点校本。但尚有未校出者。

（1）卷3条26，页296倒行4："萧彭年"。

按："萧彭年"乃"陈彭年"之误。

（2）卷9条6，页386："张忠定公……"

按：《诗话总龟前集》卷33页332所引较此多69字。

59. 赵与虤《娱书堂诗话》

"诚斋序顺庵刘良佐诗稿云……"

按："顺"乃"颐"之误。此文收入宋杨万里《诚斋集》卷84、宋刘应时《颐庵居士集》之首。应时字良佐。宋魏庆之《诗人玉屑》卷16："诚斋序顺庵刘良佐诗稿云……"，其误与此同。

60. 王仁俊《玉函山房辑佚书续编》所录宋人书

《玉函山房辑佚书续编》收书523种，其中标明为宋人著作者10种：马永卿《元城语录》、乐史《太平寰宇记》、路振《九国志》、孙光宪《北梦琐言》、郑文宝《南唐近事》、范成大《桂海虞衡志》、周遵道《豹隐纪谈》、陈师道《后山谈丛》、王谠《语林》、范成大《吴地记》。

按：其后两种实非宋人著作。

（1）王谠《语林》328 页（此条，目录署王谠，文中之标题下无作者名）及 507 页。凡 3 条。

按：所据为《琱玉集》、李瀚《蒙求》、《广博物记》三书。而前二者乃唐人书，唐朝人怎么可能引宋人著作？考宋王谠之书乃《唐语林》，与此《语林》并非一书。王氏误题了作者。

（2）范成大《吴地记》485 页。1 条。

按：此条据北宋《太平御览》录出，《太平御览》乃北宋书，它不可能收南宋人范成大的作品，《吴地记》的作者实乃唐人陆广微。

前八种宋人书，所辑颇多失误，兹略举四例如下：

（1）乐史《太平寰宇记》（476 页）。仅 1 条，内容为："张飞有马号玉追，时歌曰：人中有张飞，马中有玉追。"（《广博物志》卷 46）

按：此条并非佚文。明陈耀文《天中记》卷 55"玉追"条："张飞有马号玉追，时歌曰人中有张飞，马中有玉追。《寰宇记》：江夏白马庙，耆旧云：飞之灵也。"由此可见，"玉追"条并非《太平寰宇记》文，而《寰宇记》以下文已见《太平寰宇记》卷 112，亦非佚文。

（2）孙光宪《北梦琐言》（484 页）。辑 2 条。

按：一出《太平广记》卷 66"卢程条"，一出《广记》卷 413。然所录均不全，前者 172 字，只录 24 字，后者 157 字，只录 50 字。与王仁俊同时之缪荃荪自《太平广记》辑得佚文 87 条，厘为 4 卷，两相比较，王氏水平远不如缪。

（3）周遵道《豹隐纪谈》（501 页）。凡 2 条。内容如下：

"死人身边有活鬼，强将手下无弱兵。"

"麻油拌生菜，呷醋咬陈姜。"

按：以上两条并非佚文，均见周遵道《豹隐纪谈》第 12 条（《说郛》卷 20 下）。

（4）陈师道《后山谈丛》（502 页）。凡 3 条。内容如下：

"谚曰：杏熟当年麦，枣熟当年禾。"

"谚曰：行得春风有夏雨，盖春之风数为夏之雨数，小大急缓亦如之。"

"谚曰：田怕秋旱，人畏老贫。"

按：以上 3 条，未佚，均见《后山谈丛》卷 2。

（作者：李裕民，陕西师范大学教授、博士生导师）

西夏禅宗文献的多样性和禅教的融合[①]

束锡红

【提 要】本文从黑水城出土的文献和绘画，研究了西夏佛教的主流倾向，汉传佛教主要是华严宗、禅宗和净土宗。从考察华严四祖澄观和宗密学派所得到的特殊的尊崇，研究了西夏佛教禅门和教门融合的情况和特点。比较研究了西夏流行的两种《六祖坛经》和敦煌本、惠昕本等之间的相互关系，说明西夏通行的《坛经》并非如普遍认定的和敦煌本完全一致的观点，得出多元的、各本并行以及诸说纷行的结论。

【关键词】西夏佛教　禅宗文献　教派

佛教到宋—西夏时期，经历了唐末“会昌灭佛”的劫难，不得不改变其原有的发展轨迹。在失去帝王的强力支持以后，深于义理、繁于仪轨的一些教派，如法相、华严等，日渐衰颓。而具有广泛民间基础的禅、净诸派却有了长足的发展。在理论上，各家各派与生俱来于佛法的同根同源，自然而然地具有亲和的基础；在外部环境发生重大变异的情况下，适者生存的法则也引导着教门和宗门的融合。在西夏文献中数次出现的澄观和宗密，虽然都是唐代的高僧，但他们能够得到西夏帝王的青睐，必定是折射了当时的思想需求。本文谨通过对西夏文献文物的梳理，对澄观—宗密文献与绘画的考察以及《六祖坛经》的版本研究，来说明西夏时期禅宗宗门和华严教门的融合、禅宗自身并不单一的多元化现象以及西方净土阿弥陀佛崇拜的兴盛。

1. 清凉国师和顺宗皇帝——华严教派的复兴

西夏佛教文献中，华严宗文献占有很大的比重。华严教判，华严为“圆融一乘”，是诸宗之指归。故《华严经》在西夏文文献中刊刻数量仅次于《大般若经》。《华严经》有“六十华严”、“八十华严”和“四十华严”三种版本，分别是旧译、新译和后分。其中特别是“四十华严”即《大方广佛华严经普贤菩萨行愿品》，尤其受到西夏佛教的推崇，这和参与“四十华严”译场的澄观在西夏时期得到的尊崇有重要的关系。

在西夏佛教中，澄观—宗密系统占据重要的地位。澄观和宗密都是华严大师，分别是华严四祖和五祖，同时具有很深厚的大乘空宗的背景。

澄观（737—838 或 738—839），越州山阴（今浙江绍兴）人。广学律、禅、三论、天台、华严各宗，号称“百论疏主”。其主要著作有《华严经疏》二十卷、《华严经疏

① 本文为中国博士后科学基金资助项目（200902330）成果。

钞》。协助翻译“四十华严”即《华严经》后分，著成《华严经行愿品疏》十卷。澄观讲述《华严经》达五十多遍，关于《华严经》的全部注疏有四百多卷。其著述存世有《大方广佛华严经疏》六十卷、《大方广佛华严经随疏演义钞》九十卷、《华严经行愿品疏》十卷、《大华严经略策》一卷、《新译华严经七处九会颂释章》一卷、《华严经入法界品十八问答》一卷、《三圣圆融观门》一卷、《华严法界玄镜》二卷、《五蕴观》一卷、《华严心要法门》一卷、《华严经纲要》三卷。已佚的有《十二因缘观》一卷等。

贞元十三年（797），澄观为德宗皇帝讲《华严》，被授予“清凉国师”的称号。以后在顺宗、宪宗、穆宗、敬宗各朝，都备受帝王尊崇。后世称之为华严宗四祖，尤以“华严疏主”名闻天下。

图一　《清凉国师答顺宗皇帝版画》（《俄藏黑水城文献》第四卷，TK186）

澄观早年广泛参学禅教各家，对《大乘起信论》理解颇深。他虽然主要以弘扬华严宗旨为主，但融会禅教，认为“总该万有，即是一心；心融万有，便成四种法界”。立一心法界无尽缘起的性起学说。同时，由于同一时代禅宗大盛，南岳怀让、青原行思、菏泽神会各领风骚，澄观早年参访过牛头宗慧忠、道钦，菏泽宗无名，以及北宗神秀系的慧云等，深受禅宗影响，从而极力融会禅教。自述其心得为：“造解成观，即事即行；口谈其言，心诣其理。用以心传心之旨，开示诸佛所证之门。会南北二宗之禅门，摄台衡三观之玄趣。使教合无言之旨，心同诸佛之心。”① 这一融会诸宗，尤其是结合华严、禅宗意趣的思想，对后世特别是其弟子宗密的影响很大。

在西夏佛经的扉画和绢画中，两次出现了“清凉国师答顺宗皇帝问”的场面。在西夏绘画中，非常有意思的是遗存有2幅有关澄观的作品，分别是：

（1）《顺宗皇帝和清凉国师》，绢画，藏艾尔米塔什博物馆（编号 X－2522）。

（2）《释清凉心要·清凉国师答顺宗皇帝》，卷首版画，藏俄罗斯东方研究所圣彼得堡分所（《俄藏黑水城文献》第四卷，编号 TK186）。

① 澄观：《华严经随疏演义钞》卷二，载《大正藏》36卷，第17页a。

由于俄藏黑水城艺术品图版在国内流传不广，尤其是绢画本《顺宗皇帝和清凉国师》尚未刊行，所以，很少有人注意到澄观肖像画的突出地位。俄罗斯西夏美术考古专家萨玛秀克博士找到了绢画和版画的同一关系，并和辽代帝王进行了对比，主要是进行图像学的研究，还没有扩展到宗教学流行教派的研究方面。

这两幅绘画的表现载体和方法不同，但构图则基本相似。唐顺宗皇帝和清凉国师澄观相对相向，平起平坐。虽然故事起源是在唐朝，但是，分别以雕版印刷和绢画来反映同一题材，如此突出澄观等身于皇帝的地位，同时，在现存佛经疏论中非常突出澄观弟子宗密的地位，不能不说，澄观—宗密体系得到了西夏皇室的充分提升。“任何时代的思想都是统治阶级的思想”，佛教从立足中国伊始，走的就是帝王路线。没有帝王的支持，任何传法布道都不可能形成总体的、深入的、长效的局面。西夏佛教的历史同样是帝王贵裔信仰的历史。

澄观的影响在五代时已经十分风靡。方广锠先生在考证俄藏黑水城文献《大乘入藏录（卷上)》的时候，发现了该《入藏录》中《四十华严》的译者般若改换成了“北京沙门澄观译”。贞元年间，澄观正隶名于太原府崇福寺，澄观曾以“详定”身份参与了般若译场中《新译四十华严》的翻译，“详定”是译场成员之一，非译主，一般来讲，不应把该经的翻译算在他的名下。另外，又何以称澄观为“北京”僧人呢?

> 由于唐代太原仅在天宝元年至上元二年时称北京，而澄观贞元十四年参与翻译《四十华严》时太原已经不再称为北京，终唐之世，太原再也没有被称为北京，再说澄观本人是般若译场的普通成员之一，所以，称澄观翻译《四十华严》的《大乘入藏录（卷上)》不可能产生于唐代。由于五代时太原被称为北京，因此，这份《大乘入藏录（卷上)》应该产生于五代。
>
> 考察《大乘入藏录（卷上)》所著录的137部佛典，除了《四十华严》之外，没有一部佛典的译者有误。则澄观被当作《四十华严》的译者不应是一般的疏漏，而是编者对澄观有一种特殊的偏爱。看来编撰《大乘入藏录（卷上)》的僧人大概也是华严宗人，甚至可能是太原人，或者这卷《大乘入藏录（卷上)》本身就是在太原编成的，出于宗派观念、地方观念或我们现在不清楚的其他理由，硬把《四十华严》的翻译权算在本来是译场普通成员的澄观身上，很自然地把这位太原崇福寺僧人称作北京沙门。①

方广锠先生的论述说明了连续两个有意思的问题：①《大乘入藏录》的作者是华严教派的；②由于对教派四祖澄观的偏爱，把《四十华严》的翻译权也归结到了澄观身上。

虽然说，《大乘入藏录》可能成书于五代，但是，俄藏孤本抄写于西夏时期，却是可以认定的。此卷背面为后人所写的密教经典《大乘秘密启发》、《十八不共法》等，当是西夏时期的番藏交流的明证。由此，我们可以认知，澄观—宗密的华严—禅宗系统在西夏时期得到特别的重视，甚至被强调到异乎寻常的地步，以致成为流俗而罔顾历史事实。

2. 澄观—宗密体系——教禅合一的潮流

清凉国师澄观作为祖师，其活动期在唐代，之所以能在西夏占据崇高的地位，是和

---

① 方广锠:《中国写本大藏经研究》，上海古籍出版社，2006年，第531页。

西夏时期澄观弟子宗密学派的昌盛密切相关的。

宗密（780—841），二十八岁时参谒菏泽神会系下的遂州大云寺道圆，言下相契，从此出家。有一天受得《圆觉经》，读罢有悟，回告道圆，道圆即印可他可弘扬圆顿之教，授予《华严法界观门》。三十二岁时作书寄澄观，遥叙弟子之礼，并叙说自己对于华严的感悟。澄观答书称赞，召其面见。宗密到长安礼觐，随侍左右。此后先后到过终南山智炬寺、长安兴禅寺、终南山草堂寺、丰德寺等，撰写《圆觉经疏》等。太和年中，文宗邀请入内殿，问佛法大意。赐紫方袍，敕号大德。以后累次御请。朝臣士庶多有归顺，特别是宰相裴休受其教旨，深入堂奥。会昌元年（841）圆寂，年六十二。宣宗即位，追谥定慧禅师，世称圭峰禅师，尊为华严五祖。

其华严学派的主要著作有《华严》、《圆觉》等经疏钞、科分等十多种，代表作包括《圆觉经略疏》、《华严法界观门注》等。宗密的主要思想，除华严二祖智俨的性起说以外，就是教禅一致论。

宗密最主要的禅学著作是《禅源诸诠集》，记载了诸家诸派关于禅门根源道理的文字偈语，并且作了一篇总序来阐发禅教一致的理论。现全书已佚，仅存《禅源诸诠集都序》一文。

在西夏文献中，宗密著述保存有多件，宗密最重要的著作《禅源诸诠集》有多个版本、多个残存文献。因此，可以说明，宗密的禅教一体的思想是西夏时期汉传佛教的主流思想。

3.《禅源诸诠集》——禅学的兴盛

前面已经介绍了澄观—宗密体系在西夏佛教中特别重要的地位，现在我们继续分析《禅源诸诠集都序》的广泛影响。

《禅源诸诠集都序》亦名《禅那理行都诠集》，或名《禅源诠》、《圭峰兰若禅藏》。其名义为“禅学源头各家解释汇编的总序”，是唐圭峰宗密（780—841）所编的一部关于禅与禅宗的典籍汇编。序文二卷，一作四卷。全书已佚，推测约 100 卷①。集录诸宗的禅言将近一百家。其内容“先录达摩一宗，次编诸家杂述，后写印一宗圣教”。序文主要是阐述教禅一致的义理。

由于此序是作者有感于禅宗与教门之冲突而作的，因此，其中心目标乃在解说禅教之一致。在此书中，宗密即本着调和禅、教的立场，而将禅门与教门诸宗作一比勘与融通。他将禅门分为三宗，即“息妄修心宗”、“泯绝无寄宗”、“直显心性宗”；又将教门分为三类，即密意依性说相教、密意破相显性教、显示真心即性教。他将教门某宗之与禅门某宗互相联系比对，实为佛教思想史上之调和论。

此外，此书在叙述禅门三宗时，将历史上之各家禅学都分别判入该三宗之内，例如，将北宗神秀判入“息妄修心宗”，将荷泽神会一系与怀让及其弟子道一（马祖）所传判入“直显心性宗”，并且述及各宗之思想大略。因此，对研究禅宗史或禅宗思想史者而言，《禅源诸诠集都序》甚具参考价值。

宗密确实是一位调和大师，这和他自身求学中博采多门有关，也和他从华严宗出发“圆融一教”即所谓“了义教”的居高临下的意境相关。教禅一体获得巨大的成功，也成

---

① 《唐书·艺文志》著录为 101 卷。《景德传灯录·宗密录》附注说“或云一百卷”。

为西夏一代占据主要地位的显教思潮。

唐代如日中天的华严宗在经历唐末“武宗废佛”的浩劫之后，出现了颓败之象。只有最为大众化的、可以低成本运作的禅、净等诸宗继续保持了发展的势头。原先的华严教派走向和禅宗结合的调和的道路，既是适应武宗废佛之后佛教某些教派所处生存环境的需求，也反映了这一时期主流的教派特点。

4.《六祖坛经》的版本——并非单一的敦煌本系统

关于禅宗盛行、变化、衰变的情况，可以从《六祖坛经》的版本比较来考察。

《六祖坛经》传为禅宗六祖惠能所著，严格来说，应如敦煌本标题“南宗顿教最上大乘摩诃般若波罗蜜经六祖惠能大师于韶州大梵寺施法坛经一卷兼受无相戒弘法弟子法海集记”，是由其弟子法海记载惠能在韶州大梵寺施法的讲演，以及弟子对传授无相戒的记载。《六祖坛经》记载惠能一生得法传宗的事迹和启导门徒的言教，内容丰富，文字通俗，是研究禅宗思想渊源的重要依据。其中心思想是“见性成佛”，即所谓“唯传见性法，出世破邪宗”。又主张顿悟说，认为“不悟即佛是众生，一念悟时众生是佛”，“万法尽在自心中，顿见真如本性”。同时也强调：“法即无顿渐，迷悟有迟疾”；“迷闻经累劫，悟在刹那间”。指出“法即一种，见有迟疾”，“法无顿渐，人有利钝”。同时主张“佛法在世间，不离世间觉，离世觅菩提，恰如求兔角”。自唐而降，《六祖坛经》不仅在中国佛教史上占据举足轻重的地位，而且是东方思想史的最重要的经典著作之一。中国佛教著作尊称为“经”的，仅此一部。

西夏文本《六祖大师法宝坛经》，最早公布和研究见于罗福成在北平图书馆馆刊的《西夏文专号》①。在汉文转译的录文之后，罗福成跋文为：

> 以上计五纸，为西夏人草书，字既不易辨别，经文亦与藏本繁简不同错乱颠倒。姑且录出以供研究。经文写在公文纸背。考公事皆有年月为天赐礼盛国庆某年月日，有朱印在纸缝间，与寻常所见西夏官印无异。有人名甚多，署名者皆画押于下。以此推之，或为公文也。白麻纸极薄，正文草率，竟不知为何事，有待异日考证焉。罗福成记。

到目前为止，对西夏文本《六祖坛经》最完整、最系统的整理，当推史金波先生的《西夏文六祖坛经残页译释》②。该文搜集了罗福成译本、历史博物馆1纸、北京图书馆2纸、北京大学图书馆3纸、日本天理图书馆1纸的录文或图片。

日本柳田圣山曾主编《六祖坛经诸本集成》，共列举了11种版本，即敦煌本、兴圣寺本、金山天宁寺本、大乘寺本、高丽传本、明南藏本、明正统藏本、清真朴重梓本、曹溪原本、流布本、金陵刻经处本。这些版本实质是由4种本子衍生而来的，即敦煌本、宋本即惠昕本、曹溪古本即契嵩本、宗宝本。

① 载《国立北平图书馆馆刊》第四卷第三号“西夏文专号”（民国十九年五—六月），民国二十一年一月出版。

② 史金波：《西夏文六祖坛经残页译释》，《世界宗教研究》，1993年第3期，第90—100页。

西夏文本《六祖坛经》，据日本川上天山《关于西夏语译六祖坛经》[①] 称：

夏译《六祖坛经》在内蒙古黑城（Khara – Khoto）出土，原本为满洲罗福成先生所藏，因此未见于世，但是《北平图书馆馆刊》“西夏文专号”刊登了罗氏汉语重译，进行了介绍。

现据罗福成先生的后记“朱印在纸缝间与寻常所见西夏官印无异”之语，可知是与下述其他所有经文一样[②]，是在朝廷的保护下作为官营事业而进行翻译的。

关于翻译年代，夏译《坛经》第一页背面的公文末署曰“天赐礼盛国庆二年二月日”，又在第四页第五页的背面各署有“天赐礼盛国庆二年六月日”，为西夏惠宗李秉常即位的第四年（1071），相当于北宋熙宁四年。本来西夏国就是热忱的佛教国家，惠宗的前代毅宗谅祚在位时，曾三度向宋朝求经。而惠宗天赐礼盛国庆三年，即《坛经》夏译的第二年，又“十二月遣使如宋进马赎大藏经”（《宋史·夏国传》、《西夏纪事本末》）。仅隔一年，仁宗时代，现存夏译大藏经的绝大多数即已翻译完毕。那时，西夏的佛典引进翻译比本土还要兴旺。

其次，在夏译《坛经》的背面，其公文屡屡出现“瓜州”字样，可推知此《坛经》的翻译大概在瓜州附近，并且，此瓜州即现在的敦煌，为回鹘故地，但由于宋景祐初年归入西夏，可知此《坛经》是在敦煌被译成西夏文的。

川上天山所称，《北平图书馆馆刊》“西夏文专号”中由罗福成翻译、发表的，即为今中国国家图书馆藏本。所有的研究都是基于这个本子。所以其结论为“敦煌本系统”；然而，在黑水城同样发现有另一系统的汉文《坛经》，或许可补充旧说，对西夏的《坛经》以及以此为依托的禅宗状况有一个完整的认识。

汉文本《坛经》发表在内蒙古文物考古研究所、阿拉善盟文物工作站的《内蒙古额济纳旗黑城考古报告之一·黑城出土文书》中，可惜仅发表一页照片。[③] 虽然此次考察所获得绝大部分都是元代文献，但不能排除其西夏文本和汉文文本的传承关系：西夏文本和汉文文本会作为两个不同的系统同时在西夏故地流传。

两种《坛经》的差异

关于神秀题偈的一段，黑城汉文本以十多字极其概括地带过；而敦煌本却是徐徐道来，层层深入，完全像是宋元话本的架势，非常细腻地描写了五祖布置功课、众僧有意避让、神秀的心理活动和最后行动等。

黑城汉文本录文为：

若语意冥符，则衣法皆付。……时上座神秀书偈云：身是菩提树，心如明镜台。时时勤拂拭，莫使有尘埃。……能在碓坊，忽聆诵偈，乃问同学，已知其详。曰：能亦以一偈和之。人皆相视而笑。至夜，告一童子写一偈云：菩提本无树，心镜亦非台。本来无一物，何假拂尘埃。大师既见此偈，至夜，潜令人召能行者入室，分

---

① 川上天山：《关于西夏语译六祖坛经》，孙伯君编译，景永时主编《国外早期西夏学论集（二）》，民族出版社，2005 年，第 251 页。

② 原注：参照《龙谷大学论丛》第二八七号石滨教授的《西夏语译大藏经考》。

③ 李逸友《黑城出土文书（汉文文书卷）》，第 223 页，图陆肆（3）。据叙录称，此坛经共有 6 页，但图版只发表了 1 页。

付衣□□捧衣而出，是夜南迈。惠能，俗姓

黑水城汉文本和罗福成译夏本、川上天山对译本和敦煌汉文本比较如下：

黑水城汉文文本	罗福成：《六祖大师法宝坛经残本释文》①	川上天山：《关于西夏语译六祖坛经》②	周绍良：《敦煌写本坛经原本》（同邓文宽、荣新江：《敦博本禅籍校录》）
若语意冥符，则衣法皆付。			汝等总且归房自看，有智惠者，自取本性般若之知，各作一偈呈吾。吾看汝偈，若悟大意者，付汝衣法，禀为六代。火急作。
			门人得处分，却来各至自房，递相谓言：我等不须澄心用意作偈，将呈和尚。神秀上座是教授师，秀上座得法后，自可依止，偈不用作。诸人息心，尽不敢呈偈。时大师堂前有三间房廊，於此廊下供养，欲画《楞伽变》，并画五祖大师传授衣法，流行后代为记。画人卢玲看壁了，明日下手。
时上座神秀书偈云：			上座神秀思惟：诸人不呈心偈，缘我为教授师；我若不呈心偈，五祖如何得见我心中见解深浅？我将心偈上五祖呈意，求法即善，觅祖不善，却同凡心夺其圣位。若不呈心，终不得法。良久思惟，甚难！甚难！夜至三更，不令人见，遂向南廊下中间壁上，题作呈心偈，欲求衣法。 秀乃思惟：若五祖见偈，言此偈语，若访觅我，我见和尚，即云是秀作；五祖见偈言不堪，自是我迷，宿业障重，不合得法。圣意难测，我心自息。 秀上座三更于南廊下中间壁上，秉烛题作偈。人尽不知。偈曰：

① 《西夏文专号》，第227页。

② 孙伯君编译，景永时主编：《国外早期西夏学论集（二）》，民族出版社，2005年，第251页。

（续上表）

黑水城汉文文本	罗福成：《六祖大师法宝坛经残本释文》①	川上天山：《关于西夏语译六祖坛经》②	周绍良：《敦煌写本坛经原本》（同邓文宽、荣新江：《敦博本禅籍校录》）
身是菩提树， 心如明镜台。 时时勤拂拭， 莫使有尘埃。	身是菩提树， 心如明镜台。 时时勤拂拭， 勿使惹尘埃。	身是菩提树， 心如明镜台。 时时勤尘拭， 尘惹使勿着。	身是菩提树， 心如明镜台。 时时勤拂拭， 莫使有尘埃。
	上座神秀书了此偈，便却归房，人总不知。 五祖大师于翌朝唤卢供奉来，曰："欲向南廊壁间绘画图相，五祖大师见此偈（以下残缺）其一	上座神秀此偈书了，归房中入，别人未见。 五祖大师明出时庐供奉呼唤，到来南廊间壁绘图相画欲。五祖大师此偈见（以下残）其一（行由第一）	神秀上座题此偈毕，却归房卧，并无人见。 五祖平旦，遂唤卢供奉来南廊下画《楞伽变》，五祖忽见此偈
	（行由第一）	第二叶夏译《坛经》重译	
能在碓坊，忽聆诵偈，乃问同学，已知其详。曰：能亦以一偈和之。人皆相视而笑。至夜，告一童子写一偈云： 菩提本无树， 心镜亦非台。 本来无一物， 何假拂尘埃。 大师既见此偈，至夜，潜令人召能行者入室，分付衣□□捧衣而出，是夜南迈。惠能，俗姓	则学法无利益也。若自见心性。 菩提本无树， 明镜亦非台。 佛法常清净， 如何有尘埃。 心是菩提树， 身即明镜台。 明镜本清净， 如何惹尘埃。 则知大众见了此偈，皆为惠能惊讶。惠能即归碓房。五祖大师若见惠能偈，惠能知大意，但畏无识众人只知。五祖大师向众言曰：此亦非正解也。五祖大师夜三鼓（下残缺）其二（行由第一）意了。	则法学利益无也。若自心性见，则知大意了。惠能偈曰： 菩提本树无， 明镜台亦非。 佛法常清静， 如何尘埃有。 心是菩提树， 身即明镜如。 明镜本清静， 如何尘埃惹。 大众此偈了见，皆惠能为惊讶。惠能归碓房入，五祖大师 若惠能偈见以惠能大意知无识众人畏五祖大师众向言曰 此亦鲜真非也五祖大师夜三鼓（以下残）	（呈自本心。不识本心，）学法无益；识心见性，即吾大意。 菩提本无树， 明镜亦非台。 佛性常清净， 何处有尘埃。 又偈曰： 心是菩提树， 身是明镜台； 明镜本清净， 何处染尘埃。 院内徒众见能作此偈，尽怪。惠能却入碓坊。五祖忽来廊下，见惠能偈，即知识大意。恐众人知，五祖乃谓众人曰："此亦未得了。"五祖夜至三更……

① 《西夏文专号》，第227页。
② 孙伯君编译，景永时主编：《国外早期西夏学论集（二）》，民族出版社，2005年，第251页。

惠能“悟道偈”的一句“佛性常清净”或者“本来无一物”，成为敦煌本系统还是以后惠昕本改编本系统的主要区别标志。各本“悟道偈”的情况如下：

敦煌本	佛性常清净（原本性作姓）
西夏文重译	佛法常清净
黑水城汉文本	本来无一物
惠昕本	本来无一物
元延祐高丽刻本	本来无一物
明藏现行本	本来无一物

郭朋先生对惠昕本开始的对“悟道偈”的改篡，进行了严厉的批评：

惠昕带头，把“佛性常清净”窜改为“本来无一物”。这是从思想上对惠能作了根本性的窜改：把“佛性”论者的惠能，窜改成虚无主义者，从而为以下更多、更大的窜改，作了极为恶劣的开端。①

由此论之，取“本来无一物”始于惠昕本，则内蒙古文管会所获汉文印本，非为敦煌本、法海本系统，而是惠昕本以下的本子。

然而，西夏语译本《坛经》与敦煌本则基本一致，特别是从西夏文本翻译地为瓜州，即今之敦煌这一点来看，夏译《坛经》确实是敦煌本的翻译。由此可知，从唐末五代到北宋中叶，在韶州确立的《坛经》传到了遥远的敦煌，并流传到更北方的黑城。此事显示了《六祖坛经》是如何在广大的范围内流传的，因此，必须指出这在禅宗史上别有意味。

黑水城汉文本虽然可能成书于元代，但是，可以认为是黑水城当地宗教的一种历史沿袭。说明从西夏到元代之间，黑水城当地已经有多种版本同时流行。可能已经有了“读本”和“讲经本”的分工，以致差距如此之大。

黑水城汉文本的价值告诉我们，黑水城的佛教系统，并不是完全因袭敦煌，而是具备了多元性。尤其是作为官方无力控制的民间佛教，更呈现了各取所需、兼容并蓄的局面。

5. 西夏文献中的“禅藏”文献臆测

方广锠先生提出，宗密《禅源诸诠集都序》是关于“禅藏”编集的总序。力图在敦煌文献中还原一部“禅藏”，但苦于材料和证据的缺少，只能待诸来日。

黑水城和西夏文献中，收录了一些禅宗的典籍。其中有些为大藏经所未收。

《六祖坛经》	国图夏 H232
《达磨大师心观本母》	俄夏 No435

又名“观心论”。相传为菩提达磨之语录，但慧琳《一切经音义》卷100记载（大正54·932a）“观心论，大通神秀作”。因此另有唐神秀撰之说。全书采用问答之形式，阐述观心之法。内容述说三毒六贼、三界六趣之苦及其原因，劝说实践解脱修行，主张六波罗蜜、三聚净戒、念佛等修行，及洗浴众僧、造塔伽蓝等功德，皆可摄收于“摄心内照”之观心法，亦即以观心一法总摄诸法。写本有敦煌本 S. 2595、S. 5532、P. 2460、

① 郭朋：《坛经对勘》，齐鲁书社，1981年，第19页。

P. 2657、P. 3777、P. 4646。此处又见俄藏目录中 437 号，可见西夏禅宗对唐宋禅宗的延续。

《说性空之法》　　　　俄汉六 Дх3185

此件未见于《大正藏》。

《碧岩录》卷一残片　　俄汉六 Инв. No. 1044

《碧岩录》十卷。北宋圜悟克勤编。收于《大正藏》第四十八册 2003 号。为禅宗最具代表性的公案评唱集。

此书是佛果圜悟于宋徽宗政和年间（1111—1117）住持湖南澧州夹山灵泉禅院的时候，根据雪窦重显（980—1052）的《颂古百则》加以评唱，由门人编辑而成的，是有一百则的古则公案，每则公案均有“垂示”、“本则”、“颂古”、“著语”、“评唱”。

《佛印禅师心王战六贼出轮回表》残片　　俄汉五 A20V14

这是一部对禅宗有着重大影响的经典，关于它的作者及产生年代目前均不清楚。有两个汉文残本与一个粟特文残本，两种文字的写本内容互不相同。汉文全本并附有注疏。[①]

《中华传心地禅门师资承袭图》（裴休问，宗密答）

汉四 TK254

汉六 Инв. No. 2010

俄夏 No759，760

《洪州宗师趣注开明要记》　　俄夏 No617

《洪州宗师教仪》　　俄夏 No715

《真州长芦了和尚劫外录》（禅净）　　俄汉三 TK133

《照心图一本》　　俄汉五 A4V

《亡牛偈》　　俄汉五 A20V15

《诸说禅源集都序》　　俄夏 No321－323

《诸说禅源集都序纲文》　　俄夏 No646 英夏 2239

《诸说禅源集都序择炬记》　　俄夏 No625、626、749

6. 阿弥陀佛崇拜——净土的繁荣

在敦煌莫高窟，可以看到，从开创初期的北凉、北魏到隋唐，许多主体性的佛教造像，大多是弥勒佛，所崇尚的净土也主要是弥勒的兜率净土；虽然崇尚阿弥陀佛的西方净土早已在东晋竺法旷（327—402）首创，叠经庐山东林寺慧远（334—416）结莲社弘扬，而到东魏昙鸾（476—542）奠定净土立宗的基础，但是当时的主流仍然因为皇帝的倡导而崇奉弥勒净土。到唐武则天时代，武则天自命为弥勒佛下凡，更推动了全国的弥勒佛的造像运动。现在遗存的大多数大佛像，都是半跏趺坐的弥勒佛像。但是，宋代以后，佛教走向平民化、世俗化，念称“阿弥陀佛”就可以减免累世修行、直接进入西方极乐世界的西方净土流派得到了很大的发展。所谓“净土宗”从某种意义上来说，主要成为往生阿弥陀佛的西方净土的修行僧团。

---

① 方广锠：《藏外佛教文献》第一辑《卷首语》，宗教文化出版社，1995 年。

阿弥陀佛崇拜的西夏文献

净土宗主要依持的是“三经一论”，即《阿弥陀经》、《无量寿佛经》、《观无量寿佛经》和《往生论》。《往生论》乃天亲菩萨（佛灭后九百年顷，出生北印度健陀罗国之富娄沙富罗城，婆罗门种族之家）修学净土法门的心得著述。净土祖师昙鸾大师（476—542，山西雁门人）造《往生论注》。《往生论注》凝聚了自马鸣、龙树、天亲菩萨以来古印度纯正的净土教理。然后融入中国的本土文化，阐发了净土法门的事理、因果、性相与佛境界的状态，是一部奠定后世净宗脉流的巨作。昙鸾门下出道绰大师，一生讲净土三经近两百遍。道绰门下出善导大师，被后人尊为净宗二祖。

《往生极乐偈》　　　　　　　　俄汉六 B2.1

包括有 4 个方面内容：①劝念佛颂；②愿往生礼赞偈；③无量寿如来念诵修观行仪轨；④西方净土礼。

《真州长芦了和尚劫外录》　　　TK133

长芦了属于禅宗曹洞宗，撰有《净土集》行世，也是禅净同修的代表著作。另外，智昇、遵式等大家也有西方净土的著作。

《西方净土十疑论》　　　　　　俄夏 No318

勘同：《净土十疑论》（一卷，隋智𫖮说）（大正藏 1961 号 47 卷 p. 0077）

《净土生求顺要论》　　　　　　俄夏 No319，320

勘同：《往生净土忏愿仪》（一卷，宋遵式撰）（大正藏 1984 号 47 卷 p. 0490）

《慈觉禅师劝化集》　　　　　　俄汉三 TK132

此件与《慈觉大师在唐送进录》（一卷，日本圆仁撰）（参大正藏 2166 号 55 卷 p. 1076）内容有重合。圆仁为唐末武宗灭佛时著名的日本游学僧人，回国时带回了许多唐朝的佛教典籍。故可知此件中土已经佚失，除了在黑水城文献中有所发现外，还可能在圆仁带回日本的图籍中能够找到。

阿弥陀佛西方净土信仰在密教典籍中也十分盛行。如《密教杂咒经》残叶（俄汉四 TK191），其中提到“阿弥陀佛，圣众围绕”，迎请“西方极乐世界阿弥陀佛及圣众至面前”，“右手执数珠念南无阿弥陀佛，或念阿弥陀佛心咒”等内容来看，属于以阿弥陀佛为本尊之修法。在藏传佛教中，阿弥陀佛始终是重要的供奉本尊之一。

阿弥陀佛崇拜的艺术品

在现存的西夏绢画中，保存有很多件往生西方的“阿弥陀佛来迎”的作品。许多件有雷同的、程式化的趋势，但是基本上还是有很多的变异。这些变异，首先表现在被接引者即超度者的身份。有些是西夏的帝王和皇后，有些是贵族；其次也体现在财力的支持，有钱的金碧辉煌，没钱的简单粗糙。但是都殊途同归地供奉阿弥陀佛，为亲属制作西方净土接引图。其题材之集中，充分反映了西方净土崇拜的习俗盛行于世。

曾经在敦煌文献中多次发现的版画《四十八愿阿弥陀佛像供养文》（俄四 TK288），连同《大圣文殊师利菩萨像供养文》（俄四 TK283）（俄四 TK289）也在黑水城文献中发现，不仅说明西夏王朝继承发扬了敦煌五代时期的佛教传统，也说明阿弥陀佛信仰的久盛不衰。

（作者：束锡红，暨南大学华侨华人研究院历史学博士后）

元代的裱背工艺

马明达

【提　要】裱背是源远流长的传统文化工艺，历史上一直都在延续并有所发展，直至今天仍有着重要的社会功用。元朝在裱背工艺上，上承金、宋遗绪，在天下一统的条件下，汇集各方人才，融合南北技艺，总体水平有了提高。一个重要标志是产生了"裱背十三科"的行业规范和理论，同时产生了以焦庆安、王芝为代表的著名裱背工匠。元朝的裱背首先服务于国家的文化事业，同时社会上也有很大需求，这应该也与元朝书画艺术的昌盛有直接关系，也与秘书监等文化机构的职能有关系。本文对元朝的裱背资料做了史料上的钩沉寻赜工作，用史实纠正了各种对元朝裱背工艺的贬损之说。

【关键词】裱背　秘书监志　王芝　元代画塑记

裱背，亦作裱褙，今称装裱。古今名称甚多，或称装褙、装潢、装池、裱装、裱糊等，而元代公私文献中大都称之为"裱背"，为行文方便，我们沿用元代的这一叫法。

裱背与中国书画艺术的关系尤为密切，是书画创作的重要辅助条件之一。是故，历来受到书画家的倚重，以至古往今来许多书画家都能熟练地掌握裱背工艺，往往亲执刀尺，把握分寸，精心经营，力求通过裱背使作品达到尽善尽美。宋以后"文人画"勃然兴起，这一情况便更加有所发展。文人书画家们往往同裱背工匠密切交往，互相切磋，甚至引为案边伙伴，其情形一如书画家们与笔工、墨工的关系。应该说"文人画"是一个包含着丰富内容的综合的艺术体系，其中应该包括书画家们对创作工具制作的关注和参与，也包括他们对裱背工艺的直接介入和推进。

元代是中国书画长足发展的朝代，是文人画的鼎盛期。由于完成了国家统一，多民族多区域的文化发生了前所未有的交流与融汇，使得文化的多元因素和创新精神明显增长，不但书画创作趋于繁盛，名家丛集，佳作连绵，就连与之相关的文房工艺也有了明显进步。笔者曾有元代墨工与笔工之考，试图以丰富的史实说明元代的笔墨制作不是衰退了，而是进步了。今兹再对元代裱背工艺作一番考察，仍希望通过史实来揭示元代裱背工艺的发展状况，对流布已久的元代"在书画装潢上没有一点创新"的说法有所纠正。

一

裱背起源甚早。一般认为，后魏贾思勰《齐民要术》卷3《杂说三十》的"染潢与治书法”，就包含了部分裱背工艺内容，故被视为文献典籍中最早关于裱背的文字。[①] 唐代杰出的书画史家张彦远说，大致晋代以前“装背不佳”，这个行业自南朝刘宋以后逐步发展起来，并且产生了若干名家。[②]

唐代，裱背业迅速成长起来，一个重要原因是国家对裱背有大量的需求，当时朝廷的许多机构中有专职的裱背工匠，如中书省下属的集贤院有“装书直十四人”；史馆有“装潢直一人，熟纸匠六人”。[③]“掌邦国经籍图书之事”的秘书省，有“熟纸匠十人，装潢匠十人”；门下省所属的弘文馆有“熟纸装潢匠九人”，[④] 等等。由此可见唐代裱背功用之广之盛。显然，社会需求的不断增加，特别是官方需求的拉动，是这项传统工艺得以持续发展的前提。

从史书来看，从南朝到隋、唐，裱背业的中心始终都是宫廷、皇家的图书收藏机构以及国家的其他部门。以理推之，民间应该也有裱背工匠的活动，大概限于当时的条件，也限于“卷轴”尚未成为中国书画创作的主流形式，裱背便不是一项具有社会普遍需求性的工艺，这可能是唐以前文献中少见私人裱背活动资料的主要原因。

宋代是裱背工艺阔步发展的时代。

北宋时期，裱背已成为一个非常成熟和普遍的行当，米芾的《画史》、《书史》中对裱背就多有论述。《梦粱录》里关于杭州“朱家褾褙铺”、“马二娘裱背”的记载，都反映了民间裱背业的繁盛和分工趋细。[⑤] 这显然与宋代承平日久、文化昌盛、公私图书及书画鉴赏收藏活动的勃兴有关。但是，总的来看，宋代裱背工匠的用武之地，仍然主要是在皇家的专业机构里。宋徽宗性喜书画，宣和御府藏有大量历代书画珍品，号称“极古今之盛”，于是裱背便成了必不可少的部门，工艺趋细趋精成为必然。随之，便产生了用料考究，做工精巧，以富丽华贵为特点的“宣和装”。当代书画鉴赏家杨仁恺先生说：

> 凡经宣和御府收藏过的书画，装帧形制包首用各色绛丝或古锦，鹅黄细绢为瓣后隔水，拖尾鱆纸用高丽蚕茧纸。在前隔水上有赵佶瘦筋书题签。[⑥]

可惜的是，宣和御府的裱背格式和工艺程序并没有文字资料保存下来，今天，我们仅凭着几件幸存于天壤间的书画珍品，稍稍领略“宣和装”的风采。而我们所能看到的宋代官方裱背文字资料，主要有两项，一是《宋史·职官志》所记载的“官告”装潢规格；二是南宋遗民周密在其《齐东野语》中收载的《绍兴御府书画式》。

宋代吏部属衙中有“官告院”，是专门制作百官“告身”——即授官凭证的机构。据《宋史·职官志三》，北宋自太祖乾德四年（966）始，“诏定告身绫纸褾轴”的不同规格。神宗元丰五年（1082），重新颁布了“告身式”，至宋徽宗大观初，再次制定“新格”，凡文武官员的告身，分为绫纸五种，十二个等级，《宋史·职官志三》对此有详细

① 贾思勰：《齐民要术》卷5《杂说三十》，文渊阁《四库全书》本。

② （唐）张彦远：《历代名画记》卷3《论装背褾轴》，上海人民美术出版社《画史丛书》本，第一册，第36页。

③ 《旧唐书》卷43《职官二》，中华书局，1975年，第1852—1853页。

④ 见《大唐六典》，三秦出版社1991年影印日本近卫本，第194、209页。

⑤ 《梦粱录》卷13有“朱家褾褙铺”，卷20有“马二娘裱背”。

⑥ 杨仁恺：《国宝沉浮录》第一章第一节《历代王朝庋藏法书名画概述》，上海人民美术出版社，1991年，第11页。

的记载。[①] 这使我们了解到，宋代，官方裱背在服务于内府图书之外，百官告身的制作也是一大宗。其实，告身以外，举凡皇家的文件如诰、诏、制、牒等，也都需要裱背装潢。这种制度唐以前就有了，《宣和书谱》就记载了一批唐、五代的"制、诏、诰、命"原件,[②] 因为此类文件往往出自当时的翰苑名臣或著名书家之手，自古便是公私收藏家们留意物色的对象，如唐德宗建中三年（782）六月授给中书舍人《朱巨川告身》，出自唐代大书家颜真卿之手，曾是宣和御府的藏品，后来为元明清收藏家辗转珍藏，石刻拓本随处可见。

高宗赵构是宋朝又一位痴迷于书画艺术的皇帝，他的鉴藏活动对裱背工艺的发展也起到了推动作用。周密《齐东野语》卷6《绍兴御府书画式》条称，高宗"妙悟八法，留神古雅。当干戈俶扰之际，访求法书名画，不遗余力"。所以，"绍兴内府所藏，不减宣、政"。当时，内府藏品都要重加裱装，"其装裱裁制，各有尺度，印识标题，具有成式"。而且这一切都在高宗的亲自过问下进行。生当宋末元初的周密，对故国文物有着深深的眷恋之情，他偶尔得到传存民间的《绍兴御府书画式》，"稍加考正"，便全文录存在《齐东野语》中，"嘉与好事者共之，庶亦可想象承平文物之盛焉"。其实，这不仅是一项极为难得的南宋宫廷书画裱背资料，同时也是一份珍贵的文化史资料，周密可谓法眼独具，功不可没。[③]

据《绍兴御府书画式》载，绍兴内府所藏历代书画胜迹，按其年代和作者等分为若干个等级，每个等级须用何种材料装潢、裱背的尺寸以及加盖何种印章等，都有明确规定。更有趣的是，《书画式》不仅提到当时专司鉴定的赵世元、曹勋、宋贶等人，还提到庄宗古、郑滋两位宫廷裱背家，特别是庄宗古，名字多次出现，凡内府搜访到的法书名画，经由专人"定验品第进呈讫"后，基本上都"降付庄宗古分手装背"。搜集到的法书如果是"青阑道、绢衬背"一类的唐式裱装，也都交由庄宗古"裁去上下阑道"，最后"依绍兴格式装褫"。显然庄宗古是绍兴内府分管裱背的专家。《书画式》的最后一项内容是：

> 内府装褫分科引式格式：粘裁　折界　装背　染古　集文　定验　图记

据此，绍兴内府的裱背工艺一共分了七科，前三科内容清楚，毋烦冗解。第四科"染古"，应即《齐民要术》卷3之"染潢"，也即明代周嘉胄《装潢志》的"洗"法，是指清洗古画污渍的方法。[④]"集文"当指"集帖"技术，如唐释怀仁"集"王羲之字为《圣教序碑》等，这项工作也由裱背工匠承担，亦见庄宗古这些人有很高的书学修养，并非一般工匠。"定验"、"图记"二法，前者指书画作品的鉴定与分类，因为这是确定其装裱规格的根据。《书画式》有云："应搜访到法书墨迹，降付书房。先令赵世元定验品第进呈讫，次令庄宗古分拣付曹勋、宋贶、张俭……等覆定验讫，装褫。"后者指对完成装

① 《宋史》卷163《职官三·吏部·官告院》，中华书局，1977年，第十二册，第3841页。

② （宋）佚名氏：《宣和书谱》卷20《制诏诰命》，载宣和御府所藏唐、五代诏、令、制、牒八十一件的目录，上海书画出版社，1984年，第161页。

③ （元）周密：《齐东野语》卷6《绍兴御府书画式》，中华书局点校本，1983年，第93—102页。按，据陶宗仪《说郛》卷88下，《绍兴御府书画式》也叫《思陵书画记》。

④ （明）周嘉胄：《装潢志》，见杜秉庄：《书画装裱技艺辑释》，上海书画出版社，1993年，第17、18页。

裱的书画卷轴钤用不同的图章。对此，《书画式》也有具体规定，如：

赵世元钩摹下等诸杂法帖，……前引首用"机暇清赏"印，缝用"内府书记"印，后用"绍兴"印。诸画并上用"乾卦"印，下用"希世"印，后用"绍兴"印。

《书画式》差不多是一本关于南宋宫廷裱背的专著，内容十分丰富，如果以唐张彦远《历代名画记》卷3《论装背褾轴》所载唐代裱背资料两相比证，则唐宋内府书画的保护与裱背制度、工艺特点等，基本上清晰可见。

与南宋相对峙的金朝，也有关于官诰裱背规格的严格规定，说明女真人沿袭了宋制，同样设有官方的裱背机构。另，金还设有类似画院的祗应司，有专业的宫廷画家，理应也有从属的裱背工匠，可惜具体情况尚不清楚。[①] 金章宗雅好书画，专学宋徽宗的瘦金体书，内府多有书画收藏，所以明昌、泰和印玺常见于传存的一些唐宋书画作品之上。[②] 但整个金代的裱背资料很少见，有关的情况在文献中也无所发现，我们只能有待于史料的继续搜寻了。

二

元代，裱背工艺有了进一步的发展，出现了一些新的特点，也产生了以大都焦庆安、杭州王芝为代表的一批杰出的裱背大师。与所有的文房工艺一样，元代的裱背工艺同样是我国裱背史上一个不容忽视的环节，它在唐宋与明清之间起到了承前启后的作用。可惜，以往没有人对元代裱背做研究，书画界的有些认识和评语往往不够准确，有的研究者甚至认为"元代有关论及装裱的文章，不曾多见，虽有一鳞半爪，也是空空泛论"[③]。这类论说时有所见，大都转相沿袭，疏于深察，与元代裱背工艺的实际情况相去甚远。

元代承接金、宋两朝，政治制度上受金的影响比较多，文化上则吸收了许多南宋的成果，在南北文化交流融合的基础上逐步形成了自己的特点。以裱背而言，国家的空前统一，推动了包括裱背在内的整个文房工艺的南北大交流，无论在管理制度上和具体的工艺上，最突出的一点就是兼容南北各地之长，促进了工艺流程的规范化。加上士人的书画创作活动介入其中，使裱背工艺更趋成熟、更趋精细，于是便产生了"裱背十三科"的技术分工。这门以往主要为宫廷和高层士人服务的技艺，进一步走向民间，融于社会，完成了部件和工序的定型与标准化，为明、清两代的裱背业者所遵循。

在元代文献典籍中，裱背工艺的资料的确比较分散零碎，但将其集中起来考察分析，还是能看到不少真切的内容，了解到有元一代官、民裱背工匠的总体状况和个别杰出人物的事迹与成就。在目前所掌握的资料中，以技术层面的资料而言，最值得注意的是陶

---

① 《金史》卷55《百官一·吏部》有"官诰院"；卷58《百官四·官诰》有关于各品官诰制作规格的具体规定，中华书局点校本，1975年，第四册，第1338页。

② （元）陶宗仪：《书史会要》卷8："金章宗，完颜氏，讳璟。临轩之余，喜作字，专师宋徽宗瘦金书。"

③ 冯鹏生：《中国书画裱概说》，上海人民美术出版社，1992年，第4页。

宗仪《南村辍耕录》中的两段文字，即卷23之《书画标轴》和卷27的《裱背十三科》，这是陶宗仪对元代裱背工艺，特别是南方裱背业的真实记录，对后世影响深远，成为最重要的裱背史资料。

《书画标轴》主要记述裱背书画的基本用料，分别是锦裱、绫引首及托里、赙卷纸、轴、轴杆、匣六个类项。其中尤以锦裱、绫引首及托里两项用料品种繁富，裱背用锦有55种之多，用作引首和托里的绫子达26种之多，足见元代裱背上承金、宋流风，用料更趋考究。陶宗仪特地表明，他所记述的材料，主要是本人"所闻见者"，比如他记"锦裱"各类时，往往注明"俗称"什么，记"绫引首及托里"，有一种叫"回文"的绫子，特为注明"金国"。① 这些地方都证明他的记载的确以亲眼经见者为主，并非但凭抄撮古书而成。正因为如此，陶氏《书画标轴》所提供给我们的古代裱背用料情况，丰富程度不但超过了《绍兴御府书画式》，而且也是明清同类记述所不及的。

《裱背十三科》一条更具史料价值，影响也很深远。我们不妨引录如下：

> 世人但知医有十三科，画有十三科，殊不知裱背亦有十三科。一织造绫锦绢帛；二染练上件；三抄造纸札；四染制上件颜色；五糊料麦面；六糊药、矾、蜡；七界尺、裁版、杆帖；八轴头（或金或玉或石或玛瑙、水晶、珊瑚、沈檀、花梨、乌木，每轴只用一色，所以只归一科）；九糊刷；十铰练；十一绦；十二经带；十三裁刀。数内缺其一，则不能成全画矣。其糊刷、裁尺亦皆有名，糊刷，棕软者谓之平分，棕硬者谓之糊搠。大小得中者谓之黏合，小者谓之寸金。裁尺极等阔者曰满手；次等曰三指；又次等曰两指；最狭者曰单指。②

陶宗仪是一位用心细微而又别具眼光的学者，他的《辍耕录》是元代笔记中内容最丰富的一种，成为研究元代社会的小型"百科全书"，对裱背行业的记载就是很好的例证。"裱背十三科"的内容比较清楚，其中许多技术问题也无须我们一一缕解。需要指出的是：

第一，比之南宋宫廷的七科，元的十三科紧紧围绕裱背工艺，显示了元代裱背工艺更趋完善和精细，正如陶宗仪所说："数内缺其一，则不能成全画矣。"同时，裱背工具也有了进一步的分工和专用名称，如糊刷、裁尺都有更具体的用途和名称。裁尺本是一种硬木质的长尺，裱工裁切画心和其他材料时用它作"界"，故又称界尺。仅裁尺，就分为满手、三指、两指、单指四种，可见随着裱背业务领域的不断扩大，工具益见专门化，名称富有实用特色。

第二，元的十三科之说，一直被裱背行业所遵循，至少在明代，作为天下裱背行业中心的苏州，十三科之说犹被行家所引谈。明人周嘉胄的《装潢志》是古代裱背工艺的"经典"著作。书中所述裱背工艺顺序，就明显承继着元十三科的流程，而全书的最后一节仍归在"裱背十三科"上。细读周书十三科，其内容比之陶书只有一些细微变化，如陶书第二是"染练上件"，周书是"裱板等件"；此外也还有个别字的差别，而总的内容都沿袭陶书。由此可见，元代十三科之说是裱背工艺的重要总结，在裱背工艺的发展史上具有里程碑意义。

---

① （元）陶宗仪：《南村辍耕录》卷23，中华书局，1958年，第276页。

② 《南村辍耕录》卷27，第341页。

除陶宗仪《辍耕录》两条资料外，另有元人王思善“记著”的《装褫定式》一文，但此文仅见于王以坤先生《书画装潢沿革考》一书，[①] 王书没有说明该文的出处，笔者迄今未找到原文，故只能以王先生的《沿革考》为准。王思善其人，应即元代著名人物肖像画家王绎，字思善，杭州人。生当元末，陶宗仪在《辍耕录》中载录了王绎的《写像秘诀》，是重要的古代绘画资料，一向被美术史研究者所重视。他的传世作品《杨竹溪画像》，笔法精妙，形神兼备，更是元代人物画的代表作。[②]

《装褫定式》与《绍兴御府书画式》是同类性质的文字，是关于书画裱背尺寸规格的一个定式，而且它所记录的尺寸与《绍兴御府书画式》的《诸画装褫尺寸定式》基本相同。所以王以坤先生提出：“不知是抄宋《绍兴御府书画式》，还是元代确为完全继承宋装潢定式？由于元代书画传今原装早无，所以不能肯定……”杨仁恺先生也说：“根据元代王思善《装褫定式》一文的记载，与周密《绍兴御府书画式》一文所记尺寸相去无几。不知王氏所记是抄录周氏文章，还是元代确为完全继承了宋的装潢定式？由于元代书画原装者未见，故难以肯定。”[③] 显然，两个可能性都存在，一是其内容抄自《绍兴御府书画式》；二是元代裱背承继了南宋定式，至少南方的裱背中心杭州是如此。王绎是以杭州为活动中心的画家，没有史料证明他曾北上大都服务于元朝的文化机构，他所记录的，应该主要是杭州工匠们所遵循的书画裱背格式。

三

如同宋代一样，元代的裱背业也有官匠、民匠之分。前者是隶属官府的职业工匠，有固定的俸银，从事国家的各种裱背业务；后者则是星散各地的裱背铺经营者。也有不设店铺只在家里承接活计的，这些人中绝大多数是世传裱背手艺人，但其中也有书画家或书画收藏兼经营者而又擅长裱背的，他们与士大夫日相盘桓，接触甚多，身份不同于一般的工匠。当然这是极少数人。

元代官方专设的裱背机构，见于《元史·百官志》的有两个，一个是隶属大都留守司祗应司的裱背局，是个很小的机构，仅设提领一员，管辖着若干工匠，职能是“掌诸殿宇装潢之工”，即负责大都宫殿和内府诸邸的室内装裱。裱背局立于世祖中统二年(1261)，创设时间比较早，应与忽必烈营建大都宫殿有关，具体活动尚无所考见。[④] 此外，上都路留守司也有一个祗应司，“秩从五品，掌妆銮、油染、裱褙之事”。但不了解它的具体活动。[⑤]《经世大典·工典总序》将元朝隶属国家的“百工之事”分成了二十二项，其中并没有为裱背单独立项，裱背业务似分属于多个部门，如《工典》第二十一项

---

① 王以坤：《书画装潢沿革考》，紫禁城出版社，1991 年，第 32 页。

② 参见陈高华：《元代画家史料汇编》四八“王绎”，杭州出版社，2004 年，第 792 页。

③ 《装褫定式》内容见王以坤《书画装潢沿革考》，第 33 页。杨仁恺先生之说见《中国书画鉴定学稿》，辽海出版社，2000 年，第 363 页。

④ 《元史》卷 90《百官六》，中华书局，1976 年，第八册，第 2279 页。

⑤ 《元史》卷 90《百官六》，第八册，第 2298 页。

"画塑"就含有裱背，这在存世的《元代画塑记》一书里有反映①；此外，专设的裱背局则应属于第二十二项的"诸匠"，"诸匠"是一个综合性质的类别，即所谓"乃鸠天下之工聚之京师分类设局"，裱背局是其中之一。以现有资料来看，元朝国家的图书和书画裱背事务，主要由秘书监承担，秘书监有一批优秀的裱背工匠。

秘书监是元朝"掌历代图籍并阴阳禁书"的文化机构，它的职能中包括了古今图书和书画的修缮裱背，这在《元史·百官志》里并没有记述，但传世的元代官书《秘书监志》里保存了不少资料，特别是有裱背工作的一些记录，内容很具体，有很高的史料价值。此外，上面提到的《元代画塑记》，是清人文廷式从《永乐大典》中抄录出来的，原属元《经世大典·工典·画塑》的部分内容。其中关于裱背的并不多，却恰好与《秘书监志》的裱背内容相衔接，有助于我们对元朝宫廷裱背业务的完整了解。

《秘书监志》体例颇为紊乱且多有缺漏，原因是秘书监创设于世祖至元九年（1272），到顺帝至正年间才编成《秘书监志》，中间半个多世纪里，秘书监的结构和人事多有变化，这是造成体例紊乱的客观原因，而编纂者王士点、商企翁没有认真厘定也应该是原因之一。此书一共设了十九个门，裱背未独立设门，相关业务主要反映在卷6《秘书库》，此外还分属其他一些卷次中，粗看觉得头绪纷呈，很不清晰，实际上只要将所有与裱背有关的事件依其记述的年序排列出来，就能看到元朝秘书监系统裱背工作的基本情况，也能看到若干重要裱背工匠（简称"裱匠"）的活动情况。

我们先看《秘书监志》卷6《秘书库》的一条记载。文字比较长，为方便讨论，不妨全录如下：

至元十四年正月二十二日，内里斡鲁朵里有时分，孛罗官人、张左丞、赵侍郎钦奉圣旨："秘书监里有损坏了底文书书画，都擗掠底好者。钦此。"

至元十四年二月，裱褙匠焦庆安计料到裱褙书籍物色：

书籍文册六千七百六十二册

褙壳绫一万三千八百六十二尺一寸：

每册黄绫二尺，计一万三千五百二十四尺

每册题头蓝绫半寸，计三百三十八尺一寸

纸扎每册大小纸六张，计四万五百七十二张：

济源夹纸三张，计二万二百八十六张

束鹿绵纸三张，计二万二百八十六张

打面糊物料：

黄蜡一钱，计四十二斤四两二钱

明胶一钱，计四十二斤四两二钱

白矾一钱，计四十二斤四两二钱

白芨一钱，计四十二斤四两二钱

藜蒌一钱，计四十二斤四两二钱

皂角一钱，计四十二斤四两二钱

茅香一钱，计四十二斤四两二钱

① （元）佚名：《元代画塑记》，人民美术出版社，1964年《中国美术论著丛刊》本。

藿香半钱，计二十一斤二两一钱
白面五钱，计二百一十二斤一两
硬柴半斤，计该二百一十一秤五斤
木炭二两，计五十二秤一十三斤四两
画轴大小相滚作二幅，计一千单九轴，每轴用物料：
颜色绫红绢八尺，计八千七十二尺
色绫上等四尺，计四千三十六尺
黄绫一千五百尺
蓝绫一千五百尺
白绫五百一十八尺
皂绫五百一十八尺
色绢计四千三十六尺：
黄绢一千五百尺
蓝绢一千五百尺
白绢五百一十八尺
皂绢五百一十八尺
纸每一轴大小四十张，计四万三百六十张：
济源夹纸一十六张，计一万六千一百四十四张
束鹿绵纸二十四张，计二万四千二百一十六张
打面糊物料每轴
黄蜡二钱，计一十二斤九两八钱
明胶一钱，计六斤四两九钱
白矾一钱，计六斤四两九钱
白芨一钱，计六斤四两九钱
藜蒌二钱，计该六十三斤一两（另作一十二斤九两八钱）
藿香一钱，计六斤四两九钱
白面一两，计该六十三斤一两
茅香二钱，计一十二斤九两八钱
皂角二钱，计一十二斤九两八钱
木炭半斤，计三十一秤八斤四两

至元二十一年二月二十九日，照得至元十四年正月二十二日内里斡鲁朵里有时分，孛罗官人、张左丞、赵侍郎钦奉圣旨："秘书监里有损坏了底书画，都擗掠底好者。"钦此。具呈照详去后，准中书工部关，就令大都路差裱褙匠焦庆安前来本监，将所有书籍图画，各各损坏大小不等，相滚计料，合用物料开坐状呈。①

这是《秘书监志》里纪年最早的一条裱背资料，是珍贵的元代宫廷裱背工作和具体用料的真实记录。更重要的是，它记录了在忽必烈的直接关注下，秘书监第一次大规模修缮、整理国家图书字画的情况，这对研究元代内府图书字画收藏保管等同样具有史料

① 《元秘书监志》卷6，浙江古籍出版社，1992年，高盛荣点校本，第104—106页。

价值。对其内容所涉及的问题，我们将参照其他资料做些必要的分析和考证。为行文方便，拟分为四个方面来谈。

第一，至元十四年正月二十二日，孛罗官人、张左丞、赵侍郎奉到忽必烈的圣旨："秘书监里有损坏了底文书书画，都搿掠底好者。"这是目前所知忽必烈亲自过问秘书监所藏"文书书画"的最早记载。"搿掠"即收拾、整理，蒙元文书常见语。① 孛罗官人，应即至元九年与刘秉忠一起奉旨设立秘书监的大司农孛罗，事迹待考。② 张左丞应即张文谦。张文谦自中统元年起到至元十九年间一直任中书省左丞，又兼任其他一些职务，其人有书画方面的修养，家有藏书数万卷。③ 赵侍郎应即赵秉温，字行直，中山人。至元八年任礼部侍郎兼侍仪事，十年，以少中大夫兼秘书少监事，是忽必烈时期重要的文臣之一。④ 忽必烈要求对秘书监所藏图书字画进行大规模的整理，由孛罗、张文谦，赵秉温三人总领其事，秘书监具体执行，时间在元朝刚刚灭亡南宋之后。

这里有必要对忽必烈旨令的相关背景作些说明。

按，至元十三年二月，伯颜大军进入南宋都城临安，元朝即在临安设立了以户部尚书麦归、秘书监焦友直为宣慰使的浙东西宣慰司，焦友直的职责之一是"括宋秘书省禁书图籍"。⑤ 至十月间，焦友直便将临安所获的经籍、图画、阴阳秘书等运抵大都。⑥ 负责接收和"分间（拣）"这批书籍图画的是大臣张文谦和张易。请看《秘书监志》卷6的一条记载：

> 至元十四年正月二十二日，张左丞奏：先奉圣旨，教张平章俺两个分间江南起将来底文书去来。据经史子集、典故文字、阴阳禁书、书画、宋神容，俱系秘书监合行收掌。如别衙门遇有合检阅书籍，立收附于秘书监关取，用毕却行还监呵，怎生？奉圣旨：那般者。钦此。

张文谦的奏议与上引忽必烈的圣旨是同一天的，内容也有着明显的关联。他所说的"先奉圣旨"，即指临安的经籍图画运到大都后，忽必烈曾命张文谦与张平章——张易字仲一，时任中书平章，兼知秘书监事，"分间江南起将来底文书"，这些"文书"包括"经史子集、典故文字、阴阳禁书、书画、宋神容"等几个大类。⑦ 二张奉旨"分间"的时间是在上年十月稍后，到第二年的正月二十二日，已完成"分间"工作的张文谦，向

---

① 参见李崇兴等：《元语言词典》，上海教育出版社，1998 年，第 223 页。

② 《秘书监志》卷 1《立监》："至元九年十一月，太保刘秉忠、大司农孛罗奉圣旨，设立秘书监，从三品级。"前揭第 19 页。

③ 《元史》卷 157《张文谦传》，传称"家惟藏书数万卷"。前揭第十二册，第 3695 页。

④ （元）苏天爵：《滋溪文稿》卷 22《故昭文馆大学士中奉大夫知太史院侍仪事赵文昭公行状》，中华书局陈高华、孟繁清点校本，1997 年，第 365 页。

⑤ 《元史》卷 9《世祖六》，第一册，第 179 页。

⑥ 《元史》卷 9《世祖六》："冬十月丁亥，两浙宣抚使焦友直以临安经籍、图画、阴阳秘书来上。"第一册，第 185 页。另说是十二月到京。王恽《秋涧集》卷 41《书画目录序》："圣天子御极十有八年，当至元丙子春正月，江左平。冬十二月，图书礼器并送京师，敕平章太原张公兼领监事，仍以故左丞相忠武史公子杠为之贰，寻诏许京朝士假观。"《四部丛刊》本，第二册，第 423 页。

⑦ 《秘书监志》卷 6《秘书库》，第 109 页。点校者将"书画宋神容"断为一句，似误。"书画"即指书法和绘画作品；"宋神容"则指宋朝历代皇帝后妃的肖像画，即所谓"御容"。

忽必烈提议这批“文书”应统由秘书监“收掌”，别的衙门需要检阅时，可向秘书监借取，用毕仍归监藏。忽必烈同意。这一过程清楚地表明，秘书监所藏书籍图画中有相当一部分是来自南宋的“战利品”，是焦友直运来的南宋皇家藏品。也就是在张文谦提议由秘书监“收掌”这些“文书”的同时，忽必烈指示对监藏书籍图画进行整理、修缮。所以，这次秘书监修整书籍图画的工作，明显带有全国性质，而非仅仅是秘书监的原有藏品。应当说，这也是忽必烈在完成统一大业后的一项重要的文化政策。

第二，如上孛罗等三人于至元十四年正月二十二日奉到圣旨，二月内，秘书监清点了秘书监所藏书籍图画，并调来大都路裱背局的裱背匠焦庆安，“将所有书籍图画，各各损坏大小不等，相滚计料”，开列出了详细的裱背用料单。接下来，应该是由焦庆安等人从事书籍图画的装订裱背工作。因数量很大——书籍文册六千七百六十二册，字画一千单九轴——工作竟历时六年多，直到至元二十一年二月才告竣工。接着，二月二十九日秘书监回奏皇上，并详细开列了各项用料的具体情况。

第三，秘书监上报的书、画两宗用料细目，使我们对元代裱背业有了相当清晰的认知，了解到许多以前所不清楚的情况。例如，当时裱背用纸主要是济源夹纸和束鹿绵纸，两纸不见于元人费著的《笺纸谱》，也不见于陶宗仪《辍耕录·书画标轴》“赙卷纸”条及明人张应文《清闷藏》所举述的元代书画用纸。① 从纸名来看，济源（今河南济源）夹纸，应属纸质厚实一些的，或即后世所谓双层夹宣一类；束鹿（今河北束鹿）绵纸则属于薄一些的，两纸都产于北方，说明元朝宫廷的传统用纸，包括裱背用纸，主要是北方产品。统一南宋后这一情况逐渐出现了变化。另外，裱背书籍，包括制作书套（褙壳）和装订书册，主要用黄色和蓝色两种颜色的绫子，再就是济源夹纸和束鹿绵纸。裱背字画要复杂一些，所用上等色绫和色绢各有黄、蓝、白、皂四种颜色，但没有说明都是什么样的纹饰，这一点不及《绍兴御府书画式》和《书画标轴》描述得那样细致，是否反映了金元相沿的北方裱背工艺，在用绫绢一类丝织品上比之南宋用料要朴素一些？至少元初是如此。

裱背用的面糊，是裱背工艺中的关键环节，历来十分讲究，其配料和制作程序往往被裱匠视为不传之秘。可能就因为这个原因，明代《装潢志》、《长物志》等书关于“治糊”都写得比较简单，所用药物不过花椒、白矾、乳香等，远不如《秘书监志》详备。秘书监所记用在书籍与字画上的各项材料是统一的，凡黄蜡、明胶、白矾、白芨、藜蒌、皂角、茅香、藿香、白面、硬柴、木炭等十一种，其中除黄蜡、明胶、白面、硬柴、木炭外，其他都是“治糊”的添加药物，其功用有的是为调剂面性，有的是为了增加香味和防止虫蛀。而实际上，各种药物因季节不同而需调配使用，并不是一成不变的配方。关于这一点，在现存的古代裱背资料中，唯明代宋诩《竹屿山房杂部》卷7《表背书画法》的记载最具印证价值，而且是民间工匠的“口诀”形式。《表背书画法》不为当代的装裱著作所引用，我们勿惮其繁，录之如下，以与《秘书监志》的记述相发明：

秋冬为上时，春为中时，夏为下时，暑溽之月为不时。凡表背必使厚薄适均，

① 前揭陶宗仪《辍耕录》卷23“书画标轴”载：“赙卷纸：高丽、蠲、夹背蠲、揩光。”明张应文《清闷藏》载：“元有黄麻纸、铅山纸、常山纸、英山纸、上虞纸，皆可传之百世。”陶、张所举元代书画用纸，多数应是南方产品。

润洁平稳，为精艺也。诀曰：

春宜滑石白矾多，皂角川椒等分和；黄蜡水油须大用，面称十两要重罗。滑石一两，白矾一两，皂角一两，川椒一两，黄蜡一两，水油一两。

夏用□信巴茇椒，艾水乌头蜡更高。皂角白矾油一两，金精木鳖与秦艽。黄蜡一两，白矾一两，艾一两；金精石、木鳖子、秦艽、白芨、芫花各半两；乌头、□信、巴豆各少许，皂角一梃。

秋用皂角好油宜，黄蜡金精艾水微。木鳖不多石燕少，休教风透湿时吹。黄蜡、金精石、木鳖子、艾各半两，石燕少许，皂角一梃。

冬月最好成书画，木鳖金精都总罢。硇砂茯油盐蜡矾，鉴者相看赠高价。黄蜡一两，白矾五钱，硇砂二钱，茯苓三两，盐三钱，面一斤发透毒气。①

口诀的时代尚不清楚，录存人宋诩是华亭人，约当明正统、成化间在世。② 由此推之，口诀至少是明初的东西。口诀所用药物多与《秘书监志》相同而药味尤多，进一步显现了元明间裱背工艺的精细程度。更重要的是，它清楚地开列出一年四季中配置面糊的不同药物，这对我们认识秘书监料单有启发意义，亦见裱背工艺史的研究还有很大空间，有许多未发之覆。

第四，负责清理秘书监书籍图画的裱匠焦庆安来自大都路裱背局，说明在此之前，秘书监还没有专设的裱背匠，或是没有“作头”。焦庆安的名字只出现在这段材料中，我们对他的个人情况一无所知，但可以相信他必是一位裱背高手，秘书监将如此大量的书籍图画的清理和裱背工作交给他来做，说明他是大都路裱背局裱背工匠的领班人物。同时，他应该是一位北方籍的裱匠，他所开列的裱背用料，如济源夹纸、束鹿绵纸之类，也都显露出了这一特点。显然，如此浩大的工程不可能是他一个人能完成的，必定还有别的匠人参与其事。从《秘书监志》中看到，至少还有赵德秀、张柏松两位工匠。该书卷3《工匠》载：

至元二十一年十月十三日，秘书监据本监管勾董济呈，本监裱背人匠赵德秀等，除已支夏季四月至闰六月盐粮外，有秋季六月至九月合支盐粮数目开坐具呈。得此，关户部依例放支。

一总白米二石四斗，白面一百二十斤，钞一十两。

赵德秀，每月白米三斗，白面一十五斤，钞一两五钱。四个月总该米一石二斗，白面六十斤，钞六两。

张柏松，每月白米三斗，白面一十五斤，钞一两五钱。四个月计该白米一石二斗，白面六十斤，钞六两。

这是一份给裱背匠赵德秀、张柏松二人发放至元二十一年（1284）六、七、八、九四个月薪俸的报表，时间当刚刚完成秘书监藏书籍图画的装订裱背工作后不久。由此推测，赵、张二人应是焦庆安的手下，是秘书监至元十四年到二十一年间大规模整理书籍图画的参加者。月给“白米三斗，白面一十五斤，钞一两五钱”，亦见裱背工待遇不丰。

---

① （明）宋诩：《竹屿山房杂部》卷7《表背书画法》，文渊阁《四库全书》本。

② 宋诩与明文学家宋懋登之高祖宋伦是昆仲辈，二人在世年代应相近。参见宋懋登：《九钥集》卷6《高王父锦村公本传》，中国社会科学出版社，1984年王利器先生校录本，第122页。

赵德秀似乎是一位以书籍装裱为主要业务的工匠，他在秘书监的活动一直持续到大德三年（1299），即以至元二十一年为起点，他在秘书监竟有十六七年之久，应是继焦庆安之后的重要裱匠，也很可能是焦庆安的接任者。《秘书监志》卷4《纂修》条载：

大德二年五月初五日，据著作郎呈，依上编类到云南等处图志，通计五十八册，未曾装褙，就唤到裱褙匠赵德秀等，计料到合用物料，开坐呈乞照详，移准中书兵部关呈，奉都堂钧旨：连送兵部，行移工部，比料实用数目无差，就行合属，依例应付。

礼部应付：白面七斤四两。

户部应付：夹纸二百九十张、绵纸一百一十六张、黄绫一百三十九尺二寸、蓝绫八尺七寸。

本部提举左八作司应付：白矾一斤一十三两、皂角一斤一两四钱、黄蜡一斤一十三两。

同类文书还有一件，也是幸存下来的原始档案，对我们真切地认知元代秘书监的日常裱背工作和了解赵德秀其人都有帮助，故也录之如下：

大德三年七月二十八日，据著作局呈，奉秘府指挥编类辽阳等处图志，并《至元大一统志》全部目录，今已编类上净了毕，共计八册。所据合用裱褙物料，就到裱褙匠赵德秀计料到下项物料，移准中书兵部开呈，奉部省判送，就行工部，依上应付。①

综上，我们已大致了解到，秘书监的裱背工作主要是两大宗，一是对监藏书籍图画的修缮整理，主要是应忽必烈至元十四年之命，对六千多册图书和一千多轴字画进行装订裱背；二是配合秘书监的图书编纂工作，对《云南图志》、《辽阳图志》和《至元大一统志》等图书以及后来修纂的《金史》、《辽史》、《宋史》和《经世大典》等大型图籍进行装订。② 此外就是日常的零星裱背业务。仅以元朝书画领军人物赵孟頫一家为例：仁宗延祐三年四月有旨，要赵孟頫写《千字文》十七卷，“发秘书监装背收拾”。③ 仁宗还曾经要赵的夫人管仲姬写《千字文》，“敕玉工磨玉轴，送秘书监装池收藏。”又命赵孟頫写《千字文》六体为六卷，命赵的儿子赵雍也写一卷。仁宗说：“令后世知我朝有善书妇人，且一家皆能书也。”这是元朝书画史上一段有名的佳话。④ 这一类的零活无系统记载，无从知道总量，想来也不会少。裱匠们各有所长，业务上有所分工，焦庆安应以字画裱背为主，赵德秀则以图书装订为主。随着秘书监职能的不断扩展和明确，监属裱背人员从无到有，并逐步发展成为一支由南北匠人联合组成的裱背匠队伍，领军人物也转为以王

① 《秘书监志》卷4《纂修》，第84页。

② 欧阳玄：《圭斋文集》卷13《进金史表》：“摅张相国之忠谨撰述本纪十九卷、志三十九卷、表四卷、列传七十三卷、目录二卷，装潢成一百三十七帙，随表以闻。”《进宋史表》：“装潢成四百九十二帙，随表进献以闻。”《进经世大典表》：“皇朝经世大典八百八十卷、目录十二卷、公牍一卷、纂修通议一卷，装潢成帙，随表以闻，伏取裁旨。”《四部丛刊》本，第117—120页。

③ （清）朱彝尊：《曝书亭集》卷51《赵吴兴千字文跋》，文渊阁《四库全书》本。

④ 见赵孟頫：《松雪斋集》外集《管夫人墓志》，浙江古籍出版社1986年任道斌点校本。又，清《日下旧闻考》卷31引《尧山堂外纪》：“元仁宗尝命管夫人书千字文，敕玉工磨玉轴，送秘书监装池收藏。又命子昂书六体为六卷，子雍亦命书一卷，且曰：令后世知我朝有善书妇人，且一家皆能书也。”

芝为首的临安（杭州）裱背工匠了。

四

元成宗大德四年（1300），元朝从杭州调王芝等几位南方的裱匠入京，为秘书监裱背书画。这是元朝前期一项重要的文化举措，也是元朝宫廷书画鉴藏和裱背工艺的一件值得注意的事情。

王芝，字子庆，号井西，钱塘人。在明清人的书画著录书中，又常见他落款为“大梁王芝”，其祖籍应是河南开封。王芝是宋元之际主要活动在杭州的一位文化人物，我们对他的生平不很清楚，从散落的书画题跋资料来看，他的交游很广，当时南方的书画家和士林冠冕人物，很多都与他有联系，其中包括周密、钱选、戴表元、张伯淳、赵孟頫、高克恭、李仲方、鲜于枢、张可与等。① 他精于鉴定，富有收藏，雅能诗文书画，又擅长裱背。总之，王芝是个多才多艺的文人，他个人的金石书画藏品，在周密的《云烟过眼录》和鲜于枢的《困学斋杂记》中都有记载，数量之多，搜罗之精，堪称一时之冠。而从一些藏品的频频易手，让人感觉他不止是个爱好古物的鉴藏家，而且是一位兼以买卖字画古董和装裱字画为生计的文化商人。对于此人，我们还有另文研究的必要。

王芝的奉召入京，在秘书监裱画的始末，《元代画塑记》和《秘书监志》中都有记载，两书资料出于不同衙门，故文字稍有不同，而内容却有一定关联，拼合起来读，就能看出整个事情的原委和细节。我们不妨都引录如下。《元代画塑记》体例舛乱，有关记述被夹杂在《佛像》一节里：

> 大德四年九月二十四日，速古儿赤、众家奴、合剌撒哈都奉旨，秘书监所蓄书画选甚佳者，众家奴、合剌撒哈都汝二人总之，移文中书，依张参政所言，驰驿杭州，取巧工裱褙，所用绫命将作院官给以御用者矣。完教留守司官，用江南佳木作不油木匣，余用漆匣收贮。其所用玉图书，以本朝年号依古制，令马家奴以中等玉为之。大府监所有玉轴，少则添之，命张参政提调。②

《秘书监志》卷6《秘书库》的记述是：

> 大德四年十月三十日，准中书工部关，奉中书省判送，大德四年九月二十四日，速古儿赤众家奴、哈剌撒哈都钦奉圣旨：“秘书监里有底书画，拣好底众家奴、哈剌撒哈都您两个管著者。省官人每根底与文书，依着张参政说底，杭州铺马里取好匠人，都裱褙得完备者。合用底纸、绫子教将作院官人每根底应付上绫用者。擗掠底完备时，教留守司官人每上等不油底江南好木头做匣子者，别个底做漆匣子收拾者。

① 参见台湾王德毅等：《元人传记资料索引》王芝条，中华书局，1987年版，第一册，第91页。又，明汪珂玉：《珊瑚纲》卷1王羲之《思想帖》有赵孟頫的一则题跋云：“大德二年二月廿三日霍肃清臣、周密公谨、郭天锡佑之、张伯淳师道、廉希贡端甫、马昫德昌、乔篑成仲山、杨肯堂子构、李衎仲宾、王芝子庆、赵孟頫子昂、邓文原善之，集鲜于伯机池上，佑之出右军思想帖真迹，有龙跳天门、虎卧凤阙之势，观者无不咨嗟叹赏神物之难遇也。孟頫书。”由此亦可见王芝交游之广。

② 《元代画塑记》，第27页。

用着底玉图书，教咱每年号依着，在前样子，教马嘉努酌中底玉磨与者。太府监里有底玉轴头，少底添与者。教张参政提调者。”么道圣旨了也。钦此。至大德六年六月裱褙毕工，书画手卷六百四十六轴。本监照得，钦奉圣旨裱褙秘府书画，今已完备。所有签贴，合委请字画精妙之人题写。①

我们对以上所载作必要的分析。

这是元世祖去世后，由继位者元成宗发起的对秘书监书画的又一次修缮整理，规模虽不及至元十四年那次大，但裱背水平肯定是提高了。成宗有意让杭州的南方裱匠入京裱画，应该是受了张参政等人的影响，而南方裱匠的工艺水平高过北方，这应该是事实。成宗的旨意很具体，分开来讲约为五点：①“依着张参政说底，杭州铺马里取好匠人，都裱褙得完备者。”《元代画塑记》是：“依张参政所言，驰驿杭州，取巧工裱褙。”②由将作院提供上好的纸和绫子。《元代画塑记》作“所用绫命将作院官给以御用者矣”。并由大都留守司的匠人用江南的好木头做成不油漆的匣子和油漆匣子，以装置裱背后的书画。③依元朝的年号制作印玺，加盖在书画上。其中“教马嘉努酌中底玉磨与者”一句，《元代画塑记》作“令马家奴以中等玉为之”。马家奴应是当时供职于秘监的玉工或篆刻家，事迹不详。④为书画配置玉轴头。⑤由张参政总领其事——“教张参政提调者”。

成宗的圣旨颁发于大德四年九月二十四日，秘书监向工部行文是十月三十日，王芝等人到京的具体时间应在当年十一月或十二月。此项裱背工程至大德六年（1302）六月全部完成，前后历时一年半。上引秘书监的文件是完工以后秘书监给皇帝的回奏：报告成宗一共裱装了书画卷轴六百四十幅，并建议所有书画的标签“委请字画精妙之人题写”。题签工作似乎不是短时间完成的，至少其中一部分是一直到仁宗延祐三年（1316）由赵孟頫完成的，这在《元秘书监志》中有记载。②

如上所言，笔者以为王芝等人入京裱背秘书监书画，是元朝前期重要的文化事件，其意义远远超出了一般的裱背工艺，有必要作更深入的考察。

首先，很清楚，建议从杭州选调“好匠人”入京裱画的是张参政，奉旨总领其事的也是张参政。显然，张参政与大德四年秘书监裱背字画一事有着密切的关系。这位张参政应即大德元年（1297）升任中书参政的张斯立。③

张斯立，字可与，号绣江，山东章丘人，是至元、大德间的一位名臣。他历官江浙行省员外郎、郎中，入为户部侍郎，除中书参议，改户部尚书，出佥江浙行省事，大德元年拜中书参政。后以罪罢官。④《元史》、《新元史》都没有为张斯立立传，其家世和仕履见阎复、刘敏中等所撰张氏家传、碑铭等。⑤ 张斯立有很好的政声，陶宗仪说他“律身

① 《秘书监志》卷6《秘书库》，第107页。

② 《秘书监志》卷6《秘书库》：“奉圣旨，秘书监里有底书画，无签贴底教赵子昂都写了者么道。”第104页。

③ 《元史》卷19：“大德元年春正月辛卯，以张斯立为中书省参知政事。”第二册，第408页。

④ 《元人传记资料索引》张斯立条，中华书局，1987年，第二册，第1157页。

⑤ 阎复：《静轩集》卷5《张公先茔碑铭》，台湾新文丰出版公司《元人文集珍本丛刊》第二册，影印缪荃孙《藕香零拾》本，第566页。刘敏中：《中庵先生集》卷11《参政张公先世行状》，书目文献出版社《北京图书馆古籍珍本丛刊》本，第九十二册，第364页。

廉正，持法公平，苟可以纳忠于国，虽斧钺有所不避”。故称赞他是“天子争臣”。①

张斯立曾在杭州为官，与杭州的士大夫群体有广泛交往。他也是一位书画爱好者，本人有丰富的收藏，这在周密《云烟过眼录》、鲜于枢《困学斋杂记》里都有载述，同时期杭州文人的诗文中也有反映。我们注意到，他与王芝订交甚早。传存至今的唐代大书家颜真卿的作品《刘中使帖》，曾经为张斯立所藏，这在周密的《云烟过眼录》里有记载，后来又成了王芝宝墨斋的藏品。原来，喜好颜字的王芝用以物易物的办法，从张斯立手中换到自己箧中，由此见二人交情不浅。《刘中使帖》拖尾处有王芝的一段跋语：

右唐太师颜鲁公书《刘中使帖》真迹，著载《宣和书谱》，南渡后入绍兴内府。至元丙戌，以陆柬之《兰亭诗》、欧阳率更《卜商帖》真迹二卷，易得于张绣江处。此帖笔画雄健，不独与《蔡明远》、《寒食》等帖相颉颃，而书旨慷慨激烈，公之英风节义犹可想见于百世之下，信可宝也。二月十有二日，大梁王芝再拜谨题于宝墨斋。②

此事发生在至元二十三年丙戌（1286），至大德四年（1300）王芝奉命入京，张、王的交往至少已有十四年之久了。张斯立是显宦，王芝不过是一个有书画鉴藏经验和裱背专长的民间人士，从现有资料来看，二人交往主要是在书画上，而作为北方世家出身的张斯立，很可能在书画鉴藏之道上受益于王。张斯立是个笃于友情的人，这一点为当时人所称道。明朱存理《珊瑚木难》卷3载有元人金思诚写于至大元年戊申（1398）的《记事三则》，其中之三云：

国初，张可与、李仲方、鲜于伯机同仕于朝。既而张公除江浙郎中，仲方为都事，鲜于浙东经历，胥会于杭，甚欢。一日，李卒于官。张公移书伯机曰：仲方没矣，家贫子幼，吾不经理其家，孤寡何依？吾许一女配其仲子。伯机闻讣，哀祭成礼，亦以一女赘其长子。……二年戊申岁，金思诚书。③

李有，字仲方，燕人，也是知名画家，《图绘宝鉴》有传。④ 王芝与李仲方也是好友。邓文原为高克恭撰写的《行状》里说：“李仲方，公（高克恭）故人也，以两浙运司经历卒于杭。公为卜地，葬之西溪，且为文志其墓，与郭佑之、李仲宾、鲜于伯机、王子庆等祭之，哭尽哀。”⑤ 由此知道，已贵为中书省参政的张斯立，仍然惦记着杭州老友王芝，特意推荐他出来为朝廷做事。

其次，值得注意的是，王芝在大都之行前，曾有过一次奉命到浙东地区为朝廷搜罗图书字画的公干。关于此行，当时的浙籍文人多有诗文记其事，其中包括戴表元、张伯淳、赵孟頫等。

作为浙东人文领袖的戴表元，此时正寓居杭州以授徒为业，他撰有《送王子庆序》一文，历言唐宋两代书画艺术或盛或衰的大势与缘由，结尾之处赞扬元朝继唐宋文教之

---

① 《辍耕录》卷17“天子争臣”条，第208页。

② 王芝跋语见明朱存理《珊瑚木难》卷3，文渊阁《四库全书》本。《刘中使帖》墨迹今藏台湾故宫博物院。

③ （明）朱存理：《珊瑚木难》卷3。

④ （元）夏文彦：《图绘宝鉴》卷5，上海人民美术出版社，1963年，第二册，第127页。

⑤ （元）邓文原：《巴西邓先生文集》之《高公行状》。书目文献出版社《北京图书馆古籍珍本丛刊》本，第九二册，第772页。

盛。作为南宋遗民，这是很难得的。不久，戴氏也以六十高龄出仕为信州（今江西上饶）教授，亦见元初拉拢江南士人的政策取得了一定成效。戴在《序》中写道：

元兴，运化敷功比拟唐宋，于以开明堂总章之观，辑康衢皇极之诵，陈器车银瓮之贡，展天球河图之瑞。神文灵绘，岩书壁篆，重译而来，四面而致，所谓书林艺府珍藏秘玩，固千载一时之最盛者矣。钱塘王子庆多闻而博览，以公卿之荐，陈轺诣郡，遂将汗竹群玉之堂，雌黄五云之阁，平生知交贺饯满道，余为备古今难逢之会以劝之。①

此处的“以公卿之荐”，应当就指张斯立。杭州名士张伯淳，字师道，嘉兴人。也是前朝学子。入元后深受元廷重用，“大德四年即家拜翰林侍讲学士”。② 当时他正在杭州，写了《送王子庆承省委过东浙》一诗：

等闲乘传一何忙，整顿舆图上职方。天气转添行色好，秋花犹似旧时香。

百年事迹多沿革，七郡人情有否臧。历览归来江路冷，载将奇石压轻航。③

大德二年二月，赵孟頫以集贤学士行江浙儒学提举，此后近十年时间里，他主要在杭州活动，度过了他一生书画诗文创作的稳定期。他有四首与王芝浙东之行有关的诗，内容反映了赵、王间的友谊。其中《送王子庆诏檄浙东收郡县图籍》三首七绝云：

木落江南天地秋，西风吹子过东州。试开图籍寻佳处，便命舟车作胜游。

安道幽居寄剡源，蓬蒿蔚蔚长丘园。向来乘兴相寻意，何事空回不到门。

爱古探奇亦可怜，锦囊玉轴不论钱。拟须跂马江头路，日日望君书画船。④

“木落江南”一句，表明王芝浙东之行是在大德四年的秋天，与张伯淳“秋花犹似旧时香”一句相合。第二首之末有“谓帅初”三字小注，帅初是戴表元的字，戴是剡源（浙江奉化）人，剡源应是王芝此行的目的地之一，孟頫希望他们能够相会。另一首是七律《次韵子敬怀王子庆往吴中王力购晋帖》，子敬指姚式，吴兴人，字子敬，诗家，高克恭、赵孟頫等人的好友。⑤ 此诗当写于王芝离开杭州以后，表达了赵对王芝的怀念与祝愿之情。诗云：

阖闾城郭镇姑苏，吊古登台百感俱。秋水远随鸿影没，江云长傍客帆孤。

吴时花草于今在，晋代风流绝世无。别后故人须有得，已应怀宝问归途。⑥

综合以上三家诗文，我们大致了解到，王芝的浙东之行是奉“诏”行事，命令来自中书省（“省委”），这必定与任中书省参政的张斯立有关。此行的名义是“收郡县图书”，而重心则是搜集晋唐书画胜迹，赵孟頫诗注说“王力购晋帖”，便是指此。这显然是元朝在江南搜购历代书画名作的一次举措，是“政府行为”。而“力购晋帖”是专业性很强的差事，责任重大，张斯立荐王芝出行，说明“爱古探奇”的王芝确有真本事，至少张斯立对他非常信任。至于此事原委如何，为什么要以浙东为目的地，是张斯立的指

① 戴表元是浙江奉化人，《送王子庆序》载《剡源集》卷13，丛书集成本。

② 《元史》卷178《张伯淳传》，第十四册，第4147页。

③ 诗载张伯淳《蒙养文集》卷9，文渊阁《四库全书》本。

④ 《赵孟頫集》卷5，第110页。

⑤ 子敬指姚式，吴兴人，诗家，高克恭、赵孟頫等人的好友。参见拙作《元代画家高克恭丛考》，文载《回族研究》2005年第2期。

⑥ 《赵孟頫集》卷4，第88页。

示，还是王芝的建言？还有，购求图籍书画的目的何在？有什么重要的收获？这些都需要另做研究，此不赘言。

再次，王芝在秘书监的职位是什么？

王芝赴浙东的时间是大德四年秋，入京在当年冬季，正式到秘书监任事则是在十二月。《秘书监志》卷3《工匠》保存着一件向王芝等人提供冬衣的文书，对我们了解王芝一行入京的情况有帮助：

大德五年八月初六日，秘书监据知书画支分裱褙人王芝呈，近蒙都省钦奉圣旨：裱褙书画，差官前到杭州，取发芝并匠人陆德祥等共五名，驰驿前来秘书监，裱褙书画勾当。所据芝等夏衣已蒙关支，所有冬衣，合行开坐具呈，乞赐依例放支。

总计五名

知书画支分裱褙人一名：王芝

裱褙匠三名：陆德祥、冯斌、尤诚

接手从人一名：陈德[①]

此文应是秘书监向工部的行文，是秘书监向工部索要王芝等人冬衣的公函。从此文中我们得知，王芝一行是五个人，除王芝以外，还有陆德祥、冯斌、尤诚三位裱匠和打下手的陈德。陆德祥四人的名字仅见于此，事迹无考，想来都是杭州裱匠中的佼佼者，是王芝所熟悉的裱背高手。根据这个名单，到秘书监后，王芝的名分是“知书画分裱背人”（《元代画塑记》作“关知书画支分裱褙人”），其他四个人都是裱背工匠。秘书监原自至元十七年以来设有“提控案牍”一职，主管书画裱背等事。大德五年五月改称“知事”，是从八品的官，月俸由银三十二两提为四十五两。[②] 从改“提控案牍”为“知事”的时间来看，似乎是特意为王芝准备的。《秘书监志》卷3《杂录》载，大德五年三月，中书省吏部就通知秘监：“减提控案牍，设知事一”，而且这一决定是依照元成宗的旨意作出的：

即日钦奉圣旨：裱背书画，止有提控案牍一员提调，候知事到任，至日代替，庶不失误。请照验事，准此。[③]

这里的“候知事到任，至日代替，庶不失误”，更让人觉得“知事”的职位就是特意为王芝设置的。然而，从《秘书监志》的记载来看，秘书监的“知事”一共只有两个人干过，一个是王士爚，字继元，东平人，于大德六年正月初二到任。另一个是张克明，辉州人，大德八年六月上任。[④] 而大德五年是空缺的，没有人担任此职。这有两个可能。一是漏载。《秘书监志·题名》确有漏载情况，如以秘书监致仕的画家何澄就不见于《题名》，陈高华认为“应是脱漏”。[⑤] 第二个可能，“知书画分裱背人”的身份，表明王芝只是“知事”职权的代理者，他本人并没有被正式任命。也就是说元成宗“候知事到任，至日代替，庶不失误”的旨意并没有落实到王芝身上。显然，这中间出了问题，内情暂

① 《秘书监志》卷3《工匠》，第67页。

② 《秘书监志》卷9《题名》，第180、181页。

③ 《秘书监志》卷3《杂录》，第68页。

④ 《秘书监志》卷9《题名》，第181页。

⑤ 陈高华：《元代画家史料汇编》，第412页。

无所知。

王芝等人的裱背工作自大德四年十二月起，至大德六年六月毕，前后历时一年半。《元代画塑记》里保存有裱背工程结束后，王芝呈报秘书监的一份用料清单，这同样是十分罕见的古代书画裱背工艺资料，对元朝是如此，对其他王朝也是如此。故我们勿惮其烦，抄录如下：

据关知书画支分裱背人王芝呈，自大德四年十二月为始，节次秘书库内关到画轴手卷六百四十六件，修褙已完。用物：

画带等：四幅带二十丈、三幅带二十丈、双幅带八十丈、单幅带四百丈、手卷带八十丈。

补画匀净细白标清水生绢十五匹、匀净大厚夹纸二千张、线纸一千五百张、中样夹纸六千五百、清江连四札纸一千五百、连四处札三千、毛连四处札五千、玉股徽纸四千幅。

福州大卓面青三千一十八斤、纸一千张、白唐连二千、皂唐连一千、皂皮方一斤、白大信连二千二百、大样油纸二千。

黄蜡十斤、白蜡一斤、明矾五斤、白芨一斤、乳香二斤、芸香八两、樟脑四两、皂角三斤、蜜一斤、铅锡一斤、白面五十斤、橡斗三十斤、温黄土二斤、北罗青一斤、藤黄一斤、好油烟一斤、木炭一百个、煤炭一千五斤、木柴一千斤、松油二十斤、蜡烛五十条。

鸾鹊木棉一百三十四、玉轴头五十对、象牙轴头三百对、鍮石环大小一千五百、蓝表条大小二百丈、椤木轴杆轴賂大小三百、天碧绫二千七百四尺、黄绫六丈八尺五寸。①

我们以这个料单与前引焦庆安、赵德秀的料单相比较，就会发现二者存在相当大的差别。显然，主要是南北用料的差别。以纸为例，焦、赵主要用产自北方的济源夹纸和束鹿绵纸，用量甚大而品种单一。而王芝等人仅纸就有匀净大厚夹纸、线纸、中样夹纸、清江连四札纸、连四处札、毛连四处札、玉股徽纸等品种，还有白大信连、大样油纸等，比之焦、赵要丰富得多，相信这些纸主要是南方产品，是从南方调拨来的。例如“清江连四札纸”，应该就是早在北宋就已闻名的江西抚州金溪县的“清江纸”，据说，元书法家赵孟頫、康里巎巎、张伯雨、鲜于枢多用此纸。② 元朝大量需要南方纸，曾派杭州籍官员杨瑀（元诚）“南还造纸”，说明南方已经成为纸的主要产区。③

由于年代湮远，古今裱背术语亦多变化，可供比照参证的资料又很缺乏，所以王芝料单中的许多东西今天已经很难确指，但主要成分，特别是一些在面糊和其他地方添加的药物，仍可以看得出来，有些虽一时说不清楚，但还有继续探寻的空间。总之，这份

① 《元代画塑记》，第28、29页。

② （明）潘之淙：《书法离钩》卷9：“元亦有彩色粉笺，有蜡笺、彩色花笺、罗纹笺，皆出绍兴。有白箓纸、清江纸、观音纸，出江西，赵松雪、巎子山、张伯雨、鲜于枢多用此纸。”文渊阁《四库全书》本。

③ （元）陈旅：《安雅堂集》卷2《送杨元诚奉旨南还造纸》；柳贯：《待制集》卷6《送杨元诚库使制纸事毕还京》。

料单对我们深入研究元代裱背工艺和中国书画装潢史有着重要价值，惜乎装潢史研究者未曾留意到。

王芝的北上，标志着南北裱背工艺的交流与融合，从大处看，是元朝统一后域内外多元文化空前交流融汇的组成部分。相信他在大都期间，除主持秘书监书画裱背事务外，作为一位渊博的书画鉴赏家，一定还会有许多其他方面的活动，特别是书画交友活动，可惜记载缺略，我们知之甚少。所幸者数十年前，书画史前辈余绍宋先生（1882—1949）发现了王芝为《宣和书画谱》撰写的后序和吴文贵的跋，两文曾长时间不为人知，致使学者对宣和二谱的成书有过种种猜测。王芝的后序对了解他在秘书监的工作有帮助，文字不长，谨录之如下：

> 宣和书画谱，自宋南渡后不传于江左，士大夫罕见称道。及圣朝混一区宇，其书盛行，好事之家转相誊写。中间品目甚夥，荐更迁徙，往往散佚于人间。大德四年，芝被征至京师，俾汇次秘府图书，遂获尽窥金匮所藏古今妙迹，山积云溱，诚前代之所未有。而谱内旧物，至是或亦在焉。芝翻理之余，心骇目眩，窃自庆幸。明年竣事南归，适吴君和之将刻二谱于梓，余嘉其有志乎古也，因为书于篇末。先时纰缪绝多，君能广求他集，与同志参校，遂为最善本云。大德七年正月，钱塘王芝后序。①

由此可见，王芝所“修褙”的“画轴手卷六百四十六件”，只是“古今妙迹，山积云溱”中的一小部分而已。相信由他负责裱背的主要是因为“损坏”而需要重裱的部分，拆裱是复杂精细的工艺，故而调来杭州的高手。而其余大部分书画图籍则仍然保持着宣和、绍兴和明昌内府的原装，不需要大动干戈。然则，王芝毕竟不似周密，他没有将秘书监所藏“古今妙迹”做一个详细的著录，以致我们今天所能见到的元代官藏书画目录，只有王恽《玉堂嘉话》卷3《书画目录》，登录的是至元十一年冬所见从江南送到大都的晋唐和宋人书画胜迹，总二百余幅。② 此外，包括袁桷为皇姑大长公主所作的《图画奉教题》，载历代书画四十一幅，基本上都是私家藏品的著录之作。③ 王芝没有留下秘书监书画的目录，王芝以后主其事者王士熻、张克明、董济、何镛等也没有这样做，这不能不说是一个遗憾。

五

裱背用途甚广，但主要是书画图籍的辅助性工艺。不同于其他古典美术工艺的是，裱背匠没有在作品上留下姓名的传统，个别也有署名的，但极少见。是故裱匠们很难通过作品传名后世，裱匠存名者真是寥若晨星。对此，邓之诚先生曾有一番议论：

> 予尝谓百工技艺，姓名皆可流传，独装池雅事，以无识别，不甚见重于人。竟

---

① 余绍宋：《书画书录解题》卷6，浙江人民出版社，1982年，第4页。

② 元王恽：《玉堂嘉话》卷2，中华书局，2006年，第64页。

③ 元袁桷：《清容居士集》卷45《皇姑鲁国大长公主图画奉教题》，《四部丛刊》本，第三册，第642页。

贵新装，触手稍旧，辄复易之，徒炫美锦，不知埋没几许好手，字画神气亦损，每以语收藏家，皆目笑存之。①

邓先生所言是实。比之书画家们，裱背家只是默默无闻的工匠，被士大夫视之为“贱工也”②，所以很少有人对其加以记载，能留名后世的只是极少数幸运者。以元朝而论，前面提到的大都焦庆安、赵德秀、张柏松及杭州陆德祥、冯斌、尤诚、陈德等，都是幸运者。他们服务于国家文化机构，是所谓“秘府官匠”，比之栖身闾巷的民间工匠，留名机会自然要多。所以，元朝民间的裱背匠们，无论是南方的杭州还是北方的大都以及其他地方的，其状况如何？有什么会社或行规？对此基本上一无所知。我们只能凭借着一些零星材料，略见几位民间裱匠的活动。

（1）晏裱背，名字不详，江西庐陵人。

此人见南宋王炎午《吾汶稿》卷3《赠宴裱背》一文。王炎午，字鼎翁，江西庐陵人。南宋末太学生，以生祭文天祥文闻名于时。入元后隐逸不仕，大德、延祐间犹在世。③ 据《赠晏裱背》一文载，在庐陵，“装理书画者，署其门曰表背，往往裁饰其外之谓表，辅衬其里之谓背。……吾乡晏氏子某业此，以世略通文艺，喜讽议人物。”晏裱背可能是一位没落的读书人，裱背匠经常与文人学士打交道，算是比较体面的手艺，也就成为一些落泊文人的栖身行业。王炎午的赠文居然连被赠者的名字都不提，亦可见裱匠身份之低。

（2）杨茂，字盛卿，宋末元初杭州裱匠。

杨茂，见方回《桐江续集》卷27《赠存古杨茂盛卿诗》。方回注称“杭表背第一”，足见杨茂是杭州裱匠的代表人物之一，他的店铺可能叫“存古斋”。方诗比较写实，其云：

卷轴年深碎破时，我能补苴以完之。惊逢大析重华典，喜见由庚束皙诗。

王会周篇汲郡冢，儒生秦颂泰山碑。装潢作手今无敌，消得朝天驲骑驰。

（3）王祖文，江西庐陵的裱匠。

名载元赵文《青山集》卷2《赠王祖文表背序》一文。赵文，字仪可，一字惟恭，号青山，江西庐陵人。宋末曾追随文天祥。入元后出为东湖书院山长，选授南雄教授。《序》云：

世称庄严书画者谓之表背，二字不见史传。吾尝思其义，表，外也；背，亦外也。概而言之，则饰乎其外之谓也。吾乡有精是业者曰王祖文，谒余曰：昔吾祖吾父皆儒也，吾不能世其业，尔业此，吾羞焉。余曰：尔何羞？今天下皆表背也。缀其语言而谓之文，雅其衣冠而谓之士，吾不知其中何如也？然大者可以取卿相，小者犹买田宅遗子孙，彼之表背欺人，子之表背不欺。欺人者犹遇若是，况不欺。子持子业，往必遇不疑。

（4）邹云章，江西新淦县的裱背世家。

见《傅与励文集》卷5《邹云章利市卷子后序》。序云：

① 邓之诚：《骨董琐记》卷6《装潢》，中国书店，1991年，第183页。
② 明张岱：《陶庵梦忆》卷5《诸工》，上海古籍出版社，1982年，第42页。
③ 《四库全书总目》卷165《吾汶稿》提要。

艺有相悬绝，而相资以传者，装潢是已。夫六经诸史百家之文，圣贤君子以载道述事而垂世不朽者也。而篇帙之不成，签轴之未备，岁久坏乱，将不可理，安在其能传。故凡图书及今人之文辞，欲存远示久者，必资其装潢之功。艺虽微，恶可少哉！于是新淦有邹氏者，专其业，且数世矣。其曰云章者，一日袖是帙以请曰："吾先世本道蓺诗书之后，其业斯艺以名者，自吾曾祖始。吾曾祖业之，吾祖又业之，至吾父业之益工，又恒与一时名士大夫游。……而吾修吾祖父之志，不敢变，先生幸赐一言以张之。"

（5）王志道，字仲弘，福建建安人。

元李士瞻《经济文集》卷4《王仲弘卷》："至正二十一年秋七月，余承乏地官尚书，叨奉明命，以航万里海督闽中盐赋，以输朝廷。……有所谓王生仲弘者，足不履于公府之门，言不接于左右之耳，一日或有持生手卷请予文。视之则生尝以儒生士子，隐业于装潢，弗苟焉以食者也。"贡师泰《玩斋集》卷6《送王仲弘归建安序》亦云：

予之侨于城西香严也，七闽之士多来见，见必有所挟焉。或歌诗，或文章，或书，或画，或医卜阴阳之属，莫不轩轩然有自得意。最后王生来谒，问焉，则志道其名，仲弘其字，建安其里也。独恂恂畏谨，上手低面，欿然若无能者。然一闻事不直，辄赭容争辩不少让。时予东轩有故书敝画堆积几上，生指顾曰是何散逸而不之理也？吾为先生装潢之可乎？予谩应之。生即抱置别室，闭户数日，则向之故敝散逸者，皆签轴题识一新矣。予因问生方积学砺行，以求闻于时，又何暇游心于兹艺乎？生笑曰："先生知吾者乎？吾闻儒者之道，高明而广大，奥密而精微，既非吾之昧昧者所能知。而今之仕者率多脂韦苟禄，以幸免祸而肥家，吾又岂能含垢忍耻与若曹伍哉？且九流百家之技，去儒者之道益远，又非吾之所屑为。是以因其艺之近，而衣食其佣有余，……于人无所求而可以从吾之志，吾之所以安于兹艺而不辞者，盖不忍以彼而易此也。"予乃作而叹曰："仲弘其知道者耶，何其善于择术也。"

（6）顾某（东溟生）。

元吕诚《来鹤亭集》卷7《东溟生诗为顾某赋》：

东溟之生何所闻，抱艺学古以事亲。翛然一室东海村，市尘不到绝垢氛。坐见三洲渺无垠，一碧万里玻璃盆。雪涛银屋相吐吞，灿烂浴出扶桑暾。是时幽人侍宴温，菽水之乐乐天真。兴来挥扫水墨尘，下笔惨淡愁鬼神。居然耕凿生意存，经营态度回阳春。百年缣素栞断纹，捋褾装潢称绝伦。由其天机出清新，能事逸发皆可人。素昧平生笑语频，一日索诗来扣门。嗟余耳聩目力昏，那能复作寒螿呻。霜风搜林叶缤纷，寒菊艳艳东篱根。姑置是事且勿论，与子倒尽花前樽。

综上，一共六位裱匠。江西三位，杭州一位，福建两位。这六位裱匠中，号称"杭表背第一"的杨茂和新淦邹云章，是出身于裱背世家的匠人。其他四人，晏裱背和王祖文是儒家子弟改而为裱匠的，王志道也是"尝以儒生士子，隐业于装潢"。最后一位顾某，裱背而兼能挥毫作画，而且主动上门向吕诚索诗，也是儒生兼有裱背之长，似乎亦儒亦匠，颇与王芝相近。裱背是一门特殊技艺，由于它与书画作品、图书典籍以及内容十分复杂的字画类古玩打交道，故好的作手一定要有必要的文化修养和书画图籍的专业知识，不一定人人都精通如王芝，但要想做得好，做到能进入士林而受到书画家们的青睐，就一定要有学有术，不但手艺精，而且要有相当的文化素养。是故，一些失落文人改学裱背以为稻粱之谋，改起来比较方便，还多少能保住一些面子。正如王志道之所言："且九流百家之技，去儒者之道益远，又非吾之所屑为。是以因其艺之近，而衣食其佣有余，……于人无所求而可以从吾之志，吾之所以安于兹艺而不辞者，盖不忍以彼而易此也。"听上去也有道理，其实是无可奈何的遁词而已。元初，科举废止，许多读书人失去进身之机，江南士人有"九儒十丐"之怨，一些读书人不得不走向以技艺谋生的道路，这恐怕也是裱背行里儒生从业者比较多的原因之一。

（作者：马明达，暨南大学华侨华人研究院教授、博士生导师）

阿拉伯、波斯语文在元明两朝官方的教习与运用

马建春

【提　要】自9世纪后期，阿拉伯语、波斯语在广大的西域地区乃至南亚、东亚地区被广泛使用，并成为当时国际通用的语言。在我国，由于元朝特殊的政治环境，阿拉伯语、波斯语成为这时官方教习和使用的文字之一，这在中国历史上属于颇为罕见的现象。而明代回回馆的设立及回回语文在对外关系中重要地位的确立，说明当时明朝与伊斯兰教国家和地区之间的联系是紧密的。同时也表明以波斯语为主的回回语，直至明代后期，仍发挥着国际通行语言的作用。

【关键词】回回语文　元明官方　教习与使用

在伊斯兰教史上，阿拔斯王朝的建立，是其文化发展的标志。这时阿拉伯帝国的政治中心东移，内陆亚洲地区操波斯语和突厥语的民族在信仰伊斯兰教后，逐渐采用阿拉伯文字母来拼写本民族语言。而随着伊斯兰化浪潮自西向东蔓延，曾在中亚地区具有重要影响的波斯语文，乃与阿拉伯语文一起，成为唐、宋、元、明时代中原内地与广大西域地区交往的主要语文。中国古代史籍通常难辨二者之区别，将它们通称为“回回字”或“蒲速蛮字”。大约自9世纪后期始，阿拉伯语、波斯语在西亚、中亚、东南亚乃至东亚地区被广泛使用，并成为当时一种国际通用的语言，一直延续至16世纪中期。

有关这两种语文在唐宋两代使用的情况，因史籍乏载，尚难有一清晰的线索。而宋代泉州大量阿拉伯文蕃客碑铭的出土，说明阿拉伯语在这一地区是有一定影响的。此外，据南宋蔡絛《铁围山丛谈》载：“大观、政和之间（1107—1117），天下大治，四夷响风，广州、泉南请建蕃学。……及其课养有成，于是天下召而廷试焉。”① 这种蕃学是专门针对居广州、泉州两地的蕃客子弟而设的，但不知蕃生在学习中国文化的同时，是否还学习阿拉伯和波斯语文。而阿拉伯、波斯语文真正在中国官方的教习和运用，则是在元明两代。

一、元代便于关防取会数目的亦思替非文

元朝统治者从本民族的利益和特定的民族政策出发，非常重视西域诸民族文化的发

① （南宋）蔡絛：《铁围山丛谈》卷2。

展，故文化的多样性遂成为元朝区别于以往朝代的重要特点之一。就语言文字来讲，由于所辖区域广阔，统治民族众多，乃采用多种语言文字并行通用的政策。元人胡行简即曰："今幅员既广，诸国人仕乎中外者，言语不通，国各有字，俗既不同，难以相壹，凡官府必设译史以通语言、辨文字。"① 元朝官方通用汉文、蒙古文和回回文三种文字，朝廷除置有汉国子监、蒙古国子监外，还为东来的西域人专门设立回回国子监，以进行亦思替非文和回回语言文字的教授。

元世祖至元二十六年（1289），忽必烈批准尚书省奏议，设立回回国子学，由翰林学士益福的哈鲁丁负责教授亦思替非文。到延祐元年（1314），出于实际需要，进而扩大其规模，改为回回国子监，设监官"笃意领教"。史载回回国子学中主要教习一种称为"亦思替非"的文书。元《通制条格》有一段这样的记载：

> 至元二十四年（1287）正月初八日，总制院使桑哥、帖木儿左丞等奏：前者麦木丁说有来，"亦思替非文书学的人少有。这里一两个人好生理会得有，我则少些会得。咱每后底，这文书莫不则那般断绝了去也么？教学呵，怎生？"道有来，么道。奏呵，麦木丁根底说者，交教者。么道圣旨了也。钦此②。

此处之麦木丁，即麦术丁，或称麦术督丁，系世祖至元年间重臣，官至中书平章政事。由《通制条格》这一记载来看，麦术丁属下有一二人会亦思替非文书，而他本人只是稍通。麦术丁怕将来这种文书失传，遂要求政府设置官学，教授亦思替非文。世祖诏准麦术丁的奏请，并令他负责这项工作。据《元史》云，两年以后：

> 至元二十六年夏五月，尚书省臣言："亦思替非文字宜施于用。今翰林院益福的哈鲁丁能通其字学，乞授以学士之职。凡公卿大夫与夫富民之子，皆依汉人入学之制，日肄习之。"帝可其奏。是岁八月，始置回回国子学。至仁宗延祐元年四月，复置回回国子监，设监官。以其文字便于关防取会数目，令依旧制，笃意领教。泰定二年春闰正月，以近岁公卿大夫子弟夫凡民之子入学者众。其学官及生员五十余人。已给饮膳者二十七人外，助教一人，生员二十四人禀膳，并令给之。学之建置在于国都。凡百司庶府所设译史。皆从本学取以充焉③。

由中央政府专门在大都设置回回国子学、国子监，予以建制，配以学官、助教，供给饮膳，由此来看，元朝对学习亦思替非文是高度重视的，因而引得公卿大夫、平民子弟纷纷入内学习。

那么，亦思替非文字究竟是一种什么样的文字？它与回回字是否有关？这是学界一直倍感困惑的问题。当然，有不少学者将其与回回字等同，认为它非阿拉伯文即波斯文。但实际情况是，阿拉伯文与波斯文为元初东来回回人使用的主要语言，且元朝政府各部门均设有专职的回回书写、回回译史，以专掌波斯文或阿拉伯文文书译写。而据麦术丁称，当时能通亦思替非文者仅有一二人。可见，它并非阿拉伯文或波斯文。今据伊朗德黑兰大学穆扎法尔·巴赫蒂亚尔《亦思替非考》一文得知："亦思替非"是一种特殊的文字符号，用于国家文书之中，有特定的写法与规则，国王及政府有关财务税收的诏书、

① 胡行简：《樗隐集》卷2《兵部译史房题名记》。

② 《通制条格》卷5《亦思替非文书》。

③ 《元史》卷81《选举志》。

清算单据、税务文书等都用这种文字书写，而以一种称为“思亚格”（Siaq）的方法计算。对于擅长此道的人来说，运用及识别这种文字并不费力。这种文字类似缩定符号或象形文字，只表意而不标音。它的本意是“获取应有之权利”或“向某人取得应得之物”。作为一个专有名词其意为：“财产税务的核算与管理。”在古代大多数伊斯兰国家，类似现代财政部的机构被称为“亦思替非部”①。

除政府的财务活动外，财务的核算与管理对古代伊斯兰封建主及商人也是异常重要的，精通“亦思替非文”的人员称为“莫斯替法”。“莫斯替法”是一种重要而令人羡慕的职业。在中世纪伊斯兰教育中，“亦思替非”的教育占有重要地位，在学科分类书籍中，它始终是一项必要而有益的专门科目。

穆扎法尔对亦思替非文字的论述颇为详尽，这与《元史》中“以其文字便于关防取会数目”的记载是相符的。元廷以回回善理财，往往任其管理财政，处理经济事务，故亦思替非文字应该是当时一些回回人使用的专事财产税务核算与管理的一种特殊文字。回回国子监既然以教习亦思替非文字为主，那么其中的“思亚格”计算方法也就成为监生的必修课程。如此看来，元代回回国子监应具有现代财经学院的性质。

与汉国子监和蒙古国子监一样，回回国子监亦属中央直辖的学校。按规定，其招收的对象主要为随朝百官子弟之俊秀者，而且由政府出资给以学养。庶民子弟愿入学者，则除限定名额外，费用尚需自理。据《新元史·选举志》载：

> 文宗（1328年即位）以后，中央势力大衰，西北三藩渐失其统驭能力，交通几乎断绝，亦思替非之用亦稀，故以待制兼掌之，而回回学士亦省也。

这一方面说明，至元代末年，亦思替非文书的教学因中央与西域三大汗国间关系的脱离，用途已不大，习学者也渐少；另一方面也进一步印证了亦思替非文确为应用于税务核算与财产管理的专业文书，即“便于关防取会数目”的文书。

也有学者以为，亦思替非应当是阿拉伯语 istafa 的音译，意为“选择”。在伊斯兰教义中，穆罕默德是“被选择者”（Mustafa，真主所选之人），亦思替非乃被选择者的文字，即伊斯兰文字，而伊斯兰文字亦即阿拉伯文。故有人以为，元代的亦思替非文是阿拉伯文。但这基本上是一种推断，没有切实的根据。

二、元代回回国子监教授之回回语文

早在蒙古国时期，蒙古人就已经使用多种文字。据徐霆《黑鞑事略·疏证》记：

> 鞑人本无字书，然今之所用，则有三种：行于鞑人本国者，则只用小木，长三四寸，刻之四角，……此小木，即古木契也。行于回回者，则用回回字，镇海主之。回回字则有二十个字母，其余只就偏旁上凑成。行于汉人、契丹、女真诸亡国者，只用汉字，移剌（耶律）楚材主之。

同书又云，在汉文文书的年月之前，镇海常“亲写回回字，云付予某人。此盖专防楚材。故必以回回字为验。无此则不成文书”。这一时期，北方燕京城里“市学多教回回

① 叶奕良主编：《伊朗学在中国论文集》，北京大学出版社，1993年，第44页。

字及鞑人译语”，一般学“会译语，便做通事”①。

蒙元时代的回回字到底为何种文字，因史无详载，众说纷纭。据元人王恽记载，回回字，又称“普速蛮（元代波斯语穆斯林的汉语音译）字”，时曾任回回译史的麦术丁，“其所译簿籍，捣治方厚，尺纸为叶，以木笔挑书普速蛮字，该写众事。纸四隅用缕穿系，读则脱而下之”②。学者们多依此记载，并据出土实物（元朝牌符）③ 认为回回字属波斯文字。另据陶宗仪《书史会要》载：

回回字，其母凡二十有九。横行而写，自前向后，复归于前④。

陶宗仪不仅指出了字母数，而且明确地说明其书写规则为从左向右横写，此外，他还在书中载录了这 29 个回回字母。经学者研究以为，其中的 28 个为阿拉伯字母⑤，剩余 1 个则为两个字母的连写形式。陶宗仪的这份回回字母表，与镇海所主、麦术丁所书的回回字是否有关，尚不清楚，但它可能与回回国子监的语言文字教学有一定关系。

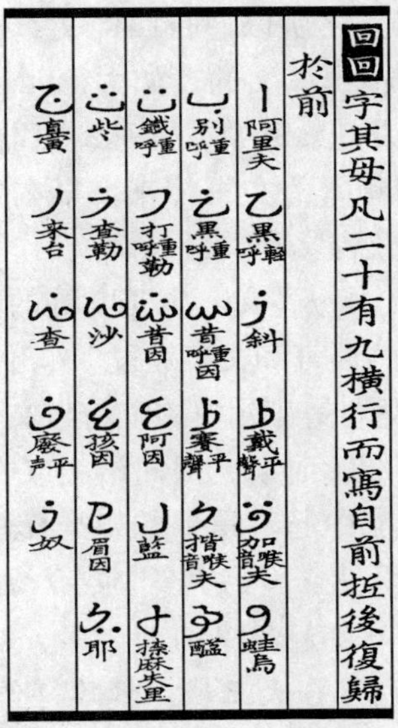
回回字其母凡二十有九横行而寫自前抵後復歸於前

陶宗仪《书史会要》之回回字

回回国子（学）监除教授亦思替非文书外，尚开设有回回语言文字学等课程，为政府培养专业书写、翻译人才。据《元史》载：

凡百司庶府所设（回回）译史，皆从本学取以充焉⑥。

---

① 徐霆：《黑鞑事略·疏证》，见《丛书集成初编》本。

② 王恽：《秋涧集》卷 80《中堂事记》。

③ 现存元代通用波斯文的实物证据颇多，元代所造铜铸秤锤，多铸有四种文字，分别是畏兀体蒙古文、八思巴文、汉文和波斯文。而元代所制牌符，不少铸有波斯文，其常与汉文、畏兀体蒙古文或八思巴文并用。

④ 陶宗仪：《书史会要》卷 8。

⑤ 刘迎胜：《丝路文化·海上卷》，浙江人民出版社，1995 年，第 236 页。

⑥ 《元史》卷 81《选举志》。

蒙元时代大量回回人的入华在元代形成一种特殊的社会力量，他们在元代政治舞台上始终扮演着重要的角色。因而，回回文“也就与蒙文、汉文并列，成为元朝官方使用的文字”①。按元制，除设专司回回人军政事务的机构（回回炮手军匠上万户府、回回哈的司、蒙古回回水军万户府等）外，中书省、吏、户、礼、兵、刑、工各部等许多中央主要机构及江南、陕西诸道行御使台、大都留守司、上都留守司、太仆寺、大司农司、宣政院、宣徽院、中政院、储政院和各行中书省都设有回回书写、回回译史、回回令史、回回掾史和回回架阁库管勾等回回专门职务。他们是用回回文处理公文，管理财务，起草、翻译文书的专职人员。而这些必须具备一定专业回回语言文字能力的吏员，即由回回国子学加以培养。《资治通鉴后编》即载：

伊赫德尔迪音，回回人也，幼颖悟，嗜学，所读书一过目即终身不忘，尤工其国字语，初为中书右司郎中②。

按元廷规定：“诸内外百司有兼设蒙古、回回译史者，每遇行移及勘合文字，标译关防，仍兼用之。”③ 看来，元代官方之所以通行回回文，一是便于元朝境内回回官员阅读相关文书，因为他们中不少人是不识汉文的。如大德四年（1300），太原路“总管木撒，回回人，（因）不识汉字，提调钱粮累短少”，而被“罚俸”④。二是用于元代与西域之间的联系，特别是与伊利汗国之间频繁的文书往来。早在贵由汗时，镇海、八剌等通过传教士柏朗嘉宾致教皇的信函即用蒙古文和“萨拉森文”写成⑤。至蒙哥汗时，所有官员由“谙习波斯文、畏兀儿文、契丹文、土番文、唐兀文等的各种书记随同，以致无论向什么地方宣写敕旨，都可以用该民族的语言和文字颁发”⑥。佐口透先生以为，“蒙古帝国盛行使用波斯语（被称为回回语），特别是在元朝的政治与文化方面，波斯语扮演着国际语的角色”⑦。也就是说，在整个元朝统治时期，回回语文（主要为波斯语）在元朝与西域及其他地区的政治、经济、文化交流中起着重要的媒介作用，它成为那个时代自中东直至东亚世界主要流行的语言。据《元史·马八儿等国传》云：

海外诸番国，惟马八儿与俱蓝足以纲领诸国，而俱蓝又为马八儿后障，自泉州至其国，约十万里，其国至阿不合大王城，水路得便风约十五日可到，比余国最大。世祖至元间，行中书省左丞索多等，奉玺书十通招谕诸番，未几，占城、马八儿国俱奉表称藩，余俱蓝诸国未下，行省议遣使十五人往谕之。帝曰：非索多等所可专也，若无朕命，不得擅遣使。十六年十二月，遣广东招讨司达噜噶齐杨廷璧，招俱监。十七年三月，至其国，国主必纳的令其弟肯那却不剌木省，书回回字降表附庭⑧。

---

① 韩儒林：《〈元史纲要〉结语》，载《元史论丛》第1辑，中华书局，1982年。

② 《资治通鉴后编》卷162《元纪十·成宗钦明广孝皇帝》。

③ 《元史》卷102《刑法志》。

④ 《元典章·户部》卷21《仓库·短少粮斛提调官罪名》。

⑤ 《柏朗嘉宾蒙古行纪》，中华书局，1985年，第103页。

⑥ 志费尼：《世界征服者史》下册，内蒙古人民出版社，1980年，第723页。

⑦ 佐口透：《鞑靼的和平》，载《日本学者研究中国史论著选译》第9卷，中华书局，1993年，第467页。

⑧ 《元史》卷210《马八儿传》。

回回国子（学）监培养对象主要为西域人，但也不乏汉人入内习学者。如梁暗都，“本汉人梁斗南之孙。奉国朝旨，学西域法，因名是”[①]。丁国范先生以为此“西域法当指回回人理财之法”[②]，也即回回国子监教习之亦思替非文。但学习亦思替非文，必须首先懂得回回文。顺帝后至元三年（1337），朝廷曾诏令：“禁汉人、南人不得习学蒙古、色目文字。”[③] 这说明元代汉人入蒙古、回回国子监习学者不在少数，以致元廷专颁此令，予以禁止。而据波斯史家拉施德《史集》载，元安西王阿难答擅长 Tazik 文字，Tazik 亦即“大食”，此处指穆斯林，Tazik 文字亦即“回回字”。阿难答后皈依伊斯兰教，故其擅长回回字，并不奇怪。

元代传入中国的阿拉伯文图书著作甚多，元人王士点和商企翁在《元秘书监志》之“回回书籍”中云：“至元十年（1273）十月，北司天台（回回司天监）申：本台合用文书经计经书二百四十二部。”[④] 这些书籍内容丰富，包括天文、历算、数学、医药、历史、地理及文学等书籍，其中许多关于语言文字的书籍很可能是回回国子监的教材。清人刘智曾在他的《天方性理》和《天方典礼》两部著作中，载录了许多这些“自元世载入”的回回书籍。其中《米幅他合·欧鲁密》，阿语意为“学问之钥匙”，这是一部阿拉伯语文书；《母格底墨·额得壁》，阿语意为“学问之基础”，刘智意译为《字义类编》，这是一部按阿拉伯语字义编排的著作；《索哈合》，阿语意为“完整的、正确的”，刘智意译为《字正》，是一部有关阿拉伯文的教科书，专讲正字法；《特尔林·穆特二林》，阿语意为“求学者之训导”，刘智意译为《为学须知》，这是一部阿拉伯语初级启蒙书[⑤]。这些阿拉伯语言文字著作的传入，显然是为元朝中国的回回语言文字教学服务的，它也说明元代来华回回人中也多有使用阿拉伯语文者。

近代以来，在泉州考古发掘中出现了许多元代穆斯林墓碑、礼拜寺碑铭等文物，它们中大部分即由阿拉伯文书写。这说明元代穆斯林地域来源广泛，他们中除操波斯语者外，也有操阿拉伯语、突厥语、印度语等诸语种者，而阿拉伯文确实亦在一定范围内被推广和使用。不过，波斯语显然在元代官方语言中据有重要位置。

回回国子监作为专门培养回回财经和语言文字专业人才的官学，为元朝政府输送了大批优秀人才，当时著名的西域学者，如马九皋、沐仲易、丁野夫、玉元鼎等，都曾为回回国子监监生。许多翰林院、秘书监的回回文士，中央及地方政府机构中的回回令史、回回译史、回回书写和回回掾史，也都是回回国子监培养的。他们在各自的部门中，为元朝社会政治、经济的发展起了积极的作用。

元代来自西域的回回文字，能成为官方教习和使用的文字之一，这在中国历史上属颇为罕见的现象。其原因所在，主要是当时从西亚、中亚各地进入中国的西域人多半为回回人，他们在元代社会中起着非常重要的作用。加之穆斯林在当时世界商业贸易中强

---

① 《析津志辑佚·名宦》，北京古籍出版社，1983 年，第 150 页。

② 丁国范：《至元大德年间的“赛梁秉政”》，载《元史及北方民族史研究集刊》第 12—13 期。

③ 《元史》卷 39《顺帝本纪》。

④ （元）王士点、商企翁：《元秘书监志》卷 7。

⑤ 见（清）刘智：《天方性理·采辑经书目》，中华书局，1929 年；《天方典礼·采辑经书目》，天津古籍出版社，1988 年。

有力的影响，乃使得回回文不仅成为中国国内使用的文字之一，也成为当时国际社会通用的语言。

三、明代四夷馆属之回回馆的设置

明王朝建立后，基本继承了元朝以回回文作为对外交往主要语言的传统，亦即在明与西域、南海及印度洋各国的交往、沟通中，回回文仍然是官方公务语言之一。明代初、中期，与伊斯兰国家的交往甚为密切，政府有关部门迫切需要懂得回回文的通事，因此，朝廷一开始就注重对回回文人才的培养。明人严从简《殊域周咨录》即云：

> 洪武十五年（1382），命翰林学士火原洁等编类《华夷译语》，……凡四夷分十八所，设通事六十人。大通事有都督、都指挥等官，统诸小通事，总理贡夷及归正人夷情番字文书译审奏闻①。

成祖即位后，明与四方蕃夷的外交往来更加密切，于是永乐五年（1407），成祖诏令在翰林院下设立专门负责语文翻译事物的机构——“四夷馆”，以便于语言的教授与翻译。四夷馆下初有鞑靼（蒙古）、女直（女真）、西番（藏族）、回回、百夷（傣）、高昌（维吾尔）、西天（印度）和缅甸八馆。至正统六年（1441），增设“八百”馆，万历七年（1579），又增设暹罗（泰国）馆。馆内设少卿一人主事，另置译字生、通事等。其教学制度为：生员享受举人待遇，学成后命“就礼部试，则以番书译其所作经义”。初通番语，通过礼部考试者便可名列进士榜，“授以文学之职，而译书如故”。此外，也“择俊民，俾专其业。艺成，会六部大臣试之，通者冠带。又三年授以官，盖重其选也”②。

在四夷馆所属八馆中，以回回馆为对外交往中最主要的官署，它也是明代官方回回语文的教习机构。鞑靼、女直、西番、高昌、百夷和缅甸基本上是针对北方及西南诸民族所设官署，其中百夷、缅甸以及后设的八百、暹罗也仅涉及中南半岛一些国家，西天馆则主要负责与印度的交往，而回回馆语文所覆盖的区域非常广泛，除广大的西域地区外，也含东南亚地区及印度洋沿岸诸国，甚至国内的蒙古地区、哈密、吐鲁番以及撒里畏兀儿等地来使也多由回回馆译使负责接待。实际上，明初基本上由回回馆人员来负责与西域、南海及周边地区的外交往来。从现存的26篇《回回馆来文》来看，其所包含的地区有哈密、吐鲁番、撒马儿罕、天方、白勒黑（今阿富汗巴里黑）、敌米石（叙利亚大马士革）、米思儿（埃及）、白思勒（今伊拉克巴士拉）等。

明《图书编·回回馆》云：

> 回回在西域地，与天方国邻，……本朝宣德中，国王遣人随天方国朝贡，……其附近诸国如土鲁番、天方、赛玛尔堪（撒马儿罕），旧隶本馆译审③。

此处的“回回”，由其“与天方国邻”来看，或指明人所称的“默德那”，即今沙特阿拉伯之麦地那。文献多言其地接天方（麦加），严从简《殊域周咨录》直言其为“回

① 《殊域周咨录》卷8《暹罗》。

② 丘濬：《大学衍义补》卷145《治国平天下之要·驭外蕃》。

③ 《图书编》卷51《回回馆》。

回祖国”。又，《四夷馆馆考》一书，于“回回馆”下记道：

附土鲁番、天方、撒马儿罕、占城、日本、真腊、爪哇、满剌加诸本皆习回回教，遇本馆代译焉。

日本和真腊为误记，其余西域、南海诸国“皆习回回教”，与实际是相符的。故其贡书皆用回回文写成，由回回馆代译。同书卷4又提到：

哈密，地近高昌，故表文属高昌馆译审，且其中多回回人，入贡时亦有回回字者，故前代又属回回馆译焉。

另，《图书编·高昌馆》在言及吐鲁番时亦云：

其地东至哈密，西连额尔巴拉，南抵于阗，北接卫喇特，东南至肃州，其山川灵山蒲类，海交河为大。地近高昌，本属高昌馆译审，但其中多回回人入贡时，亦用回回字者，故又属回回馆。此当临时分别也①。

再据《明史·忽鲁谟斯传》云，其地“书用回回字，王及臣下皆遵回教”②。

而由明初遣往南海、蒙古等地的使臣、通事多为回回人来看，这时南海、蒙古等地的表文也由回回馆负责代译。嘉靖二年（1523）所立《重修西安羊市大清真净寺记》载道：

永乐十一年（1413）四月，太监郑和奉敕差往西域天方国，道出陕西，求所以通译国语可佐信使者，乃得本寺掌教哈三焉。

巩珍《西洋朝贡典录》在言及天方国时，称“宣德中使郑和至西洋，通事七人赍麝香、磁器、缎匹同本国船至国，一年往回，易得各色奇异宝石，并麒麟、狮子、驼鸡等物，并画天堂图一册回京，其天方国亦遣其臣沙献等，将方物随七人来朝贡”③。显然，上述的哈三及前往天方麦加的7位通事，他们均为郑和船队的回回文通事，而且其所担负的译写职责，也并非仅天方一地。当时郑和船队所至地区，基本上是以回回语文为通行语言的。东南亚地区的苏门答剌、满剌加、渤尼、苏禄、巨港等国与明代的交聘表文即由回回馆负责。史籍反映，直到明代中期以后，由会同馆负责这一地区来使的接待和来文的翻译。这时的会同馆专设有“满剌加馆”，专门负责与这些国家的交往。编于嘉靖二十八年（1549）的《华夷译语》④中有《满剌加国译语》，该译语与其他译语一样，分类编排，共收有满剌加语（即马来语）词汇482个。

此外，在万历年间增设暹罗馆之前，占城、暹罗与明朝交聘的贡表，也基本上由回回馆负责代译。正德年间，回回馆曾向朝廷上书，“占城、暹罗等处进贡来文”，“与回回不同”，以往均由随团通事口译，再撰以回回表文。而朝廷的敕文、回赐清单也由回回馆“用回回字”写就。时暹罗王进呈的“金叶表文无人识认”，乃建议朝廷在暹罗使团内选留若干人以教习四夷馆生员。《郁洲遗稿》载录了这篇《留远人疏》，文曰：

臣梁储等谨题《暂留远人教习以便审译事》，据提督四夷馆、太常寺卿沈冬魁等

---

① 《图书编》卷51《高昌馆》。

② 《明史》卷326《忽鲁谟斯传》。

③ 《西洋朝贡典录》卷下《天方国》。

④ 《华夷译语》国外藏本现有伦敦不列颠博物馆明刻本6种，伦敦大学亚非学院图书馆、柏林图书馆、日本东洋文库等明抄本多种。

呈，该回回馆教习主簿王祥等呈，窃照本馆专一译写回回字，凡遇海中诸国如占城、暹罗等处进贡来文，亦附本馆带译。但各国土语、土字与回回不同，审译之际，全凭通事讲说，及至降敕回赐等项，俱用回回字。今次有暹罗国王差人来京，进贡金叶表文无人识认，节次审译不便。及查得近年八百大甸等处夷字失传，该内阁具题，暂留差来头目蓝者哥在馆教习，成效合无比照蓝者哥事例，于暹罗国来夷人内选留一二名，在馆并选各馆官下世业子弟数名，送馆令其教习，待有成之日，将本夷照例送回①。

由于回回馆承载了大部分“外夷”的接待工作，所涉外事活动繁多，加之贡使地区来源广泛，语言成分复杂。故在四夷馆针对18处外蕃所设置的60名通事额员中，回回馆就占了7名，后在成化十九年（1483）又增加1名。而这时额定的爪哇国2名，苏门答剌国1名，满剌加国1名及回纥2名通事，亦均属回回语文的范畴。为保证明朝与来自四方“回夷”交往中语言的通达、文字的准确无误，回回馆对语言文字的教授颇为重视，即使是已获得授职的通事、译史，仍需在一定时间内进行严格的考核。根据《礼部志稿》的记载，授职通事“九年授职并六年着冠带，免其季试，专取考对以稽职业，其未及六年及候缺顶补者严考，如三次考居下等者，奏请定夺”②。嘉靖二十五年（1546），明廷又对通事、序班人员进行考试，考试结果，“一等照旧在馆供事，二等量加罚治，姑容习学，三等黜退为民。其未经授职通事人等，本部仍各选委年深通事、序班题请照旧教习”。除例行的一些考试外，回回馆通事平时要接受严格的考勤管理，并时常进行各种语言测试和训练。礼部提督主事每五日要令馆内通事画卯，如有无故不到者，“明书于各名之下”。亦即通事“俱照译子生事例，每日进馆习熟夷语”，“每日书写番汉字语一张，每月朔望责令会馆序班考校，季终本部通将各馆官员、通事人等参错出题，严加考校”。到“岁终备开考语封本部，以待三年统考其廉污，季考及三年统考之时，必合字与音相兼考校”③。

回回馆译子生的选录、考核较通事更为严格。明初译子生生员主要来源于国子监，永乐以来，由于朝廷大力招徕，域外“四夷”来朝者络绎不绝。至宣德七年（1432），因“四夷朝贡日繁，审议表奏者多劳”，政府乃下令，除在国子监选补年少监生外，还可“选京师官民子弟有可教者，并于翰林院习学”。但到景泰二年（1451），礼部重新颁布永乐定例，即“于国子监拣选年幼聪俊监生，送馆习学三年，例应考试。中式者授以译子官，不中者仍令习学，以行再试。庶革奔竞之风，而得实才之用”④。译子生也有一定的考试制度，虽然有明一代各朝都有相应的调整，但基本上实行的是三年一考制，即习学“三年后考中，食粮，月给米一石；又三年考中，冠带，为译子官；又三年考中，授序班职事。初试不中者，许再试；三试不中者，黜退为民”⑤。

按明廷规定，回回馆语言文字的教习有专职教师负责，教师或于本馆内资深通事、

---

① 《郁洲遗稿》卷1《留远人疏》。

② 《礼部志稿》卷92《朝贡备考·译职·通事授职后季考》。

③ 《明会典》卷109《礼部二十七·宾客·各国通事》。

④ 《礼部志稿》卷92《朝贡备考·译职·以监生入四夷馆》。

⑤ 《明会典》卷221《翰林院》。

译子生中推选，“或于各边访保，文义俱通，方能称职”[①]。按照嘉靖二十八年（1549）礼部的规定：四夷馆“选年深通事、晓夷语者一人，立为教师，不分有无夷人，每日黎明时进馆督率各馆通事人等演说夷语，中有未能尽晓者，遇有该边原来伴送通事，许令教师询访，务求通晓音字”。而“每月朔望，教师引领生徒，将所习音字抽试数字，夷语演说一遍，季终提督官将卯薄封呈本部，以凭季考兼论其勤惰”[②]。

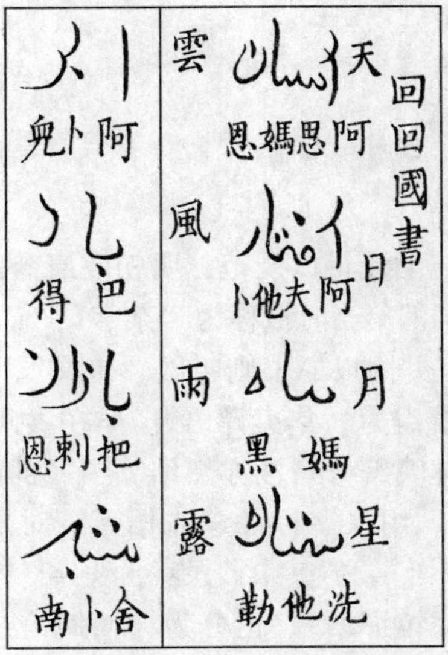

陆次云《八纮译史纪余》之回回国书

从文献反映来看，回回馆通事、译子生多由回回人及其子弟充任。明廷起初在元回回遗民，后又多在归附的贡使回回中选用具有才干者，或征为使臣出使异域，或在四夷馆、会同馆等外交场所做通事、译子生。这些回回人在各自的岗位上为明朝与周边国家和地区的交往及经济文化交流作出了贡献。可以说，明代入附的贡使回回基本上垄断了当时明朝与西域、蒙古等地的外事活动。如哈的，“自永乐初以翻译外夷文字召用”，其用事勤勉，屡迁至鸿胪寺少卿，太宗诏曰：“后凡西北二虏及南夷之事”，“悉与（哈的）闻之”[③]；昌英，入附回回，以大通事兼教授四夷馆生员译书事宜[④]；锁飞，永乐初入附，任通事，多次奉旨出使西域，以不辱王命而名重一时；哈只、哈铭父子，正统年间出使瓦剌，土木之变后在漠北护驾有功，获赐姓杨氏；哈林，成化十年（1474）出使吐鲁番，表现卓越，功迁指挥同知；马云、马青，景泰年间通事，多次出使西域，屡建勋劳。针对朝廷多以归附回回为使节和通事出使外域、接待来使的情况，明代一些汉人官员提出了质疑。嘉靖朝权相严嵩在其奏疏中即言：

① 《礼部志稿》卷92《朝贡备考·译职·选四夷馆教师》。
② 《明会典》卷109《礼部二十七·宾客·各国通事》。
③ 《明太宗实录》卷110“永乐八年十一月”条。
④ 《明英宗实录》卷268“景泰七年七月”条。

重译使以待西夷。切见译审外夷通事序班俱系外夷色目人为之。至嘉靖十六年(1537)，礼部复甘肃巡抚赵载所议二事，……一言外夷通事皆以色目人为之，往往视彼为亲，视我为疏，在京则教其分外求讨，伴回则令其潜买禁物。……其通事宜以汉人，毋令交通，以生夷心。

明廷遂令“诏如议”①。显然，自嘉靖以来，回回馆通事的人员构成中已有不少汉人成分。因从严嵩“今后如遇回夷入贡，伴送通事亦用中国精通回语之人”② 来看，早先回回馆就已吸收了不少汉人子弟进馆学习。

四、回回馆杂字与来文

为了使各种语文的教习与翻译得以规范，明朝政府令四夷馆各馆编出不同语言与汉语对照的分类词汇集，这种词汇集当时被称为“杂字”；而各馆语种相关地区与国家呈给大明皇帝的贡表被译成汉文，并附以原书则叫做“来文”，二者合称为“译语”，存于各自馆署。后各馆“译语”被统编为《华夷译语》。早在洪武十五年（1382），朱元璋就曾诏令翰林院侍讲火源洁与翰林院编修马沙亦黑编纂了一部汉蒙语分类词汇集，其主要参照《元朝秘史》的编纂方法，用汉字标注蒙古语音，对照汉义。一般认为，这是明代《华夷译语》中的第一种“译语”，但其未抄录蒙古文字。

保存下来的四夷馆《回回馆译语》，也分为《回回馆杂字》和《回回馆来文》两部分。由《回回馆杂字》中“回回”一词被写作“木速蛮”（波斯语 musulman 的音译，即穆斯林）及其他相关词汇来看，它实际上是一部汉语—波斯语的分类词汇对照表。由于明人尚不知按字母顺序编排的方法，故其基本采用分类排列法。根据目前所存《回回馆杂字》的各种版本，日本学者本田实信教授整理归纳出《杂字》门类计有 18 类，它们是：①天文门；②地利门；③时令门；④人物门；⑤人事门；⑥身体门；⑦宫室门；⑧鸟兽门；⑨花木门；⑩器用门；⑪衣服门；⑫饮食门；⑬珍宝门；⑭声色门；⑮文史门；⑯方隅门；⑰数目门；⑱通用门。各门类所收词汇共有 1010 条③，其中以人事门和通用门为最多，分别是 108 条和 119 条。可见《杂字》中主要属外交和贸易事务的辞令。另，会同馆本《回回馆译语》只有“杂字”，没有“来文”，而且其“杂字”只存有正文，无“杂字补”。

一般认为，编纂《回回馆杂字》的四夷馆、会同馆为明代设立的外交事务机构，故自然将其看做是明人的文献。但近年来，国内学者在相关调查中，发现一种《华夷译语》的清袁氏贞节堂抄本。这部《华夷译语》的第 69 至 80 页为《回回译语》，其共分 17 门类，收波斯语词汇 673 个，而且其最后一页有原抄者手书的一方八思八字篆体官印。印上方题署“太尉之印 宣光元年十月 日 中书礼部造”。这一题记标明，此抄本底本所盖之八

① 《明世宗实录》卷 196“嘉靖十六年正月”条。

② 严嵩:《南宫奏议》卷 1《议处甘肃夷贡》，见《明经世文编》卷 219。

③ 刘迎胜先生《中国古代官办波斯语言教材源流研究》（载《南京大学学报》1991 年第 3 期）以为，《杂字》正文收波斯语词汇 777 个；另有“杂字补”收波斯语词汇 333 个，计 1110 个。

思八篆字“太尉之印”，为北元中书礼部于宣光元年（1371）所铸。由此看来，这一抄本中的《回回馆译语》所据底本的最早抄录时间应在明初，而其祖本则很可能成书于元代，与回回国子监（学）的回回文教习教材有关，“同时也证明了在《回回馆杂字》和《回回馆译语》的不同文本中，会同馆本最为古老，应该是在元代编成的”①。

明代编辑的《回回馆来文》，一般汉语译文在前，回回文原书另页附后。汉文、回回文书写形式基本上按明时各自的语言表达习惯排列。尚存《来文》中的回回文语言多生硬，一些地方尚不符合波斯语语法，其语词多按照汉文来文次序堆砌排列，错误较多。看来当时担任回回语翻译的人，其波斯语水平并不高。刘迎胜先生就此以为，“一些贡表的语言生搬硬译，错误百出，并不是使臣出使时由其本国政府颁发的。可能进呈者本人不是官方使臣，而只是普通商人。进入汉地后为了享受免费乘驿之利，并便于与明朝官方打交道，谋取利益，便伪称为使臣。这些回回商贾专门找懂波斯语的汉人（或回回人）临时伪造书写外交文书和贡表，带到朝廷，借以证明身份。朝廷识波斯文的人不多，很容易受骗。这些伪造贡表被汇入回回馆文档后，留存至今。伪造撰写者具有某种波斯语言方言背景，波斯语程度并不高，生造的痕迹很明显。估计撰写者是在回回馆学会波斯语的人，或是离开故土数代的回回人，甚至可能就是回回馆的职员”②。

《回回馆译语》目前有多种版本传世。国内藏本约有三种，见于北京图书馆善本部的，只有《杂字》，却无《来文》。德国、法国、英国、意大利、日本和越南也均有多种版本传世，其中德国柏林国家图书馆、日本东洋文库所藏明抄本，以及法国巴黎国家图书馆的清抄本均有《来文》，三者中以东洋文库明抄本所收《来文》最多，计有 30 篇，均为波斯文汉文对照本。柏林国家图书馆明抄本计 16 篇，亦为波斯文汉文对照本，除 15 篇外，另有一篇与其他版本不同。巴黎国家图书馆清抄本收汉文 17 篇，波斯文 16 篇，波斯文中 12 篇与东洋文库所藏明抄本《来文》相同，另有 4 篇则不同。此外，日本内阁文库本所藏《回回馆译语》也收有《来文》17 篇，其中有两篇是东洋文库本和柏林国家图书馆本所没有的③。

尚需说明的是，元明时期新疆一带不少操突厥语族语言的族类在信仰伊斯兰教后均逐渐采用阿拉伯字母来拼写本族语言。由于文化及地缘关系，此前他们在与明朝的交往中是以畏兀儿文作为其书面语言的。四夷馆编撰的汉语—畏兀儿语分类词汇集——《高昌馆杂字》及《高昌馆来文》表明，直至 16 世纪，明与新疆各地的往来公文多以畏兀儿文写就。大约到 16 世纪初，来自新疆地区的贡表中，开始出现以察合台文代替畏兀儿文的现象，明四夷馆称其为“高昌话回回字番文”④。正德十三年（1518），明官员曾在档案中查出西域“投进”的“高昌话回回字番文”。所谓“高昌话回回字番文”，即在原畏兀儿语基础上，以阿拉伯文的 28 个字母和波斯文的 4 个字母拼写的高昌语言，亦即察合台文。四夷馆文献说明，西域及新疆地区大部分来文由回回馆职员参与译写，故西域地区奉进的“高昌话回回字番文”，经回回馆和高昌馆通事共同努力，得以解读。夏言《南

① 刘迎胜：《丝路文化·草原卷》，浙江人民出版社，1995 年，第 337—338 页。

② 刘迎胜：《丝路文化·草原卷》，第 337 页。

③ 参见胡振华：《回回文献〈回回馆译语〉》，载《民族古籍》2004 年第 1 期。

④ 陈高华：《明代哈密吐鲁番资料汇编》，新疆人民出版社，1984 年，第 7 页。

宫奏稿》乃载道：

查得正德十三年七月内，礼科译出玛哈玛特呼逊王等高昌话回回字奏文[①]。

总之，明代回回馆的设立及回回语文在对外关系中重要地位的确立，说明当时明朝与伊斯兰教国家和地区之间的联系是紧密的。同时也表明以波斯语为主的回回语，直至明代后期，仍发挥着国际通行语言的作用。而《回回馆译语》的编纂，则为我们研究明代回回语言文字在国际交往中的作用提供了必要的资料。

（作者：马建春，暨南大学华侨华人研究院教授）

① 夏言：《南宫奏稿》卷4《远夷进贡疏》。

明代宗藩经济犯罪述论

雷炳炎

【提　要】明代宗藩的经济犯罪，作为一种非法经济掠夺行为，它根源于明王朝赋予宗亲的种种特权，又与明朝中后期藩府人口增长导致的宗禄供给困难密切相关。由于宗藩有特殊身份作保护，宗室的经济犯罪，也无所顾忌地表现为武力胁取财物。宗禄导致的宗藩作奸犯科，虽事出有因，且其情可悯，但他们的犯罪手段同样充满着暴力与血腥。

【关键词】宗藩　经济犯罪　抢劫　宗禄

宗藩对明代政治、经济、军事以及社会生活都有着深刻的影响。20 世纪上半期，就有王崇武等学者研究明代宗藩问题。20 世纪 80 年代以后，明代宗藩研究成果日渐增多，研究方向也呈多样化趋势，其中，有不少学者关注宗禄问题与明代社会经济的关系。90 年代，有学者开始注意明代宗藩犯罪及罪宗管理问题。通过探讨宗室犯罪，一定程度上揭示了明代宗藩弊政，但对宗藩犯罪的深刻原因尚缺乏深度揭示。明代宗藩的犯罪虽事体各异，却多源于经济诱因，至于明代宗藩的种种经济犯罪行为，则更不见学者撰专文论述。

明代宗藩的经济犯罪泛指一切侵害官民利益，甚至影响明代区域社会发展的宗室非法经济掠夺行为。明代宗室经济犯罪的基本特点是宗藩仗恃宗亲身份以及大明律赋予宗室的特权，从事各种犯罪勾当。它不同于明代职官的以权谋利，收受贿赂，以贪贿败坏政风。明宗室经济犯罪形式多样，诸如霸占百姓田宅；私放债券、妨碍商业；公开设赌，败坏地方风气；因岁禄久逋而啸聚官府；窝盗分赃，甚至盗取官民财物；收蓄奸徒，公行抢劫，等等。就明代宗室经济犯罪诱因而论，亲、郡王的经济犯罪，多出于贪婪的本性，将军以下的犯罪形形色色，但不少是因贫困以致谋身乏策、诉告无门才作奸犯科的。宗室的经济犯罪对明代社会特别是地方经济的发展造成了极其恶劣的影响。由于宗室经济犯罪广泛多样，难以一一概述，因而，本文只选择对明代社会危害程度较深、宗室涉罪人数较多的几个方面加以讨论。

一、夺占民田地

明王朝自洪武时起，对待宗室除岁禄常供外，举凡婚姻、祭葬、盖造等一切用度，皆按封爵等级由朝廷拨付。不仅如此，明代帝王还经常赏赐宗室钞币、盐引、田土等，其中，田土的钦赐以及由此引发的王府庄田之弊害甚多。

明初，允许藩府垦辟荒山、河滩、湖泊等无主废弃土地，但必须得到皇帝钦准，取得的方式通常是钦赐。永乐以后，各藩府获得田土除钦赐外，又有奏讨、投献、夺买、直接侵占等方式。由于废壤闲地不多，藩府取得的田地，大多是以侵占官民利益为代价的。宣德四年五月，宁王朱权就向朝廷奏讨“灌城一乡田土，与庶子耕放”，后经户部查核，灌城之田共有一千六百一十七顷六十余亩，而且是“乡民赖以足衣食”的熟地，因事关千家万户百姓的生计，朝廷并未允准。①

朝廷对藩府占田屡有明令禁止。洪武初年，就下令不得向王府妄献田土、山场等，贻害于民。弘治二年，“令各处王府不许置买田地，霸占民业”。弘治十一年，又令“今后额办钱粮田地，不许王府奏讨”。②《大明会典》明文规定，“凡王府人役假借威势，侵占民田，攘夺财物，致伤人命，除真犯死罪外，徒罪以上俱发边卫充军”。③ 但朝廷的禁令，并不能禁止藩府对百姓地土各种形式的侵占。

洪武以来，百姓开垦的永不起科的荒地，经过多年耕耘，大多成为良田。为了据为己有，各藩府往往将这些熟地诬为“闲田”或“退滩空地”，奏讨垦种。成化六年，吏部尚书姚夔就反映，河南、山东、北直隶的一些高阜低洼处所，原属荒芜之地，明初，允许百姓垦种，永不起科，已为熟地，“比来王府及势家多谓空地弃闲，请为己业”。④

明代“投献”王府的田地主要有两种形式：一是百姓因为苛捐杂税所困而献地于藩府，自己沦为佃户，恃藩府势力求得庇服，这种投献大都出于自愿；二是王府人役或流氓、地痞将民田诬为官田、荒地，或自称为土地所有者，将田土投献王府，这与藩府倚势夺占大同小异。有明一代，此类投献极为普遍。成化时，德王奏请广平府“荒田”七百余顷，大部分属于熟地，结果被无赖“妄作退滩空地”投献德府。⑤ 弘治时，徽王朱见沛奏讨“河南鹿邑县有无粮地七千三百余顷，乞赐管业”，后经户部查勘，徽王所说的无粮地“皆军民开垦成业者”。⑥ 嘉靖中，秦府奏请于潼关以西、凤翔以东，沿河滩地牧马，高原山坡牧羊，并声言这是高皇帝当年钦准赐给其始祖的，经户部查核，秦府“实欲侵夺民地”，而且，涉及土地面积巨大，“潼关西、凤翔东渭河两岸，有华阴、岐山等一十七州县，如（秦）王所奏，近河牧马，近山牧羊，则一十七州县之地尽属秦府矣”。明世宗当然没有同意秦府所请，但当时“潼关以西、凤翔以东黄河退滩地二百九十余顷”，还是被“附近居民混为已业，乘机投献（秦）王府”。⑦ 巡抚山东都御史邵锡称：“（德）王府所奏请，多指民间垦田谓之荒地。”⑧ 而河南巡抚都御史胡尧臣也揭发周府宗室有“违制多买田宅，滥受投献者”。⑨

---

① 《明宣宗实录》卷54，宣德四年五月丁巳条。

② 《王国典礼》卷4，《北京图书馆古籍珍本丛刊》，第59册，第130页。

③ 《大明会典》卷160，广陵书社，2007年，第2247页。

④ 《明宪宗实录》卷76，成化六年二月乙亥条。

⑤ 《明宪宗实录》卷86，成化六年十月庚戌条。

⑥ 《明孝宗实录》卷34，弘治三年正月庚申条。

⑦ 《明世宗实录》卷267，嘉靖二十一年十月己丑条。

⑧ 《明世宗实录》卷130，嘉靖十年九月巳卯条。

⑨ 《明世宗实录》卷531，嘉靖四十三年闰二月丁丑条。

强买和直接侵占是藩府发展庄田的重要手段。永乐时，秦府安定王就“占据官民田土，强夺人妻子”。[①] 正统时，陕西咸宁县民徐四，其住处因邻近秦愍王坟园，秦府内使“占据其地四十余亩”。[②] 成化时，晋府沁源王长子朱诠钟亦“强买民地”。[③] 弘治时，周世子朱安潢专权嗜利，目无父尊，不仅“擅收庄田，占有校尉、军匠、庖丁诸役”，而且还“夺人茔地以种黍”。[④] 正德间，宁王朱宸濠强夺官民田地更是“动以万计”。[⑤] 嘉靖时，“秦府豪占民产”，巡按陕西御史王仪命将秦府所侵民田还民。[⑥]

宗藩通过多种方式霸占了全国大量土地。王毓铨先生据清康熙年间更名田的数字，确定明末陕西秦府土地的数目为八千九百九十二顷，另外，秦藩尚拥有山场四百八十三段，山坡、竹坡五处，竹园三处，栗园三处。[⑦] 对于这个数字，郑克晟先生认为，只能视为秦府最低土地数字。[⑧] 秦府放牧山场究竟有多少面积？天启初年，陕西巡抚吕兆熊曾参奏秦府管庄头目张清“侵没草场万顷，隐占军丁一百五十名”，由此可知，秦府侵占的牧马草场有上万顷。[⑨] 据《明穆宗实录》记载，隆庆五年，巡抚陕西御史刘尧卿曾对肃王府的庄田作过统计，计有四千四百八十七顷有奇。[⑩] 万历时，四川巡抚孔贞一疏奏：“蜀昔有沃野之说，然惟成都府属，自灌抵彭十一州县开堰灌田故名焉，近为王府有者什七，军什二，民间近什一而已。”[⑪] 四川的情况如此，其他省份也就可想而知了。

藩府侵占百姓田地，导致大量自耕农沦为佃户，王府加强对佃户的剥削，从而激化了社会矛盾。据《明实录》记载，王府管庄军校助纣为虐，“征敛过于税粮，地方骚然，民不堪命”。[⑫] 正德时，宁王朱宸濠擅加田租，招致佃户魏志英、百姓辛增的抵制，朱宸濠竟下令军校对魏、辛大打出手，公然“将辛增、魏志英家眷二百余人尽行杀害，房屋焚烧一空”。[⑬] 一些王庄的佃户因不堪忍受藩府欺凌，“轻则逼迫逃移，重则激生他变”，[⑭] 反抗之事常有发生，明朝末年，各地反明烽火四起，藩府成为农民军的重要打击目标。据《堵文忠公集》记载，当北方各地反明起义消息传到湖南之时，长沙的佃户纷纷聚集，揭露藩府罪恶，时哭声振野，在场人众火烧藩府，控诉王府曰：“吾民之苦藩也，自祖而父而身而子孙，四五世矣。”[⑮] 他们控诉王府的罪恶，烧藩府，杀藩王，宗室被杀戮甚众，朱明宗室闻义军至，或望风而逃，或隐姓埋名，敛迹民间。宗藩对百姓的长期掠夺，最

① 《明太宗实录》卷113，永乐十七年正月癸丑条。
② 《明英宗实录》卷42，正统三年五月丁酉条。
③ 《明宪宗实录》卷157，成化十二年九月壬子条。
④ 《明孝宗实录》卷120，弘治九年十二月丁丑条。
⑤ 《明武宗实录》卷176，正德十四年七月丁巳条。
⑥ 《明史》卷203《王仪传》，中华书局，1974年，第5374页。
⑦ 王毓铨：《明代的王府庄田》，载《历史论丛》第一辑。
⑧ 郑克晟：《明代政争探源》，天津古籍出版社，1988年。
⑨ 《明熹宗实录》卷7，天启元年七月丙辰条。
⑩ 《明穆宗实录》卷62，隆庆五年十月丙午条。
⑪ 《明神宗实录》卷421，万历三十年五月丁酉条。
⑫ 《明世宗实录》卷130，嘉靖十年九月己卯条。
⑬ 谢蕡：《后鉴录》中三《宁府招由》。
⑭ 《明孝宗实录》卷159，弘治十三年二月辛申条。
⑮ 堵允锡：《堵文忠公集》卷3“奏议”《直陈颠末疏》。

终也付出了惨重的代价。

二、讹诈勒索，公行抢劫

明代宗室通过讹诈索取官民财物，其花样甚多。为了敲诈普通百姓以获利，有的直接绑票以获取赎金。如弘治时，庆府辅国将军奇泽等人向百姓借酒，“逾时弗偿”，百姓往讨酒钱，奇泽等人竟将索钱人缚于柱上，“用铜锤击之”，直到其家人送来钱物，才得以释放。[①] 有的宗室居然诬民为盗，借机向百姓索要财物。正德时，晋府一位奉国将军“为其下所诱，囚平民，诬以盗穿王墙，得银钱”，弄得被囚人倾家荡产，才被王府释放。[②] 至于向普通平民强行发放高利贷，借机勒索，则是宗室敲诈百姓的惯常伎俩。明王朝明令禁止宗室发放私债，从中加倍取息。弘治时，就下令禁止军民人等私交王府，凡军民不得向王府借索钱物。正德时，鉴于宗室违例放债，“其害甚大”，于是，重申军民不得结交王府及违例放债的禁令，但是由于利益的驱动，宗室在地方发放私债屡见不鲜。如嘉靖时，代府宗室滥放私债，收取利息，“违例逼取，无偿，辄用酷刑，甚将有隙之家无故扳引准折”，逼得借债人“致鬻男女，惨毒不可胜言”。[③] 赵府临潭王府辅国将军朱祐椋在磁州等地“私立榷场”，“岁攘利不赀”，百姓进入其榷场者，“无不倾家荡业，免死为幸”。[④]

设赌骗人是宗室谋财害民的又一手段，明律对开局设赌，禁令极严，但宗室设赌，官府无法过问，其招引的赌客，一旦进入王府，“既非缉捕者所敢入，而与赌为党者，非恶少年，则游侠无赖者也”。他们“昼夜啸聚，何事不为”，这也严重影响到地方社会的稳定。普通百姓若迷上赌博，“一入其饵，家产尽倾，稍有未遂，威逼势勒”。[⑤]

宗室从官府骗取钱粮的惯用手段，是仿造印信。正德五年，曾发生过晋府宁化王府奉国将军父子等私造假券、集市行骗取财之事，[⑥] 这种诈骗一般平民商贾的拙劣手段，后来被宗室用于对付官府，而且屡屡得手。如正德十四年，晋府一奉国将军“招集无赖为伪印，谋盗粮价”。[⑦]《明世宗实录》也记载这位将军曾经“以假印盗官钱二千两”。[⑧] 嘉靖至万历年间，曾发生多起宗室盗领官粮或冒支别府宗禄的事，《明实录》对宗藩盗领、冒支官粮的原委虽未作交代，但笔者认为，宗室仿造印信，骗过地方衙门的可能性很大。仿造印信、盗支官钱官粮，确实有不少宗室从中尝到了甜头，虽然有一些宗室事后被地方衙门揭发，上报朝廷，诏命以禄粮扣除抵还，另外一些却侥幸没能查出，这在某种程

---

① 《明孝宗实录》卷52，弘治四年六月辛未条。

② 《明武宗实录》卷162，正德十三年五月癸亥条。

③ 《礼部志稿》卷79，《四库全书》本，第598册，第412页。

④ 《明世宗实录》卷149，嘉靖十二年四月丁亥条。

⑤ 曾用升：《宗室横肆防禁宜先等事疏》，见《神庙留中奏疏》礼部卷4，《续修四库全书》，第470册，上海古籍出版社，2002年，第564页。

⑥ 《明武宗实录》卷62，正德五年四月乙巳条。

⑦ 《明武宗实录》卷176，正德十四年七月庚子条。

⑧ 《明世宗实录》卷45，嘉靖三年十一月庚午条。

度上也刺激了其他宗室效法模仿，作伪行骗更加肆无忌惮。万历时，靖江王府居然出现劾宗伪造印帖事件。[①]

公开抢劫，是明代中后期宗室掠取财物最直接、最粗暴的方式。他们“三五成群，数十聚众，或哄然入室，围绕掳掠，或攫金于市，旁若无人，有司亦谓其无肆，莫犯其锋，百姓但任其鱼肉，愀然饮恨”。[②] 收蓄奸徒、纠集党众，以武力胁取人财是宗室抢劫的常见手法。如弘治时，辽府有镇国将军“招集恶少，夺人财产”。[③] 正德时，岷府黎山王彦漠、镇国将军彦淮与安昌王等“收蓄奸徒，从臾为非，……勒取民财，莫敢谁呵？”[④] 据巡抚广西都御史蔡汝贤奏称，万历时，靖江王府中尉经扣等，“结党横行，昼夜若狂，聚众殴按察使顾问几死，……又逼勒程布政改换禄帖，言词悖慢，抢夺财物，殴打平民，一城震惊，人心汹汹”。[⑤] 有的宗室虽不直接参与抢劫，却窝藏劫盗，坐地分赃。如隆庆时，庆成王府奉国将军知恤窝藏盗贼。[⑥] 天启时，周府仪封王恭枥“以窝盗分赃”。[⑦] 大明律规定，窝盗与劫盗同罪。劫盗为害于民，若无藏身之地，扑灭不难，宗藩窝藏劫盗，这给官府缉捕劫盗带来了很大麻烦。万历时，河南巡抚曾用升就曾痛斥宗室窝盗是“令虎豹负嵎”，“宗室有窝盗于家，纵之行劫而分赃者，有司以其非凡民难于究诘，宗室以其无律例敢于横行”。[⑧]

宗室公行抢劫，首被其害的是军民商贾。成化时，襄垣王府镇国将军朱化坯等宗室多人勾结无赖，多次在市集抢取人财物，“并搏伤人肢体”。[⑨] 弘治时，松滋王府几位镇国将军“招引群小，夺军民商贾之利，人苦之，至有缢死者”。[⑩] 明代开封府税课司，一直由朝廷派员负责收税，所征额税“纳诸（周）王府，王府不得亲莅其事”，弘治年间，周世子安潢，“乃擅差典吏史澜监修，复遣人于河次拦截百货而税之”。[⑪] 抢劫的宗室，有直接冲入民宅抢夺财物的，有公开抢夺于市集的，有选择关津通衢拦路抢劫的。如正德时，庆成王府镇国将军中尉知爝“招集无赖掠货于途”。[⑫] 宗室招纳亡命，“邀裁河口，或沉其舡，或夺其货，或打伤人命，作梗关梁，商民畏遁，致国课无从取”[⑬]，祸国殃民，莫此为甚。

---

① 《明神宗实录》卷451，万历三十六年十月丁丑条。

② 曾用升：《宗室横肆防禁宜先等事疏》，见《神庙留中奏疏》礼部卷4，《续修四库全书》，第470册，上海古籍出版社，2002年，第562页。

③ 《明孝宗实录》卷56，弘治四年十月丙午条。

④ 《明武宗实录》卷90，正德七年七月丙子条。

⑤ 《明神宗实录》卷229，万历十八年十一月壬戌条。

⑥ 《明穆宗实录》卷8，隆庆元年五月壬午条。

⑦ 《明熹宗实录》卷75，天启六年八月壬子条。

⑧ 曾用升：《宗室横肆防禁宜先等事疏》，见《神庙留中奏疏》礼部卷4，《续修四库全书》，第470册，上海古籍出版社，2002年，第562页。

⑨ 《明宪宗实录》卷97，成化七年十月辛未条。

⑩ 《明孝宗实录》卷60，弘治五年二月戊申条。

⑪ 《明孝宗实录》卷120，弘治九年十二月丁丑条。

⑫ 《明武宗实录》卷197，正德十六年三月辛酉条。

⑬ 曾用升：《宗室横肆防禁宜先等事疏》，见《神庙留中奏疏》礼部卷4，《续修四库全书》，第470册，上海古籍出版社，2002年，第563页。

不仅如此，宗室劫夺还把目光对准官府。如正德中，庆成王府有宗室不仅招集群小，勒取民财，而且“邀截官粮，不可胜计”。[①] 万历时，靖江王府奉国中尉任胺亦“强掠官物”，[②] 而楚府悍宗“斩关劫抢上贡，杀死抚臣”，抢走贡银一万一千余两，更属骇人听闻。

除公开抢劫官民商贾外，有的宗室还暴力抢夺同宗甚至父母。如弘治时，代府一位辅国将军在父死之后，带领人众“入嫡母靳氏府，抢夺金银器及田约，靳氏执杖逐之，反为所殴”。[③] 嘉靖时，庆成王府镇国将军表杜曾“率恶少逾垣夜入府藏，窃其父金”。父死后尸骨未寒，又趁丧夺其遗物，不成，于是带着同府庶兄等多人出郭夺其父所遗屯粮。[④] 而荆府一位辅国将军因与都昌王载塔有仇，于是夜率家人吴俸等入载塔府，“捽缚载塔，劫千余金以出”。载塔也因受此打击而发狂，“乃纵火自焚其宫，投一子于井溺死”，[⑤] 造成了极其严重的后果。

三、明代宗禄问题引发的种种犯罪

藩府的岁禄供给是明代中后期极难处措的社会问题，也是引发宗室犯罪的重要诱因。弘治以后，宗室因藩禄逋欠而犯罪的人数众多，甚至发生多起震动朝野的宗室群体犯罪事件。宗室因岁禄问题引发的经济犯罪，具体表现为以下三个方面：其一，藩府岁禄支取无视朝廷明令，擅改本折标准，祸害百姓；其二，由于各王府人口的繁衍，少数宗室利用明王朝管理上的漏洞，冒支禄粮，造成严重的混乱；其三，不少宗众借口岁禄逋欠，纠集人众，啸聚官府，凌逼府臣，引起了局部的地方社会动荡。

明初封藩，供以岁禄，实行米（本）钞（折）兼支的办法，亲王岁禄本、折色支取并无定制，“有中半者，有本多于折者，其则不同”。[⑥] 各府郡王有本、折中半者，有三分本色，七分折钞。各府将军初定“米钞本、折中半兼支”，嘉靖四十四年规定：各府郡王、将军岁禄均按“三分本色，七分折钞”支取。各府中尉亦原定“米钞本、折中半兼支”，嘉靖四十四年，改为“四分本色，六分折钞”。[⑦] 宗室岁禄支取，本、折原有定例，明王朝严禁各王府擅自改定本、折标准，并禁止“王府官员，内使旗校，管庄人等干预拨置，折收银两，多收米麦，索要财物，及邀截纳户用强兑支”，违者重究。[⑧] 但一些王府收取岁禄时，只考虑自身利益，不顾朝廷禁令。宣德时，有的王府在收粮时，“或留难，或多取，或暴虐需索，民甚苦之”。[⑨] 有的王府委托内使收取禄粮时，谎称米质低劣，

① 《明武宗实录》卷135，正德十一年三月癸卯条。

② 《明神宗实录》卷439，万历三十五年十月乙巳条。

③ 《明孝宗实录》卷60，弘治五年二月丙寅条。

④ 《明世宗实录》卷169，嘉靖十三年十一月甲戌条。

⑤ 《明世宗实录》卷390，嘉靖三十一年十月丁丑条。

⑥ 《大明会典》卷38，广陵书社，2007年，第701页。

⑦ 《大明会典》卷38，广陵书社，2007年，第703页。

⑧ 《大明会典》卷160《刑部二》，广陵书社，2007年，第2247页。

⑨ 《明宣宗实录》卷45，宣德三年七月戊辰条。

乘机盘剥百姓。有的王府不愿收受本色禄米，强要百姓将本色折银收取。本色折钞，官方自有定例，但王府不遵依官方定价折算。正统时，靖江王府将军“每遇岁征，先令火者人等下县，不收本色，加倍折钱，民用诉苦”。据《明英宗实录》记载，靖江王府令家人赴各县收受禄米，本色改折色标准远远高出时价，“每石逼折钱七百文，甚至一千五百文，比时价加三四倍”。[①] 天顺时，宁王奠培及各郡王、将军等人拒收本色，并按禄米每石折白银一两五钱的高价收取折色，百姓拿不出银两，宁王则要求他们“加耗米八斗”[②]，这其实就是一种变相的抢掠。成化初，大同各郡王发放禄米时，因无专门官员监督，各王府各自为政，“以致教授、厨役人等先用大斗盘量，加倍折算；或各带家人出入，任意包揽；或不收本色，勒要银两；或巧立名色，逼取财物”，不仅造成了严重的混乱局面，而且损害了纳户的利益。为了杜绝王府因为收取岁禄直接损害百姓利益而激化社会矛盾，成化二年，遂改定宗禄收取办法：“郡王禄米，俱由亲王府仓上纳，听令按季支用，镇国将军以下禄米，于有司官仓收贮，二次支给。”为防意外，收粮之际，又命“布、按二司各委府县正、佐官公同长史等官监督收受”。[③]

明代的宗禄问题奸弊丛生，这不仅反映在各藩府收粮时擅改本折，勒索纳户上，也表现为藩府的一些宗室利用明王朝管理上的漏洞冒支禄粮。弘治以前，就发生过宗室弄虚作假、盗用别宗名义，冒支禄粮的事，并引起朝廷的重视。为此，弘治三年，明令规定，“王府将军等重出领收、冒支官粮者，革去所支禄米十分之二，自后将军、仪宾有犯，悉照此例”。[④] 正德以后，类似事例在各藩府并不少见。正德三年，山西怀仁王府辅国将军成镖就冒支禄米。[⑤] 嘉靖二年，山西和川王长子“私赴大同，冒支禄粮”。[⑥] 有的宗室为了达到盗领冒支的目的，甚至伪造印信。如嘉靖时，乐平王府镇国中尉旭植等就“伪造印章，冒支禄粮”。[⑦] 怀仁王府辅国将军聪滓等多人合谋伪造印信，冒支禄粮。[⑧] 万历时，庆成王府宗人赴京，告发该府将军、中尉为冒支禄粮，增减勘合，此案牵涉将军、中尉多达四十一人，这起王府多人涉案的冒支禄粮事件，一直受到王府的包庇，自嘉靖三十九年至万历十年间，冒领“银数不等，共四千有奇”。[⑨] 有的藩府还拿府中无名粮的幼宗冒名顶替，领支禄粮。万历时，山西按臣李若参就曾揭发庆成王府有镇国将军等“朦胧作奸，将未报名幼子狗儿冒顶赐名，已故子敏海受封奉国将军，冒领禄米银一百七十一两”。[⑩] 楚府东安王宗室朱万年“以其稚子冒粮”，王府长史江一尉揭发其事，还遭到朱万年的殴打，江一尉因此愤然挂冠而去。[⑪]

---

① 《明英宗实录》卷68，正统五年六月戊寅条。

② 《明英宗实录》卷320，天顺四年十月庚戌条。

③ 《王国典礼》卷3，《北京图书馆古籍珍本丛刊》，第59册，第116页。

④ 《大明会典》卷38，广陵书社，2007年，第705页。

⑤ 《明武宗实录》卷45，正德三年十二月戊辰条。

⑥ 《明世宗实录》卷26，嘉靖二年闰四月甲子条。

⑦ 《明世宗实录》卷410，嘉靖三十三年五月乙卯条。

⑧ 《明世宗实录》卷284，嘉靖二十三年三月癸丑条。

⑨ 《明神宗实录》卷180，万历十四年十一月甲午条。

⑩ 《明神宗实录》卷531，万历四十三年四月丙申条。

⑪ 《明神宗实录》卷550，万历四十四年十月丁卯条。

供养庞大的宗室集团给明代中后期造成沉重的社会负担，严重影响到明代社会经济的发展，妨碍地方社会的稳定。明初，宗室人口不多，但禄米发放有时也打折扣。洪武二十八年，令“晋、燕、楚、蜀、湘府给禄米如数，代、肃、庆、辽各府远在边，民少赋薄，岁且给五百石，齐府一千石，嗣秦王幼，其应用米，有司月进”。[①] 到弘治时，一些宗室因奢侈妄费的需要，减价转卖禄米，于是，出现了藩府供应紧张问题。如弘治二年，晋府一位镇国将军“以侈用屡贷于人，至鬻其第以偿”。[②] 正德时，朝廷特颁发禁令，规定各王府“不许骄奢妄费，将禄米减价转卖”，[③] 从而导致一些宗室贫窘失所。但嘉靖以后，情况愈来愈糟糕，一些藩府把朝廷发放下来用作宗室养家糊口的岁禄，要么当作酒食燕游之费，要么化为赌博淫荡之资，以至于“各宗禄粮未支，先已借贷，一领到手，俱归债主”。[④]

尽管明初藩府岁禄有时打折扣，但并未出现因为地方财力供给困难而拖欠宗室岁禄的情况。从《明实录》的记载来看，弘治以前，不见朝廷拖欠宗禄的记录，相反，个别藩府因挥霍造成供应紧张，发生过预支禄米的事情。[⑤] 正德以后，宗禄拖欠日积月累，据《明武宗实录》载，正德九年，沈府辅国将军勋沤、勋澧等人就“岁禄久逋”。[⑥] 嘉靖时，随着藩府人口的膨胀，明王朝宗藩岁禄也急剧增长，嘉靖三十二年，“天下岁供京师米四百万石，而各处禄米，凡八百五十三万石，视输京师之处，不啻倍之”。[⑦] 在宗室人口较多的山西、河南两省，收支逆差更为悬殊，如山西一省存留米麦152万石，而宗室禄米则需312万石，河南存留米麦84.3万石，宗室禄米所需为192万石。

由于明王朝地方财力已很难正常供养藩府，嘉靖时的宗禄逋欠已十分严重，各王府宗室虽“屡以贫难奏告”，但地方财力无法应对，以致宗室“困苦饥寒，无门控诉”。[⑧] 于是发生宗室啸聚地方衙门，凌逼府臣，甚至集体抢劫官府的事件。正德时，沈府辅国将军勋沤、勋泾等人就因为地方衙门拖欠宗禄，“屡率众入仓挞官吏”。[⑨] 嘉靖十八年，山西布政司“岁解禄粮汾州给散诸宗室”，奇滞聚众煽动各宗，要求地方官先将解粮抵支往年拖欠之数。[⑩] 此后直到万历年间，先后发生多起藩府宗众因岁禄逋欠围攻地方衙门、殴辱地方官员之事，其中影响较大的有周府两起、代府两起、韩府两起。

周藩，洪武十一年封于河南开封，是明代宗室人口最为繁盛的藩府，据王士性《广志绎》记载：“诸藩惟周府最称蕃衍，郡王至48位，宗室几五千人。”[⑪] 据王世贞《弇山

---

① 《大明会典》卷38，广陵书社，2007年，第704页。

② 《明孝宗实录》卷29，弘治二年八月丙申条。

③ 《大明会典》卷38，广陵书社，2007年，第705页。

④ 《明经世文编》卷341，徐学谟《题酌议宗藩事宜疏》，中华书局，1997年，第3658页。

⑤ 《明孝宗实录》卷216，弘治十七年九月庚寅条。

⑥ 《明武宗实录》卷116，正德九年九月辛巳条。

⑦ 欧阳铎：《欧阳南野集》卷之一。

⑧ 《明世宗实录》卷193，嘉靖十五年十一月戊午条。

⑨ 《明武宗实录》卷116，正德九年九月辛巳条。

⑩ 《明世宗实录》卷232，嘉靖十八年十二月庚寅条。

⑪ 《广志绎》卷3《江北四省》，中华书局，1997年。

堂别集》提供的藩府人口资料，隆庆初年，周府的宗室人口总量为 5235 人。[①] 万历时，辅臣申时行也谈到“天下宗室之多，无过周府”。[②] 周藩不仅以人口众多著称，周府所在的河南地方衙门的宗禄欠项也为数惊人。至嘉靖二十一年，河南诸宗人缺禄米多达三百万石。[③] 据徐学谟统计，万历时，河南无禄宗室共有一千八百余人。[④] 周府禄粮的积欠由此引发了宗众大闹地方衙门的事件。据《明世宗实录》记载，嘉靖二十一年，周府镇国中尉安淄“纠诸宗数百人凌逼抚臣，欲于旧例外，每石加银一钱，出袖中状勒令批，下有司，抚臣魏有本慰遣始退”。[⑤] 嘉靖二十二年，巡抚河南御史赵继本反映，周府永宁王府各宗室、郡、县主及仪宾三百余人亦拥入公署，“窘迫布政司”。[⑥] 周府群宗围攻地方衙门，造成远近惊疑，“民间为之罢市”，一些有见识的朝臣为此忧心忡忡。万历时，首辅申时行因周王不能管束宗人，群宗自恣，就担心周府将来“涣散无统，争斗攘夺，群起而不可制，其患有不可胜言矣”。[⑦]

代藩始祖为朱元璋十二子朱桂，洪武年间封于开府大同。代藩与晋、沈同为明初“山西三大府”。山西属北方边防重地，朱元璋出于战略考虑，将其三个儿子分封于此。山西藩府的人口问题在弘治时就已凸显。弘治八年，巡抚山西都御史顾佐在上奏中提到：“山西分封宗室独繁于他省，亲王、郡王、将军至郡、县等主毋虑千余。”[⑧] 至嘉靖初，藩府人口和宗禄问题成为明王朝的一大难题，而山西的问题又居于首位。嘉靖八年，詹事霍韬在所上《修书陈言疏》中谈到天下藩府形势说：“……洪武初年，山西惟封晋府一王，岁支禄米一万石。今增郡王、镇国将军、中尉而下，共二千八百五十一位，岁支禄米八十七万有奇。由一万石增而八十七万石，则有八十七倍矣。”[⑨] 王世贞考察明代宗室人口所提供的藩府人口数字，代府宗室人口在隆庆初年为 4118 人，[⑩] 人口之众，位列周、晋二藩之后。至万历后期，山西宗室人口“总计衣租食税共七千八百八位，其无名封庶宗不与焉”。[⑪] 安介生认为，明代藩府供给困难，最早在山西省凸现出来，其依据是，弘治七年，因“宗室繁多，而山西累岁荒歉，禄米多缺”，山西巡抚张敷华请求朝廷增加运城解池盐课以补宗禄之不足，得到批准。[⑫] 但山西各宗岁禄拖欠现象，《明孝宗实录》中不见有记载，笔者以为，山西藩府宗禄拖欠，在正德以后应相当典型，前文所引欧阳铎关于河南、山西米麦存留收支逆差悬殊的记录，也足以印证这一点。山西藩府因岁禄积欠引发的宗室种种犯罪，史不绝书，代府为祸之烈，尤为突出。万历时，山西巡抚赵允

① 《弇山堂别集》卷 1《宗室之盛》，中华书局，1985 年。
② 《明神宗实录》卷 175，万历十四年六月乙丑条。
③ 《明世宗实录》卷 257，嘉靖二十一年正月甲辰条。
④ 《明经世文编》卷 341，徐学谟《题酌议宗藩事宜疏》，中华书局，1997 年，第 3657 页。
⑤ 《明世宗实录》卷 257，嘉靖二十一年正月甲辰条。
⑥ 《明世宗实录》卷 271，嘉靖二十二年二月乙亥条。
⑦ 《明神宗实录》卷 175，万历十四年六月乙丑条。
⑧ 《明孝宗实录》卷 100，弘治八年五月己亥条。
⑨ 《明世宗实录》卷 102，嘉靖八年六月癸酉条。
⑩ 《弇山堂别集》卷 1《宗室之盛》，中华书局，1985 年。
⑪ 《明神宗实录》卷 464，万历三十七年十一月戊戌条。
⑫ （明）徐学聚：《国朝典汇》卷 13，书目文献出版社，1996 年，第 313 页。

升的评论是："大同苦宗室甚于苦虏。"[①] 嘉靖三十七年，代府广宁等王府宗室、仪宾因索禄粮不遂，于是围攻布政司衙门，并打伤左布政使刘望之。[②] 嘉靖四十四年，代府广灵等王府将军"纠众诣大同府徒手索粮，知府师柱不与"，遭到了宗室人众的"窘辱"。[③]

韩藩，洪武二十四年始封于陕西平凉府。陕西一省共建有秦、韩、肃、庆四藩，四府之中，"宗支莫众于韩"。王世贞所提供的隆庆初年各王府人口数量，韩府为1679人，位列周、晋、代三藩之后。平凉府地近极边，虽统辖十个州县，但每岁额征边储禄粮十二万石很难完成，"历年所完，有五七万者，有三四万者，甚有一二万者"。正德、嘉靖以后，陕西四藩，禄粮积欠，大致情况是，"肃最少，庆次之，秦差多，韩为最"。[④] 韩藩居地，"土风犷悍，故宗室视各王府尤称无赖"，[⑤] 而韩府因宗禄逋欠冲击官府所造成的震动与影响，远非周、代二藩所能比拟。嘉靖四十一年，韩府众宗室先以索禄粮不遂，殴伤平凉知府邵大爵。[⑥] 嘉靖四十三年，韩府宗室大闹地方衙门，对地方官大打出手，更是震动朝野。据《明世宗实录》记载，嘉靖四十三年二月，韩府宗室一百四十余人赴会城索逋禄，他们"群聚入会城，环巡抚陈其学鼓噪诟骂，其学为之不启门者数日，诸宗乃掉臂奋腕，横肆官府、闾里间，公行抢夺，百姓恇忧，竞言王子反，以至巷无行人，长安为之罢市"。[⑦] 张瀚的《松窗梦语》也简略记载了韩府众宗人"拥入会城，告请禄粮，欺凌官府，有司不能禁"。[⑧] 然而，此事并未结束，嘉靖四十四年，世宗下令惩治首恶，韩王奉诏遣官押送罪宗，禁住闲宅，韩府宗人多有不服，公然驱赶押送人员，并冲击平凉府衙，殴打平凉知府祁天叙。[⑨] 韩府宗人大闹会城后，又发生了韩府宗众对抗抚院事件，据《松窗梦语》记载，其后有抚院奉朝命赴固原秋防，"道出平凉，韩府宗人拥众郊诉，抚院少示声色，彼倚势相抗，甚至毁伤舆从"，以致后来抚院因事道经平凉，"皆枉道避之"。[⑩]

群宗啸聚官府，凌辱地方大员，造成百姓惊惧，地方不安，其影响远不止此。明代中后期，一些有见识的朝臣担心宗禄逋欠引发的宗室抢夺和群宗闹事，将发展为社会变乱。礼部尚书严讷就担心宗禄拖欠，朝廷处之无措，群宗"或呼号于公庭，或聚辱于道路"，长此以往，可能会导致"变生于不测"。[⑪] 徐学谟对于群宗坐困一城，也不无担忧，其奏疏指出，宗藩"别无资生之策，使之饥饿于土地，能使其不为变哉"？[⑫] 事实上，他们的担心也并非多余，张瀚在《松窗梦语》中也明确提到群宗"不惟聚众呼号，凌辱官

① 《明神宗实录》卷464，万历三十七年十一月戊戌条。
② 《明世宗实录》卷456，嘉靖三十七年二月癸巳条。
③ 《明世宗实录》卷551，嘉靖四十四年十月庚寅条。
④ 张瀚：《松窗梦语》卷之八《宗藩记》，中华书局，1997年，第154页。
⑤ 《明世宗实录》卷530，嘉靖四十三年二月丁巳条。
⑥ 《明世宗实录》卷516，嘉靖四十一年十二月癸亥条。
⑦ 《明世宗实录》卷530，嘉靖四十三年二月丁巳条。
⑧ 《松窗梦语》卷之八《宗藩记》，中华书局，1997年，第155页。
⑨ 《明世宗实录》卷545，嘉靖四十四年四月丁卯条。
⑩ 《松窗梦语》卷之八《宗藩记》，中华书局，1997年，第155页。
⑪ 《宗藩条例》，《北京图书馆古籍珍本丛刊》，第59册，第339页。
⑫ 《明经世文编》卷341，徐学谟《题酌议宗藩事宜疏》，中华书局，1997年，第3656页。

司，且有招集奸暴，群为不逞者矣”。①

综上可以看出，明代宗藩的经济犯罪是宗室利用皇室宗亲身份作掩护，进行的赤裸裸的经济掠夺。无论是占夺民田地，还是勒索民财物，宗藩粗暴地使用武力的方式，都表现得无所顾忌，宗禄逋欠引发的宗室冲击地方衙门，同样充满着暴力与血腥。明代中后期，作为与河患、边患并难处措的三大社会难题，宗藩问题具体表现为人口膨胀引发的宗禄供应困难及宗藩犯罪的无法遏制，但明代宗室经济犯罪所占比重明显多于其他类型的犯罪，其为祸之烈、为害之深，也远远超过一般的宗室犯罪。明代宗藩的经济掠夺和宗众冲击地方衙门，不仅妨碍了地方社会经济的正常运行，而且引起了局部的地方社会动荡。宗室强占民田地，也导致明中期以后藩府所在的各省土地高度集中于王府，从而激发了社会矛盾。明朝末年，各地反明烽火四起，藩府成为农民军的重要打击目标，宗藩对百姓的长期掠夺，最终也付出了血的代价。

（作者：雷炳炎，湘潭大学教授）

① 《松窗梦语》卷之八《宗藩记》，中华书局，1997 年，第 156—157 页。

于慎行史学著述考论

范知欧

【提　要】于慎行是明代后期著名的政治家和文学家、史学家。他一生著述如林，而尤以史学著述为多，涵盖“一人之史”、“一家之史”乃至“一国之史”、“天下之史”等多个领域。本文考论于慎行存世和亡佚的十余种史学著述及其版本流传情况，以期深化对于慎行的研究。

【关键词】于慎行　史学著述　考论

于慎行（1545—1607），字无垢，一字可远，谥文定，东阿（今山东省平阴县）人，万历朝官至东阁大学士，是明代后期著名的政治家和文学家、史学家。慎行自称“少壮弄文史，思登君子堂”①，虽然文史兼擅，但实际上，他从不单单以一介文人自命，而时时以史官自居。慎行长期供职翰林、礼部，任内两次参与修明世宗、穆宗实录，同时司起居注，管理六曹章奏，编订累朝训录，所谓“递纂则两皇之实录，兼董则六曹之章奏”②；又先后充会典纂修官、副总裁官，编纂《大明会典》。国史的编撰，为于氏生前赢得了“一代良史”③ 的美誉，所谓“在词林中最号有史材”④，但是真正奠定于氏在我国史学史上地位的却是他自己的史学著述。慎行一生，政事之外，穷年矻矻，以读书为乐，“学有原委，贯穿百家”⑤，笔耕不辍，著有多种史学著述。章学诚《文史通义》云：“且有天下之史，有一国之史，有一家之史，有一人之史。传状志述，一人之史也；家乘谱牒，一家之史也；部府县志，一国之史也；综纪一朝，天下之史也。”⑥ 于氏的史学著述正是涵盖“一人之史”、“一家之史”乃至“一国之史”、“天下之史”多个领域的。而“将以其平居考究研索于古今兴衰得失之故，参伍筹剂，具为成画者，次第而施行之”⑦，正是于氏史学经世致用的一贯宗旨。今博采群籍，钩沉稽微，考论其存世和亡佚的十余种史学著述，力图发潜德之幽光，以深化对于慎行的研究。

① 于慎行：《谷城山馆诗集》卷1《长歌行》，文渊阁《四库全书》本。

② 邢侗：《来禽馆集》卷16《先师谷城于文定公碑》，明万历四十六年刻清康熙十九年郑雍重修本。

③ 于慎行：《兖州府志》《张允济序》，齐鲁书社，1985年。

④ 于慎行：《兖州府志》《姚思仁序》，齐鲁书社，1985年。

⑤ 张廷玉等：《明史》卷217《于慎行传》，中华书局，1974年，第5739页。

⑥ 章学诚：《文史通义》卷6外篇一《州县请立志科议》，上海商务印书馆，1935年，第8页。

⑦ 叶向高：《苍霞草》卷8《〈谷城山馆全集〉序》，明万历刻本。

一、于慎行存世史学著述

1.《读史漫录》十四卷

于慎行于万历十九年（1591）卸任礼部尚书，开始其长达十七年的第三次家居生活。《读史漫录》即是于氏在此期间“墙篱载笔，积有岁月”① 而成的著作。慎行的知己冯琦在《〈笔麈〉题辞》中称：“比归卧东山，益得以其闲讨探当世得失之故。于是傍搜博采，属词比事，《史摘》、《漫录》、《笔麈》次第而成书。客岁，余赴召，约先生晤别于岱，夜语良洽，因手《笔麈》稿以示余。”② 时为万历二十七年（1599），可知《谷山笔麈》此时已经脱稿，则《读史漫录》的成书当会更早一些。此书在于氏生前一直秘不示人，只有门人、馆师郭应宠因为“昕夕抠承，乃获卒业”③。于氏的挚友、时任首辅的叶向高在《〈读史漫录〉题辞》中称：“公尝以其《读史漫录》属门人孝廉郭应宠编次。”④ 郭氏则称：“师没，其书乃浸浸流播。第曩日有触辄书，未遑标置，又相承传写，不无鲁鱼。兹宠以会葬至，公子纬泣奉遗帙，将图剞劂，猥以不敏，尝闻绪言，属之厘次订讹，分汇为卷十四。”⑤ 此书原为读史的散稿，郭氏因为担任慎行之子于纬的馆师多年，得有与于氏朝夕相处的机会，因而成为其遗著最合适的整理者。郭氏五年之中，两加编辑，始形成通行本的模样。

本书既系随笔札记，积成卷帙，故名《读史漫录》。书总十四卷，其所评论之史事、人物，多据《史记》、《资治通鉴》，间或亦采自他书，略按时代编次，上起远古，下迄元代，也算得上是一部关于历史的通论了。郭应宠称于慎行生前曾对他说：“当天下大事，必才、量、识兼之乃济。吾才、量不能逾人，识又不欲轻许，生试读吾书（按：指《读史漫录》），当犁然有会。”⑥ 以“当天下大事”为寄，正是于氏经世史学的旨趣。明自正德以后，君主昏庸荒淫，宦官专横跋扈，朝臣结党倾轧，至万历中期，国事日非，衰态毕露，于慎行敏锐地感觉到叔世的来临，因而发愤著为此书，旨在探究历代兴衰治乱之由，与为君为臣之道，“冀上之一悟，俗之一改”⑦。因此，《读史漫录》主于立论，借古镜今，意垂炯戒，间或才作辨误与考证。

《读史漫录》以抄本和版本两大系统行世。抄本方面，慎行生前已有流传，他的挚友、大学士沈鲤曾得到于氏的三种赠书，其中即有《读史漫录》。慎行死后，其书乃抄写日多，浸浸流播，至清代犹有抄写者，如《史折》的作者贺裳即“借本于人，……抄得其书”⑧。明抄本今藏于上海图书馆，而清抄本则藏于国家图书馆。

---

① 于慎行：《读史漫录》《郭应宠编次序言》，齐鲁书社，1996 年，第 528 页。

② 于慎行：《谷山笔麈》《〈笔麈〉题辞》，中华书局，1984 年。

③ 于慎行：《读史漫录》《郭应宠编次序言》，齐鲁书社，1996 年，第 528 页。

④ 于慎行：《读史漫录》《〈读史漫录〉题辞》，齐鲁书社，1996 年，第 522 页。

⑤ 于慎行：《读史漫录》《郭应宠编次序言》，齐鲁书社，1996 年，第 528 页。

⑥ 于慎行：《读史漫录》《郭应宠编次序言》，齐鲁书社，1996 年，第 528 页。

⑦ 于慎行：《读史漫录》《〈读史漫录〉序》，齐鲁书社，1996 年，第 524 页。

⑧ 贺裳：《史折》卷 3《〈读史漫录后语〉小序》，清刻本。

《读史漫录》的版本，又有十四卷本和二十卷本，而以十四卷本为主。十四卷本先后有五种刊本。由于《读史漫录》“微词隐义，不无忌讳”[①]，故其初刊本迟至慎行死后两年，即万历三十七年（1609）始由门人郭应宠编刻面世。郭氏将此书“厘次订讹，分汇为卷十四”[②]，交付闽建书林梓印，但是由于“谬付傭书，罔识校雠，犹仍鱼鲁”[③]，使郭氏颇难满意。清人黄恩彤也批评此版“袭讹沿俗，字体既多舛错，考订殊少精详”[④]。今国家图书馆、山西省图书馆等有藏。

及至万历四十一年（1613），于纬“图并《笔麈》锓诸家，以传同好”[⑤]，郭应宠深嘉是举，于是“遍搜师遗稿，复得读史五十通，亟补入以为完书”[⑥]。但不知何故，《谷山笔麈》于此年付梓，而《读史漫录》则迟至次年始刊印。及至此刊本，《读史漫录》全书才最后定型，但其刊刻质量颇遭后人诟病，《钦定天禄琳琅书目》引郭应宠的《读史漫录》识语后云：“此书系重刊之本，然模刻不工，纸墨俱劣，又何说也？”[⑦] 今国家图书馆、上海图书馆等有藏。

此书的第三个版本，为万历李时馥刻本。李氏，河南郏县人，万历三十五年（1607）进士，时任东阿知县，曾参与校订于慎行的《谷城山馆文集》，又将其《读史漫录》付梓面世，此版又称“本衙藏版”。今上海图书馆、山东省博物馆等有藏。

此书的第四个版本，为明万历于纬刻、清康熙十六年（1677）于继善递修的《谷城山馆全集》本。于继善，字彝仲，慎行曾侄孙，入清后，以贡生秉铎沂水，官山西沁水令。时任东阿知县的宋文英在全集的跋语中说：“虽有手泽腹稿，犹是断简残编。盖因兵火之频仍，遂致原板以佚落。鸿章泯没，大业失传。……今值先生裔孙继善以岁荐觐廷，持先文定公旧本《笔麈》四帙，欲抽张补板，以表先德。余甚嘉其光前之有志也，敬捐资鸠工，以襄美举。外有《文集》缺若干，《诗集》缺若干，《漫录》缺若干，渐次补修，务成完璧，以垂不朽。”[⑧] 这个重修本《全集》总计九十四卷，除《读史漫录》外，尚有《谷城山馆诗集》二十卷、《谷城山馆文集》四十二卷及《谷山笔麈》十八卷。今山东省图书馆有藏。

此书的第五个版本，为清光绪二十一年（1895）东阿县谷城书院递刊本。邑人陈宗妫《补刻〈读史漫录〉序》述刊刻缘起云：“乙未（1895）冬，告假旋里，吾邑谷城书院适有补刻《读史漫录》之议。……公著作甚富，若《史摘》、《笔麈》、《经筵讲章》、《春曹奏议》、《谷城山馆诗文集》，目录载在志乘，其后裔绝少存板。板存者知有《读史漫录》，然原板刊于明万历己酉（1614），距今三百年，风霜兵燹，多所残缺。嗣将尚存版片庋置于谷城书院，邑宰张公同监院诸人议检残缺者补刻之，计锓板七十一页，字二

① 于慎行：《读史漫录》《于文定公〈读史漫录〉序》，齐鲁书社，1996 年，第 525 页。
② 于慎行：《读史漫录》《郭应宠编次序言》，齐鲁书社，1996 年，第 528 页。
③ 于慎行：《谷山笔麈》《〈笔麈〉跋》，中华书局，1984 年。
④ 于慎行：《读史漫录》《重刻于文定公〈读史漫录〉凡例》，齐鲁书社，1996 年，第 534 页。
⑤ 于慎行：《读史漫录》《郭应宠编次序言》，齐鲁书社，1996 年，第 529 页。
⑥ 于慎行：《读史漫录》《郭应宠编次序言》，齐鲁书社，1996 年，第 529 页。
⑦ 于敏中等：《钦定天禄琳琅书目》卷 8《读史漫录》，文渊阁《四库全书》本。
⑧ 于慎行：《谷城山馆全集》《宋文英跋》，清康熙十六年刻本。

万二千有奇。”[①] 知县杨昭程亦序称：“诸都人士，知乃公著作如林，自兵燹后，风霜剥蚀，枣梨之不朽者仅矣。上年冬，搜求遗册而补刊之，幸存《读史漫录》一编。”[②] 据上，则此刊实为补刻明万历四十二年（1614）于纬刻板。今山东省图书馆、南京图书馆等有藏。

《读史漫录》的二十卷本，为清道光二十六年（1846）刊行的存素斋本，由黄恩彤参订。黄氏，山东宁阳人，历任江宁布政使、广东巡抚。黄恩彤“少时即闻公有《读史漫录》”，为官后，从同僚处获读此书，“喜其往往先得我心。独惜原刻雠校未精，间有讹脱漫漶，辄思为之重刊”，于是“参稽诸史，讹者正之，脱者补之，应注者注之，疑者阙之”，[③] 更重要的是，黄氏间有管见所及，辄为论述，附缀各条下，务与原书互相发明，不敢苟为异同。黄氏将原本十四卷厘为二十卷，在雠校和评论两方面都提高了《读史漫录》的学术价值。此书额题“于文定公读史漫录”，又称“别本读史漫录”。今国家图书馆、山东省图书馆等有藏。

1996年，齐鲁书社以《读史漫录》“本衙藏版”刊本为底本，主要参考清道光二十六年（1846）存素斋本而排印。《四库全书存目丛书》收入万历三十七年（1609）初刊本的影印本。

清初贺裳已慨叹《读史漫录》“锓于东省，未甚流播，非好事之家，不易有也”[④]，但与于慎行的其他著述如《谷山笔麈》等流传绝鲜的状况相比，《读史漫录》要算幸运得多了。它的明版不只流入内府，也传至东瀛，见录于《钦定天禄琳琅书目》、《昭仁殿天禄琳琅前编》和日本的《大云书库藏书目》。明清各类公私藏书目录亦有所著录，而归类多有不同。《澹生堂藏书目·史钞·摘略》、《千顷堂书目·史学类》、《明史·艺文志·史抄类》和《楝亭书目·史类》均著录此书。自四库馆臣将《读史漫录》归入《史部·史评类》存目，之后各类书目始有所依准。《郘亭知见传本书目》和《嘉业堂藏书志》均入《史评类》，《鸣野山房书目》则入《史之目·评论》。

晚明以降，伴随着政治和学术的时代气氛的巨大转向，对《读史漫录》的评价有过很大的起落。《读史漫录》产生于史学从“主于道”向“主于事”转变的晚明时期，书中所透露出的经世致用的鲜明取向，使它获得了明清之际士人如叶向高、谢肇淛、黄体仁、张所望、张岱、孙廷铨、王士禛诸人一致的高度评价。康熙以后，《读史漫录》在史学界的重要地位开始逐渐丧失，四库馆臣的批评，映衬在政治高压和朴学兴盛的时代大背景下，颇能代表学术界的主导意见。《四库全书》编纂期间，由于语涉忌讳，《读史漫录》为四库馆正总裁英廉奏准禁毁。《抽毁书目》之《读史漫录》条云：“书中十三卷一页‘金兵将薄汴’一条，五页六页‘自古国家成败’一条，‘高宗初立’一条，八页‘高宗主和’一条，九页‘赵子祗’一条，二十三页‘宋称臣削号’一条，三十一页

① 于慎行：《读史漫录》《补刻〈读史漫录〉序》，清光绪二十一年刻本。

② 于慎行：《读史漫录》《杨昭程序》，清光绪二十一年刻本。

③ 于慎行：《读史漫录》《重刻于文定公〈读史漫录〉序》，齐鲁书社，1996年，第530页。

④ 贺裳：《史折》卷3《〈读史漫录后语〉小序》，清刻本。

‘蒙古兵围江夏’一条，十四卷第一页‘辽金元’一条，俱有偏缪之语，应请抽毁。”[①]《四库全书总目》称《读史漫录》云：“是书评论历代史事，起伏羲氏，至辽金元。所论无甚乖舛，亦无所阐发。”[②] 只有寥寥数语，最后将此书存目。半个世纪后，鸦片战争爆发，国势凌替，外患频仍，忧时之士思有以救之。在此背景下，《读史漫录》又引起了士人的注意，且每能得到同情及理解。黄恩彤、周天爵以及此后的缪荃孙诸人都给予全新的评价，正是要对四库馆臣对《读史漫录》的评价翻案。

2.《谷山笔麈》十八卷

《谷山笔麈》和《读史漫录》被视为于慎行史学著述的姐妹篇。郭应宠序《读史漫录》，认为两书“陈若左右之广，合如圭璧之章矣。溯鸿蒙以宪，当代学者，不能不考信于二编”[③]，郭氏又在《〈笔麈〉跋》中说《谷山笔麈》“意旨所向，则略与《史录》同”[④]。这应该就是于氏的本意。清人周中孚《郑堂读书记》称：“无垢（按：“无垢”为于慎行字）既著《读史漫录》，评论历代史事，而于当世得失之故，尚未讨论，因旁搜博采，以成是编。”[⑤] 可见两书各有侧重，相得益彰。

《谷山笔麈》作为明代著名的史料笔记，最典型地代表了于氏“学有原委，贯穿百家”的学术旨趣。据前述冯琦《〈笔麈〉题辞》中所云，可知《谷山笔麈》至迟于万历二十七年（1599）已经脱稿，然在慎行生前一直未版，直到万历四十一年（1613）才由郭应宠加以编摩付印。郭氏称慎行“墙篱载笔，有触辄书，标置未遑，良亦有待也。宠窃寅缘绪言，紬绎条贯，敬厘为卷者十有八，为类者三十有五，实不能赞乎一词，亦匪敢秘其鸿宝”[⑥]。这才最后形成我们今天所见的《谷山笔麈》模样。

《谷山笔麈》十八卷，包括制典、纪述、迎銮、藩封，恩泽、国体、相鉴、臣品、勋戚、阉伶、经子、典籍、诗文、选举、官制、月俸、谨礼、建言、明刑、筹边、形势、赋币、仪音、冠服、称谓、杂解、杂考、杂记、杂闻、杂说、琐言、论略、梦语、释道、夷考等35个门类。此书内容极为广博，涉及述事、诠论、考据等方面，而所记重点在嘉靖、隆庆、万历三朝的朝章国故。其中关于当时朝廷内幕、官场佚事、士大夫面貌以及社会经济文化诸状况的记载，由于多为作者亲见亲闻，故尤多史料价值。此外，此书亦兼及前明诸朝史实，又多杂考杂记，都能考溯精当，纤悉具备。

《谷山笔麈》以抄本和版本两大系统流传于世。抄本方面，慎行生前已有行世，冯琦和沈鲤都曾得到于氏的赠本，至清代仍有传抄。明末，祁承㸁曾手辑《国朝征信丛录》，祁氏自注“计二百十二卷，五十三册，皆系抄本，凡家藏刻本不载”[⑦]，内收《谷山笔麈》十二卷，是知其为手抄节录本，今已无存。

---

① 姚觐元编，孙殿起辑：《清代禁毁书目（补遗）·清代禁书知见录》《抽毁书目》《读史漫录》，商务印书馆，1957年，第16页。

② 永瑢等：《四库全书总目》卷90《读史漫录》，中华书局，1965年，第762页。

③ 于慎行：《读史漫录》《郭应宠编次序言》，齐鲁书社，1996年，第529页。

④ 于慎行：《谷山笔麈》《〈笔麈〉跋》，中华书局，1984年。

⑤ 周中孚：《郑堂读书记》卷53，商务印书馆，1959年，第1052页。

⑥ 于慎行：《谷山笔麈》《〈笔麈〉跋》，中华书局，1984年。

⑦ 祁承㸁：《澹生堂藏书目》，清宋氏漫堂抄本。

此书的初刊本，为郭应宠编定，已如上述，而由于纬于万历四十一年（1613）刊刻。郭氏在《〈笔麈〉跋》中述刊刻缘起云："兹岁公车报罢，适公子中翰君纬奉使东还，与之昕夕联舟，因复出师所为《笔麈》手稿视，宠潸然卒业，慨慕弥深。……宠窃寅缘绪言，紬绎条贯，敬厘为卷者十有八，为类者三十有五，……编摩既竣，用归其副于中翰君。"① 今国家图书馆、上海图书馆等有藏。

天启五年（1625），于纬又为重刻。此版刻印颇精，王绍曾先生认为是"明刻中的佼佼者"②。今国家图书馆、北京大学图书馆等有藏。

同年，商丘沈域据家藏抄本刻印此书。沈域系大学士沈鲤之侄。沈氏的《刻〈笔麈〉小引》说："公与余世父文端公（按：指沈鲤）……盖夙称莫逆交。……及检先人遗籍，得先生所贻书三种寓目焉，皆彬彬乎大雅之章，……是编也，……可秘而笥之不广其传乎？"沈域自称刊书目的乃是"以志余夙昔向往之私，且以昭我文端公生平赏鉴为知人云"。③ 今上海图书馆、南京图书馆等有藏。

此书的第四个版本，系明万历于纬刻、清康熙十六年（1677）于继善重修的《谷城山馆全集》本。此版的刊刻缘起已述之于前，可知《谷城山馆全集》本的刻印，实因《谷山笔麈》而起。此版《谷山笔麈》额题："谷山于文定公笔麈。"谷山，即谷城山，又名黄石山，在旧东阿县境内，为张良之师黄石公与张良相约13年后相见之处。慎行生平最慕张良行事，又有别业在其地，因取以自号，是其最常用的别号。明季诸刻，均只题"笔麈"二字，间有称"谷山笔麈"者，如晚明王志坚的《四六法海》，但正如清初孙廷铨的《汉史亿》之以"谷山漫录"称《读史漫录》，"谷山"和"笔麈"乃是连缀而成，并非一体。至此版刊印后，"谷山笔麈"始作为固定书名，为世人所知，而与"笔麈"分流并传矣。今国家图书馆、山东省图书馆等有藏。

《谷山笔麈》在明清两代都印行无多，流传不广。道光年间，黄恩彤更称"（于慎行）生平所著如《笔麈》诸书，皆锓版行世，而流传绝鲜"④。民国以来，此书首先有民国十年（1921）东阿县教养工厂石印本。1984年，中华书局以万历初刊本作底本，用天启本通校后排印，于原名上增"谷山"两字，改题"谷山笔麈"。此后，《四库全书存目丛书》和《续修四库全书》均收入万历初刊本的影印本，亦以"谷山笔麈"为名。"谷山笔麈"遂成通用名称。

此外，《谷山笔麈》另有节选本行世。晚明文士何伟然、吴从先于崇祯二年（1629）编刊丛书《广快书》，收书50种，中有《琐言》一卷附《梦语》，《杂记》一卷，均从《谷山笔麈》中选录而来，今国家图书馆等多家图书馆有藏。《琐言》、《梦语》为卷十六中的两部分。前者谈士子大臣的立身处世之道，后者则以寓言设为问答，总结人生哲理。这两部分类于格言语录，在全书中颇为特别。《杂记》包括《谷山笔麈》卷十五中的《杂记一》、《杂记二》、《杂记三》、《杂记四》诸部分，多似小说故事，即郭应宠所谓

---

① 于慎行：《谷山笔麈》《〈笔麈〉跋》，中华书局，1984年。

② 王绍曾：《山东藏书家史略》《序》，山东大学出版社，1992年。

③ 于慎行：《谷山笔麈》《刻〈笔麈〉小引》，中华书局，1984年，第321页。

④ 于慎行：《读史漫录》《重刻于文定公〈读史漫录〉序》，齐鲁书社，1996年，第530页。

"间杂齐谐"[①] 也。冯琦当年为《谷山笔麈》题辞，特别称"乃若《琐》、《梦》诸篇，托寄远而切劘深，士大夫不可不置一通于座侧者"[②]，至此应验，可谓慧眼独具，先得何伟然、吴从先之心了。

晚明士人多看重《谷山笔麈》一书的史料价值，而以史学著作视之。叶向高在《〈读史漫录〉题辞》中称"作为《史摘》、《笔麈》，借鉴千秋，旁镜当代，一篇而三致意"[③]，将《谷山笔麈》与于氏另一部已亡佚的史学著作《史摘》相提并论。沈德符的《万历野获编》甚至以"麈史"[④] 称之。董其昌序《五陵注略》，则称"臣尝观嘉靖朝有若《大政篇》、《识余闻见》诸录，万历朝有若《笔麈》、《邸钞》，泰昌、天启朝有若《日录》、《从信》、《纪政》，或出自侍臣随事载笔，或本之通儒有故发愤，皆可为纪述之光"。[⑤]

《谷山笔麈》的内容虽"博而赅，赅而精"[⑥]，但明清各主要书目在将其归类时仍产生很大分歧。《澹生堂藏书目》的《史部·国史·杂记》著录此书。之后，《千顷堂书目》的《别史类》和《明史·艺文志》的《杂史类》均有著录。《徐氏家藏书目·子部·小说类》著录《谷山笔麈》节本《琐言》和《杂记》各一卷，可能是出于保持书目体例一致性的考虑，《徐氏家藏书目》遂将《谷山笔麈》亦一并归入《子部·小说类》。此后，《传是楼书目》亦入《子部·小说家》，《楝亭书目》则入《说部》。但即便是《澹生堂藏书目》的主人祁承㸁，也不免要在《庚申整书例略四则》中说："于文定公之《笔麈》，虽国朝之载笔居其强半，而事理之诠论亦略相当，皆不可不各存其目，以备考镜。"[⑦]

这种言人人殊、归属无定的局面，至《四库全书》的纂修完成始告结束。四库馆臣评《谷山笔麈》"所记多明代故典，亦颇及杂说"[⑧]，只有寥寥数语，而将其归入《子部·杂家类》存目，其实是有意无意地掩盖了《谷山笔麈》的史料价值，并非出于单纯的学术目的，而有其政治考量在。考《谷山笔麈》由于"记载违谬语，多触犯"，为安徽巡抚闵鹗元奏缴，于"乾隆四十四年（1779）十一月初三日奏准禁毁"[⑨]。清宣统年间的《山东通志·艺文志·子部·杂家》之《笔麈》条载："按《禁书总目》云：'删女直一条。'"[⑩] 今查《清代禁毁书目（补遗）》（包括《禁书总目》）和《清代禁书知见录》俱无此记载，但《禁书总目》流传至今，已有缺失，《（宣统）山东通志》所言，当有所本。《谷山笔麈》颇涉及边疆沿革与民族关系，这就触犯了大忌，和《读史漫录》一样，免不了被禁毁的命运。此后，清代各家书目著录《谷山笔麈》，一以四库馆臣的归类为

① 于慎行：《谷山笔麈》《〈笔麈〉跋》，中华书局，1984年。

② 于慎行：《谷山笔麈》《〈笔麈〉题辞》，中华书局，1984年。

③ 于慎行：《读史漫录》《〈读史漫录〉题辞》，齐鲁书社，1996年，第522页。

④ 沈德符：《万历野获编》卷3《孝宗生母》，中华书局，1959年，第83页。

⑤ 谢国桢：《增订晚明史籍考》卷2，上海古籍出版社，1981年，第83页。

⑥ 于慎行：《谷山笔麈》《〈笔麈〉题辞》，中华书局，1984年。

⑦ 祁承㸁：《澹生堂藏书目》《庚申整书例略四则》，清宋氏漫堂抄本。

⑧ 永瑢等：《四库全书总目》卷125《笔麈》，中华书局，1965年，第1076页。

⑨ 姚觐元编，孙殿起辑：《清代禁毁书目（补遗）·清代禁书知见录》《补遗二》，商务印书馆，1957年，第313页。

⑩ 孙葆田等纂：《山东通志》卷139《笔麈》，上海商务印书馆，1934年，第3863页。

准，再未有将《谷山笔麈》作史学著作看待者。但清儒虽不敢反对《四库全书总目》的权威，然持异议者亦不乏人，如周中孚和李慈铭等人都强调《谷山笔麈》一书的史学价值。

《谷山笔麈》问世后，一直为士林所重，更对后世各类典籍产生了多方面的深远影响。由于保存了许多当时独一无二的史料，《谷山笔麈》对于明史的研究尤多重要的参考价值，成为《明史》、《明实录》、《明通鉴》、《明史纪事本末》以及《国史唯疑》、《国榷》、《十七史商榷》、《廿二史札记》、《陔余丛考》等后世史籍的重要史料来源。史籍而外，历代笔记小说如《万历野获编》、《五杂俎》、《涌幢小品》、《玉光剑气集》、《因树屋书影》、《香祖笔记》、《池北偶谈》、《居易录》、《巾箱说》、《不下带编》、《剧说》、《两般秋雨盦随笔》、《茶香室丛钞》等征引《谷山笔麈》最为可观。各类学术著作如《通雅》、《日知录》、《天下郡国利病书》、《经义考》、《读礼通考》、《尚论持平》、《禹贡长笺》、《潜邱札记》、《五礼通考》等亦是征引《谷山笔麈》的一大宗。此外，在文集如《问次斋稿》、《古欢堂集》，诗话如《五代诗话》、《带经堂诗话》，总集如《四六法海》、《明诗纪事》，甚至地理著作如《行水金鉴》，家书如《澄园家书》，医书如《本草纲目补遗》，日记如《郭嵩焘日记》中，《谷山笔麈》都已成为其有机组成部分。《谷山笔麈》对后世的影响不仅广泛，而且深刻。如《日知录》引用6次，《国榷》引用15次，《通雅》引用20次，在上述各类名著中，《谷山笔麈》都成为征引频率最高的文献之一。

3.《兖州府志》五十二卷

此书山东相关方志均有著录。《徐氏家藏书目·方舆·分省》、《澹生堂藏书目·图志·郡邑志》、《传是楼书目·地志》、《国史经籍志·地理·郡邑》、《千顷堂书目·地理类》、《明史·艺文志·地理类》等官私书目亦加著录。兖州原有志，为朱泰、包大爟等人于万历元年（1573）创修，慎行曾亲为之序。万历二十年（1592），兖州府知府易登瀛及其后任卢学礼，相继及门，请于氏主持编纂郡志。遂于同年九月开工，三度春秋，至万历二十三年（1595）七月始告完成。于氏《〈兖州府志〉自叙》述之甚详：

> 郡侯渤海易公，……命驾及门，访曰："……执事以兰台旧史，息在田间，岂亦念梓里之文物而图之墨卿，敢奉故牍以请。"于子对曰："幸甚！君侯之训，嘉会我鲁，以邀福于周公、孔子，里士将与其荣，敢不受命？"是年易公陟晋臬以行，魏郡卢公来代，……复命驾及门，申前之请，益坚以虔，于子敬对如初。公乃命县令许昌王君延文学四人，使分讨阅；简胥史四人，使供缮录。于子闭关扫轨，摛管抽笈，取别驾甬东包公所裒旧志，错采百氏之籍，旁参郡邑之史，探颐补漏，提要钩玄，创为二十八部，析为五十二卷，三越寒暑，乃克成编。①

是书完稿后，知府卢守礼"因檄巨野博士邝君与明经二人校定锓梓，榷费惟裕弗惟省，鸠工惟良弗惟亟，凡八阅月而竣"②，时在万历二十四年（1596）三月。此版版式疏朗，刊刻精美。

---

① 于慎行：《兖州府志》《〈兖州府志〉自叙》，齐鲁书社，1985年。
② 于慎行：《兖州府志》《〈兖州府志〉自叙》，齐鲁书社，1985年。

慎行在此志上是颇费心血的，他自称“固亦词林之涓枕，报国之旧业”[①]，承《东阿县志》之后，其杰出的修志才能在此志中得到更为充分的展现，使此志成为明代历史派方志的代表之作。其所载有沿革、建置、山川、风土、帝迹、圣里、国纪、天潢、职官、选举、田赋、户役、学校、兵戎、驿传、河渠、盐法、马政、古迹、陵墓、祠庙、寺观、宦迹、人物、典籍、艺文、灾祥、丛谈等门类。各首附小叙，以表作志之由。内容翔实，体例谨严，条目清晰，专辑纷呈，事可互见，文无重出，其中以圣里、人物、艺文最工。此志每有考辨，则于文后附加按语，凡于经史无可考稽者，则作为逸事异闻纳入末卷《丛谈志》，以供参考。在职官、选举、田赋、户役、学校、兵戎、驿传、河渠、盐法、马政等十《志》中，慎行更是积极探讨当世得失之故，为后世保存了极为丰富翔实的社会经济方面的资料。

此志在明清之际颇为人知，《藕居士诗话》、《天下郡国利病书》、《尚书埤传》、《禹贡长笺》、《五礼通考》、《四书释地》以及《不下带编》、《巾箱说》等书俱有征引。此后流传渐稀，《明史·艺文志》著录此书最晚，此后各家书目如《鸣野山房书目》、《旧山楼书目》、《郘亭知见传本书目》等均未著录，各类著述也再未见征引，盖此时国内已一度失传，至1963年始重现于山东省巨野县，今藏山东省图书馆，齐鲁书社于1984年据以影印，海外则仅日本宫内省图书寮有藏。于氏此志前有张允济、姚思仁、冯琦诸人之序，谢廷谅另有《〈兖州府志〉序》，见存于《薄游草》，诸序从多个方面深刻阐发了此志的的史学价值。此志重现天日后，更引起世人的重视，《中国方志大辞典》评价此志：“堪称明代方志中之杰作。”[②]

4.《词林典故》一卷

此书系与他人合著。山东相关方志均未著录，《国史经籍志·史类·职官》、《澹生堂书目·史部·国史·典故》、《绛云楼书目·典故》、《千顷堂书目·职官类》、《内阁藏书目》和《明史·艺文志·职官类》等公私书目俱有著录。此书通常署名张位。万历十四年（1586），时任礼部右侍郎的张位刊刻此书，今北京图书馆有藏。书前有张位自序：

> 万历丙戌（1586），余承乏掌篆，教习庶吉士，日坐玉署，多暇，尝辑《掌院题名》及《翰苑题名录》二书行矣。是时宗伯山阴朱公（按：指朱赓）示余典故数条，因与同官学士东阿于公、南充陈公，访采见行事宜，得三十余款。曰职掌，曰仪节，分门类载，遂成此编。[③]

可知此书实为张位、于慎行、陈于陛三人的合著，而张氏为首撰者，故有关于慎行的各类文献均未提及。

“词林”即“词馆”，为翰林院之别称。此书即“所辑词馆通行典例，自经筵日讲以迄舆从服色，凡分三十二门”。此书问世后，翰林院内“入馆者人给一册”。[④] 乾隆十二年（1747），张廷玉等撰成八卷本《词林典故》。四库馆臣于是批评张、于等人的《词林典

① 于慎行：《兖州府志》《〈兖州府志〉自叙》，齐鲁书社，1985年。
② 《中国方志大辞典》编辑委员会编：《中国方志大辞典》，浙江人民出版社，1988年，第205页。
③ 张位、于慎行、陈于陛：《词林典故》《〈词林典故〉序》，明万历十四年刻本。
④ 永瑢等：《四库全书总目》卷80《词林典故》，中华书局，1965年，第690页。

故》“率据案牍原文，不加润饰，往往鄙俚可笑，不足以继《翰林志》、《翰林群书》后也”，而推崇八卷本《词林典故》“本末源流，粲然俱备，木天佳话，荣冠古今”，[①] 因此将其收入《四库全书》，而以张、于旧作归入存目。这是四库馆臣揄扬当代著作、贬低前作的一贯手法，不足为凭。张、于等人的《词林典故》在保存当日翰林院故实方面，自有其可贵的第一手价值。

二、于慎行亡佚的史学著述

于慎行已亡佚的史学著述多达7种，兹大致依其成书时间先后，分述如下：

1.《先慈言行录》

此书为于慎行最早的著述，作于十一岁时。东阿于氏，一门风雅，慎行的父兄不仅以诗歌名世，而且偏嗜史学。其母刘淑人“静慈孝恭，《孝经》、诸史，靡不遐览”[②]，十分重视对慎行兄弟的教育，“辛勤长自写遗编，教儿灯下不停口”[③]，深刻地影响了于慎行的一生。嘉靖三十四年（1555）七月初三，刘淑人去世，慎行悲痛万分，撰成此编，寄托哀思。据于慎行门人邢侗，阮自华编撰的《东阿于文定公年谱》（以下简称《年谱》）记载：“先生哭踊朝夕，如成人。吊者大悦。及葬，私属《先慈言行录》。草成，太公微得其草，示党族，读者皆悲咽不胜，识者曰：‘此童史也。’”[④] “少专圣童之誉”[⑤] 的于慎行，此时已显示出了不凡的史才。由于家学的渊源，于氏后来虽成就其“贯穿百家”之学问，于史学却是一开始就情有独钟的。

2.《东阿县志》十二卷

此书系于慎行与他人合著，为其梓印著作之最早者。山东相关方志均有著录，各类官私书目则仅《千顷堂书目·地理类》著录“谢秉秀《东阿县志》四卷”，而可知为慎行之前的旧志。万历七年（1579）至十一年（1583），慎行第二次家居期间，与县令朱应毂及时以御史身份家居的孟一脉过从亲密，相得甚欢。朱氏鉴于弘治旧志“故实脱略，篇章残缺”[⑥]，有意重修，遂以编摩邑志事相托。慎行乃与孟一脉通力合作，而由于氏主其事，历时八月，于万历九年（1581）三月修成《东阿县志》，始方志，终艺文，凡十二卷。后世称此志为“万历壬午（1582）重修”[⑦]，盖据其梓印时言之也。此书刻印无多，清初，“其原版毁于兵燹，四表八志缺略亦已多矣”[⑧]。此后，更无传本。康熙四年

---

① 永瑢等：《四库全书总目》卷80《词林典故》，中华书局，1965年，第690页。
② 李贤书修，吴怡纂：《东阿县志》卷14《列女》，清道光九年刻本。
③ 于慎思：《庞眉生集》卷4《七歌》之四，明万历二十七年刻本。
④ 邢侗编纂，阮自华撰述：《东阿于文定公年谱》，山东省图书馆藏明万历手稿本。
⑤ 邢侗：《来禽馆集》卷16《先师谷城于文定公碑》，明万历四十六年刻清康熙十九年郑雍重修本。
⑥ 李贤书修，吴怡纂：《东阿县志》《旧志贾序》，清道光九年刻本。
⑦ 李贤书修，吴怡纂：《东阿县志》《旧志郑序》，清道光九年刻本。
⑧ 李贤书修，吴怡纂：《东阿县志》《旧志刘跋》，清道光九年刻本。

(1665)、康熙五十年(1711)、道光九年(1829)三度重修，大体上也只是“旧者因之，新者增之，遗者补之，疑者阙之”①，是知于氏旧志在此后重修中仍保存了相当一部分内容，上述三种重修县志今俱有传本。

于氏《东阿县志》“所叙述，事广而文典，词质而理尽，殚见洽闻多，有得于坟典子集之外者”②，在体裁形式上颇多创发，特别是其志山水，“用《水经注》笔法，浑灏朴茂，洵志乘中仅见之文”③。值得重视的是，于氏史学经世致用的学术取向在这部志书中已有非常清晰的显露，所谓“吏治民隐，一篇之中，三致意焉！……将以垂劝戒，定权衡也”④。今考稽于氏旧志佚文，举一显例，以概其余。顾炎武《天下郡国利病书》征引此志多处，其《秩官》条云：

内史(按：此为于慎行自称)曰：“淳于髡有言：‘三人共牧一羊，羊不得食，人亦不得息。’此善喻也。汉时县令惟有部刺史、太守临之，轨迹夷易，易遵守也。以故吏得尽其职而无所牵制，今奈何以百里之守而十数人临其上，一有举事，文书往来，羽檄如织，即少自操纵于文法乎？十余人者执绳而议之，即又不能同趣，故吏兢兢日不暇矣。日天子沛然下明诏，裁大使之闲者，镜古今吏治所由同异，以惠元元，盖深计哉！”⑤

顾炎武在《日知录》卷九中专列《守令》一条，慨叹：“今日之尤无权者，莫过于守令。”⑥ 事实上，慎行的议论已开其先声。于氏《东阿县志》问世后，海内目为信史，后人引为矜式，贾三近、李光地等均给予高度的评价。

3.《春曹奏议》

此书叶向高《〈谷城山馆全集〉序》名“春曹奏疏”，《年谱》则称“南宫奏议”。所谓“春曹”、“南宫”，皆为礼部别称。慎行自万历十四年(1586)七月出任礼部右侍郎，其后转左侍郎，再晋尚书，供职礼部五年有余。其间，“疏请册立，请郊庙，请祷雨及宗藩条议诸大典礼”⑦，汇编成书，即为此《春曹奏议》。此书山东相关方志均有著录，各类公私书目则仅见于《千顷堂书目》的《表奏类》，而不著卷数。今《谷城山馆文集》第三十六、三十七、三十八卷共收录诸疏26篇，除首篇《谢赐路费驰驿疏》为于氏万历七年(1579)侍讲学士任内所作外，其余诸疏均成于其礼部任内。慎行于礼部任内上疏颇多，而今文集所收者，仅存其大体，遗佚尚有不少。如慎行“册立最恳，章无虑十余

① 李贤书修，吴怡纂：《东阿县志》《重修〈东阿县志〉李序》，清道光九年刻本。

② 李贤书修，吴怡纂：《东阿县志》《旧志贾序》，清道光九年刻本。

③ 李贤书修，吴怡纂：《东阿县志》卷3《〈山水志〉序》，清道光九年刻本。

④ 李贤书修，吴怡纂：《东阿县志》《旧志贾序》，清道光九年刻本。

⑤ 顾炎武：《天下郡国利病书》第五十册《东阿县志》《秩官》，四部丛刊本。

⑥ 顾炎武：《日知录》卷9《守令》，文渊阁《四库全书》本。

⑦ 叶向高：《苍霞续草》卷10《太子少保礼部尚书兼东阁大学士赠太子太保谥文定于公墓志铭》，明万历刻本。

上”[①]，而文集仅收册立诸疏7篇；他又自称“九疏陈情，蒙恩予告”[②]，而文集仅收乞休诸疏4篇。另据《年谱》，尚有《请查核试卷疏》、《请少司马萧公护潞府》等30余疏未见收于文集，而其中《请查核试卷疏》的部分内容并见存于《谷山笔麈》，其云：“连日查访，关节未有明据，事属暧昧，遽难指名。但科场去取原凭文艺，今诸生试卷即经多官会阅，无甚相悬，可知当日科场未必有弊云云。”[③] 文集所收诸疏虽未足以涵盖《春曹奏议》，但其既为慎行本人亲选，则《春曹奏议》之精华大概已保存于其中，于氏后人殆有见于此，遂不复另行梓印了。晚明人吴亮编《万历疏钞》五十卷，收万历一朝奏疏甚备，其卷二专收《国本》诸疏23篇，而独录慎行所作为多，计7篇，于氏奏疏的珍贵史料价值由此可见一斑。

4.《于氏家乘》二卷

黄虞稷《千顷堂书目·谱系类》：“于慎行《于氏家乘》二卷。”又《传是楼书目·家谱》于《昌邑于氏家乘》外，著录“《于氏家乘》二本”，而不著作者姓名，未知是否即慎行所作。于氏此书，各类著作均未见提及。慎行讲究氏族之法，重视门阀，屡屡致慨于江北士族门胄单薄，谱牒无考，而强调家谱的编修。他应时任吏部侍郎的叶向高之托，为其作《〈云山家谱〉叙》，称：“惟有贵且贤者为之类其世系、氏名、昭穆之叙，而纂为谱牒，以比于古之小史，谓之家乘。”[④] 比谱牒为“古之小史”，充分表明其对家谱史料价值的重视。东阿于氏系出文登（今山东省境内）高门，于慎行一生引为自豪。据《年谱》，万历二年（1574）十月，文登贡士于僎抵京，“来合谱，不可世，遂不合牒”。这一事件，可能会是促使他编修《于氏家乘》的一个因素。于慎行第三次家居期间，几乎年年“墓祭合族人”，而尤其于万历二十年（1592）和二十一年（1593），分别“申宗要，大合族于墓”，“大合族于墓，申族赋之约”。[⑤]

5.《史摘》

此书性质当与《读史漫录》相近，亦为于慎行一部重要的史评类著作。冯琦的《〈笔麈〉题辞》最早提及此书：“比归卧东山，……《史摘》、《漫录》、《笔麈》次第而成书。”[⑥] 是知此书成稿于于氏第三次家居期间，先于《读史漫录》和《谷山笔麈》问世。之后，叶向高的《〈谷城山馆全集〉序》云：“公著述甚多，如《读史漫录》、《兖州志》、《经筵讲章》、《春曹奏议》、《笔麈》、《史摘》尚若干种，当渐次尽传于世。”[⑦] 叶氏为于慎行所撰墓志铭又称：“所著自梓集外，有《读史漫抄》、《经筵讲章》、《兖州志》、《笔

① 叶向高：《苍霞续草》卷10《太子少保礼部尚书兼东阁大学士赠太子太保谥文定于公墓志铭》，明万历刻本。

② 于慎行：《谷山笔麈》卷10《谨礼》，中华书局，1984年，第111页。

③ 于慎行：《谷山笔麈》卷10《选举》，中华书局，1984年，第95页。

④ 于慎行：《谷城山馆文集》卷12《〈云山家谱〉叙》，明万历刻本。

⑤ 邢侗编纂，阮自华撰述：《东阿于文定公年谱》，山东省图书馆藏明万历手稿本。

⑥ 于慎行：《谷山笔麈》《〈笔麈〉题辞》，中华书局，1984年。

⑦ 叶向高：《苍霞草》卷8《〈谷城山馆全集〉序》，明万历刻本。

麈》、《史摘》若干种，皆弘博精核，成一家言，当次第传于世。”[①] 而尤其值得注意的是叶氏《〈读史漫录〉题辞》中的一段话：“林居几与世相忘，犹眷眷怀顾，不胜其靖献之忱。作为《史摘》、《笔麈》，借鉴千秋，旁镜当代，一篇而三致意，读者或未能悉公隐衷，而书亦尚藏之遗箧，世未尽睹之也。”[②] 这就明白抉示了《史摘》一书的学术旨趣，“借鉴千秋，旁镜当代”，它所体现的正是于氏经世史学的一贯主张。但是，于氏遗著的主要整理者郭应宠既已将《读史漫录》和《谷山笔麈》视为“陈若左右之广，合如圭璧之章”[③]，而限于主客观条件，于氏著作又不能一一刊印，他就不能一无取舍，从那时起，《史摘》的命运就被决定了，它从未得到与世人见面的机会，藏于遗箧，而终至于湮灭。民国东阿县知事方家永跋《谷山笔麈》云：“今距公著述刊行之时三百年矣，简编寥落，搜采无从。访之邑人，佥谓《史摘》未见传本。”[④] 明清两代，山东的相关志书尚见著录，而各类公私书目则无一提及。

6. 《于文定公书目》

此书是今日可考知的晚明时期40余种私家藏书目录之一，虽已亡佚，但在明清之际却颇为目录学家所注意。晚明佚名所撰之《近古堂书目·书目类》最早著录此书，之后钱谦益的《绛云楼书目·书目类》和黄虞稷的《千顷堂书目·簿录类》亦加著录，然均未著作者姓名及卷数。今人《明代目录学研究》、《中国目录学家辞典》及《中国私家藏书史》诸书均以此书为于慎思所撰，并云慎思为慎行弟，都无考证，盖错误相袭。明代以来，山东相关方志均未提及此书，唯宣统年间的《山东通志·艺文志·史部·目录》加以著录，是书于于慎思《群书题跋》条下列《于文定公书目》条云：“于慎行撰，慎行见经部总义类，是书见《绛云楼书目》。”[⑤]

于慎思，字无妄，号航隐，为慎行二兄，善诗赋，学问淹贯，出入百家，著有《剑术说林》、《兵略》、《八阵图解》、《诸家要略》、《论文博采》、《群书题跋》等书，均佚，今有《庞眉生集》十六卷存世。于慎思家富藏书，自称“知己无过万卷书”[⑥]，又撰有目录学著作《群书题跋》，但他并不曾有机会为于慎行编撰家藏书目。在万历十一年（1583）于慎行第二次复出为官前，其藏书大概还很有限，存世各类文献均未见有其藏书丰富的描述。此后，慎行官位渐显，官俸和赏赐亦增，已有余力和机会大量购置图书和抄缮秘本，且能时时得到珍贵的赐书和赠书，他的藏书规模当大体具备于此期。万历十五年（1587），由于慎行的好意，慎思决定入学国子监，遂于十月入京，至此兄弟俩已暌违五年了，正是于慎思所谓“千里长安绮陌尘，十年不见倍伤神”[⑦]。于慎行自己此时正

① 叶向高：《苍霞续草》卷10《太子少保礼部尚书兼东阁大学士赠太子太保谥文定于公墓志铭》，明万历刻本。

② 于慎行：《读史漫录》《〈读史漫录〉题辞》，齐鲁书社，1996年，第522页。

③ 于慎行：《读史漫录》《郭应宠编次序言》，齐鲁书社，1996年，第529页。

④ 于慎行：《谷山笔麈》《方家永跋语》，民国十年石印本。

⑤ 孙葆田等纂：《山东通志》卷134《于文定公书目》，上海商务印书馆，1934年，第2361页。

⑥ 于慎思：《庞眉生集》卷4《七歌》之一，明万历二十七年刻本。

⑦ 于慎思：《庞眉生集》卷6《山中忆四弟宗伯二首》之一，明万历二十七年刻本。

疾病大作，但仍在“病间为仲兄赀及醵，人太学”[①]。他后来回忆：“方先生（按：指于慎思）至都下时，已病臞矣。而值予有寒病，数日不食，先生日夜守视，呼医具药，疗治百方。予幸少瘳而先生病又剧，予从床蓐间蒲伏守视先生，供具汤药如其护予状，而先生竟不起矣。”[②] 距其来时，不过短短三月，兄弟皆病，命且不保，哪里可能会有《于文定公书目》的问世？

万历十九年（1591），慎行致仕归家，朝廷已有专人护送，他却担心“行装书数卷，沾湿不无愁”[③]。话虽自谦，其实书的数量想必很大。此后，于氏居家以书自娱，屡屡形诸吟咏。万历二十四年（1596），时任巡按山东监察御史的姚思仁序于氏《兖州府志》，称其“夙掞三长之业，兼富二酉之藏”[④]。慎行六十寿时，邢侗作序，称“先生归筑别业黄石山，取赐书而旦旦精研之”[⑤]。可知其藏书之富已为世人所知。次年，于氏建南溪书屋，此后时光，多读书其间。于氏殁后，部分藏曲通过于纬之手，经由赵琦美的抄缮，得以保存于《脉望馆钞校本古今杂剧》中，辗转流传至今，尚存32种，其中绝大部分为人间孤本，而他作为藏曲大家的一面始被人注意。藏书既已达一定数量，于慎行于是着手编制藏书目录，这是他对藏书加以整理的结果。《于文定公书目》一书当成于其晚年家居期间。于氏《谷山笔麈》卷七专列《典籍》部分，于中可略窥其对目录学之兴趣。以慎行“贯穿百家”的学问，自不需假手他人来编撰书目；而以他的悌友，兄长之作，必会大力彰显，何至于在其为于慎思所作的多篇碑传序言中不提一字？但慎行自幼在文学、学术等方面受二兄影响既深，而他自己在著述中也屡屡提及，那么，他编撰家藏书目，除了晚明目录学蓬勃兴起的时代因素的影响之外，也可以说是家学渊源，其来有自。慎行的学问和兴趣既是如此的广泛，而又家富藏书，则他的书目，除了元明戏曲，一定还会著录其他许多珍本秘籍，可惜从未有人提及。此书名中有“于文定公”字样，正如《于文定公笔麈》一样，是后人所加，为古籍常例。

7.《枕史》

此书历代著作均未提及，唯两见于《年谱》。《年谱·三十六年戊申》：“先生所著，有《谷城山馆全集》、《兖州志》、《东阿志》行于世。《经筵讲章》、《南宫奏议》、《笔麈》、《漫录》、《枕史》藏于家。”[⑥] 邢侗所作的《〈东阿于文定公年谱〉题跋》则云：“比长君纬以先生行履谬属侗，侗惧黔谫弗胜。幸先生《枕史》在，可据也。《枕史》胜冠以前，备述童年、家塾、台邸、习肄、师友之详，及指次家难屡空状，所差慰者，留年一第而已。胜冠以后，登□□□华贯，盖于（按：此后缺文）。”[⑦]《年谱》叙慎行生平

---

① 邢侗编纂，阮自华撰述：《东阿于文定公年谱》，山东省图书馆藏明万历手稿本。

② 于慎行：《谷城山馆文集》卷24《亡兄太学都讲航隐先生墓志铭》，明万历刻本。

③ 于慎行：《谷城山馆诗集》卷8《雨中遣使买舟》，文渊阁《四库全书》本。

④ 于慎行：《兖州府志》《姚思仁序》，齐鲁书社，1985年。

⑤ 邢侗：《来禽馆集》卷9《大宗伯尊师东阿于公六十寿序》，明万历四十六年刻清康熙十九年郑雍重修本。

⑥ 邢侗编纂，阮自华撰述：《东阿于文定公年谱》，山东省图书馆藏明万历手稿本。

⑦ 邢侗编纂，阮自华撰述：《东阿于文定公年谱》《〈东阿于文定公年谱〉题跋》，山东省图书馆藏明万历手稿本。

行履颇为详备，可谓巨细无遗，而据邢侗所言，其所依据的原始材料为《枕史》，则《枕史》的性质可以想见：其为自传无疑，且篇幅颇多，或者竟为日记体的自传，而有可能与慎行一生相始终，记载至万历三十五年（1607）慎行逝世之前不久。日记一体，在晚明颇为兴盛，于慎行是个浸染晚明士风甚深、得时代风气之先的人物，以他多方面的爱好，很可能对此产生兴趣，并有所创作。所谓《枕史》，顾名思义，是藏于枕中、秘不示人的作品。它既能"指次家难屡空状"，则对于氏个人的平居生活，当还有其他许多真实而细致的记录。但邢侗、阮自华之后，此书就不为世人所知了。

三、伪托于慎行的史学著述

《纲鉴要编》二十四卷

20世纪20年代编印的《江苏省国学图书馆图书总目》著录此书，王绍曾所著之《山东文献书目》亦加著录，今存万历四十五年（1617）和崇祯两种版本，国家图书馆、南京图书馆等均有藏。此书署名于慎行摘、陈仁锡评、陈臣忠纂、张睿卿辑。纲鉴的编纂始于嘉靖而大盛于晚明。时人徐奋鹏云："所睹者，则仅书肆□贾所为《纲鉴会编》已耳，或《史纲纪要》已耳，或《纲鉴大成》已耳。盖俱合紫阳之《纲目》与司马之《通鉴》，总而成帙，以便学古者之观省。……盖笔多出于山林学究之手，而假名于哲匠鸿□，非真笔也。"[①] 此类通俗史学著作多托名张居正、王世贞、王锡爵、叶向高等名公巨卿以高身价，而其实为书坊主人或其所请士人所作。如清代《禁书总目》于《纲鉴正史大全》条下云："查此书旧题明王世贞补遗，钟惺订正。盖亦坊间所刻课蒙之书，托名于二人者。"[②] 钱茂伟先生著《明代史学的历程》中有《明代纲鉴类图书表》，列《新刊古本大字合并纲鉴大成》等纲鉴类著作35种，断为托名之作，其中即有陈臣忠等著的《纲鉴要编》。考陈仁锡、陈臣忠、张睿卿诸人均为与于慎行同时代的有名的畅销书编纂者，陈仁锡并有文名，张睿卿又编有《王凤洲先生纲鉴正史全编》，其实亦为伪托之作。

于慎行生前官至大学士，名重天下，与这些编纂者素无往来，死后，《读史漫录》与《谷山笔麈》渐次流布海内，于氏作为史家的名声已著，更为书坊主所注意。这一点，大概是《纲鉴要编》的作者要托名其下的主要原因。明清之际的孙廷铨在自序其史评著作《汉史亿》时称："且汉史诸家善为议论，含吐抑扬，不甚费辞而读之令人感动。每怪今人编辑小本《纲鉴》，皆刊削殆尽，独于胡致堂诸君子'呜呼噫嘻'之说，编录无遗，令观者唯恐卧翻，不似近时于东阿《读史漫录》一集为多意绪，犹有汉人风也。"孙氏又自称其所著《汉史亿》与《读史漫录》"意议暗合者什一"，[③] 而不去之。这种相同，清人黄恩彤认为是"齐鲁之儒，渊源固有自矣"[④]。可见《读史漫录》与纲鉴一类通俗史学著

① 徐奋鹏：《古今治统》《〈古今治统〉凡例》，清雍正刻本。

② 姚觐元编，孙殿起辑：《清代禁毁书目（补遗）·清代禁书知见录》《禁书总目》《纲鉴正史大全》，商务印书馆，1957年，第89页。

③ 孙廷铨：《汉史亿》《自序》，清康熙刻本。

④ 于慎行：《读史漫录》《重刻于文定公〈读史漫录〉序》，齐鲁书社，1996年，第532页。

作旨趣、质量迥异。而事实上，于慎行本人对于朱熹《通鉴纲目》的书法义例是有所不满的。他在《读史漫录》中论三国正统时，批评道："至于东周公之时，与山阳何以异？而《纲目》书其合纵曰：'王命诸侯伐秦'，亦不情矣。"[①]《纲鉴要编》非于慎行所作由此可添一佐证。

于慎行曾在东阿旧志中称家乡的士大夫"善自闭，耻以所有炫鬻先达。名公有所建树著述，多匿不传，子孙不能名焉"[②]。他又在《读史漫录》中慨叹"古今著述成家者，必有所托而后传于世，……然则古人之书，不得其人而为之无闻者，亦不少也"[③]。他自己虽然贵为公辅帝师，终于也不曾完全摆脱这样的命运。他的多种史学著述，在其生前，只有三种付梓行世，而多数则一直未能得到与世人见面的机会，流传至今，又亡佚大半，但即便如此，其留存的三四种著述已足以为于氏在史学史上赢得一席之地。作为晚明经世史学的代表人物之一，于慎行无疑是值得我们重视而加以深入研究的。

（作者：范知欧，四川大学2005级博士）

① 于慎行：《读史漫录》卷5，齐鲁书社，1996年，第141页。
② 李贤书修，吴怡纂：《东阿县志》卷2《风俗》，清道光九年刻本。
③ 于慎行：《读史漫录》卷3，齐鲁书社，1996年，第57—58页。

《吴渔山集笺注》补订

胡文辉

明清之际的吴历（渔山），兼有明遗民、画家及天主教神父等多重身份，可谓中国文化史上的异人。而章文钦先生《吴渔山集笺注》一书（中华书局2007年版），汇辑吴历的诗文题跋及传记资料之大成，通释文本含义，追溯文献源流，并多据同时代人物的同题作品以作参证，用力甚勤，所获甚多，于明清文化史、中外交通史及天主教入华史皆深具价值，宜可入著述之林。

唯此题目牵涉广而难度大，一人的精力难以滴水不漏，故全书亦间有疏失之处。今试为补正若干，亦为添砖加瓦之意耳。

一、校勘未密

页159《澳门杂咏》之一："关头阅尽下平沙。""阅尽"一作"粤尽"，著者以"粤尽"为当，解为领海穷处。但"粤尽"似不成辞，宜作"阅尽"为是。

页277《次韵杂诗七首》之七："名托山当掩，开藏雾未清。"此诗其他各句"摇"、"漂"、"谣"皆押萧韵，此处"清"应为"消"之误。

二、应注未注

页152《题画诗》之二十七："欲催泼墨米图成。"此句无注。按：北宋米芾、米友仁父子擅水墨山水，世称米家山，故后世多以米氏或米家代指泼墨山水。此处"米图"云云亦其例。另，卷五《墨井画跋》之二十八有"泼墨法米"一句，即谓泼墨宜以米氏父子为法，正可作旁证。

页301《六十吟》："我初童年争辩日。"用《列子·汤问》两小儿辩日典。

页366《题赠湘碧山水》："山童解得藏名姓，不敢披裘钓碧流。""披裘"为喻指归隐的常用典，此处用意更进一层，指不愿故作姿态以"披裘"的形象现身，以免引人注目，意谓真正彻底的归隐。

三、释典未确

页 237《诵圣会源流》之三："一丸土块走仪羲。"著者谓"仪羲"之"仪"指仪狄，误。"仪"当指常仪，亦作常羲，《山海经·大荒西经》："帝俊妻常羲，生月十有二。"而"羲"指羲和，《山海经·大荒南经》："羲和者，帝俊之妻，生十日。"此处"仪羲"不过借指日月而已。

页 276《次韵杂诗七首》之六："岂知沈子瘦，空念范生寒。"著者谓此借"（贾）岛瘦（孟）郊寒"比拟沈、范两位友人的诗作，亦误。按："沈子瘦"典出沈约《与徐勉书》，后世多称"沈郎腰瘦"或"沈腰"，李煜词"沈郎多病不胜衣"、苏轼诗"沈郎清瘦不胜衣"皆用其典；"范生寒"用战国时范雎事，见《史记·范雎列传》，高适诗"尚有绨袍赠，应怜范叔寒"即用其典。吴诗此处借沈约、范雎事指沈、范二友，极为贴切工整。

四、释典未尽

页 129《葡萄西酒》："料得此非仪狄造，不妨飞骑进君王。"著者引《战国策·魏策》："昔者帝女命仪狄作酒而美，进之禹。"按：《战国策》下文尚有云："……禹饮而甘之，遂疏仪狄，绝旨酒。曰：后世必有以酒亡其国者。"吴诗此处实反用此典，谓此酒出于西洋，非仪狄所造，自无亡国之虞，故不妨贡献于君王也。

页 180《澳中杂诗》之二十七："百千灯耀小林崖，锦作云峦蜡作花。妆点冬山齐庆赏，黑人舞足应琵琶（冬山以木为石骨，以锦为山峦，染蜡红蓝为花树，状似鳌山。黑人歌唱舞足，与琵琶声相应，在耶稣圣诞前后）。"作者引方豪之说，谓此诗"咏耶诞节教堂所布置之山洞"，似嫌辞赘，此当即今之圣诞树耳。

五、解释未当

页 164《澳中杂诗》之六："偶逢乡旧说西矿，近觉黄金不易生。"著者谓上句"西矿"指西洋人（在中国）开矿寻找金银；下句谓当时中国人疑传教士能烧炼金银，故虽不事生产而财富充足，吴氏到澳门后，乃知炼石成金之说为子虚，故作"黄金不易生"之语。但此解实迂曲难通。西洋人在中国开矿，岂得谓之"西矿"？而且上句若指开矿，下句却指炼金术，亦不能连贯。按：疑此处当指美洲开发金银事。16 世纪以后，西班牙在美洲开采出巨量白银，白银一部分涌入欧洲，一部分运到菲律宾，皆通过葡萄牙人大量交易到中国，而葡萄牙人占据的澳门即白银输入中国的枢纽。吴氏当时身在澳门，对白银的大量输入和美洲白银的开采事宜多有耳闻，则他跟乡人"说西矿"，自属顺理成章；而美洲所发现的贵金属，以白银占绝对多数，黄金数量相对甚微，故吴诗复有"黄金不易生”之语也。

页200《赞圣若瑟》之一：“潜向慈亲问圣躬。”著者谓“慈亲”指母亲，“圣躬”指天主。之二：“净配瞻依慰自倍，慈君呵护宠难言。”著者谓“净配”原指圣若瑟（约瑟），此处可指妻子；“慈君”原指天主，此处可指母亲。并称两诗以赞颂圣若瑟为题，而实为表达对亡母及亡妻的思念。按：以圣若瑟为名义吟咏母亲、妻子，极为不伦。此处“慈亲”、“慈君”皆应指圣母玛利亚，以下《赞宗徒圣西满》诗以“母皇亲”指玛利亚，正与此处“慈君”用语略近；至于“圣躬”当指耶稣，“净配”即指圣若瑟，亦不必另作异解。

页283《西灯》：“灯自远方异，火从寒食分。试观罗玛（教宗所居地名）景，横读辣丁文（西古文）。蛾绕光难近，鼠窥影不群。擎看西札到，事事闻未闻。”著者引方豪旧说，疑指旧式幻灯，其说虽可喜，实缺乏根据。盖由“擎看”一语即可知，此灯必非录播影像的幻灯，而当是可以擎举、用于照明的台灯；由“火从寒食分”一句，并考虑到当时的技术水准，此灯似应是带有灯罩的油灯或羊角灯（明角灯）。至于三四句所谓“试观罗玛（马）景，横读辣（拉）丁文”，则不应理解为从幻灯中所见的影像，而不过指借助灯光所见的影像。

（作者：胡文辉，《羊城晚报》编辑，文史学者）

困顿与坚守：利玛窦广东行教的心态史考察[①]

王　睿

【提　要】利用利玛窦书信和相关文献资料，用心态史学的方法，将利氏在广东行教期间“困顿与坚守”的心态变迁作一历史梳理。结果表明，利玛窦在广东行教期间，多次挫折失败经历以及周遭不利环境，均对其心理产生了一定程度的压抑。然而，对上帝信仰的深挚、传教目标的坚定等，都给予利玛窦坚守的自信，并从中积累了人文、信仰和传教方面的宝贵经验，为后来在华传教的成功打下坚实的基础。

【关键词】利玛窦　广东行教　心态史

有关来华传教士的研究成果颇多，而对利玛窦神父的关注尤甚。[②] 就研究特点来看，大多从中西政治关系、文化交流和民族利益的宏观层面进行阐释，而对传教士个性特点、思想倾向的心态研究则阙无。历史是纷繁复杂的，为了准确把握人物，尽可能从主客观方面还原历史真相，有必要展开微观探讨。本文试就利玛窦的相关信札[③]进行心态史分

---

① 心态史学，又称为心理史学，但从严格意义上说二者有根本差异：前者勃兴于法国，以年鉴学派领军大师吕西安·费弗尔为代表，注重在社会历史环境下，对整个社会群体或集团的心态结构及其演变过程进行研究；后者盛行于美国，源于弗洛伊德的精神分析，后由埃里克森奠定其地位。与前者相比，心理史学过于偏重个体分析，缺乏整体联系。不过两派在借鉴吸收相关成果后，逐渐有合流趋势。

② 有关利玛窦的专著和论文可谓汗牛充栋，兹列举利玛窦与广东的相关论文：何大进：《略论明末清初广州在中西文化交流中的地位》，《历史教学》2006 年第 8 期。关汉华：《16 世纪后期天主教在广东的传播与影响》，《中南民族大学学报》（人文社会科学版）2003 年第 1 期。邱瑞祥：《利玛窦肇庆传教的文化透析》，《浙江万里学院学报》2003 年第 12 期。李晓芳：《明末耶稣会士在韶州的活动》，暨南大学硕士学位论文，2003 年 4 月 12 日。陈实：《明清时期基督教文化传播的先驱——王泮》，《江西社会科学》2002 年第 5 期。叶农：《明末天主教在广东地区的传播和发展》，《暨南学报》（哲学社会科学版）2001 年第 5 期。孟宪军：《从耶稣会士看澳门在中西文化交流中的地位和作用》，《东南亚研究》1999 年第 6 期。雷雨田：《论广东在明末清初传教活动中的地位》，《广州师院学报》1999 年第 10 期。蒋祖缘：《利玛窦在广东的传教和科学活动》，《广东社会科学》1989 年第 2 期。罗方光：《利玛窦在肇庆（1583—1589）》，《岭南文史》1986 年第 1 期。

③ 异国传教的生活非常艰苦，为了排遣寂寞，通信成为传教士生活中不可或缺的一部分。而当时航海技术仍然稚弱，书信的传达极为不便，为了不致遗失，传教士的信总是写成双份，一封交给从马尼拉出发、经过墨西哥的西班牙大帆船；另一封由从澳门出发、经过果阿的葡萄牙商船带走。通常一封信从发出到收到需要六年到七年的时间。

析，以期有裨于学界。

一

利玛窦（Matteo Ricci），耶稣会传教士、学者，出生于意大利马塞拉塔（Macerata），明万历年间旅居中国，是沟通东西文化的第一人。① 他于1582年抵达澳门，从此开始了在中国的传教生涯。其足迹遍及澳门、肇庆、韶关、南昌、南京和北京，1610年客死中国，蒙皇恩赐葬于北京阜城门外二里沟。利玛窦在中国的传教，经历了由失败到成功的起伏，以1595年4月离开广东作为分水岭，之前在广东的传教活动基本以失败而告终。在此期间，利玛窦的心态历经了一个由压抑到回复的变迁过程。以下就将利玛窦“困顿与坚守”的心态变迁作一梳理。

1582年（明万历十年）4月，利玛窦奉远东传教团视察员范礼安（Alessandro Valignano）② 神父之命，前往马六甲，随后转至中国，8月，于病中抵达澳门。③ 利玛窦到中国的第一站，就是由染病“受难”开始的。“奉行天主的意愿，我在旅途中生了一场大病。但是后来，感谢天主的恩宠，登陆后我感觉很好。”④ 利玛窦并没因病而怨天尤人，相反，他将病痛看作是上帝的“意愿”而加以顺从。

在利玛窦等人到来之前，澳门会院与公学主要由西班牙和葡萄牙籍教士主持，他们在当地传教多年，始终限于澳门一地，并未取得新的突破。加之教派之间相互敌视，现有教士能力、素养欠缺等问题，都亟待进一步改善。对此，利玛窦不无担心。因为这样

---

① 所谓“第一人”，仅就利玛窦传教的开创性和影响力而言，而非指“第一个”。真正第一个到中国传教的，是西班牙耶稣会士方济各·沙勿略（S. Fransiscus Xaverius），他于1541年由海路来到广东台山、中山附近的上川岛，矢志传教，终因海禁甚严，未能如愿，数月后在上川岛郁郁而终。在他留下的信札中，强调了中日两国人民的博学明辨，建议葡萄牙国王派学术修养高深、笔谈流利且长于撰述的神父前来传教，这对后来利玛窦“文化传教”模式的形成有较大的启发意义。及至1553—1557年，葡萄牙人获准在澳门租地建屋，通商贸易，传教士接踵而来。作为第一个经明朝官方批准登陆的西方传教士伯来笃（Melchior Nunez Barreto），同另一个耶稣会士公匝勒（Gregorio Gonzalez），最早在澳门招收华人教徒。1568年，随着葡萄牙人卡内罗（Mlchior Carneise）奉罗马教皇之命在澳门建立主教署，自任主持，澳门从此成为葡萄牙在远东势力的中心，耶稣会借此建立了一个永久的定居点。

② 范礼安，意大利耶稣会会士，是耶稣会在“中国传教事业的奠基人”和“第一缔造者”。虽然他至死未能跨入中国内地，但他对全局性问题的正确决策，保证了传教团最初的成功，并将沙勿略那些笼统、萌芽式的设想付诸实践，为日后耶稣会的在华传教指明了方向。参见雷雨田主编：《近代来粤传教士评传》，百家出版社，2004年，第24页。

③ 利玛窦和耶稣会士巴范济（Francesco Pasio）神父以及另外五位同会兄弟一行，于1582年4月26日从果阿出发，同年6月14日抵达马六甲。7月3日从马六甲启航，并于8月7日在澳门靠岸。

④ 1583年2月13日，利玛窦自澳门致函帕多瓦耶稣会士马尔蒂诺·德·福尔纳里（Martino De Fornari）神父，引自［意］利玛窦著，P. Antonio Sergianni P. I. M. E编，芸娸译：《利玛窦中国书札》，宗教文化出版社，2006年，第70页。欲进一步研究利玛窦的中国书简，可参考皮耶罗·科拉蒂尼主编，弗朗切斯特·达莱利校对：*Matteo Ricci Lettere*（*1580—1609*），意大利马切拉塔省发行，QULOLIBET出版。

的环境，并不利于开展范礼安交付给他和罗明坚（Michel Ruggeri）的中国传教计划。利玛窦在给耶稣总会长——克劳迪奥·阿夸维瓦（Claudio Acquaviva）神父的信中说道：“（除了）伟大的天主之仆佩德罗·戈麦兹（Pedro Gomez）神父……中国这所小会院里的神父水平并不是很高。……我把这些阴暗面摆出来，并不是为了训斥谁，只是想说明我所看到的。凡是没有亲眼看到的人，是无法得知的。……他们不但不热衷于信仰皈依，甚至对此充满了仇恨。而我认为，因为我们三个人都是意大利人，所以他不想让我们显得特殊。”①利玛窦直陈实情，并不讳言阴暗，其心之诚，可见一斑。

1583年，利玛窦和罗明坚通过关系进入广州。开始，当地官员还友好接待他们，可是当他们提出在广州居住的要求时，却遭到断然拒绝，不得不返回澳门。广州是当时传教士深入中国内地的跳板。赴华传教士首先云集澳门学习汉语，然后进入广州，进一步了解儒家文化和中国习俗后，再深入内地传教。利玛窦就曾谈到穗、澳的这种关系：我们必须一年两次到那里（广州）去领取澳门神学院发给教团的财政津贴。② 出于对外人的敌视，明朝政府严禁传教士进入中国。但也并非无缝可钻，鉴于官场贪腐现象丛生，用钱财贿赂的方式打通关节，实为有效之法。耶稣会士罗明坚利用广州一年举行两次集市贸易的机会，随葡萄牙商人进入广州，结识了海道副使和总兵，并送手表一块；之后随同葡萄牙官员晋见两广总督陈瑞，罗氏又以一千金币的珍品贿之③，并博得陈瑞青睐。在利玛窦等人看来，陈瑞“是一个小心谨慎的官吏，他也确凿无疑是个贪官，并利用了澳门的居留地”。④ 同时，利玛窦满怀信心地说：“……总之，Deus Scit Quia Non Mentior（天主知道我没有说谎）。我的初衷，只是希望这里的事业不断发展下去。我认为，这里的活动是今天天主的基督信仰事业中最为重要的。我们认为，这同时对中国这个另类世界中的许多人来说也是最重要的事。”⑤

欲融入中国，首先必须得到地方上层官员的支持，然后通过外围一步步向中央靠近。1583年9月10日，在两广总督郭应聘的许可下，罗明坚带领利玛窦等，取水道沿西江而上，入抵肇庆，于高要城东小市顶筑室以居。肇庆知府王泮与之相见甚欢，利氏非常佩服王泮的才华，王泮亦欣赏利氏的广博学识，并表示愿意做他们的保护人。地方耆老、乡绅也纷纷与之结交，似乎一切顺风顺水。但利玛窦也不得不忍受官场尊卑等级带来的屈辱感。范礼安神父这样描述利玛窦与官员交往的情形：“一、在官员面前他绝对不许坐下，整个晋见时间他必须跪着；二、他被怀疑为澳门葡萄牙人派来的奸细；三、他们的寓所被看做和尚庙，人人都可以随便进去，官吏可以在里面设宴款待不受欢迎的宾客，时间长达四五个小时。”⑥利玛窦以坚韧的耐心挺过来，范礼安对此甚为钦佩。“他知道事

---

① 1583年2月13日，利玛窦自澳门致函罗马耶稣总会长克劳迪奥·阿夸维瓦（Claudio Acquaviva）神父，《利玛窦中国书札》，第94页。

② ［意］利玛窦、金尼阁：《利玛窦中国札记》，何高济等译，中华书局，1983年，第215页。

③ ［意］利玛窦、金尼阁：《利玛窦中国札记》，第149页。

④ ［意］利玛窦、金尼阁：《利玛窦中国札记》，“中译者序言”，第148页。

⑤ 1583年2月13日，利玛窦自澳门致函帕多瓦耶稣会士马尔蒂诺·德·福尔纳里（Martino De Fornari）神父，《利玛窦中国书札》，第8页。

⑥ 熊三拔，第20—21页，转引自裴化行：《利玛窦神父传》（上），管振湖译，商务印书馆，1998年，第120—121页。

情刚刚开始，必须忍受，希望仍然渺茫，所以从来不在来信中要求回去，也不像许多人那样留在中国只是白费时间。”①

与官府的热情相反，当地居民对利玛窦等人极为反感，“肇庆市民有自己的特殊理由仇视外国人。他们害怕葡萄牙人会随传教士深入内地，而这种恐惧是不无根据的。神父们常去澳门城，他们和长官越来越亲密，这已经引起了他们的反感”。② 肇庆民众不喜欢传教士频繁出没官府，不甘于崇禧塔这样的风水宝地被外人所占，而当教堂寓所建成之后，又很快成为石头投掷的目标，并引发诉讼。在此期间，利玛窦等人还被污蔑将小孩偷运至澳门贩作“猪仔”。一系列反对传教士的事件最终导致了“崇禧塔事件”，这是明末天主教入中国的第一起教案。③ 在肇庆传教期间，利玛窦等人历经种种磨难：污蔑不断、破坏频频、官司不止。对此，利玛窦除作必要的直言陈述保护自己外，一直都默默隐忍。

1589 年，肇庆会院的神父们遭遇了居肇期间的最后一场灾难。几经周折，才算逃过一劫。当利玛窦等人离开肇庆到达韶州后，利玛窦不禁悲从中来，历经多年的磨难，才使为数不多的基督信徒皈依了信仰，却一天之内失去他们，令所有的努力都付诸东流，功亏一篑。④ 在《札记》中，利玛窦坦言肇庆传教的失败：“这支小小的耶稣会队伍就这样徒劳无功地把传教团建立到我们所叙述的那样高度。至今，它好像把一块大石头往高山坡上推，就在快到顶峰时失去了控制，于是又滚回原出发点。”⑤ 韶州是明代广东著名的贸易重镇，地扼粤、湘、赣三省交通要冲。鉴于此，利玛窦等人被赶出肇庆，“与其说是退却了一步，不如说是前进了一步”。

1589 年（明万历十七年）8 月，利玛窦等人安全抵达韶州。⑥ 在这段杳无音信的日子里，澳门的神父们忧心忡忡，及至利玛窦在韶州安定，寄信来报平安。范礼安闻听喜讯，即遣仆人送信予以安慰。利玛窦在回信中说：“圣母日（9 月 8 日），我主给我们慰藉，派来加斯帕尔带来尊敬的父您的来信和其他许多来信。……当然，我相当需要这样的安慰，因为当时比以往任何时候都危急，仇人对传教的重大危害更使我忐忑不安；因为，只要危险继续存在，我只能考虑确保自己的安全，没有心情仔细斟酌我们事业的处境。但是，当我看到您和大多数神父都认为，我们绝对没有丧失一切，反倒收支相抵之后赚

---

① 熊三拔，第 20—21 页，转引自裴行化：《利玛窦神父传》（上），管振湖译，商务印书馆，1998 年，第 120—121 页。

② ［意］利玛窦、金尼阁：《利玛窦中国札记》，第 175 页。

③ 林金水、邹萍：《泰西儒士利玛窦》，国际文化出版公司，1999 年，第 22 页。

④ 1594 年 11 月 15 日自韶州致函罗马耶稣会士法比奥·德·法比（Fabio De Fabij）神父，《利玛窦中国书札》，第 139—140 页。

⑤ ［意］利玛窦、金尼阁：《利玛窦中国札记》，中华书局，1983 年，第 231 页。

⑥ 利玛窦从肇庆到韶州的行程可谓一波三折。8 月初，刘继文给了利玛窦六十两银子，令其返回故里，利氏拒绝，被押解上船，舟行至广州，忽被召回肇庆，两广总督命其在广州、肇庆以外另选广东一地居留；8 月 15 日，利氏乘船离开肇庆；24 日抵达韶州南华寺；28 日被送至韶州城里，在西关择得地址为居留地。

了，我就再也不想抱相反的看法，而是感到鼓舞，决心再为拉结服事七年。”[①]

与在肇庆时一样，韶州当地居民对利玛窦等人也不欢迎，南华寺僧人对这些所谓的“西僧”更是充满敌意。[②] 南华寺作为广东北部的佛教中心，香火甚旺，并对洋教反对甚烈。利玛窦等人低调活动，不示声张，衣着方面亦朴素平常，与和尚无甚区别，生活十分贫苦。以致在确定“以儒传教”的方针以前，利玛窦至少有十年时间“被看做和尚”。“我们决定彻底放弃迄今为止我们在这个国度中一直使用的名字。在他们看来，僧侣就像是修士，但是，地位低下。……僧侣信奉的异教……是没有念过书的穷人中最卑微的……为此，许多人不但不批准我们的活动，反而羞辱我们。儒士们也不愿意给我们像样的地方……因为，任何有身份的人都不会同僧侣十分亲近的。”[③]

1592 年 6 月底，发生盗贼夜袭韶州居留地事件，利玛窦对此事记忆尤深，在日后的信件中多次谈及：利玛窦跳窗伤足，其他多人受重伤。肇事者被很快查出，韶州府判处首犯死刑，从犯罚苦役。肇事者不服判决，上告省提刑按察使司，而利玛窦亦为之向官府求情宽恕。按察使贾应璧复审此案，最终改判盗劫罪为抢劫罪，除主犯被斩首外，余者各打二十大板后释放。[④] 利玛窦并未执意于严惩凶犯，而是采取“以德报怨”的做法，稍与量刑，不作深究。这主要是出于适应本地传教的考虑——本来就与当地居民关系不和，如若能借此缓和彼此矛盾，将有利于日后工作的展开。当然，除了现实性的考虑之外，基督信仰中的“原罪”、“受难”意识，耶稣“以德报怨”行迹的熏染，利玛窦本人谦和宽厚性格等因素，都间接促成这一结果。利氏本人在信中写道：“为了了结这起案子，并避免此类犯罪事件的发生，我们依照基督信仰的原则，还要让犯错误的人迷途知返，我们请求法官宽恕他们，并给予他们轻微的处罚。这样做，旨在警告他们，防止他们和其他人再犯。官府也接受了这一建议，作出了审判。而我们，因为替他们求情，而赢得了善良的西方教士的美誉。”[⑤]

然而，不论是利玛窦的求情，抑或按察使的最终判决，都没能消除当地民众对教会的不满，“他们仍然要让我们看到他们内心的愚昧和铁石心肠、忘恩负义”。在韶州同知的煽动下，二百多人聚集在按察使途经路上拦舆鸣冤，要求按察使将传教士赶出韶州。按察使拒绝了他们的要求。1594 年 7 月，郭居静（Lazzro Cattaneo）奉派抵达韶州协助利玛窦，利氏等人再次遭到诬告，在给科斯塔神父的信中，利玛窦写道：“全城的人们都武装起来反对我们。我们在这里的会院和圣堂都坐落在市中心。人们向每年到这里视察的钦差大人诬告我们，主要是为了把我们赶出这里。但是，值得注意的是，那些诬告我们的人都是曾经从我们这儿得到过好处的人。感谢他们，因为他们，才使我们 pro bono ope-

---

① 《利玛窦文集》第 2 卷第 74—75 页，第 1 卷第 199—200 页。熊三拔，第 23 页。转引自裴行化：《利玛窦神父传》（上），管振湖译，商务印书馆，1998 年，第 131—132 页。

② 余三乐：《早期西方传教士与北京》，北京出版社，2001 年，第 64 页。

③ 1595 年 11 月 4 日，利玛窦致函罗马耶稣总会长克劳迪奥·阿夸维瓦（Claudio Acquaviva）神父，《利玛窦中国书札》，第 15 页。

④ 林金水、邹萍著：《泰西儒士利玛窦》，第 28 页。

⑤ 1592 年 11 月 15 日自肇庆致函罗马耶稣总会长克劳迪奥·阿夸维瓦（Claudio Acquaviva）神父，《利玛窦中国书札》，第 45 页。

re（因为所做的好事）被砍死，使我们圆满地效仿了我们的首领耶稣基督，并当之无愧。”① 利玛窦的诙谐调侃，虽属无奈，却愈发显出其胸襟的宽广。

韶州地处粤北，气候寒冷，每年十月至十二月疟疾肆虐。神父们难以适应，经常水土不服，艾美达（Antonio Almeida）、裴德立（P. De Petris）修士先后去世，利玛窦为此悲痛万分，以至于错失应邀前往其他省份传教的良机。在信中，利氏不无悲痛地写道：“四年之中，我失去了两位欧洲的同会兄弟。现在，我们的会院里只有两位会士。如果用世俗的眼光来看，毫无疑问，我会感到非常孤独的。但是，如果想到天主是我的助佑，我想我的一生中从未像现在这样幸福过。为了他的爱，上主使我堪当这无数的危险和困难。”②

在广东传教的艰难岁月，支撑利玛窦坚守下来的动力之源，主要来自以下两个方面：

一是对上帝的执著信仰。面对一次次的苦难、挫折、羞辱，利玛窦或甘于卑微，隐忍处之；或主动出击，积极斡旋。“我们现在开始享有的荣耀和威信丝毫无损于我们的灵魂；整整十二年，我主首先叫我们经受那么多的屈辱、低贱、侮辱，遭受那么多的重大迫害，作为开始，这就足以培养起道德的基础；当初我们随时都被看做世界残渣。因此，我希望，既然我主恩赐让我们承受这么沉重的任务而得幸存，他也将神光照耀，使我们不致为这些荣耀骄傲自满。这尤其是因为我们还必须前进，势必将碰上种种不幸，必须为我主忍受痛苦。”③利氏将受难看做是信仰的升华、为基督服务的恩宠，以此作为他在广东传教的信仰动力。

二是内心怀抱的坚强信念。在利氏驳斥马蒂内修士的对话中，我们可看到在重重困难面前，利玛窦义无反顾地选择了坚持。“马蒂内修士发牢骚说没有做出成绩，也无可指望有成果，又说还不如到日本去，或者到其他比较有希望的地方去。利玛窦驳道：‘住嘴！你说些什么自己都不知道！确实，如果我只见万分困难和开始时的障碍，我也会希望到别处去开垦荒原，但是，至于您所说的期望，我们的事业并没有绝望到您日后不会看见我同阁老们亲密交谈的程度。’后来当事实已经证明此言信然时，马蒂内常爱引述这个警句。”④ 传教事业能否在中国扎根？利玛窦为此殚精竭虑，全力谋划，从未考虑过个人的名与利。“固然我们这一行不允许猎取功名富贵，但既然这个国家对我主的宗教茫然无知，而这一神圣律法的令名全然取决于其宣扬者自己的威望和名声，那么我们就有必要表面上顺应中国人的习惯和看问题的方式。”⑤

仅凭信仰与信心，并不能完全消除在异国他乡长期生活的孤寂感。因此，利玛窦即使再累，也要经常与教友、亲人保持通信。通过回信，利玛窦不断回忆过去，以此作为精神的寄托与慰藉。“如果不是天主使我时常回忆起那些光景，让我时常想起亲人，给我

---

① 1594 年 10 月 12 日自肇庆致函锡耶那耶稣会士吉罗拉莫·科斯塔（Girolamo Costa）神父，《利玛窦中国书札》，第 50 页。

② 1593 年 12 月 10 日自肇庆致函马切拉塔乔瓦尼·巴蒂斯塔·里奇（Giovanni Battista Ricci）神父，《利玛窦中国书札》，第 38 页。

③ 裴行化著，管振湖译：《利玛窦神父传》（上），商务印书馆，1998 年，第 173 页。

④ 金尼阁，第 418 页。《1610—1611 年起》，第 18—19 页。《利玛窦文集》，第 1 卷，第 384 页注 1。转引自裴行化：《利玛窦神父传》（上），第 165—166 页。

⑤ ［法］裴行化：《利玛窦神父传》（上），第 173 页。

展示信仰的奥迹，那么，在这些异教徒中间生活了这么多年后，我肯定会比现在的处境要危险多了。”① 交流产生希望，希望又令他的信仰进一步升华。“每当我想起亲爱的欧洲朋友和兄弟们时，每当我在祈祷中时常想起你们时，心中便燃起巨大的希望，因为上主会在来世给我巨大的安慰，补偿我在今生为了服侍他而未能享受到的无数圣人临在的幸福美好。”② 遗憾的是，由于距离的遥远，交通的不便，有时要等上六七年才能收到来自欧洲的回信。

二

澳门、广州、肇庆、韶州，传教地的频繁更换，致使利玛窦的心态也随之不断调整。在广东传教的13年里，各种困难和障碍层出不穷。但始终给利玛窦带来巨大安慰的，是对天主始终庇佑自己的信心，以及使中国人皈依基督信仰的重任。“我只希望全心依赖上主，愿上主帮助我战胜这一切困难。”对于前途，利玛窦没有过高的奢想，“在这片不开化的沙漠中，我甚至不知道是否可以称之为播种的时节，还是只是逐渐在开垦荒地，准备播种”。③ 他唯一能做的，就是为听命而坚守岗位。④ 通过对利玛窦相关信札的解读，我们对明末清初天主教第三次入华行教的情形有了进一步了解。更为重要的是，利玛窦通过“在困顿中坚守”，切身感受到了传教之不易，他在逆境中不断保持涵养，积累丰富的人文经验、基督信仰经验和传教经验，⑤ 以待时运来临。

首先，关于人文经验。“任何人类历史的第一个前提无疑是有生命的个人的存在。”⑥ 从心理学的角度而言，人类个体除具一般生物所共有的生理特点外，更重要的是他特有的心理过程和心理特征。而心理过程包括认识过程、意志过程和情感过程。有此为前提，方能谈及需要、动机、兴趣、信念和世界观等个性倾向，以及能力、气质、性格等个性心理特征。⑦ 利玛窦在华传教的整个过程，其心态始终都在发生着不断的变化：一开始，皈依基督教的他，信仰上帝，并坚信上帝在引导历史，加之年轻时在罗马学院学习，一直在等待机会，渴望走向东方乐土，做“耶稣的勇兵，替他上阵作战，来征讨这崇拜偶

---

① 1594年11月15日自韶州致函罗马耶稣会士法比奥·德·法比（Fabio De Fabij）神父，《利玛窦中国书札》，第118页。

② 1594年10月12日自韶州致函锡耶那耶稣会士吉罗拉莫·科斯塔（Girolamo Costa）神父，《利玛窦中国书札》，第112—113页。

③ 1592年11月15日自韶州致函罗马耶稣总会长克劳迪奥·阿夸维瓦（Claudio Acquaviva）神父，《利玛窦中国书札》，第137页。

④ 1585年11月10日自肇庆致函那波里耶稣会士卢多维科·马塞利（Ludovico Maselli）神父，《利玛窦中国书札》，第105页。

⑤ ［意］利玛窦著，P. Antonio Sergianni P. I. M. E编，芸娸译：《利玛窦中国书札》，宗教文化出版社，第2页。

⑥ 马克思、恩格斯：《德意志意识形态》，《马克思恩格斯全集》第3卷，人民出版社，第23页。

⑦ 吴达德：《历史人物研究与心理分析》，《云南社会科学》1987年第6期。

像的中国"[①]，光耀主的事业。及至他肩负使命，踏上中国的土地，两种异质文化开始碰撞：在广东境内，他先后经历了疾病折磨、观念冲突、中伤毁谤、教友去世等劫难。然而，他凭借教团的支持、坚定的信仰和毅力，不断总结失败经验，钻研中国传统经典，利用学术传教、联系上层的方针，最终扭转了传教不利的局面。这些都是在其心理调节下完成的。

与此同时，利玛窦的个性心理特征[②]体现得也很明显。性格方面，利玛窦宽厚谦和，这让他在待人接物方面较易获得别人认同，官员士绅广泛与之往来交游，信徒受洗入教者也日增。意志方面，利氏虔心敬奉上帝，甘为其舍身殉道，在一系列的诉讼、污蔑中能自甘其卑，不断忍耐、坚持。例如，在利玛窦的每封信中，都是以"在基督的平安内"（Pax Xsti）开头，以"兄弟，主内不称职的个人或卑微的不孝子"结尾[③]。能力方面，"由于通晓古代和近代的知识且有良好的学术素养，耶稣会士通常是欧洲最有才华的人"[④]，利玛窦作为其中最杰出的代表，有幸被派往东方，他对汉语表现出极大的兴趣，这既是传教使命的重任，亦是天赋异禀的体现。

但须注意的是，对利玛窦的心态分析，并不是就个体而论个体。"人的本质是社会关系的总和"，个体的心理活动实际上受到来自各方面的制约，同时也通过与社会环境的接触而表现出来。利氏所处的时代、集团、阶级、文化等具体历史环境对他的心态都有着直接或间接的影响，进而又对传教活动的行为结果有促成作用。来到中国后，面对同教异派的教友，广东官员士绅和当地民众，中西方政策、制度、文化的差异等陌生情况，无疑限制了利玛窦的个体能动性的发挥。

其次，关于基督信仰经验。在基督教创教早期，耶稣就曾对门人宣称："天上地下所有的权柄都赐给我了。所以，你们要去使万民做我的门徒，奉父、子、圣灵的名给他们施洗。凡我所吩咐你们的，都教训他们遵守，我就常与你们同在，直到世界的末了。"[⑤]而他本人就是"福音"传播的践行者。作为一种世界宗教，基督教给予后继传教士的精神理念，主要根植于普世主义和弥塞亚的救世观。利玛窦正是践行这一理念的典型。而当利玛窦在描述传教时可能存在的希望、遭遇到的困难以及取得的成果时，其精神境界才真正地展现出来。利玛窦在信中，用大量篇幅阐述了天主的超凡力量，坚信天主在引导历史进程中的巨大作用。对上帝的坚定信仰是利玛窦不断汲取力量的源泉，借此他克服了在语言学习、文化冲突、长途跋涉和敌人中伤中的种种困难。基督信仰经验同样也表现在对修会团体的服从，对同会兄弟的深厚感情。每当接到来自同会教友的信件，他都会感到巨大的安慰，手足情谊远远超越了距离的阻隔。

最后，关于传教经验。传教本质上是一种文化传播活动。既然涉及文化，就势必伴随有异质文化的冲突，利玛窦入华传教，目的不在于为基督教"正名"，而是要让它在中

① ［法］裴行化著，王昌社译：《利玛窦司铎和当代中国社会》第一册，上海东方学艺社会，1943年，第3页。

② 个性心理特征，也就是通常所说的"个性"。由于先天遗传因素、天赋素质或生理条件不同，后天社会物质生活环境、文化教育环境和社会实践活动的不同，导致每个人的个性都有差异。

③ ［意］利玛窦：《利玛窦中国书札》，第59页。

④ ［意］柯毅霖著，王志成、思竹等译：《晚明基督论》，四川人民出版社，1999年，第12页。

⑤ 《马太福音》二十八：18—20页。

国落地生根。故此，就须依中国人之性情来因势利导。利玛窦在日记中写道："基督教受到中国人的崇信，是从一些表面、无关紧要的事情开始的。它不但通过基督教信仰和它的传教士的严格的修身生活获得，有时还通过在他们看来是甚无意义的小事而获得。例如，在教会图书室的许多书籍中，有两大卷教会法，它极其精致的印刷术和十分优雅的装帧艺术（封面用泥金粉饰），使那些有学问的中国文人叹为观止。他们看不懂这些书，也不知道里面说的是什么，但是他们单从此书封面装帧如此华丽而看出这本书的内容一定是很重要的，甚至得出西方文学和科学一定受到高度重视，得出西方因为有这样的书籍，所以一定胜于世界其他国家，而且胜于中国的结论。"① 而当时的传教报告亦指出："来到中国是为传扬圣教……致力于中国的语言文字，以及中国的礼仪，为能明了中国人的精神，他们打算用神圣的生活、善良的表现，同中国人接近，藉以把这些人引入一种不能用言语讲述的领域中去。"② 由此，利玛窦在实践中不断摸索总结，制定出既符合中国国情，又不违背基督教原则③的"学术传教"方针。平时除了与官员、学者交往，就把时间用于练习本土语言，亲身从事当地习俗和法律的研究，最为重要的是去攻读文献。④ 同时，他们努力用一种更直接的方法来教导这个异教的民族，那就是以身作则，以圣洁的生活为榜样，试图赢得人们的好感。

利玛窦在广东的传教事业失败了，在点滴的书信纪录中，他袒露了自身的不足、疲惫和软弱，他是如此平凡的一个人、一位神父、一位学者，历史在他身上加载了太多的重负。但是，我们看到了他未来的成功，不仅仅是历史事实的证明，更在于他对上帝坚定的信仰、坚韧的性格、十足的信心、丰富的经验、对中国文化的热爱以及对传教事业的执著，这些无疑为后来的传教成功奠定了坚实的基础。利玛窦永远是个不尽的话题，他家乡的石碑刻字，或许是对他最好的总结：

在这里，于1552年10月6日诞生了利玛窦，一位耶稣会的神父。他是一名传教士，同时也是一名科学家和人文学家。他构架了连接东西方的桥梁。他对中国人非常友好，在他们之中生活了近30年。他到达了北京，于1610年5月11日在那里逝世。

马塞拉塔——他的家乡人，于他踏上中国土地的400周年纪念之际立。1983年。⑤

（作者：王睿，暨南大学华侨华人研究院博士研究生）

---

① *China in the sixteenth century*, *the journals of Matthew Ricci*, *1583—1610*, *Translated from the Latin by Louis*. j. Gallagher, S. J.. New York, 1953, p. 166.

② H. Bernard：《天主教十六世纪在华传教志》，第255页。转引自陈小川等：《文艺复兴史纲》，中国人民大学出版社，1986年，第479页。

③ 此原则并非以后来礼仪之争中罗马教皇的立场为标准，而是以利氏最终在中国传教成功的实践结果作为依据。

④ ［意］利玛窦、金尼阁：《利玛窦中国札记》，"中译者序言"，第6页。

⑤ 余三乐：《早期西方传教士与北京》，北京出版社，2001年，第47页。

清代以前中国古籍有关马来西亚的记述以及史料价值

张应龙

【提　要】清代中期以前的中国古籍，有关马来西亚的内容十分丰富，既包含了古代马来西亚与中国的政治、经济、文化关系以及海上交通路线等方面的内容，也包含了马来西亚古代社会的历史、社会、贸易、风俗以及对外关系等方面的内容。中国古籍的相关记载，散见于正史、类书、杂史、地理志、游记和一般文集之中，它对认识马来西亚古代历史，对构建马来西亚的历史概貌有着不可替代的作用。

【关键词】马来西亚　中国古籍

在研究东南亚古代历史时，中国古籍的记述历来是学者们十分重视的资料来源。同样，研究马来西亚历史，中国古籍也是非常重要的资料来源。本文主要从史料的角度评论中国古籍有关马来西亚古国的记载对构建马来西亚历史的学术研究价值，而不是以中国史料为基础来全面论述古代马来西亚的历史发展和变化。因此，本文将分三个部分来讨论这个问题：①记录马来西亚历史的中国古籍的基本情况；②从中国古籍记述来看古代中国人对马来西亚的认识；③中国古籍记述对构建马来西亚历史的学术价值。鉴于中国与马来西亚的历史变化，本文所论述的中国古籍有关马来西亚的记述在时间范围上限制在第一次鸦片战争以前，以后的史料暂不在本文所论述的时间范围内。本文所论述的中国古籍著作的选择范围，是以林远辉、张应龙编的《中文古籍中的马来西亚资料汇编》（马来西亚中华大会堂总会出版，1998 年）为基础的。在叙述不同时代的古籍时，是以该古籍的出版或者写作时间先后为依据的，因为后代人所写的前代历史，虽然参考了以前的资料，但也掺进了当时的认识，将它们放在一起不利于考察某一时代人们的真实认识水平。

一、记录马来西亚历史的中国古籍基本情况

中国自古有着记述历史的传统。与世界其他国家相比，古代中国的历史学堪称发达，中国历代历史学家都推崇和坚持客观记载历史的传统，所以，中国古代的历史著作是比较严谨和客观可靠的。中国古代的历史著作类型包括官方的正史和宫廷实录，百科全书式的类书，民间的杂史，游记和地理志，等等。因此，记述马来西亚历史的中国古籍主

要有以下几种类型：

1. 正史

中国很早就有由官方组织人员撰写历史的传统，起初是当代人写当代的历史，如《汉书》[①] 等，到后来则由新王朝组织人员撰写前一王朝的历史，从而保持某个王朝历史的完整性。编写官方王朝历史的作者一般学术水平较高，而且具有收集资料以及其他方面的便利条件，所写的著作通常比较严谨，史料价值较高。从东汉到清朝之间 1000 多年历史中，除了魏晋南北朝时期部分王朝的正史如《三国志》、《晋书》、《魏书》、《南齐书》、《北齐书》、《周书》之外，历代正史都有关于马来西亚诸古国的记述。记载马来西亚历史的中国古籍有《汉书》、《宋书》[②]、《梁书》[③]、《陈书》[④]、《隋书》[⑤]、《南史》[⑥]、《北史》[⑦]、《旧唐书》[⑧]、《新唐书》[⑨]、《宋史》[⑩]、《元史》[⑪]、《明史》[⑫]、《明实录》[⑬]、《清史稿》[⑭]、《清实录》[⑮]，等等。

2. 类书

类书是一种记载历史、政治、制度、经济贸易、交通、地理、气候、文学艺术等方面的百科全书式的大型著作。资料丰富，取材广泛，条理清楚。记载有关马来西亚古国

---

① 《汉书》有关古代马来西亚的记述是该书的《地理志》。

② 《宋书》的《本纪》和《列传》均有马来西亚古国婆皇国、斤陁利国、婆利国的记载，这也是正史之中首次记载马来西亚古国的情况。

③ 《梁书》的《本纪》和《列传》记有丹丹国、干陁利国、狼牙修国、婆利国、顿逊国的情况。

④ 《陈书》的《本纪》记有丹丹国、干陁利国、狼牙修国的情况。

⑤ 《隋书》的《本纪》和《南蛮传》有赤土、婆利、丹丹等国的记载。

⑥ 《南史》的《本纪》和《夷传》记有婆皇国、丹丹国、干陁利国、狼牙修国、婆利国、顿逊国的情况。

⑦ 《北史》的《隋本纪》有赤土国的简要记载。

⑧ 《旧唐书》的《地理志》和《南蛮传》有赤土国、婆利国、丹丹国、狼牙修国的简要记载。

⑨ 《新唐书》的《地理志》和《南蛮传》有罗越国、哥罗国、哥谷罗国、赤土国、婆利国、单单国的简要记载。

⑩ 《宋史》的《本纪》、《礼》、《食货志》、《外国传》有渤泥国、丹眉流国的记载。

⑪ 《元史》的《本纪》和《外国传》有龙牙门、丁呵儿、急兰亦䚟的简要记载。

⑫ 《明史》的《本纪》、《食货》、《外国》有浡泥、彭亨、满剌加、婆罗、急兰丹、文莱、柔佛、丁机宜的记载。

⑬ 《明实录》有大量关于浡泥国和满剌加王朝的记述。其中尤以满剌加王朝的记述最多，时间从 1370 年至 1550 年。

⑭ 《清史稿》，清代赵尔巽主编，共 529 卷，1928 年刊行。

⑮ 《清实录》有关马来西亚的记载比《明实录》少得多，这主要是因为西方人占领马来西亚之后，两国的政治关系受到极大的破坏。但从为数不多的记载中，我们可以看出清朝对马来西亚古国采取相当友好的政策，例如在 1742 年，清朝禁止荷兰统治下的印尼来中国贸易，但对暹罗和柔佛则采取继续开放的政策。

情况的大型类书有《通典》①、《唐会要》②、《太平御览》③、《册府元龟》④、《玉海》⑤,《通志》⑥、《文献通考》⑦、《明会要》⑧、《明会典》⑨、《三才图会》⑩、《续通典》⑪、《清朝通典》⑫、《续文献通考》⑬、《清朝文献通考》⑭、《宋会要辑稿》⑮、《古今图书集成》⑯,等等。

3. 杂史

中国民间一向有编修历史著作的传统，编写者有的是政府官员，有的是民间文人，其著作水平也参差不齐。通常来说，民间编写的不少历史著作史料价值较高，历来是历史研究者十分重视的资料来源。由于民间著作不像官方著作那样受到政治因素的较大影响，而有的著作是作者利用本人亲身经历加上参考有关史料写成的，所以，民间历史著作往往保留了许多官方历史著作所没有采纳的资料。同时，民间著作的资料也常常是官方编写历史著作的资料来源，官方在编写历史著作时，必然要收集民间著作作为参考，尤其在记述外国的情况时更是如此，有的甚至是从民间著作中抄袭过来的。

我们现在看到的有关马来西亚古国情况的杂史主要有《岭外代答》⑰、《诸蕃志》⑱、

---

① 《通典》记述的马来西亚古国有哥罗国、顿逊国、干陁利国、狼牙修国、婆利国、赤土国、罗刹国、丹丹、边斗国、都昆国、拘利国、比嵩国等。

② 《唐会要》中有关外国历史的部分，其史料价值在《新唐书》、《旧唐书》之上。记述有婆利国、盘盘国。

③ 《太平御览》关于马来西亚古国的记载来自历代正史。记述有赤土、干陁利、狼牙修、婆利、婆皇、顿逊、丹丹、边斗、都昆、拘利、比嵩、多摩长等。

④ 《册府元龟》有关马来西亚古国的记述也是来自各种资料。所记述的古国有丹丹、赤土、哥罗、干陁利、婆利、顿逊、狼牙修、婆皇等。

⑤ 《玉海》对马来西亚古国的记述相当简略。

⑥ 《通志》记述的古国有干陀利、狼牙修、丹丹、婆利、赤土等。

⑦ 《文献通考》记述的古国有干陀利、狼牙修、婆利、赤土、勃泥等。

⑧ 《明会要》记述有婆罗、浡泥、彭亨、满剌加等。

⑨ 《明会典》基本上使用明朝官方资料，是关于明代中国政治、经济、军事、法律制度的重要著作。记述有彭亨、浡泥、满剌加、娑罗等国朝贡情况。

⑩ 《三才图会》的特点是将散见在各种书籍中的图谱汇编在一起，图文并茂，方便读者直观了解，但其中的内容谬误不少。记述有满剌加、浡泥、龙牙门、佛罗安、娑罗、顿逊、登眉流等。

⑪ 《续通典》记述有彭亨、丹眉流、满剌加、丁机宜、柔佛、浡泥、单单等。

⑫ 《清朝通典》记述有柔佛、单旦、彭亨、文莱等。

⑬ 《续文献通考》记述有满剌加、彭亨、柔佛、丁机宜等。

⑭ 《清朝文献通考》记述有柔佛、丁机宜、单旦、彭亨等。

⑮ 《宋会要辑稿》记述有浡泥、丹眉流等。

⑯ 《古今图书集成》在第二汇编中有关于马来西亚古国的资料。这本大型著作的特点是将过去有关这一问题的资料原本照录，使读者阅读起来非常方便。记述有满剌加、斤陁利、狼牙修、婆利、顿逊、婆罗、浡泥、丹眉流、彭亨、佛罗安、单马令等。

⑰ 《岭外代答》记述的古国有佛罗安。

⑱ 《诸蕃志》记述的古国有凌牙门、蓬丰、登加依、凌牙斯加、吉兰丹、佛罗安、日罗亭、单马令、渤泥等。

《云麓漫钞》[①]、《岛夷杂志》[②]、《皇明鸿猷录》[③]、《皇明象胥录》[④]、《咸宾录》[⑤]、《皇明世法录》[⑥]、《前闻记》[⑦]、《献征录》[⑧]、《罪惟录》[⑨]、《国榷》[⑩]、《弇山堂别集》[⑪]、《菽园杂录》[⑫]、《五杂俎》[⑬]、《西园闻见录》[⑭] 等。

4. 地理志

中国一向对地理研究予以高度重视，中国官方将掌握各地地理情况看做治理国家的一个重要部分。历代的各种书籍无论是官方还是民间的著作，在记述地理情况时通常与户口、民情、物产、交通等方面结合起来。全国性的地理著作中，大都包括了作者所知道的外国概况。所以，在有关地理方面的著作中，保留了不少关于外国情况的重要资料。记载马来西亚古国情况的地理志主要有《异域志》[⑮]、《大德南海志》[⑯]、《明一统志》[⑰]、《皇明四夷考》[⑱]、《皇舆考》[⑲]、《武备志》[⑳]、《郑和航海图》[㉑]、《殊域周咨录》[㉒]、《东西洋

① 《云麓漫钞》记述的古国有渤泥、佛罗安、朋丰等。

② 《岛夷杂志》记述有凌牙苏加、佛罗安等。

③ 《皇明鸿猷录》记述有浡泥、彭亨、满剌加、急兰丹等。

④ 《皇明象胥录》是作者据有关资料编辑而成的，对外国的记载比郑晓的《皇明四夷考》要详细一些。记述有满剌加、柔佛、浡泥、彭亨、婆罗等。

⑤ 《咸宾录》收集中国周边各国的情况，记述有满剌加、婆黎、赤土、彭亨、渤泥等。

⑥ 《皇明世法录》记述有浡泥、满剌加、彭亨等。

⑦ 《前闻记》记述郑和下西洋时的航行时间和经过地方。

⑧ 《献征录》记述有满剌加、浡泥、彭亨等。

⑨ 《罪惟录》记述有浡泥、满剌加、娑罗、彭亨、急兰丹等。

⑩ 《国榷》资料丰富，翔实可靠。记述有渤泥、彭亨、满剌加、娑罗等。

⑪ 《弇山堂别集》记述有满剌加、浡泥等。

⑫ 《菽园杂录》记述郑和下西洋经过满剌加、浡泥的情况。

⑬ 《五杂俎》有满剌加、彭亨、班卒的简略记载。

⑭ 《西园闻见录》对渤泥有详细的记述。

⑮ 《异域志》提到的马来西亚古国有顿逊、单马令、佛罗安、赤土、渤泥、湓亨等。

⑯ 《大德南海志》卷7记载马来西亚的一些地名，如日罗亭、凌牙苏加、吉兰丹、丁迦芦、朋亨等。

⑰ 《明一统志》最后两卷记载中国周边国家的情况。关于马来西亚的有满剌加、浡泥。

⑱ 《皇明四夷考》记述有满剌加、浡泥、彭亨等。

⑲ 《皇舆考》卷10是外国地理志，记述有满剌加、浡泥、彭亨、波罗、急兰丹等。

⑳ 《武备志》记述有浡泥、满剌加、彭亨、婆罗等的情况。

㉑ 《郑和航海图》，原载《武备志》卷240。该书比较详细地记载了中国到马来西亚等地的海上交通路线以及行走的方向和时间等。

㉒ 《殊域周咨录》记述有渤泥、满剌加等。

考》[1]、《寰宇通志》[2]、《海语》[3]、《西洋朝贡典录》[4]、《顺风相送》[5]、《指南正法》[6]、《海国闻见录》[7]、《大清一统志》[8]、《皇清职贡图》[9] 等。在这些著作中，《郑和航海图》和《顺风相送》、《指南正法》无疑是十分详细的海上交通路线图。

5. 游记

中国古籍中有为数不多的游记，这些游记是作者根据亲身经历而写下的著作，因此在中国古籍中其史料价值非常高。现在我们能够看到的中国古代记载马来西亚历史的游记主要有义净写的《大唐西域求法高僧传》[10]、汪大渊写的《岛夷志略》[11]、马欢写的《瀛涯胜览》[12]、费信写的《星槎胜览》[13]、巩珍写的《西洋番国志》[14]、王大海写的《海岛逸志》[15]、谢清高口述的《海录》[16] 等。除了《大唐西域求法高僧传》记载的不多外，其他著作的内容都非常丰富。

6. 一般文集

在中国古代一些私人文集中，由于作者担任过某种官职或者因为有某种经历，所以他们撰写了一些重要的文章或者政策建议，这些文章或建议被收录到私人文集中。涉及马来西亚的重要文件主要有宋濂的《渤泥国入贡记》[17]、胡广的《渤泥国恭顺王墓碑》[18]、

① 《东西洋考》是明代一本非常重要的著作。记述有赤土、渤泥、吉兰丹、麻六甲、彭亨、柔佛、文莱等国的历史、地理、物产、贸易以及海上交通的航线。

② 《寰宇通志》记述有满剌加、浡泥、彭亨、婆罗等。

③ 《海语》记述有满剌加等。

④ 《西洋朝贡典录》是综合马欢的《瀛涯胜览》和巩珍的《西洋番国志》两书的材料而成的，不是作者亲身经历，书中错误不少。对满剌加、浡泥、彭亨的记述较多。

⑤ 《顺风相送》记述中国到东南亚等地的气象、航线以及经过的地名等。见向达校注：《两种海道针经》，中华书局，1982 年。

⑥ 《指南正法》，同上。

⑦ 《海国闻见录》记述有柔佛、彭亨、麻喇甲、文莱、丁葛奴等。

⑧ 《大清一统志》记述有婆罗、浡泥等。

⑨ 《皇清职贡图》记述有文莱、柔佛、嘛六甲等。

⑩ 《大唐西域求法高僧传》记述的古国有郎迦戍国、羯荼国。

⑪ 《岛夷志略》记述有无枝拔、丹马令、佛来安、彭坑、吉兰丹、丁家卢、苏洛鬲、龙牙门、浡泥、单马锡、都督岸、龙牙菩提、班卒、东西竺、万年港等。

⑫ 《瀛涯胜览》对满剌加国有比较多的记述。

⑬ 《星槎胜览》记述的情况比《瀛涯胜览》还多，对满剌加、九洲山、东西竺、龙牙门、龙牙菩提、彭坑、渤泥有较多的记述。

⑭ 《西洋番国志》主要记载巩珍在 1430 年至 1433 年跟随郑和出使海外的情况，涉及的国家有 20 个。对满剌加有较多的记述，情况类似《瀛涯胜览》。

⑮ 《海岛逸志》对麻六甲、柔佛、吉礁等有简要的记述。

⑯ 《海录》记述有咭呭丹、丁咖啰、邦项、旧柔佛、沙喇我、新埠、吉德、柔佛、文莱等。

⑰ 《渤泥国入贡记》，见（明）宋濂《宋学士文集》。

⑱ 《渤泥国恭顺王墓碑》，见《皇明文衡》。

朱纨的《海洋贼船出没事》[①]、吴桂芳的《议阻澳夷进贡疏》[②] 等。其中宋濂的《渤泥国入贡记》和胡广的《渤泥国恭顺王墓碑》是关于明代中国与渤泥关系的重要资料。

二、古代中国人对马来西亚的认识

古代中国人对外国的了解取决于中国人与外部世界交往的广度和深度，也有赖于中国人对外部世界的历史意识。从历史上来看，古代中国人与外部世界的交往以及了解有一个渐进的过程，这个过程受具体历史环境和交通技术发展水平的制约。随着中国交通技术水平的发展以及与其他国家政治经济关系的发展，中国人对外部世界的了解也不断地加深和扩大，对外部世界的认识越来越清楚、准确。

就目前所能掌握的资料而言，《汉书·地理志》"粤地条"是中国最早记述从中国到印度海上航路的资料，也是世界上最早记载这条航路的资料，一向受到学者的重视。这段资料记载中国使者约在公元前2世纪时从中国南方出使印度的过程。尽管对于这段资料所记载的地名到底在现在的什么确切位置学者们还存在争议，但中国到印度的航路无疑是经过马来西亚的，有的学者认为这段资料中的"皮宗"就位于马来半岛的北部。但是，即使"皮宗"就是古代马来半岛的一个地方，《汉书·地理志》也都没有提供更多的情况，这也是学者们比较难以确定具体地方的原因之一。"皮宗"这一名称也许可以看做古代中国人对马来西亚的最初认识。

汉代以后，中国的使节、佛教僧侣和从事海外贸易的商人比较多地往来于中国与印度和东南亚之间，尤其到了南北朝时期，随着中国经济重心的逐步南移和对外贸易的发展，中国对东南亚的了解也比以前更加清楚。三国时期，吴国派康泰、朱应于227年出使中南半岛，他们将所经过的地方以及传闻的东南亚古国情况写成著作，可惜这些著作早已散佚，现在已经无法看到，但他们的著作显然对后人产生了重要的影响。从5世纪中叶到7世纪中叶的100多年里，马来半岛和婆罗洲的一些国家不断派遣使节出访中国，与中国建立关系。马来西亚古国使节的到访，使中国人有了直接了解海外情况的机会，因此，在当时中国南方的几个王朝如宋朝、梁朝、陈朝的正史中均有了关于马来西亚古国狼牙修[③]、婆皇[④]、丹丹[⑤]、婆利[⑥]的记载，并记述了这些古国的方位、气候、风俗、物产、社会、政治、历史等简单情况。这是古代中国人对马来西亚古国的初步认识。

成书于488年的《宋书》，是中国官方正史中首次记载马来西亚的婆皇、斤陀利[⑦]和婆利等古国的著作。其中，对婆皇国的记述较多，除了记载婆皇国自442年至466年先后7次派遣使节访问中国外，还提到中国皇帝授予婆皇国使节"将军"称号的事情。此外，

---

① 《海洋贼船出没事》，见（明）徐孚远等编《皇明经世文编》。

② 《议阻澳夷进贡疏》，见《皇明经世文编》。

③ 大约位于现在吉打至泰国 Nakhon Srithamarat 一带。

④ 一说位于现在彭亨一带。

⑤ 位于吉兰丹一带。

⑥ 位于现在婆罗州北部一带，包括沙捞越和沙巴。

⑦ 一说位于吉打和霹雳的 Kintan。

也提到斤陀利国和婆利国信仰佛教的情况，但关于这几个古国的其他情况则是空白的。[①]稍后的《梁书》首次提到狼牙修、丹丹、顿逊[②]，并对几个古国的情况有了一些描述，特别提到丹丹和干陀利两个国家的佛法大盛，并称顿逊是当时东南亚海上贸易的中心之一，每天参加贸易的人数达一万多人（这可能是一个夸张的说法），“珍物宝货，无所不有”。[③]

《梁书》对狼牙修和婆利两个国家的记述比较详细，主要包括这两个国家的大致范围、民情风俗、物产以及宫廷事迹。据《梁书》卷七十八的记载，狼牙修的国土面积东西长度是大约三十天的路程，南北是二十天的路程，距广州二万四千里。首都城墙用砖砌成，设有几道大门，建有楼阁。国王出门乘坐大象，有仪仗队随行。国王以及贵族穿着华丽，一般百姓则以布围身，女人佩戴装饰品。《梁书》还提到狼牙修在此400多年前就已经立国，后来王族中出现一个贤能的人，娶了天竺国的公主，在国王死后继位为王。这实际上是讲狼牙修印度化的问题。515年，狼牙修派遣使节阿撒多访问中国，其送达的国书有部分内容被《梁书》所摘录。另据《梁书》卷七十八的记载，婆利在广州东南海上，距离不详，大约需要航行两个月的时间。婆利的国界东西长约五十天的路程，南北宽约二十天的路程。有一百三十六个部落，稻谷一年两熟。婆利国王的不同之处是头戴一个高高的金冠，佩戴镶有珍宝的金剑，出巡时乘坐大象拉的车，上有冠盖。522年在位的国王名叫频伽。婆利国在517年和522年派使节访问中国。《梁书》对狼牙修和婆利的记述在中国古籍中是最详细的，在以后相当长的时间里，其他中国古籍有关这两个国家基本情况的记述仍然没有超过《梁书》的记载。

大概可以这样说，在南北朝时期，中国人对马来西亚几个古国的印象是这些国家距离中国十分遥远，气候炎热，土产丰富，国土面积广阔，流行佛教或印度教（婆罗门教），国王穿戴华丽，具有较高工艺制作水平，先后派遣使节访问中国等，但对这些国家的具体地理方位还是不清楚，描述的对象主要是国王和王族。

到了隋代，随着中国的统一，对外关系得到更大的发展。607年，隋朝皇帝杨广派遣常骏、王君政出访当时东南亚的大国——赤土国[④]，这是历史上中国首次派遣使节访问马来西亚。毫无疑问，这次访问使得中国对马来西亚有了第一手的感性认识。写于7世纪初的《隋书》对此有非常详细的记载。《隋书》对婆利的记述比以前的著作多了婆利的国王姓名、官职、兵器、祭祀等内容。

《隋书》对赤土国的记载在中国古籍中无疑是非常详细和精彩的。据《隋书》卷八十二的记述，607年常骏、王君政出访赤土，他们从广东出发后经过大约二十多天的航行，先到狼牙须。在赤土国的港口受到赤土国王派来的婆罗门僧侣所率领的三十多艘船的迎接，之后，再经过一个多月的行程，终于到达赤土的首都。《隋书》对中国使节在赤土国所受到的款待以及赤土国王宫的情况作了非常详细的描述。《隋书》还介绍了赤土的面积、王室情况、官职、城市、民俗、宗教、气候、物产以及赤土的邻国、到中国的地理

---

① 《宋书》卷97，“婆皇国”。

② 一说位于马来半岛北部。

③ 《梁书》卷54，“扶南”。

④ 一说位于吉打至泰国Songkhla、Pattani一带，或吉兰丹至彭亨一带。

距离等方面的内容。从这些记载可以看出，赤土国是一个国力强盛、经济繁荣并具有较高技术水平的大国。《隋书》关于赤土国的记述，几乎成为中国古籍关于赤土国情况的样本，后来其他著作基本上是摘录《隋书》所记述的情况。

唐代是中国历史上一个强盛的时代，对外关系比以前更加密切。写于 801 年的《通典》首次提到马来西亚的另一个古国——哥罗国[①]，并称汉代中国就知道这个国家。《通典》介绍了哥罗国王的姓名、王室、城市、车队兵器、税收、物产、民俗等情况。令人惊讶的是，哥罗国属下有二十四个州，打仗时一个战斗单位（一队）配有大象一百头，每头大象配有士兵一百人。《通典》还首次详细介绍了丹丹国的国王姓名、官制、法制、人口、物产等方面的情况，指出丹丹国的人口有两万多，设有州县加以管理。关于哥罗和丹丹的情况以《通典》的记述最为详细。《通典》还首次提及边斗国[②]、都昆国[③]、拘利国[④]、比嵩国[⑤]，并指出隋代中国人就知道这些国家了。此外，也首次提到多摩长国和羊支跋[⑥]这两个地方。[⑦]

唐代也是中国佛教大盛的时代，不少僧侣纷纷到印度取经，唐代高僧义净就是其中之一。义净在赴印度学法取经时经过马来西亚，在其著作中首次提到羯荼国[⑧]，他本人就在羯荼国居住过。而在此期间，另有一些僧侣经过郎迦戍（即狼牙修）国，根据义净的记述，其中有义辉、智岸、法振等僧人死于郎迦戍，可惜义净没有留下更多的有关马来西亚古国的资料。[⑨]

唐代中国对外贸易发达，造船与航海技术也有较大的发展。这一方面的发展反映在古籍中是关于海上航行的记载更加清楚。写于 1060 年的《新唐书》所引用的贾耽“广州通海夷道”资料，表明商船从广州出发后沿着海岸线西行到越南，然后南下马来半岛。从广州到马来半岛南端的航行时间大约二十天。《新唐书》还新提到位于马来半岛南端一个叫罗越[⑩]的国家。[⑪]

由此可见，隋唐时期中国人对马来西亚古国的认识显然比南北朝时期有进一步提高和扩大，这表现在所记述的国家和地方数目有了增加，记述的内容如王室情况、刑罚、民俗、物产等方面更加细致和具体，尤其关于赤土、哥罗的记述是前代所没有的，而对于婆利、丹丹、顿逊等国的描述比以前丰富得多。

宋元时期，随着海上交通和对外贸易的进一步发展，中国与马来西亚的政治、贸易关系得到进一步发展和扩大，尤其是中国与位于东马地区的浡泥国关系非常密切。在这

---

① 位于现在吉打。

② 一说在吉兰丹，或者柔佛及新加坡一带。

③ 在马来半岛。

④ 在马来半岛西岸。

⑤ 即皮宗，在马来半岛。

⑥ 多摩长一般被认为在马来半岛；羊支跋在马六甲以及附近的五屿。

⑦ 《通典》卷 188，“哥罗”、“丹丹”、“边斗”、“多摩长”。

⑧ 一般认为在吉打至玻璃市一带。

⑨ 《大唐西域求法高僧传》，上卷“义辉论师传”；下卷“义朗律师传”、“法振禅师传”。

⑩ 在柔佛一带。

⑪ 《新唐书》卷 43，“地理七”。

种背景下，中国对马来西亚的记述内容更加全面、准确。在这个时期出现了两部重要著作，一部是宋代赵汝适的《诸蕃志》，一部是元代汪大渊的《岛夷志略》。

赵汝适曾经担任过福建负责海外贸易事务的市舶提举。由于工作关系以及本身负有向皇帝报告的责任，所以经常向海外回来的商人以及各国到访的使者和商人了解海外的各种情况，他所写的《诸蕃志》的主要内容就是各国概况。《诸蕃志》首次提到蓬丰（彭亨）、登牙侬（丁加奴）、凌牙斯加（即狼牙修）、吉兰丹、日罗亭①、单马令②等国名，并称这些国家是三佛齐的属国。《诸蕃志》对单马令、凌牙斯加、佛罗安③的情况作了比较详细的描述。《诸蕃志》对渤泥国的记载最为详细，包括中国到渤泥的距离，渤泥的社会、经济、风物人情、贸易政策以及对中国商人的优待政策等，同时也记述了渤泥周围海岛的情况。④ 写于同时代的《文献通考》增加了关于977年渤泥派遣使节访问中国的经过，称渤泥的使节是由一个叫蒲卢歇的阿拉伯人带来的，⑤ 由此可见渤泥在很长的时间里与中国官方已经没有往来了。赵汝适对于渤泥、单马令、凌牙斯加、佛罗安等国所作的记述，基本上成为后来中国其他古籍记述这些国家情况的基础。

汪大渊是元代中国著名的航海家，青年时代曾经两次到海外游历，到过马来半岛、菲律宾、婆罗洲、爪哇、苏门答腊、印度、波斯湾、红海以及东非沿岸。他用八年的时间于1349年写成《岛夷志略》一书，涉及国家和地区220多个，其中有关马来西亚的有无枝拔⑥、丹马令、彭坑（彭亨）、吉兰丹、丁家卢（丁加奴）、苏洛鬲⑦、浡泥、都督岸⑧、班卒⑨、龙牙菩提⑩、龙牙门⑪、东西竺⑫、万年港⑬等10多个古国和地区，所记载的古国和地区在数量上远远超过以前的著作。在《岛夷志略》一书中，首次提到的地名有无枝拔、苏洛鬲、都督岸、龙牙菩提、龙牙门、东西竺、万年港等。汪大渊著作的一个特点就是注意记载这些国家的物产和贸易以及中国与这些古国的经济文化关系，所以《岛夷志略》是这一时期关于马来西亚古国历史十分宝贵的资料。汪大渊的记述成为后来其他著作的主要资料来源。

此外，元代写成的《宋史》首次提到丹眉流⑭，称丹眉流在1001年派遣使节访问中国。⑮ 另据《元史》记载，1320年元朝派遣使节出访龙牙门，1325年龙牙门使节回访元

① 约在马来半岛北部。
② 一说在 Tembeling 一带。
③ 一说在 Kuala Dungun 或者 Beranang 一带。
④ 《诸蕃志》上卷，“渤泥国”。
⑤ 《文献通考》卷322，“渤泥”。
⑥ 位于现在马六甲。
⑦ 位于现在吉打。
⑧ 位于现在沙捞越的 Datu。
⑨ 一说在柔佛。
⑩ 即现在兰卡威（Langkawi）。
⑪ 一说指新加坡。
⑫ 位于柔佛。
⑬ 一说位于文莱。
⑭ 一说位于马来半岛北部。
⑮ 《宋史》卷6，“真宗本纪一”。

朝，1286 年丁呵儿（丁加奴）和急兰亦鲟（吉兰丹）派使节到达中国。[①]

进入明代，郑和七下西洋这个世界航海史上的伟大创举，不但大大加强了中国与各国的关系，而且大大拓展和加深了中国人对海外的了解和认识。首先，郑和下西洋大大加强了中国与东南亚国家的各种关系。在跟随郑和下西洋的随从中，马欢、费信、巩珍分别写了《瀛涯胜览》、《星槎胜览》和《西洋番国志》，对以满剌加王国和浡泥国为中心的马来西亚历史进行比较全面和深入的论述。其次，由于这一时期中国与马来西亚古国的关系得到较大的发展，满剌加王国和浡泥国经常组成使团到中国访问，而中国也多次派了使节到马来西亚访问。因此，明朝宫廷档案《明实录》中保留了大量关于明代中国与马来西亚古国交往的历史资料，是研究这段历史的重要历史档案。以后，在明代中国其他古籍中，都比较多地介绍了马来西亚古国的历史、社会、经济、文化等方面的情况。可以说，明代中国有关马来西亚历史的著作在数量上和质量上都大大超过以前的历史时期。在明代后期的民间著作中，以张燮的《东西洋考》最为杰出，它系统地记载了马来西亚古国历史、社会、经济贸易、民情风俗等方面的内容。再次，由于海上交通的发展，明代留下了中国人的海上交通线记录，在《郑和航海图》和《顺风相送》、《指南正法》以及张燮的《东西洋考》中，对中国到马来西亚的海上航路作了详尽的记载，史料价值非常高。中国人对海外诸国的方向和距离认识不再像以前那样含糊和笼统了。

自 1511 年葡萄牙人占领马六甲之后，中国与马来西亚的交往受到极大的破坏，中国人对马来西亚的进一步理解和认识也受到极大的影响，加上 17 世纪末以后中国实行的闭关锁国政策，记载马来西亚情况的著作日益减少。直至 1840 年鸦片战争后，中国被迫打开国门，中国对世界的了解才重新得到发展。到 19 世纪末，随着中国派遣官员到国外访问考察以及派遣驻外使节，有关马来西亚的记载便大量增多，而且有关马来西亚的记述与以前的记述有很大的不同，能够用比较生动细致的描述来论述有关问题。而在 19 世纪末以前，中国文献对马来西亚的记述，其风格基本相同。换句话说，中国对马来西亚或者对外国的记述手法在清代末期发生了相当大的变化。有关清代末期中国对马来西亚的记述，需要另外论述，这里暂时省略。

清代前期的重要著作主要有《海国闻见录》和《海录》。《海国闻见录》的作者陈伦炯虽然没有到过东南亚，但他长期在福建和台湾工作，对海外情况相当熟悉，所写的著作价值较高。在《海国闻见录》中，作者准确地记述了马来半岛各个国家的地理位置，清楚地记述了这些古国的交通距离。从此书的记述中可以看出，当时的商船是沿着中南半岛南下后，先到丁加奴、吉兰丹、彭亨、柔佛，然后再到马六甲。此书还指出这些国家的民族是马来族，而不是像以前的历史著作那样只是笼统地称为“番人”（外国人）。谢清高口述的《海录》是清代另一本重要著作。由于谢清高本人到过马来西亚，所以他的著作就一直受到学者高度重视。《海录》对咭咥丹、丁加奴、邦项（彭亨）、旧柔佛（新加坡）、马六呷、沙喇我（雪兰莪）、新埠（槟榔屿）、吉德（吉打）、柔佛、文莱都有比较详细的记述。《海录》的记述，是研究明末清初马来西亚历史的重要资料来源。

从中国古籍的记载反映出来的古代中国人对马来西亚的认识，可以看出由于有关记载比较简略，不像记载本国历史那么详细和严谨，所以古代中国人对马来西亚古国的认

① 《元史》卷 27，“英宗本纪一”，卷 210，“马八儿等国”。

识也不那么全面和准确。其原因主要是作者大多数没有到过马来西亚，缺乏亲身体验，因此对收集来的资料判断起来有些困难，何况这些资料转来转去，难免存在错误，因而在最后写成著作时会出现一些荒诞的说法。同时，由于专业水平的限制，对马来西亚古国地理形势的描述也不够精细，这给后人的研究增加了很多困难。当然，中国古籍对其他国家的记载也是如此。

尽管由于历史条件的限制，中国古籍对马来西亚古国的记述有些简略，但这也反映了中国古籍对马来西亚古国的记载是采取比较慎重的态度，不是信口开河乱写一通。值得注意的是，中国正史有记述马来西亚古国新情况时，往往是因为当时有马来西亚国家派遣使节访问中国，使得撰写外国情况的作者得到了第一手资料（尽管这些资料不够全面深入），而中国古籍对马来西亚古国比较详细记述的部分，往往是中国派遣使节出访马来西亚古国后得到了较多资料而写成的，所以显得详细和生动。至于民间的著作，最精彩的著作是一些亲自到过海外的人所写下的。凡是在某一时代没有马来西亚古国到访或者中国没有派使节出访，或者没有中国人到过马来西亚后写下著作流传于世，中国古籍中的记述基本上是抄袭以前著作，一般情况下只是做一点文字上的修改而已，但也不是作者自己发挥想象随意描述。因此，中国古籍对马来西亚古国的记述是比较可靠的。从不同时代中国古籍的详细或者简单的记述中，我们也许可以看出两国交往的亲疏程度或者马来西亚古国在东南亚影响力的大小。

三、中国史料对构建马来西亚历史的价值

清代以前，中国古籍中有关马来西亚的记述内容十分丰富，这些记述包含了古代马来西亚与中国的政治、经济、文化关系以及海上交通路线等方面的内容，也包含了马来西亚古代社会的历史、社会、贸易、风俗以及对外关系等方面的内容。中国古籍的记载，对认识马来西亚古代历史、构建马来西亚的历史概貌有着不可替代的作用。

（1）保留了许多马来西亚古国王朝历史的资料，有助于认识和构建马来西亚的历史体系。

在中国古籍中，不同的历史时期提到马来西亚不同的古国或者地方的名字。汉代只提到一个叫皮宗的地方。南北朝时期，提到的马来西亚古国主要有婆皇、斤陀利、婆利、狼牙修、顿逊、丹丹等国。隋唐时期新提到的古国（地方）主要有赤土、哥罗、羯荼、边斗、都昆、拘利、比嵩、罗越。宋元时期新提到的古国（地方）主要有蓬丰、登牙侬、凌牙斯加、吉兰丹、丁呵儿、佛罗安、日罗亭、单马令、丹眉流、无枝拔、苏洛鬲、龙牙菩提、龙牙门、东西竺、浡泥、都督岸、万年港等。明清时期新提到的古国（地方）主要有文莱、彭亨、满剌加、丁机宜、婆罗、咭呰丹、柔佛、吉德、沙喇我、旧柔佛、新埠，等等。从不同时期提到的国名或者地名中我们大略可以看出一种历史延续和发展。

当我们研究一个国家的历史时，通常都是以现在的国界为基础。虽然世界各国现在的情况与其历史上的情况基本不同，要么历史上的国家版图比现在小，要么比现在大，但都离不开以现有的疆域为讨论的基础。研究历史还面临一个问题，这就是现在的国家在历史时间顺序上存在不同的王朝，而且甚至在同一历史时期里同时存在不一定互相统

属的王朝。中国的历史是这样，马来西亚的历史也是这样。

从中国古籍中，我们大概可以看出中国所记载的马来西亚古国的位置大致上以中国明代为分水岭。明代以前，中国古籍所记述的马来西亚古国的位置在马来半岛地区，主要分布在半岛北部以及马来半岛东海岸的中部和南部地区。明代以后随着满剌加王朝的崛起，以马六甲地区为中心的满剌加王朝以及马来半岛南部的柔佛成为中国古籍记载的重点。但是，在东马地区，中国古籍所记述的古国则基本上没有变化。之所以出现这种情况，究其原因主要有两点：一是明代以前的中国人主要沿东海岸而下，然后到印尼，再往其他地区，对马来半岛的西海岸地区接触不多，因而不是那么清楚。二是对马来半岛西海岸虽然有了接触，但由于记载的地理位置不够准确，其他人不大好掌握，很难在资料中反映出来。至于东马地区的古国，尽管有关婆利和浡泥的确切范围存在一些争议，但对它们的范围包括了东马地区这种认识一般上分歧并不是很大。当然，由于中国古籍的记述没有附带精确的方位地图，导致我们在进行研究时面临不少困难。尽管如此，除了考古发现以及其他文献来源之外，中国古籍无疑是研究马来西亚历史的重要资料来源。依据中国古籍的记载，马来西亚的历史大概可以追溯到公元前 2 世纪，即《汉书》提到的皮宗。同时，根据《通典》的记载，中国人在汉代时就知道一个叫哥罗的国家，哥罗国大约位于现在的吉打一带。位于马来半岛北部的狼牙修，根据《梁书》的记载，其历史可以追溯到公元 2 世纪。至于婆利、丹丹等古国，也至少在公元 5 世纪和 6 世纪时便已存在了。因此，就中国古籍的文字记载而言，马来西亚有文字记载的历史是相当悠久的了。

从汉代起，中国对马来西亚古国的记载就延续不断，尽管我们不知道这些古国的继承关系或者分化情况，但中国古籍对马来西亚古国的记载，总的趋势是越来越详细、越来越多。在中国古籍中，对马来西亚各个古国的记载篇幅不一样，这可能与这些古国的强盛程度及对外影响力有比较大的关系。东马地区的古国起初是婆利，宋代以后是渤泥，明代以后是文莱，这三个古国基本上一脉相承。西马地区的古代强国起初是狼牙修、斤陀利，隋代是赤土，明代是满剌加，这几个古国是否存在继承关系还有待研究，位于马来半岛中北部的狼牙修和赤土国是不是后来分裂成若干个较小的国家也有待进一步研究。但我们或许可以说，在一般意义上，马来西亚这些古代强国代表了不同时期马来西亚的历史发展水平，而且马来西亚的历史发展是波浪式的发展模式。

除了几个强国之外，在马来西亚还存在不少影响力稍微小一些的古国或者部落，它们的地理分布基本上包括了现在马来西亚的各个州。从这个角度来看，中国古籍有关其他小国或者地方的记载，有助于研究马来西亚各个州的发展历史。

虽然中国古籍的记载缺乏有关马来西亚各个古国的创建时间或者灭亡时间，我们无法建立一个准确、清楚和完整的马来西亚古代王朝史年表，无法准确地描绘这些古国的地理范围，但是，中国古籍以文字记载的形式，保留了许多关于马来西亚的历史资料，这些历史资料对构建马来西亚历史的系统性和全面性的学术努力是具有重要价值和作用的。

（2）保留了许多马来西亚古代社会生活资料，有助于了解和分析古代马来西亚的社会生活史。

在漫漫历史长河中，一个国家的社会生活面貌会发生许多变化。由于古代科学技术条件的限制，缺乏像现在这样的技术手段如录像、照相等，现在的人们只能从文字记载中来重组古代人的社会生活图像。中国古籍所记载的马来西亚古国社会生活情况包括了民俗、经济、宗教、物产等方面，虽然有关记载不够详细，但在相关文字资料相当缺乏的情况下，中国古籍的记载也是比较珍贵的。

民俗方面。古代马来西亚社会存在不同的社会阶层，通常是国王或者王族的生活要比平民奢华，主要表现在居屋、衣服和日常生活方面。中国古籍在这一方面通常都会予以简单的描述，指出国王和大臣穿华丽的衣服，而一般百姓则是用布围身。王族的房子用木板修建，而百姓的房子用草叶搭成。至于民风，中国古籍所记载的马来西亚古国基本是民风朴素，而且似乎已形成一种传统。不同时代的中国古籍在描述马来西亚古国时，用得最多的词汇是"民俗淳朴"，并记载这些古国对犯法者采取严厉的处罚措施，如唐代的《通典》称无枝拔（马六甲）"通国守义"，人民性格直爽，如有失信者，罚金二两。丹丹国规定对所有盗贼都要处以死刑。[①] 中国古籍对其婚俗丧葬方面也作了不少记述。显然，马来西亚不同古国的婚俗也不同，如赤土国的习俗是儿子成婚后便分家，只有最小的儿子与父母一起居住。[②] 哥罗国婚俗是以槟榔为聘礼，多者二百多盘，或以黄金为财，多者二百两，出嫁后妇女随夫姓。[③] 渤泥举行婚礼的仪式首先是敬酒，其次是敬槟榔，然后是敬指环，最后是敬吉贝布或者金银。[④] 无枝拔人注重婚姻，往往指腹成亲。丹马令人在订婚时用锻锦和白锡。彭亨人谈成婚姻时，一般要互换白银五钱。[⑤] 至于丧葬一般都采用水葬或者天葬的形式。

经济活动方面。从中国古籍记载中可以看出，马来西亚古国在各个历史时期都保留着与外国密切的贸易往来关系，而且古代马来西亚的对外贸易活动呈现出多点贸易的特点。例如，南北朝时期，顿逊就是海上贸易的中心之一了。到了唐代，罗越国"商贸往来所凑集"，每年都有商船到广州贸易。[⑥] 宋元时期，有关马来西亚古国对外贸易活动的地方明显增加。宋代的《诸蕃志》记述了单马令、凌牙斯加、佛罗安、渤泥等贸易据点，其中对渤泥的贸易制度进行了精彩的描述。据赵汝适的叙述，渤泥的民俗重视商人，哪怕商人犯下死罪，也只是罚而不杀。渤泥的国王亲自掌管对外贸易事务，没有他的许可，贸易活动不得开始。[⑦] 另据汪大渊的描述，渤泥在管理贸易方面已具有较高的水准。渤泥国选派一人专门负责出纳收税，没有纤毫之差。[⑧] 在中国古籍所记载的贸易商品清单中，可以看出当时马来西亚从国外购进的商品种类是很丰富的，有绢、酒、米、盐、糖、瓷器、漆器、铁条、金银，等等，而且不同的地方对商品种类的需求也是不一样的。除了商品之外，在贸易中还使用中国的货币。

宗教方面。据明代以前的中国古籍记载，马来西亚各个古国所流行的宗教是印度教

① 《通典》卷188，"丹丹"。
② 《隋书》卷82，"赤土国传"。
③ 《通典》卷188，"哥罗"。
④ 《诸蕃志》上卷，"渤泥国"。
⑤ 《岛夷志略》，"无枝拔"、"丹马令"、"彭坑"。
⑥ 《新唐书》卷222，"罗越国"。
⑦ 《诸蕃志》上卷，"渤泥国"。
⑧ 《岛夷志略》，"浡泥"。

（婆罗门教）和佛教。例如，《梁书》记述了狼牙修信仰婆罗门教的过程。《隋书》记载了赤土“尤重婆罗门”和印度教在赤土国的显赫地位。在顿逊，来自印度的婆罗门就多达1000多人。① 中国古籍在记述马来西亚信仰婆罗门教、印度教的同时，也记述了印度教和佛教对当地其他社会生活的渗透。在明代以及明代以后的中国古籍中，除了记载满剌加信仰伊斯兰教的情况之外，也记述其他古国信仰佛教的情况。这些记述对研究马来西亚的宗教发展史显然具有一定的参考价值。

物产方面。在南北朝时期中国就知道干陀利出产上等的槟榔。② 隋朝时赤土国有甘蔗制成的酒，有牛、羊、猪。③ 古代马来西亚除了出产各种香料土产以及沿海地区产盐之外，还有马来西亚最出名的锡。汪大渊记述产锡的地方有无枝拔、丹马令、彭亨、龙牙门，其中称丹马令产上等白锡。④ 明代马欢记述满剌加的产锡之处有两个，由国王亲自管理，铸成的锡块重一斤八两或者一斤四两，每十块用藤捆绑为一捆，四十块为一大捆。马欢还记述满剌加的土产有甘蔗、芭蕉、菠萝蜜、菜、葱、姜、蒜、冬瓜、西瓜、牛、羊、鸡、鸭等。⑤

中国古籍所记述的关于马来西亚古国的社会生活资料，对了解和分析研究古代马来西亚的社会生活历史具有比较重要的参考价值。

（3）保留了许多古代马来西亚对外关系的资料，有助于研究马来西亚在亚洲历史发展中的地位和作用。

在中国古籍中，保留了许多有关中国与马来西亚古国交往关系的资料，保留了一些马来西亚古国与其他东南亚国家关系的资料。如果我们不是从中国的角度来解读这些资料，而是从马来西亚的角度来解读这些资料，那么，我们可以从这些资料中研究古代马来西亚与其他国家的关系史，研究马来西亚在东南亚或者亚洲历史发展中的地位和作用。

以中国与马来西亚古国关系而言，从南北朝时期开始马来西亚古国就与中国建立了外交关系，现在见于文献记载的交往，最早是442年的婆皇国、455年的干陀利国和473年的婆利国分别派遣使节访问中国。⑥ 在以后的不同历史时期，马来西亚古国都有派遣使节访问中国的活动。中国派遣使节访问马来西亚古国的活动，最早是隋朝派常骏、王君政出访赤土国，元朝派马扎蛮、杨庭壁出访龙牙门。明朝时期首先是派遣张敬之访问浡泥，然后是派尹庆访问满剌加，后来是派郑和、王景弘等人访问满剌加和浡泥，此后，明朝还多次派人护送来访的满剌加和浡泥的使团回国，有的中国使节还因此葬身大海。⑦ 从整个历史来看，马来西亚古国访问中国的次数要比中国出访马来西亚古国多得多。这种状态主要是因为古代中国是亚洲的文明大国，也是亚洲的经济发展中心，在经济和文化方面对外国具有较强吸引力。古代中国的统治者认为中国是世界的中心，存在自大的心理，对于中国统治者来说，马来西亚古国毕竟与中国的距离较远，因而没有将主要注

① 《太平御览》卷788，“顿逊国”。

② 《梁书》卷78，“干陀利”。

③ 《隋书》卷82，“赤土国传”。

④ 《岛夷志略》，“丹马令”。

⑤ 《瀛涯胜览》，“满剌加国”。

⑥ 《宋书》卷5、7、9，“本纪”5、6、9。

⑦ 《皇明象胥录》卷5，“满剌加”。

意力放到遥远的马来西亚。但是，从中国古籍记载中我们可以看出，中国与马来西亚古国一直保持着非常友好的关系，这种关系在明代达到了最高峰。

中国与马来西亚各个古国不但没有发生过冲突，而且还几次运用大国影响力，帮助马来西亚古国摆脱其他国家的控制，走上发展的道路。最著名的例子就是明朝与满剌加的关系。据中国古籍记载，满剌加原来是暹罗的属国，每年要向暹罗缴纳贡金四十两。1403 年明朝派遣尹庆访问满剌加，两国建立关系。1405 年满剌加派遣使节访问中国，明朝皇帝“册封”拜里迷苏剌为满剌加国王，自此之后，满剌加摆脱了暹罗的控制。[①] 在满剌加王朝时期，满剌加与中国的关系非常密切和友好。满剌加的前三位国王亲自率领庞大的代表团访问中国，而郑和七次下西洋都到达满剌加，更重要的是，郑和船队将满剌加当作最重要的中转站，在满剌加设立商馆——“官厂”，存放商品、货物、粮食和金钱。郑和船队到其他地方时，先在满剌加的“官厂”装载商品和粮食，然后才出发。[②] 郑和船队将满剌加当作海上贸易活动的据点，这对促进满剌加成为东南亚海上贸易中心之一起了非常重要的作用。有关这一时期满剌加历史的记载，中国古籍中的材料是相当多的，如《明实录》、《瀛涯胜览》、《星槎胜览》、《西洋番国志》、《西洋朝贡典录》、《东西洋考》，等等。这些中国古籍的记载，对研究满剌加这个在马来西亚历史上放出灿烂光辉的王国的历史无疑是宝贵的史料来源。

虽然中国古籍的记述重点放在了与中国有关联的方面，是从中国的角度来观察马来西亚古国的，但是，假如我们对中国古籍的记载所表露出来的某种自大的口吻不必太认真的话，就能看出马来西亚古国与中国建立的关系以及开展与中国的经济政治关系是马来西亚古国参与亚洲历史发展的一个组成部分。古代中国与周边国家关系的特征之一就是以中国为中心的朝贡贸易体制。日本滨下武志教授指出，“在历史上亚洲区域内的各种关系，是在以中国为中心的朝贡关系、朝贡贸易关系中形成的”，“以中国为核心的与亚洲全境密切联系存在的朝贡关系即朝贡贸易关系，是亚洲而且只有亚洲才具有的唯一的历史体系，必须从这一视角出发，在反复思考中才能推导出亚洲史的内在联系”。[③] 滨下武志教授的观点无疑富有启发性，如果我们去掉所谓的“天朝”与“藩国”的色彩，从一个新的视角来看待“朝贡”活动的话，那么中国古籍中大量有关马来西亚古国与中国“朝贡关系”的资料，对我们研究马来西亚古国在亚洲或者东南亚历史发展中的地位和作用将是富有价值的。

中国古籍在记述马来西亚古国与中国的关系时，也记述了马来西亚古国与周边其他国家的关系。如《隋书》提到赤土国王有三个妻子是邻国的公主。[④] 宋代的《诸蕃志》提到蓬丰（彭亨）、登牙侬（丁加奴）、凌牙斯加、吉兰丹、佛罗安、日罗亭、单马令都是三佛齐的属国。[⑤] 宋代的《岭外代答》甚至提到佛罗安的国王由三佛齐选派。[⑥] 此外，

---

① 《明史》卷 325，“满剌加国传”。

② 《瀛涯胜览》，“满剌加国”。

③ 滨下武志著，朱荫贵、欧阳菲译：《近代中国的国际契机——朝贡贸易体系与近代亚洲经济圈》，中国社会科学出版社，1999 年，第 8、30 页。

④ 《隋书》卷 82，“赤土国传”。

⑤ 《诸蕃志》上卷，“三佛齐国”。

⑥ 《岭外代答》卷 2，“三佛齐”。

还有渤泥与印尼、苏禄，彭亨、满剌加与暹罗的关系等。所有这些资料，有利于我们全面研究马来西亚古国的对外关系。

如果我们将视野进一步扩大的话，位于东西方海上交通要道的马来西亚在古代亚洲或者世界的贸易活动中也扮演了重要的角色。在这里，需要特别强调的是，中国古籍有关海上贸易的路线——即“针路”的记载，除了它所表达的路线的意义之外，也反映了马来西亚古国在亚洲海上贸易网络中的作用。因为只有建立一个地方到另一个地方的航线建立，两地之间才有可能进行贸易等方面的往来，交通航线越多，贸易网络就越丰富。向达教授指出，16—18世纪中国记载的“针路”大致上分为六个区域，即①柬埔寨、赤坎（越南的 Ke Ga）、暹罗区。其航线有从柬埔寨至彭亨、柔佛、暹罗、大泥（Pattani）；从赤坎至柬埔寨、彭亨、旧港（Palembang）、顺塔（Banten）；从暹罗至大泥、彭亨、麻六甲、马军（菲律宾的 Manukan）。②马来半岛区。其航线有从苧盘（Tioman）至丁机宜（今 Kuantan）、旧港、顺塔、文莱；从麻六甲至阿齐（印尼苏门答腊的 Lhokseumawe）、暹罗、旧港；从大泥至池汶（Timor）；从阿齐到万丹（Bantem）、别罗里（锡兰的 Galle）、傍伽喇（Bengal）、古里（印度的 Calicut）等。③古里区。从古里到忽鲁漠斯（Hormoz）、阿丹（Aden）、祖法儿（Dhufar）。④爪哇区。从爪哇到灵山（越南中部的 Thach Bi）、麻六甲；从万丹到池汶、马辰（Bandjarmasin）；从顺塔到迟闷（Timor）、淡目（印尼的 Demak）；从旧港到杜板（印尼的 Tuban）；从咬留吧（Jakarta）到长崎。⑤吕宋（Luzon）区。从吕宋到文莱；从双口（Manila）到恶党（菲律宾 Panay Island 的 Oton）、宿务（Cebu）、网巾礁老（今菲律宾的 Mindanao）、文莱、柬埔寨、长崎。⑥日本区。从长崎到广南（今越南中部）、双口；从暹罗到日本、长崎；从咬留吧到长崎；从大泥到长崎。[①] 这六个区域其实是互相联系和互相交叉的，它们构成亚洲的海上交通和商业网络，而马来西亚是其中一个组成部分。

四、结语

综上所述，中国古籍的记载对构建马来西亚历史全貌具有重要作用和积极意义。中国古籍的史料价值主要表现在：①中国古籍所记载的历史时间非常长；②中国古籍记载的马来西亚古国数量非常多；③中国古籍所记载的内容非常丰富；④中国古籍的记载是研究马来西亚古代历史不可缺少的重要史料来源。当然，中国古籍的记述由于技术条件和认识水平的限制，对所记述的国家有些模糊，尤其是所记述的国名或者地名，由于没有精确的地图可供参考，使后人在判断确切地点时困难重重，也存在不少争议，例如古代的地名到底等于现在什么地方？正确地认定确切地点对进行研究是非常关键的，否则，差之毫厘，失之千里。这也是通过中国古籍研究古代东南亚国家历史时所面临的主要困难。但是，在中国古籍中，有些记述是比较清楚的，同时，人们可以通过中国古籍所述的其他方面的内容，加上其他材料进行综合的判断。总之，要全面研究马来西亚历史，需要从不同的史料来源来加以互相印证，需要利用文字材料以外如利用考古发掘的材料

① 向达校注：《两种海道针经》，中华书局，1982年，第9—10页。

来互相印证。在马来西亚古代历史或者东南亚古代历史中，中国古籍相对其他文字材料而言，具有记述时间比较早、比较有延续性和比较详细可靠的特点。中国古籍的记载是我们研究马来西亚古代历史的基本材料，正是有了这些记载，马来西亚古代历史面貌变得更加清楚和有系统性。著名历史学家霍尔（D. G. E. Hall）说，中国古籍“对于阐明我们这个地区（指东南亚）的政治地理和贸易的确是无价之宝”。[①] 可以说，中国古籍在研究马来西亚历史中具有不可替代的作用。

（作者：张应龙，暨南大学华侨华人研究院副研究员）

① D. G. E. Hall, *The History of South-East Asia*, London: MacMillan & Co. Ltd. Third Edition, 1968, p. 15.

在清与明之间徘徊：顺治时期广东社会考察[①]

刘正刚　乔玉红

【提　要】顺治时期是清朝统一中国和稳定统治的关键时期。顺治元年福临在北京登基后，迅速展开了对中国的统一行动。在整个顺治帝统治时期，广东一直是南明政权活动的重要大本营，清军与明军在广东进行了反复较量，广东社会各阶层因此面临着艰难的去向抉择。清廷一方面通过军事手段残酷镇压广东境内的各种抗清势力，另一方面又承继与推行明朝的经济、科举等制度极力笼络民众。广东社会在清廷攻战和攻心的双重策略下逐渐认同了新王朝的统治，走上了战后重建家园的轨道，社会经济逐渐恢复并迅速发展。

【关键词】顺治　南明　广东社会　战争

顺治元年（1644），清军在降清明将吴三桂的帮助下将李自成赶出了北京城。十月初一，顺治帝在北京登基，宣告清朝统治中国的开始，随即自北向南推进，加速了统一中国的步伐。然而，广东由于在空间上远离京师，成为南明等抗清势力的重要根据地，因此，清朝将广东纳入其统治秩序内颇费了一番周折。而清军与南明势力在广东的反复争战较量，最终还表现在广东士民在这场改朝换代的战争中，务必在抗清与降清之间作出自己的抉择。当然，由于清朝与南明在争夺战期间对地方社会的政策与作为，以及清军力量的强大，使得广东士民在历经血与火的磨难后，终于在顺治年间走进了清朝的统治秩序之中。学术界对顺治时期广东的研究，多以明朝为正统，放在南明史框架内讨论。[②] 实际上，顺治时期的广东社会处于不明不清、亦明亦清的尴尬境况，而且在实力对比中，清朝明显占据上风。因此，我们认为，无论从清朝入主中原的时间还是从当时明清王朝对广东的实际统治情形来看，都应以清朝统一的视角来讨论广东社会，才是合情合理的研究态度。本文即尝试将顺治时期作为纵向的历史时序，来考察广东士人与民众在抉择降清还是保明的过程中，是如何顺应改朝换代这一历史巨变的。不当之处，请行家批评！

---

① 本文承蒙马明达教授审查，提出了多处建设性的修改意见，谨此表示感谢！

② 顾成：《南明史》，中国青年出版社，2003 年；钱海岳：《南明史》，中华书局，2006 年；［美］司徒琳著，李荣庆等译：《南明史（1644—1662）》，上海古籍出版社，1992 年；谢国桢：《南明史略》，上海人民出版社，1957 年。从清史领域涉及的代表作为［美］魏斐德著，陈苏镇、薄小莹等译：《洪业：清朝开国史》，江苏人民出版社，2003 年。

一、顺治初年清军对广东的征战

清太宗皇太极崇德八年（1643）八月，顺治帝在盛京继承帝位，以次年为顺治元年。尽管此时顺治帝还在盛京，但顺治元年五月，清军已进入北京。七月，清廷任命刘今尹为广东道御史，在观念上已经将广东纳入了其统治的范围。① 很明显这只是一个象征性的职位而已。十二月，清廷专门对广东等尚未归顺地区下达“所犯罪恶，一并赦免”的诏令，② 希望民众尽快归顺。次年闰六月，又任命恭顺侯吴惟华为太子太保兼都察院右副都御史总督军务，负责广东招抚事宜。③ 七月，又任命顺天府推官邓孕槐为广东道试监察御史、兵部郎中李嵩阳为广东道监察御史。④

当然，清廷任命的这些官员并没有也不可能抵达广东任职。因为，此时的广东还被南明政权所控制。据《清世祖实录》卷30记载，顺治三年，清军攻下与广东接壤的江西赣州，十月，佟养甲、李成栋统率清军从福建攻占了广东的惠潮二府，并伪装成明朝惠潮官府的援军奔赴广州，出其不意地攻占了广州，南明绍武政权灭亡，“广郡悉平”。清军攻占广州后，广东部分地区顺应形势，随即归服于清朝统治的名下。这一年的十二月，清军由广州与赣州南北夹击粤北地区，在大军压境之下，民众不得不作出抉择，据清军将领在随后的揭报中称：“韶城百姓稽首壶迎，老幼尽行剃头归服。韶属原辖六县除曲江、英德、翁源、乳源四县业已授诚，惟仁化、乐昌两县界连湖广，尚未风报。”⑤ 韶州府城是否真的出现百姓“稽首壶迎”的欢迎场面，难以定论。但可以肯定的是，百姓在清军兵临城下之际没有进行抵抗应该是事实。与此同时，在明朝成长起来的士绅也多审时度势跟随社会潮流陆续加入到归顺清朝的行列，顺治四年正月，始兴县、南雄府“原任官吏及绅衿士庶人等俱已剃发投顺”。清军统一广东的步伐由粤北飞速向广东西部和南部推进，十九日，从三水直趋肇庆，“城中百姓俱已剃发”，南明永历仓皇移驻广西。⑥ 二十三日，又一鼓作气攻下粤西的高州、雷州和廉州，当地百姓也乐意接受清朝管理，这中间与明朝文官积极帮助清军不无关系，据佟养甲说，“廉州知府毛毓祥率领属官二三员、家丁数十人，于兵马未到之前，进取本府，到任安民，全城安堵，一草不惊。虽属我兵先声震服，而以文官收城，功不可泯。”⑦ 这里的“文官”，应该是原来明朝的官员。除海南岛外，清军在短短四个月内就基本上控制了广东的局势。二月三日，佟养甲在揭报中即称：“自顺治三年十月奉贝勒命平定广东，整旅前驱，严戢士卒，所历郡邑，弗敢

① 《明清档案》，A2－14，顺治元年十月十日，广东道监察御史刘今尹题陈赋租差役递民牧四款，台湾联经事业出版社，1986年，第447页。以下未注明出处的档案，皆引自此书。

② 《清世祖实录》卷12，顺治元年十二月己巳，中华书局，第115页。

③ A3－23，顺治二年闰六月二十三日，吏部尚书公阿代题报议定招抚广东等省各官职衔，第1075页。

④ 《清世祖实录》卷19，顺治二年七月乙丑，第171页。

⑤ A5－96，顺治四年二月三日之三，（制作官司不详）揭报绥辑肇南韶三府情形，第2477页。

⑥ A5－96，顺治四年二月三日，（制作官司不详）揭报绥辑肇南韶三府情形，第2477页。

⑦ A5－165，顺治四年五月三日之二，两广总督兼广东巡抚佟养甲揭报改补有司，第2663页。

有犯秋毫，四境皆沐皇仁，不血刃而奄有海国矣。”[①] 广东民众“从此向化”。[②] 据《清世祖实录》卷31记载，顺治四年三月，清廷接到这一喜讯后，遂于四月在北京祭告天地、太庙、社稷，庆祝对广东征战的胜利。

顺治四年五月，佟养甲率兵渡过茫茫大海抵达琼州府，明代在海南岛设立的各级官府旋即降清，“道府各官出城迎接”，各州县士民纷纷剃发投诚，官员们忙着收缴印信及征收各项钱粮，向清军统帅交差。[③] 至此，明代设立的广东政区全境均归顺了清廷统治。

清军和南明军队在广东屡屡争战，民众为了躲避战乱，纷纷逃离家园，严重地破坏了广东社会经济的发展，潮惠一带“弥望千里，白茅荒草，未尝有农，何由得耕？未尝得耕，何由责饷？”因此，清军占领一地后，首要的任务就是“履亩劝农，假贷牛种，或可稍稍开垦，渐成乐业”。[④] 清廷在顺治四年七月还专门对广东等新归附区“特颁恩诏”，中心内容就是笼络民心、安抚百姓、稳定地方社会，如规定广东人丁地亩通照万历四十八年则例征收，所有明末加派“尽行蠲免”；所有官吏兵民因兵燹流徙他乡，“今望恩来归者，地方官加意招抚”；凡举人不系缘事黜革者仍准会试，酌量赈济贫困学生；对穷民鳏寡孤独、笃废残疾不能自存者，动支预备仓粮给养；旧日领兵各官带兵来归，具表投降者，概赦前罪；文武官绅及前朝勋臣人等投诚归顺，通行察叙。[⑤] 这一恩诏基本上照顾了广东社会各阶层的利益。

但政策的贯彻落实必须由广东地方官来执行。清廷为此大力整顿地方官员的行政作为，两广总督兼广东巡抚佟养甲上奏，要求严惩那些不能履行官府职责的明代旧官员，“今新用将吏俱系前朝旧人，贪狼之性一时未必尽除，以故清谨固多，贪浊亦不少。……至于韶州总兵叶承恩原出前朝奸辅马士英门下，蝇营狼噬，积恶不悛”。[⑥] 佟养甲奏报中指斥明朝官员“贪狼之性”，可能也是广东民众倒向清廷的一个重要原因。他指示各地官员要严格按照朝廷的要求，严缉地方盗贼，恢复社会秩序，“粤地土瘠民贫，全赖客商贸易输饷以助军需。前朝梗化，南韶一带盗贼纵横，路途阻塞已久。职入粤来，遣将设官，剿抚诸寇。……又令南雄知府胡奇、守将李养臣措办骡马船只，以便各商民载运庾岭，水陆有赖，且验给路票，沿途放行。”这些举措确实收到了成效，“东粤各商几几乎鼓舞，络绎在途矣”。[⑦]

然而，就在广东社会逐渐走向稳定时，南明在广东又掀起了抗清浪潮，尤以陈邦彦、张家玉和陈子壮势力最大，清军对此予以残酷镇压。据清广东提督李成栋奏报，顺治四

① A5－94，顺治四年二月三日之一，两广总督兼广东巡抚佟养甲揭报征粮养兵请颁税则并蠲免潮惠钱粮，第2473页。

② A5－107，顺治四年三月二十五日之一，两广总督兼广东巡抚佟养甲揭报补选杂职各官，第2507页。

③ A5－169，顺治四年五月三日之六，两广总督兼广东巡抚佟养甲揭报底定琼州，第2673页。

④ A5－94，顺治四年二月三日之一，两广总督兼广东巡抚佟养甲揭报征粮养兵请颁税则并蠲免潮惠钱粮，第2473页。

⑤ 《清世祖实录》卷33，顺治四年七月甲子，第272页。

⑥ A5－167，顺治四年五月三日之四，两广总督兼广东巡抚佟养甲揭参不职官员，第2667页。

⑦ A5－166，顺治四年五月三日之三，两广总督兼广东巡抚佟养甲揭为通商便民请敕抚镇道将严缉盗贼，第2665页。

年九月，清兵抵清远，与南明抗清大将顺德人陈邦彦激战，清军“四面环攻，副将杨大甫统兵奋勇，杀贼数百，生擒伪总兵曹天琦等数十名，余令剃发自新。又参将吴文献生擒三水县伪知县陈广。至十九日，本督亲统副将杜永和、张月、马宝，不避矢石与贼交锋，将城攻开，杀贼无数，生擒伪知县施兆行。又先发总兵严遵诰、杨大甫伏兵截杀败逃之贼，陈邦彦项中三刀，被严遵诰、把总谢胜擒获，又杀伪兵部关钟喜等情到职，并将陈邦彦、曹天琦、陈广、施兆行与伪参谋谢秉昌、伪巡检华濬璟一并解俘前来。职随公同司道乡绅耆老审实，将陈邦彦等六囚寸磔于市，以快众心”[①]。十月，清军与南明抗清将领东莞人张家玉在增城交战，据佟养甲奏报，“增城县知县徐士赓统领乡勇并总兵王之臣、下中军许荣祖、把总何分有、张国祥、劳敬，自县西门冲出，各自信地杀至贼巢，贼败退入木寨。随分兵攻打，竟日连破五巢，杀贼盈野，全发未剃者三千余名。张家玉先被箭伤，随有副将李汉贵家丁蹈水斩级，副将马宝阵擒逆侄张胤隆。知县徐士赓率乡勇生获龙门贼首谭高谋，一并起解前来。职随验实，将张家玉首级悬示，谭高谋、张胤隆磔市”。[②] 十月二十九日，李成栋率军与抗清主力番禺人陈子壮在高明激战，“都司冯定国督兵掘地舁大砲、火药轰倒城墙，参将李建捷、都司王友奋勇先登，各营官兵云梯齐上，凡系蓄发者尽行诛戮阵斩。户部主事朱实莲见获伪兵部区怀炅、伪知州区宇宁、伪户部程玄、伪知县曾贯乡，又子壮侄陈上兰等。惟子壮潜匿密室床下被参将李元泰搜获，并其子陈二捆解前来。本督念逆渠已获，即传令封刀，招徕百姓。……职随公同司道乡绅耆老公审反叛情由，子壮供称不知天命，妄通西逆陈邦传，计图不轨，今见清朝威德，愿膏斧锧，求赦幼儿等情。职随将逆渠陈子壮寸磔于教场，居民数万争食其肉”。[③]

陈邦彦、张家玉、陈子壮等领导的抗清义师，在清廷刚刚获得广东控制权的当儿，同时发难，相互配合，对清军构成了巨大的威胁，迫使清军从广西前线撤回，据佟养甲奏报，“东省逆渠陈邦彦、张家玉、陈子壮等违制逆命纠合山海，荼毒生灵，逼省破县，掳杀文武职官，势日猖獗。我兵单弱，东援西应，屡疏请兵，迄今未至，力实难支。且广东地方非山即海，到处贼巢，此征彼遁，终无了期。”[④] 他一面请求朝廷派兵增援，一面又火速命令已进入广西梧州的李成栋回援广东。正因如此，南明的永历朝在广西的统治又得以维持。然而，值得注意的是，在这一次清军与南明抗清力量的对抗中，广东民

① A6－182，顺治四年十一月七日，两广总督兼广东巡抚佟养甲揭报擒获逆渠骈斩并请协剿余党，第3363页。陈邦彦之子陈恭尹《请恤疏》记载：“九月十九日城陷，臣父督兵巷战，身被五伤，赴池自溺，为兵所执，槛赴广州……二十八日执至法场，五木惨具，从容慷慨，颜色不变，西望向阙稽首，遂被凶害。断割四肢，首传郡邑，仍籍没臣家。”（《广东文征》第四册，香港中文大学出版社，1976年，第412页。）

② A6－182，顺治四年十一月七日，两广总督兼广东巡抚佟养甲揭报擒获逆渠骈斩并请协剿余党，第3363页。

③ A6－182，顺治四年十一月七日，两广总督兼广东巡抚佟养甲揭报擒获逆渠骈斩并请协剿余党，第3363页。有意思的是，明朝遗民对陈子壮之死记载与佟养甲说法完全不同，“子壮被执，怒发张目不一屈。大言曰：吾世受国恩，且身为大臣，无不死！临刑呼高皇帝不绝口。磔且尽，犹闻其气。时白日忽暗无色，人多太息，时年五十有二”。（张岱：《石匮书后集》，台湾大通书局，2000年，第402页。）

④ A6－182，顺治四年十一月七日，两广总督兼广东巡抚佟养甲揭报擒获逆渠骈斩并请协剿余党，第3363页。

众的表现明显分为两派，既有增城地区官民和清军一起攻打南明军队的事实，也有大量拥护南明的“蓄发者”被清军“尽行诛戮阵斩”的残酷场面。

总之，从顺治元年至四年，清廷凭借军事力量几经反复很快剿灭了广东境内的各种抗清势力，尤其是规模较大且号称南明“三忠”的抗清义师，暂时稳定了对广东社会的控制。

二、顺治中叶清军对广东的军事行动

顺治五年四月，广东社会经历了半年的稳定与恢复，此时曾为清军统一广东出力最巨的主帅之一李成栋却联合在广西的南明政权，举起了反清复明的大旗。李成栋系山西人，参加过李自成起义，后降明，因镇压农民起义有功，累官总兵，守徐州。顺治二年四月，豫清王多铎定江南，李成栋率部降清，遂奉清廷命令率军南下征服广东，先后攻占了惠州、潮州和广州，为清廷统一广东立下了汗马功劳。他自以为功勋卓著，两广总督一职非己莫属，不料却仅被任命为两广提督，不仅无权过问地方政务，而且在军事上还受佟养甲的节制，内心不满的情绪愈益强烈。关于李成栋反清的内幕，史籍记载颇多分歧。据顾成研究，除了清廷对李成栋歧视外，还有三个原因：一是张家玉、陈子壮、陈邦彦等人抗清杀身成仁对他的触动；二是广东部分明朝官绅的暗中策动；三是李成栋爱妾以死相激成为其反正的导火线。[①] 但不管何种原因，李成栋的反清都给清廷带来了巨大的麻烦，广东因此重归南明版图。

清廷在这一次收复广东的过程中，将消灭叛复不定的李成栋势力作为重点。顺治五年十月，清南赣巡抚刘武元等在赣州与李成栋交手，在清军的猛烈攻击下，李成栋兵溃，自己“单骑遁走”，退守广东。[②] 顺治六年三月，李成栋再次率军北上攻打赣州，又被清军打败，并在溃逃时坠水淹死，“贼溃散渡河，署梅勒章京宜尔格德等督兵追剿，李成栋溺水死”。[③] 但是，广东仍在南明的控制下，清廷为此在五月“改封恭顺王孔有德为定南王，怀顺王耿仲明为靖南王，智顺王尚可喜为平南王，各授金册金印”，命耿仲明、尚可喜率所部兵各一万人“往剿广东，挈家驻防”。[④] 清军在三王的率领下重新部署兵力，于十二月二十八日晚，翻越梅岭进入广东，在除夕之夜以迅雷不及掩耳之势攻下南雄等粤北重镇，“活捉伪总兵三员，贼兵约有七千，杀死不计其数。平南王部下兵丁捉获大小男妇解赴军前，审系乡民，发放宁家”。[⑤] 清军在粤北修整期间，一面铸造军器，一面筹集军饷，为攻打广州作最后的准备。据广东巡按潘朝选上奏，“已归版图者南韶二府八县，现任道臣一人、府臣二人、知县八人，各严守孤城，拮据粮料，采买铅铁、硝磺，打造

---

① 顾成：《南明史》，中国青年出版社，2003 年，第 498—499 页。

② A9－162，顺治五年十一月（日不详）之四，南赣巡抚刘武元揭报广贼败遁请敕王师入赣追剿，第 5063 页。

③ 《清世祖实录》卷 43，顺治六年三月甲申。

④ 《清世祖实录》卷 44，顺治六年五月丁丑。

⑤ A11－82，顺治七年一月（日不详）之八，南赣巡抚刘武元揭报恢复南雄，第 5981 页。

军器，制备火药”。[①]

经过近十个月筹备，顺治七年十月，尚可喜、耿继茂下令全力攻打广州城，二十九日，清军抵达广州城外面，与南明守城军队展开了一场殊死战。清军“弃马徒步涉泥而前，奋勇冒险，砍开木城，攀援内城垛口而上，遂克西关。又遣副将曹仁先、牛录陈世重统领马甲接踵应援而入”。清军随即在广州城外布置大炮，于十一月“初一日三鼓，排列放炮攻打，于初二日未时打倒城内西北角三十丈，城上炮火矢石依然交加，我兵爬城复被打退。臣见事势危急，同靖南王子耿继茂亲冒矢石，不避炮火先抵城根，各镇将领始相奋勇冲爬而上，杀死逆贼官兵六千有余，追至南门海边，淹死无算，活擒总兵范承恩，暂养用示招抚，伪部院杜永和、伪伯张月、李四、李五，水师伪总兵吴文献、殷志荣等俱由水路逃去，大小船只千余，一时奔窜出海”。[②] 广州城再次被清军占领。

清军攻占广州城后，进行了疯狂的屠杀、奸淫和抢劫，“屠戮甚惨，城内居民几无噍类。其奔出者，急不得渡，挤溺以死，复不可胜计。浮屠氏真修曾受紫衣之赐，号紫衣僧者，乃募役购薪，聚胔于东门隙地焚之；累骸成阜，行人于二三里外望如积雪。即于其旁筑大坎瘗焉，故曰共冢”。[③] 这个焚尸的火堆，在许多复明分子的心目中，标志着明朝复辟希望的真正破灭。[④] 此后，广东在清朝的统治下渐趋稳定，社会也悄然发生着变化。

顺治七年十一月，清廷高层发生巨变，农历除夕，摄政王多尔衮去世，顺治帝亲政。清军对广东未归顺地区的征服仍在按部就班地向前推进。顺治八年，长期租居澳门的葡萄牙人承认并接受清廷的统治，声称，“举澳叟童莫不欢声动地。……愿为太平之民”。[⑤] 闰二月初十日，清军一路横扫至广东西部的廉州府，各路抗清的南明军队“闻风预先逃走往广西地方去矣，进城百姓并无一人，止是空城，仓库钱粮分毫无存”。[⑥] 据《清世祖实录》卷57记载，顺治八年六月，广东巡抚李栖凤奏报，清军已恢复对廉州、永安、和平、兴宁、长乐、龙川、惠来、潮阳、揭阳、普宁、程乡、澄海等县的统治。九月，尚可喜攻下雷州，“城内并无百姓，止是空城，房屋俱已倒坏，草长砌住街道，城墙四边倒塌”[⑦]。清军所向披靡，战无不胜，标志着广东大规模抗清基本结束。而广东西部的“空城”说明百姓可能厌战，也可能随南明逃往广西。清廷随之加快对广西的征伐。[⑧]

---

① A12-47，顺治七年十月（日不详）之六，广东巡按潘朝选揭明逆贼未除奉旨撤回未敢遽陈举劾，第6439页。

② A12-59，顺治七年十一月十六日，平南王尚可喜等题报恢克广省，第6491页。

③（清）仇巨川著，陈宪猷校注：《羊城古钞》，广东人民出版社，1993年，第299页。

④［美］魏斐德著，陈苏镇、薄小莹等译：《洪业：清朝开国史》，江苏人民出版社，2003年，第269页。

⑤ A12-141，顺治八年闰二月（日不详）之十，广东巡抚李栖凤揭报香山濠镜澳彝具呈投诚，第6769页。

⑥ A13-33，顺治八年六月二十五日之二，广东巡抚李栖凤揭报克复廉州，第7033页。

⑦ A13-170，顺治八年十一月（日不详）之十，平南王揭报恢复雷州，第7449页。

⑧ A13-88，顺治八年八月（日不详）之四，兵部揭覆粤西需兵应敕定南王拣选招安降丁就近拨给，第7215页。

为了使广东社会尽快走向稳定，清廷任命熟悉广东事务的原南明投诚官员任职。[①] 但广东缺员现象仍相当严重，“粤东渐次平复，署官难以久居，……府州县正印之外凡大小员缺，作速铨补，指日秋闱，需员办事”。[②] 对久不赴任的官员另行选补，十一月初九日，广东布政司奏称，“琼州府昌化县知县陈虞嗣部选以来，并无踪迹入粤，亦无申禀消息，……相应另选，以免悬缺”。[③] 十二月，兵部同意平南王将明投诚官员安插的请示，[④] 以笼络刚刚归附的民心，清朝再次控制了广东地区。

与此同时，清廷为了从思想上加强对广东社会的控制，恢复了广东的科举考试制度，以争取广东士人对新王朝的拥护。顺治八年五月，任命户部江西司员外郎陈衷一、中书科中书舍人朱克简为广东乡试主考官，[⑤] 正式开考取士。顺治九年春天，广东各地举人赴京参加这一年的壬辰科会试，顺德人陈彩、香山人何云扶和河源人邝奕垣“金榜题名”，分别为二甲第57名、三甲第228名和第259名。[⑥] 其实，广东南海举人程可则原本为此次会试第一名，因“文理荒谬，首篇尤悖戾经注”，被革名并不得参加殿试。[⑦] 广东士人终于在清朝进士题名榜上首次留下名字。这年七月，清廷任命钱朝鼎“前往广东等处提调各府州县学政”，[⑧] 加强对广东各地的学校建设，户部指示从广东地方赋税存留项下支给生员生活费用，“粤东儒学廪生饩廪，明季原有，应给钱粮载在赋役全书于存留项下支给。……敕下该省抚按查照全书旧例于存留项下按数支给，不得轻动起运款项”。[⑨]

清初，为了最大程度地笼络人心，以达到其统治正统化的目的，清廷积极打出“法明”的旗号，几乎完全按照明朝的制度进行施政，其对明代制度的继承，在一定程度上减少了人们因改朝换代而产生的社会心理压力。对士人而言，他们在明代追求的读书做官愿望在新朝仍然有实现的可能，读书入仕仍被士人奉为座右铭，金榜题名是士人的精神支柱和人生目标。明代社会对读书人的评价，主要取决于其在科场逐鹿中能否考取功名，并由此产生光宗耀祖的巨大快感。而顺治年间恢复在广东的科举考试，使得广东士人在追求功名的道路上，看到了清朝与明朝的相通之处。顺治九年，省会广州府学进入正轨，学宫门前竖立了“世祖御制训饬士子卧碑”，其他地区的学宫也出现了这一卧碑。[⑩] 这一举措标志着广东士人已经与新王朝达成了默契，并积极通过读书应试向新王朝靠拢。顺治帝在位十八年，共开科考试录取汉族进士2964人。尽管清廷在顺治三年已面向全国

---

① A12－139，顺治八年闰二月（日不详）之八，广东巡抚李栖凤揭报委补官员，第6765页。

② A12－140，顺治八年闰二月（日不详）之九，广东巡抚李栖凤揭报粤东渐平请速铨补缺官，第6767页。

③ A13－157，顺治八年十一月十八日之三，广东巡抚李栖凤揭报县官久不赴任请另选补，第7411页。

④ A14－1，顺治八年十二月（日不详）之二，兵部揭覆粤省投诚官兵安插事宜，第7483页。

⑤ 《清世祖实录》卷57，顺治八年五月戊子，第449页。

⑥ 朱保炯、谢沛霖：《明清进士题名碑录索引》，上海古籍出版社，1980年。

⑦ 《清世祖实录》卷63，顺治九年二月己卯。程可则在顺治十七年又应阁试，授撰文中书，改内秘书院，最后擢兵部职方郎中。（《广东文征》第5册，香港中文大学出版社，1976年，第1页。）

⑧ A15－1，顺治九年七月二十二日之七，皇帝敕命钱朝鼎提调广东学政，第8039页。

⑨ A15－124，顺治九年十月十日之一，户部尚书噶达洪题覆粤东儒学饩廪准於存留项下支给，第8507页。

⑩ 冼剑民、陈鸿钧主编：《广州碑刻集》，广东高等教育出版社，2006年，第36—39、141—142、256页。

范围实行开科取士，但广东士人因战乱，直到顺治九年才首次赴京参加会试。在顺治统治的后十年中，广东共考取进士 34 人，占全部进士人数的 0.01%。[①] 与此相应，康熙初年至十八年开科取士 998 人，广东籍进士 25 人，占 0.025%。较之顺治年间已有所提高。而崇祯帝在位十六年开科录入进士 2259 人，广东籍进士 93 人，占总数 0.04%，两相对比可知战乱影响不可忽视。

顺治九年，清廷对广东绝大部分地区的统治已逐步进入正轨，在笼络士人的同时，清廷要求广东各级官员加强对广东社会“人心”的安抚工作，“地方初定，宜加意绥辑人心，操练兵马，整治器械、修濬城池、稽查奸宄”。[②] 可见，朝廷其实要求在粤官员既要安抚百姓收买人心，也要操练兵马防范再次发生动乱。这一年的六月，广东巡按杨旬瑛在给朝廷的揭报中指出：“粤东恢克未久，山海随处煽讧。官于粤者，无论监司守令，始则有从征辟土之勤，继则有绸缪拮据之苦。”[③] 对不称职的官员，则及时给予惩罚，如原德庆州知州张福朝酷虐州官，遭抚臣李栖凤参劾而系狱，最后因中风而死。[④]

清廷虽然再次实现了对广东的全面掌控，但因前有明朝降将李成栋的反复，驻粤大员和朝廷都对广东地方的军事驻防十分重视，生怕再出差错。顺治九年八月，平南王尚可喜因耿继茂带军远征海南，忧虑广州城内兵员不足，遂向朝廷上奏：广东“地方底定，迩来粤西千警，省会单薄”[⑤]。这里的“单薄”是指兵力不足，清廷权衡利弊，命令靖南王班师回广州。九月，又以阿尔津为定南将军，率官兵赴广东，与平南王、靖南王合兵一处，以壮大清军在广东的力量。其目的有二：一是保卫已入清朝版图的地方，防止南明势力的再次侵扰；二是相机剿平广东境内尚未归顺的州县。清廷要求各带兵将领，“务以安民为首务，须严禁兵将，申明纪律”。[⑥] 清廷除了在广州一带布防外，还在广东与广西接壤的西部进行重点布防，以监控南明残余势力的活动。清廷在军事、文化上基本稳定广东后，立即着手恢复地方经济建设，下令在广东清查荒地，用以屯种。[⑦] 十二月，清廷还将部分官兵撤出广东，以节约开支，并整顿各项征收赋税的册籍，规定广东的赋役“仍令照万历四十八年则例征收”[⑧]。

不过，此时的南明政权仍在广西一带活动，由于广东处于南明政权活动的前沿，尤其是永历被奉为正统后，与台湾的郑成功保持若即若离的关系。而郑成功的抗清之举，也得到了广东部分民众的响应，顺治九年三月，郑成功围攻福建漳州，广东镇平、平远

① 数据出自朱保炯、谢沛霖主编《明清进士题名碑录索引》（上海古籍出版社，1980 年）、潘荣胜主编《明清进士录》（中华书局，2006 年）和［美］魏斐德《洪业：清朝开国史》（江苏人民出版社，2003 年，第 316—317 页）。

② A14－93，顺治九年四月二十一日之二十，皇帝敕命栗养志管广东南雄府副将事，第 7771 页。

③ A14－125，顺治九年六月一日之二，广东巡按杨旬瑛揭报道臣久病旷职应请罢斥，第 7861 页。

④ A14－179，顺治九年七月十九日之一，广东巡按杨旬瑛题报犯官病故，第 8039 页。

⑤《清实录》第三册，《清世祖实录》卷 67，顺治九年八月丁巳，中华书局，第 522 页。

⑥《清实录》第三册，《清世祖实录》卷 68，顺治九年九月癸未，中华书局，第 537 页。

⑦ A15－100，顺治九年九月十五日之一，户部尚书噶达洪题请饬查湖川两广无主荒地以资屯种，第 8421 页。

⑧ A15－96，顺治九年九月九日，户部尚书噶达洪题覆粤省顺治八年赋额册开不符应饬抚按详查，第 8401 页。

民众公开帮助郑成功，平南王尚可喜与广东巡抚李栖凤急忙发兵前往剿荡。[①] 与此同时，大西军余部孙可望、李定国等也与永历政权暂时和好，并率兵与清军争夺在广西的控制权，一度将清军赶出桂林，定南王孔有德“见城已不能守，回王府手刃宫眷数十人，亲将住室发火，自刎，被焚骸骨化为灰烬”[②]。其手下人马慌忙从桂林撤退逃入广东。清廷唯恐广东有失，遂任命尼堪为定远大将军，领兵兼程救援广西，并特发敕谕告诫平南、靖南二王，“切毋愤恨轻赴广西，倘贼犯广东，尔等宜图万全为上计”。[③] 但尼堪尚未进入广东，就在湖南境内被李定国设计打死。清廷在广东的统治局势再次陷入危机。

三、顺治后期广东社会的由乱到治

就在清廷感到难以控制广东局势之时，李定国这个一度给清廷在广东统治造成严重威胁的抗清名将，因与孙可望之间出现矛盾，顺治十年三月，他率部向广东发展，希望与台湾的郑成功会师，以期合力收复广州，并攻占了广东西部众多州县，广东战火再起。

就在李定国与广东西部清军激烈争战时，清军镇守广东东部的潮州总兵郝尚久也竖起了反清大旗。郝尚久原为李成栋的部将，后随李成栋降清，清廷对他一直怀有戒意，将其调为广东水师副将，郝尚久拒不服从。当他得知李定国在广西进攻广东的消息时，遂起兵响应，三月二十二日，郝尚久表示愿意接受南明的封赏，并在其管辖的范围内，“差官至县，挂示恢复，送给官防”，公开反清，还派人与李定国和郑成功联系。清巡道陆振芬、潮州知府薛信辰以及普宁、澄海、揭阳、饶平等知县，因拥清而被郝尚久拘捕。[④]

清军于是不得不在广东的东西两线交战，尚、耿二王唯恐落到孔有德的下场，不断要求清廷向广东增派援兵，五月，清廷命驻防江宁的哈哈木为靖南将军，率军赴广东增援肇庆，与平南、靖南二王相机剿除南明军队。[⑤] 与此同时，清廷又专门派洪承畴以兼兵部尚书、都察院右副都御史的名义总督军务，经略五省。[⑥] 所谓五省就是湖广、广东、广西、云南、贵州等地，“提督、总兵以下悉听节制，兵马粮饷悉听调发”。[⑦] 经过重新调整部署后的清军，不久就在广东西部将李定国赶回了广西。八月，平南王、靖南王亲自率兵全力围攻粤东的郝尚久。经过一个多月的拼死鏖战，郝尚久战败投井身亡。[⑧]

---

① A14－52，顺治九年三月三十日，广东巡按杨旬瑛题报平远失守并营将逃遁情形，第7649页。

② A17－123，顺治十年七月（日不详）之十五，广西巡抚陈维新揭报广西失陷定南王死难缘由，第9615页。

③ A15－117，顺治九年十月四日，平南王、靖南王揭报恭领敕谕谨遵天语固守疆圉，第8479页。

④ 台湾史料集成编辑委员会编：《明清台湾档案汇编》第一辑第三册，远流出版公司，2004年，第71—72页。

⑤ A17－40，顺治十年五月十日之二，皇帝敕命哈哈木为靖南将军，第9351页。

⑥ A17－58，顺治十年六月二日，大学士洪承畴揭为恳辞加衔，第9415页。

⑦ A17－81，顺治十年闰六月五日之一，皇帝敕命洪承畴经略湖广江西广西云南贵州五省，第9497页。

⑧ 徐鼒：《小腆纪年附考》上册，中华书局，1957年，第693页。

顺治十一年二月，经过短暂休整的李定国又率兵四万人由广西进攻广东雷州、廉州、高州，兵锋直指广东省会广州。四月，李定国以高州府署为王府，指挥抗清的军队攻下了广东西部大部分州县，并盼望台湾的郑成功能率师从东部回应，以收东西夹击清军之效，然后两军会合攻取广州。李定国选取新会作为他与郑成功军队的会师地点，为此他与清军在新会展开了长达半年之久的消耗战。清军鉴于新会存亡与广州安全的关系，全力死守，“新会城中食尽，清兵略人为脯，死者男女七万余人，而守益坚”。但因郑成功迟迟没有行动，李定国在清军的顽强守卫下渐渐难以支持，十二月中旬，清廷又派出靖南将军朱马喇等率满汉援军至新会，双方激战四日后，李定国全线溃退，不得不撤回广西。①

清军打败郝尚久、李定国后，立即选派官员到广东各地，加强对地方社会的控制。②广东又重新被清廷控制，南明复兴希望再次化为泡影。广东抗清势力尽管仍零星存在，但已构不成清军对广东统治的威胁，广东社会经济在清朝推行的各项制度的保障下逐步向前发展。

值得注意的是，顺治后期，在清军与南明军队的对抗中，广东百姓在心态上已与清朝保持一致，甚至出现了殉清之人，且人数与顺治九年以前殉明相比，数量明显增多，人心向清已成大势。如新会战役期间，守城清军因粮食告罄，不得不“杀人以食”，可被杀者却有为新王朝视死如归的心态，新会莫氏妇以身代婆婆充兵食，李氏妇则以身换夫充作兵食。清初，清明节之际，新会乡民有时在路途遇到清兵，会突然向士兵行跪拜礼，搞得士兵莫名其妙。乡民对此的解释为：“清明人各祭墓，吾父母及妻子皆在公腹。”③ 新会百姓对本应不共戴天的仇恨的化解，只能解释为他们在心态上已经接受清王朝的统治。清军面对新会城出现的女代父或母死、妻代夫死的场景，也极度痛苦，他们在杀人之时也是“哭而杀之”，以人肉果腹，从而保持体力以坚守城池。④ 这种杀人以食的惨烈场景，与唐朝安史之乱时的张巡守睢阳食人有异曲同工之处。百姓舍身是为了清兵坚守新会，而且在包围战期间，新会城内的百姓未曾出现过暗通李定国军的现象，军民团结使得新会城“守益坚”。而当李定国进攻高州时，“张月内应迎贼。游击陈武以兵寡不能抵敌，被贼杀死”。⑤ 张月投明，而陈武却因竭力效忠清朝，而被李定国军队杀死。郝尚久反清时，曾以明廷身份拘捕清朝惠潮巡道陆振芬和潮州知府薛信辰，逼迫陆振芬出任明朝官职，陆托病力拒，并暗中多次“遣其弟陆庆蕃、家人朱汀等密揭赴省”，约为清军内应。⑥薛信辰也遣子出城与清总兵吴六奇联系，后被郝尚久抓获绑缚教场，欲加杀害，“幸乡绅

① 钱海岳：《南明史》，中华书局，2006年，第3457—3459页。

② A17－135，顺治十年八月十九日之一，平南王尚可喜等题报肇庆重地亟需经制镇臣请速甄材专授，第9653页；A19－20，顺治十一年三月十五日之一，皇帝敕命徐烜巡视广东海道，第10425页。

③ 张岱：《石匮书后集》，《台湾文献史料丛刊》第五辑第100册，台湾大通书局，2000年，第482页。

④ 欧初、王贵忱主编：《屈大均全集》第四册，人民文学出版社，1996年，第242页。

⑤ A22－69，顺治十二年二月（日不详）之二十九，两广总督李率泰揭报武弁力战殉节请旨优恤，第12311页。

⑥ 台湾史料集成编辑委员会编：《明清台湾档案汇编》第一辑第三册，远流出版公司，2004年，第74—78页。

百姓号泣力保，暂免不杀”。[①] 可见，潮州乡绅百姓力保拥清的薛信辰，而不是同仇敌忾加以杀害，反映了陆振芬对清廷政策贯彻的到位，他在潮州“招集流亡，简省徭役，民始有更生之乐。时乱后法严，府县往往滥禁无辜，振芬定以逢五十日清理。二年之内，囹圄一空”[②]。他的举措为清朝在广东的统治赢得了民心。而吴六奇原本也是明“投诚原总兵”，世居丰顺，清军首次进入粤东，他就“倡先効顺，招抚地方”，效忠清廷。郝尚久反清，“六奇分途堵御，坚守程乡、大埔、镇平等处，忠勇深可嘉尚”。[③]

顺治十年之后，广东民众在心理上对清廷态度发生的变化，以读书人最为明显，这与顺治九年科举考试不无关系。士人一旦有机会通过科举考试取得晋升之阶，便可能将对旧政权的忠诚转移到新政权上。广东巡抚李栖凤在顺治十一年九月的一份揭帖中说：这一年八月在广州举行乡试，无论是归服的广肇惠潮南韶诸郡还是尚未恢复的高雷廉罗定等郡，“附籍诸生亦皆间关冒险而来，群请操觚就试”。当时有人“以兵兴之故”，欲停考试，李栖凤明确表示反对，认为若停止乡试，则“何以收涣散人心，慰踊跃归来之髦士也”。广东各地士人争相赶考，正是“人心归化”的象征。[④] 当时正值新会保卫战的关键时刻，学子们不畏险阻赶考，再次说明广东民众对清朝新政权的认同，已是出于内心的需要。

顺治后期，广东历经多次战乱，大批地方官员在战争中或流亡或死亡，李栖凤曾奏称：“东粤境内有司则委署过半，实授寥寥，虽经按例甄别，求其堪备三十府之选者，实难。”[⑤] 直到顺治十六年，广东巡按张问政在一份揭帖中还具体罗列各地缺员问题：“职入境时，见粤中员缺甚多，有已经部选因路远而悠忽不亟赴任者共六十六员；有欠缺而尚未选者大小共一百五十五员。伏思粤地距京万里，时事多艰，军兴旁午，地方实在需材。”[⑥] 可见当时官员缺职现象之严重。时广东巡抚董应魁也奏称：“粤东荒远之地，部选罕至，大半缺员。……及查文职衙门，尚有现在委署未得官员交代者，亦设处遴选，实授官员，次第接理。”[⑦]

清廷为了完成新旧政权在广东的平稳过渡，遂极力延请明朝知名士人主持广东工作。但对某些拒不出仕并以遗民自居的士人，清廷对他们的心态表示理解，不仅不强迫他们

---

① 台湾史料集成编辑委员会编：《明清台湾档案汇编》第一辑第三册，远流出版公司，2004 年，第 74—78 页。

② 《台湾文献史料丛刊》第四辑第 67 册，《碑传选集·陆振芬传》，台湾大通书局，2000 年，第 95 页。

③ A19 - 41，顺治十一年三月二十五日之四，平南王等揭请加设潮州协防官兵，第 10501 页。

④ 中国第一历史档案馆编：《清代档案史料丛编》第六辑，中华书局，1980 年，第 248 页。

⑤ A23 - 63，顺治十二年六月二十五日之二，广东巡抚李栖凤提报东粤遐荒才缺实难保举府官，第 12863 页；这类材料还可见于 A23 - 119，顺治十二年七月（日不详）之九，广东巡抚李栖凤揭报署官被贼掳去查无一落情由，第 13063 页；A24 - 45，顺治十二年九月（日不详）之二，两广总督李率泰揭请敕部查选有司，第 13387 页；A26 - 144，顺治十三年四月（日不详）之十四，两广总督李率泰揭明选官抚民钱粮兵马各况，第 14935 页；A27 - 23，顺治十三年五月十三日之四，广东巡按张纯熙揭报县官病故请补员缺，第 15059 页。

⑥ A34 - 28，顺治十六年闰三月二十六日，广东巡按张问政揭请铨补缺官並严催赴任，第 19057 页。

⑦ A35 - 32，顺治十六年十月（日不详）之九，广东巡抚董应魁揭报卫所职官委署缘由并请铨补，第 19653 页。

为官而且继续待之以礼，这在无形中也会感化他们，使之认同清朝，如阳春县梁应材“自甲午后，家产破废，避居山中。时两广李公率泰经临抚安，访求地方，劝驾入城，乃复还旧里寄一廛矣，所居萧然环堵，青蔬度日，自谓不失穷秀才本来面目”[①]。李率泰系当时两广总督。清廷在调整广东官僚机构的同时，也注意整顿吏治。顺治十三年，广东巡按张纯熙奏报，南雄所千总张安邦玩忽屯务，其手下倚恃屯军，因挑泥小事而打死县民丘文华，建议革去张安邦之职。[②] 清廷对贪官污吏也严惩不贷，“贪酷各官并有名蠹犯，在内的著法司提问，在外的著各该巡按御史提问具奏”。[③] 发生在广东的类似案例多得到及时处理。[④] 而对有政绩官员则予以褒奖，阳山知县熊兆师“催科不扰而额赋全完，抚字多方而流移安集”，因此受到褒奖。[⑤]

顺治后期，多次历经战乱的广东社会经济百废待兴，顺治十年十月，户部尚书车克在广东调研后上奏：“惟是粤地迩号凋残，新造之邦，今当寇逆交讧之会，屯盐两事，尤属万难。盖寇炽则屯地被踞，路梗则盐道不行。而田亩之抛荒与埠引之旷逋尚不与焉。故自臣入境至今，尤极力振刷，如屯田之丈勘荒熟也，臣即督行各屯官与县印官履亩亲勘，并行招徕开垦，甫有头绪也。”[⑥] 当时不断有大员向朝廷禀报广东经济凋敝情况，“粤地大兵之后，继以凶年，旧岁南韶广肇三秋不雨，千里焦枯，琼郡海外狂飓霪淋，人民漂溺。高雷廉虎狼载道，土满人稀，惠潮闽寇披猖，城野离散，此皆灾害并至，催抚维难，……自旧年四月恢复雷州迄今将及一年，粮饷止领五个月，尚余六个月分毫全未支领。兵丁妻啼子号，菜色鹄形。如正月间兵丁邓杨等天寒风雨，竟尔冻死；陈鼎等脱逃觅食，竟尔投井。种种疾苦，难以殚述”。[⑦] 连驻防官兵都冻饿而死，投井、自缢的现象也时有发生，可见广东缺粮的严重程度。为了加快广东经济恢复的步伐，以解决兵饷问题，地方官员甚至要求将某些原先禁止的行业也向民众开放，“近据罗定州东安县知县传弘详报，商人王俞胜愿纳饷银开该县圣较山铁炉。职批行布政司确查开炉有资兵饷，并与地方无碍”。[⑧] 顺治十八年，广东总督李栖凤请求朝廷下拨军马粮草，以加强广东设防，“广省自克服以来，山海之区有潢池之窃弄，有草泽之逞雄，非重兵无以压乱，非重饷无

---

① 谭棣华、曹腾騑、冼剑民编：《广东碑刻集》，广东高等教育出版社，2001 年，第 446 页。

② A28 - 114，顺治十三年八月（日不详）之十，广东巡按张纯熙揭报所弁刑毙平民查已病故无凭究拟，第 15997 页。

③ A35 - 59，顺治十六年十一月九日之三，广东巡按张问政揭报钦件难结请准宽限，第 19785 页。

④ A23 - 102，顺治十二年七月二十三日，广东道监察御史焦毓瑞题参部臣刘昌徇私滥差请赐处分，第 12993 页；A27 - 20，顺治十三年五月十三日之一，广东巡按张纯熙题报劣弁令兵踢毙人命审实应绞，第 15047 页。

⑤ A37 - 24，顺治十七年六月二十七日，广东巡抚董应魁题报县官催科有术请准给由，第 20795 页。

⑥ A18 - 2，顺治十年十月十一日，户部尚书车克题覆广省民屯二粮未完请敕追征，第 9805 页。

⑦ A27 - 42，顺治十三年五月二十四日之一，广东巡抚李栖凤题报粤东缺饷已极请速拨济，第 15135 页；A30 - 41，顺治十四年一月二十八日之一，靖南王揭报粤地养马维艰请增给马料，第 16925 页；A32 - 38，顺治十五年三月十五日，广东巡抚李栖凤题报兵丁月米不便议裁请照例一体支给，第 17953 页。

⑧ A27 - 133，顺治十三年六月十三日之二，广东巡按张纯熙揭请修复铁炉召商纳饷，第 15525 页；A29 - 1，顺治十三年九月十三日，大学士管户部车克题覆粤东铁场应准开炉并饬查地方利弊，第 16105 页。

以资兵”。他在奏折中强调“足兵先宜足食”，粤省兵马繁多，各项开支，岁共需银183万余两，共需米及马料谷折米共计50余万石。而当时广东每年仅有起存银96.7万两，米46万余石，缺米4.17万多石，缺银86.5万两。① 于此也可见广东经济的凋敝。

四、结论

顺治朝统一中国之后，通过武力与怀柔相结合的手段，很快稳定了统治局势。清廷强调对明朝政策的延续性，特别重视笼络和驾驭士人为之服务，而士人自明代以来已成为控制基层社会的重要力量，因此，控制了士人也就基本上掌控了统治广东社会的枢纽。顺治期间，清廷几乎原封不动地搬用了明朝科举考试的办法来笼络士人，并得到了士人的呼应，顺治九年广东籍士人考中进士，标志着明朝在人们心目中的远去。之后，即使是战火纷飞，广东科举考试却如常进行，清廷通过对读书人的控制，带动了广东民众对其统治的认可，由忠明转变为忠清，这一转变由点到面地渗透到社会各个层面，顺治十一年清军在新会展开的守城战和顺治七年攻打广州的围城战，广东民众心态的表现已是完全相反的立场。

顺治时期，广东民众在清军与明军展开的长期争夺战中，经历了饱受杀戮之恐慌，最终从战争狼烟中走出，后又经历康熙年间“三藩之乱”，终于融进了新政权的母体。清朝赢得广东民众的拥护，与其沿袭和修正明朝统治政策大有关联。生活在顺治时期的广东人，不仅饱尝了生活的艰辛和战争的灾难，还需面对着是继续拥护明朝抑或投靠清朝的痛苦抉择。传统的忠君观念和生存欲望在他们的内心深处进行着激烈的碰撞，这对于当时的广东民众来说可谓是一个艰难的抉择。对普通民众来说，他们无法左右历史的进程，也许顺应历史发展的大势，求得社会经济的稳定发展，才是普通民众的真正价值取向所在。所以他们无论情愿与否，最后都接纳了清朝的统治。广东终于洗去了战争的尘埃，民众也很快投身到社会经济的恢复发展之中，在清王朝的社会经济中扮演了越来越重要的角色，并迅速发展成为社会经济较发达区域，这也说明了明清时期的王朝统治是一个连续的历史时代。②

（作者：刘正刚，暨南大学历史系教授；乔玉红，暨南大学历史系在读博士生）

① A37-93，顺治十八年十一月十八日，广东巡抚李栖凤题报兵马钱粮不敷请敕部酌济，第21071页。

② ［美］高彦颐著，李志生译：《闺熟师：明末清初江南的才女文化》，江苏人民出版社，2005年，第25页。

清代直隶的留养局及其运作机制

吴宏岐　郝红暖

【提　要】清代直隶留养局的广泛设立，作为民间慈善组织在直隶扩展的重要步骤，与直隶总督方观承的行政倡导密切相关。留养局的规模与形态结构与其性质相适应，资金筹备和日常管理具有民办特征，资金运作采用了商业化基金生息的方式，是官民合办的慈善组织。

【关键词】清代　直隶　留养局　运作机制

善会善堂研究是目前中国传统慈善事业研究中备受关注的一大热点，日本学者夫马进出力尤多，其所著《中国善会善堂史研究》中认为“育婴堂恐怕可以称为明清时代出现的众多善堂之中最为广泛、最为普及的善堂”①，台湾学者梁其姿持大致相同的观点，其具体统计结果为全国共建育婴堂973个②。其实，夫马进所说是就全国范围而言基本合于史实，但对部分省份来说则有些偏颇。笔者所见清代直隶曾设育婴堂仅11所③，而设留养局561所，每个州县平均设局近四所，在直隶省其数量和普及程度可以与晚清时期江南地区的育婴堂相媲美。留养局是直隶各地最普及、数量最多的慈善组织，对认识全国范围内各类慈善组织的比例与地位作用具有重要影响，却一向不被学者所重视，梁其姿的善会善堂统计中甚至未将其包括在内④。目前所见对清代直隶留养局的研究多为一般性概述⑤，甚至将其与养济院混为一谈⑥。本文拟以直隶各种方志资料为基础，仅对清代直隶留养局的建立及运作机制等问题作初步探索。

---

① ［日］夫马进著，伍跃、杨文信、张学锋译：《中国善会善堂史研究》，商务印书馆，2005年，第126页。

② 梁其姿：《施善与教化：明清的慈善组织》，河北教育出版社，2001年，第328页。

③ 笔者所见清代直隶全省仅设置育婴堂11所，具体情况不一一列出。

④ 梁其姿统计直隶创建的栖流所有157所，占全国总数的47.4%，远远超出苏浙两省的10.3%。笔者所见直隶栖流所的资料仅三处（遵化州、磁州、良乡县），与此统计数据相差甚大，梁先生将直隶留养局归入栖流所统计也未可知，但直隶所创办留养局有561所，与此数据也不相符，暂且存疑。参见梁其姿：《施善与教化：明清的慈善组织》，河北教育出版社，2001年，第331页。

⑤ ［日］夫马进著，伍跃、杨文信、张学锋译：《中国善会善堂史研究》附篇一《清代沿海六省的善堂普及情况》，商务印书馆，2005年，第655—705页；陈桦、刘宗志：《救灾与济贫》（中国人民大学出版社，2005年）也有介绍直隶留养局的内容。

⑥ 刘瑞芳、郭文明：《从地方志看清代直隶的慈善事业》（《社会学研究》1998年第5期），将留养局与养济院一起作了概括性研究，没能区分其性质。

文中所用资料有必要作一说明：夫马进研究中曾指出直隶总督方观承曾将各地留养局的资料编为《养局案记》一书，但此书现存于美国国会图书馆，笔者无法得见，至于直隶各州、县志对其情况记载也比较简略，这就给相关研究带来了不小的困难。所幸同治《畿辅通志》有对各地留养局情况的详细汇总，疑为《养局案记》的抄录，并且还增加了道光时期留养局调整的内容，故以同治《畿辅通志》卷110《经政略·恤政·留养局》为基础，州县志作为补充，是本研究的主要文献基础。

一、方观承与直隶留养局的广泛建立

（一）建立时间

关于直隶留养局，直隶总督方观承曾在乾隆三十一年（1766）的一份奏折中提到“直隶各州县设有留养局五百六十一处”[①]，创设时间没有提及。查方观承在一篇碑记中提及“直隶留养局计五百六十一处……乾隆己卯（乾隆二十四年即1759年）尝□□省辑成《养局案记》，到今又乃十年”[②]，说明乾隆二十四年曾整理了直隶各地留养局的资料，五百六十一处是该年的统计，乾隆二十三年或二十四年为其创办结束时间，始创时间仍未明朗。

夫马进研究认为“除望都县留养局设立于乾隆十三年（1748）以外，其他的留养局设立年代均集中于乾隆十五年到乾隆二十五年之间”[③]。但在其注释中又根据该县知县任期和资金筹备情况认为望都县所记载的乾隆十三年为十五年之误。此说或有一定道理，但文献记载留养局创办于乾隆十三年者并非望都县一处。乾隆三十年成书的《阜平县志》明确载留养局“乾隆十三年，制府方公置”[④]，因其成书时间与留养局创办时间接近，记录有误的可能性不大。而且同治《阜平县志》中明确指出“乾隆十三年知县罗仰镳奉制府方观承文创设留养局二”[⑤]。此外乾隆《新修高邑县志》也在留养局记有“乾隆十三年制府宫保方公奏饬各州县建”[⑥]，不过高邑县正式筹资运营生息却始于乾隆十五年[⑦]。民国《磁县县志》也有“清乾隆十三年，直隶总督方观承令直隶各属设立留养局，以备冬日留养”[⑧] 的说法。这些资料反映两层含义：其一，留养局设立与直隶总督方观承的命令有

① 方观承：《方恪敏公奏议》卷8《淀泊河滩淤地议令贫民及留养局分种》，文海出版社，1975年，第1184页。

② 乾隆《安肃县志》卷14《艺文·漕河留养局碑记》（宫保方观承）。

③ ［日］夫马进著，伍跃、杨文信、张学锋译：《中国善会善堂史研究》附篇一《清代沿海六省的善堂普及情况》，商务印书馆，2005年，第692页。

④ 乾隆《阜平县志》卷4《恤政志》。

⑤ 同治《阜平县志》卷4《政典志下·恤政》。

⑥ 乾隆《新修高邑县志》卷10《赋役考·赈恤》。

⑦ 乾隆《新修高邑县志》卷10《赋役考·赈恤》留养局条下载：“乾隆十五年知县李冕暨士商捐银一百五十两，于乾隆十六年六月商领营运。”

⑧ 民国《磁县县志》第18章《救济事业·留养局》。

关；其二，命令发布时间在乾隆十三年，直隶留养局也始创于此年。此外，方观承在《议覆地方生息劄子》奏折中指出“自乾隆十三年以来，通省设局五百六十一处”①，也说明直隶留养局之设始于乾隆十三年是很明确的。

夫马进也强调了直隶留养局是在方观承任期内设置的②，但其根据是方观承乾隆十四年（1749）始任直隶总督，对文献所载乾隆十三年的问题未作讨论。查《清史列传·方观承传》，方观承的确从乾隆十四年底至三十三年（1768）大部分时间担任直隶总督，但在此之前，其也有在直隶任职的经历。乾隆七年七月，授直隶清河道，八年迁按察使，九年十月迁布政使，直到十一年署山东巡抚，十二年二月回直隶布政使任，十三年三月擢浙江巡抚。③ 乾隆十三年设立留养局当是其第二次任直隶布政使时的命令，因乾隆十三年三月方观承擢升浙江巡抚，该命令当时仅在个别地方得以执行，直到乾隆十四年再回直隶担任总督后该命令应当再次被重申，并形成大规模建设的高峰期。

直隶留养局大部分采用基金生息的办法作为日常开支的主要来源，创办留养基金也是留养局创办工作的一项重要内容。很多资料记载显示，部分州县留养局创办时间早于留养基金的筹备时间，两项工作并非同步。可能在留养局创办初期还没有制定统一的留养生息办法，很多地方是先设局，后来才筹备留养基金的，故而部分地区留养基金创办带有滞后性。夫马进根据任县留养基金创办于乾隆十五年而对其留养局始创于乾隆十三年产生怀疑，并没有充足的根据，直隶留养局始创时间应该以其最早创建者的时间为准，如高邑县乾隆十三年建局，乾隆十五年筹资生息，但以创建时间而言，还是应当确定在乾隆十三年。

夫马进认为直隶留养局集中创办于乾隆十五年（1750）至二十五年（1760），此说大致不误，但也有需要补充、商榷之处。据笔者所见资料，乾隆十五年以前，的确一些州县留养局的创办工作就已经开始，但基本上也是先设局，后筹集基金。如东明县留养局“乾隆十四年奉文建设”留养局十二所，在创办初期“俱无田产以为米薪之资”，直到“乾隆十七年知县钟凤翔募银七百两，发盐当商分半生息”④，才开始创办留养基金。另外，灵寿县留养局“乾隆十五年知县欧植仁置”⑤，但具体经营情况不详。

乾隆十五年以后，留养局的创办日益增多。其中，乾隆十六年（1751）至十九年（1754）之间，可能是创办的高峰期。如任丘县留养局“乾隆十六年知县陈文合奉建”⑥，行唐县“乾隆十六年制宪方公奉明令各州县于城乡通衢建房留养贫民。行唐知县蒋栏暨士商捐银三百二十两，交商营运”⑦，河间县留养局“乾隆十六年前令解承毓奉檄建”⑧，

① 乾隆《正定府志》卷14《惠政下·节录议覆地方生息劄子》。民国《威县志》卷16《慈善事业·官民共办慈善事业》中也有“直隶总督方观承议复地方生息劄子”的抄录。

② ［日］夫马进著，伍跃、杨文信、张学锋译：《中国善会善堂史研究》附篇一《清代沿海六省的善堂普及情况》，商务印书馆，2005年，第692页。

③ 不著撰人：《清史列传》卷17《方观承》，中华书局王钟翰点校本，1987年，第1292—1295页。

④ 乾隆《东明县志》卷2《建置志·社学 留养局附》。

⑤ 同治《灵寿县志》卷2《建置志·官舍》。

⑥ 乾隆《任丘县志》卷2《建置志·恤政》。

⑦ 乾隆《行唐县志》卷5《惠政志·留养局》。

⑧ 乾隆《河间县志》卷2《建置志·义田·养济院 留养局附》。

保安县留养局“乾隆十六年知州乔焞修建”[①]，隆平县留养局也于此年创办。[②] 此外大城县、完县、曲周县、大名县、开州、东光县、赤城县、万全县、龙门县、晋州、无极县、遵化州、广昌县、赵州、高邑县、临城县、宁晋县、安平县等都于本年将筹集的资金发商生息[③]。因资料记载缺失，此时留养局与留养基金是否同时设立并不明确，但按照常理推断，在确定设立留养基金的方案后，那些以前没有设置留养局的州县，两项工作应该是同时进行的。

乾隆十七年（1752）、十八年（1753）设局或设留养基金者数量较少，见于史书记载的有：正定县留养局“乾隆十七、十九年知县高崶、来仪建”[④]，定兴县留养局“乾隆十八年知县麻廷璥倡捐银二百五十两，于乾隆十九年商领营运”[⑤]，永年县[⑥]和宁津县[⑦]也分别于本年创设了留养基金。

乾隆十九年（1754）是留养局创设的最高峰，祁州留养局“乾隆十九年署知州罗以桂奉制宪方置”[⑧]，新乐县留养局“乾隆十九年知县潘仙机、杨大猷建”[⑨]，元氏县[⑩]、沙河县[⑪]留养局也于本年设置。此外，据同治《畿辅通志》卷110《经政略·恤政》统计，直隶148州县中本年开始正式创办留养基金生息者53处，占全省州县总数的38.97%。

乾隆十九年以后创办留养局的州县数量较少，资料所见通州[⑫]和满城县[⑬]留养局皆乾隆二十年（1755）建，内丘县留养局“乾隆二十一年知县孙尔周建”[⑭]，西宁县留养局也建于同年。[⑮]

夫马进认为最晚建立者为任县留养局，建于乾隆二十五年（1760），其所依据的资料当是民国《任县志》，该志记载说：“乾隆二十五年知县方瞻泽（峄）捐银一百六十两，知县邓材捐银一百两，共发商生息。”[⑯] 但笔者认为此说有误。检同治《畿辅通志》，说是

① 道光《保安州志》卷3《地部之卷二》。

② 乾隆《隆平县志》卷2《建置·留养局》。

③ 详细内容参见同治《畿辅通志》卷110《经政略·恤政》。

④ 光绪《正定府志》卷12《公署新·仓廒　留养局附》。

⑤ 光绪《定兴县志》卷2《建设志·庶政》。

⑥ 同治《畿辅通志》卷110《经政略·恤政》。

⑦ 光绪《宁津县志》卷5《经政志·恤政》。

⑧ 乾隆《祁州志》卷2《建置志·官所》。

⑨ 新乐县志办公室编：《新乐县旧志汇编》卷11《赈恤·养济院、留养局、义冢》，1987年6月内部发行本，第456页。

⑩ 乾隆《元氏县志》卷2《建置志·馆舍》载留养局“乾隆19年奉制宪方公置”。

⑪ 乾隆《沙河县志》卷2《建置志·廨署》载：“乾隆19年奉督宪方檄饬建设。”

⑫ 光绪《通州志》卷2《建置志·局所粥厂》载：“留养局，旧未设立，乾隆十九年直隶总督方公观承檄令直属通筹留养孤贫之法。二十年知州（官辛）如春详明于东关外给孤寺内捐建土房十间，并劝捐银三百九十七两。”

⑬ 乾隆《满城县志》卷4《建置志·留养局》载：“乾隆二十年县尹皮殿选承各上宪意，于方顺桥建留养局一座。”

⑭ 同治《畿辅通志》卷110《经政略·恤政》。

⑮ 同治《西宁县志》卷2《建置志·廨宇》。

⑯ 民国《任县志》卷2《建置志·官舍》。

任县“知县方瞻峄倡捐一百六十两，乾隆二十年营运”，“又知县邓材捐银一百两，于乾隆二十年营运如前”，可知民国《任县志》所记乾隆二十五年当是乾隆二十年之误。

此外，笔者亦见到涿州和良乡县留养局于乾隆二十三年（1758）设立的记载，民国《良乡县志》记载良乡县“清乾隆二十三年奉总督方题请直隶各属设局”[①]，同治《畿辅通志》记载涿州留养局“乾隆二十三年奉文建”[②]。但也有不同的记载，民国《涿县志》说涿州“知州程有成倡捐二十五两，乾隆十九年营运”[③]，而同治《畿辅通志》则说良乡留养局的筹资情况是，乾隆十九年王超捐25亩、白玉庵僧普玉捐地1顷42亩、知县杨乔置买42亩、房10间，[④] 说明乾隆二十三年前两州县的留养局已经设立。大概是因民国县志晚出，对于前史情况已不甚清楚，其所载相关时间可能有误。总的说来，直隶所属州县留养局最后创办时间仅根据方志所载尚不能完全确定。但据上文方观承所言乾隆已卯（二十四年）整理《养局案记》，以及有关方志所说“于乾隆二十四年，以通筹地方生息，取进止，公为序其事，而刻之”[⑤]，可以大致推测，乾隆二十四年（1758）直隶各地留养局当已大体设立完毕，才会有各地留养资金资料的整理，这就是说，可以将清代直隶留养局全省普及和资金筹备基本稳定的时间，大致推定为乾隆二十四年。

（二）建立原因

直隶留养局的广泛设立是在直隶总督方观承的倡导下完成的，全省共设局561处。由于行政指令的传达和政策执行的滞后性，各地留养局创办时间不统一。并受方观承乾隆十三年三月至十四年底擢升浙江巡抚的影响，乾隆十三年下达的命令未能迅速执行，直到乾隆十四年后，大规模建设才相继展开。留养局创办初期尚未形成统一的资金运营机制，故早期表现为局房先设，资金晚筹的局面，乾隆十四年以后才逐渐同步进行。直隶大部分州县留养局的创建高峰都集中在乾隆十六至十九年，以乾隆二十四年整理《养局案记》为标志，筹建工作完成。留养局的广泛设立是方观承在总督直隶期间的重要政绩，但《清史稿·方观承传》对此没有任何提及，不能不说是一大缺憾。

设置留养局的目的是弥补养济院之不足。明清以来官方广泛设置养济院，平均每州县一所，以本籍贫民为收养对象，外地流民不能得到有效救助，孤贫定额也限制了享受救助的孤贫数量。为了弥补养济院的不足，有必要设置新的慈善组织。很多方志作者对此有明确表述：“留养之设所以通病坊流所之穷，而普养济院之所不及者也”[⑥]、“（养济院）恤邑内孤贫之政也，至于外来羸病之徒饥寒交迫则不免于道殣相望，故必设局以留养之”[⑦]、“（留养局）以佐养济院所不及”[⑧]，其“冬月留养贫民，春融遣散，其有笃疾废

① 民国《良乡县志》卷2《建置志·公署》。

② 同治《畿辅通志》卷110《经政略·恤政》。

③ 民国《涿县志》第4编第2卷《党政组织·团体》。

④ 同治《畿辅通志》卷110《经政略·恤政》。

⑤ 乾隆《正定府志》卷14《惠政下》。

⑥ 乾隆《涞水县志》卷2《建置志·公署》。

⑦ 道光《武强县新志》卷2《营建志·留养局》。

⑧ 民国《青县志》卷3《舆地志·建置篇·杂置》。

疾及年过七十者则常留在局”[①]，以本地不能享受养济院名额者和外地流民的孤贫为留养对象，收养时间以冬季为限，个别情况可灵活对待。临榆县“留养局……收养道路贫病无依之人及本地孤贫之不在额者”[②]、阜平县“以收养行旅贫病中途者”[③]、顺德府“于海会庵增设留养局以处道路之贫病，在邑在野皆有所归云”[④]。但从文字表述看，留养局可能以外地流民为主要收养对象，即所谓“遇有外来羸病者即安置局内”[⑤]。无论是收养本地贫民还是外地流民都没有名额限制，而是根据实际情况进行，说明留养局比养济院更能符合实际需要。

方观承倡导在直隶各地建立留养局的主观原因应与他的个人经历有很大关系。方观承年少时父祖获罪被流放东北，他“岁与兄观永徒步至塞外营养，往来南北，枵腹重趼。数年，祖与父皆没，益困。然因是具知南北厄塞及民情土俗所宜”[⑥]，后来又曾参加过对准噶尔的战争，并因被乾隆皇帝赏识而逐年升迁。幼年经历使其对流民生活非常熟悉，长期的塞外生活也使其深知北方冬季寒冷气候是贫民生存最大的威胁，使其在政治实践中对贫民的冬季留养问题极为关注。这与朱元璋当年推广养济院的最初动机很相似。[⑦]

清代直隶留养局的创建，大概也是借鉴前代已有冬季留养贫民慈善组织经验的结果。据相关研究，宋代庆历年间富弼知青州时就曾采取了一系列安辑流民的措施[⑧]，可谓冬季留养贫民的最早源头，“兹直隶设局留养实与当年青州随地安处之法先后一辙”[⑨]，乾隆《衡水县志》也将留养局的设立与富弼知青州相提并论。[⑩] 明代吕坤设想的冬生院是留养局的直接理论来源，很多方志也对此屡屡提及，称留养局为“其斯为新吾先生之实政也”[⑪]、“前明吕新吾先生悯天下穷民转徙流离特设冬生院，……诚先生之善政也。国朝制府桐城方公创建留养局，悉本此意”[⑫]、“与新吾冬生院有同美也”[⑬]。此外，各地冬季留养的实践也积累了经验。早在明代直隶某些州县就尝试设置冬生院，束鹿县“高阳孙文正公河神祠记：万历中滹沱异涨，冲没田庐，知县袁梦庚筑冬生院，收恤灾黎”[⑭]，房山

① 乾隆《正定府志》卷14《惠政下·节录议覆地方生息劄子》。

② 乾隆《永平府志》卷4《建置志·惠政》。

③ 同治《阜平县志》卷4《政典志·恤政》。

④ 同治《畿辅通志》卷110《经政略·恤政·留养局》。

⑤ 民国《柏乡县志》卷4《赈恤·留养局案记条规》。

⑥ 赵尔巽、柯劭忞等：《清史稿》卷324《列传181·方观承》，中华书局内部发行本，1977年，第10825页。

⑦ 朱元璋洪武八年（1375）谕中书省：“昔吾在民间，目击鳏寡孤独饥寒困踣之徒，心常恻然。……尔等为辅相，当体朕怀，不可使一夫不获也。”见（清）龙文彬撰：《明会要》卷51《民政·恤鳏寡孤独》，中华书局，1956年，第959页。

⑧ 周秋光、曾桂林：《中国慈善简史》，人民出版社，2006年，第117页。

⑨ 乾隆《隆平县志》卷2《建置志·留养局》。

⑩ “富郑公知青州，推行其意，而变通之。流民安辑他处，郡县皆以青州为法”，“制府方公在直藩时，行令州县，于城市乡村设局留养”，见乾隆《衡水县志》卷3《建置志·公署》。

⑪ 乾隆《正定府志》卷14《惠政下》。

⑫ 光绪《获鹿县志》卷7《保息志》。

⑬ 光绪《唐县志》卷5《经政志·恤政》。

⑭ 嘉庆《束鹿县志》卷3《建置志·公署》。

县崇祯年间知县张肇林“于城隗隙地营建百室，曰冬生院，处乡民之无依者”①，甚至晚清时期新建类似留养局的慈善组织仍有名之“栖冬院”② 或“冬生院”③ 者。清代初年直隶部分州县也曾专门设立收养流民的栖留所等慈善组织，康熙四十一年（1702）磁州知州蒋擢设立了栖留所④，雍正八年（1730）遵化州知州贾圣桧建立了栖留所两处⑤。夫马进认为直隶“留养局继承了当时已有的冬生院和栖流所，以及附设于寺院的冬季施粥所，并且对他们做了改进”⑥，应该是一种比较合理的解释。但留养局的名称并不始于直隶，雍正十三年（1735 年）《西安府城图》在西关接官厅旁就标有留养局⑦，为目前所见最早者，但其具体出现时间，尚待发掘更多资料。因而，乾隆年间直隶留养局的创办是综合当时所有冬季留养贫民的思想和经验，采用留养局的名称并将其在直隶推广和普遍化。

二、留养局的房屋来源与建筑形式

（一）数量与设局位置

直隶全省共设置留养局 561 所（共 148 州县厅），平均每州县近四所。设局位置主要选择在“城市集镇冲途孔道”⑧，也有人称之为“设于城镇之衢，村落之聚”⑨，即城关和四乡交通便利的重要集镇，几乎涵盖县城四周的各个方位，也说明直隶慈善组织在乾隆时期就开始向乡村扩展。如冀中柏乡县留养局三处，分别设在县南关玉虚观、城西南二十里南瀑水村同果寺、城北三十里雨花庵⑩，晋州四处设在城磐石寺、西北路李家庄岳王庙、东北路侯家堡真武庙、东南路马于村岳王庙⑪，唐县三处设在县南关、县东北高昌村、县西北军城镇⑫，冀南东明县十二处留养局分设在四关四路⑬。

留养局位置选择上的特点是由留养对象决定的。城关作为城乡结合部，一般为贫民

① 民国《房山县志》卷 4《政治 · 荒政》。

② 定州栖冬院在署东，同治十一年（1872）知州陈庆滋筹款捐置，见同治《畿辅通志》卷 110《经政略 · 恤政 · 留养局》。

③ 冀州冬生院在南门外，光绪二年知府陈庆滋署冀州筹款捐置，见同治《畿辅通志》卷 110《经政略 · 恤政 · 留养局》。

④ 由知州捐俸设立房屋三间，流民“每人每日官给钱三十文，一月一发，保地领钱按名给散”，即支出官方资金，并由地保管理，应属于地方官办性质。参见康熙《磁州志》卷 5《建置志 · 杂建》。

⑤ 同治《畿辅通志》卷 110《经政略 · 恤政 · 留养局》。

⑥ [日] 夫马进著，伍跃、杨文信、张学锋译：《中国善会善堂史研究》，商务印书馆，2005 年，第 691 页。

⑦ 史念海主编：《西安历史地图集》，西安地图出版社，1996 年，第 126 页。

⑧ 民国《柏乡县志》卷 4《赈恤 · 留养局案记条规》。

⑨ 乾隆《宣化府志》卷 36《艺文志 · 书纪 · 宣化留养局碑记 · 黄可润》。

⑩ 乾隆《柏乡县志》卷 5《赈恤 · 留养局附》。

⑪ 乾隆《晋州志》卷 9《艺文志 · 劝捐义棺详文 · 晋州知州蒋祝》。

⑫ 光绪《唐县志》卷 5《经政志 · 恤政》。

⑬ 乾隆《东明县志》卷 2《建置志 · 社学附》。

和流民相对集中的区域，四乡交通发达的集镇，也往往是流民来往较多的地区，同时也方便本籍贫民的就地留养。与县城内仅有一所养济院相比，留养局的数量和设局位置的选择，更有利于节省成本、方便执行、扩大救济实效。与其他慈善组织相比，直隶留养局的收养对象是最广泛的，留养局设施分布之广也几乎可与晚清时期江南地区的育婴组织相媲美，而其普及时间却远早于这些育婴组织，对此应给予足够的重视。

（二）房屋来源与建筑形式

为节省成本，留养局建立之初并没有开展统一大规模的建设，其房屋多根据各地实际，“有购地新建者，有就官房改设者，有依寺庙租赁者”① 等多种形式。新建局房者也没有养济院那样严格的建筑模式，图1所示两种建筑形式之区别清晰可见。左侧养济院整齐划一，是类似官方衙署的建筑格局，有独立的院墙、大门、匾额、官厅，建筑形式讲究中轴线布局，南北纵深较长，三进院落，男女收养处各占一进，门厅和官厅占据一进，官方办事机构在布局中占主导地位，其官办性质一览无余。留养局则相形之下极显简陋，建筑布局以实用为主，煮粥处位于男女所中间，显示其以供贫民饮食为主，仅有少量房屋可供个别长留在局或过往流民居住。房屋前后的空基较大，也显示其救助对象多是非固定人员，空基可根据需要临时搭建草棚或向更多贫民实施救助。留养局的这种布局与其功能是吻合的。

此外，新建留养局的建筑材料也不固定，有瓦房、土房、草房甚至还有土棚，区域间没有明显差别。如衡水县留养局“一在杜家街西，瓦房三间，南北厢房各二间，垣墙大门俱完备。一在赵常十字街路难，土房二间。一在新集村东首路北，土房二间。一在张官铺村中间，土房二间。一在留中堡村西首，土房二间”②。献县“城内北街一所，门连屋三椽，西北屋各三椽。单桥局一所，屋三椽。大章局一所，屋二椽。淮镇局一所，北屋二椽，西屋一椽。商家林局一所，屋二椽”③。开州则是“一在东关地藏庵，瓦房三楹，一在北关三官庙，土棚三楹，一在柳下屯西街，草房二楹，一在庆祖集太山庙，瓦房三楹。一在井店集关帝庙，瓦房二楹”④。每所留养局平均局房3～4间，建筑规模普遍较小，也是由其留养对象的临时性和非固定性决定的。

由官房改建为留养局的情况相对较少，赤城县留养局就是“改县城南门外官房为之”⑤。而依庙宇而建者则占据多数，如蓟州留养局设在“眼光娘娘庙、上仓娘娘庙、别山娘娘庙、邦均娘娘庙、马伸桥三官堂”；肥乡县“县北关漳河庙、旧店集龙王庙、天台山天台寺、南屯庄娘娘庙”；宁晋县“县南关关庙、北关真武庙、东陈村玉皇庙、换马店关庙、四芝兰玉皇庙、周家庄观音堂”；大名县“城东龙王庙、城西南边马集太山庙、城

---

① 《留养局案记条规》，见民国《柏乡县志》卷4《赈恤》。

② 乾隆《衡水县志》卷3《建置志·公署》。

③ 民国《献县志》卷3《舆地志·建置篇下·仓局》。

④ 嘉庆《开州志》卷2《建置志·廨署》。

⑤ 乾隆《赤城县志》卷2《建置志·恤政》。

北前屯村观音寺"[1]；正定县"在城崇因寺、南十里铺弥陀寺、伏城驿关帝庙"[2]；获鹿县十八处留养局全部依赖庙宇而建[3]。

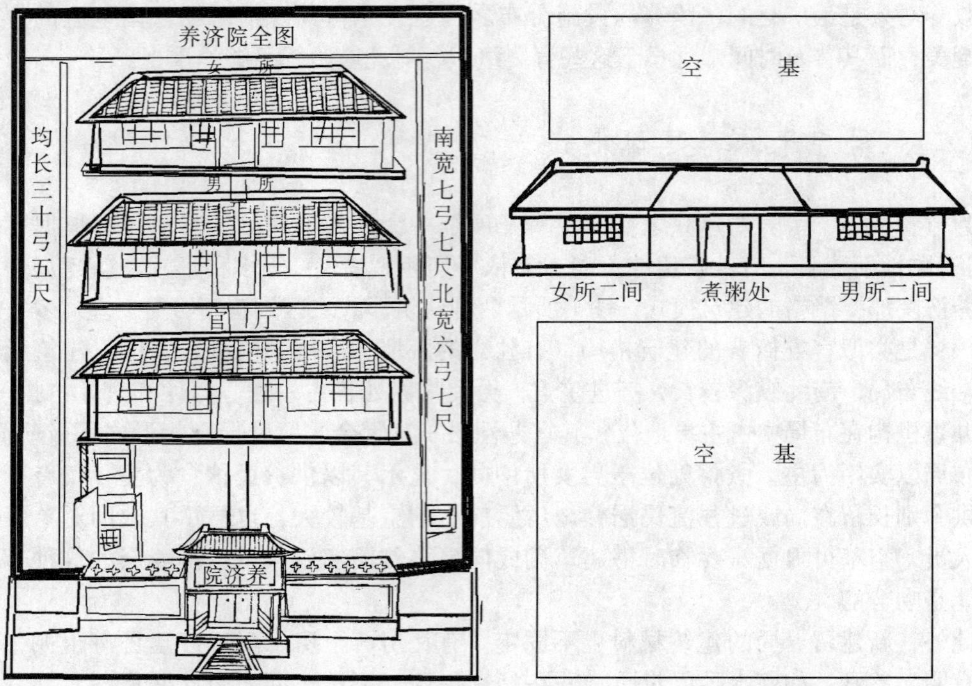

图1　清代直隶永清县养济院图与留养局图

说明：据光绪《永清县志》卷3《建置图》中的养济院图和留养局图绘制，左为养济院图，右为留养局图。

租赁民房设留养局的情况也不是少数：宣化县沙岭堡、响水堡、榆林堡各租房三间设局[4]；献县"单家桥、淮镇、大章各赁房二间"；万全县"在城关庙赁房四间、太师庄赁房六间"；房山县"赵各庄赁房五间"；武清县"崔黄口赁房三间"；清苑县"西藏村赁房三间"；广平县"村集孟固堡各赁房三间"；邯郸县"河沙赁房三间"[5]。

有些地方也会在原有局房不敷居住的情况下采取临时租赁房屋的办法留养贫民，赤城县"至不敷居住，临时再赁客店"[6]。在原有局房倾圮情况下也多采用此法，大名"治城西关房三间圮，移于南关赁民房"[7]；通州"东关房屋坍塌，则于东关外半里许之灵官

① 乾隆《大名县志》卷17《建置志·院冢》。

② 乾隆《正定府志》卷14《惠政下》。

③ 未单独注明者皆依同治《畿辅通志》卷110《经政略·恤政·留养局》。

④ 乾隆《宣化府志》卷9《公署志·仓库及养济院等附》。

⑤ 同治《畿辅通志》卷110《经政略·恤政·留养局》。

⑥ 乾隆《赤城县志》卷2《建置志·恤政》。

⑦ 乾隆《大名县志》卷17《建置志·院冢》。

庙赁房作局"[①]。这种情况到清末更为普遍，井陉县"三处局房久圮，历年系赁房设局留养"[②]；新城县"房屋倒塌，房基被侵占，历年借庙宇及民房举办"[③]。

留养局房屋主要借用庙宇或租赁民房的办法，减少了房屋建筑修葺的步骤，并因此避免了因房屋倾圮导致的留养局衰落问题。大部分留养局开办仅限于冬季，采用此种方式可以减少费用开支。故对直隶留养局而言，依借庙宇和租房开办，是一种不错的选择。就某个州县来言，平均近四所留养局很少全部采用单独一种方式建设，基本上都是根据本地实际和经济实力运用多种方式建设，不再列述之。但就其整体而言，采用寺庙设施、租赁民房等形式也是留养局救助活动临时性和非正规性的体现，也许正因如此，影响了当地发展这一事业的热情，进而影响了其在全国的普及，不可避免被养济院同化的命运。

三、留养局的运作机制

（一）资金筹备

留养局初创时尚未考虑资金问题，乾隆十四年以后才开始在创局同时筹备留养基金，并提交当商生息，以息金作为留养局日常开支的主要来源，从而成为留养局稳定运营的保证。留养基金、地亩的筹备，是其创办初期的主要内容，而其来源形式是决定留养局性质的关键，有必要分析之。留养基金的最初来源有捐款、政府拨款、没收案件款物或绝户的资产、营运生息本息合并等形式。

1. 捐款

捐款分为官捐、商捐和民捐三类。留养局作为直隶总督在全省通过行政命令推广的慈善组织，最初的倡导者肯定是地方官吏，所以资料记载资金筹备时多称"知县××倡输银××两"，就是将此三种形式概括在一起，若称"知县××输银××两"，当是仅指地方官吏的单独捐款。对于多数留养局而言，由于相关史实记载一般含糊，往往难以将此三种捐款所占比例一一区分，不过也有个别资料记述较为详细，可据以作相关的分析。如鸡泽县乾隆十八年（1753）知县王燮捐银20两，乾隆二十二年（1757）知县王锦林捐银40两，盐当商共捐银30两，四乡民捐银60两，共捐存本银150两，留公营运，每年生息银36两[④]，可知官捐60两占40%，商捐30两占20%，民捐60两占40%，民间捐款占优势；元氏县知县王人雄倡捐银150两，绅士商民捐银150两，共成本银300两[⑤]，可知官捐加民捐占50%，商捐加民捐占50%，仍以民间捐款占优势；祁州署州倡捐50金，

---

① 光绪《通州志》卷2《建置志·局所粥厂》。
② 同治《畿辅通志》卷110《经政略·恤政·留养局》。
③ 民国《新城县志》卷3《地图篇·区村·城关》。
④ 乾隆《鸡泽县志》卷3《建置》。
⑤ 乾隆《元氏县志》卷2《建置志·馆舍》。

盐当商人共捐150金①，可知商捐占75%左右，比例较大。由此可见，留养局虽为官吏倡办的慈善组织，但资金来源并不完全局限于官吏，即使官捐也是官吏个人的行为，并不能代表政府投资，所以将其称为官办慈善组织是不合适的。官吏倡办的慈善组织并非一定是官办者，在传统慈善组织研究中需要区分这一点。

2. 政府拨款

政府拨款和没收案件款项归入留养局可以都属于政府拨款，也可以分开，绝户资产可以算作强制民间捐助的一种，但该类情况较少，所得资金数量也不多，对留养局性质影响不大，具体情况见表1。

表1　留养基金有来源于政府拨款或没收款项的直隶州县

区域	州县	官吏倡捐银	案件没收款项	没收绝产款项	其他款项
塞北地区	宣化县	知县张秉愔倡捐157两	五和尚行贿案内入官银40两	绝户王挺地价银350两	
冀东地区	庆云县	知县甘怡倡捐100两	县胥孙三戒等家产变抵入官余银230两		
冀中地区	阜平县	知县邓持倡捐320两			王快官地变价银42两
冀中地区	束鹿县	知县王式烈倡捐160两			义仓节省银60两
冀南地区	南和县	知县王程掞倡捐100两	邪教案内，拆毁茶棚变价银100两		
冀南地区	内邱县	倡捐余银100两，知县捐80两	邢台邪教案内，山西移解冯进京入官银320两；折毁茶棚案内树木变价银120两		布政使拨发官租余银400两

资料来源：据同治《畿辅通志》卷110《经政略·恤政·留养局》整理。表2、表3、表5同。

3. 生息收入

为了保证留养基金的充足，有些州县在筹备留养资金时也经历了资金积累的过程，即将少量资金营运生息到一定数额，本息合并作为留养基金，该类情况数量也不多，多是经济状况不佳区域积累资金的一种形式，见表2。

采用营运生息方式积累留养基金有两种原因：一是筹备初期资金太少，不得不采取这种方法迅速增加本金；另一种是初期筹集资金太多，留养贫民数量有限，故将多余收

① 乾隆《祁州志》卷2《建置志·官所》。

入并入本金。表2中多数州、县属第一种情况，仅有冀南地区的南宫县有第二种可能。采用营运生息不仅是留养局稳定后基本收入的主要来源，也是直隶留养局创办初期基金积累的一个重要方法，这种通过基金商业化运营筹备资金的方式也是留养局民办性质的体现。采用此方式积累资金的州县在各区域都有分布，经济较为落后的塞北地区所占比例明显较大。

表2 通过资金营运筹集留养基金的直隶州县

区域	州县	资金营运情况
塞北地区	龙门县	知县单烺输银50两，于乾隆十六年营运月息2分岁收12两，至十八年积存息银30两，又捐银50两共本息130两于乾隆十九年营运如前。
	蔚州	知州沈熹倡捐100两，于乾隆十七年营运月息2分岁收息银24两，又士商输银75两1钱营运如前，至十九年共计息银120余两并入，共计本银300两。
	延庆州	知州赵屏晋倡捐113两1钱，又缸税银15两6钱，共银128两7钱于乾隆十七年营运月息1分5厘，至二十一年积本息银226两8钱营运如前，岁收40两8钱2分4厘。
冀东地区	抚宁县	知县袁鲲化倡捐120两，乾隆十七年营运月息2分收息银24两，并原本共银144两，十八年收息银34两5钱6分，并原本银共178两5钱6分，岁收息银42两8钱5分4厘4毫。
冀中地区	易州	知州左承业倡捐100两，于乾隆十七年营运月息2分，积银100两作本，共银200两营运如前岁收银48两。
	冀州	知州张志奇输银100两，于乾隆十八年营运积息银16两，知州郑大进倡捐394两，共510两十九年营运年息2分岁收102两。
	深泽县	知县蒋邦伯倡捐100两，于乾隆十九年营运月息2分，积至200两营运如前岁收48两。
冀南地区	南宫县	除建局房外存银629两零，于乾隆十九年营运月息2分，至年终积息银49两5钱4分3厘零并作本银，共678两5钱6分零营运如前岁收162两8钱5分零。
	新河县	知县李济泰劝输银100两，十八年营运月息1分5厘，至次年积存息银19两5钱，又知县吕宏积倡捐120两，除建局房外，共存220两十九年营运如前岁收44两。

4. 地亩来源

留养地亩的来源也很复杂，有筹资购买者、有查出隐报地、庙地、开垦荒地、河滩地、民捐地、僧捐地等各种形式。如宣化县留养地亩来源于：僧寂广等施地10顷54亩、口北道王芥园捐置榆林堡地4顷87亩、民人谷财捐施榆林堡地8顷23亩、贡生孟嗣光捐施鸡鸣驿地2顷、监生何一凤垦种西门外夹河地83亩、监生郭连垦种水湾台地70亩①，

① 同治《畿辅通志》卷110《经政略·恤政·留养局》。

既有僧捐，又有官捐、民捐、民垦等多种形式，而僧捐又属于民捐的一种形式，宣化县留养地亩中官捐占26.8%，民垦、民捐占73.3%，民间筹资仍占据多数。其他各州县情况见表3。

表3　直隶留养地亩来源情况表

区域	州县	地亩来源
冀东地区	良乡县	知县宋宗元招垦道旁荒地4顷21亩4分1厘、又捐银51两置买旗绝地72亩、乾隆十九年民人王超捐施原典无主旗地25亩、白玉庵僧普玉捐施原典无主旗地1顷42亩、知县杨乔置买地42亩、拨入见朝选垦荒无粮地20亩、文邵发垦荒无粮地27亩。
	固安县	知县张柏查出7处地共1顷15亩4分，及北关关庙地一块、张文才报出河滩地3顷、王禄认种王自城地1顷4亩2分1厘、知县王焴章查出地共1顷55亩5分1厘1毫。
	昌黎县	输银360两置城内园地8亩，平房3间，石井一口，椒树14株香椿苹果槐树14株，城西园地6亩5分石井一口。
	乐亭县	乾隆十九年详报小河滩庄无主荒地2顷43亩，详请给民佃种。
	河间县	知县王检于乾隆十七年以官园地1顷19亩入局、又知县解承毓详报官豪地3顷53亩5分、古唐古洋河涸出可租麦地5顷90亩、郡城四关厢外义冢余地60亩岁。
	肃宁县	城壕官地1顷15亩。
冀中地区	柏乡县	雨花庵查丈交官庙地11顷72亩3分6毫6丝5忽9微。
冀南地区	平乡县	泰山神会地40亩。
	永年县	生员李根蟠等争控贾葛村社庙香火地亩案内断拨一顷5分2毫召佃承种分收租粒。
	威县	动用本银115两赎两处废庙香火地51亩4分5厘8毫、又报出废庙地32亩7厘3毫8丝共地38亩5分3厘1毫8丝。
	元城县	又已故监生张顾之妻朱氏乾隆十七年捐田1顷82亩。

表3中所列除官地、官吏捐款置地外，其他庙地、垦荒地等都是民间捐助的形式，但河滩涸出地、无主荒地性质也可归入官地，多数州县以民间捐助为主，个别地方拨入荒地偏多，官地稍见优势。但因创办留养地亩者数量较少，对整体比例影响不大。

以上说明留养局的资金筹备来源形式多样，即“筹经费银则有官捐者，有劝士民公输者，有裁无益之费改充者，有官物拨者，皆交殷商营运，收其子息，地亩则有价置者，有捐施者，有官地拨入者，有召垦时零熟者，或赁种收租或寺僧自种均以资米薪之用”①，远远超出了养济院单纯依靠政府财政收入的限制。留养局资金来源中政府成分所占比例较小，官吏捐款也只是代表个人行为，大量民间捐助是留养局资金的主要来源，资金筹备的民间性也说明留养局创办初期并非官办慈善组织。

① 《留养局案记条规》，见同治《栾城县志》卷5《保息志·留养局》。

（二）资金营运

1. 生息收入

留养局进入稳定阶段以后的主要收入与初创阶段不同，除部分州县留养局继续争取政府的财政支持外（塞北热河厅留养局“每岁于办公项下动银五十两发给巡检经理”①），初创期筹备的留养基金和地亩的自我营运收入则是其日常运作资金的主要来源。将同治《畿辅通志》与各方志记载核对，整理了直隶留养局正常运营阶段的收入来源情况见表4。

表4　直隶各地留养局收入来源情况分类整理

纯生息收入者	生息＋盐当规银收入者	生息＋盐当规银＋地租收入者	生息＋谷息收入者	生息＋地租收入者	纯地租或房租收入者	无基金历年筹款者	合计
90	8	3	1	31	12	4	149

说明：本表所列是留养局运营稳定以后的情况，不包括最初资金筹备阶段的内容。同治《畿辅通志》记载了直隶148州县厅的留养局情况，保定府留养局设在安肃县慈航寺，因其规模较大，故单独列出，故总数为149处。

由表4可见直隶留养局收入来源有营运生息（可包括谷息、地租或房租等）、盐当商捐款、地方官吏临时捐办（无基金者或收入不足时）三种形式，而营运生息是最主要也是最普遍的收入来源，其中有90个州县以营运生息作为唯一资金来源，其他四类有生息收入的州县，除个别州县外（保定府、无极县留养局营运资金较少，以地租收入为主，天津县盐商捐款多于营运收入），仍以生息收入作为主要收入来源，另有12处全部以地租和房租为收入来源。149处中，有营运生息收入者多达145处，若将纯地租、房租收入者排除，有基金生息收入者也达133处。

将留养基金存于典当铺收取利息，即所谓的营运生息，是清代资金营运的主要形式。典当铺在古代非常普遍，是高利贷资本经营的形式之一，因利大，资本积累容易，逐渐成为一种兼营借贷存款和签发银票业务的信用机构。清代，典当铺是经营存款最主要的金融机构，因支付利息较高，大量的官款及社会性质的款项多以基金的形式存于当铺，收取营运利息维持日常开支。② 直隶留养局多采用基金生息的办法获得每年留养所需（直隶各地营运基金利息不等，最高可达月息3分，最低年息1分，基本上都在月息1分5厘到2分之间），使资金来源较为稳定，保证了留养局的持续运营。直隶各地所设置留养基金总数与生息收入与其留养局规模基本一致，因篇幅所限，不再一一列出。

留养基金一般交付盐当商营运，年终取得利息留养贫民，如何保证营运本金的稳定

① 同治《畿辅通志》卷110《经政略·恤政·留养局》。

② 参见刘秋根：《明清高利贷资本》，社会科学文献出版社，2000年，第138—143页。

也是决定留养局持续发展的关键，留养章程明确规定“每年支销只动息银，无销成本”①，即采取量入为出的办法，每年只动用生息收入，本金保持稳定，以维持留养局的持续运营，但这是一种极为理想的状态。盐当商在传统经济中的优势地位使其可以支付很高的利息，但是随着经济的发展，盐当商的衰落也会给留养资金带来致命影响，很多留养基金的亏缺就与盐当商的衰落有很大关系，这在留养局的发展中并非少数。如束鹿县“嗣因盐课冯恩绶于咸丰三年（1853）误课被参所有原额成本银六百五十两亏缺无著”；南和县“原捐经费于道光二十七年（1843）商人歇业亏空无存”；大名县“原捐经费银两盐商被参亏空本银一百四十两”②。此外，官吏因故提取本金是导致亏空的另一重要原因，清苑县“原经费银二百两，乾隆五十九年（1794）经知县孟生叶因公提用无存”、大名县“咸丰十一年（1861）大名府知府刘因公提成本银五百一十两未归”③。这些都是留养局发展中未能解决的问题，也是营运生息方式本身和官吏倡办性质共同造就的结局。

单纯以地租或房租作为留养资金来源的州县见表5，分布于直隶各区域，没有明显的地域分布规律，说明这些州县选择地租收入来源方式的随机性，但冀东、冀南两区州县数量相对较多。笔者偶然发现，规模较大的四局即“安肃之慈航寺、永清双营之龙王庙、良乡之永保堂、内邱之圆津庵”④，地租收入在留养收入中占据很大比例。慈航寺的主要收入依赖640亩田地，永清县留养局除320两生息银外尚有151亩田地，良乡县有地749.41亩，出租房屋10间，内邱县则有1020两生息银和497.545亩田地。四处合计地亩有20多顷，占据全省留养地亩总数的近14%（按全省收地租143顷9亩⑤计算）。四处留养局的规模大、留养人数多，慈航寺留养局在未置办田亩前“局内岁需粟米于秋后择谷贱处采买”，“及置田收获黍粟，兼可得薪”⑥，也许正是考虑到这种便利，规模较大的四局才专门设置大量的田地以满足留养贫民的谷米和柴薪所需。

表5　单纯依赖地租收入的直隶留养局

州县	地亩数量（亩）	收入米谷（石）	收入银两（两）	收入制钱（文）
良乡县	749.41，房屋10间	100余	42.512	41790
香河县	47.5		10	
固安县	675.121，庙地一块	45.5，秫秸711束	6.2526	33000
遵化州	民房80余间		房租35.65两 绝产余租54.8两	
丰润县	364	49.5		
四旗厅	2147	322.1445		

① 民国《元氏县志·行政·组织·慈善机关》。
② 同治《畿辅通志》卷110《经政略·恤政·留养局》。
③ 同治《畿辅通志》卷110《经政略·恤政·留养局》。
④ 方观承：《漕河留养局碑记》，见乾隆《安肃县志》卷14《艺文·记》。
⑤ 方观承：《议覆地方生息劄子》，见民国《柏乡县志》卷4《赈恤》。
⑥ 同治《畿辅通志》卷110《经政略·恤政·留养局·保定府局》。

（续上表）

州县	地亩数量（亩）	收入米谷（石）	收入银两（两）	收入制钱（文）
曲周县	145.048			
成安县	101		30.3	
井陉县	123	62.6		
阜平县	152.8		50	另有添买棉衣银10两
赞皇县	183.5	41		
深州	736.838	12.62	134.741	

2. 盐当规银

除依靠留养基金和地亩的生息收入外，直隶有些州县留养所需还依赖盐当规银，即盐、当商的例行捐助。盐当规银包括当商捐纳和盐商捐纳两种类型，设置盐商捐纳的区域集中在冀东地区，塞北宣化府、直隶总督所在的冀中清苑县也有当商捐纳。盐当商的捐助多是由过去的节规银归入留养局所用而来，如大成县旧例迎春费取之盐当商，后令盐商备银12两，当商备棉衣百件送局；清苑县在城当商每年交县规例银72两，知县周元理详充局费；宣化县当商节规改捐棉衣360件、棉裤720件。不过，天津和吴桥县可能是盐当商的例行捐款，据说天津县“每岁盐商捐银二百两”，吴桥县“盐当商岁捐七千文，俱充养费”[①]。此外，其他州县盐当商捐纳情况为：阜城县12两，交河县15两，景州16两8钱，任丘县13千文。

盐当商向地方官吏的例行捐纳是希望得到地方官吏保护的一种行为，也是地方官吏与商人关系的一种体现。封建时代，各地皆有当商。将当商捐纳归入留养经费的做法，与留养局创办者的决策有很大关系，清苑县、宣化府就是如此，所以地域分布不甚普遍。冀东设置盐规银的州县多处在芦台盐场附近，是盐业经济发达的区域，盐商实力雄厚，有能力支付例行捐款。但是这类捐助数量很少，在直隶全省所占比例极为有限，说明直隶留养局在资金来源方面没有发挥地方商人的作用，可能也是清代直隶商品经济欠发达的表现。

3. 临时捐办

直隶还有四个州县厅没有设置留养基金，其所需经费根据需要由地方官吏临时捐办。该类情况有安肃县（“南关万寿寺，向无经费每年地方官劝捐银米养赡过往穷民，北关十方院，经理事宜与万寿寺同”[②]）和口北三厅（张家口厅、多伦诺尔厅、独石口厅）。对此原因资料记载很明确，独石口厅“需用无多，官为捐办”，安肃县“乾隆二十二年（1757）知县王南珍详崔息银交漕河寺僧置备棉衣棉裤之用，南北两局留养无多，另为捐

① 同治《畿辅通志》卷110《经政略·恤政·留养局》，未标出处者同。

② 乾隆《安肃县志》卷2《建置志·县署》。

给”①。

此外，临时捐办也是弥补留养资金不足的主要方式，一般情况都是由地方官吏从养廉银内捐支，“如猝不敷用，即于养廉银内捐给”②、“不足本县捐补”③、“如有不敷，俱由现任捐垫”④、“其息不敷支用，由本州捐廉搭放”⑤，倡导民捐的情况较少。

由地方官吏临时捐办以补资金之不足，也是留养局由官吏倡办性质决定的，虽然留养局在创办初期特别强调“其经营各局即委之本地乡耆，不经胥役之手”，“切勿假手胥役蹈以狼牧养之病”⑥，但随着官捐所占份额的增加，必然也会增加对留养局日常运作的影响，前文提及留养基金被地方官吏全额提走挪作他用，就是典型例子。尽管留养局创办初期运用商业化的手段保证留养基金的延续性，但地方官吏的倡导和临时捐办也在其运营过程中发挥了不可忽视的作用。夫马进研究认为，随着官方的介入和资本的增加，民办慈善组织的官营化是很难避免的，留养局官倡民办的性质和临时捐办的运作机制从开始就注定了其官营化的结局。

（三）资金支出

留养局以生息收入作为日常支出的主要来源，为保证运营的稳定性，强调“每年支销只动息银，无销成本”，即每年支出以生息所入为限，特殊情况可以得到官吏临时捐办的补充，这样尽量避免了运营过程中的资金亏空。

留养局的性质决定了其收养对象为本地不能享受养济院名额的贫民和外地流民，个别情况可常留在局，收养时限也以冬季为限，但没有类似养济院名额的限制，即“每逢冬月收养贫民及过往病人，春融遣散，有笃疾及年逾七十者则常留在局”⑦。其每年的支出主要是支付贫民的口粮银和薪菜银，有局房者需支付修葺和管理费用，租赁民房开办者要支付房租，并包括留养期间雇佣部分差役的费用等，而孤贫口粮银为最主要者。

留养孤贫有统一的救助标准，“收养之费每日大口给米八合，小口四合，十岁以下者为小口，乳孩不给，大口日给薪米菜钱四文，单身者五文，皆听其自食”⑧，即多数留养局不提供煮熟的饮食，只是将救助钱米按标准发放贫民，由其在他处自食。留养局标准应该是参照了清廷救助被灾流民的标准而制定的，雍正八年（1730）十二月奉世宗皇帝谕旨：“凡遇外来被灾就食之穷民，即动支常平仓谷，大口日给一升，小口五合，核实赈

① 同治《畿辅通志》卷110《经政略·恤政·留养局》。

② 乾隆《鸡泽县志》卷3《建置》。

③ 光绪《临榆县志》卷10《建置编上·公署附》。

④ 道光《万全县志》卷2《建置志·官署·恤政》。

⑤ 光绪《滦州志》卷10《建置·食储·各义举附》。

⑥ 方观承：《议覆地方生息劄子》，见民国《柏乡县志》卷4《赈恤》。

⑦ （清）方观承：《方恪敏公奏议》卷8《淀泊河滩淤地议令贫民及留养局分种》，文海出版社，1966年，第1184页。

⑧ 《留养局案记条规》，见民国《柏乡县志》卷4《赈恤》。

恤。”[①] 此与养济院孤贫日米一升的标准也是一致的，但直隶留养局的救助标准将给米减少而增加了菜薪钱。

直隶大部分州县都遵行此标准[②]，也有地方根据本地情况有所调整，给米或多或少，制钱也有变通：冀东通州“留养贫民口粮向来无论大小口，每口日给米五合，大钱五文。知州曹元瑞始每口日给米一升，大钱五文，现照一升给发报销”[③]、任邱县“流移贫民每日给米一升、柴一束、盐菜制钱五文”[④]、滦州“每大口日给米一升制钱五文，小口日给米五合制钱三文”[⑤]；冀南开州“收养贫民无定额，每名口日给粟米一升，盐菜灯油钱五文，在生息银内动支”[⑥]；塞北宣化县“在局人给米日七合，薪菜制钱五钱，衣裤各一付”[⑦]，说明长城以南各区域因生活水平较高，留养贫民救助标准也有所提高，塞北地区生活水平较低，留养标准也有所降低，却因气候寒冷，增发了衣裤。与养济院日给银一分（或米一升）的救助标准相比，留养局标准偏低，但其直接支给本色米谷更便于孤贫的生活，减少了购买的价格差，按日给发的办法也减少了冒领带来的不必要损失。

留养局的管理“其经营各局即委之本地乡耆，不经胥役之手”[⑧]，具体来说“经理之人有任乡耆者，有任衿监者，有任寺僧者，有兼委之本地盐当商者”[⑨]，这些管理者是否需要支用一部分工资，文献没有说明，但从地方善举的角度考虑，管理者的行为应该是义务的。很多记载也显示，留养局多委托寺僧或乡耆管理，如直隶全省规模最大的四局“良乡县之保安堂、永清县双营之龙王庙、内邱县之圆津庵常留养至数百人，安肃县之慈航寺多至千余人”[⑩]，基本上都以寺庙为依托，并委托寺僧帮助管理。满城慈航寺留养局的最早管理者元通是寺内僧侣，方观承称其“而任事若元通者诚心无间，于始终是并足书也”[⑪]。永年县“复慎选老成殷实耆老分任经理之”[⑫]。新乐县“选择殷实老成者董理其事”[⑬]。而宁河县留养局则由典使和芦台巡检管理，入冬饬发典史银 14 两，芦台巡检 10 两，“经理其事，至二月初一局造册报县核转”[⑭]。说明留养局管理并非全部民办，也有部分官办者。

由于官吏倡办和官捐资金的随时注入，决定了地方官吏虽不直接参与留养局的管理，

---

① （清）姚碧：《荒政辑要》卷 5《安顿流民》，李文海、夏明方主编：《中国荒政全书》，第二辑第一卷，北京古籍出版社，2004 年，第 803 页。

② 道光《武强县新志》卷 2《营建志・留养局》、民国《大名县志》卷 5《公益志・救济各院》。

③ 乾隆《通州志》卷 2《建置志・局所》。

④ 乾隆《任邱县志》卷 2《建置志・恤政》。

⑤ 嘉庆《滦州志》卷 2《建置志・惠政》。

⑥ 嘉庆《开州志》卷 2《建置志・廨署》。

⑦ 乾隆《宣化府志》卷 36《艺文志・书纪・宣化留养局碑记・黄可润》。

⑧ 方观承：《议覆地方生息劄子》，见民国《柏乡县志》卷 4《赈恤》。

⑨ 《留养局案记条规》，见民国《柏乡县志》卷 4《赈恤》。

⑩ （清）方观承：《方恪敏公奏议》卷 8《淀泊河滩淤地议令贫民及留养局分种》，文海出版社，1966 年，第 1185 页。

⑪ 民国《徐水县新志》卷 12《艺文・记・漕河留养局碑记・方观承》。

⑫ 光绪《永年县志》卷 37《艺文志・碑记・临洺城留养局碑记・孔广棣（乾隆二十年任）》。

⑬ 光绪《新乐县志》卷 5《艺文上・留养局序（当为知县潘仙机，乾隆十九年创办养局）》。

⑭ 乾隆《宁河县志》卷 3《建置志・留养局》。

却是管理的监督者，经理者要随时记录收养人数和各种开支，登记造册以备稽查，这种模式也是其官民合作性质的集中体现。

直隶留养局虽为官吏倡办，但其资金来源的多样性决定了其具有民办性质，其资金管理采用商业化运营机制，日常管理由寺僧、耆老承担，都是这一性质的体现。其性质介于官办与民办之间，故称之为“官民合办”慈善组织，地方志所称“其奉行仿照病坊、养济院，原为地方官应办之事，今已渐成士民公众之举”[①]、“留养局本属官府慈善事业，后士民亦渐助之，视为公众之举，故名为官民合办慈善事业”[②]，都是对其较为中肯的评价。

留养局打破官府创办慈善组织的限制，扩大民间力量在其发展中的作用，不仅扩大了影响面、保证了营运资金的持续不断，也最终决定了其在社会救济中的实际效果，创办初年就卓有成效，方观承奏称：“臣按查从前每年自十月至次年正月此四个月内，通省详报路毙者常至千数百人，近年不过百余人”。[③] 河间县乾隆二十二年（1757）计留养共274名[④]，而该县养济院的孤贫定额仅有31名[⑤]；静海县每冬留养贫民120名[⑥]，养济院孤贫定额只有8名[⑦]。说明留养局的创办扩大了享受救助孤贫的数量，尤其是使外来流民在恶劣的冬季避免了冻馁之苦，大大减少了冬季冻饿致死的人数，对维持社会稳定大有益处。

当然，有清一代，慈善事业的情况是相当复杂的，直隶留养局制度也有一个兴衰变迁的过程，本文限于篇幅，探讨者仅是留养局创办初期的情况，至于其后来的发展情况，将另行撰文讨论。

（作者：吴宏岐，暨南大学历史系教授；郝红暖，暨南大学历史系博士研究生）

① 方观承：《议覆地方生息劄子》，见民国《柏乡县志》卷4《赈恤》。
② 民国《威县志》卷16《慈善事业·官民共办慈善事业》。
③ 方观承：《议覆地方生息劄子》，见民国《柏乡县志》卷4《赈恤》。
④ 乾隆《河间县志》卷2《建置志·义田附》。
⑤ 乾隆《河间县志》卷3《赋役志·经费》。
⑥ 同治《静海县志》卷2《建置志·公署》。
⑦ 康熙《静海县志》卷3《赋役·存留》。

清朝时期澳门议事亭研究

刘冉冉

【提　要】作为澳葡市政机构的议事亭，与作为中国官员入澳宣读圣谕、处理澳门事务之场所的议事亭，其意义是不同的。前者是由澳葡自治机构议事会延伸而来，后者则是明清政府为有效地控制澳葡、充分行使对澳门的主权和治权，从而在澳门设立的向夷目宣读政令及双方交涉政务的“议事亭”。从1784年起，议事亭成为葡萄牙人的自治机构所在地。作为中国政府管辖下的一个地方机构，议事亭职权有限，在中国的行政架构中地位较低，多数情况下只具备维持治安、维护贸易秩序的功能。

【关键词】清朝政府　澳门　议事亭　议事会

“亭”这一概念早在先秦时期即已产生。“战国时始在国与国之间的邻接地方设亭，置亭长，以防御敌人。”[①] 两汉时，“亭”属于县以下的基层政治单位。《汉书·百官公卿表》中说：“大率十里一亭，亭有长。十亭一乡，乡有三老、有秩、啬夫、游徼。……县大率方百里，其民稠则减，稀则旷，乡、亭亦如之，皆秦制也。”[②] 汉高祖刘邦就曾“为泗上亭长”。颜师古进而解释说：“亭长者，主亭之吏也。亭谓停留行旅宿食之馆。”[③] 澳门议事亭也具备这样的功能，所以才会有“凡文武官下澳，率坐议事亭上”[④]一说，而道光十九年（1839）林则徐巡阅澳门时，澳葡也本打算在议事亭“预设公馆，虔洁铺陈，恭迓大宪驾临”的，后来是因林则徐严禁奢华，不许澳葡当局隆重接待，才改将莲峰庙作为驻节之地和中葡官员的会谈之所，他转谕澳葡当局：“本大臣奉命前来，专为查办公事，凡所驻扎之处，于地方州县，尚不许供应丝毫，况肯令夷人预备乎？该夷等总以恪遵训谕，谨守法度，即为良夷，毋得妄拟趋承，习为华靡。”[⑤] 当然，之所以选择莲峰庙这座“官庙”作为驻节之地，林则徐也有宗教、行政意义上的考虑，是对当时西方传教士在澳门传播天主教的一个反击，意在加强中国政府对澳门的宗教管治。

亭最初的意义应是供行人停留休憩之所，所谓“亭，停也，亦人所停集也”[⑥]。但是

---

① 辞海编辑委员会编：《辞海》（1999年版缩印本），上海辞书出版社，2000年，第432页。

② （汉）班固撰，（唐）颜师古注：《汉书》卷十九上《百官公卿表上》，中华书局，1962年，第742页。

③ 《汉书》卷一上《高帝纪上》，第2—3页。

④ （清）申良翰：康熙《香山县志》卷一〇《外志·澳彝》，1958年广东省中山图书馆油印本。

⑤ 中山大学历史系中国近代现代史教研组、研究室编：《林则徐集·公牍》，中华书局，1963年，第116页。

⑥ （清）王先谦撰集：《释名疏证补》第五卷《释宫室》，上海古籍出版社，1984年，第270页。

作为基层政治单位的“亭”，其职能就不仅限于此了。所谓“十里一亭”，这里所说的“里”是道里之里，① 以当时葡人租居的澳门半岛的部分地方来说，其面积大小与一亭的范围相差无多，所以尽管在清代已没有“亭”这一基层单位，清政府却依然在澳葡租居地内设立会商公事的“议事亭”，其目的就是要继续利用亭的政治和社会职能，在治安防御、管理民事等方面发挥其应有的作用，而事实证明，作为中国官员向澳门夷目宣读政令及双方商议公事之所，议事亭也确实曾在一定程度上起到了上情下达、有效管治居澳葡人的作用。

作为澳葡市政机构的议事亭，与作为中国官员入澳宣读圣谕、处理澳门事务之场所的议事亭，其意义是不同的。前者是由澳葡自治机构议事会延伸而来，后者则是明清政府为有效地控制澳葡、充分行使对澳门的主权和管治权，从而在澳门设立的向夷目宣读政令及双方交涉政务的“议事亭”。

澳门议事亭只能算作中国政府管辖下的一个地方机构，其职权是非常有限的。关于议事亭性质的专论，目前可见的研究成果有金国平、吴志良的《“议事亭”历史》② 一文，但文中除用大量史料反复证明议事亭的“夷性”之外，却没有进一步说明，既然是属于葡人的议事亭，为何会建立在澳门这块完全属于中国政府的领土之上，以及此机构在中国的行政架构中是一种怎样的地位?

（一）议事亭是中国官员在澳门处理政务的场所

自明代开始，议事亭就是中国官员在澳门临时办公的场所，其建筑风格“按照《澳门记略》的图绘，竟然是檐牙高啄，鸟革翚飞，绿树掩映，翼然一亭的规模”③。中国官员在澳门召见澳葡、商议政事、向葡人宣读政府谕令等行为，都是在议事亭进行的。澳葡议事会理事官（Procurador）被中国官府授予“夷目”的称号，作为管理居澳葡人事务、具体执行议事会决定的官吏，夷目应向中国政府负责，遇事要到议事亭向中国官员请示报告，而中国官员也经常在此召见夷目训示。“澳夷向来遇有禀陈事件，俱由地方官代为转禀各宪示遵，至华夷交涉事件，向例亦由嚃嚟哆据（具）呈地方官准理。”④ 这里所说的“嚃嚟哆”即夷目的通称，全称为“督理濠镜澳事务西洋理事官”的，所指亦为此官。为了有效地控制澳葡、充分行使对澳门的管治权，明朝政府在澳门设立向夷目宣读政令及双方交涉政务的“议事亭”，并一直延续至清朝。李鹏翥在《澳门古今》一书中说：“议事亭最初为我国明朝官吏所设，是个与澳门葡萄牙人商议贸易，办理居留事宜

① 关于亭里制度的讨论，参见王毓铨：《汉代“亭”与“乡”、“里”不同性质不同行政系统说——“十里一亭”、“十亭一乡”辩证》（《历史研究》1954 年第 2 期）；周振鹤：《从汉代“部”的概念释县乡亭里制度》（《历史研究》1995 年第 5 期）；黄义军：《关于汉代“亭”的几个问题》（《中国历史地理论丛》2006 年第 2 期）。

② 金国平、吴志良：《“议事亭”历史》，《过十字门》，澳门成人教育学会，2004 年，第 149—170 页。

③ 李鹏翥：《澳门古今》，三联书店香港分店，1986 年，第 197 页。

④ （清）梁廷枬辑：《粤海关志》卷二十九《夷商四》，成文出版社，1968 年，第 2044 页。

之所。”①

据乾隆《香山县志》中关于王绰的传记记载：

王绰，字梅吾，千户所智裔孙也。以诸生中嘉靖乙卯、戊午两科武举，袭祖职，为宣武将军征讨岭西罗旁等处。贼平，升昭武将军，移镇澳门。初，番人之入市中国也，愿输岁饷，求近处泊船，绰乃代为申请。其后番以贮货为名，渐结为舍宇，久之成聚落。绰以番俗骄悍，乃就其所居地中设军营一所，朝夕讲武，以控制之，自是番人受约束。绰卒，设位议事亭，番人春秋供祀事焉。②

由这条史料可以看出，在葡人请求入居澳门的事件中，时任守澳官的王绰起到了关键性的作用。在葡人表示愿交岁饷的情况下，正是因为他的“代为申请”，使得葡人得以在澳门泊船停留，其后便逐步出现“结为舍宇，久之成聚落”的局面，而王绰也并没有因此而听之任之，他“就其所居地中设军营一所，朝夕讲武，以控制之”，可以看出在葡人入居澳门之初，中国地方官员是对其施行了严格管治的。文中“绰卒，设位议事亭，番人春秋供祀事焉”一句，明确地体现出中国地方官员与澳门议事亭之间千丝万缕的联系。就如同澳门居民在莲峰庙的“见贤思齐”神位坛中为百龄、彭昭麟等人设牌位一样，这些备受景仰的中国官员，其牌位都是设立在一些官方建筑中的。

据明崇祯年间《兵部题失名会同两广总督张镜心题残稿》记载：“九月初八日，随据市舶司呈称，到澳会同香山县寨差官及提调备倭各官，唤令通事、夷目、揽头至议事亭宣谕，督促各夷赴省。奈夷性难驯，汉法莫施，外顺宣谕，中实迟疑。”③

清初画家吴历的《三巴集·嶴中杂咏》中有一首吟咏议事亭的诗：“晚堤收网树头腥，蛮蜑群估酒满瓶。海上太平无一事，双扉久闭一空亭。”（原注云：凡海上事，官绅集议亭中，名议事亭）④ 这里所说的“海上事”，自然是与澳门有关的事务，通过诗人所描写的澳门居民安居乐业的景象，议事亭双扉久闭，已经无事可议，可以进一步证明在清朝初年议事亭更多的是作为中国官员与澳葡会商公事的场所而存在的。

康熙《香山县志》中描述了中国官员在澳门处理政事、与澳葡夷目商谈的具体场景。“澳门旧有提调、备倭、巡缉行署三所，今惟议事亭。凡文武官下澳，率坐议事亭上，彝目列坐进茶毕，有欲言则通事番译传语。通事率闽粤人，或偶不在侧，则上德无由宣，下情无由达。彝人违禁约，多由通事导之。或奉牌拘提，辄避匿。”⑤ 暴煜乾隆《香山县志》中的记载与之大致相同而又增加了“关部税署”的内容，对粤海关关部行台的情况作了交代：“旧有提调、备倭、巡缉行署三所，今惟关部税署及议事亭，凡文武官至澳，坐议事亭上，彝目列坐进茶毕，有欲言则通事传之。”⑥

《澳门记略》中也说：“前明故有提调、备倭、巡缉行署三，今惟议事亭不废。国朝

---

① 《澳门古今》，第197页。

② （清）暴煜：乾隆《香山县志》卷六《人物·武功》，乾隆十五年刊本。

③ 国立中央研究院历史语言研究所编：《明清史料》乙编第八本，《兵部题失名会同两广总督张镜心题残稿》。

④ 章文钦笺注：《澳门诗词笺注·明清卷》，珠海出版社，2002年，第20页。

⑤ 康熙《香山县志》卷一〇《外志·澳彝》。

⑥ 乾隆《香山县志》卷八《濠镜澳》。

设有海关监督行台及税馆。"[①] 此处对议事亭与关部行台的设立时间作了具体说明，议事亭作为"前明"的机构，一直保留、延续至清代。上述记载中之所以将议事亭与明朝政府在澳门设立的提调、备倭、巡缉三职官的行署并列，无疑其性质应该是相同的。

清政府把朝廷有关政令、布告刻于石碑之上，竖在议事亭的入口之处，一则作为官员办事时备览，另外则是通过这种方式将朝廷旨意发布出去。葡萄牙自治机构是从属于中国政府管辖的。中国政府对澳葡当局的自治范围有着严格的规定和限制。有些事务广东地方官员要通过澳葡理事官，督饬他们，经他们承办后禀复。这除了是因为在其租居范围内，澳葡拥有一定的自治权外，更主要的原因则是由于中国政府在澳门拥有完整的主权和管治权，居住在这里的葡萄牙人就应该听从中国官员的管理和调遣，给予葡人自治权是照顾到其特殊的风俗习惯，并不意味着任何关于主权、治权方面的妥协与忍让。

（二）议事亭是居澳葡人维持地方治安的机构

中国政府在确保充分行使对澳管治权的前提下，允许居澳葡人依照葡萄牙中世纪市政组织的模式建立议事会，自行管理其内部事务。1583年4月（万历十一年三月），在澳门葡萄牙主教卡内罗（Melchior Carneiro）的倡议、主持下，居澳葡人首次通过选举，选出检事（Procurador，理事官）一人、判事（Juiz Ordinario）二人和长老（Vereador，市议员）三人，组成议事会（Leal Senado），即澳门市议会，或称市议局、元老院，得到葡属印度总督的认可，并授予它自治城市的资格。议事会作为管理葡萄牙人内部事务的自治机构，每三年选举一次，"其办公地方澳人名之曰议事亭，负责地方行政，并得卧亚总督之承认，1591年又获葡王批准"[②]，于1595年3月，正式设立澳门市议事局，或称澳门市政厅，葡语俗称金巴喇（Camara）。[③] 黄庆华先生在《澳门与中葡关系》一文中称，澳门议事会"又称市议会、市政厅。中国官私文书多称议事亭"[④]。由此可以看出，作为葡人自治机构意义上的议事亭，多数情况下是"议事会"的代称，其"夷亭"的性质也正是由此延伸而来。这同时也证明了在中国政府眼中，允许澳葡设立的自治机构议事会大概只相当于中国行政架构中"亭"一级的单位，其职权范围和所处地位是非常有限的。

议事会负责管理澳门租居地内葡萄牙人在行政、经济、军事及宗教方面的各种内部事务，是澳葡自治的最高权力机构，但这种自治权的行使却是以完全承认中国政府在澳门的主权和治权为前提的，所以归根结底只能算作澳葡管理社区内部日常事务、维持地方治安的机构。凡是重大案件或牵扯到澳门华人的事件，议事会官员均需向中国政府禀请报告、听候裁夺，中国政府管理居澳葡人的各项政令条例，也向例由理事官等人下达。

---

① 印光任、张汝霖著，赵春晨校注：《澳门记略校注》上卷《形势篇》，澳门文化司署，1992年，第24页。

② 林子昇：《十六至十八世纪澳门与中国之关系》，澳门基金会，1998年，第51页。

③ 《澳门古今》，第199页。王文达先生在《澳门掌故》中说："议事亭，古之称号也，时人多以'金巴喇'（Camara）名之。查金巴喇，本乃葡语发音，其释义可作'屋'，或'办事处'解。若只以'金巴喇'称之，说来实在不通者。在葡文上亦应写作Camara Municipal de Macau，即澳门市政局，乃合也。"（《澳门教育》出版社，1999年，第123页。）

④ 黄庆华：《澳门与中葡关系》，《中国边疆史地研究·澳门专号》1999年第2期，第16页。

清初著名学者王士禛在其《池北偶谈》中曾引用龚翔麟《珠江奉使记》中的记载称："澳中有议事亭，番目四人，受命于其国，更番董市事。凡市［事］经四人议，众莫敢违，及官司有令，亦必下其议于四人者，议得当以报闻。"① 这里只是说四名番目"受命于其国"，至于"官司有令"，应是中国政府的政令，而"议得当以报闻"，上报的对象也应是中国官府，其中所体现的主从关系是很明确的。

康熙二十一年（1682），两广总督吴兴祚巡阅澳门，在其诗集中留下了关于此次巡视的一首《自香山县渡海赴濠镜澳》："欲经濠镜澳，薄暮正扬舲。风雨声相搏，鱼龙气自腥。黑云迷远屿，白浪拥孤汀。隐隐闻钟鼓，蛮归议事亭。"② 在这里，议事亭的意义就更倾向于代指澳葡内部自治机构的夷亭。"蕃人犯法，兵头集夷目于议事亭，或请法王至，会鞫定谳，籍其家财而散其眷属，上其狱于小西洋，其人属狱候报而行法。其刑或戮或焚，或缚置炮口而烬之。夷目不职者，兵头亦得劾治。"③ 由此可进一步证明议事亭是澳葡维持地方治安的机构。

根据龙思泰在《早期澳门史》中的记载，1710 年（康熙四十九年），澳门总督戴冰玉（Diogo de Pinho Teneira）与议事会之间就选举权问题引发矛盾：

> 总督要求耶稣会士交出与他们住在一起的议事会成员。这一要求遭到拒绝后，戴冰玉威胁要用大炮台的炮火，轰击圣保禄教堂和学院，由于一些受人尊敬的教士进行调解，他放弃了这一渎神的举动。但议事会成员已前往议事亭举行会议，会议由主教主持。主教在受到邀请时，总是主持政务委员会。高级教士、市民、平民都前来与他们在一起，商议阻止进一步的骚乱和冲突的办法。总督一听到这个消息，便赶往现场（1710 年 6 月 29 日）。但集会者一察觉到他正在逼近，便武装起来，从议事亭冲下去，无视总督要他们解散的命令，向他袭击，将他和他的追随者、士兵赶到大炮台。戴冰玉让三门大炮从炮台向汇聚在议事亭门前的密集的人群开火。④

居澳葡人自治机构议事会为维护自己内部自治的权力，与代表葡萄牙王室的澳门总督之间存在一定的矛盾，这一矛盾从澳门总督上任之日起即已产生。"澳门最初是由一个主要是商人组成的委员会管理，当果阿派遣的官员到来时，这个称为议事会的组织已经建立，澳门市民无意让步，他们想方设法保护其独立，而此后的几个世纪，城市长老与果阿派驻负责管理的官员之间的冲突经常不断。"⑤

万历四十二年（1614），海道副使俞安性详请两广总督张鸣冈、巡按御史周应期，就禁止澳葡畜养倭奴、掠买人口、兵船骗饷、接买私货、擅自兴作等五事勒石立碑于议事亭，此五项禁令就是著名的《海道禁约》。据康熙《香山县志》记载：

> （万历）四十一年，海道俞安性详请两院勒碑，禁约澳彝畜倭，略曰：倭性狡鸷，澳彝畜之为奴，养虎遗患，害将滋蔓。本道奉敕受事，凭藉两台制驭，巡澳察彝，追散倭奴凡九十八人还国。除此蟊贼，尔等遂得相安乐土。此后市舶不许夹带

---

① （清）王士禛：《池北偶谈》卷二十一《谈异二·香山澳》，中华书局，1982 年，第 517—518 页。

② 《澳门诗词笺注·明清卷》，第 41 页。

③ 《澳门记略校注》下卷《澳蕃篇》，第 152 页。

④ ［瑞典］龙思泰著，吴义雄等译：《早期澳门史》，东方出版社，1997 年，第 63—64 页。

⑤ 转引自万明：《中葡早期关系史》，社会科学文献出版社，2001 年，第 121 页。

一倭，在澳诸彝亦不得再畜幼倭，违者倭与彝俱擒解两院，军法究处。四十二年，《海道禁约》略曰：澳彝骄悍不法，议者有谓必尽驱逐以清疆宇者，有谓移出浪白外洋，不容盘踞内地者。本道念诸彝生齿蕃衍，不忍其累累若丧家之狗，当于巡澳日申以国威，随皆弭耳向化。因摘其犯顺五款，行香山县遵谕约束，免其驱徒，详奉两广部院张、巡按御史周，五款准勒石立碑，永为遵守。[①]

《澳门记略》中也说："安性复条具五事，勒石永禁。"[②] 当时刻有《海道禁约》的石碑就立于澳门议事亭内。

乾隆十四年拟定的《澳夷善后事宜条议》，用中葡两种文字刻于石碑，中文石碑置于香山县丞衙署内，葡文石碑也是立于澳门议事亭，所以乾隆五十七年正月二十五日(1792 年 2 月 17 日)，香山知县许敦元下谕澳葡理事官："华夷究有攸分，又不便任尔外夷占侵内地，复经申明禁令，澳内夷房，止许修葺坏烂，不得于旧有之外再行添建，盖于体恤之中，示以限制之意，勒碑议事亭外，彰彰可考。"[③]

(三) 乾隆四十九年之后的议事亭

自澳门议事局成立后，澳葡当局就打算向中国政府承购议事亭地段及其后方的华人屋宇，改建为新的议事局和监狱。1783 年 12 月 6 日，澳葡议事局的判事官官也 (J. J. Mendes de Cunha，又译作昆合) 还在其署名的档案中提及此事，"尝与地段业主商订价值，承买该地，以备重新兴建议事局及监牢，并附送该建筑全面图则"[④]。1784 年，新的澳门议事局全面落成，其西式的建筑风格"已非昔日的红墙绿瓦、中国亭园式的'议事亭'"[⑤]。

澳门议事亭是明清官吏向澳葡宣读政令及接见澳葡官员、双方会商公事之所，也用来指称居澳葡人维持地方治安的机构，直至 1784 年，"澳门葡人在原中国亭园式建筑议事亭处，建起一座西洋式的建筑，命名为议事局，从此，自明代起中国官员到澳处理公务的地方，成为葡萄牙人的机构所在地"[⑥]。这样，议事亭实现了历史角色的转化，其"夷亭"的性质较之以往更加明显。

1. 议事亭成为澳葡自治机构所在地

从《东波档案》收录的一系列提及"议事亭"的谕令、禀呈中可以看出，此时的"议事亭"已更多地用来指代澳葡的机构，所以有时又被称为西洋议事亭、澳亭、夷亭、呞哋亭，或单称一个"亭"字。

嘉庆七年 (1802)，因华民叶亚庚等持刀伤害夷妇二人，澳葡理事官特禀明香山知

---

① 康熙《香山县志》卷一〇《外志·澳彝》。

② 《澳门记略校注》上卷《官守篇》，第 69 页。

③ 刘芳辑，章文钦校：《葡萄牙东波塔档案馆藏清代澳门中文档案汇编》(以下简称《东波档案》) 上册，第 775 件，澳门基金会，1999 年，第 396 页。

④ 《澳门古今》，第 201 页。

⑤ 《澳门古今》，第 200 页。

⑥ 《中葡早期关系史》，第 249 页。

县，恳请将叶亚庚等人严办，“哆职司澳务，亦蒙我夷议事亭公众举出办理夷情，亦系夷民父母。凡遇华夷争斗，必须询问真实，然后具禀宪台明断，非轻谬言混禀”①。其中“我夷议事亭”一句再次明确了其“夷亭”的性质。

据嘉庆十二年正月初二日（1807年2月8日）《香山知县彭昭麟为在娘妈角青洲联堵海盗事行理事官札》，“澳外一带海面，近因洋匪游奕窥劫，地方忧苦，莫此为甚。而且澳地伶仃，尤恐贼多诡秘。兹澳亭上夷官筹议，欲着夷船两只，一在本澳娘妈角口，一在青洲海道，两路湾泊，鸣更防守”②。这里的“澳亭”即议事亭的另一名称。嘉庆十四年（1809）五月，为向澳葡购买夹板船以缉捕海盗，香山知县彭昭麟特下谕理事官：“照得夹板船木料坚固，宽大稳重，利于缉捕。现奉大宪札行购买。闻得尔等现有夹板船二只，连炮位出售。经海防分宪吩嘱，现在上亭议价，合就谕饬。”③“亭”即议事亭的简称，遇有与澳葡交涉事件，中国官员往往将葡人议事亭作为临时办公场所，这是中国政府在确保充分行使管治权的基础上对澳葡自治机构的认可。

嘉庆十四年正月《理事官为刘思永自行离澳事呈澳门同知禀》中称，“哆等伏查刘思永上年因唤咭唎之事，自经各宪临亭讯供，深蒙洞察。……本年正月十九日，因夷亭有事，着人往问，始知其不在家。……迨于二十一日，夷亭番差、兵头督令夷官到其家下查搜，……”④在此已将议事亭直接称之为夷亭。嘉庆二十年七月初八日（1815年8月12日），《香山知县马德滋为奉旨按船查验有无夹带销售鸦片不得遽请宽免事行理事官札》中提到：“哆即遵照，集亭知会。旋据呞咑亭上及各夷商等会称：现奉天朝谕旨严行，仰见慎重周详之至意。”⑤

嘉庆二十五年（1820），因判事官拖欠华民货银，为免受牵累，澳葡理事官特呈禀香山知县，恳请知县“俯察原因，先赐出示禁止，以遏未启衅端。并恳饬令奸商曾永和、郭亚厚等立将欠单的据缴赴台阶，加盖印记，以杜顶换。然后发交呞咑，着令文武夷官，会集澳内熟识番语绅耆，带同各商，齐登议事亭，当堂翻译，以示至正大公”⑥。

2. 议事亭有限的职权范围

嘉庆六年二月初七日（1801年3月20日），香山知县许乃来为补纳地租短平银一事下谕澳葡理事官：“照得嘉庆五年分濠镜澳地租，该夷等短纳银四两六钱三分五厘，业经谕饬补缴。兹据该夷目禀称：此项地租正耗银两，向例用议事亭码，眼同书差兑收。今谕开短少银两，哆不明其故。”⑦第二年，当澳葡企图以同样理由逃避补纳地租时，遭到知县许乃来的严厉申斥。四月十九日（1802年5月20日），他再次下谕理事官：

> 兹查嘉庆六年分地租银两，先据书差征收前来，兑少平头银三两六钱五分。先经谕饬该夷目补缴去后，嗣据该夷目混以亭上向例为词，不遵补缴。……谕到该夷

① 《东波档案》下册，第1396件，第720页。
② 《东波档案》上册，第1003件，第505页。
③ 《东波档案》上册，第929件，第473页。
④ 《东波档案》下册，第1030件，第518页。
⑤ 《东波档案》上册，第245件，第139页。
⑥ 《东波档案》上册，第548件，第301页。
⑦ 《东波档案》上册，第199件，第104页。

目，务需率由旧章，速将短少六年分地租平头钱三两六钱五分，即日照数兑足，给来差赍缴本县，立等拨匠候领批解，毋再抗延，自取重咎。[①]

嘉庆八年十二月（1803 年 2 月），因澳夷所缴该年地租短少，经香山知县金毓奇谕饬，澳葡理事官不仅不肯补缴，反而禀称："濠镜澳地租银两，在议事亭用历年之平，眼同兑交，并无短少。至补水银两，历来并用，又蒙递年收纳。"为此，金毓奇回复澳夷："惟查此项地租，系附搭正项钱粮，解赴藩宪兑收，例应遵用部颁法码弹兑。尔等向以洋平兑纳番银五百一十五两，因尔洋平与法码悬殊，向来仍须补足不敷平头，并照时价补足纹银水色，饬令银匠代为倾销，方能转解。"[②]

澳葡所说的在议事亭所用"历年之平"与前述之"议事亭码"，就是金毓奇所谓之"洋平"，与部颁法码之间有一定差别，所以每年所缴地租都会存在短少现象，需澳葡补缴。

嘉庆八年，澳葡禀请香山知县杨时行，"向来夷禀专用唐字书写，并无番字。今亭上众议，嗣后所有呈词，俱用唐字番字合并书写，禀恳恩准"。为此，杨时行谕令理事官：

查文禀字体天朝向有定制，华夷尤当区别，夷禀向用唐文，自应永远遵照办理，何得以亭上众议混请更张？除不准行外，合谕驳饬，谕到该夷目，即便遵照，嗣后一切夷禀务必率由旧章，专用唐字书写，毋许以唐番并书，致滋蒙混。[③]

清朝政府规定，唐字（按：即汉文）是当时中外交往中文移往来的正式文字，澳葡理事官遇事呈禀，必须使用唐字，"凡郡邑下牒于理事官，理事官用呈禀上之郡邑，字遵汉文"，[④] 现在理事官企图以"亭上众议"为由，请求嗣后呈词用唐字番字合并书写，这种有违定例、以致冒混禀词的无理要求，自然不会得到中国地方官员的同意。

《东波档案》第 1173 件，收录的是嘉庆十一年四月二十七日（1806 年 6 月 13 日），《澳门同知王衷为将明诺妥为安置在澳办理北堂事务下理事官谕》，因澳葡夷目禀称："咈嘣哂夷人明诺于本月二十日到澳，但哆等集亭酌量明诺住澳一节，查本国律例，外国洋人无命不得擅留住澳之条。故哆等不敢违国例而留其住澳。"王衷驳饬澳葡，"澳门为天朝内地，大皇帝惠及远夷，准令该国夷人常年住居，以通贸易，是各国夷人皆可栖止，何有外国洋人无命不得擅留住澳之条？且查澳门现有咦咭唎等国夷人住居，何独明诺而不可住耶？况明诺在澳亦系办理西洋堂北堂信件之事，并非伊一人之私事，如明诺在澳安分守法，自当令其常年住居。倘敢有滋事不法情事，该夷目即据实禀明，以凭究办"，谕令夷目遵照前谕，妥为安置。[⑤] 澳葡企图把澳门变成一己之地，自然不会得到中国政府的允许，而作为澳葡自治机构意义上的议事亭，所起的作用也是非常有限的，不管是经澳葡"亭上众议"还是"集亭酌量"得出的结论，都必须首先报请中国政府允准，澳门葡萄牙人的自治管理是以完全服从中国政府的管辖为前提的。

据乾隆五十九年九月十五日（1794 年 10 月 8 日），《香山县丞贾奕曾为蕃人喏噫咄嚏

① 《东波档案》上册，第 201 件，第 105 页。
② 《东波档案》上册，第 205 件，第 107 页。
③ 《东波档案》上册，第 817 件，第 414 页。
④ 《澳门记略校注》下卷《澳蕃篇》，第 152—153 页。
⑤ 《东波档案》下册，第 600—601 页。

逐鲍亚蒂迁铺事下理事官谕》：

查乾隆五十二年八月内，澳门兵头、管库带领黑奴，拆毁郭南泉等铺，并拆毁营地街民人蓬铺，及纵黑奴赴望厦村偷挖薯芋。经大宪访闻，檄委前府宪张、彭前县亲临澳门弹压，晓以律法，严切开导，谕以兵威，各皆畏惧，责备喽哩哆一人生事贻累。齐上议事亭，……出具日后不敢再犯遵依禀缴，并将拆毁各寮铺补回一十三间。约束黑奴，嗣后不许出澳。[①]

此段记载印证的仍旧是“凡文武官下澳，率坐议事亭上”的惯例，表明虽然其时议事亭已成为澳门葡萄牙人的机构所在地，但其作为中国官员入澳处理政务的场所这一功能依然是存在的。

嘉庆十三年七月，因英国兵船擅入澳门，澳葡理事官上报广东地方政府，两广总督吴熊光饬令英船即速离澳，英海军少将度路利拒不遵从，“议登岸入澳定居”，八月初二日，“以二百人入三巴寺，一百人入龙嵩庙。初五日，以二百人踞东望洋，一百人踞西望洋。其在三巴寺者，十二日，复移于西洋鬼楼，澳民惊怖，纷纷逃匿。洋商挟大班赴澳慰遣，坚不肯行。十六日，吴公熊光下令封舱，禁贸易，断买办。昭麟亲诣西洋议事亭，唛嚟哆入见，出噗咭唎兵总复书，译之，词甚不逊”[②]。

中国官员有时在议事亭审案。在嘉庆十三年十一月二十八日（1808 年 1 月 13 日），香山知县彭昭麟下发澳葡判事官等人的札令中提及：

照得刘思永与红夷兵头上省，出言不顺。奉制宪批令本县查拿，解省审办。经本县于二十一日委员拿获，因番差再四赴公馆恳求，领回管押，俟奉大宪行提，即行送上本县。因念该番差平日懂事，尚知大体，是以格外施恩，将刘思永当面给予领回，取具唛嚟哆领状在案。

兹蒙制宪委陈大老爷来澳提讯，本县禀请陈宪来议事亭确审，使众共知。……札到该番差、唛嚟哆等，即便遵照，于二十八日听候陈宪亲临审讯，小心伺候。[③]

汪兆镛的《澳门杂诗·杂咏》中有一首吟咏议事亭的诗：“提调郡县丞，前代有故衙。让畔敦古处，荒圮奔麏麚。尚余议事亭，崇敞飞檐牙。从来乡校法，亦不废边遐。权衡孰持平，愧矣吾中华。”《县志》：“明故有提调、备倭行署三，今惟议事亭不废。”又原设有税馆及澳门同知、县丞各署，今遗址已漫灭矣。[④] 中国政府设在澳门的官署均已荒圮漫灭，只剩下议事亭还能“崇敞飞檐牙”，巍然独存于世，联系其时腐败的政治，诗人不禁发出“愧矣吾中华”的感慨。

（四）小结

曾经作为基层管理组织单位的“亭”，本身就具有地方自治的特点，明清时代的议事亭，在保留其基层自治意义的基础上根据其时出现的形势变化作出相应调整，但总体来

① 《东波档案》上册，第 475 件，第 259 页。

② （清）卢坤等：《广东海防汇览》卷四二《事纪四·国朝二》，清道光刊本。

③ 《东波档案》下册，第 1027 件，第 517 页。

④ 章文钦笺注：《澳门诗词笺注·民国卷》上卷，珠海出版社，2002 年，第 24 页。

说，议事亭作为香山县的从属机构、在接受中国政府管辖的前提下对澳葡施行治理的性质却从未改变。从明代开始，议事亭就是中国官员在澳门召见澳葡、向葡人发布谕令及双方会商公事的场所，其雕梁画栋的中国亭园式建筑风格说明，在乾隆四十九年以前，该地更多的是作为中国官员入澳处理政事的场所而存在的，只是“议事亭”一词有时会被用来代指澳葡自治机构议事会，二者之间存在混用的现象，例如以下一段记载：

> 如果在澳门有何违反帝国法律的事情，官员通过公函或禀呈通知议事亭。如果事情比较严重，官员派遣一个或数个他们手下的官员来同议事亭（Senado）及其理事官（Procurador）交涉。为了入澳城，他们要事先申请许可，然后根据其级别在议事亭（Camara）受到礼仪接待。在理事官（Procurador）及受命来秉承的官员之间交涉后，再由议事亭（Senado）根据个案来处理。①

对于葡印总督这段主从关系完全颠倒的言论，在此并不展开论述，单从其中所包含的关于议事亭的史料来说，就存在着作为场地的议事亭与议事会意义上的议事亭之别。

议事亭有一定的权力，但它在中国的行政架构中地位较低，不是一个完整、独立的机构，仅仅具备维护正常的贸易秩序、维持地方治安的功能。而且其权力的行使仅仅针对居于澳门的葡萄牙人，澳门华民完全是在中国政府的管辖之下的。

（作者：刘冉冉，暨南大学华侨华人研究院在站博士后）

① 曼努埃尔·木里亚斯：《给北京主教的指示和澳门史的其他文献》，澳门文化学会，1988年，第22—23页，转引自金国平、吴志良：《中国官员临澳驻节地考》，《过十字门》，第181页。

清代中叶中国政府对澳门华人的管理

张廷茂

【提　要】清代中叶是澳门华人群体发展的重要时期，也是中国政府对澳门华人的管理较为完备的时期。本文广泛利用中外文献，从行政、司法、税收等方面较为深入地考察了清代中叶中国政府对澳门华人的管理。本文认为，该时期中国政府对澳门华人实施了全面的管理，相关的制度和措施亦达到空前的完备，并始终坚持对澳门华人管理的专有权。

【关键词】清代中叶　澳门　华人　管理

前人对明清政府管理澳门的整体体系已经做了较多的研究，但似乎主要是论述中国政府对葡萄牙人的管理，而对澳门华人的社会组织和管理系统则论之欠详。澳门虽然长期以来“华洋杂居”，葡萄牙人享有广泛的自治权，但华人群体在社会组织和管理上自成体系。乾嘉道时期，这一组织和管理体系达到了较为成熟的阶段，对其加以专门研究，可以进一步深化中国政府对澳门行使主权的研究，也有利于对明清时期澳门社会特征的研究。

一、综述

明清时期，中国政府对居住在澳门的华人一直进行全面而有效的管理。这种管理是通过地方政权来实现的。

据《澳门记略》载：“前明故有提调、备倭、巡缉行署三，今惟议事亭不废。”① 这些机构对澳门的治安、防卫、税务等事务进行了全面的管理，并由香山知县兼管澳门的司法事务。

利玛窦在其《中国传教史》中写道：

> 澳门的葡国人，一向都遵守葡国法律，别的国籍的人生活也很自由，即使中国人，一成为教友，就脱掉中国的衣服，改穿欧洲的衣服，其余非教友的中国人，才

---

① （清）印光任、张汝霖著，赵春晨校注：《澳门记略》上卷《形势篇》，澳门文化司署，1992年，第24页。

属于广东政府所派的官员管辖。①

1828 年出版的《回忆澳门》一书写道：

据吉内斯（M. de Guignes）在本世纪（即 19 世纪——引者注）初称，澳门有 8000 名中国人。这个数字既是商业大发展的结果，也是允许他们盖建新的房屋和居所的结果。这些中国人只受中国官员的管辖。②

龙思泰记载说：

在外国人获准居留澳门以后，中国的仆役、手艺人、商人等，也来到这里，与外国人杂居在一起。但他们生活在一名中国地方官员的管辖之下。根据 1587 年 2 月 16 日颁布的王室条例，驻澳门的王室大法官（Ouvidor，中文史料作“判事官”）不得干预该中国官员对中国人的管辖权和裁判权。③

杰萨斯也评述说：

当中国人最初被允许在澳门居住时，中国官员声称，尽管他们居住在这里，中国臣民不得免除本国法令的约束；由于议事会的应该受到责备的（对中国政府的）屈从，中国官员确立了他们对华人群体的管辖权。④

由明至清，中国政府对澳门的管理进一步加强。雍正八年（1730 年），增设香山县丞，进驻前山寨，专司澳门司法事务。史载：“督臣郝玉麟因县务纷繁，离澳窎远，不能兼顾，奏请添设香山县县丞一员，驻扎前山寨，就近稽查。”⑤ 1684 年设立粤海关监督行廨，即大关。后又设立三个稽查口。“澳有关税一，主抽税；小税馆三，主讥察，曰南环税馆，专稽查民夷登岸，及探望番舶出入；曰娘妈角税馆，专稽查广东、福建二省寄港商渔船只，防透露，杜奸匪。”⑥

---

① ［意］利玛窦著，刘俊余、王玉川译：《利玛窦中国传教史》，《利玛窦全集》（1），光启出版社、辅仁大学出版社联合出版，1986 年，第 119 页。

② “M. de Guignes dava em o começo deste seculo 8,000 Chins a Macáo：numero，que o maior subsequente desenvolvimento do commercio ha feito progredir，bem como a indiscreta tolerancia，que lhes-permitte a creação de novas casas e arruamentos. Esta população está unicamente sujeita aos seus Mandarins.” —José de Aquino Guimarães e Freitas，*A Memoria sobre Macáo*，Coimbra：A Real Imprensa da Universidade，1828，p. 15.

③ “Foreign merchants being allowed to settle at Macao，Chinese servants，mechanics，tradesmen，& c.，joined them，but they lived under the control of a Mandarin，with whose jurisdiction the head-judge，“Ouvidor”，of Macao was，by the 30th paragraph of his instructions，dated 16th February，1587，forbidden to meddle.” —Anders Ljungstedt，*An Historical Sketch of the Portuguese Settlements in China and of the Roman Catholic Church and Mission in China*，Boston：1836；Hong Kong：Viking Kong Hong Publications，1992，p. 23.

④ “Quando os chineses foram pela primeira vez admitidos em Macau os mandarins pretenderam que，embora lá instalados，os vassalos da China não fossem isentos das suas próprias leis：e pela censurável aceitação do Senado，os mandarins estabeleceram a sua jurisdição sobre a comunidade chinesa.” —C. A. Montalto de Jesus，*Macau Histórico*，Macau：Livros do Oriente，1990，p. 138.

⑤ （清）印光任、张汝霖：《澳门记略》上卷《官守篇》，第 75 页。

⑥ （清）张甄陶：《澳门图说》，贺长龄、魏源辑：《皇朝经世文编》卷 83《兵政十四·海防上》，光绪十二年（1886）思补楼重刊本，第 57—58 页。

后来，鉴于“县丞职分卑微，不足以资弹压，仍于澳地无益”[①]，清政府于乾隆九年（1744）将肇庆同知移至前山寨，设立“海防军民同知”，作为清朝政府直接管理澳门地方事务的行政机构，其管辖范围包括澳门行政、司法、军事、治安以及部分海关税务等。对此，中文档案有颇为详细记载。

设立海防同知的建议，首先由广东按察使潘思榘于乾隆七年七月二十五日（1742 年 8 月 25 日）提出：

似宜仿照理猺（徭）抚黎同知之例，移驻附佐一员，专理澳夷事务，监管督捕海防，宣布朝廷之德意，申明国家之典章。凡住澳民夷，编查有法，洋船出入，盘验以时，遇有奸匪窜匿，唆诱民夷殴争、盗窃及贩卖人口，私运禁物等事，悉归查察办理，通报查核，庶防微杜渐。[②]

督抚奉旨复议后于八年（1743）四月初四日提出上奏：

应请将肇庆府同知移驻前山寨，令其专司海防，查验出口进口海船，兼管在澳民番，其所遗捕务，归并肇庆府通判兼理。惟是该同知职司防海，兼理番民，较诸理猺厅员其责尤重，若不优其体统，无以弹压夷人。查，粤省理猺同知例设弁兵，应请照例给与把总二员、兵丁一百名，统于香山、虎门两协内各半抽拨，并酌拨哨桨船只，以资巡缉用。至前山寨，既设同知，所有香山县丞应移驻澳门，专司稽查，民番一切词讼，仍详报该同知办理。[③]

吏部会议后再奏：

应如该署督等所请，肇庆府同知，准其移驻广州府属前山寨稽查弹压，属广州府管辖，原管捕务准其并于肇庆府通判管理。香山县县丞，亦准其移驻澳门，专司稽查，属该同知管辖。其移驻同知员缺，准其改为要缺，嗣后缺出，令该督抚于现属员内拣选调补。至该同知职司防海，管理蕃民，准照理猺同知之例，给与把总二员、兵丁一百名，统于香山、虎门两协内各半抽拨，并酌拨哨桨船只，以资巡缉。所有在澳民夷一切词讼，责令移驻县丞稽查，仍详报该同知办理。其应给同知关防，应照该署督等所拟“广州府海防同知关防”字样，俟命下之日，吏部移咨礼部，照例铸给，以昭信守。[④]

同年十一月十二日，上述奏请得到皇帝的批准，次年，印光任往前山寨赴任，澳门同知正式建立。

透过澳门同知建立的过程，我们注意到清政府治澳政策的一个显著变化。三道奏章在对该同知管辖权限进行安排时，多次提到“住澳民夷”、“在澳民番”、“兼理番民”、“民番一切词讼”、“管理蕃民”、“在澳民夷一切词讼”等。显然，管理者已不再仅仅着眼于外籍人口，而是华夷并重。这反映了澳门华洋人口比例和社会结构方面的变化。自从澳门同知建立后，广东地方官员先后制定了一系列管理华人的政策和规章。

---

① （清）印光任、张汝霖：《澳门记略》上卷《官守篇》，第 75 页。

② 中国第一历史档案馆等编：《明清时期澳门问题档案文献汇编》（以下简称《档案文献汇编》）（一）档案卷，人民出版社，1999 年，第 193 页。

③ 《档案文献汇编》（一）档案卷，第 197 页。

④ （清）印光任、张汝霖：《澳门记略》上卷《官守篇》，第 76 页。

乾隆九年（1744）四月，印光任具议上请管理澳门七项规条（以下简称《七项规条》），其中有多条涉及对入澳华人的管理，标志着广东地方政府制定了较为全面的针对内地移民的管理条例。

乾隆十一年（1746），张汝霖上《请封唐人庙奏记》，广东督抚两院发布《严禁愚民私习天主教以安民夷以肃法纪示》，从禁绝华人皈依天主教的考虑出发，针对为夷人所需的华人服役者，制定严格的稽查措施。

乾隆十四年（1749），针对上一年在澳门出现的李廷富、简亚二命案所引起的危机，广东政府制定了《澳夷善后事宜条议》（亦称《澳门约束章程》）12 款，其中有多条涉及对澳门华人的管理。

乾隆二十四年十二月（1759 年 1 月），两广总督李侍尧奏准《防范外夷规条》，其中亦有涉及华人行为的规定。

嘉庆十四年四月（1809 年 5 月），《两广总督百龄奏报酌华夷交易章程折》，针对嘉庆以来形势的发展和变化，进一步完善了对华人的管理措施。

嘉庆十九年十月十九日（1814 年 11 月 30 日），《两广总督蒋攸铦等奏陈夷商贸易情形及酌筹整饬洋行事宜折》，对华人的规定加以补充。

透过上述文献，并结合其他文献，可以对乾嘉时期清政府对澳门华人群体的管理，以及澳门华人的社会组织情况有较为清楚的认识。

二、澳门华人的行政管理

针对澳门华人的管理规条，在雍正三年两广总督孔毓珣的《酌陈澳门等事疏略》中已略有涉及。内称：

> 请将现在船只令地方官编列字号，刊刻印烙，各给验票一张，将船户、舵工、水手及商贩夷人、该管头目姓名，俱逐一填注票内，出口之时于沿海该管营汛验明挂号，申报督抚存案。如有夹带违禁货物，并将中国人偷载出洋者，一经查出，将该管头目、商贩夷人并船户舵水人等，俱照通贼之例治罪。……倘有敢偷造船只者，将头目、工匠亦俱照通贼之例治罪。①

这里说的是，在澳门为葡人服务的舵工、水手和工匠等，不得在航海时夹带违禁物品、偷运华人出海，以及受雇为葡人在额船之外偷造新船。虽然涉及华人的行为规范，但是，显然还不够全面，针对性亦不明显。

（一）民事管理

民事管理，主要是对澳门华人进行户籍以及社会活动等方面的管理。首先是设立保甲制度，管理移居澳门的华人。

中国地方政府对澳门华人的民事管理，经历了一个逐渐完善的过程。1690 年 6 月 3

---

① （清）印光任、张汝霖：《澳门记略》上卷《官守篇》，第 73 页。

日，澳门西洋理事官（Procurador）说：

香山的官员送来广州大吏的一道公文，命令地保（os Cabeças da Rua）须提交居住在本市木屋、店铺和居民点内的所有中国人的名册；每10人指定一名地保，以便报告各种情况，要求报告所有在其住所收容中国人的葡萄牙居民的名字，以便报告那些人的情况。①

乾隆九年（1744年）四月，印光任具议上请《七项规条》第六条指出："澳内民夷杂处，……责令县丞编立保甲，细加查察。""夷人寄寓澳门，凡成造船只房屋，必资内地匠作，恐有不肖奸匠，贪利教诱为非，请令在澳各色匠作，交县丞亲查造册，编甲约束，取具连环保结备案。如有违犯，甲邻连坐。递年岁底，列册通缴查核。如有事故新添，即于册内声明。"② 按照此项规定，在澳门为葡人服役的百工技艺之人，被纳入保甲制度，受到严格的管束约束，以达到防止不肖奸匠贪利为非的目的。

值得注意的是，《七项规条》中对船匠做了专门的规定。其第五条指出："夷人采买钉铁、木石各料，在澳修船，令该夷目将船身丈尺数目、船匠姓名开列，呈报海防衙门，即传唤该匠，估计实需铁斤数目，取具甘结，然后给与印照，并报关部衙门，给发照票，在省买运回澳，经由沿途地方汛弁，验照放行。仍知照在澳县丞，查明如有余剩，缴官存贮。倘该船所用无几，故为多报买运，希图夹带等弊，即严提夷目、船匠人等讯究。"③

乾隆十一年（1746），张汝霖上《请封唐人庙奏记》，其中，从禁绝华人皈依天主教的考虑出发，针对为夷人所需的华人服役者，制定严格的稽查措施：

抑更有请者，夷人在澳，有必需用唐人之处，势难禁绝，然服其役即易从其教，苟非立法稽查，必致阴违阳奉。应请饬行夷目及地保人等，将夷人应用唐人之处，逐一查明，造册具报，岁终出具并无藏留进教唐人甘结，缴查其册，一年一造，有事故更换者，据实声明。如此则稽查较密，而唐夷不致混杂矣。④

对于内地人移居澳门，清政府原规定不许携带家眷入澳门，后来虽然允许内地移民携带家眷进入澳门，但仍然将他们纳入严格的保甲制度内。嘉庆十三年十二月（1808年1月），香山县左堂郑曾谕令夷目喽嚟哆：

照得澳门一地，华夷杂处，烟户稠杂，现奉大宪饬行，毋论唐番，一体查造烟册，挨邻聚户，以便稽查，合行谕饬查造。⑤

嘉庆十四年四月（1809年5月），《两广总督百龄奏报酌华夷交易章程折》中指出：

---

① "A 3 de Junho de 1690, o procurador expô que o mandarim de Heung-Shan remeteraa uma chapa dos mandarins de Cantão, ordenando que os Cabeças da Rua dessem por lista todos os Chinas assistentes nesta Cidade em Challes, Boticas, e Gudorens dos Moradores, e que de cada dez pessoas nomesse hum, que fosse Cabeça, para dar conta dos mais todas as vezes, que lhe pedissem e que dessemos nomes de todos os nossos moradores, que em seus Gudorens recolhem Chinas, para darem conta delles." —*Arquivos de Macau*, 3.ª Série, vol. I, Macau: Imprensa Nacional de Macau, 1941, pp. 39-40.

②（清）印光任、张汝霖：《澳门记略》上卷《官守篇》，第79页。

③（清）印光任、张汝霖：《澳门记略》上卷《官守篇》，第79页。

④（清）印光任、张汝霖：《澳门记略》上卷《官守篇》，第83页。

⑤ 刘芳辑，章文钦校：《葡萄牙东波塔档案馆藏清代澳门中文档案汇编》（以下简称《汉文文书》）（上册），澳门基金会，1999年，第15页。

澳内华夷分别稽查也。……是以住澳华人，仍准携带妻室，安土重迁，亦难概令挈眷远徙。惟澳内为地无多，华夷杂处，若不定以限制，恐日致蔓延。应将西洋人现有房屋若干户口，逐一查明造册申报，已添房屋，姑免拆毁，不许再行添造寸椽。华人挈眷在澳居住者，亦令查明户口造册存案，只准迁移出澳，不许再有增添。庶于体恤之中，仍寓防闲之意。①

随着时间的推移，保甲制度逐渐推广到流动性较大的人口中，如船夫、渔民等。乾隆十四年（1749），《澳夷善后事宜条议》（亦称《澳门约束章程》）12 款中“稽查船艇”一款作出规定：

一切在澳门快艇、果船，及各项蛋户、罟船，通行确查造册，发县编烙，取各连环保结，交保长管束，许在税厂前大码头湾泊，不许私泊他处，致有偷运违禁货物、藏匿匪窃、往来诱卖人口，及载送华人进教拜庙、夷人往省城买卖等弊。每日派拨兵役四名，分路巡查，遇有停泊他处船艇，实时禀报查拿，按律究治。失察之地保，一并连坐。兵役受贿故纵，与犯同罪。②

总之，清朝官员从传统华夷之防观念出发，采用传统的保甲制度，对移居澳门的华人加强严格的管理，其主要目的是防止华洋勾结，滋生事端，导致社会动乱。

（二）出入境管理

出入境管理也是明清政府对澳门华人管理的重要内容。澳门民夷杂居，属特殊地区。为了防止内外勾结，或贩卖人口，出海为盗等，明清地方政府一直对移居澳门地区的华人进行出入境管理。

早在葡萄牙人入居不久，就有人提出：“欲将澳以上、雍麦以下，山径险要处，设一关城，添设府佐官一员，驻扎期间，委以重权，时加讥察，使华人不得擅入，夷人不得擅出。”③ 至万历二年（1574），明政府依照地方官员奏请，“设关闸，委官守之，每逢一、六日开关，岁放米若干，每月六启闭，广肇南韶道发封条六道，文武官会同验放，事已闭关。复就其聚庐大街，中贯四维，各树高栅，榜以畏威怀德，分左右定其门籍”④，其目的，显然是加强对澳门华人出入境的管理。

康熙五十七年（1718）二月，两广总督杨琳进一步提出奏请：“如有澳门夷人夹带中国之人，并内地商人偷往别国贸易者，查出照例治罪。如该管官盘查不实，徇情疏纵，从重治罪。”⑤ 显然，地方政府始终不忘对澳门华人的出入境进行监管。这种管理主要包括三个方面：

---

① 《档案文献汇编》（一）档案卷，第 743 页。

② （清）印光任、张汝霖：《澳门记略》上卷《官守篇》，第 93 页。

③ 庞尚鹏：《陈末议以保海隅万世治安事》，陈子龙、徐孚远编：《皇明经世文编》卷 357，明平露堂 1638 年刊本，国联图书出版社，1964 年影印本，第 9 页。

④ （清）暴煜：《香山县志》卷 8《濠镜岙》，乾隆十五年（1750 年）刊刻，台湾学生书局，1965 年影印本，第 23 页。

⑤ 《清圣祖实录》卷 372 康熙五十七年二月条，中华书局，1985—1987 年影印本，第 45 页。

1. 对内地人民出入澳门的控制

印光任具议上请《七项规条》第三条云："澳内民夷杂处，致有奸民潜入其教，并违犯禁令之人窜匿潜藏，宜设法查禁，听海防衙门出示晓谕。凡贸易民人，悉在澳夷墙外空地搭篷市卖，毋许私入澳内，并不许携带妻室入澳。责令县丞编立保甲，细加查察。其从前潜入夷教民人，并窜匿在澳者，勒限一年，准其首报回籍。"① 针对澳门民夷杂处的特殊性，本条规定利用中国传统的保甲连坐制度，查禁民人私入澳内、潜从夷教并勒限首报回籍。

乾隆十五年（1750），张甄陶在《澳门图说》中称："由寨而东十五里为关闸，设把总守之，为民夷出入之要隘。明制每月六开闭，支给夷人米石。支给讫，仍关闭。今关常开，惟不许夷人阑入，他皆不禁。出关闸五里为望厦村，设县丞分驻其地，专治民夷词讼，而统其成于海防同知。由望厦而西三里为澳门，其地周一千三百八十余丈，因山势高下，筑屋如蜂房蚁垤者，澳夷之居也。"② 清人张渠在《粤东闻见录》中也说："未至澳六十里有关，设一都司驻之，以稽人口出入。"③ 另有西文资料记载：

> 由于没有收到进出澳门人员的情况的正式消息，在他（澳葡理事官）的办公处也找不到有关澳门华人的准确记述。在中国驻澳门的民政官员左堂（即香山县丞）的法庭上，倒是可以查到一些出入境的情况，尽管他可能对许多中国人在其朋友处暂住的情况一无所知。游民们躲避着他，通过贿赂他的仆从，竭力逃避他们的掌管。④

这种现象也说明，进出澳门的华人事实上是在当地中国官员的监管之下。

嘉庆十四年（1809）四月，《两广总督百龄等奏报酌华夷交易章程折》指出：

> 华人携眷在澳居住者，亦令查明户口造册存案，止准迁移出澳，不许再有增添，庶于体恤之中，仍寓防闲之意。⑤

同年五月获上谕："其澳内西洋人，不准再行添屋。民人眷口，亦不准再有增添。"⑥ 可见，管理和控制华人进入澳门半岛，特别是进入澳门城内，一直是广东地方官员管理澳门的一个重要方面。

---

① （清）印光任、张汝霖：《澳门记略》上卷《官守篇》，第 79 页。

② 张甄陶：《澳门图说》，《皇朝经世文编》卷 83《兵政十四·海防上》，第 57 页。

③ 张渠著，程明点校：《粤东闻见录》卷上《澳门》，广东高等教育出版社，1990 年，第 25 页。

④ "But as he receives no official information, either of those who resort to or leave Macao, no correct statement of the Chinese population can be expected from his office. At the tribunal of the Tio-tang, the Chinese civil magistrate at Macao, the influx and reflux may be inserted, though he may be ignorant of many Chinese who take up among their friends a temporary residence. Vagabonds shun him, and, by bribing his satellites, endeavor to keep out of his reach." —Anders Ljungstedt, *An Historical Sketch of the Portuguese Settlements in China and of the Roman Catholic Church and Mission in China*, pp. 25 – 26.

⑤ 故宫博物院编：《清代外交史料》嘉庆朝，第三册，1932 年铅印本，第 9—10 页。

⑥ 《清仁宗嘉庆实录》卷 212 嘉庆十四年五月戊寅条，第 842 页。

2. 对商船、渔船出入口的监管

乾隆九年（1744），经印光任奏请获准：

前山寨设立海防衙门，派拨弁兵，弹压蕃商，稽查奸匪，所有海防机宜，均应与各协营一体联络，相度缓急，会同办理。老万山、澳门、虎门、黄埔一带营汛，遇有关涉海疆民夷事宜，商渔船只出口、入口，一面申报本营上司，一面并报海防衙门。①

乾隆十四年（1749）《澳门约束章程》进一步规定：

稽查船艇。一切在澳门快艇、果船，及各项蛋户、罟船，通行确查造册，发县编烙，取各连环保结，交保长管束，许在税厂前大码头湾泊，不许私泊他处，致有偷运违禁货物、藏匿匪窃、往来诱卖人口，及载送华人进教拜庙、夷人往省买卖等弊。每日派拨兵役四名，分路巡查，遇有停泊他处船艇，实时禀报查拿，按律究治。失察之地保，一并连坐。兵役受贿故纵，与犯同罪。②

政府官员对外国商船出入管理，一个重要的目的就是防止夹带澳门华人出洋。“查天朝定例：凡内地民人，私受夷人雇值，往趁外洋者，均有应得罪名。”③

3. 遣送潜入澳门的华人回原籍

乾隆十四年（1749）《澳夷善后事宜条议》（亦称《澳门约束章程》）12 款中“驱逐匪类”条规定：

凡有从前犯案匪类，一概解回原籍安插，取具亲属保邻收管，不许出境，并取澳甲嗣后不敢容留结状存案，将逐过姓名列榜通衢，该保长不时稽查。如再潜入滋事，实时解究原籍，保邻、澳甲人等一体坐罪。④

在澳门的华人，如果行为不轨，通过地方保甲制度，有可能被地方官员驱逐出澳门，遣回原籍。乾隆年间，丁观国任香山县丞，“先是有闽匪囤聚望厦村为居民害，又时掠行人勒索，莫敢谁何”。丁观国亲自携带武器，率众追剿，“执其首恶者若干人，置逐法，余驱逐回闽，民赖以安”⑤。

（三）经营活动管理

澳门地区华人的商业经营活动，也直接受到中国地方官员的监管，包括对商业资本来源以及商品的种类和数量等方面的限制。

澳门华人不管从事何种职业，都要受保甲制度的管辖。其中对通事、买办、引水、船工一类特殊职业的监管尤其严格。

---

① （清）印光任、张汝霖：《澳门记略》上卷《官守篇》，第 80 页。

② （清）印光任、张汝霖：《澳门记略》上卷《官守篇》，第 93 页。

③ 《汉文文书》（上册），第 308 页。

④ （清）印光任、张汝霖：《澳门记略》上卷《官守篇》，第 92—93 页。

⑤ 《香山县乡土志》卷 2，中山地方志办公室，1988 年，第 50 页。

1. 引水

早在乾隆九年印光任具议上请的《七项规条》中就对引水员作出了全面规定：

洋船进口，必得内地民人带引水道，最为紧要。请责县丞将能充引水之人详加甄别，如果殷实良民，取具保甲亲邻结状，县丞加结申送，查验无异，给发腰牌执照准充，仍列册通报查考。至期出口等候，限每船给引水二名，一上船引入，一星驰禀报县丞，申报海防衙门，据文通报，并移行虎门协及南海、番禺，一体稽查防范。其有私出接引者，照私渡关津律从重治罪。①

鉴于引水人员的重要性，本条从人员的甄选、保甲、任务和稽查等方面，对引水员作了较为全面的规定。嘉庆十四年四月二十日（1809 年 6 月 2 日），两广总督百龄等奏报酌筹《华夷交易章程》：

夷船引水人等，宜责令澳门同知给发牌照也。查，各国夷船行抵虎门外洋，向系报明澳门同知，令引水人带引进口。近年竟有匪徒冒充引水，致滋弊窦。嗣后夷船到口，即令引水先报澳门同知给予印照，注明引水船户姓名，由守口营弁验照放行，仍将印照移回同知衙门缴销。如无印照，不准进口，庶免弊混。②

同年五月十九日（1809 年 7 月 1 日），军机大臣庆桂等奏会议后奏陈："查，各国夷船行抵虎门外洋，向系报明澳门同知令引水人带引进口，近年竟有匪徒冒充引水，皆由未经官给印照，引水船户并无姓名可稽，以致真伪莫辨。应如该督等所请，给照销照，先后责成该同知衙门办理，庶夷船进口时有（不）致有混冒之弊。"③ 嘉庆十四年五月十九日，奉旨："军机大臣会同长麟议覆百龄等酌筹民夷交易章程，分别应准应驳具奏，所议甚是。嗣后各国护货兵船，俱不许驶入内港；夷商销货，令即依限回国，并令洋商早清夷欠；其澳内西洋人，不准再行添屋，民人眷口亦不准再行增添；引水船户给照销照，俱责成澳门同知办理；夷商买办，选择殷实之人始准承充。"④

2. 买办、通事

乾隆十一年（1746），针对在澳华人信奉天主教的情况，张汝霖上奏请封唐人庙，提出："至买办、通事，澳夷所必需，但勒令易服出教，不必改业，仍各取具地保、夷目，收管备查。"广东督抚两院发布《严禁愚民私习天主教以安民夷以肃法纪示》："在住澳蕃人，寄居原为市舶，其内地商行人等与之交易往来，以及雇请匠工、代为买办通事，皆例所不禁，仍应听从其便，但不许民人私习天主教，及改易蕃名、潜投澳内礼拜煽惑。"⑤

嘉庆十四年四月二十日（1809 年 6 月 2 日），两广总督百龄等奏报酌筹《华夷交易章程折》，其中"买办"条曰：

夷商买办人等，宜责成地方官填选承充，随时严察也。查，夷商所需食用等物，

---

① （清）印光任、张汝霖：《澳门记略》上卷《官守篇》，第 79 页。

② 《清代外交史料》嘉庆朝，第三册，第 10 页。

③ 《清代外交史料》嘉庆朝，第三册，第 17 页。

④ 《清代外交史料》嘉庆朝，第三册，第 18 页。

⑤ （清）印光任、张汝霖：《澳门记略》上卷《官守篇》，第 83、84 页。

因言语不通，不能自行采买，向设有买办之人，由澳门同知给发印照。近年改由粤海关监督给照，因该监督远驻省城，耳目难周，该买办等惟利是图，恐不免勾通外来商贩私买夷货，并代夷人偷售违禁货物，并恐有无照奸民从中影射滋弊。嗣后夷商买办，应令澳门同知就近选择土著殷实之人，取具族长保邻切结，始准承充，给与腰牌印照。在澳门者，由该同知稽查；如在黄埔，即交番禺县就近稽查。如敢于买办食物之外代买违禁货物，及勾通走私舞弊，并代雇华人服役，查出照例重治其罪，地方官徇纵，一并查参。①

同年五月十九日（1809年7月1日），军机大臣庆桂等奏会议后奏报："查，夷商所需食用等物，向设有买办之人，由澳门同知给发印照，近年改由粤海关监督给发，该监督远驻省城，耳目难周，诚恐别滋弊窦，应如该督等所请，仍由该同知就近选择给照承充，与番禺县分地稽查，倘有代买违禁货物、勾通走私及代雇民人服役等弊，即照例治罪，地方官徇纵，一并查参。则该同知等各雇考成，随时严密，似于剔弊除奸较有裨益。"②

嘉庆十四年五月十九日，奉旨："军机大臣会同长麟议覆百龄等酌筹民夷交易章程，分别应准应驳具奏，所议甚是。嗣后各国护货兵船，俱不许驶入内港；夷商销货，令即依限回国，并令洋商早清夷欠；其澳内西洋人，不准再行添屋，民人眷口亦不准再行增添；引水船户给照销照，俱责成澳门同知办理；夷商买办，选择殷实之人始准承充。至向来夷货到澳，皆由该国自行投行，公平交易，以顺夷情，今该督等议由监督不论殷商乏商按股签掣、竟似以外夷货财为调剂乏商之计，事不可行，着仍查照例妥协办理。"③

3. 船工

乾隆九年（1744）四月，印光任具议上请的《七项规条》第五条，对在澳门经营的各色匠作，制定了具体的规范：

夷人采买钉铁、木石各料，在澳修船，令该夷目将船身丈尺数目、船匠姓名开列，呈报海防衙门，即传唤该匠，估计实需铁斤数目，取具甘结，然后给与印照，并报关部衙门，给发照票，在省买运回澳，经由沿途地方汛弁，验照放行。仍知照在澳县丞，查明如有余剩，缴官存贮。倘该船所用无几，故为多报买运，希图夹带等弊，即严提夷目、船匠人等讯究。④

4. 其他经营活动的规定

乾隆十四年（1749），广东当局制定《澳门约束章程》，其中"禁赊物收贷"条曰：

凡黑奴出市买物，俱令现银交易，不得赊给，亦不得收买黑奴对象，如敢故违，究逐出澳。⑤

---

① 《清代外交史料》嘉庆朝，第三册，第10页。

② 《清代外交史料》嘉庆朝，第三册，第17页。

③ 《清代外交史料》嘉庆朝，第三册，第18页。

④ （清）印光任、张汝霖：《澳门记略》上卷《官守篇》，第79页。

⑤ （清）印光任、张汝霖：《澳门记略》上卷《官守篇》，第93页。

乾隆二十四年十二月（1759 年 1 月），两广总督李侍尧奏准《防范外夷规条》，其中规定：

借领外夷资本及雇请汉人使役，并应查禁。查向来夷商到粤，只许将带来货物售卖，置买别货回国。其一应禁止出洋之货，不得私贩。近来内地行店、民人，多有向夷商借本贸贩，冀沾余润。应如该督所请，令借领资本之行商人等，据实首明，勒限清还，免其提究。嗣后倘有违禁借贷勾结者，照交接外国、借贷诓骗财物例问拟，借银查追入官。至夷商所带番厮人等，足供役使，原不得多雇内地民人。此后除设立通事、买办外，如有无赖民人贪财受雇者，交地方官严禁，倘有徇纵，一并惩治。①

乾隆五十四年（1789）十月，经两广总督福康安奏请，清政府制定了针对大黄出口的限制性规定：

其西洋各国，每年每国不得过五百斤，饬令省城洋行及澳门商人，将售卖大黄数目并卖与何国夷人，均于洋船启棹之先，分晰列册呈缴。南海、香山二县，一面通详，移行守口文武员弁，按册稽查。如查有夹带多买，严拿行商通事，从重治罪，仍将大黄变价归官。于保墒、夷目名下各追十倍银价充公。②

嘉庆十九年十月十九日（1814 年 11 月 30 日），《两广总督蒋攸铦等奏陈夷商贸易情形及酌筹整饬洋行事宜折》称：

臣等访得……粤民趋利若鹜，首在查禁汉奸，近年如私借夷人赀本拖欠夷债之郑崇谦、吴世琼、沐士芳等，均经照例惩办。现复访有曾为夷人服役，积有家产，朦捐职衔，仍与夷人结交之李耀即怀远一名，业经拿获查抄，审明定拟具奏在案。臣等仍督饬地方密加侦访，如有似此者，均应逐一严惩（朱批：甚是）。并不准民人私为夷人服役，责成洋行通事稽查，其居住澳门及省城十三行之贸易民人，不得搭盖夷式房，即售卖夷人衣履之铺户，亦不得用夷字店号，以杜勾通而严区别。③

嘉庆二十年（1815），鉴于澳夷黑奴“往往买酒饮醉，即行滋事”，澳门同知遵大宪檄委，“示谕澳内铺户、地保人等知悉，一切食物生理，仍准照常买卖，惟不许在澳内开设酒肆，买［卖］与黑夷酗饮，及私押物件等弊，致酿事端”④。

道光九年（1829）六月，清政府制定《查禁官银出洋及私货入口章程》，其中规定：

澳门地方系香山县所属，乃各国夷商聚集之地，向许内地民人在彼与其交易，与省城买卖皆归商行不同，难以逐一稽查。香山县相距稍远，现责成澳门同知，严切示谕民人，凡与夷人买卖，不许使用官银，亦不许将官银换给夷人，该同知仍督率县丞随时稽查，倘有民人以官银向夷人买物，及将官银换给洋人者，即行拘拿治罪。如该同知县丞漫无察查，别经发觉，即该同知县丞严参。⑤

道光十五年（1835），两广总督卢坤奏请对夷人雇用华人定以限制，作出规定：

---

① 《清高宗乾隆实录》卷 602 乾隆二十四年十二月戊子条，第 760—761 页。

② 《清高宗乾隆实录》卷 1341 乾隆五十四年十月庚午条，第 1181 页。

③ 《清代外交史料》嘉庆朝，第四册，第 22 页。

④ 《汉文文书》（上册），第 22 页。

⑤ 张海鹏主编：《中葡关系史资料集》，四川人民出版社，1999 年，第 616 页。

仍令该管行商按月造具各夷商名下买办、人夫名籍清册，送县存案，随时稽查。其挑货人夫，令通事临时散雇，事毕遣回。至民人受雇为夷商服役之沙文名目，仍永远禁止。倘夷人额外多雇人夫，及私雇沙文服役，将通事、行商一并治罪。①

三、澳门华人的司法管理

明清时期，中国地方政府不仅在行政上，而且在司法上对澳门华人进行有效的管辖。有关澳门华人的法律纠纷或法律问题，皆由中国官府全权处理。

龙思泰据西文史料记载：

有一位中国地方官员驻扎在外国人当中，处理属于其职权范围内的基督教徒与中国人之间的诉讼。葡王菲力一世于1587年2月16日在马德里发布命令，在其中第30段，他要求澳门大法官不要干涉此地中国官员对中国人和福建人的管辖权。②

另据马士掌握的西文史料记载：

在管辖权问题上，据记载，1587年以前，中国曾派遣一位官员驻守澳门，承皇帝之旨，管理该城，凡牵扯中国人在内的案件，不论是原告或被告，都归他裁决。后来——但不能确定什么时候——这种职权又转移给前山寨的地方官，这个官员掌握着1573年修筑的横贯地峡的界栅的锁匙。迟至1690年，香山县不再假乎他的佐治人员，而亲自处断澳门境内的案件。1744年，特为香山县设置府佐一员，即左堂，专理澳门事务，这个左堂在1800年进驻澳门并且行使他的管辖权。③

在澳门，中国人很早就采取各种步骤把刑事权保留在自己手里，至少最初的一、二世纪中，他们甚至对一个欧洲人杀死另外一个欧洲人的案件，都没有容许葡萄牙人行使法权。④

乾隆九年（1744），为进一步加强对澳门的管理，中国政府特设香山县丞（左堂）分驻望厦村，“专治民夷词讼，而统其成于海防同知”⑤。这个左堂在1800年进驻澳门并且行使他的管辖权⑥。乾隆十五年（1750），张甄陶在《澳门图说》中称：“出关闸五里为望厦村，设县丞分驻其地，专治民夷词讼，而统其成于海防同知。”⑦

---

① （清）卢坤：《广东海防汇览》卷37《方略二十六·驭夷二》，清道光刊本，第37页。

② “Among the foreigners a Mandarin took up his residence and decided between Christians and Chinese lawsuits belonging to his office. King Philip I. of Portugal, in his instructions dated Madrid, 16th February, 1587, for his “Ouvidor” or chief justice at Macao, commands him in the 30th paragraph, “not to intermeddle with the jurisdiction of the place— “a povoaçao” —exercises over the Chinese and Chinehews.” —Anders Ljungstedt, *An Historical Sketch of the Portuguese Settlements in China and of the Roman Catholic Church and Mission in China*, p. 64.

③ ［美］马士著，张汇文等译：《中华帝国对外关系史》第1卷，上海书店，2000年，第50页。

④ ［美］马士著，张汇文等译：《中华帝国对外关系史》第1卷，上海书店，2000年，第100页。

⑤ 张甄陶：《澳门图说》，《清经世文编》卷83《兵政十四·海防上》，第57页。

⑥ ［美］马士：《中华帝国对外关系史》第1卷，第32页。

⑦ 张甄陶：《澳门图说》，《皇朝经世文编》卷83《兵政十四·海防上》，第57页。

与澳门华人有关的法律纠纷或案件，中国地方官员一般积极介入，态度坚决。王之正乾隆九年署县事，"甫到任，澳门夷殴毙汉人，匿凶不献，檄饬之，不应。之正单骑驰谕，执法愈坚，诸夷慑其威且廉也，率献正凶抵法"①。

关于中国官员对澳门华人的司法管理，张甄陶在1750年的《制驭澳夷论》一文中记述说：

> 惟是澳中民夷杂处，数盈二万。凡命盗斗殴之事，势所必有。民人有妨损于夷人者，地方官皆尽法处治，无少徇庇。至夷人有害于民人者，夷目必多方抗匿，或云情甘回国，不在澳居住，或欲登台燃炮，以死抗拒。内地官司亦竭力尽法。②

中国地方官员在澳门进行司法管理的事实，在西方文献中也有反映。英国商船监货人埃比尼泽·唐森德·小怀特（Ebenezer Tounsend. Jr. White）在1798年10月24日写于澳门的日记中写道：由于从前在一次对付海盗的战斗中提供的帮助，中国人把澳门给葡萄牙人作为居住地和自由港口。这里有一名葡萄牙总督，但是，这里也有大量的中国人和两座他们的庙宇。中国人掌握着大部分的司法权，葡萄牙人不能夺去。中国人从来不把这里的司法权让给任何其他民族③。

道光十六年（1836），葡萄牙海事暨海外部长班德拉曾说：

> 该城居民近三万，其中葡萄牙子民仅四五千之多。大部分为华人，中国当局以中国法律对其加以管理。鉴于此种情况，考虑到与中华帝国的关系（本殖民地或商站完全依附中国），本澳具有一种与众不同的管理方式。④

对于重大案件，诸如袭击并伤害外国人等，中国罪犯将被移交到广州审判和惩处。如果遇到杀人案件，中国罪犯即由理事官拘押到中国官员对尸首加以检验之时，然后，囚徒被送往广州，按照中国的法律加以审讯和处决。⑤

四、澳门华人租税的征收

明清时期地方政府对澳门华人的管理，还包括租税的征缴。嘉庆十五年（1810），据澳门西洋理事官禀报："上路来澳各处货物，以及日食所资，前因海道未靖，其水脚税务

---

① 祝淮：《香山县志》卷5《宦绩》，道光七年（1827）刊刻，台湾学生书局，1965年影印本，第70页。

② （清）张甄陶：《制驭澳夷论》，《皇朝经世文编》卷83《兵政十四·海防上》，第56页。

③ Pe. Manuel Teixeira, *Macau Através dos Séculos*, Macau: Imprensa Nacional, 1981, pp. 31－32.

④ ［葡］萨安东著，金国平译：《葡萄牙在华外交政策（一八四一——一八五四）》，葡中关系研究中心／澳门基金会，1997年，第1页。

⑤ "Nas acusações graves, tais como assaltar e ferir estrangeiros, os delinquentes chineses eram entregues, com declarações feitas sob juramento, a um magistrado, para julgamento e castigo em Cantão. Nos casos de assassínio os réus chineses eram detidos pelo procurador, aguardando o inquérito feito pelos mandarins sobre o cadáver, tanto estrangeiro como nativo, depois do que os prisioneiros eram enviados para Cantão para julgamento e execução segundo as leis chinesas." —C. A. Montalto de Jesus, *Macau Histórico*, Lisboa, Livros do Oriente, 1990, p. 138.

较前加倍，以致货殖高昂，华夷日用维艰。”① 这里所说的“税务”，即中国地方政府向前来澳门出售各类货物的华商所征收的赋税。

城外各村村民所耕田地，历年俱向香山知县完纳钱粮赋税。据民国《香山县志》记载：“旺厦、龙田各村内计税田四顷有奇，历年均有香山县税契，有案可查。”②

中国官府对澳门华人的租税管理，在葡文资料中也有所记载。道光二十七年(1847)，澳葡议事会在致葡萄牙海事及海外部的禀呈中说：“五个月来，对向华人征税问题讨论来，讨论去，至今未有定论。人们的普遍恐惧不无道理，如同去年十月快艇的主人那样，不出于被迫，华人是不会纳税的。这一事实证明，华人决不会老老实实缴纳他们本不应该缴纳的税收。他们居澳，受其本国政府的管辖。不像在此定居的外国人，从未按我们的法律办事。由此可见，他们不可被视为外国人，亦不得以对待外国人的办法对待他们。需要补充的是，华人在澳从业者均向其国纳税。”③

1849 年以后，由于澳门总督亚马留在澳门推行武力扩张与殖民管制，中国官员对澳门华人征税的权力，逐渐遭到破坏。

五、中国官员坚持对澳门华人管辖的专有权

明清时期，中国政府始终坚持对澳门华人的管辖权，坚决杜绝澳葡官员越权管理华人事务。龙思泰指出：

> （中国的）老居民、流动商贩、工匠、赌徒、骗子、小偷，可以不受理事官的任何检查而来去自由。他曾多次努力扩大自己对澳门华人的影响，随后又为扩大议事会对在澳华人的管辖权进行了不懈的努力，然而这种企图总是遭到反对。④

乾隆十四年（1749），张汝霖等人起草《澳夷善后事宜条议》，后经广东督抚大吏核准，令人将《条议》以中葡两种文字刻成石碑，分别立于香山县丞和议事亭。《条议》共 12 款，其中有三款规定澳葡官员不得擅自对澳门华人实施司法管辖。第四款“犯夜解究”内规定：

> 嗣后在澳华人，遇夜提灯行走，夷兵不得故意扯灭灯笼，诬指犯夜。其或事急仓猝，不及提笼，与初到不知夷禁，冒昧误犯，及原系奸民，出外奸盗，致被夷兵捉获者，立即交送地保，转解地方官，讯明犯夜情由，分别究惩，不得羁留片刻并擅自拷打，违者照会该国王严处。

第六款“禁私擅凌虐”内规定：

---

① （清）梁廷枏著，袁钟仁校注：《粤海关志》卷 29《夷商四》，广东人民出版社，2002 年，第 554 页。

② 厉式金：《香山县志》卷 6《海防》，台湾学生书局 1985 年据民国十二年刻本影印本，第 8 页。

③ ［葡］萨安东：《葡萄牙在华外交政策（一八四一——一八五四）》，第 115 页。

④ “Old settlers straggling merchants, artificers, gamblers, jugglers, thieves, good and bad men, go and come without any authoritative check on the part of the Procurator. Repeated efforts have been made to extend his influence, and consequently that of the Senate, over the Chinese population of Macao, though the attempt has always been resisted.” —Anders Ljungstedt, *An Historical Sketch of the Portuguese Settlements in China and of the Roman Catholic Church and Mission in China*, p. 23.

嗣后遇有华人拖欠夷债，及侵犯夷人等事，该夷即将华人禀官究追，不得擅自拘禁屎牢，私行鞭责，违者按律治罪。

第九款“禁黑奴行窃”内规定：

嗣后遇有黑奴勾引华人行窃夷物，即将华人指名呈禀地方官查究驱逐，黑奴照夷法重处，不得混指华人串窃，擅捉拷打。①

这些条例的制定，对澳葡当局的权限作了进一步的明确界定，重申了中国官员管理华人的专有权。然而，澳葡当局仍然不时试图将其管辖权推及华人，但是，这些企图都因遭到中国当局的抵制而告失败。龙思泰在其书中记载了澳葡当局越权管理华人而遭到失败的一个实例：

1787年（乾隆五十二年），议事会大胆地命令理事官马托斯（Philipe Lawrence Mattos）拆毁在望厦（Mong-ha）和沙梨头旷野的中国村庄新建的几座房屋。立刻引起破坏行为。集市上的零售商贩一听此事，便关闭店铺，聚集成群，用棍棒打击奴隶，虐待正在巡逻的士兵，最后攻击了位于大码头（Praya Pequena）的一所属于一名亚美尼亚人的房子，当时总督和其他许多有地位的市民正在里面开会。……为了安抚惊扰不安的人们，议事会认为有必要撤换马托斯，而提前让下一年度的理事官就任，并邀请中国地方官员与新的理事官商讨。为了防止将来再起骚乱，在城墙外旷野地段的沙梨头地方、靠近三巴门（the gates of St. Anthony）处，新开了一个集市。②

对于此次行动的失败，杰萨斯有更为详细的记述：

在这种新的体制下，1787年进行了一次尝试，重新确立该殖民地的司法管辖权，并驱逐华人社群中的社会渣子。在要求他们离开该市的通告发布之后，100多间华人茅屋的房客拒绝执行命令，被黑奴和士兵强行从那里撵走；根据理事官的命令，3间房屋被拆毁。前山寨的中国官员很快出现在现场，在对议事会办公处的一次到访时，遇到了一个旁门，专为中国官员准备，而且关闭着，没有红色的帘子，而这个帘子迄当时为止一直是友好接待他的标志。由于对这种态度的惊讶，这位官员召见了王室大法官费雷拉（Lázaro da Silva Ferreira）。费雷拉向他解释说，本政府已经决定取缔华人社群中的这一无用部分，拆除新近在沙梨头建立的茅屋，驱逐望厦村的村民，

---

① （清）印光任、张汝霖：《澳门记略》上卷《官守篇》，第93、94页。

② “The Senate ventured（1787）to command the procurator，Philip Lawrence Mattos，to demolish a few houses newly built in Mong-ha and Patané（Chinese villages in the Campo）. That work of devastation began. The retailers in the bazar，hearing of it，shut the shops，flocked together in crowds，cudgeled slaves，ill-used soldiers making the rounds，and at last assailed on，“praya pequena”，a house belonging to an Armenian，in which the Governor and many respectable citizens were assembled. Vengeance was demanded，and satisfaction would have been obtained，had the Portuguese been able to apprehend any of the disturbers or point them out by name. To assuage the agitated populace，the Senate saw the necessity of suspending Mattos，and of appointing the Procurator of the preceeding year，with whom the Mandarins were invited to treat. To prevent disturbance in future，a bazaar was opened out of the walls of the city，in a place called Patané，in the Campo，near the gates of St. Anthony.”—Anders Ljungstedt，*An Historical Sketch of the Portuguese Settlements in China and of the Roman Catholic Church and Mission in China*，p. 24.

以便使得该殖民地恢复到原来的形态，并恢复被中国人篡夺的权利。那位官员……起身并急躁地离开了该殖民地，下令禁止食物供应。事件很快被通报给了两广总督，官员们惊恐不安地涌向前山。按照王室大法官和理事官的意见，法理亚总督（Bernardo Aleixo de Lemos Faria）完全背着议事会与中国官员交换公文，而部队已经在望厦和沙梨头巡逻。但是，不稳定的形势使这种新体制变得不可行了。中国人切断了与该殖民地的一切联系，使葡萄牙人陷入孤立，以此作为惩罚。饥荒流行开来，结果十分悲惨。王室大法官认为有必要求助于议事会出面调停，因为中国官府拒绝承认其他任何当局人士。于是，整个谈判计划被提交给议事会全体会议；固执的理事官被撤换，旧体制解决了争执。在呈送给女王的一份投诉书中，议事会强调指出，一两个人的鲁莽将该殖民地推到了毁灭的边缘，理事官应该始终与议事会同调行事，中国官员的公文应该仅在议事会的会议上打开，以显示出对中国人应有的尊重。1789 年女王的一道敕令完全同意了议事会的要求。①

两年之后的1790年，澳葡当局再次企图扩大其管辖权限，同样遭到了失败。龙思泰记述说：

理事官警告这位官员，停止市场附近的一项建筑，假如继续建下去，他将履行其职责加以拆毁。香山知县答复说："这个被普通民众称为空地的地方，一直由中国人而非别的什么人居住，这里的事情从不取决于你。所以别再指手画脚，别忘了，

① "Sob este novo regime foi feita uma tentativa, em 1787, para reafirmar a jurisdição da colónia, e expulsar a escumalha da comunidade chinesa. Depois do devido aviso para abandonar a cidade, os inquilinos de mais de cem choupanas chinesas, que não cumpriram, foram de lá desalojados à força pelas tropas e escravos negros; e por ordem do procurador foram demolidas três casas. O mandarim de Chinsan apareceu pouco depois em cena e, numa visita à casa do Senado, onde supunha estar o procurador, encontrou a porta lateral, destinada aos mandarins, fechada e sem a cortina vermelha que, até então, simbolicamente lhes dava as boas-vindas. Espantado com estas atitudes, o mandarim visitou o ouvidor, Lázaro da Silva Ferreira, que lhe explicou que o governo tinha resolvido abolir a inútil secção da comunidade chinesa, demolir as recém-construídas choupanas no Patane e expulsar os aldeãos de Mong-Ha, de modo a colocar a colónia na sua antiga forma e recobrar os direitos usurpados pelos chineses. Um murro na mesa deu ênfase a esta declaração. O mandarim, interpretando o murro como um insulto, levantou-se e deixou precipitadamente a colónia, proibindo o fornecimento de provisões. O caso foi imediatamente comunicado ao vice-rei de Cantão e num alvoroço os mandarins correram para Chinsan. De acordo com o ouvidor e o procurador, o governador Bernardo Aleixo de Lemos Faria ignorou completamente o Senado, na troca de despachos com os mandarins, enquanto as tropas patrulhavam Mong-ha e Patane. A precária situação tornou, contudo, este novo regime impraticável. Os chineses, cortando todas as relações com a colónia, isolaram os portugueses para a habitual expiação. Reinava a fome. Tal foi a consequente miséria que o ouvidor achou necessário apelar ao Senado para que servisse de mediador porque os mandarins se recusavam a reconhecer qualquer outra autoridade. Todo o plano de negociação foi, então, apresentado ao Senado em conselho geral: o caprichoso procurador foi destituído e o velho regime resolveu as controvérsias. Numa queixa enviada à rainha o Senado ressaltou o perigo de destruição que a colónia corria pela temeridade de um ou dois indivíduos, e a conveniência de o procurador actuar sempre em uníssono com o Senado, de os despachos dos mandarins serem abertos apenas nas reuniões do Senado e de se mostrar a devida consideração aos chineses, com o que a rainha D. Maria I concordou totalmente em decreto de 1789." —C. A. Montalto de Jesus, *Macau Histórico*, p. 148 – 149.

你们修理自己的房子都必须经过我们批准，你怎么竟敢自称对一块空地有管辖权呢？”这一建筑后来完工了。①

具体来说，中国官员抵制和挫败澳葡官员插手华人事务、越权管理华人的企图，主要包括下列几个方面：

1. 中国官员抵制澳葡官员控制入澳华人数量并对华人出入澳门加以管理的企图

据龙思泰记载：

> 上面提到的那份大臣的备忘录写道：“没有议事会理事官的许可，任何中国人不得在澳门兴建和拥有房舍。”这项法令不适用于那些与最早到来的外国人住在一起、并有固定房舍的中国人。新来者则必须从理事官处得到议事会的许可证，方能在此居住。理事官可以在未受到中国地方官员的任何反对的情况下撤回发给那些邪恶之徒的居住许可证，因为他被责成保证地方不受匪犯滋扰。但是，由于没有收到进出澳门人员的正式消息，在他的办公处也就找不到有关澳门中国人口的准确记述。②

由此可见，澳葡当局事实上并不能控制华人出入澳门的过程，果阿当局的命令不过是一纸空文而已。

2. 中国官员制止澳葡官员插手处理华人在澳违章建筑、私自搭盖等问题的企图

乾隆五十八年三月（1793年5月），澳门夷目禀称：“澳东城外山埔有泉，系夷人汲水引用，由来已久，向无民人霸占。今有民人杨亚苟、黄平章私行开垦，把截山泉，禀

① “Two years elapsed: the Procurator gave the Mandarin warning not to continue a building, which was erecting in the neighborhood of the market, for if the work was carried on, it would be his duty to pull it down. In the answer from Heang-shan, we read: “the place, denominated by the common people Gento or Kan-ti, none but Chinese ever inhabited, and it never depended on you. Be therefore quiet, and recollect that you cannot repair your own old houses, but with your license. How do you pretend then to the jurisdiction of an empty place?” The building was finished.” —Anders Ljungstedt, *An Historical Sketch of the Portuguese Settlements in China and of the Roman Catholic Church and Mission in China*, p. 24.

② “In the ministerial memorandum, already mentioned, we read: “no Chinese shall establish himself or own a house at Macao, but by the permission of the Procurator of the Senate”, an enactment, in which the Chinese, who had fixed abodes among the first strangers, are not comprehended. New comers must get from the Procurator, with the consent of the Senate, license to settle, a license which he may, without any contradiction of the Mandarin, withdraw from those who prove themselves to be wicked and vicious, for he is enjoined not to suffer [p. 24] banditti in the place. But as he receives no official information, either of those who resort to or leave Macao, no correct statement of the Chinese population can be expected from his office. At the tribunal of the Tio-tang, the Chinese civil magistrate at Macao, the influx and reflux may be inserted, though he may be ignorant of many Chinese who take up among their friends a temporary residence. Vagabonds shun him, and, by bribing his satellites, endeavor to keep out of his reach.” —Anders Ljungstedt, *An Historical Sketch of the Portuguese Settlements in China and of the Roman Catholic Church and Mission in China*, pp. 24 – 25.

请禁止。”并据通事向原差云，欲同原差令黑奴前去拆毁篷寮。香山分县朱鸿鸣谕令澳门夷目唛嚟哆（António José de Gamboa）：“此则断然不可。……静候本分县即日莅澳之便，饬将杨亚苟篷寮亲临押拆，毋得私令黑奴往拆，致生事端。”①

嘉庆三年正月（1798 年 2 月），西洋夷目向香山县正堂禀请饬拆华人私建的铺屋。未及查办，又“议本月初十日将所请饬拆等处寮篷，督令夷差务行拆净”。对此，香山县正堂严辞谕令：“不独禀内语句狂谬，抑且目无天朝法纪，甚属不合。除移催戎厅刻日查明办理外，合谕严饬。谕到该夷目，即便遵照，静候戎厅勘明移复核办，毋得擅自督令夷差将各寮篷肆行拆毁，致滋事端，大干未便，毋违。”②

嘉庆十二年四月（1807 年 5 月），据夷目禀称：“窃篷寮一案，屡渎台阶，曾蒙示拆，并饬差拆除，可为疾恶之□，奈匪胆敢抗违，哆等终遭苦累。去月禀催，未蒙批示，指日督□［率］黑奴拆毁。”香山正堂反驳夷目：“本案先据具禀，业经出示谕拆，并饬差押拆在案。即现有一二抗顽之徒，未经迁拆，亦应候本县饬差严查拆毁，拘拿究治。该夷目等何得混想擅自督率黑奴拆毁，殊属不合。除即日饬差协同地保前往查拆外，合行谕□［知］。□□［谕到］该夷目等，即便遵照，毋得□□□［擅行押］拆，致滋事端。凛遵。毋违。”③

3. 中国官员严禁澳葡官员擅自搜查华人屋宇宅舍

嘉庆五年，据夷目禀称：本年六月初三日，澳夷若瑟山度（José Santos）被贼穿墙，窃去香饼一箱。山度之园与蔡亚惠之园隔墙二幅。哆即带通事与地保刘关绍前往惠家寻搜，止闻香饼气味，未悉赃从何去，恳拘究追。香山县正堂许乃来于同年七月廿六日严辞谕令夷目：“惟查鸦片有干例禁，向不许夹带进澳，今该夷明知鸦片系违禁之物，乃以香饼被窃，含混禀报，殊属不合。且被窃属寔，应即禀报，亦不应擅赴华人家内围屋查搜。合谕严行申饬。谕到该夷目，立即查明若瑟山度鸦片来历，如何夹带进澳？迅即据寔禀复，以便查办。嗣后如有被窃物件，即行禀报，听候差缉，毋得擅入华人家内围屋搜查，致滋事端，大干未便。”④ 本案显示，中国官府坚持杜绝澳葡当局对华人嫌疑犯的搜捕权。

4. 中国官员禁止澳葡官员以夷人之例反加之于华人

嘉庆七年十月（1802 年 11 月），讯据黄亚苟供称：“伊在开往吕宋贸易的鬼子船上做火夫，本年八月二十二日在吕宋开行，有华人李亚来寄花银共三百二十员并书信八封，交带回澳，交陈亚照转交陈亚起、陈亚标收存。九月初五日到澳，即通知陈亚照同到夷船上，将李亚来所寄之银面交陈亚照。因该船总管称说，银两需在司达投税。陈亚照就将银两交船上总管，浼其代为纳税，不想那总管噶嘁嚄日推一日，屡问复又推称漏税，已将此银交司达总管处，后来同陈亚照又到司达税馆问讨，被夷兵捏为漏税，不肯将银

① 《汉文文书》（上册），第 2—3 页。

② 《汉文文书》（上册），第 33 页。

③ 《汉文文书》（上册），第 35—36 页。

④ 《汉文文书》（上册），第 128、129 页。

交还，与司达总管理论，故此将小的同陈亚照一并交差押解来县，求差追给领。”

香山知县许乃来调查后认为该夷目所禀与事实不符，遂谕令澳葡夷目：“体制自有一定，华夷尤当区别。即如尔夷人久居澳内，食毛践土，无异齐民。而一切作奸犯科，仍听照夷例办理，并未概绳之以国法，岂可以尔夷人之例，反加之于华人乎？此则显违天朝定制，断不准行。除将黄亚苟等保释外，合谕申饬。谕到该夷目，立即遵照，查明将前项银两如数取出，即日解缴本县，以凭给还黄亚苟收领。毋得抗违，大干未便。”①

5. 中国官府严禁澳葡官员介入华人之间的纠纷和矛盾

嘉庆十二年二月十二日（1807 年 3 月 20 日），据澳差黄充禀称：“渔户亚成与冯高财渔艇争闹，当经该差与戎差劝散，亚成渔艇已顺潮驶去，止存冯高财艇只湾泊，留幼童冼金福看守，被夷兵拿送夷目，不分皂白，将金福严刑拷打。”香山知县彭昭麟严辞谕令夷目：“渔户等口角争闹，与该夷目有何干涉？辄敢纵容夷兵擅自捉拿，将幼童冼金福刑讯。天朝民事，岂容外夷干预？实属大违功令。除移戎厅查覆外，合饬查禀。谕到该夷目，迅将所押前项船只立即交还原主，并将因何擅受刑讯缘由据实禀复本县，以凭核夺，毋得含混率覆，致干未便。”②

6. 中国官员反对澳葡官员对华人施以私刑

嘉庆十七年五月初七日（1812 年 6 月 15 日）讯据亚有供称：“伊住望厦，初三日晚伊往烧灰炉探望蔡礼，路经吴亚蒂门首，见有夷兵拉住亚蒂母亲吵闹要打，伊以理法相劝，讵被该夷兵扭伊发辫，拖至沙冈，复吆喝夷兵五六人，将伊捉送，该夷不问是非，督令黑奴痛打手掌二十下。”香山县丞潘世纶严谕夷目喽嚟哆：“本分县讯得郭亚有并无偷窃情形，系属过路劝事之人，当饬地保收领约束在案。惟查该夷目于夷兵获捉郭亚有报交时，其是否偷窃，自应解送地方官讯明追究，乃竟不问是否其人，擅敢辄令黑奴将亚有手掌私刑痛打，寔属目无法纪。本分县莅任斯土，统辖华夷事务，未便任由藐法。合行谕饬。谕到该夷目，即便遵照，嗣后遇有华人果系滋事者被获，即应禀解地方官讯办，毋得擅自敲［拷］打，敢［致］违例禁，并即查明本案滋事之夷兵，逐名解赴本分县，以凭讯问，该夷目毋得狗庇，大干未便。”③

7. 中国官员挫败澳葡官员阻止中方对澳门华人行使管辖权的企图

在本文研究的时期里，澳葡官员还企图阻止中国地方官府对澳门华人的管辖和处置，1746—1747 年查封唐人庙风波即是一例。杰萨斯在《历史上的澳门》一书中记载了这一事件的经过：

> 他们（即中国官员——引者）已经获知，在安巴罗圣母修院（Seminário de Nossa Senhora do Amparo，即唐人庙，亦称进教寺）藏着一个土著传道师（catequista），他因为在中国传播被禁止的圣教而受到迫害，中国官员最初坚持要求交出潜逃者，

① 《汉文文书》（上册），第 358—359 页。
② 《汉文文书》（上册），第 361 页。
③ 《汉文文书》（上册），第 361—362 页。

勒令中国新教徒出教，并拆毁安巴罗修院。当局在神职人员的支持下以罕见的勇气予以抵制，与此同时，那些被判刑的犯人已经秘密转移到一处安全的避难处。于是，两广总督颁布命令，葡萄牙人要么服从查封命令，要么离开澳门。像往常一样，生活品的供应被切断。在一次全体会议（conselho geral）上，议事会拒绝了激烈的措施，认识到了放弃安巴罗的绝对必要性，认可了被官员据以管理该殖民地的法令。安巴罗当时被夷为平地。①

8. 中国官员力驳澳葡官员越权管理华人的无理要求，维护管理华人的专有权

乾隆五十七年正月二十一日（1792 年 2 月 13 日），香山知县许敦元就澳蕃禀请备船捕盗以九事要恩事，一一加以反驳：

一、据禀请："自关栅外起，至澳外岛屿等处，可得祟缉奸匪出没，及驱逐外国夷船湾泊。"知县回驳："查关栅至澳门一带，民居错杂。各处岛屿，亦有渔船农舍。应由内地兵役□□［巡查］，□□［非尔］等所能越分稽察。若有盗船□□□□□□［贼艘潜驾至］澳窥伺，则尔等世居边土，自应□□□□□□［为］天朝捍卫，当禀知地方文武衙门，协□□□□［同缉拿防］御。至于外国夷船来澳，尔等本应稽查。倘或逗遛，更应随时驱逐。此系尔等分内之事，毋庸另行求请。"

一、据禀请："□［在］澳华人查系闲游匪类，即驱逐出境。有来贸易营生者，查系殷实，方许住居。"知县回驳："查地方匪棍，原应查拿驱逐，以免扰害良民。但华夷各有官司，不能越分管理，中华有不安分之人，尔等之不敢擅自驱逐，亦犹澳内有不安分之夷，天朝不肯径自勾问，必须饬知尔等□□［夷目］查究也。嗣后如有匪徒扰害地方，尔等应仍遵向例，禀知文武衙门拿究。至于贸易之人，来向尔等租赁房屋，查明若非殷实，即不必租与居住，此可听尔等自便。如华人住居内地房屋，自与华人贸易，尔等无从过问，毋庸另为置议。"

一、据禀请："民夷账目彼此有欠，准□［将］货物家伙搬至亭上，发卖补还。"知县回驳："□［查］负欠固应偿还，而华夷各有管束。尔等系夷人头目，夷人欠华人之债，尔等可□［以］便宜行事。若华人欠夷人之债，尔等亦擅将货物搬赴亭上变抵，华人不能输服，必且滋生事端，仍应禀知就近衙门，严追给领，毋庸另议更张。"

一、据禀请："除人命大案禀县定夺，其余汉人倘有过犯，尔等能行责罚。"知县回驳："查华夷自有攸分，冠履不容倒置。□□［尔等］西洋夷人世居内地数百余年，践土

① "Tendo-se sabido que no Seminário de Nossa Senhora do Amparo estava escondido um catequista nativo que fora perseguido na China por pregar a fé proscrita, os mandarins insistiram, primeiro, na entrega do fugitivo, na rendição de todos os neófitos chineses e na demolição do Amparo. As autoridades, apoiadas pelo clero, opuseram-se com desusada firmeza, enquanto os ocupantes do condenado estabelecimento foram clandestinamente mudados para um abrigo seguro. O vice-rei de Cantão decretou, então, que os portugueses tinham que se submeter ou deixar Macau. O fornecimento de provisões foi, como de costume, interrompido. Num conselho geral, o Senado, recusando medidas violentas, reconheceu a necessidade absoluta de abandonar o Amparo à sua sorte e aprovar o código ditado pelos mandarins para governar a colónia. O Amparo foi então arrasado." —C. A. Montalto de Jesus, *Macau Histórico*, p. 139.

食毛，与齐民无二。遇有罪犯，原可照天朝法律惩治，然我大皇帝犹复重念尔等究系外夷，除人命至重，杀人者抵偿外，其余军徒杖笞等罪，均听尔等自行发落。岂尔等外国夷人反可管束华人擅加责罚耶？华人如有过犯，自□□［应由］地方官问理，尔等未便干预。”

一、据禀请：“华人杀死夷人，亦如夷人杀死华人一样填抵，要在澳地明正□□［典刑］，□□［使内］外共知警戒。”知县回驳：“查杀人必须抵命，而天朝法度亦不容稍有纷更。定例杀人□□□［犯先由］县勘实，收监议罪，招解至省，□□□［由府司］，由院层层覆审，情真罪当，然后奏闻大皇帝。俟命下之日，即于监内提出该犯正法，所□□［以昭］慎重也。因从前夷人杀死华人□□□［奏免收］监解勘。是以复原情定法，即在□□［澳地］审讯，仍交尔等收管，俟详奉宪行到日，就近正法。原所以顺尔等夷情，而防凶犯之兔脱也。若华人杀□□□［死夷人］，□□［则自］应遵照常经，收监解勘，俟题奉谕旨勾到，然后正法，岂敢擅改旧章？况杀人重于抵偿，只须将凶犯明正典刑，以昭炯戒。尔等所请在澳正法之处，本属不关紧要，毋庸置议。”①

澳葡官员提出了扩大其管辖权限的要求，中国官员一一反驳，予以否决，从而重申了中国官府对澳门华人管辖的专有性。

嘉庆七年（1802），澳葡官员再次提出九项请求，企图扩大其管辖范围，插手华人的管理，同样遭到中国官员的一一回驳。

据请：“自关栅外至澳外岛屿，得专缉奸匪驱逐外国夷船湾泊。”回驳：“查关栅至澳门，民夷杂处，各岛屿亦有渔船农舍。应由内地兵役巡查，非尔夷所得越分稽查。若贼艘窥伺，尔夷世居边土，自应为天朝捍卫，报地方官协同防御。若外国夷船来澳，尔夷本应稽查。倘或逗留，更应随时驱逐。分内之事，何庸求请。”

又请：“在澳华人倘闲游匪徒，即驱逐出境，贸易营生者，果属殷实，方许居住。”回驳：“查地方匪棍，原应驱逐。但华夷各有官司，不能越分管理。中华有不安分之人，尔夷不敢驱逐，亦犹澳内有不安分之夷，天朝不肯究问，必须尔夷查办也。至贸易之人租尔房屋，应留与否，可听自便。如华人居住内地房屋，自与华人贸易，尔夷无从过问，另为置议。”

又请：“民夷债负，准将货物器用在亭上变抵。”回驳：“查负欠固应偿还。华夷各有管束，夷欠华账，夷人头目可便宜行事；华欠夷账，强行变抵，华人未必服，且有滋生事端，仍应报就近衙门追领，毋容另议更张。”

又请：“除人命大案，其余汉人倘若有过犯，尔夷目自行责罚。”回驳：“查华夷自有攸分，冠履不容倒置。尔夷世居内地，践土食毛，齐民无二，遇有罪犯，原可照天朝法律惩治，然犹念究属外夷，除杀人抵偿外，凡军徒仗笞等罪，均听自行发落，岂尔夷反可管束天朝百姓，擅加责罚耶？有地方官在，未便干预。”

又请：“华人杀夷人，亦犹夷人杀华人，一样填抵，要在澳地明正典刑。”回驳：“查杀人必须抵命，国法不容纷更。定例：杀人凶犯由县勘实，收禁拟罪，自府而司而督抚移解，覆审情真罪当，然后奏闻，命下日即提出正法，所以昭慎重也。从前夷人杀死华人，求免解禁，是以原情定法，在澳审讯，夷目收管，就近正法。若华人犯罪，自有旧

① 《汉文文书》（上册），第409—410页。

章，岂敢变改。”①

嘉庆十七年五月二十二日（1812 年 6 月 30 日），澳门同知马滮为饬巡查街道不许滋事行理事官札：“查澳门滨临海洋，民夷杂处，巡缉地方，系该县丞专责，该夷目何得以自有夷兵，即请将丁役裁去，且夷兵只可稽查夷人，其内地民人非夷兵所得稽查。据请裁省丁役之处，殊属错误。”②

这些条规重申了中国政府对澳门的领土管辖权，对澳门华人的完全管理权，对澳门葡人的司法权，并且限定了澳门葡人的居住范围，从而基本上确立了此后清政府的对澳政策。

六、结语

澳门虽然华洋杂居，但华人在社会组织和管理上却自成体系。乾嘉道时期，随着华人群体的壮大和华洋杂居的进一步加深，清政府全面加强了对澳门的管辖，针对华人的管理条例和制度也达到空前完备的阶段。清政府对澳门华人实行保甲制度，以此作为澳门华人社会的基层组织管理系统，地保或甲长在维护社会治安方面发挥了重要作用。值得注意的是，清政府始终坚持对澳门华人社群实施完整的管辖权，极力禁止澳葡官员插手华人事务，但同时要求他们有义务执行中国官府的有关命令，并在地方官员处理澳门华人事务的过程中予以配合和协助。

（作者：张廷茂，暨南大学历史系教授）

① 祝淮：（道光）《香山县志》卷 4《海防·附澳门》，第 101 页。

② 《汉文文书》（上册），第 434 页。

近代美国教会学校与中国体育

马廉祯　耿之矗

【提　要】清末民初，美国教会组织以基督教新教入华传教为切入点，将美国教育从实践到思想逐步引入中国。其中，作为现代教育内在组成部分的体育亦随之传入中国，并伴随美国教会学校在国内的发展而获得移植与实施，取得了令人瞩目的成绩，为完善中国近代体育与教育的发展，作出了巨大贡献。本文以湖南湘雅书院与上海圣约翰大学为主要例证，从不同教育阶段入手，对美国教会学校对近代中国体育的发展所产生的影响进行了较为深入的梳理。

【关键词】美国　体育　基督教新教

基督教新教（以下简称“新教”）在中国的传播始于 1807 年（嘉庆十二年），远比天主教和东正教为迟。① 1807 年入华的英国伦敦会传教士马礼逊，是第一位来华传教的新教教士。而美国新教在华的传教活动，则以 1830 年公理会俾治文（E. C. Bridgeman，1801—1861）的入华为开端。

义和团运动中，新教在华事业受到重创，但得益于相关条约的保护与海外贸易的不断扩展，入华宣教事业于 19 世纪末逐步复苏，到 20 世纪头 20 年进入迅速发展阶段，不但来华的机会增多，传教士数量激增，教徒数量也达到了前所未有的数字。其中，宗教团体数量主要是 1900 年以后开始迅速增加的，且其中大部分都来自美国。②

在所有的基督教传教机构中，美国基督教组织在华的发展无疑最为成功。而究其原因，这一成绩很大程度上得益于美国近代兴起的“志愿赴海外传教运动”。

美国的海外传教运动始自 19 世纪初期。③ 受到 1861 年至 1865 年间内战爆发的影响，发展一度转弱。到 19 世纪 80 年代，美国国内社会经济状况明显好转，致使宗教复兴热情再次回温。同时，受美国海外资本主义扩张运动的刺激，海外传教事业也再度兴起，并最终演化成为美国有史以来最大规模的海外传教运动——学生志愿赴海外传教运动（the

---

① 宇晓：《17 世纪荷兰、西班牙传教士在台湾高山族地区的活动及影响》，中央民族学院学报，1989 年第 4 期。

② ［美］费正清：《剑桥中华民国史（上卷）》（第 2 版），中国社会科学出版社，2006 年，第 162—163 页。

③ 有关海外传教运动，详参徐以骅：《美国新教海外传教运动史述评》，徐以骅主编：《宗教与美国社会（第 1 辑）——美国宗教的“路线图”》，时事出版社，2004 年；王立新：《美国传教士与晚清中国现代化——近代基督新教传教士在华社会文化和教育活动研究》，天津人民出版社，1997 年，第 13 页。

Student Volunteer Movement for Foreign Missions)。地处远东的中国是这场运动中最主要的宣教对象之一。

1900年时，在华英美传教士的比例为三比一，到了1914年时则转变为四比五。1918年第一次世界大战时期，传教士的总数虽无变化，但美国传教士所占比例却从50%上升至60%，美国教会的在华势力在各国之中已处于明显的优势位置。[①]

曾任中华基督教青年会第一任总干事的美国传教士巴乐满曾引述过这样一段话来号召美国人前往中国传教：

> 我为什么去中国？……因为中国生活着三亿不信仰上帝的人。啊！兄弟姐妹们，你们能想象活着不信仰上帝吗？[②]

另外一位知名的基督教青年会干事舍伍德·埃迪（Sherwood Eddy）回忆说："那段日子里，中国对我们来说就如同指引道路的星辰，是我们的目标，是吸引我们所有人的巨大磁铁。"[③] 怀着以基督教和美国模式来拯救东方大国的远大理想，大量美国传教士前往中国。据统计，1886—1919年之间，共有8140名美国学生志愿者被派往国外宣教，其中前往中国者达2524人[④]。许多后来对中国近代发展产生过重要作用的知名传教士，如司徒雷登、赖德烈、卜凯等，都是在该运动的影响下奔赴中国的。[⑤]

值得注意的是，领导和参与这场全球性运动的并非老资格的传教士，其中多数都是接受过良好现代教育，又满怀宗教热情的大学毕业生。这些人年轻、虔诚，满怀激情，富有创新精神，崇尚和标榜自由民主的现代文明。他们不满意传统传教士以宣扬教义为核心的宣教方式，而将更多的注意力放在如何改善民生、促进进步，以及如何用西方的文化来改造中国上。[⑥] 作为新时期美国西进运动的排头兵，他们自认为有义务将基督精神带到大洋对面的有着古老文明的中国。更为重要的是，他们中的很多人坚信"传教热潮就是传播民主的准备工作。"[⑦] 宗教上皈依耶稣基督，可以帮助中国人理解民主生活方式，进而喜爱民主生活方式，并最终自觉地要求过上美国式的民主生活。总之，他们不再是单一的"西教"传播者，而以兼备了"西学"传播者的身份，"试图借用西学的巨大力量来推进基督教信仰的传播，即'以学辅教'"[⑧]。

① 顾长声：《传教士与近代中国》，上海人民出版社，1981年，第251页。

② Fletcher Sims Brockman：*I Discover the Orient*，New York：Harper & Brothers，1935，p. 12.

③ Paul A. Varg：*Missionaries，Chinese，and Diplomats*：*The American Protestant Missionary Movement in China，(1890—1952)*，Princeton University Press，1958，p. 3.

④ Clifton，J. Phillips.（1974）. The Student Volunteer Movement and Its Role in China Missions，1886 - 1920. in John K. Fairbank（Ed.），*The Missionary Enterprise in China and America.* Cambridge：Harvard University Press，p. 105.

⑤ 弗雷明：《基督教青年会国际调查报告书》，转引自顾长声著：《传教士与近代中国》，第301页。

⑥ 王立新：《美国传教士与晚清中国现代化——近代基督教新教传教士在华社会文化和教育活动研究》，天津人民出版社，1997年，第13 - 15页。

⑦ Paul A. Varg：*Missionaries，Chinese，and Diplomats*：*The American Protestant Missionary Movement in China，(1890—1952)*，Princeton University Press，1958，pp. 152 - 153.

⑧ 王立新：《美国传教士与晚清中国现代化》，天津人民出版社，2008年，第4页。

一、美国主导下的教会教育

与早期入华的天主教相比，19 世纪初才来到中国的新教更加注重教育事业。[①] 形成这一转变的原因很多，核心是由于中西文化存在巨大隔膜，这使得中国官绅普遍无法接受基督教所宣扬的价值观与世界观，从而大大阻碍了宣教活动的顺利开展。[②] 有鉴于此，19 世纪初进入中国的传教士们认识到，为使中国人能接受基督教，必须先使其接受西方文化。他们认为，从根本上看，基督教与西方文化是同一结构的两个方面，不可能被分开。因此，一部分传教士极力主张通过兴办教育来进行西方文化的传播，以推动宗教传播事业。最初，这一主张并未得到所有在华传教士的认同，不过，随着教会教育的发展，效果逐步显露出来，终于赢得了多数人的支持。[③]

到 20 世纪初期，新教在华的发展已经取得令人瞩目的成绩。

1893 年举行“中华教育会”第一届会议时，基督教传教士团体仅有 44 个，传教士 1324名；到 1909 年第六届会议举办时，基督教传教士团体已经增至 86 个，而传教士人数更是增加到 4628 人。等到了 1919 年“五四”运动时期，传教士人数已经增加到6639人，是 1893 年的四倍。[④]

这其中以美国传教士的增长最为显著。美国教会学校不但发展较早、动机较纯，影响范围也比较广。[⑤] 到 1919 年时，美国传教士所承担的教育工作已占新教在华教育事业的三分之二之多。[⑥]

以教会大学为例。

近代以来，欧美传教士在中国设立创办过许多基督教高等教育机构。著名中国近代基督教问题研究专家杰西 · G. 鲁兹（Jessie G. Lutz）曾提出，近代中国的教会大学主要有 16 所，[⑦] 而早在 1915 年，余日章曾报告说，当时在华的基督教学校计有八千余所，其中基督教大学有 36 家。[⑧] 很可惜，时过境迁，对于晚清民国时期，中国到底有过多少所基督教高等教育机构这一问题我们尚需要深入考证，暂难得到确论。就目前已知的学校而言，我们发现，仅近代中国基督教高等教育机构中，由美国人创办，或者主要参办的学校占很大比例。有记载可查的至少有以下的 20 所：

---

① 王治心：《中国基督教史纲》，基督教文艺出版社，1998 年，第 308 页。

② 吕实强：《中国官绅反教的原因（1860—1874）》，“中研院”近史所，1966 年，第 14—15 页，转引自苏云峰：《中国新教育的萌芽与成长（1860—1928）》，北京大学出版社，2007 年，第 50 页。

③ Jessie Gregory Lotz. *China and the Christian College*, *1850—1950*, Ithaca: Cornell University Press, 1971, pp. 12 - 17.

④ 陈景盘：《中国近代教育史》，人民教育出版社，1983 年，第 239 页。

⑤ 苏云峰：《中国新教育的萌芽与成长（1860—1928）》，北京大学出版社，2007 年，第 50 页。

⑥ C. K. Edmunds, *Modern Education in China*, *Bulletin* 44, *Bureau of Education*, Washington D. C. Government Printing Office 1919, p. 50.

⑦ Lutz, Jessie. *China and the Christian College*, *1850—1950*. Ithaca: Cornell University Press, 1971.

⑧ 转引自林治平主编：《近代中国与基督教论文集》，宇宙光出版社，1981 年，第 138 页。

1. 1882 年由美国长老会、美国圣公会、英国浸礼会、美国公理会、美国美以美会等若干家差会联合创办的齐鲁大学，其前身为美国长老会狄考文夫妇于 1864 年于山东登州开设的蒙养学堂。

2. 1888 年由美国公理会、美国卫理公会、美国长老会、英国伦敦会联合创办的燕京大学。

3. 1892 年由美国圣公会创办的圣约翰大学。

4. 1893 年由美国南北长老会创办的之江大学。

5. 1901 年由美国监理会女子部创办的苏州女子医学院。

6. 1902 年由伦敦会、循道会、美国浸礼会联合创办的汉口大同医学院。

7. 1903 年由美国复初会、美国耶鲁大学中国雅礼会、美国圣公会、英国循道会和伦敦会联合创办的华中大学。

8. 1905 年由美国监理会创办的东吴大学。

9. 1906 年由英国伦敦会、美国公理会、美国长老会、美国美以美会等联合创办的北京协和医学院。

10. 1906 年由美国长老会创办的岭南大学。

11. 1906 年由美国基督教会创办的南伟烈大学。

12. 1907 年由美国长老会创办的夏葛医学院。

13. 1908 年由美国南浸会和美国浸礼会联合创办的沪江大学。

14. 1910 年由美国卫理会、北长老会、南长老会、基督会、浸礼会联合创办的金陵大学。

15. 1910 年由美国美以美会、英美会、公谊会、浸礼会联合创办的华西协和大学。

16. 1914 年由美国监理会创办的华南女子文理学院。

17. 1915 年由美国浸礼会、监理会、美以美会、长老会、基督会、伦敦会等联合创办的金陵女子大学。

18. 1916 年由美国公理会、卫理公会、归正教会、英国公理会等联合创办的福建协和大学。

19. 1916 年由美国雅礼会创办的湘雅医学院。

20. 1924 年由美国妇女联合布道会、监理会、浸礼会联合创办的上海女子医学院。①

从学生数量上看，这一时期基督教学校人数增长迅猛。根据 1877 年基督教在华传教士大会记录，1876 年时全国基督教学校学生人数为 5975 人。1890 年基督教在华传教士大会记录中，1889 年基督教学校学生人数为 16836 人。② 1898 年，《世界传教评论》统计了

① 这一统计资料主要来源于陈学恂等主编：《中国近代教育史资料汇编——教会教育》，上海教育出版社，2007 年；以及中国基督教大学联合董事会所编校史资料，各地政协文史委员会所编：《文史资料》，杰西·G. 鲁兹：《中国与教会学校——1850—1950》等。

② 全国基督教会学校学生历年增进表（1876 年至 1920 年）：陈学恂主编：《中国近代教育史教学参考资料》（下册），人民教育出版社，1987 年，第 380 页；舒新城编：《中国近代教育史资料》（上册），人民教育出版社，1981 年，第 380 页。

54 个在华差会和团体，他们共有在校学生 30046 名。[①] 到 1906 年，基督教学校学生总人数达到 57683 名，其中英国及其殖民地差会为 23891 名，美国差会 29014 名，欧洲大陆差会 4778 名。[②] 1909 年为 76752 名。[③] 1911 年，基督教学生人数为 102133 人，[④] 1912 年为 138937 人，1915 年为 172973 人，1916 年为 184646 人，1917 年为 194624 人，1918—1919 年为 212819 人，1920 年为 245049 人。[⑤] 从 1898—1920 年短短 22 年间，教会学校学生数量增长了 7 倍之多。

以上叙述都说明，美国在近代对华传教的大潮中占据有相当显著的位置。同时，美国人在办学期间格外注意发展新式教育，引进新兴文化形式。这一发展模式为美国向中国输出西方文化，特别是体育文化提供了场所与途径。而教会在华兴办教育，囊括了从幼稚园至大学的普通教育、职业教育、特殊教育、社会教育等诸多教育领域。同时，还兼办教育会、青年会、书局等配套机构，由此构成一整套完善的系统与措施，故国内学者冠之以“教会教育”之名，以表明其自成领域。[⑥]

二、学前和初等教育的体育

我国近代的幼儿教育很大程度上是从日本引进的。在兴办幼儿教育的最初阶段，几乎全面照搬日本模式，课程的名称、科目、设置等都是仿照日本的幼儿教育，甚至许多幼儿教师也是从日本聘请来的。1903 年秋，有贵族血统的清朝大臣端方在武昌阅马场创办中国近代第一所幼儿园——湖北幼稚园，聘用户野美知惠等三名日本保姆。[⑦] 次年，端方又创立湖南蒙养院，聘请日本春山学子、佐滕操子两名女士为保姆，学校“以养成异日受教之根据”为宗旨。[⑧]

教会幼教机构始建于 19 世纪 70 年代。早期的教会幼儿园多集中于上海、福州、厦门等沿海城市，规模不大，数量有限。据美国传教士林乐知在《五大洲女塾通考》第十集中记载，自 19 世纪 80 年代至 1900 年前后，基督教各会在我国沿海各地共办幼儿园 6 所，收幼儿 194 名。

---

① “Statistics of Protestant Missionary Societies in China for 1898”, *The Chinese Recorder*, March 1899, pp. 144 - 145.

② *China Centenary Missionary Conference held at Shanghai*, April 25 to May 8, 1907, Shanghai: Conference Committee, 1907, pp. 776 - 778.

③ *China Centenary Missionary Conference held at Shanghai*, April 25 to May 8, 1907, Shanghai: Conference Committee, 1907, pp. 776 - 778.

④ *The China Mission Year Book*, 1912, Shanghai, Appendix.

⑤ 全国基督教会学校学生历年增进表（1876 年至 1920 年）：陈学恂主编：《中国近代教育史教学参考资料》（下册），人民教育出版社，1987 年，第 380 页；舒新城编：《中国近代教育史资料》（上册），人民教育出版社，1981 年，第 380 页。

⑥ 李楚材：《帝国主义侵华教育史资料——教会教育》（序），教育科学出版社，1987 年，第 2 页。

⑦ 《湖北幼稚园开办章程》，《东方杂志》，光绪三十年（1904 年），第 1 年第 11 期。

⑧ 《湖南蒙养院教课说略》，《大陆》，光绪三十一年（1905），第 3 年第 7 号。

民国建立后，中国幼教逐渐从仿效日本转向学习欧美，主要是学习美国。一方面，这与美国在华传教势力上的明显优势有直接的联系；另一方面，也得益于杜威实用主义教育思潮的兴起。据1921—1922年中华基督教育调查团的报告，1915—1920年间，教会幼儿园由87所增至134所，在校学生人数由2930人增至4147人。[①] 另据1924年南京一所女师附设的幼师科对全国幼儿园的调查，当时全国幼儿园190所，其中教会办的占156所，为全国总数的80%。著名幼儿教育家张雪门1926年参观了30处幼儿园，其中传教士办的12所，日本式的5所，其余是中国人办的普通式幼儿园。实际上这种普通式的幼儿园也大多是仿照西式教会幼儿园创设。与此同时，幼儿师资方面也出现了“全国的幼儿园教师几乎都是出其（教会幼稚师范）门下”[②] 的局面。

美国基督教组织还先后在全国创办过许多幼教机构，如清光绪初年（1875—1881年），美国基督教美以美会（后称卫理公会）于福州毓英女校附设的保生堂内增设幼稚园；1910年美国传教组织在上海创办的柏美兰女塾幼儿园；1911年9月美国长老会碧卢夫人（Mrs. Biglow）在广州西关长老会礼堂内办起慈爱幼儿园（即协和女中前身）；1915年，美国教会人士安毓明在福建鳌峰书院旧址设立的幼稚园；以及同年基督教美以美会在花巷设立的尚友堂幼稚园，等等。数量众多，举不胜举。

教会幼儿园多采用福禄培尔教育法，其特点是十分注重游戏、恩物的意义与价值，是当时世界上最流行的幼教模式。主要课程“除各种游戏外，兼有识字读本及浅近算术，细分之则为各种运动姿势、唱歌拍节、开蒙识字及浅近读本、自由玩耍、设计动作等专门工作”[③]。

以苏州慕家花园幼稚园为例。该幼稚园由美国传教士金振声女士所创设，至1917年已历时二十余年。创立初期，一直以福禄培尔式幼儿园教育为模范。民国后，受美国进步派教育思想影响很深，进行了改革。1915年，经由该校选送往美国哥伦比亚大学的吴卓生回国，重返慕家花园幼稚园任教，全面推广进步派教育思想。吴卓生女士以后成为中华全国基督教大学委员会主席、中华基督教教育协会主席刘廷芳的夫人。慕家花园幼稚园对后来苏杭一带的幼教产生了极大影响。苏州公立幼稚园是苏州第一所公立新式幼稚园，其教学则主要模仿慕家花园幼稚园。[④]

1917年，《妇女杂志》曾专访慕家花园幼稚园，对其上课内容做了详细的记述。说园中教育“一依美国最新之方法，故其成效大著”[⑤]。幼稚园每天的课程，除有短时间“导观授课”，教学生识字、认字母和谈话，还有半小时手工课，其他则主要是唱歌、游戏。[⑥] 还说：

---

① 中华续行委办会调查特委会：《中华归主：中国基督教事业统计（1900—1920）》（下册），中国社会科学出版社，1987年，第1194页。

② 张沪：《张宗麟幼儿教育论集》，湖南教育出版社，1985年，第764页。

③ 中国宗教历史文献集成编纂委员会：《郭显德牧师行传全集》，黄山书社，1937年，第311—312页。

④ 余子夷：《近代我国小学教学法的演变——一个回忆简录》（1964年手抄本），陈学恂主编：《中国近代教育史教学参考资料》（中册），人民教育出版社，1987年，第458页。

⑤ 杨芳：《参观苏州慕家花园幼稚园记》，《妇女杂志》，1917年3月5日，第3卷第3号。

⑥ 汤德用、裘士京、房列曙主编：《中国考试辞典》，黄山书社，1998年，第64页。

上课之铃又作，保姆三人，各车儿童一队，每队约十名、鱼贯而入，各挟小凳一，室中地板上本有大圆形，儿童至此，一一置小凳其上团圈坐，保姆亦杂坐其中。由一保姆导令作种种游戏，另有一女教师（美国人）按钢琴，各和之而歌。儿童作游戏，不由教师主之，纯由儿童自择。先由保姆问诸儿，今日将作何种游戏，一儿先举手表示其意见，诸儿群起拍手和之，欢欣雀跃，而游戏遂开始矣。一时间内之游戏，凡三四种，纯出于儿童之自主。而秩序始终不紊。保姆在旁，不过监视助兴而已。此其尊重个人之意志，自其幼时，已非常注意，实为新园教育精神之所在。①

除直接开办幼稚园外，教会也积极开办幼稚师范学校，开了中国近代幼稚师范的先河。而美国教会组织在其中担当绝对主角的位置。光绪十五年（1889）美卫理公会在苏州由金振声女士创办英华女中，初期兼办幼师班，这是中国近代教育史上第一个教会幼师学校。1892 年美国监理公会传教士海淑德在上海办了一个幼稚师资训练班；1904 年美国长老会在岭南大学设立了高等师范专科部；1905 年美国公理会等在北京协和女子大学开办了高等师范专科部等。民国后，比较著名的幼师专业如北平燕京、苏州景海、杭州宏道、福州协和、烟台真光等，均为美国教会组织创办。这就为美式幼教在近代中国的植入与发展奠定了良好的基础。

另一方面，教会初等教育最早可追溯到 1839 年由传教士布朗创办的马礼逊学堂。1836 年 9 月，为纪念马礼逊，一些欧美传教士在澳门成立马礼逊教育会，并开办马礼逊纪念学校，聘请美国耶鲁大学毕业生布朗（Samuel R. Brown）担任校长。据 1841 年 10 月的《中国丛报》记载：

在（1839 年）11 月 1 日，我们搬到了教育会的房子，并在同月 4 日开办了一所学校。它有 6 名学生，他们是去年夏天获许入学的。……每天分半天学习汉语，半天学习英语，学习时间从早晨 6 时至晚上 9 时。如此，有 8 个小时用于读书，3 至 4 个小时用于室外进行锻炼和娱乐。我自己的书房也在学校内，因此，学生处于不断监视之下。在教室之外，他们不允许离开已有足够房间供他们运动的校舍。②

马礼逊学校从创办到关闭，前后仅 11 年，但对后来美国传教士在华办校的影响却极为深刻。特别是其所采用的西方教学内容、方法与管理体制，对中国教育现代化历程的推动，有开导先河的重要意义。

传教士们在总结小学教育的作用时指出："教会小学最初设立之宗旨，为宣传福音；其目的在破除偏见，招致学生父母之信任。并在城镇中设立一种公认之教会机关，而使人信奉耶教。"③ 后来兴起的美国教会小学，受美国本土与欧洲体育教育发展以及中国学制改革的影响，体育课程的内容逐渐增多，并趋于规范化。但与其他教会小学相较，美国教会小学的课程仍多以美国国内体育课程的开展情况作为参照，是所谓美国式的。

---

① 杨芳：《参观苏州慕家花园幼稚园记》，《妇女杂志》，1917 年 3 月 5 日，第 3 卷第 3 号。

② 马礼逊教育会第三次年度报告：《中国丛报》第 10 卷第 10 期（1841 年 10 月），第 564—587 页。

③ 李楚材：《帝国主义侵华教育史资料——教会教育北京》，教育科学出版社，1987 年，第 205 页。

三、中学体育——以湖南雅礼中学为例

兴办中学教育，从一开始便被美国传教士视为教育事业中最重要的部分，即“中坚”部分。1929 年，美国传教士毕范宇在其《基督教中学教育的沿革》一文中，就表达过这样的观点。他说：

> 中学是教育系统的中坚。在全体教育组织之中，中学是最稳固、最能自立的一部分。而入基督教专门学校的多数优良学生，也皆由中学里产出的。

以目前所能掌握的数据看，至 1914 年，基督教会在中国共办有中学 184 所，学生 12699 人。到了 1915 年，学校数目增至 216 所，学生 13369 人。[①] 各地的教会中学成为当地人们争相投报的就读热点。美国教会组织先后在中国创办了许多中学。这些学校在引进美国新式教育的同时，更是传播体育的重要场所。许多学校都以体育而闻名于社会，如 1881 年（光绪七年），美以美会传教士麦铿利创办的福州鹤龄英华书院；1888 年美国基督教会创办的南京汇文书院；1867 年美国基督教公理会创建的潞河书院；1906 年美国雅礼会创办的雅礼学校等，都是如此，都以优异的体育活动闻名遐迩。

以中学体育而言，长沙的雅礼中学最具典型，谨举为例证。

1901 年 6 月 25 日，受美国学生志愿海外传教运动的影响，美国耶鲁大学学生赴中国传教的组织美国耶鲁大学雅礼协会（Yale Mission in China 或 Yale-China Association）正式成立，毕海澜教授（Prof. Harlan Page Beach）为首届主席，德本康（Lawrence Thurston）为首届秘书。雅礼协会是美国大学中最早也是唯一的一个专门推动美国耶鲁大学同中国合作的机构。“雅礼”之名取自《论语·叙而》“子所雅言，诗书执礼”；同时又是“Yale”（耶鲁）音译。

德本康在华考察了两年，最终选择湖南长沙作为雅礼会中国工作的大本营。1906 年 11 月 16 日，长沙雅礼学校（Yali Union Middle School）在西牌楼租借民房成立开学，盖葆赖（Gage）任校长。预科开办 8 年后，雅礼学校从 1914 年始正式改名雅礼大学（College of Yale-in-China），开始招本科生，分文、理两科。1914 年 12 月 8 日，雅礼会与湖南绅士组织的湖南育群学会共同创办湘雅医学专门学校（Hsiang-Ya School of Medicine），颜福庆为校长。同时，雅礼会选送 10 名教授来校教学，而学校学制、教学内容、方法以及设备均取自美国。1920 年，雅礼大学接办湘雅医学专门学校为雅礼大学的医预科（两年制）。同年秋天，学校又增设中学部，张福良任中学部主任。1926 年，湖南成为大革命反帝运动的中心，教会受到严重冲击，雅礼大学被迫停办。1928 年，长沙停办学校纷纷恢复。但受当时人力财力所限，恢复雅礼大学已无力量，故只能恢复雅礼中学部，大学部则与湘鄂几所学校在武昌合办华中大学。[②] 1951 年，雅礼中学更名为“解放中学”，后更名为长沙第五中学，1985 年复名雅礼。

作为耶鲁在中国的延伸，雅礼会的存在就是“为了耶鲁在教育、学生生活、服务的

① ［美］毕范宇：《基督教中学教育的沿革》，《教育季刊》，1929 年，第 12（第五卷第四期）期。
② 于桐主编：《耶鲁深呼吸》，西苑出版社，2002 年，第 133 页。

传统，它的存在意味着成百上千中国人，依照美国的生活、思维、商业运动方式受到训练"①。而对于雅礼学校的美国人而言，训练中国领导者的任务不单是文化上，还包括体质上的转型。因为许多耶鲁人都坚信"一个干净、诚实、良好受训的心灵"可以在一个"干净、健康、强壮"的身体中存在。② 这种明显的社会达尔文主义式的描述可以说是耶鲁精神最直接的写照。

正如在前美国研究学会主席海亚姆（John Higham）在《1890 年代美国文化的再定位》一文中所指出的，耶鲁以及其他长青藤学校在 19 世纪晚期是美国青年文化模式成型的发祥地。③ 他认为，这一全新的、粗糙的、身体性的、具有侵略性的男性青年文化，对于美国 20 世纪中产阶级文化的形成具有决定性的影响，在文中他还专门以耶鲁发明的美式足球，及其后来在大学的蓬勃发展为例。

实际上，当雅礼会将这种对身心质量的认识带入中国时，竟获得了出乎意外的欢迎。因为对身心强健的重视与中国国衰源于民弱这一基本认识恰如其分地发生了结合。一位美国教师形容当时的中国学生，与美国孩子比起来，他们也明显缺乏男子气，经常"缺乏……魄力、动力和胆量"④。

为了将这些柔弱的男子训练为明天中国的领导者，"体育运动在东方的崛起中正在扮演非常重要的角色"，雅礼会曾经这样形容过。⑤ 所以，当"棒球在菲律宾成为斗鸡最好的替代品"时，雅礼会将包括美式足球、排球、篮球、棒球、田径等项目全面引入雅礼学校。而这些运动，不但"打破了歧视，同时促进了好的意愿"，还培养了学生们"对学校的忠诚与精神上的品质"⑥。

为此，从建校之初，雅礼就将军事训练与身体练习纳入了发展计划之中。从现有材料看，最初的课程安排中并未包含体育科目，体育课直到 1906 年的招生简章上方才出现。⑦ 而事实上，据校友回忆和有关记载，体育课从始至终一直都有开设，且雅礼学堂的学生在与其他学校的田径比赛中有着出众的表现。而且，为了改善体育器材短缺的状况，

---

① The fund-raising pamphlet of Yale-in-China, n. d. , The Records of the Yale-China Association, 197 - 103, Yale Sterling Archives, New Haven, Connecticut.

② Kenneth Latourette, "The Yale Man," The Philosophia Society (June 1911), p. 8, YRG37A, 192 - 193.

③ John Higham, "The Reorientation of American Culture in the 1890's," The Origins of Modern Consciousness, edited by John Weiss (Detroit: Wayne State University Press, 1965), pp. 25 - 48: reprinted in The Damned and the Beautiful, edited by Paula S. Fass (New York: Oxford University Press, 1987), pp. 73 - 102.

④ Ray P. Foote, "Report on Athletics at Yali" (December 1923), The Records of the Yale-China Association, Ser. II, 45 - 458.

⑤ "News", Yali Quarterly (October 1916), The Records of the Yale-China Association, Ser. XIV, 194 - 56.

⑥ Quotes were extracted from published news in Yali Quarterly (October 1916), The Records of the Yale-China Association, 194 - 56. Also see "The 1914 Annual Report of Yale-in-China", The Records of the Yale-China Association, 14 - 155.

⑦ Reuben Holden, *Yale-in-China—The mainland* (1901—1951), New Haven: The Yale in China Association, Inc, 1965, P. 49.

1910年开始，耶鲁海外传教会（Yale Foreign Missionary Society）还发展了一个“学士计划”（Bachelors Program），召集耶鲁毕业新生前往中国教授体育。还将二手的体育用品，如足球、棒球、手套、耶鲁队的旧制服等收集起来，送往长沙。①

入民国后，情况大为改善。1912年，学校成立了体育俱乐部和网球队，学生还自筹经费购买了部分体育设备。② 据校友回忆，至1915年前后，雅礼已开设体育课，但仍无正式的体育教员。当时兵操是体育课程的主体，给学生教授军事操的教员是一个退伍军官，用的是木枪。除此外，学校也聘请基督教青年会的体育干事夏义可每周来校两次，指导学生练习木马、单双杠等。学士教员（Bachelor Teacher）也作兼职辅导。但由于学校仍设在西牌楼，运动场地仍十分有限，学生练习木马、单双杠均在学堂的轿厅内。学校在外面租了一块空坪作操坪用，学生每天课后都在此坪打球，“由于坪小，球常落到邻居房屋的后院去了，而其前院的大门是朝着太平街开的，我们经常跑到太平街去捡球”③。尽管如此，学校对体育“非常重视，尤其是足球打得最出色，每次和其他学校或西人团体竞赛，总是稳得锦标。每个学生下午下课以后，一定要到操场去运动，不准呆在课堂上”④。

1916年，学校新校区建成，其中包括一个足球场和椭圆形跑道。⑤ 这使雅礼的体育条件大为改善。此后，随着学校的不断完善，各式体育设施与器材得到不断扩充。据20世纪20、30年代就读于雅礼中学的校友回忆：

> 除正常体育课每周两节外，有各种球类竞赛，并规定所有学生都得参加上下午课间操，不得无故缺席。每星期一至星期五下午4点半至5点半为课余运动时间，每人须选择一项球类作主要锻炼活动。⑥

到1936年时，学校的教学条件已经相当完备。据《雅礼创立三十周年纪念册》记载，当时学校有游艺室一间；室内操场一个，内附有运动器具储藏室一间，及童子军团部办公室一间；游泳池一个，长二十五米，可供日常游泳及游泳比赛之用。有大小足球场各一；篮球场五处；排球场三处；学生网球场四处，教职员网球场二处；跑道跳高跳

---

① Gage's letter to Professor Frederick W. Williams, n. d., The Records of the Yale-China Association, 65-187.

② Reuben Holden, *Yale-in-China—The mainland* (1901—1951), New Haven: The Yale in China Association, Inc, 1965, P. 63.

③ 应开识：《西牌楼的“雅礼大学堂”》，载雅礼校友会主编：《雅礼中学建校八十周年纪念册》，1986年，第27页。

④ 赖景瑚：《回忆雅礼大学学习与生活》，载雅礼校友会主编：《雅礼中学建校八十周年纪念册》，1986年，第9页。

⑤ 应开识：《西牌楼的“雅礼大学堂”》，载雅礼校友会主编：《雅礼中学建校八十周年纪念册》，1986年，第27页。

⑥ 谢爱群：《雅礼的德、智、体、群全面发展教育》，载雅礼校友会主编：《雅礼中学建校八十周年纪念册》，1986年，第41页。

远处所俱备。① 此外，还有健身房一个，以及单双杠各一副。② 其体育设施之完备，在湖南全省可谓是首屈一指。③ 有校友自豪地写到：

“这些体育设施，不仅当时冠全省之中学校，就是目前的中学有如此设施并能经常开展各项锻炼活动者，亦属鲜见。”④“回想起母校30年代初期就拥有绿茵足球场、网球场、篮球场、排球场、游泳池和田径跑道，真令人不可思议，恐怕目前我国各名牌中学还没有几所能具备这么齐全的设置”。⑤

与学校的其他设施一样，体育设施与器材的主要费用仍依靠雅礼会的支持，但学校规定学生每学期须缴体育费一元半，以保证日常体育活动经费的充足。⑥

雅礼的体育课包括正课、晨操与课外运动三个部分。体育正课的上课时间，初中各班每周1小时，高中各班仅受军训1小时，每学期均作1学分计算。凡经医生证明不能运动者可免体育正课。各年级的教材编制，均以教育部颁发之体育教授细目为原则。体育教学的目的是：

要发展人体内外器官的机能，谋全体适当的发育，顺从人们爱好活动的机能，发展其运动能力，以养成日常生活上及国防上所需要的技能。同时养成勇敢敏捷耐劳诚实牺牲服务守法合作互相帮助爱国的好公民，以作复兴民族、抗敌御侮的准备。⑦

晨操于每日升旗后举行，约15分钟。以跑步作为运动方式，凡经医生证明不能跑步的学生，则以柔软操代替。课外运动的时间，“普通学生于每星期一、二、四、五课余举行”，“开学后两周开始训练，至散学前一周停止”。课外运动要求“每人须参加田径各一项，球类一项或两项。田径自由练习，于运动会时参加比赛。球类则每周两次，每次一小时”。学校体育代表队的训练则另外安排。学校对于体育课着装有严格的规定：“无论室内室外上课，学生须一律穿着制服，不得自着运动服。”此外，学校还对全体学生安排有体格检查，规定每学期由校医检查两次，作为体育实施及医疗之根据。体育课与其他课程一样计算学分，体育不及格者在下学期补考一次，如再不及格则要留级。⑧ 这种规定

① 《本校之设备及组织》，载《雅礼创立三十周年纪念册》，湖南私立雅礼中学校，民国25年(1936年)11月16日印行，第25—26页，湖南省档案馆藏，59—7—902。

② 何家声：《体育概况》，载《雅礼创立三十周年纪念册》，湖南私立雅礼中学校，民国25年(1936年)11月16日印行，第76—78页，湖南省档案馆藏，59—7—902。

③ 梅可望：《祝福您，亲爱的母校》，载雅礼中学建校九十周年纪念册编委会编：《雅礼中学建校九十周年纪念册·往事如歌》，湖南教育出版社，1996年，第6页。

④ 游达钧，王守亨：《深受爱戴的何家声老师》，载雅礼中学建校九十周年纪念册编委会编：《雅礼中学建校八十周年纪念册》，1996年，第24页。

⑤ 黄若：《五年一觉雅礼梦》，载雅礼中学建校九十周年纪念册编委会编：《雅礼中学建校九十周年纪念册·往事如歌》，湖南教育出版社，1996年，第15页。

⑥ 何家声：《体育概况》，载《雅礼创立三十周年纪念册》，湖南私立雅礼中学校，民国25年(1936年)11月16日印行，第76—78页，湖南省档案馆藏，59—7—902。

⑦ 何家声：《体育概况》，载《雅礼创立三十周年纪念册》，湖南私立雅礼中学校，民国25年(1936年)11月16日印行，第76—78页，湖南省档案馆藏，59—7—902。

⑧ 何家声：《体育概况》，载《雅礼创立三十周年纪念册》，湖南私立雅礼中学校，民国25年(1936年)11月16日印行，第76—78页，湖南省档案馆藏，59—7—902。

是相当严格的，很多学生都深有体会。如校友俞汝勤回忆说：

我进雅礼后，首先感到有压力的是体育不及格要留级。我记得，我引体向上怎么也达不了标，只能苦练俯卧撑来代替。这种压力促使我重视体格的锻炼，使我终身受益。①

当时课外体育竞赛活动颇为丰富，小有班际比赛、校内公开比赛及全校运动会等，大则有校际比赛、省市比赛，乃至全国性比赛。当时，雅礼就曾联合长沙一师、兑泽、广益四校联合发起运动会。而每年一次的湖南省全省运动会更是雅礼学生必定争先参加的年度盛事。曾就读于雅礼的朱经冶这样形容道：

给我印象最深的是，省运会开幕之日，学校举行晨会，当时的体育老师袁觐光登台宣布参赛者名单，他每唱一个名字，就带领全体同学高呼："依，YaLiRaRa，某某某"，以示鼓励。当他读到我的名字，并看到同学们的激情欢呼时，我为之振奋不已，至今仍觉声犹在耳。②

很明显，参与体育在雅礼学生心目中，已不单单是强身健体的操练，而成为他们对新事物与新生活的追求，以及一种生活方式的表达。所以，是否能"体育"就成为雅礼人衡量他人的一个重要标尺。当湘雅院长颜福庆③之女颜雅清于大学第四年由美国转入雅礼就读时，全校男生为之倾倒。这个"打网球、骑马样样都行，人又漂亮"的女学生，"在雅礼的生活史上另创一格"。甚至连美国学士教员也曾追求过她。④

抗战爆发后，雅礼中学暂迁至沅陵，直至抗战胜利后，学校又迁回长沙。

四、大学体育——以圣约翰大学为例

教会大学是教会教育的主体。如前所述，近代中国基督教高等教育机构中，由美国人创办，或者主要参办的学校占很大比例。受美国高等教育影响，美国教会大学大多重视体育教学和体育活动。故近代以来美国教会大学，以体育而著称者不在少数。如武昌华中大学、福建协和大学、南京金陵大学、广州岭南大学等，而其中最知名的无疑为上

---

① 俞汝勤：《回忆使我们受到一流基础教育的母校——雅礼》，载雅礼中学建校九十周年纪念册编委会编：《雅礼中学建校九十周年纪念册·往事如歌》，湖南教育出版社，1996年，第50页。

② 朱经冶：《雅礼精神，流光溢彩》，载《雅礼中学建校八十周年纪念册》，第5页。

③ 颜福庆（1882—1970），中国医学教育家。中华医学会创始人之一。1882年7月28日生于上海，1970年11月29日卒于同地。1904年毕业于圣约翰大学医学院，1906年到美国耶鲁大学医学院深造，1909年获医学博士学位，同年到英国利物浦热带病学院学习，获该院热带病学学位证书。回国后任长沙湘雅医院外科医生。1914年赴美学习预防医学，获哈佛大学公共卫生学院公共卫生学证书。回国后于1914—1927年间任长沙湘雅医科大学校长兼授公共卫生学。并在1915年任中华医学会第一任会长。1927年任北京协和医学院副院长，同年在上海任第四中山大学医学院院长。1938—1939年在武汉任卫生署署长。1946年返回国立上海医学院教授公共卫生，50年代后一直任上海第一医学院副院长。（陶人观主编：《中国民主党派上海市地方组织志》，中国民主党派上海市地方组织志编纂委员会编，第478页）

④ 何凤山：《怀念雅礼——生我者父母，教我成材者雅礼》，载《雅礼中学建校八十周年纪念册》，第34页。

海的圣约翰大学。

圣约翰大学创建于1879年，原名圣约翰书院（Saint John's College），其前身为美国圣公会创办的培雅书院和度恩书院，后经美国圣公会上海主教施约瑟（Samuel Isaac Joseph Schereschewsky）之手合并为圣约翰书院，办学初期设西学、国学和神学三门，用国语和上海方言授课。1888年，年仅24岁的美国牧师卜舫济（F. L. Hawks Pott）出任校长，全校转为纯英语授课，继而成为中国首个全英语授课的学校。卜舫济出任校长时间长达半个世纪，对圣约翰的发展发挥了很大的影响。

1905年，圣约翰书院正式升格为圣约翰大学，学制四年，并在美国华盛顿州注册。大学设文学院、理学院、医学院、神学院四所学院及一所附属预科学校，成为获得美国政府认可的在华教会学校。①新中国成立后，圣约翰大学收归国有，1952年全国高校院系调整时，原教会学校多数被拆分，圣约翰大学也被拆散并入其他多所高校。

作为中国近代最著名的教会大学，圣约翰大学一直以高水平的教育和严谨的治学所著称。其最突出的特点有两个：一个是纯英文的教学；另一个是其优异的体育成绩。

根据《圣约翰大学五十年史略》等文献的记述，可以将圣约翰大学的体育发展划分为三个阶段：1900年以前；1900—1920年；1920年以后。我们依此分法略加论述。

（一）第一阶段（1900年以前）

1900年以前，尽管约大提倡新教育，得风气之先，但体育在当时尚未获得教育界的足够重视。学校开办最初几年，并无成体系的体育课程，只是偶有学生课余进行各种游戏。1883年时，书院曾购置了一些户外体操器械，以及50支假枪，并使学生与老师共同练习。但此时，受传统意识的影响，学生还缺乏参与体育活动的主动性。“学生每不喜脱去长袍，从事竞走。因此遂不得不采取强迫制度，规定运动时间。”②吴文忠先生也曾记述，光绪十六年（1890），加拿大人李蔼门，③ 曾于约大礼拜堂前的广场上组织运动会，但“当时学生碍于旧习，多数作壁上观”。④

1894年，中日甲午战争爆发，民族主义情绪的骤然上升，促使学生主动要求身体练习。同年来校任科学系主任的英国人顾斐德（F. Ciemenl Cooper）教授，承担起组织军训的责任。1898年，经由北洋水师的萨镇冰提督引荐，两江总督刘坤一赠送书院200支废旧来复枪，进一步壮大了书院的兵操演练。训练方面，则交由巴贸、巴登、高德、韦焕章、包达甫几位，极为认真，特别是军乐队更是最为出名。“每年毕业日，全体学生排队操演，博得来宾之称誉不少。他校亦多从而效仿之。”⑤

同一时期，学校的体育设施也得到很大改善。1895年，学校在钟楼前开辟了网球场；

① 唐钺、朱经农、高觉敷编：《教育大辞书》，商务出版社，1930年，第1311页。

② 圣约翰大学自编：《圣约翰大学五十年史略（1879—1929）》，第43—46页。

③ 关于李蔼门的原名有两种说法，一为台湾《中文大辞典》，为“Lee Maming”；一为S. E. Smalley，记载于 *Cultivating the National Body: A History of Physical Culture in Republican China*, by Andrew D. Morris, Doctor of Philosophy in History University of California, San Diego, 1998, p. 74.

④ 吴文忠：《中国体育发展史》，三民书局，1981年，第69页。

⑤ 圣约翰大学自编：《圣约翰大学五十年史略（1879—1929）》，第43—46页。

1897年，学校又利用校长楼拆卸下来的旧砖石，在后操场建了一个简易的体育室，安装了若干付双杠。这些设施都为书院体育活动的进一步开展营造了适宜的氛围。

特别值得一提的是，1895年，一批美国檀香山华侨子弟转学前来书院就读。这些美国长大的孩子十分爱好体育运动，从而带动了整个学校的体育风气。其中很多学生，如麦惠安、杨锦魁、曹延生、刁腓力、邱道生都是当时全校闻名的体育健将。在他们的引领下，足球、田径、网球等项目在同学间很快获得普及。1898年，学校还为学生组织了体育会。此时，爱好体育已经成为书院学生最为时尚的活动。有记载说，当时就读书院的颜福庆博士常在学校内外骑自行车，成为学校别致的一道景色。

（二）第二阶段（1900—1920年）

1900—1920年是约大体育发展最为昌盛的一个阶段。

正规体育课程方面，以兵操为基础的体育课程进一步获得完善，清光绪三十年（1904年）的《圣约翰书院章程》，规定了学校的“词章及体操”课程交由“武备学堂秀士本院教员会书记柏君嘉尔”。《第十二章体操》规定：“本院体操分两种：一柔软，一兵式。每礼拜一、三、五，四下后兵式操。礼拜日外，每晨七下后柔软操。领队员由体操总教于每年开学时简派，另备体育册，总教稽察学生之体量注入此册，每年校核。”《第十四章运动会》规定：“本院设有运动会，俾诸生课暇藉以舒畅体魄，每年输会费银两元，置办事员七人（教员一、正馆生三、备馆生四）。运动场有二：一在院内，一在院外里许（该处为大运动场），两处均由办事员经理，春秋两季各举赛一次。”《第十九章学费》规定：“缴体操装费十八元，该费三年后再缴，因操装须三年更换一次，惟操靴穿用较繁，最易敝败，不在此例。运动会费每年两元，亦在上半年开课日缴纳。”《第二十三章奖赏》规定：“运动会田赛时于跑跳等最优者，奖银牌一具。”①

不但如此，与当时国内其他地区或学校所不同的是，约大的兵操以美国式为主，这一状况在国内则更为少见：

> 校中最特殊为国中他校所罕见者，殆无若兵式体操，其组织本之美制，全校生徒，除童子警探或运动员而外，编为四连。连之下为排，排有排长，连有连长一，副连长二。军曹四，四连之上，统以营长，即为总司令。副之以副官，别有军需长副长各一人……每星期操演三次，而星期五之大操，尤为壮观。自副连长以上，咸以鸡羽树冠，以紫丝带饰胸，下垂及膝。士兵亦加白手套，延曼数十丈。②

据曾在约大教授英文的颜惠庆回忆，学生们“虽然使用的是木枪，但身着统一军服的学生们，却是英姿焕发。军训官毕业于美国弗吉尼亚军事学院。举行阅兵式时，奏响雄壮的军乐，使得行进队列更显得虎虎有生气”。③

---

① 《圣约翰书院章程》（节选），光绪三十年（1904），陈谷嘉、邓洪波主编：《中国书院史资料》（下册），浙江教育出版社，1998年，第2076—2084页。

② 《约翰年刊》，1917年。

③ 颜恩庆著，吴建雍等译：《颜惠庆自传——一位民国元老的历史回忆》，商务印书馆，2003年，第46页。

课余体育活动方面，体育竞赛在这一时期获得了极大发展。据记载，1900 届是当时最为爱好体育的一届学生。“运动比赛时，有所谓全班精神者，即起于是。从此各级互相比赛运动，产生优美之运动队员，为本校获得无数锦标。”①

随着体育活动的日益普及，约大学生自行组织了数量众多的体育组织，如中华武术会圣约翰支会、圣约翰 ABC 乒乓会、圣约翰中学体育会、约翰技击研究社等。学生还自行创办了《约大体育》杂志，报道校内外体育消息。学校运动队则包括篮球队（分男队、女队）、足球队、乒乓队、大专排球队（分男子组、女子组）、大专女子锦标队、越野队、田径队、美式足球队、网球队等。他们不但参加校际比赛，也参加上海的外侨体育比赛，并常获殊荣。著名的约大“飞梭”羽毛球队就曾在上海羽毛球甲级联赛中，连续击败英侨、法侨多支球队，荣夺锦标。②

1901 年，学校组建了足球队。虽然当时的队员还都拖着长辫，但这支人称“约翰辫子军”的球队成为国内第一支近代意义上的足球队，马约翰就是其中的主力队员之一。1902 年开始，圣约翰大学和南洋公学发起组织了上海第一次校际足球赛，后两校定期举行比赛。

1904 年 4 月 23 日，约大联合南洋、东吴、华英三校组织了中华大学联合运动会，由约大华克教授任秘书。这一举动引发了教会学校发展体育运动的风潮。1914 年 5 月 15 日，约大加入由南洋、东吴、之江、金陵、复旦、东南几所大学共同组织的华东各大学联合运动会，1914—1925 年，每年举办运动会，成为当时江南最重要的体育赛事之一。而约大与南洋之间的足球赛则一直是其间最大的亮点。这两所学校之间的足球比赛是如此的知名，当时被形容是“在远东久享令誉，无异美国之哈佛与耶鲁两大学比赛也”。当时就读于约大的苏公隽形容道：

> 江浙两省的大学每年举行锦标赛，尤以该校和南洋公学的足球赛最为激烈，比赛时两校师生和校友们组织啦啦队，在旁摇旗呐喊，盛况空前，这种球赛遇到各胜一局，必须以第三局来决胜负时，不得不另借场地，以示公允，所借者往往是沪宁铁路局员工在麦根路车站附近的足球场。在两校的足球场历史中，前后共在麦根路比赛两次，第一次大约在 1916 年，胜利者是南洋公学，第二次在 1920 年，圣约翰大学夺得了锦标，当晚在校举行火炬游行，斯时的狂欢景象，至今犹在目前。参加各类球赛的运动员在饮食方面受到特殊优待。校方为他们另辟食堂，供给牛油面包和美味佳肴，其他同学望之垂涎欲滴，啧啧称羡。③

约大在这一时期体育上取得的最大成就当属参加 1911 年南京第一届全国运动会，约大获得了锦标，其网球队、棒球队都是他队望尘莫及的。1913 年，第一届远东运动会在马尼拉举行，中国派团参加，其中有相当数量选手为约大学生。整个比赛中国共得 36 分，其中 26 分为约大选手取得。跳高与 120 码低栏赛跑两项冠军更为约大韦焕章一人独得。当时约大学生体育成绩之所以如此出众，很大程度上得益于校内老师的赞助，华克、施达格、薛勒卜威廉、克力福、毛利大是其中最主要的几位。1915 年开始，篮球在约大开

---

① 吴文忠：《中国体育发展史》，三民书局，1981 年，第 69 页。

② 熊月之、周武主编：《圣约翰大学史》，上海人民出版社，2007 年，第 295 页。

③ 苏公隽：《我所了解的圣约翰大学》，《纵横》，1996 年第 11 期。

始崛起，这一期间甚至还有过一个划艇队，后因苏州河船运过于繁忙而解散。这一时期的学生中也涌现出许多体育健将，如朱友渔、谭雅生、马约翰、凌道扬等。①

体育设施与场馆在这一时期获得了显著发展。1900 年，学校在梵皇渡口租得一块土地作为足球场。1909 年，经校友会捐助，于苏州河东面购得 84 亩土地，建设了正规的足球场，铺设了煤渣跑道，还另设了 6 条直道。学校还专门设置了渡船，接送来往的师生。1911 年，教会拨款购置吴家宅南的草地 72 亩，其中包括一所住宅与大批树木。除道路开辟与教师住宅占据了大部分土地外，其余草地则用于兵操演练和举行阅兵式，每年 5 月的校友游园会和毕业典礼等集体活动也被安排在此，而教师空闲的时候，还在此打高尔夫球。②

这一时期最具代表性的体育设施当属 1919 年落成的顾斐德体育馆。

1915 年 6 月 4 日，曾为约大体育作出杰出贡献的顾斐德教授病殁于英国伦敦。1917 年，约大学生和在美国的校友，为纪念这位英籍教授，预备集资建筑以其命名的体育馆。1919 年 11 月 15 日体育馆落成，此馆由约大理科教授华克设计，两层楼房的楼顶四角为曲线形。第一层有来宾接待室一间，浴室和更衣室各两间，机房一间，储物一间。浴室内装置冷热水莲蓬头，墙、地面均用白瓷砖，学生可按时入浴。第二层系室内运动场，长 75 英尺，阔 45 英尺。体育设备，始臻完善。场之南端，下有体育教师办公室，上筑一看台，可依栏俯视场中球类比赛。体育室东侧为游泳池，上架玻璃天棚。池之南端，备有来宾参观席，池长 60 英尺，阔 20 英尺，池底和四壁均用白瓷砖砌成。该馆是我国近代最早的多功能现代体育馆之一。有记载指出，该馆建成之初，上海人还以为馆里的游泳池是约大修建的公共蓄水池。③

（三）第三阶段（1920 年以后）

进入 20 年代后，受“五四”运动影响，强烈的民族主义情绪蔓延到全社会，中国要求民族自觉，反抗帝国主义压迫的呼声日益高涨。在体育方面，这一时期国内体育界锦标主义颇盛，致使专注于竞赛的学生往往荒废学业，而普通学生的体质也并无明显提升。为此，1921 年开始，约大开始实行两年强制性运动制度，其中特别提倡室内运动，以期强化学生体质。另一方面，学校建立起更为完善的学生体质监控系统。新生入学必须要接受医生检查，年初与年终两次还要进行身体测量，以确定学生适应的体操类型。而且要按照生源省份造成体育调查表，为体育与医疗研究作参考。

学生每天清晨必须进行体操，周一、三、五进行兵操或童子军训练；周二、四初级生须在体育教员辅导下进行一项运动，周日休息。这一做法“非欲其为体育界著名人才。

① 圣约翰大学自编：《圣约翰大学五十年史略（1879—1929）》，第 43—46 页。

② 黎宝骏：《圣约翰大学体育史略》，中国人民政治协商会议上海市委员会文史资料工作委员会，上海文史资料选辑（第 65 辑）体坛先锋，第 169 页。

③ *Religion and education*：*St. John's University as an evangelizing agency*，by Xu，Edward Yihua，Ph. D. Princeton University，1994，p. 32.

不过欲养成其乐于运动之习惯耳”①。

自顾斐德于约大提倡兵操起，兵式体操在约大并未跟随学制的变革而遭淘汰，反之获得了不错的发展。这在当时的中国教育界是不多见的。1925 年的《约翰年刊》记载：

兵操之制，行于本校已久。星期一、三午后四时至五时为操练时，星期五则有大阅操。学生戎装革履，荷枪听命，而各队长毛冠仗剑，步伐整齐，更以军乐助威。②

这一时期约大的体育设施已相当充实，据记载：

本校体育制度之完备，有美国学校可以比拟。在中国无较胜一筹者。棍球足球之大场地有二。网球场有十八。在寄宿舍后有一大场地。清晨体操可容纳五百人。若兵操及童子军演习，与体育运动无碍。③

此后，“非基运动”兴起，教育权回收呼声日益高涨。社会局势的动荡亦影响到体育的开展，华东各大学联合运动会也由于约大等教会大学的退出而陷于停顿。1925 年，约大更是短暂停办，秋季开学所到学生也不全，校内体育大受影响。1927 年秋，受政治影响，约大再次停办。至 1928 年 9 月开学，校方规定，体育社会活动仅限于校内，不再允许与外间的比赛。但这段时期，以班级为单位的校内体育活动仍然开展得有声有色，同时远东运动会代表队按惯例仍邀请约大选手参加，学校的篮球队也曾出国参加比赛。④ 1924 年经由约大赴美留学的黄景康作为中华网球队的 3 名成员之一，第一次代表中国出征“戴维斯杯”。1925 年远东运动会的全国预选赛，就是借用约大的运动场举行。1926 年，由檀香山华侨学生为主组织的圣约翰“中华队”，在 3 名美籍教师的指导下，一举夺得上海橄榄球联赛的冠军。1924 年和 1926 年，圣约翰大学和东京圣保罗大学还在上海及东京两地进行了篮球对抗赛。⑤ 所以，1926 年《约翰年刊》仍然这样形容道：

本校向以运动蜚声中外。足球、篮球，固无论矣，即就田径赛论，历年比赛，斩获全胜，执全国之牛耳。远东之会，约翰代表踵相接也，去春又得东方运动之锦标，增新记录凡三。诚盛事也。⑥

但是，社会大环境的变化还是对约大体育的发展产生了深刻影响。1927 年的《约翰年刊》上刊发《约翰春秋》一文，就约大自 1926 年 9 月至 1927 年 3 月间所进行的重大体育赛事进行了记述。在总共 20 次各种类型的比赛中，约大负多胜少。可见约大在 1926 年后，学校的状况已经呈现颓势，此前风头正劲的圣约翰之后开始走下坡路，也失去了曾经在教会大学中的显赫地位。

---

① 圣约翰大学自编：《圣约翰大学四十年成绩志略》，第 7—8 页。
② 《约翰年刊》，1925 年，第 5 页。
③ 圣约翰大学自编：《圣约翰大学四十年成绩志略》，第 7—8 页。
④ 圣约翰大学自编：《圣约翰大学五十年史略（1879—1929）》，第 43—46 页。
⑤ 熊月之、周武主编：《圣约翰大学史》，上海人民出版社，2007 年，第 295—297 页。
⑥ 《约翰年刊（中文部）》，1926 年，第 12 页。

五、结语

19 世纪末期开始，教会在华教育事业迅速拓展，进入正规化和世俗化的新阶段，涌现出一批新型的教会学校，这其中美国教会学校占据主要位置。同时，体育作为现代教育的组成部分，逐渐进入人们的视野。尽管如此，体育在这一时期的发展仍然是零星的、不系统的。在表现形式上，受民族主义情绪与新学制章程的影响，体操与军事体操开始承担起体育课程的责任，而各种户外运动、球类运动虽也存在，但尚未形成系统，更无规模可言。造成这一情况的原因是多方面的，包括教会学校办学力量不足和美国国内的体育教育尚未完全发育成熟等。

入民国后，特别是随着新文化运动的崛起，新学制从仿日向仿美过渡。此时，体育运动在中国的传入与开展上，美国教会学校开始发挥更为广泛深刻的作用。众多美国教会学校在民国时期都以体育而驰名，且多数是具有良好体育传统的老牌学校。如汇文中学，早在升格为金陵大学之前就以体育闻名；福建协和大学之所以体育强盛，也主要是由于其前身之一的福州鹤龄英华学校是一所具有体育传统的学校；圣约翰大学的体育也是得益于其前身圣约翰学院。而通州潞河书院，则无疑是燕京大学体育兴盛的主要原因之一。这其中，雅礼中学和圣约翰大学的例证具有一定的代表性。全新的、世俗化的现代体育也开始被全面引入中国。

由此说明了体育的发展需要长时间的积累与涵养，尽管经历了若干次学制的变更，但对体育的执著情感，使这些教会学校的体育传统得以传承和发扬。另一方面，一个在体育上有突出表现的教会学校，往往是所处地区体育风尚的引领者。而在教会学校发展的不断规范化进程中，体育作为现代西方课程结构的内在组成部分，被逐步引入中国。而更主要的是，教会学校将体育作为一种可以代表西方文明的生活方式，一种具有泛教育质量的文化形式而引入中国。在这一点上，教会学校所作的贡献是不容低估的。

尤其值得称赞的是，教会学校的体育活动，与 19 世纪末期入华的基督教青年会之间形成相辅相成的良好格局。通过体育竞赛活动，将学校体育与社会体育以民间社团的形式紧密连接在一起，进一步扩大了体育传播与交流的网络，也扩大了发挥体育社会影响力的场域，不但使体育作为教育的功能获得了进一步的提升，更为体育作为现代社会结构的组成部分，逐渐融入近代中国社会的躯体，作出了巨大贡献。

新文化运动后，“非基运动”在全国范围内崛起，全社会对回收教育权的呼吁此起彼伏，在中国经营了近一个世纪的教会学校，在中国人要求自强、要求教育本土化的浪潮中，逐步走向衰落。但是，现代体育却作为一个“意外”的收获而传存下来，并跟随着国民政府教育改革的步伐继续前进。

（作者：马廉祯，华南师范大学体育科学学院教师、博士；耿之矗，暨南大学历史系在读博士研究生）

近代中国的官营企业与香港

张晓辉

【提　要】近代中国历届政府在香港建立了一批官营企业的分支机构，进行集权化的组织管理，并予以一定的业务自主权。这些企业主要经营金融、外贸及航运等行业，为国内外华资尤其是政府经济事业提供服务，在中国的近代化进程中扮演了重要的角色。

【关键词】近代　中国　香港　官营企业

一、内地官营企业在香港创办分支机构之背景

（一）官营企业在香港创设分支机构的动因

五口通商后，香港在英国的殖民统治下，作为自由港逐渐成为远东地区新兴的商业中心之一，同时也是中国对外贸易的一个重要港口和转运枢纽，不少内地华商为谋进一步的发展，纷纷赴港创办企业或设立联号，利用香港发达的商贸条件，作为开拓国际市场的重要基地。

华商赴港拓展的动因可谓很多，官营企业在香港创设分支机构的动因与一般民营企业大致相似，但更偏重于招股、国际汇兑（包括侨汇）、外贸、航运等方面的考虑。[①] 近代中国缺乏资金，企业新创时需要对外招股，由于香港联系海外华侨市场方便，企业筹集资本（尤其是一些大型企业初创时即需要巨额资金）相对较容易，成效亦彰。如洋务运动时期，中国出现了第一批股份制企业，通过在民间发行股票，“招商集股”。其中轮船招商局为便利募股，直接在香港设立了分局。又如1906年两广总督岑春煊奏准创办广东士敏土厂，由于一直经营不善，为了对外推销产品和在海外招股，民初在香港成立了

① 本文所涉及的官营企业，主要指由政府创办和经营的中央或地方（国有）企业，也包括特定背景下某些以政府或官员为主导的官督商办及官商合办的企业。有学者研究认为：晚清的官督商办就是在官府的监督下由商人经办，主要的官督商办企业，全部股本都集自商人，官款在企业中只是信贷。这种企业的属性为特殊的民族私人资本企业，特殊之处在于受官府的监控。见罗肇前著：《晚清官督商办研究》，厦门大学出版社，2004年，第45页。

分局。[①] 1927 年南京国民政府成立后，另创中央银行，原孙中山革命政府在广州创办的中央银行遂于 1929 年 3 月 1 日改称“广东中央银行”。当时粤省财政极为困难，库存枯竭，该行副行长兼整理金融专员叶少华建议筹设香港分行，得到李济深、陈济棠、陈铭枢等实权人物的支持，并分别出资入股。叶少华奉命赴港进行筹办，得到香港爵绅周寿臣、渣打银行买办容子明及各方面的协助，工作进展非常顺利。[②]香港分行于当年 5 月 1 日成立。[③]

在一些对外经济联系较为密切的省份，地方政府亦注意创建官营企业驻港机构。如清末民初，“香港为滇省出口消费之尾闾，亦几全滇出入各款之转还场所也。历年矿商输运各品，概由安南运集该埠。出售事毕，除将其值购相当之棉纱及洋杂货返滇外，余款均须托银行汇回。”[④]因此，云南地方银行的香港联行应运而生。富滇银行总行在昆明，1912 年 2 月成立，总办李鸿纶，资本额 500 万元，概系官款。[⑤]富滇新银行成立于 1933 年 7 月，总行在昆明，因香港与该省汇兑关系密切，即设办事处，经理为萧寿民。[⑥]广西银行系官商合办性质，成立于 1932 年 8 月 1 日，资本收足 500 万元，办理国内外汇兑、进出口押汇及一切银行业务，并代理买卖广西农矿品。[⑦] 同年 9 月设香港分行，由张兆棠和黄炽昌分任经理和副理。[⑧]

此外，国内外时局的重大变动，往往成为影响官营企业往香港发展的特殊因素。如抗战前期，香港是中国与西方保持经贸联系的最重要据点，国民政府所属的金融、外贸、运输等企业亦纷纷前来设置分支机构，使香港成为抗战经济的一个中心。

（二）官营企业香港分支机构的发展历程

内地官营企业在香港的经营发展贯穿整个近代时期，主要可分为四个阶段：

（1）早在晚清，不少官营企业已涉足香港经济领域，主要是航运、保险及银行等行业的轮船招商局、招商保险局、仁和水险公司、中国通商银行、大清银行、交通银行及

---

① 广东士敏土厂广告，《香港华字日报》1915 年 6 月 13 日。

② 广州市政协文史资料研究委员会编：《南天岁月——陈济棠主粤时期见闻实录》，广东人民出版社，1987 年，第 290—291 页。

③ 《要闻·香港中央分行昨日成立》，《广州民国日报》1929 年 5 月 2 日。

④ 周葆銮：《中华银行史》，第 2 编《特种银行》，第 69 页；沈云龙主编：《近代中国史料丛刊》第 88 辑，台北文海出版社影印出版。

⑤ 戴鞍钢、黄苇主编：《中国地方志经济资料汇编》，汉语大词典出版社，1999 年，第 1115 页。

⑥ 中国银行经济研究室编：《全国银行年鉴（1937 年）》《下册》，第 142 页；沈云龙主编：《近代中国史料丛刊三编》第 24 辑，台北文海出版社，1987 年。

⑦ 香港广西银行广告，《香港工商日报》1936 年 6 月 11 日。

⑧ 《香港金融》，陈大同、陈文元编：《百年商业》，香港光明文化事业公司，1941 年，原书无页码。

广东官银钱局等。[①]

如1872年成立的轮船招商局，总局设在上海，在沿海沿江及香港设立分局。陈树棠为香港商董，分管港处事务。[②]招商局集股由唐廷枢、徐润总理其事，于1875年12月在上海创办保险招商局。翌年8月，唐、徐等又发起成立仁和水险公司。[③]这两家公司都在内地各埠及香港设有分局。

1897年5月27日，中国人自办的第一家银行——中国通商银行在上海成立。根据该行分行章程，先设北京、香港两处，理由在于“京都居北，香港居南，上海总行居中调度”。据此，中国通商银行香港分行于当年10月开办。[④]

广东省官银钱局1904年12月23日创办于广州，在上海、香港、佛山设有分局，发行铜币及纸币。[⑤] 1905年9月27日成立于北京的清政府户部银行，是中国有史以来的第一个国家银行，自1908年7月1日起，其总分号同时易名为“大清银行”。至辛亥革命前，共有21个分行及35个分号，其中广州分行成立于1909年5月，下辖香港和汕头分号。[⑥]清政府邮传部自1908年初创办交通银行后，努力拓展分行，奏请在南洋华侨最多的地方设立分行，以便旅居外洋华人之汇兑。交通银行分行发展迅速，除了在国内各大埠相继建立分行外，还于1910年初开办了新加坡和香港分行，“自是机关灵捷，营业更有起色”[⑦]。

（2）民初军阀战乱不已，政府治理能力削弱，官营企业发展萎缩，在香港创建分支机构的情况很少。

中国银行是民初国内最大的华资银行，其广州分行于1916年6月创设香港办事处，1919年2月改为香港分行。[⑧]交通银行香港办事处于1934年3月底裁撤，董事会为增进闽粤一带业务，议决通过设立香港二等分行，“以资策应而利进行”[⑨]。

南方省份地方当局在香港创办了一些企业，如民初的广东士敏土厂香港分局、云南富滇银行香港分行。广州市立银行由该市政府于1927年10月创立，除本市外，在香港、

---

① 据1876年3月《申报》和《通闻西报》报道，当时唐廷枢已发起设立对外贸易银行和宏远贸易公司。前者系唐氏访问福州，与闽抚丁日昌商议，拟由中国纠集股份，设一大银行，并在伦敦、日本和其他地方设立分行。主要股东是粤籍商人，已认购了几乎全部所需资金30万银两；后者拟以上海为总行，在伦敦、香港及福州设分号，资本额30万银两，除经营一般商业及代理生意以外，还将充当中国政府在海外的代理人。不过，由于条件不成熟，这两项宏大的计划都未能实现。见汪敬虞：《唐廷枢研究》，中国社会科学出版社，1983年，第187—189页。

② 上海市档案馆编：《旧中国的股份制（1868—1949）》，档案出版社，1996年，第37页。

③ 中国保险学会主编：《中国保险史》，中国金融出版社，1998年，第43—44、46页。

④ 谢俊美编：《中国通商银行》，上海人民出版社，2000年，第89、121页。

⑤ 周葆銮：《中华银行史》，第5编《地方银行》，第31—33页；又见郭荣生编：《中国省银行史略》，第133页；沈云龙主编：《近代中国史料丛刊续编》第19辑，台北文海出版社，1975年。

⑥ 民国小丛书：《中国货币史银行史卷》第3册，书目文献出版社，1996年，第2510—2514页。大清银行香港分号成立于1909年7月，见《大清银行始末记（一）》，载《档案与史学》1997年第6期，第13页。

⑦ 苏全有：《清末邮传部研究》，中华书局，2005年，第132页。

⑧ 《香港金融》，陈大同、陈文元编：《百年商业》，香港光明文化事业公司，1941年，原书无页码。

⑨ 《交通银行董事会议案（1934.7.2）》，重庆市档案馆藏，0283—1—32—14。

澳门、江门、石岐等埠设立分行。[①]20年代末，广东中央银行成立香港分行，由国民党元老古应芬的干儿子伍嘉诚任经理。30年代初，云南富滇新银行设有驻港办事处，广西银行设有香港分行。

（3）抗战初期，由于香港在中外贸易和交通运输中所处的特殊重要地位，内地官营企业亦纷纷插足，其中影响最大的都是国民政府中央所属的企业。

首先，金融业。广州、武汉陷落之际，国民政府所属中、中、交、农四行的一些机构于1938年10月20日迁移到香港。[②]翌年，四联总处为调整并加强各地分支处之机构起见，订定改组各地四联分支处办法，规定在业务重要区域设立分处，次要地域改设支处，并限各区于1940年1月1日改组成立。依限陈报成立者，计有包括香港在内的15个分处和17个支处（广州湾支处原属香港分处管辖，当香港沦陷后，于1942年初改为直辖支处）。[③]

中国国货银行属官商合办，为国民政府指定经营外汇银行，孔祥熙和宋子良分别任董事长和总经理，其香港分行于1938年3月29日开始营业。[④]四川省银行、福建省银行亦在香港设立了办事处。[⑤]

上海沦陷后，中央信托局因对外接运物资，于1937年底将主力撤退至香港，由孔祥熙的儿子孔令侃任常务理事代行理事长职权。[⑥]此外，中央信托局保险部原设于上海，抗战爆发后，先是一部分迁往香港，一部分迁往昆明，直至1940年时全部迁往重庆。[⑦]该局易货处总处原设香港，香港沦陷后，于1942年4月迁移重庆。[⑧]

抗战爆发后，邮政储金汇业局即在香港设立了办事处，不久感到该处人员不敷支配，应予以充实。为增加工作效率起见，遂将本局干部陆续移港，“惟于名义上仍作为设在上海，以免敌人或有另设总局之企图”[⑨]。

其次，外贸业。国民政府于1938年成立财政部贸易委员会，作为战时出口贸易国营化之官办商业机构的核心。并会同中国植物油公司、中央信托局等，收购全国重要外销土货，准予免税，集中在香港出口。贸委会下辖富华贸易、复兴商业及中国茶叶等三个公司，以利统制战时贸易。这三家公司机构庞大，人员众多，且都在香港建立了分公司。

富华贸易公司成立于1937年，总公司设在重庆，总经理为席德柄，协理为缪钟秀。香港分公司经理为吴清泰，襄理为孙纯一。[⑩]抗战初期，席德柄住在香港，公司的业务由

① 《银行货币》，《中行月刊》第6卷第6期，1933年6月，第89页。

② 《倪文钰致副经理函（1938.10.27）》，上海市档案馆藏，Q277—1—273。

③ 重庆市档案馆等编：《四联总处史料》（上册），档案出版社，1993年，第127、129页。

④ 中国国货银行广告，《香港华字日报》1938年3月25日。

⑤ 姚启勋：《香港金融》，香港泰晤士书屋，1940年，第58页。

⑥ 寿充一编：《孔祥熙其人其事》，中国文史出版社，1987年，第109页。

⑦ 中国保险学会编：《中国保险史》，中国金融出版社，1998年，第135页。

⑧ 中国第二历史档案馆编：《中华民国史档案资料汇编》，第5辑第2编财政经济（4），江苏古籍出版社，1997年，第285页。

⑨ 中国第二历史档案馆编：《中华民国史档案资料汇编》，第5辑第2编财政经济（4），第385页。

⑩ 《富华贸易公司各地分公司工厂及各办事处一览表（1941.11.8）》，中国第二历史档案馆藏，309—517。

缪钟秀主持。[①]复兴商业公司成立于1939年2月，总公司设在重庆，董事长由孔祥熙兼任，总经理先后为董承道、席德柄，香港分公司经理为林荣森，协理为周辨明。[②]中国茶叶公司成立于1937年5月，总公司初设上海，后迁重庆，经理人为寄景伟、吴觉农、朱钱农等，在香港及内地各埠广设分公司。[③]

中国植物油料公司隶属于国民政府实业部，上海沦陷后，特在香港九龙加设厂处，以便继续出口贸易。[④]

复次，运输业。抗战爆发伊始，招商局总经理蔡增基即率员撤迁香港，成立办事机构，行使总局职权。[⑤]粤汉、广九两铁路于1937年8月23日正式接轨通车，省港物资联运成为抗战初期中国对外贸易最重要的枢纽。国民政府军事委员会为筹划军备及后方生产机器等，向英美等国订购抗战必需物资，主要利用港澳内运，由于任务极重，遂有在西南各省筹设军运机构之计划。同年10月1日，军事委员会西南进出口物资运输总经理处（因军运保密简称西南运输公司）在广州正式成立，并在香港等地设分局，担负繁重的国际运输任务。

由上可见，战时国民政府在港企业，除了中国银行、交通银行、轮船招商局系原在香港即有分行分局外，其余大部分都是抗战爆发后才新建的。[⑥]

（4）战后初期，官营企业在香港的分支机构很快得以恢复。

如轮船招商局在江海各埠分局设立了相应的接收机构，由于香港环境较为特殊，故接收过程较内地稍有区别。战后港英当局代国民政府粤桂闽敌伪产业处理局接收了部分敌船并交给在港各轮船公司承租，国民政府派出的军事代表团也在香港接收了部分船只。招商局遂派理事余仕荣出任接收委员，前往香港，将所有敌伪船只转归招商局接收，然后分配给各轮船公司代为管理与经营。[⑦]

战后不久，中国银行、交通银行、中国农民银行、中国国货、广东省银行等在香港复业。[⑧] 邮政储金汇业局香港分局奉令筹设就绪后，定于1946年10月1日正式开业。[⑨]中央信托局香港分局复业后，委托香港当地的行庄代收侨汇。[⑩]中国植物油料厂亦重设，并在香港设有办事处和炼油厂。[⑪]

---

① 王慧章：《猪鬃大王——古耕虞》，中国文史出版社，1991年，第58页。

② 《复兴商业公司暨各附属机关主管人员一览表（1941.11.13）》，中国第二历史档案馆藏，309—517。

③ 《财政部贸易委员会直属机关一览表（1941.10.9）》，中国第二历史档案馆藏，309—517。

④ 《华资名厂产品介绍》，《香港商业录》第45页，《香港商业年鉴》，香港新闻社，1949年。

⑤ 张后铨主编：《招商局史（近代部分）》，人民交通出版社，1988年，第496—497页。

⑥ 中国银行、交通银行均于民国初年摆脱北洋政府的控制，成为商办银行，并先后设立香港分行。抗战前夕，国民政府通过增资改组，控制了这两家银行。

⑦ 张后铨主编：《招商局史（近代部分）》，人民交通出版社，1988年，第510—511页。

⑧ 香港经济资料社编：《香港工商手册》，香港大千出版社，1946年，上编，第4页。

⑨ 《邮政储金汇业局香港分局通函（1946.9.20）》，重庆市档案馆藏，0340—2—436—2。

⑩ 《聚兴诚银行港业字（37）第24号（1948.9.8）》，重庆市档案馆藏，0295—2—181。

⑪ 赵兴胜：《传统经验与现代理想——南京国民政府时期的国营工业研究》，齐鲁书社，2004年，第422页。

二、官营企业在港分支机构之经营管理

官营企业强调整体的一致性，最高层对香港分支机构进行统筹兼顾，给予人力、物力及财力的支持，注意发挥其经营自主性和积极性，以利在香港同业中具有较强的竞争力。

（一）企业的组织管理

首先是总分行的关系，采用集权化的管理模式。企业总部通过掌握人事权力而牢牢控制分支机构。如轮船招商局在香港及内地广设分局，强调分局用人集权于总局，分局各课主任须在总局服务半年以上，然后派任。①抗战时期，交通银行在香港设立总管理处办事机构，董事长胡笔江和总经理唐寿民均驻香港，遥控全行事务，常务董事会有时也在港召开。当1938年交行总处先后撤往汉口和重庆后，由唐寿民负责总处在港业务，直至太平洋战争爆发。②广东省银行香港分行增设助理员、交收员、练习员等，均由总经理决定任用。且港行每月1次的员工考绩由总经理、副总经理订出奖惩等级，这样总行就直接控制了香港分行的人事管理权。③

其次是企业总部赋予香港分支机构相对的业务自主权。如中国通商银行是最早在香港设立分行的内地银行，由股东会和总行董事会在当地选举认股最多者为该分行董事，负管理之责。④轮船招商局于1909年奉准设立董事会，先在上海设立股东挂号处。旋又在香港、广州、澳门、福建、汉口、天津等6埠分设挂号处，请各股东就近挂号。⑤ 1946年8月，广东省银行在香港设立信托支部，同时设立九龙办事处，作为三等机构，设主任1名，同时兼任信托支部主任。因地理之便，该部、处均由香港分行直接指挥监督，所有对外签字及重要公文均由港行经理主持签署，并由该部、处主任副署。⑥

在企业的组织管理结构中，可以业务职能分工作为部门分权独立的基础。如中国植物油料公司的财务组织即采取了独立自主的运作方式，总办事处的财务处负责综揽账目，调拨款，所有财务人员的任免、升降调迁及业绩考核由财务处直接支配、办理。而香港办事处（贸易单位）设财务室、办事分处设会计、收货站设出纳，形成有效的财务部门

① 张思骏等编：《国营招商局七十五周年纪念刊》，1947年编印。

② 吴景平、马长林主编：《上海金融的现代化和国际化》，上海古籍出版社，2003年，第601、608页。

③ 《广东省银行：韶港两地招考试用办事员》，广东省档案馆藏，41—2—731；《广东省银行：新加坡、香港、澳门员工考绩表》，广东省档案馆藏，41—2—1198。

④ 中国人民银行上海市分行金融研究室编：《中国第一家银行——中国通商银行的初创时期》，中国社会科学出版社，1982年，第101页。

⑤ 聂宝璋、朱荫贵编：《中国近代航运史资料》第2辑，中国社会科学出版社，2002年，第535页。

⑥ 《广东省银行：本行组织章程、条例、规章（1932—1947）》，广东省档案馆藏，41—3—212；《广东省银行：港行组织案、信分部、九龙案》，广东省档案馆藏，41—3—278。

层级系统。[①]

（二）企业的业务经营

在港官营企业不从事生产活动，业务集中于金融、外贸及航运等三大项，主要为内地主管部门提供经济服务。总的来讲，其经营状况在清末平平，而以抗战前期表现最为突出。

1. 金融业

该业的经营非常广泛，如清末中国通商银行香港分行经营进出汇票、电报汇兑、物业按揭、银两交易、货币存贮等业务。[②]中国银行香港分行成立后，业务除一般存放款和国内汇兑外，还锐意经营国外汇款，该业务顺利发展，20 年代初已推广至南洋菲律宾一带。1925 年上海分行继起仿办，树立起国际汇兑银行之基础。[③]富滇银行香港分行专营汇兑存款放款等业，并代办省金库及各种公债。[④]

抗战前期，国民政府所属中、中、交、农四行等在港机构的主要任务是调剂金融、管理外汇、平衡汇兑及维持法币。中央银行香港通讯处主要从事经营管理外汇（含侨汇）、口岸汇款和印制、转运法币钞券等业务，该行在海外印制的钞券“均以运抵香港为终点，而本行之加印签章事务，亦由中华书局在港设厂办理”[⑤]。中国银行把在内地汇往上海的款项先汇到香港，由香港中行出面联系上海的收款人，转由在香港的其他机构或商号，代为取款或转汇上海。直至 1941 年下半年，港英当局宣布限制提取法币条例，内地以法币汇港转沪这种业务才告结束。[⑥]

由于战时法币需求量大增，印制、转运法币是四行重要的经济任务。出于钞券的安全和质量考虑，国民政府一般委托国外公司印制，香港是四行印制法币的重要基地。直至 1941 年时，四联总处还曾“嘱各行在香港方面与各印制钞公司洽印钞券，计中央银行向中华书局接洽订印，中国、交通两行向商务、大东两家订印，中国农民银行向大业公司订印”[⑦]。

中央信托局重点在香港专办接运军火转口越南海防、河内通过滇越铁路内运事宜。该局驻港部门有中央储蓄会、购料处、易货处及信托处港处等，主要业务为采购物资、吸收存款、发行“节约建国储蓄券”、对外易货贸易。由于国内物资短缺，国民政府颁布集中采购令，规定国家机关一切采购物资事宜均委托中央信托局购料处办理。当时中信局的采购处、所分布于国内外各埠，而以香港为枢纽，因其“系自由港口，各项外货输

---

① 《中国植物油料厂》，广东省档案馆藏，62—1—1。

② 中国通商银行广告，《香港华字日报》1901 年 4 月 12 日。

③ 《香港金融》，陈大同、陈文元编：《百年商业》，香港光明文化事业公司，1941 年，原书无页码。

④ 戴鞍钢、黄苇主编：《中国地方志经济资料汇编》，汉语大词典出版社，1999 年，第 1115 页。

⑤ 中国第二历史档案馆编：《中华民国史档案资料汇编》，第 5 辑第 2 编财政经济（3），江苏古籍出版社，1997 年，第 307 页。

⑥ 吴景平等著：《抗战时期的上海经济》，上海人民出版社，2001 年，第 209 页。

⑦ 重庆市档案馆等编：《四联总处史料》（中册），档案出版社，1993 年，第 113 页。

入，均堪便利，现货供给较内地充足而齐备，即向国外订货，亦以商行林立，洽商方便，是以各机关托公案件多于此集中办理”①。

据经济部工矿调整处驻香港通讯处负责人于1939年1月16日自香港致总处函称，该处由国外直接运往越南海防的材料一共已运10批（截至此函止），各批原提货单及材料清单、保险单等件，均由香港中信局直接寄往海防分局转交。另该处还托西南运输处驻香港机构办理海防至昆明段之运料事宜。②又如重庆陪都建设计划委员会但凡购买仪器设备，多向香港中央信托局购料处办理，据双方往来函件统计，仅1941年3～11月间，即共计42件，涉及仪器、绘图材料、书籍、测量仪器、车辆、现货等。③

2. 外贸业

该业的经营以抗战前期尤值一提，如战时桐油经国民政府部定为国营，复兴商业公司与美国纽约世界贸易公司签订了《购售桐油合同》。因“桐油运美关系偿还借款，对于国际信誉至为重要”，国民政府为履行美国借款合约，收购、储运桐油，由内地分途源源输往香港，以复兴商业公司香港分公司为“转运枢纽”。虽受日本严密封锁，外销量仍逐年上升，如1939年合计由香港运往美国为1.8万余吨，次年达2.2万余吨，1941年则增至3万吨左右，④提前偿清了桐油借款。1940年4月，中国茶叶公司改隶贸委会后，所有外销茶叶之收购易货外销等业务，均由其负责办理。6月，富华贸易公司接办贸委会桐油、茶叶以外出口物资的购销业务。⑤

中国植物油料公司以香港机构为据点，开展桐油的国外贸易。数年间，营业额达1.24亿元，其中外销占70%。直至香港沦陷后，该公司的国际贸易业务才完全中止。⑥战后，香港厂业务更加发展，主要出品植物油，每年营业额都占全国同业之首位。⑦

3. 航运业

该业主要有轮船招商局和西南运输处驻港机构，前者自清末至民国始终从事轮船运输，后者是抗战前期中国政府所属最大的国际运输机构，在香港及国内外各地均设有分处，形成铁路、公路、水路的综合运输网。香港分处自1938年2月开始办理进出口物资运输，由于铁路费用低，时间快，故该处物资主要经铁路装运。同年5月，又“奉命对于各机关在（香）港起卸之货物运输全权负责办理”，并设“关于铁路主持之机构，专一

---

① 中国第二历史档案馆编：《中华民国史档案资料汇编》，第5辑第2编财政经济（4），江苏古籍出版社，1997年，第256页。

② 《经济部工矿调查处内部来往函件（1939）》，重庆市档案馆藏，0020—2—1。

③ 《陪都建设计划委员会函稿（1941年）》，重庆市档案馆藏，0075—1—78。

④ 《复兴商业公司香港分公司呈董事长报告（1942.2.5）》，中国第二历史档案馆藏，309—942。

⑤ 《本会所属各公司历年营业概况及盈亏概况表（1943）》，中国第二历史档案馆藏，309—2—120。

⑥ 袁剑秋：《中国植物油料厂股份有限公司研究》，《中国经济史研究》1996年第4期，第34—39页。

⑦ 《华资各厂产品介绍》，《香港商业录》第45页，《香港商业年鉴》，香港新闻社，1949年。

筹运”[①]。在进口方面，自1938年1月至10月间，香港分处港、粤、汉线共计运入各类物资10.6万余吨，月均达万余吨；而出口方面，同期香港分处由香港运至欧美的矿产近1.3万吨，月均1次，都是钨砂、锑、锡等换汇矿产品。[②]广州、武汉失守后，贯通华南沿海与内陆的港粤国际交通线失去效用，香港分处于翌年2月并入总处。

三、内地官营企业香港分支机构的历史作用

近代官营企业香港分支机构在交通运输、中外贸易、融通资金、国际汇兑、扶助实业乃至支持爱国民主运动等方面作出了不少贡献，为加强海内外华人的经济联系、振兴城乡社会经济起了积极的作用，也为中国的现代化事业遗留了一笔丰厚的物质财富。

（一）在港官营企业经营管理的若干特点

与内地香港华资民营企业的经营管理相比较，在港官营企业具有如下特点：①清末民初企业性质多为官督商办及官商合办，国民政府时期则基本上是中央或地方国营。②中国社会是一个典型的家族社会，家族关系以及与之相关的同乡关系是传统社会的基础，许多民营企业为家族式经营，其基本特点是重视血缘亲缘关系，重要的职位都由此种关系者担任。合伙经营时，合作伙伴亦多由亲友、同学及同乡（地缘）组成，在管理结构中渗透着大量的人事、资本及三缘纽带。而在港官营企业现代化程度较高，没有如此浓厚的家族色彩，其人员一般都经招聘派用。③在港官营企业的数量并不多，但一般规模较大，资本及人员素质更高。如抗战初期，交通银行香港分行共有12人，其中10人具有大专以上学历（3人为留日、美学生），8人曾有在其他银行供职之经历。[③] ④在港华资民营企业数量众多，涉及面相当宽，几乎囊括了民族资本的所有行业，涉及工商百货、对外贸易、交通运输、金融保险、出版印刷、医药、餐旅服务业等各个方面，而官营企业的业务主要集中于金融、外贸、航运等方面。⑤按民营企业发展的地域路向，有香港至内地、内地至香港、国外华侨经香港至内地等多种形式，其经营活动呈双向互动关系，联系面极其广泛。而在港官营企业均为分支机构，皆由内地往香港单向延伸。

（二）香港分支机构在所属企业整体中地位突出

在官营企业中，驻港机构始终占有十分重要的位置，从而发挥特殊的作用。如1897年5月下旬，中国通商银行总行成立前夕，香港方面已收得1310股。1905年时，该行共有4万余股商代表人，其中香港计有7000余股。[④]据1913年《补估招商局各产单》，香港

① 夏兆营：《论抗战时期的西南运输总处》，《抗日战争研究》2003年第3期，第85页。

② 龚学遂：《中国战时交通史》，商务印书馆，1947年，第88页。

③ 《香港交通银行人员简历表（1938）》，中国第二历史档案馆藏，398—3267。

④ 谢俊美编：《中国通商银行》，上海人民出版社，2000年，第543、635页。

分局资产为银22.5万两，在全局20余个分支机构中，仅次于汉口和天津而居第三位。[①] 1948年10月1日，国民政府将国营招商局改组为招商局轮船股份有限公司，设总公司于上海，并将分公司分为三等，其中在香港设立的分公司为一等分公司。26个分公司一般只设经理人，唯宁、汉、津、港及东京分公司设副经理，可见其特别重要。[②]香港招商局于1949年2月在港英政府注册，新中国成立后，仍沿用“招商局轮船股份有限公司”的名称。[③]

抗战前期，不少相关官营企业的总枢实际设于香港，如中国银行和交通银行均曾将总管理处主体部分迁至香港，中央信托局的首脑部门并不在陪都重庆，而是设在英国控制下的香港。中信局在重庆只有少部分人员，全局的业务行政由孔令侃在香港遥控指挥。[④]中国银行香港分行内设有信托部，代客买卖有价证券，开了香港投资内地公债之风气，又代客买卖货物，以利便懋迁。战后该分行管辖范围宽广，包括东南亚、印度等地的中行机构及国内广东、广西两省的网点。1949年5月上海解放后，中行总管理处的一部分及国外部由沪迁港。6月13日，总处自香港发出函件，规定广州分行与海外各分行的业务联系均须由香港国外部中转，企图以国外部来控制广州分行和海外分行。[⑤]

广西银行香港分行占全行资本总额的一半，如此备受重视之原因，在于广西为贸易入超之省，每年须运出现金以抵补入超之数，使省内汇水常生起落之突变，于社会经济不利。而港行之设，其目的在于以汇兑调剂金融之偏枯，故营业要点，放在汇兑与跟单押汇。香港分行内还设有信托部，代客买卖有价证券，开香港投资内地公债之风气；又代客买卖货物，以利便懋迁。[⑥]

40年代末，由于航运和外汇管制等因素，内地桐油输出大都经广州至香港转运出口，中国植物油料厂于1948上半年将业务中心移往香港。[⑦]翌年底，该厂总办事处迁至香港（翌年又迁往台北）。

（三）香港分支机构的积极作用

1. 利用香港市场，御外侮，挽利权，分洋利

香港分支机构在港吸收大量华商资金，甚至开办对海外华侨的资金汇兑业务，抵制了洋商的垄断。如轮船招商局创立之初，因无华资保险公司，故船险悉委之洋商，深受盘剥。因此公司股东先后集股创办保险招商局和仁和水险公司，并在内地及香港设立分局。由于中国人自办船舶保险和货物运输保险，受到民族工商业的欢迎和支持，业务不

① 汪熙、陈绛编：《轮船招商局》，上海人民出版社，2002年，第1192—1193页。

② 张后铨主编：《招商局史（近代部分）》，人民交通出版社，1988年，第561页。

③ 梁炳华：《香港中西区风物志》，香港中西区临时区议会，1998年，第219页。

④ 寿充一编：《孔祥熙其人其事》，中国文史出版社，1987年，第109页。

⑤ 《中行总处函件（1949.6.13）》，广东省档案馆藏，43—1—1308，第39页。

⑥ 《香港金融》，陈大同、陈文元编《百年商业》，香港光明文化事业公司，1941年，原书无页码。

⑦ 上海社会科学院经济研究所等编著：《上海对外贸易（1840—1949）》（下册），上海社会科学院出版社，1989年，第273页。

断增加，既同外商保险公司竞争，也分担了风险。

国外汇兑便利国际贸易，调剂中外金融，关系綦重。民初以后中国银行家亦渐注重及此，而以香港、上海两埠营业最为发达，竟遭洋商银行之忌，横加阻挠。1924 年 6 月，香港华商银行（银行名）因积亏英商麦加利银行和日商横滨正金银行巨款而闭歇，香港外商银行公会和 11 家主要外国银行遂借机发难，通过新章，欲取缔办理外汇之华商各银行，遭到华商联合一致强烈抗议，双方函件纷驰，僵持累月而无解决办法。香港华资银行拒不接受洋商苛例，由于它们大都在上海有联行，是以谊属一体。7 月初，香港中国银行经理贝祖诒致电请上海银行公会取得支持，回电贝氏并请转香港华商银行公会，表示“愿为后盾，务望坚持到底，并乞随时电示”。香港中国银行（这是中国银行经营外汇业务之主要分行之一，当时也是香港华商银行公会领袖）还顶住了香港洋商银行分化利诱、各个击破的阴谋。①

由于香港商业旺盛，华侨汇款额巨大，国际转口贸易占有极为重要的地位，故华资银行业务首推国际汇兑。如中国银行香港分行率先锐意从事国外汇款业务，至 1928 年时，与上海分行“声气益通，遂获与洋商银行分庭抗礼焉”②。

抗战前期，中国国民政府实行外贸管制，特别是贸委会所属的几家机构，几乎垄断了主要出口产品的收购和运销。他们在出口口岸自行开盘和开价，最初曾一度使外商操纵出口产品价格的局面有所改变。③曾在香港担任富华贸易公司协理、著名的茶叶专家吴觉农评价道：“茶叶自统销政策执行以后，第一步就是由上海迁至香港，这不但在业务的执行上对苏能够直接易货，对英美能够直接交易，而且把过去洋行买办制度垄断之下的一切陋规……一概取缔，使茶商不合理的负担，统予减除，这样在中央、地方与茶商各方面通力合作之下，三年以来，已经替中国茶业开辟了一条独立自主发展的康庄大道。”④连当时日本侵略者亦承认：“中国土产出口，原属国际资本主义之地盘，掌握于……外商之手。是故对外贸易国营化，不仅为贸易形态之变更，且含消灭国际资本主义之势力及排除国家经济中殖民地性质之意义。换言之，并非简单的贸易政策之问题，而是与社会基础的构造有关系之问题。”⑤

2. 有力地支持了抗日战争

在香港真正有影响，起作用大的还是战时国民政府所属的国有企业。抗战前期，国民政府各有关部门在香港设立网点，如财政部贸委会驻香港机构、四联总处香港分处、香港中国银行团、中美英汇兑基金平衡委员会香港办事处、广东省战时贸易管理处香港办事处等，这些机构发挥了极大的作用。国民政府在港企业是国统区大后方与西方保持经贸联系的最重要据点，调剂金融，沟通对外贸易，对于粉碎敌人的经济封锁，支援持

① 中国人民银行上海市分行金融研究所编：《上海商业储蓄银行史料》，上海人民出版社，1990 年，第 220、227 页。

② 《香港金融》，陈大同、陈文元编：《百年商业》，香港光明文化事业公司，1941 年，原书无页码。

③ 王相钦、吴太昌主编：《中国近代商业史论》，中国财政经济出版社，1999 年，第 612 页。

④ 吴觉农：《茶叶统制与湘茶前途》，《湖南农业》第 1 卷第 2—3 期合刊，1941 年 8 月，第 16 页。

⑤ 《香港分公司译呈敌人对我抗战贸易设施之调查报告（1941. 5）》，中国第二历史档案馆藏，309—1047。

久抗战，作出了突出的贡献。

金融业方面，国民政府所属金融机构四行二局通过设在香港的分支行处，经营管理外汇，在一定程度上阻止了资金的外流，增强了外汇储备，有利于汇率的稳定，保证军政机关的外汇供给；印制及转运法币钞券，解决了战时所需法币钞券供应不足的困难，保证了军需供应；采购急需物资、对外易货，粉碎了敌人破坏抗战金融之阴谋，稳定了经济局势。孔令侃还在香港创办《财政评论》杂志，组织香港银行业联谊会，并私设秘密电台，与渝、沪方面联络，通报关于财经、与敌私谈和平以及日伪情报等信息。①

外贸业方面，在战时收购和运输都极为困难的情况下，国民政府为维持债信，出口大量农矿产品，作出了巨大的努力。初期农产品中之茶叶、桐油、猪鬃、生丝及一部分皮张等产品均在香港或仰光交货，矿产品也大多在香港、仰光等地出口。②往昔茶叶、桐油、猪鬃等农产品运到香港以后，都由外商转销各国，不分敌我，甚至大量流失到日本。三大国营贸易公司在港机构统制农矿产品的出口业务，有目的地向友邦出口，既有效地遏制了重要物资资敌状况，又为中国政府赚取了宝贵的外汇，得以购进急需的军事战略物资。

航运业方面，西南运输处既是抗战初期国内战场急需外援物资的主要承运者和供给者，又是中国重要战略矿产品和农牧产品的主要输出者。日军攻占广州地区后，运输大动脉广九铁路中断，中国向英美等国订购运抵香港的各种物品，在货仓里堆积如山。中央政府“电饬留港办理人员，迅将还存于港中之各种物品，转道输运返国。各专员奉命后，即开始规划，审查品物之先后急需，设法次第转运”③。其中西南运输处香港分处等所起之重要作用自不待言。

在港官营企业为抗战付出了重大牺牲。香港沦陷后，官营企业的机构或被迫撤离，或被敌人没收和查封，损失殆尽。1942 年 4 月 11 日，日本总督宣布将在香港的英、美、荷、比等国 13 家银行和国民政府中央所属的 4 家银行作为“敌产”而没收。④同年 6 月，占领当局财务部又勒令广东省银行、中国国货银行等停业，清算一切账目。⑤国民政府贸易委员会设在香港的 3 个分公司仓库均被查封，⑥中国植物油料公司香港分厂业务停顿。招商局香港分局的码头仓栈和其他分局一样，只剩下一堆堆残骸。⑦

3. 对外经济开放与联络的窗口

中国银行很早就在香港建立了分支机构，抗战结束后，继续扩展海外业务。如香港分行被划作海外行，管辖东南亚、印度等地的中行机构。总管理处核准在泰国曼谷设立经理处，归香港分行管辖，并派香港分行副经理张镜辉兼任该处经理，曼谷经理处经筹

① 寿充一编：《孔祥熙其人其事》，中国文史出版社，1987 年，第 89—90、241 页。

② 李琴芳选辑：《抗战期间中国政府对苏易货偿债相关史料》，《民国档案》2006 年第 2 期，第 31 页。

③ 《港闻》，香港《星岛日报》1938 年 11 月 6 日。

④ 《中国经济年鉴》，中国太平洋经济研究社，1948 年，第 133 页。

⑤ 重庆市档案馆等编：《四联总处史料》（中册），档案出版社，1993 年，第 500 页。

⑥ 《贸易公司广东办事处致贸易委员会电（1942. 2. 11）》，中国第二历史档案馆藏，309—545。

⑦ 张后铨主编：《招商局史（近代部分）》，人民交通出版社，1988 年，484 页。

备就绪后，于1947年10月10日正式开业。①

侨汇业往昔多由民间金融组织经营，如专门承揽侨汇的侨批业，即以香港为中心。民国时期，官营金融机构亦注重在香港经营侨汇业。我国侨汇实以广东最多，每年约占侨汇总额的85%。20世纪30年代后期，广东省银行已将经营侨汇列为重要的业务之一，据其联行营业报告称，侨汇汇入区域，以香港最多，潮汕、四邑等地次之。② 1938年，中国邮政储金汇业局香港办事处成立后，即与新加坡华侨银行定约，办理侨汇业务。③战后我国侨汇大部分是从黑市经香港汇回国内，国民政府设法加以防止，在香港的华资银行中，除了国营中央各行局的联行外，只有广东、福建两省银行的分行获财政部许可办理侨汇，④广东省银行香港分行负责转驳美洲、大洋洲各埠的侨汇。

20世纪30年代中期，商业不景气，一般工商业尤感资金缺乏、周转不灵。1937年，广东省银行集中资金刷新业务，各分支行处纷纷提出发展业务的计划，其中香港分行提出：栈单抵押放款、对华侨工商行小额放款、办理国内外汇兑、增设证券部、设法吸收各项存款。同年，广东省银行特举办小工商放款，各分支行处接到通令后，陆续执行。香港分行前来接洽者络绎不绝，此举颇受香港舆论和工商界一致赞赏，认为既扶助了华资企业的发展，又提升了该行的行誉信用。⑤

4. 与时俱进，在民主运动中呈现进步性

首先，鼎力支持民主共和。如1925年6月，杨希闵、刘震寰等军阀在广州发动叛乱时，中央银行发生挤兑。不久又发生廖仲恺被刺案，为平息由此而引发的纸币挤兑风潮，行长宋子文向中国银行香港分行经理贝祖诒商借现金50万元，充作中央银行的兑换资本，⑥从而挽救了危局。以后广东革命政府北伐军费，尤多借该行以为筹措。北伐战争前夕，据贝祖诒关于广东革命政府获得国际国内广泛支持，声誉日隆的报告，中行总裁冯耿光亲往广州考察，认定北伐势必成功，遂派张嘉璈在上海设副总裁驻沪办事处，统筹负责该行与南方的联系。张暗中向广东政府提供了多次贷款，从经济上资助了北伐战争。⑦

其次，与中共建立密切联系。新中国成立前后，中共香港党组织全力加强财经统战工作，积极策动国民政府在香港经济部门的起义。1949年1月9日至1950年1月18日，滞留在香港的原官营中国、中国农民、广东省、广西省、福建省银行，中央信托局、邮政储金汇业局、轮船招商局、中国植物油料厂等25家机构全部起义。⑧如招商局总经理胡时渊在1948年10月出差到香港时，即与中共地下党员组织发生联系，将本局拟定的疏散

---

① 《中国银行香港分行"港字第三号通函"(1947.10.4)》，重庆市档案馆藏，0287—1—5678。

② 广东省政府秘书处编：《广东年鉴》(1941年版)，第15编《金融》第5章《汇兑》，第54—57页。

③ 陆能杜：《广东旧邮政见闻》，《广东文史资料》第9辑，广东人民出版社，1963年。

④ 香港《华商报》1947年1月27日，第3页。

⑤ 广东省银行：《集中资金发展业务》，广东省档案馆藏，41—3—2413，第46、110—111页。

⑥ 吴景平：《宋子文评传》，福建人民出版社，1992年，第12页。

⑦ 魏明康等主编：《中国近代企业家传略》，上海人民出版社，1989年，第247页。

⑧ 高宏的：《解放战争时期中国共产党在香港的财经工作》，中共中央党史研究室编《中共党史资料》第54辑，中共党史出版社，1995年，第101页。

计划和人事编制、员工总数、经济收支情况等，毫无隐瞒地告诉了中共党员、香港《文汇报》总经理张稚琴，并听其动员在上海解放时坚守岗位，留沪做招商局的护产和反疏散的起义工作。上海解放后，胡时渊留任招商局总经理，于1949年8月选派陈邦达船长秘赴香港，动员香港分局经理汤传篪、副经理陈天骏及职工起义。①当时，招商局船舶云集于香港，多时达到20余艘，出入频繁。经数月的准备工作，次年1月15日，香港招商局员工发表起义宣言，共计有13艘轮船总吨位2.5万余吨、船员及职工539人参加了起义，所保护的财产占招商局全部资产的1/5。②

（四）香港分支机构经营之弊端

1. 官商舞弊，黑幕重重

驻港官办企业在经营腐败、机构臃肿和效率低下等方面，都不同程度地存在着问题。如最初招商局虽系全招商股而官督商办，但权操官方，故积弊极深。1885年李鸿章命人调查招商局在唐廷枢、徐润经理下的情弊，其报告书云："闻南洋各局，香港、广州等又尾大不掉，难以节制。"③1907年初，以广东和港澳华商为主的股东为谋挽救，曾联合上海股东，主张"遵照商律禀请商部注册立案，永归商办，以维商业而保血本"。1909年8月，招商局董事会成立，由于官力之压制过严（清政府坚持官督商办），毫无成效。据报沪商曾建议，如当局留难，拟赴香港注册。④到1911年8月，邮传部对招商局进行了改良，允许其在农工商部注册，并颁发《商办轮船招商局股份有限公司章程》，承认招商局为"完全商股"，"悉按商律股份有限公司办理"，给了董事会某些权力，但商办隶部仍未摆脱官督商办的窠臼。民国初年，轮船招商局曾改为商办，但仍带有浓厚的封建官僚衙门习气，居然公开推行世袭制，父子蝉联，兄弟互替。不少分局竟成为少数人"世袭之私业"，香港分局即由卢姓相因承袭。⑤

抗战初期，轮船招商局的管理机构受到巨大的冲击，发生了自创办以来罕见的经济大案，经营管理一片混乱。1938年，该局总经理蔡增基将随迁到香港的4艘海轮出售给英商怡和洋行，索价34万英镑。他令人将卖船收入、营业收入及其他经济收入均存入汇丰、广东等银行，数额颇巨。香港沦陷后，蔡遁居澳门，不仅总局职权无法继续行使，存放于香港的招商局档案、账册、财产契据等全部散失。据蔡氏事后称，他在香港沦陷前提出港币34万元，除少量开支外，余下30万元收藏在寓中，不料突被日军侵入，洗劫一空。招商局在这次案件中损失巨款，为开局以来所罕见，蔡氏在此案发生前后行动诡秘，疑窦甚多。国民政府交通部等有关当局对这一案件的审理，延宕数年之久，而当事

---

① 胡时渊：《我也漫话"末代招商局"》，上海市政协文史资料委员会编《上海文史资料存稿汇编（8）》，上海古籍出版社，2001年，第395—396、402页。

② 朱临庆主编：《招商局海员起义》，人民交通出版社，1995年，第274—275页。

③ 易惠莉、胡政主编：《招商局与近代中国研究》，中国社会科学出版社，2005年，第304页。

④ 汪熙、陈绛编：《轮船招商局》，上海人民出版社，2002年，第840—841、902页。

⑤ 张后铨主编：《招商局史（近代部分）》，人民交通出版社，1988年，第273、342—345页。

人最终竟未受到任何的惩处。[①]

中国通商银行的股东大多是封建官僚，各分行负责人由盛宣怀委派，官气十足，业务混乱，香港分行经营亦效果不佳。1905年6月19日，通商银行上海总董会议认为：数年来总行对香港分行实赔二三万银两，“且香港市面不佳，诚恐利少害多”，以“收歇为是”。其实香港分行自设立以来，盈余并不少，但除支销之外，解交总行者寥寥，甚至还要总行赔垫息银。因此，盛宣怀于9月8日致函众董事，同意将香港分行与亏款的天津、镇江等分行停撤，“俟三数年后元气渐复，再议扩充”[②]。

又如抗战时期孔令侃在香港主持中央信托局的工作，钻营发财之机，将亲信人员先后调港，利用自由港的有利条件，大量进行私人进口买卖，赚取外汇。[③]

2. 经营呆板，缺乏效益

此乃近代官营企业之通病，由于种种因素的限制，它们在香港及国外的经营一般不像民营企业那样灵敏和活跃。如抗战以前，广东省银行香港分行所营业务，只注重广州总行、汕头分行及各地分支行之间的消息沟通、汇款的收解等，而对外业务甚少发展，以致每年营业收益竟不敷开支。[④]

（作者：张晓辉，暨南大学历史系教授）

① 张后铨主编：《招商局史（近代部分）》，人民交通出版社，1988年，第498页。

② 谢俊美编：《中国通商银行》，上海人民出版社，2000年，第333、346、391页。

③ 寿充一编：《孔祥熙其人其事》，中国文史出版社，1987年，第240—241页。

④《广东省银行廿五年份营业报告（二）》，《银行周报》第21卷第24号，1937年6月22日，第15页。

18 世纪瑞典的中国趣味与中国宫的建造

江滢河

【提　要】18 世纪欧洲各国流行的中国趣味表现在社会生活和文化时尚的各个方面。1753 年，瑞典国王阿道夫·弗里德里克在瑞典首都斯德哥尔摩郊区的王家花园中建造了世界闻名的中国宫，作为送给王后露维莎·尤里卡的生日礼物。中国宫的建造过程、开幕仪式、建筑风格、室内装饰等各方面，体现出 18 世纪欧洲中国趣味的旨趣和特点，正是中国趣味时尚的最佳表现。这座中国宫一直保存至今，成为 18 世纪瑞典“中国趣味”的重要标本，欧洲中国式造园艺术的杰出代表，更是中瑞文化交流史的重要史迹。

【关键词】瑞典中国宫　中国趣味

18 世纪欧洲出现了被称为“中国趣味”（Chinoiserie）的社会风尚，瑞典首都斯德哥尔摩近郊王后岛上王家宫苑中的“中国宫”（Chinese Pavilion），便是 18 世纪中期瑞典社会“中国趣味”的典型代表。这座“中国宫”初建于 1753 年，后于 1763 年重建，是瑞典国王阿道夫·弗里德里克（Adolf Frederik）送给王后露维莎·尤里卡（Lovisa Ulrika）的生日礼物。其建造过程、开幕仪式、建筑风格、室内装饰等各方面，以及在中国宫的时光所蕴涵的快乐和轻松，体现出 18 世纪欧洲中国趣味的旨趣和特点，“至今仍是 18 世纪中期建造的，欧洲最漂亮、保持最好的中国趣味的样本”①，成为清代中瑞文化交流的重要史迹，也是 18 世纪欧洲中国式造园手段的典范之作。

瑞典主要通过商业渠道获得中国产品，促进了本国“中国趣味”的产生，在中国宫的建造过程中，“广货”和“华式”是两个重要的特色，广州作为当时中西交通的重要口岸，使这一时期瑞典所见的中国文化带着鲜明的岭南特色。

一、瑞典中国宫建造的时代

从 17 世纪中叶起，中国的瓷器、漆器、丝织物、家具、屏风、壁纸、扇子等，越来

① Osvald Siren, *China and gardens of Europe of the Eighteenth Century*, Dumbarton Oaks Research Library and Collection, Washington D. C. , 1990, p. 171.

越多地被欧洲各国商船运到欧洲。这些物品质量精湛、设计别致，“以淡色的瓷器，色彩飘逸的闪光丝绸的美化的表现形式，在温文尔雅的十八世纪欧洲社会之前，揭露了一个他们早已在乐观地梦寐以求的幸福生活的前景。……闪现于江西瓷器的绚烂彩色、福建丝绸的雾绡轻裾背后的南部中国的柔和多变的文化，激发了欧洲社会的喜爱和向慕”，[①] 促使 18 世纪欧洲社会生活中出现对中国事物的热爱，这种时尚体现在室内装饰、家具、陶器、纺织品、园林设计等诸多方面，表现出“奇异的欧洲化理解”的中国风格，[②] 被学者们称为“中国趣味”。这种时尚从法国开始，很快蔓延到其他欧洲各国。中国物品的造型样式、颜色、装饰图案和设计原理令欧洲耳目一新，其中蕴涵的新观念和新形象影响了欧洲人的艺术追求，这种艺术追求促使艺术上洛可可风格的形成。虽然学者们认为洛可可风格的出现取决于欧洲艺术本身发展的规律和特定的历史背景，但中国艺术的影响毫无疑问也是其重要因素之一。

18 世纪初以来的欧洲各国宫廷和贵族阶层深受法国影响，对中国物品和艺术风格趋之若鹜。但在建筑艺术方面，德国宫廷和贵族们走到法国之前，德国学者利奇温指出：“在建筑艺术方面，发展的情况就颇有不同。法国的建筑即使在罗柯柯最昌盛的时代，仍保持其建筑形式上的庄严和刻板。虽然有丰富的装潢，亦不能减削其行列之齐整。罗柯柯虽然被称为法国的特式，但在此点上，最初的成功出现在德国。”[③] 18 世纪中叶，德国王公贵族以及天主教大主教们兴起了一股建造中国式建筑的风气，在自己的宫廷苑囿中建造具有中国特色的亭榭和屋宇，实际上混合了中西不同的元素和风格。德国洛可可时代“最动人的建筑之一”，便是易北河畔按照中国建筑模式建造起来的彼尔尼兹宫（Pillnitz），该宫使用中国式屋顶，主体建筑旁边有扁平狭长的凉亭，体现出中国离宫别苑的特色，其门廊和上楣柱上绘制着中国人物。[④] 与彼尔尼兹宫（Pillnitz）最相称的建筑是建于 1715—1717 年的德累斯顿的“日本宫”，原名“荷兰宫”，根据荷兰人的建筑思想建造，很多中国因素是荷兰传来的，建筑虽被命名为日本宫，但使用了中国式拱形屋顶，极佳地体现出中国趣味。1754 年波茨坦附近山苏栖（Sans-Souci）花园中建造了“日本亭”，被认为是仿造中国凉亭最成功的例子。[⑤] 1773 年腓特烈大王在波茨坦附近的柏尔维第尔（Belvedere）建造了一间“龙舍”（Dragon Cottage），也是仿照中国塔而建造的。波茨坦附近的斯滕（Stern）还有 1714 年建造的猎亭，其檐牙伸出外面一米长，檐下有木衬托边缘，被远东建筑界称为飞檐，这是仿效中国的另一种形式，显然是把中国木制建筑

① ［德］利奇温著、朱杰勤译：《十八世纪中国与欧洲文化的接触》，商务印书馆，1991 年，第 21 页。

② 张国刚、吴莉伟：《启蒙时代欧洲的中国观》，上海古籍出版社，2006 年，第 352 页。

③ ［德］利奇温著、朱杰勤译：《十八世纪中国与欧洲文化的接触》，商务印书馆，1991 年，第 47 页。

④ ［德］利奇温著、朱杰勤译：《十八世纪中国与欧洲文化的接触》，商务印书馆，1991 年，第 50 页。

⑤ ［德］利奇温著、朱杰勤译：《十八世纪中国与欧洲文化的接触》，商务印书馆，1991 年，第 53 页。

的形式应用到欧洲石料建筑上。[①] 喜欢乘坐中国轿子四处巡视的科隆大主教克勒芒斯·奥古斯都（Clemens August）在布吕尔城堡建造了“中国房”，中国房两边各有一个亭子，宝塔形的屋顶上挂着风铃。此外，德国的慕尼黑、勃兰登堡等地也有仿照中国式样的建筑，这些建筑物里还装饰和陈列着大量中国美术品和器物，是宫廷和贵族们生活时尚的重要内容，“任何行乐园囿如无中国亭榭，就不敢以时髦自居”[②]。

瑞典王室与德国有着密切的联系，1751 年，阿道夫·弗里德里克登上瑞典王位，王后露维莎·尤里卡就来自普鲁士。这位王后一直与祖国保持密切联系，对德国各地建造的中国式建筑和中国物品非常熟悉，虽然现在并没有资料显示她嫁到瑞典后曾明确表示想拥有一座中国式建筑，但应该或多或少地流露出对家乡美好事物的留恋。这位王后热心文化学术，对中国文化艺术也有着浓厚兴趣，与法国文化界也保持着密切的联系，其中包括著名学者伏尔泰。

18 世纪 30 年代之后，随着瑞典东印度公司的成立，中国物品和文化通过贸易渠道可以直接进入瑞典社会，开始越来越深刻地影响瑞典的社会生活。在这样的时代中，阿道夫·弗里德里克国王为了给自己妻子一个惊喜，开始精心策划建造中国宫的秘密计划，作为王后 33 岁的生日礼物。

二、异国情调的开幕礼

1753 年 7 月 24 日，瑞典国王在首都斯德哥尔摩郊外皇后岛上的王家花园德诺丁尔摩（Drottingholm）为王后举行生日庆典，并把一座秘密建造的中国宫作为生日礼物送给她。中国宫如何在王后面前亮相，才能营造出新奇和快乐的异域氛围呢？真是让国王煞费苦心。他根据当时欧洲的社会时尚，按照当时流行的中国式样，精心策划了极具异国情调的中国式盛大开幕仪式。瑞典中国宫别出心裁的首次亮相方式，也为 18 世纪欧洲的中国趣味添上令人回味的一笔。

早在 17 世纪末，在崇尚中国趣味的法国国王路易十四带领下，法国王室贵族们开始流行着中国服装。路易十四本人曾经在 1667 年的某祭典中化妆成中国人。1670 年凡尔赛宫建成之后，法国王室经常在这里举办东方情调的化妆舞会，参加者身着中国式刺绣服装，王家乐队用笙、笛、锣等中国乐器演奏音乐。1699 年，法国勃艮第公爵夫人特召当时从中国返回法国的耶稣会士李明，身穿中国服装参加舞会。路易十四时代，王公贵族们身着中国服装出席盛典来体现自己的卓尔不凡。当时，法国宫廷无论出点什么新花样，都会很快风靡欧洲所有宫廷。进入 18 世纪，中国式化装舞会很快在欧洲其他国家流行起来，轻歌剧和喜剧中也经常出现中国人物和情节，最早的例子是 1692 年“意大利喜剧班”的一次御前演出，剧目为五幕喜剧《中国人》，剧中丑角以“中国医生”的身份出

① ［德］利奇温著、朱杰勤译：《十八世纪中国与欧洲文化的接触》，商务印书馆，1991 年，第 52—53 页。

② ［德］利奇温著、朱杰勤译：《十八世纪中国与欧洲文化的接触》，商务印书馆，1991 年，第 53 页。

现。1723 年，内斯托（Nestier）剧团演出喜剧题材的两幕中国剧《小丑、水狗、医生与塔》，以北京皇宫为背景，还出现中国皇帝夹杂中法文的滑稽对白。该剧团 1729 年又演出《中国公主》，布景是北京，但剧中角色包括亚洲各地的人物。“中国元素”在喜剧舞台上大显身手，巴黎不仅有中国舞场，还有专门的中国娱乐剧院。

当时的瑞典王室是法国宫廷文化的追随者。瑞典中国宫的开幕式便以“中国服饰”、“中国人物”和“中国情节”为主要手段，创造出浓浓的异国情调。开幕式从凌晨一直持续到夜晚，热闹场面新奇迷人，使中国宫真正成为“一方乐土”。当时年仅 18 岁的军官学校学生阿德勒菲特（P. M. Adlerfelt）参加了中国宫的开幕式，他在回忆录里留下了 1753 年 7 月 24 日的难忘经历，给我们留下了亲历者的珍贵记载，是生动而快乐的写照，弥足珍贵：

> 所有军官学校学生，与教官、仆人、乐队，都得到命令在生日前两星期前往皇后岛，所有人都在靠近果园的一小块空地上扎营，允许我们在这里尽可能多地吃水果……每天，巴农·杜沃尔（Baron Duwall）中尉都来教我们和教官按照中国方式操练，非常可笑。最后，伟大的时刻终于来了，凌晨 2 点我们就起床了，3 点半做好一切准备，然后吃早餐，丰盛得如正餐一样，我们得到通知必须尽量多吃，因为要到正餐时间才会再吃到东西。然后我们和乐队、雄伟的大炮一起行军，每一组炮车上都携带了八个炮弹，我们行军到花园，停在中央大马路上等待。
>
> 从早上 5 点开始，军官学校的年轻学生就在国王面前练习了三个小时，这一次是瑞典式操练，他们穿着制服。他们刚刚发了印有国王姓名字母的漂亮帽子。
>
> 这一整天，我们必须穿这样的制服，站在那里，直到 11 点钟，受到严格监视，不准随便移动，在这漫长的等待中，我们吃完了所有藏在口袋里的东西。
>
> 直到下午 3 点才行进到中国宫这里。
>
> 在这里我们又遇到了杜沃尔中尉，我们 24 名军官学生和教官进行了最后一次中国式操练。卡尼佛（Canifer）上尉与我们的教官早在三天以前就已经从皇家禁卫骑兵团的杜沃尔中尉那里拿到了命令，要用心学会每一个单词。等这些结束，我们全部换上了中国式服装，之后优提尼（Eutini）与十二名宫廷管弦乐队成员一起来到这里，他们也穿着中国式服装，我们一起操练了近一个小时，非常滑稽……
>
> 5 点钟，古斯塔夫王储与他的一位老师来了，大约 11 岁（引者注：当时王储应是 7 岁），由四位打扮成中国官员样子的年长一点的仆人陪同，王储打扮得像最高贵的中国王子或者官员。之后，一些年幼的童仆来了，他们也穿着中国式服装，扮成中国式随从和男仆，只有指挥官自己穿着正常的衣服。他们很快就进了主亭，从那里进入小的亭子，然后在回到主亭，在那里等着国王的到来。
>
> 6 点，国王和王后在很多随从伴随下到达了，所有人都在封闭的马车里。我们与乐队一起站在中国宫的外面。我们身旁放着两门炮，一看到王室马车出现，年长一点的军官学生就会通过火炮发出信号。国王等立刻停下来，下了马车往前走，等他们靠近中国乐队的时候，我们就用中国方式敬礼。王储从中国宫里面出来，后面跟着所有随从，他们抬着一个天鹅绒的软垫子，垫子镶着宽宽的金边，有着很大的流苏，上面放着三把金钥匙。王后刚到达门口，王储立刻过去把钥匙献给她，同时用中文说了一些也许他自己都不明白的话。刚开始王后居然没有认出自己的儿子，但

是仍然吻了他，接受了钥匙，王储和随从们跟随着王后进了中国宫。当王后浏览了所有房间后，她去到小亭子里，然后请求国王解散我们，让我们自由活动，国王立刻解散我们。但是我们中有两位必须在主要宫殿前站岗，国王允许我们可以在周围走动，但不要走得太远，否则他们会听不到那个打扮很好的乐手吹出的喇叭声。在王后参观并对所有事情表示赞叹后，她向国王表示了谢意，所有人都进入了主要宫殿宽敞的大厅里，那里提供咖啡和其他点心饮料给这些已经筋疲力尽的人及其随员。他们待到7点钟离开，非常喜欢这里的一切……①

王后在经历了梦幻般的仪式后，激动不已，在7月27日写给母亲的信中仍然可以看出她的快乐和惊喜：

我吃惊地突然看到一个真正的神话世界……。一个近卫兵穿着中国服装，陛下的两位侍从武官则扮成清朝武官的样子。近卫兵表演中国兵操。我的长子穿得像个中国王子一样在亭子的入口处恭候，随侍的王室侍从则扮成中国文官的模样。②

在我们浏览完所有这些美妙的东西之后，国王安排了一场中国的芭蕾表演，在土耳其（janitschar）音乐的伴奏下表演。晚餐时分，整个建筑都灯火通明，后来我们依依不舍地离开了这个地方。③

尽管所有这些都是按照瑞典人的想象来进行，但他们认真的中国式军队操练、乐队表演和芭蕾舞演出，以及王子和随从的中国式装扮，一招一式中所蕴涵的意味，已经远远超出动作和服饰本身，其间所反映出的新意，使仪式每个环节都体现着欧洲时尚的中国趣味。中国成为“折射这个时代的快乐气氛和对快乐之追求的一滴水珠，因为它遥远而在传说中是一方乐土”④。对于王后和其他王室成员来讲，长期生活在等级森严的宫廷中，宫廷的繁文缛节构成的是拘谨而乏味的生活，能够有机会在这样快乐而新奇的气氛中休息放松，真是十分美好惬意的事情。对于王后来讲，中国宫正是这样一个地方，中国宫所包含的快乐和异国情调，也正表现出18世纪洛可可艺术所代表的那种轻盈、快乐的氛围，是对巴洛克时代的庄严和拘谨氛围的反叛。

三、中西混合的建筑风格

瑞典国王阿道夫·弗里德里克很早便开始筹划这座梦幻般的中国宫。首先他就派人前往德国寻求与建筑有关的资料，一封1753年5月4日奥洛夫·塞尔苏斯（Olof Celsius）写给德国东部卡塞尔王家管家和图书馆馆长约翰·阿肯霍兹（Johan Arckenholtz）的信中说国王最近任命了卡尔·科隆斯泰（Carl Cronstedt）为首席监督官，计划在乌瑞克斯塔尔

① Ake Setterwall, Stig Fogelmarck, Bo Gyllensvard, *The Chinese Pavilion at Drottningholm*, Allhems Forlag Malmo, pp. 23 – 24.

② 转引自张国刚、吴莉伟：《启蒙时代欧洲的中国观》，第358页。

③ Ake Setterwall, Stig Fogelmarck, Bo Gyllensvard, *The Chinese Pavilion at Drottningholm*, Allhems Forlag Malmo, p. 44.

④ 张国刚、吴莉伟：《启蒙时代欧洲的中国观》，第398页。

(Ulriksdal) 建造一个“中国式样的房子”以取悦王后，因此卡尔·科隆斯泰希望能够获得卡塞尔中国房子的设计图。[①] 瑞典国家博物馆的档案里现在还保留同一个建筑物的两幅建筑图纸，虽然我们不清楚这是否是卡塞尔中国房子的设计图，但从图纸上丰富的中国趣味装饰风格看，则属于德国建筑。尽管中国宫最后并没有建造在乌瑞克斯塔尔，但仍表明卡尔·科隆斯泰曾收集过德国的建筑图纸，作为在瑞典建造中国式建筑的样本。[②]

现在留存着最初中国宫的两个图纸。第一个图纸并没有实施，但它体现出中国宫最早的设计类型和风格。这个图纸表明建筑最初是简单木制结构，建筑中央是一个门厅，门厅每一边有一个稍大的房间，通往两个小的陈列室。内部装饰使用了诸如雕刻的塔式屋顶、雕刻着棕榈树和龙头的墙角等中国趣味的物品，色调是红色仿格子式样等。第二份图纸才是真正付诸建造的中国宫，建筑也是木制的，只有一个大房间和四个陈列室，后来加上了两个小亭子，每个亭子里有一间房。[③] 彩色图纸显示建筑比较低矮，中间部分是矩形，两边蹲伏着两个横向的建筑，整体设计呈扁平的 H 状。两个图纸的不同之处主要在于建筑物的长度和中间部分，还包括一些装饰细节。根据图纸可知中国宫墙壁上计划要“覆盖红色的编织物”，周围环境是淡绿色的，角落里有涂成绿色和银色的棕榈树干，屋顶“覆盖黄色的帆布，用蓝色装饰物和大流苏装饰着彩带”，这样可以产生一种明暗波动起伏的效果，宫殿末端的球状物和彩旗也可强化华丽的装饰效果，中央部分放着竖有一只鸟的大香炉。[④]

在国王的直接推动下，由卡尔·科隆斯泰设计监制的第一座中国宫最终于 1753 年 7 月在斯德哥尔摩秘密建造完成，用船运到皇后岛后树立起来。瑞典王家档案收藏了一份简短的描述，这是现在能够找到的关于最初中国宫内外情形的最好记录，全录如下：

> 在凉亭对面的花园左边，栏杆中有一道门，修建了一条大约 200 码长的新道路。从这道门穿过树林，通向一个地方，这里建造了一所包括一间大厅和四个房间的建筑，两个亭子，每个亭子里有一间房。房子是木制的，房子外部低层镶板是灰色的，上部是红色格子状的东西。房子转角都有着装饰物，与房子一样高的地方是涂成灰色和银色的棕榈树。锡制屋顶上覆盖着黄色帐篷，以环连接，上面镶着穗子等装饰物。另外两个亭子不一样，主楼大厅墙壁是银色的，椅子是其他颜色，在一道门前面有一个非常漂亮的漆器屏风，屏风两边摆着两个巨大花瓶，里面放着橘子树。右边第一间房装饰着黄色平纹皱丝织品，椅子覆盖物和窗帘都是同样的织物。第二间房是卧室，墙壁上贴着白色平纹皱丝织品，床像一个有靠背的长椅，也覆盖着白色丝织品。床上的帷帐装饰着很多白色羽毛，蚊帐用很大的玫瑰形饰物固定在墙壁上，凳子覆盖着白色丝织品，窗帘是白色丝制薄纱。摆放在各个角落的漆器橱柜上覆盖

① Osvald Siren, *China and gardens of Europe of the Eighteenth Century*, Dumbarton Oaks Research Library and Collection, Washington D. C. , 1990, p. 171.

② Ake Setterwall, Stig Fogelmarck, Bo Gyllensvard, *The Chinese Pavilion at Drottningholm*, Allhems Forlag Malmo, pp. 171 – 172.

③ Ake Setterwall, Stig Fogelmarck, Bo Gyllensvard, *The Chinese Pavilion at Drottningholm*, Allhems Forlag Malmo, pp. 43 – 44.

④ Osvald Siren, *China and gardens of Europe of the Eighteenth Century*, Dumbarton Oaks Research Library and Collection, Washington D. C. , 1990, p. 172.

着一小块布，橱柜上方的墙上悬挂着漂亮的镜子，玻璃上绘制着美丽的花鸟。左边第一间房，墙壁上镶嵌着中国方形漆器板，在这里漆器板中间镶着银色丝花边的黄色带子，漆器板周围也是金银丝花边，在漆器板中间摆放着中国瓷器人物。房间四周摆放着有靠背的长椅，长椅上覆盖着黄色平纹皱丝织品。第二间房跟第一间很相似，不过条饰是绿色的，金银丝花边是金色的。这里有一张长椅，覆盖着白色平纹皱丝织品。旁边两个小亭子装饰着印制好的棉布。天顶是黄色平纹皱丝织的狭长三角旗。主楼通过高高的树篱与旁边的亭子连接起来，树篱形成月牙形，通向院子的入口处，入口处两边都有一个高高的杆子，上面有很多三角形的东西，那些东西上面悬挂着玻璃制的铃，发出响声，屋顶帐篷的每一个穗子上都悬挂着玻璃球，里面有照明用的灯，整个道路都由两边的火炬来照明。①

阿德勒菲特在其回忆录记录了中国宫外部的一些情况，除一些细节之外，基本可以与档案文件互证，极具史料价值：

主体部分和小亭子都建造在一个由草地围起来的院子中央。道路从院子大门一直通到主体和小亭子。在两个面积相同的草地上，都树立着一个正方形底座，分别支撑着一个非常巨大的中国花瓶。院子周围的篱笆都非常高——有 16 英尺高——漆成灰绿色和艳红色。两个 18 英尺的柱子，用同样颜色刷成条纹的图案树立在入口的草地上。它们上面悬挂着 10 个木制的三角形，最大的在最下面，往上逐渐变小。这些三角形也是跟柱子一样漆成同样的图案，上面悬挂着玻璃铃，发出更悦耳和高亢的声音。在主楼和亭子前面树立着四根同样高的柱子，上面悬挂着铃。在整个屋檐的底边周围，也按照中国方式悬挂着很多铃，发出不同的声音。在主楼背后比建筑更宽大的地方，是一个开阔的空间，两旁的杉树形成了一个剧院。约翰·帕奇（Johan Pasch）还为开幕仪式绘制了一个背景，描绘着写实的湖面上天鹅在游弋，背景是悬崖和瀑布的绘画，在开幕仪式上，表演了笛子协奏曲，管弦乐团的成员藏身于杉树后面，观众看不到。②

中国宫的内部装饰也奢华新奇，不仅仅利用了欧洲中国趣味的物品，还使用了很多直接从中国进口的产品，比如家具、作为墙纸的丝绸和纸本绘画作品等。当时在瑞典要找合适的装饰品并不难，瑞典王室从 17 世纪中叶就已经开始收藏来自中国的物品，而 18 世纪 50 年代也正是瑞典东印度公司欣欣向荣的时代，大量不同档次的中国货被运到瑞典供社会各界选择。这些进口的装饰艺术品成为瑞典室内装饰异国情调内容的主要体现，也推动了中国趣味在瑞典的发展。

露维莎·尤里卡王后在 7 月 27 日写给她母亲的信中描绘了当时的情景，她告诉母亲非常喜欢这个令人惊奇的生日礼物，在描绘了过程之后，她说：

如果我对建筑物的外表感到惊奇的话，我对内部装饰也同样感到惊奇。每一样东西都很富丽堂皇，表现出捐赠者的品位。华丽的房间里悬挂着最漂亮的东方织物，

① Ake Setterwall, Stig Fogelmarck, Bo Gyllensvard, *The Chinese Pavilion at Drottningholm*, Allhems Forlag Malmo, pp. 48 – 50.

② Ake Setterwall, Stig Fogelmarck, Bo Gyllensvard, *The Chinese Pavilion at Drottningholm*, Allhems Forlag Malmo, pp. 47 – 48.

四个角落里都摆放巨大的瓷器花瓶。相邻的橱柜里镶嵌着日本漆器，摆着有靠背的长椅，上面覆盖着东方的织物，每一样东西都非常完美。同样的，卧室的床上放着同样质量的东西，墙壁镶嵌板上摆放着最可爱的瓷器、宝塔、花瓶和小鸟。一个古旧的日本漆器抽屉柜，里面已经放好了很多神奇的东西，其中包括在中国织成的织物。在这些亭子里面（两个单独的小亭子中），摆放着桌子，一张上面放着漂亮的德累斯顿瓷器，另一张桌子上放着来自东方的器具。①

尽管有着新奇的建筑面貌和时尚的室内装饰，但由于建筑里面没有取火的地方，因此在寒冷的北欧只能夏天使用，此外，由于建筑是木制的，很快就破损失修。王后希望能有更多休闲度假的地方，1763年国王决定重建一座石制的中国宫，以保存久远。1763年5月在中国宫旧址上举行了奠基，1769年整个建筑群最后完工。新的中国宫由建筑师阿德克朗兹（C. F. Adelcrantz）设计并指挥建造，至今外部依然完好无损，内部则经过了几次装修，改变了一些最初的特点。

第二次修建的中国宫是一个建筑群，包括占主体部分两层大型中心建筑，中心建筑上有高高的阁楼。主体建筑两旁是矮一些的弯曲两臂，只有一层，形成两个矩形的亭子。离两臂不远的地方，每边分别有一个同样类型的亭子，规模更小，与主体建筑构成曲线，呈半圆形，显得连续而有节奏。② 所有建筑按照阿德克朗兹的计划建造，风格一致，但实际建筑过程中，一些细节很明显进行了调整，与设计图纸不一样，比如两层主体建筑与两旁侧翼的比例发生了变化，侧翼比重加大了。中央部分顶楼也比设计图要高一些，屋顶也平坦了一些。弯曲的侧翼屋顶上的栏杆和中央部分的屋脊都没有按照设计图施工；窗户上的浮雕装饰和下层檐口下凸出的龙形托架也与设计图不一样。设计图上的装饰细节明显比实际建筑要更加生动和优美，可能实际工作并不如设计者想象的那么容易，或者是在建筑过程中建筑者发挥了创造性想象。1769年，还修建完成了通向中国宫的大路，在大路两旁分别修建了树立在高台上的两层亭子，分别命名为“信心”和“国王工作室”。东边过去几步是鸟舍和动物园，可以说把18世纪瑞典社会“对自然、野生生命的兴趣全部都体现出来了”③。

18世纪中期，欧洲各国宫廷建造的中国式宫殿，通常都把屋面做成凹曲面，四角翻起，挂上个檐铎。有时在屋脊上塑几条龙，显得更加张扬，但建筑物大体仍旧是欧洲式样。还有一些所谓中国式装饰细节，比如在檐下画彩面，由于西方人对中国建筑所知不多，大多以讹传讹，很难认出它们与中国建筑有关系，但深入研究仍然可以看出这些建筑元素是对中国形式的模仿。④

瑞典中国宫的建造正是如此，设计建造者们希望通过很多中国元素来加强想象的效果，他们充分利用当时欧洲，尤其是德国相关的建筑作为参考对象，从中获得灵感。但

① Ake Setterwall, Stig Fogelmarck, Bo Gyllensvard, *The Chinese Pavilion at Drottningholm*, Allhems Forlag Malmo, p. 44.

② Osvald Siren, *China and gardens of Europe of the Eighteenth Century*, Dumbarton Oaks Research Library and Collection, Washington D. C., 1990, p. 174.

③ Hedvig Brorsson, The influence of the East India trade on Swedish culture and thought, *see The Golden Age of China Trade*, Hong Kong, 1992, p. 118.

④ 陈志华：《中国造园艺术在欧洲的影响》，山东画报出版社，2006年，第124页。

其设计仍然显示出相当的独创性，比如帐篷式悬挂着挂钟的绿色屋顶、龙形托架、角落的棕榈树干等，完全是瑞典设计师的创造。此外，在弯曲的屋顶角上悬挂着钟，角上装饰着龙的雕塑，墙壁上装饰阳伞、中国人肖像和奇特鸟类和植物，以及在一些特别的场合树立画有中国字和龙图案的丝绸旗帜等，这些设计都使整个建筑呈现出中国格调。整个建筑群反映出对轻快而有趣的中国园林建筑的想象，从风格上说是洛可可建筑的产物。

但是中国宫毕竟是欧洲建筑物，在内、外装饰上同样呈现出当时欧洲新古典主义建筑风格。设计师阿德克朗兹深受法国建筑的影响，他很自然地在中国宫里添加一些古典主义曲线来优化建筑面貌。比如，中国宫的轴、前部六边形的门廊，以及后部椭圆形的沙龙等部分从中心建筑物突出来，明显地体现了法国特色。走廊的设计在法国非常流行，中国宫侧翼连着主体部分的绿色和蓝色的弯曲长廊正是这种形式。① 此外，建筑物窗户贝壳装饰上对称的桂树垂花饰是新古典主义风格的体现。②

1775 年，英国人纳森内尔·沃克萨（Nathaniel Wraxall）出版了一本他在北欧旅行的书。他曾经从 1769—1772 年作为大班为英国东印度公司服务，因而对欧洲“华式”建筑以及中国外销商品并不陌生，比欧洲 18 世纪普通的旅行者对此更加内行，他这样描绘和评价了中国宫：

> 在王后的花园里，后来修建了一个规模不大的休闲场所，由几个建筑物组成半圆形，按照我们通常所认为的中国风格排列着；然而，如果不是有一些中国的花瓶和中国官员的塑像展示出这个风格的话，则我们并不知道这个风格是怎样表现的，在我们看来这可以被称为欧洲式建筑，这里最主要的特点是奇怪的想法和任意的做法，整个建筑物都呈现出奇怪的风格。但是，我看到这个偏僻的度假地时却感到非常愉快，也许是因为这里有很多不同的令人好奇的东西，是国内最值得旅行者关注的东西。③

这样的评论十分形象地说明中国宫的设计体现出“建筑师都在尽他们最大的努力把中国元素嫁接到不同的西方风格的典型形式上”④。

中国宫室内装饰主要由雷恩（Jean Eric Rehn）设计，阿德克朗兹进行指导。雷恩主要利用了欧洲出现的中国图案和设计样本，也利用了从中国进口的各种物品，包括家具、墙纸、绘画作品以及大量的瓷器、漆器和其他装饰艺术品。他的装饰设计大量吸取英国著名建筑师钱伯斯（William Chambers）《中国建筑、家具、服饰、机械和用具的设计》一书上的装饰图案和式样。中国宫每一间房间都用两种类型的中国物品装设，一种是创造环境和气氛的装饰物，如墙纸、漆器屏风、家具和玻璃镜等，另一种则是来自中国广州的其他器物，比如瓷器、陶制人像、皂石雕刻、牙雕、角制品、金属器具、丝织物和

---

① Ake Setterwall, Stig Fogelmarck, Bo Gyllensvard, *The Chinese Pavilion at Drottningholm*, Allhems Forlag Malmo, p. 64.

② Ake Setterwall, Stig Fogelmarck, Bo Gyllensvard, *The Chinese Pavilion at Drottningholm*, Allhems Forlag Malmo, p. 64.

③ Ake Setterwall, Stig Fogelmarck, Bo Gyllensvard, *The Chinese Pavilion at Drottningholm*, Allhems Forlag Malmo, p. 39.

④ Osvald Siren, *China and gardens of Europe of the Eighteenth Century*, Dumbarton Oaks Research Library and Collection, Washington D. C., 1990, p. 176.

绘画作品等，这些中国物品的陈列设计独具匠心，混合着欧洲和中国风格，营造了亦幻亦真的中国趣味氛围，常常令瑞典王室和贵族们陶醉。比如中心建筑第二层很多房间里，均使用了中国丝绸悬挂物以及从中国进口的墙纸和绘画作为墙壁装饰。在黄厅的墙壁上，镶嵌着 18 世纪中国漆器屏，其中一幅描绘的是 18 世纪广州河道上停泊欧洲船只的情景，背景是广州的外国商馆，以及周边的中国房屋。另一幅则描绘了中国河面上赛龙舟的情景。中国宫的房间里大多陈列着从中国进口的瓷器陈设，以及各种大小不同的花瓶、玩偶和漆器家具等。一个引人注目的漆器梳妆台，台面上画着中国戏剧的场面，还有一些瑞典风格的椅子上，覆盖着中国的平纹皱丝织物。

1866 年（同治五年），第一次随团出使欧洲的 19 岁青年张德彝，就曾经在瑞典参观过中国宫，在其《航海述奇》中记载了中国宫的面貌，“华式”与“广货”构成中国宫的最大特点，是中国人笔下最早的中国宫实录：

> 忽见中国房一所，恍如归帆故里，急趋视之。正房三间，东西配房各三间，屋内隔扇装修，悉如华式。四壁悬草书楹帖，以及山水、花卉条幅；更有许多中国器皿，如案上置珊瑚顶戴、鱼皮小刀、蓝瓷酒杯等物，询之皆运自广东。房名“吉纳”，即瑞言中华也。[①]

瑞典学者也对中国宫的洛可可风格装饰给予很高评价：“中国宫内部装饰同样包含了很多不同的元素，是并不是杂乱无章的摆设和堆砌，而是从整体上进行了精心仔细地计划，整体氛围非常和谐……在瑞典，再也没有其他地方能够更好地理解以通过变化颜色设计和房间的形状来创造一种以韵律和变化为特点的洛可可装饰艺术的理念。”[②]

1777 年瑞典国王古斯塔夫三世希望能够在中国宫建造中国宝塔，他先后任命瑞典建筑师派泊（Piper）等进行设计，但由于种种原因宝塔并没有建成，只留下几份设计图。1792 年古斯塔夫三世去世，随着 18 世纪末中国趣味在欧洲各国的逐渐消退，中国宫也逐渐淡出人们的视野。后来，王后露维莎所收藏的物品被分别送到了几家不同的国家机构收藏，中国宫也失去了它的吸引力，成为一个历史博物馆。

四、欧洲园林中国式造园手段的典范之作

瑞典中国宫是 18 世纪欧洲中国趣味的一朵奇葩，也是欧洲中国式园林建造的重要标本，堪称欧洲园林中国式造园手段的典范之作。欧洲社会对中国园林的认识始于 13 世纪的马可·波罗。17 世纪，随着来华的欧洲传教士和商人在信件、报告和著作中关于中国园林，尤其是耶稣会士王志诚的北京来信[③]，以及与园林关系甚为密切的中国建筑物的描

---

① 张德彝著，钟叔河校点：《航海述奇》，湖南人民出版社，1981 年，第 102 页。

② Ake Setterwall, Stig Fogelmarck, Bo Gyllensvard, *The Chinese Pavilion at Drottningholm*, Allhems Forlag Malmo, p. 90.

③ 《耶稣会士和中国宫廷画师王志诚修士致达索先生的信》，参见《耶稣会士中国书简集》第四卷，大象出版社，2005 年，第 287—305 页。关于耶稣会士与中国园林在西方的影响，请参考纪宗安：《明清之际入华耶稣会士与中国造园艺术在欧洲的影响》，载《世界宗教研究》1998 年第 1 期。

绘越来越丰富，中国园林逐渐引起欧洲社会的兴趣。到18世纪中期，与瑞典有着密切联系的英国建筑师威廉·钱伯斯（William Chambers）在广州调查中国园林和建筑后发表的一系列作品，更加促进了欧洲社会对中国园林和建筑的热情。

钱伯斯是18世纪英国著名建筑师。1723年出生于瑞典哥德堡的苏格兰家庭，早年表现出对建筑设计的浓厚兴趣。1740年，钱伯斯以军官学校学生身份跟随瑞典东印度公司商船出航前来中国，1743年4月作为瑞典东印度公司商船的助理大班再次来广州贸易，在广州停留了一年，1745年回到哥德堡。1748年1月以瑞典东印度公司大班的身份第三次来广州，在广州停留了6个月。在处理繁忙的进出口事务的同时，由于对建筑的浓厚兴趣，他在广州参观了很多有名建筑，尤其是行商的花园和豪宅，绘制了很多素描和建筑测绘图，还有一些家具及装饰图案。回到瑞典后，他离开了瑞典东印度公司，前往法国巴黎开始学习建筑设计。在巴黎期间，他认识了瑞典驻法国公使雪佛。1750年，他离开巴黎前往意大利，学习古典纪念碑和帕拉迪奥式建筑设计。1756年，他被英国国王任命为威尔斯亲王的设计师。威尔斯亲王登上英国王位后，他被任命为皇家建筑总监。1757年同时用英文和法文出版第一部专著《中国建筑、家具、服饰、机械和用具的设计》，在欧洲建筑艺术领域造成很大的影响，书中很多插图是根据当年他在广州绘制的素描而制作。1761年，他应英国国王的母亲奥古斯塔公主委托，以中国园林为蓝本，在英国伦敦近郊设计并修建了著名的丘园（Kew Garden），使之成为欧洲新式园林的范式。1762年发表了《丘园的建筑和花园的设计和平面图》。之后钱伯斯将这篇文章进行增补，于1772年以《论东方园林》发表，对18世纪欧洲中国式园林建筑产生了深远的影响。

钱伯斯的著作和建筑实践在向欧洲社会介绍中国建筑方面的作用是划时代的，他亲身研究过中国建筑，其著作中的中国园林和建筑，虽然大多是岭南风格，但形象相当准确，认识也比较深刻。之后，欧洲各国都仿效钱伯斯的方式兴起了建造中国式园林的热潮。钱伯斯出生于瑞典，在瑞典接受早年教育，曾在瑞典东印度公司服务，对瑞典有着深厚感情，与瑞典王室保持着密切联系，1768年他曾将自己的两本著作赠送给瑞典王后，1770年瑞典国王授予他北极星骑士勋章。瑞典中国宫重建时，设计上受到钱伯斯很大的影响，设计和建设者们都或多或少地从钱伯斯的著作和建筑中吸取了灵感。

18世纪的欧洲各国开始了兴建中国式园林的尝试，但是中西园林分属不同的文化系统，指导思想也完全不同，因此无法照搬中国园林的造园手法。就造园意图而言，虽然东西方社会建造园林都是希望通过物质手段来满足人们精神上的某种需要，但是园林艺术“在东方是通过林亭丘壑，模拟自然而几临幻境；在西方，则是整理自然，使井井有条”①。简而言之，中国园林很少表现宏伟，即使规模宏大，也绝不丧失其亲切感，是一种亲切宜人而精致的艺术天地，而且，中国园林并不是大众游乐的场所，园林中的长廊、狭门和曲径都不是从大众需要出发，其他如台阶、小桥、假山等也不是为逗引儿童而设计的。决定园林布局的因素是寻求悠闲而不是理性。② 对中国士大夫来说，园林不是消遣场所，而是退隐静思之地。一座中国园林就是一幅三维风景画，一幅写意中国画，③ 中国

① 童寯，《中国园林对东西方的影响》，《园论》，百花文艺出版社，2006年，第42页。

② 童寯，《中国园林》，《园论》，百花文艺出版社，2006年，第3页。

③ 童寯，《中国园林》，《园论》，百花文艺出版社，2006年，第4页。

园林不会使游人生畏，而是以温馨的魅力和缠绵拥抱游人，从园林中走出，身后的门嘎然关闭，游人方从一个愉快的梦中醒来。①欧洲园林的意境完全不同，给人的情感作用和审美愉悦也与中国园林不一样，一个人游历欧洲古典主义园林时，留下强烈深刻的感受是园林所体现出的壮观、庄严和纪念性。比如，树木的处理方式，中国园林与欧洲古典主义园林明显不同。欧洲传教士和使节们，看到中国园林首先感到新鲜的就是植物的排列方式，中国园林中的植物大多用来掩饰楼阁，最初西方人只认识到中国园林里的树不排成直线，不等距离，不修剪成几何形状，钱伯斯的认识更进一步：“中国园林的树丛，树木的形状和颜色总是在变化着。他们枝叶粗壮、树冠舒展的树同树冠长得收敛的树巧妙地配合起来，把深绿色的树同浅绿色的配合起来，在里面夹杂上一些开花的树，其中有一些是一年里有一多半时间开花的。在水边则多种柳树，让柔枝浸到水里。”② 而瑞典中国宫附近的树木，仍然是高高的枫树等距离地排成大道，形成颇具气势的“仪仗队”，林荫大道直接把人们引向中国宫主体建筑的正面，而且这条林荫大道则像中轴线一样，把中国宫建筑群分成对称的两个部分，显示出欧洲园林布局规整、排列森严的特点。

钱伯斯认识到，中国园林由一系列以建筑物为中心的景点组成，建筑物与周围景色的情调一致。他在思考了中西园林的区别后，指出了在欧洲中国式造园实践中应该以建造小型的中国建筑物来点缀欧洲园林：“虽然一般说来，中国建筑不适合欧洲，但是，在林园和花园里，由于范围广阔而需要很多变化，则中国建筑是合适的……变化总是使人愉快的，而那些不讨人厌的新奇的东西，总能给它所在的地方以美。”③ 他非常赞成在欧洲模仿中国的园林小建筑，认为中国园林小建筑变化多端：“有许多大小不同的房间，各式各样，三角形的、方的、六角的、八角的、圆的、椭圆的和其他不规则的、奇形怪状的，它们都装修得很精致。”④ 这非常适合营造出精致而新奇的效果。18 世纪欧洲其他园林设计师们也意识到中国园林所体现的是中国思想文化、美术、士大夫的精神状态和生活方式，而且中国园林并没有可以一一照搬的规矩法则，因此在整体上要模仿中国园林难以实施，但是在园林中模仿小型的建筑物则要容易得多，而且作为一种装饰也不必花费太多。

18 世纪欧洲出现的中国式园林中，普遍的做法是建造中国式小建筑物，如亭、阁、水榭、桥梁和塔等，一所园林，只要有一座中国式建筑，就可以称得上中国式园林了，这种形式逐渐成为时尚，没有中国建筑物的园林是不敢以时尚自居的。德国园林建造家赫什菲尔德在其《造园学》里说：“在引进来园林的新趣味之后，人们立即着手模仿稀少罕见的海外异域的东西，中国建筑开了头，一切都必须是中国式的，凉亭、庙宇、桥……在日耳曼，也追求时髦，大大小小的园林里，充满了中国建筑的玩意儿。”⑤

瑞典中国宫的设计建造，正是 18 世纪欧洲中国式造园理念的体现。这座两百多年前

① 童寯，《中国园林》，《园论》，百花文艺出版社，2006 年，第 4 页。
② 转引陈志华：《中国造园艺术在欧洲的影响》，第 139 页。
③ 转引陈志华：《中国造园艺术在欧洲的影响》，第 128 页。
④ 转引陈志华：《中国造园艺术在欧洲的影响》，第 128 页。
⑤ 转引陈志华：《中国造园艺术在欧洲的影响》，第 128 页。

建造的小小行宫出现在瑞典王家的欧式花园中，体现出18世纪瑞典设计师们力图融合中西园林艺术进行的艺术创作，反映出18世纪欧洲园林艺术中形成的中国式造园手段，成为当时新奇时尚的代表。

瑞典中国宫所创造的异域风情，既有丰富想象力，又极具审美意义，在两者之间找到了不同寻常的平衡。尽管事实上中国宫更多地呈现出欧洲建筑的面貌和特点，但它融合了18世纪瑞典人民对中国的想象，并把这些想象与来自中国广州的真实物品巧妙地结合起来，直到今天仍能引起人们的赞叹。

（作者：江滢河，中山大学历史人类学研究中心副教授）

1901 年西人在陕赈灾活动考述①
——以美国赈款的散放为中心

史红帅

【提　要】1898—1901 年间，陕西大旱导致严重饥荒。在清中央和地方政府以及民间赈济力量之外，美国各界民众通过《基督教先驱报》为陕西灾民募集赈款，并由英国浸礼会、中国内地会、瑞华会等新教传教士在陕西西安、三原、临潼、渭南等地开展赈济活动。本文对此次赈济活动的缘起、赈灾机构的组建、美国《基督教先驱报》记者的灾情调查、灾情向西方媒体的传播途径、赈款的散放方式和过程，以及这次赈济活动的深远影响等进行了深入分析和考述，以期推进陕西近代对外交流史和近代西人在陕赈济的研究。

【关键词】传教士　《基督教先驱报》　陕西　饥荒　赈济

一、引言

清代后期，各地旱涝灾害频发，赈灾机构及其活动也更为活跃。除政府“官赈”、绅商“义赈”之外，西方传教士组织、主导的“洋赈”也发挥着重要作用。目前学界对 1876—1879 年“丁戊奇荒”、1920—1921 年华北灾荒中英、美等国传教士在山西、山东等地领导的赈灾活动有过深入研究，② 但对 1898—1901 年陕西大旱灾和饥荒中的西人赈济尚未见有专文论述。③

本文从相关英文史料出发，在梳理 1901 年美国《基督教先驱报》募款赈灾缘起、过程，选定赈灾委员会，派遣灾情调查人员来龙去脉的基础上，对以浸礼会传教士敦崇礼为首的赈济执行团体在西安、临潼、三原等地的赈灾活动进行了深入论述，涉及赈款数

---

① 本文系教育部人文社科研究基地重大研究项目“人类活动影响下的关中地区环境变迁过程研究”(06JJD770019)、教育部高校青年骨干教师出国研修项目资助成果。

② 夏明方:《论 1876 至 1879 年间西方新教传教士的对华赈济事业》,《清史研究》1997 年第 2 期，第 83—92 页；袁滢滢:《“丁戊奇荒”中传教士在山东的赈灾活动考察》,《聊城大学学报》(社会科学版）2007 年第 6 期，第 98—102 页；高鹏程、池子华:《李提摩太在“丁戊奇荒”时期的赈灾活动》,《社会科学》2006 年第 11 期，第 132—138 页。

③ 朱浒:《地方系谱向国家场域的蔓延——1900—1901 年的陕西旱灾与义赈》,《清史研究》2006 年第 2 期，第 27—38 页。文中对大旱中的清廷、地方政府以及民间等多种赈济渠道进行了详细论述，但对西方人在陕赈济的活动并未加以关注。

量、汇兑与运输，散赈原则与方式，以及赈济的效果等，以期客观认识和评价美、英等国在陕赈灾活动的影响，促进陕西近代对外交流史和近代西人在华赈济的研究。深入探讨1901年西人在陕赈济活动，对于推动了解西人在陕大规模赈济的始末、动因与社会影响，更全面地考察西人在陕传教事业的历史真貌具有重要意义。

二、1901年美国各界为陕西灾区筹募赈款

1898—1901年，陕西连年大旱，引发严重饥荒。省内72州县中有63个受灾严重，[①]尤其在关中、陕北一带，"饥民乏食，甚至有挖草根、剥树皮以延残喘者，嗷鸿遍野，待哺孔殷"，[②]"有些地区80%的人口死于饥荒，牲畜早就宰来吃了。人们为了换粮，以低价售出田地。有的农夫把女儿卖到妓院，以换取口粮。有的地方甚至有人肉出售"[③]。在赈济此次大灾的过程中，除了朝廷和地方政府的"官赈"、江南绅商的"义赈"之外，来自美国各界民众的赈款也发挥了重要作用，"洋赈"成为1901年陕西赈灾体系中极为引人瞩目的力量。

（一）美国各界对陕西灾情的了解

由于陕西地处西北内陆，"接近西方人所称的世界边缘"，"发生在这古老省份的任何事情都难以为人所知"，[④] 加之1900年义和团运动后，陕西的外国传教士多已撤离至沿海地区，使得陕西发生严重饥荒的消息难以尽快向外界传达，因而直至1901年初，美国各界民众才通过《纽约时报》等主流报刊的大量报道开始了解到陕西灾荒的严重状况。[⑤]

1901年1月15日《纽约时报》登载从上海发回的题为"陕西饥荒"的报道称，"陕省发生饥荒，据闻约5000000人饿以待毙"。2月14日刊载《陕西饥民呼吁救助》称，"陕西巡抚代表灾区4000000百姓请求赈济"。《纽约太阳报》驻北京记者钱伯林（Wilbur J. Chamberlin）在1901年1月27日的信件中也向国内报道了陕西的骇人灾情，"每天都有数以百计的人死于饥饿"，"人们开始吃人肉。父母杀掉子女以免眼睁睁看其饿死。妇女和儿童被卖为奴"。[⑥]

作为美国国内影响最大的一份宗教周刊，纽约《基督教先驱报》在积极报道灾情的同时，也开始筹划赈灾行动，成为此次为陕西灾区募款的组织者。

---

① Francis H. Nichols, *Through Hidden Shensi*, New York: Charles Scribner's Sons, 1902, p. 230.

② 陕西省气象局编：《陕西省自然灾害史料》，陕西省气象局印制，1976年，第54—55页。

③ Odd Ragnar Nilsen, Annie Skau Berntsen, *The Mission Work in China*, OSLO: The World Mission Department of MCCN, 1999, p. 21.

④ Francis H. Nichols, *Through Hidden Shensi*, New York: Charles Scribner's Sons, 1902, pp. 228.

⑤ Charles M. Pepper, *Life of Louis Klopsch: Romance of a Modern Knight of Mercy*, New York: The Christian Herald, 1910, p. 165.

⑥ Wilbur J. Chamberlin, *Ordered to China: Letters of Wilbur J. Chamberlin*, New York: Frederick A. Stoked Company, 1903, p. 239.

1901年4月，《基督教先驱报》编辑、长老会著名传教士塔尔梅奇（T. DeWitt Talmage）向驻美公使伍廷芳具体了解陕西、山西灾区饥荒状况后，该报主编克洛普齐（Louis Klopsch）博士即发表社论指出："在当今世界上，即使并非唯一，美国也是中国最可信赖的友邦。正因如此，中国才在受灾之际请求美国帮助。"他进一步号召说："行胜于言。……在印度，我们的传教士所做的赈灾工作已经取得良好效果，赢得了全世界的赞誉。在中国，也应这样做。"① 他倡议广大读者为山陕灾区募捐，设立赈灾基金。值得一提的是，在1890—1950年间，克洛普齐曾通过极富影响力的《基督教先驱报》，呼吁广大读者为意大利、瑞典、芬兰、俄国、亚美尼亚、马其顿、巴勒斯坦、日本、印度、墨西哥、古巴等十余个国家的灾区捐款赈济。这次为陕西、山西灾区筹款也是其国际赈灾行动的重要组成部分。

在发出筹募赈款的倡议后，《基督教先驱报》又刊发了一系列有关灾区的信件、报道，大大提高了为灾区募捐的说服力。4月25日，《基督教先驱报》刊发李鸿章请求紧急赈济山陕灾区的信件。② 驻华公使康格（E. H. Conger）也向该报发去报道，转述了李鸿章和庆亲王告知他的陕西等地饥民吃草、树叶乃至树皮的惨状，康格同时还向《基督教先驱报》赈灾基金慷慨捐款。③ 4月29日，《基督教先驱报》刊登国务卿海约翰（John Hay）代表麦金莱总统（William McKinley）感谢该报为陕西灾区募捐的信件，祝愿在中国的赈灾能和在古巴、印度所做的慈善事业一样获得成功。麦金莱总统与海约翰也分别向赈灾基金捐赠100美元。④

《纽约时报》、《基督教先驱报》等的多篇报道使美国各界民众对陕西、山西灾情的严重程度有了基本了解，李鸿章等人的请求赈济信件，美国总统、国务卿和驻华公使等人的带头捐款，大大推动了美国民众捐赠赈灾善款的积极性，捐款者的来源地遍及全美。捐款形成了以《基督教先驱报》为纽带，以纽约为中心，以基督教教徒为主体，涵盖全美各地各个社会阶层的募捐网络，最大限度地动员社会各方面的力量，筹集资金，制造声势，使这次赈济募捐成为一项具有相当民众基础的社会性事业。

（二）《基督教先驱报》的赈济筹备工作

克洛普齐作为美方民间募集赈款的领导者，从一开始，就与中、美两国政府达成了良好的合作关系，为赈灾的顺利实施打下了基础。在取得清廷当权派李鸿章、庆亲王和美国国务院的支持后，他即与驻华代理公使柔克义（William Rockhill）联系具体事项，筹划购买赈灾物资，从上海沿长江经芜湖运至汉口，再沿汉江运往陕西龙驹寨，然后转运

① Charles M. Pepper, *Life of Louis Klopsch: Romance of a Modern Knight of Mercy*, New York: The Christian Herald, 1910, p. 167.

② Charles M. Pepper, *Life of Louis Klopsch: Romance of a Modern Knight of Mercy*, New York: The Christian Herald, 1910, p. 168.

③ Charles M. Pepper, *Life of Louis Klopsch: Romance of a Modern Knight of Mercy*, New York: The Christian Herald, 1910, pp. 168 - 169.

④ Charles M. Pepper, *Life of Louis Klopsch: Romance of a Modern Knight of Mercy*, New York: The Christian Herald, 1910, p. 170.

至西安。[①] 由于经龙驹寨翻越秦岭向关中运粮，山路难行，运费高昂，耗费时日，因而在后来的赈济中，以直接散发赈款为主，并未散放物资。

在充分考虑来华传教士所属教会、国籍和驻地的基础上，经过慎重选择，克洛普齐任命了一个由 5 位著名传教士组成的《基督教先驱报》国外赈灾委员会（The Christian Herald Foreign Relief Committee），总部设在天津。[②] 由美国公理会（The American Board）驻天津的明恩溥（Arthur H. Smith）担任会长，4 名委员分别为公理会的文阿德（Irenas J. Atwood）、中国内地会（China Inland Mission）的叶守真（E. H. Edwards）、美国卫理公会（Methodist）驻北京的刘海澜（Hiram H. Lowry）、英国浸礼会（English Baptist Mission）的敦崇礼（Moir B. Duncan）。[③] 5 人中，明恩溥、文阿德、刘海澜为美国传教士，叶守真和敦崇礼为英国传教士，分属于 4 个不同的基督教新教教会，反映了克洛普齐希望新教在中国的各个派别能相互协作，联合赈灾的愿望。明恩溥早在 1872 年来华，在"丁戊奇荒"时的山东赈灾活动中积累了丰富经验；敦崇礼自 1892 年以来在陕西西安、三原等地开拓浸礼会宣教区；[④] 文阿德、叶守真在山西从事医务传教多年，熟悉当地情况；[⑤] 刘海澜则长期在北京宣教，是传播西学的重要人物。[⑥]

天津的赈灾委员会在收到第一笔 20000 美元汇款后，即派敦崇礼前往陕西，文阿德、叶守真前往山西具体组织赈灾工作。[⑦] 李鸿章再次从北京向驻美公使伍廷芳发电报，通过《基督教先驱报》向美国捐款民众表达谢意。[⑧]

与此同时，为更多了解陕西等地灾情，监督赈款分发，检验赈灾效果，克洛普齐决定派遣记者尼科尔斯（Francis H. Nichols）作为特派员前往陕西"查赈"，[⑨] 1902 年在纽约出版的《穿越神秘的陕西》就是尼科尔斯记述此次行程的著作。

---

① Charles M. Pepper, *Life of Louis Klopsch*: *Romance of a Modern Knight of Mercy*, New York: The Christian Herald, 1910, p. 169. 此处原文为 shansi（山西省），实际上，汉江通航尽头在陕西省商州龙驹寨，此处 shansi 为 shensi（陕西省）的误拼。

② Charles M. Pepper, *Life of Louis Klopsch*: *Romance of a Modern Knight of Mercy*, New York: The Christian Herald, 1910, p. 180.

③ Charles M. Pepper, *Life of Louis Klopsch*: *Romance of a Modern Knight of Mercy*, New York: The Christian Herald, 1910, p. 170.

④ Marshall B. Broomhall, *The Chinese Empire A General & Missionary Survey*, London: Marshall, Morgan & Scott and CIM, 1907, p. 207.

⑤ E. H. Edwards, *Fire and Sword in Shansi*: *The Story of the Martyrdom of Foreigners and Chinese Christians*, Edinburgh and London: Oliphant Anderson & Ferrier, 1907, p. 5.

⑥ 中国社会科学院近代史研究所翻译室编：《近代来华外国人名辞典》，中国社会科学出版社，1981 年，第 295 页。

⑦ Charles M. Pepper, *Life of Louis Klopsch*: *Romance of a Modern Knight of Mercy*, New York: The Christian Herald, 1910, p. 170.

⑧ Charles M. Pepper, *Life of Louis Klopsch*: *Romance of a Modern Knight of Mercy*, New York: The Christian Herald, 1910, p. 171.

⑨ Charles M. Pepper, *Life of Louis Klopsch*: *Romance of a Modern Knight of Mercy*, New York: The Christian Herald, 1910, p. 172.

三、尼科尔斯对陕西饥荒的调查

尼科尔斯在陕西灾区的调查，是此次赈灾活动中的重要一环，对美国民众了解陕西灾情、赈济效果和影响，以及进行后续捐款起到了积极作用。

（一）尼科尔斯的行程

1869 年 10 月 31 日，尼科尔斯出生于纽约，1895 年，成为纽约《基督教先驱报》记者。他曾于美西战争期间，在古巴、波多黎各、海地和牙买加报道战事，极富冒险精神。[①] 1901 年 10 月，受《基督教先驱报》主编克洛普齐派遣前往中国"查赈"。尼科尔斯自天津入境，10 月 16 日抵达北京，在庆亲王以及美国驻华公使馆的帮助下，找到了一名姓王的翻译兼向导和一名信奉基督教的厨师，三人前往内陆陕西。

尼科尔斯一行从北京乘火车抵达直隶保定后，即开始骑马的行程，沿途得到各地官府所派卫队的保护，经正定，[②] 入山西，经寿阳，10 月 26 日抵达太原，再沿汾河谷地，经介休，11 月 4 日抵达平阳府（今临汾），过蒲州，11 月 11 日入陕西潼关后西行，11 月 14 日抵达西安，开始进行赈灾调查。

11 月 24 日，在经过 10 天的调查后，尼科尔斯和完成赈灾活动的敦崇礼一起离开西安，[③] 经蓝田，翻越秦岭，11 月 29 日抵达商州龙驹寨，雇用汉江上的船只，12 月 10 日至湖北老河口，12 月 12 日至樊城，12 月 17 日抵岳家口镇，12 月 18 日抵达汉口，再自此乘船沿长江下行，12 月 22 日终抵上海。

尼科尔斯此次赈灾之旅行程 3000 余公里，先后乘坐火车、骑马和乘船，其中北京至西安的陆路行程约 1300 公里，西安至龙驹寨陆路行程约 190 公里，龙驹寨至上海乘船行程约 1600 公里。

作为 1901 年在陕赈灾中最为活跃的西方人之一，美国记者尼科尔斯在陕西的考察获得了巨大成果和广泛影响，1902 年 12 月 23 日被美国地理学会吸收为会员。[④] 1903 年 3 月前往华西和西藏探险，1904 年 12 月 8 日抵达西藏江孜，[⑤] 12 月 29 日因流感引发肺炎卒于江孜。[⑥] 正如《纽约时报》1905 年 5 月 27 日刊发的书评所言："当他被《基督教先驱报》

---

① Obituary：Francis H. Nichols，*Bulletin of the American Geographical Society*，Vol. 37，No. 1. （1905），p. 64.

② Francis H. Nichols，*Through Hidden Shensi*，New York：Charles Scribner's Sons，1902，pp. 10 – 11.

③ Francis H. Nichols，*Through Hidden Shensi*，New York：Charles Scribner's Sons，1902，p. 266.

④ Transactions of the Society，November – December，1902，*Bulletin of the American Geographical Society*，Vol. 34，No. 5. （1902），pp. 468 – 469.

⑤ Francis H. Nichols，Notes from the Diary of the Late Francis H. Nichols in China，*Bulletin of the American Geographical Society*，Vol. 37，No. 6. （1905），pp. 339 – 356.

⑥ Obituary：Francis H. Nichols，*Bulletin of the American Geographical Society*，Vol. 37，No. 1. （1905），p. 64.

派往中国，负责给不为人所知的陕西省灾民发放救济款的时候，他就开始对这片禁地产生了浓厚兴趣。”①

（二）尼科尔斯的灾情调查

1901年11月14日，尼科尔斯抵达西安城，随即开始在英国传教士敦崇礼组织的赈灾执行团体和地方政府的帮助下，在西安周边和渭北三原等地调查饥荒起因、饥民饿殍、儿童买卖、物价飞涨、疾疫流行、生态变化等各方面情况。他穿行在大街小巷、田野乡间，与包括传教士和官员在内的“各行各业、形形色色的人”交流访谈，② 获得了大量真实可靠的信息和数据，并不断发给《纽约时报》、《基督教先驱报》等予以报道，③ 使得美国和西方民众第一次真正了解到陕西饥荒以及美国赈款散放的真实情况，对于美国民众的后续捐款，起到了重要推动作用。

1. 饥荒起因

尼科尔斯在实地踏察后指出，此次陕西饥荒主要由“气候”、“土壤”和“交通”三方面因素引起。④

首先，自1898年春季至1901年5月，整整三年时间，陕西省72县中有63个县滴雨未降，黄河、渭河断流，井水枯干，以致庄稼绝收，社仓存粮耗尽，饥荒遂接踵而至。

其次，由于陕北黄土高原地区土壤多孔，容易渗水，降雨稍少，庄稼都会枯死，而在连续干旱的情况下土壤更成为发干、发白的粉末，作物无法生长，以致土地撂荒，人口饿殍。

再次，陕西深处西北内陆，山川阻隔，交通不便，运输方式落后，不易得到东部省区的粮食供给。尼科尔斯指出：“如果不是因为陕西格外僻远闭塞，致命的饥馑也不会接踵而至。陕西南部、西部均有山脉环绕，其他山系和广阔平原又将其与沿海地区阻隔，因此，就难以从外地向陕西转输粮食。当陕西的粮食消耗净尽之际，等待百姓的就唯有饿以待毙的命运。”⑤ 虽然清廷通过建立区域运粮体系，设法通过龙驹寨、潼关等水、陆路从东部省区向陕西运送赈粮，⑥ 但灾区广大，灾民众多，饥荒情况仍相当严重。

在天不下雨、地不存水、运粮困难三大因素影响下，陕西旱灾引起的饥荒愈发严重，在灾区的城乡社会造成人口大量饿殍、逃徙和买卖，以及疾疫爆发、物价飞涨等悲惨

---

① Through Hidden Shensi, *The New York Times*, May 27, 1905.

② Francis H. Nichols, *Through Hidden Shensi*, New York: Charles Scribner's Sons, 1902, pp. 180, 187, 192, 242.

③ Famine Ravages in Shensi-si: Christian Herald's Commissioner Estimates the Deaths at 2,500,000—Another Famine Likely, *The New York Times*, December 15, 1901.

④ Francis H. Nichols, *Through Hidden Shensi*, New York: Charles Scribner's Sons, 1902, pp. 228 - 229.

⑤ Francis H. Nichols, *Through Hidden Shensi*, New York: Charles Scribner's Sons, 1902, p. 229.

⑥ 光绪二十六年（1900）十月二十日《为陕省灾重遵旨起运江苏漕粮并陈己见事》，第一历史档案馆，档号2-02-12-026-0090，军机处电报。

状况。

2. 饥荒状况

1898—1901年，陕西饥荒造成人口大量饿毙。据尼科尔斯调查，在1901年7月以前的三年间，陕西有超过200万人死于饥荒，相当于总人口8432193的30%。[①] 尼科尔斯的调查数据被上海《申报》[②]、《纽约时报》[③] 和《中华帝国传教调查》等广为征引。[④] 就渭北三原县而言，饥荒前有50000人，1901年已减少到不足20000人，[⑤] 人口减少了60%之多。

1900年冬，关中各县至少30万灾民涌向西安，以求官府救济。由于巡抚担心会发生抢粮事件，灾民们被迫在城外路边斜坡上挖洞栖身，靠吃草根树皮维持生命。尼科尔斯在城郊就"看到了数以千计住在窑洞中饿以待毙的饥民"。[⑥] 据地方官府统计，在西安城一处郊区就有13万人饿死。三个月间，每天清晨都有600多具饿毙者的尸体被官府收集掩埋于东门外的田野里。[⑦]

在粮食越来越难以得到的情况下，西安城乡出现了出售人肉的情况。"开始时，这种交易还暗中进行。但没过多长时间，用饥殍肉制成的肉丸成为主食，以相当于每磅四美分的价格出售。"[⑧] 当时随扈西行的人员就亲见在北院门前"因郊外死尸无人掩埋，以致有人卖人肉丸子"[⑨]。直至巡抚端方将三个做人肉生意的人斩首，才终结了"人人相食"的悲惨一幕。[⑩] 这种出售饿殍肉的极端事例，充分说明这次灾荒对社会民生的严重摧残。

由于大量饿毙者的尸体仅是简单掩埋，一度还有人肉买卖，而西安城乡百姓饥饿已久，体质虚弱，以致在西安引起了痢疾、霍乱等传染性疫病，数以百计的居民染病死亡。[⑪]

严重的饥荒使得物价奇高，[⑫]"一蒲式耳（容量等于八加仑）小麦的价格从400钱升

---

① Francis H. Nichols, *Through Hidden Shensi*, New York: Charles Scribner's Sons, 1902, p. 228.

② 《申报》光绪二十七年（1901）十二月二十六日。

③ Famine Ravages in Shensi-si: Christian Herald's Commissioner Estimates the Deaths at 2,500,000—Another Famine Likely, *The New York Times*, December 15, 1901.

④ Marshall B. Broomhall, *The Chinese Empire A General & Missionary Survey*, London: Marshall, Morgan & Scott and CIM, 1907, p. 206.

⑤ Francis H. Nichols, *Through Hidden Shensi*, New York: Charles Scribner's Sons, 1902, p. 248.

⑥ Francis H. Nichols, *Through Hidden Shensi*, New York: Charles Scribner's Sons, 1902, p. 280.

⑦ Francis H. Nichols, *Through Hidden Shensi*, New York: Charles Scribner's Sons, 1902, pp. 230-231.

⑧ Francis H. Nichols, *Through Hidden Shensi*, New York: Charles Scribner's Sons, 1902, p. 231.

⑨ 信修明：《老太监的回忆》，北京燕山出版社，1992年，第30页。

⑩ Francis H. Nichols, *Through Hidden Shensi*, New York: Charles Scribner's Sons, 1902, pp. 228-231.

⑪ Francis H. Nichols, *Through Hidden Shensi*, New York: Charles Scribner's Sons, 1902, pp. 230-231.

⑫ Clive Bigham, *A Year in China 1899—1900*, London: Macmillan and Co., Ltd., New York: The Macmillan Company, 1901, p. 145.

至6000钱。馒头120钱1个，这是平时价格的10倍”。逼迫饥民不得不变卖家具、农具、房产等以获取粮食，最后甚至出卖子女。① 在陕西饥荒最严重的时候，人贩子以西安城为中心，向各地倒卖儿童。“他们从窑洞、乡村各地购买数以百计的孩子。一个男孩通常的价格约2000钱，女孩则以一半的价格购得。这些批量贩买的孩子们，随后被散卖到全国各地。”②

尼科尔斯不仅对陕西灾情进行了具体调查，而且对敦崇礼领导的赈灾委员会的放赈工作进行监督，将所见情况反馈给美国民众，以便他们能了解到自己所捐款项的赈灾效果。

四、敦崇礼在陕西的赈灾活动

（一）敦崇礼的行程

1861年8月17日，敦崇礼出生于苏格兰，1888年10月在浸礼会资助下前往中国。1892年，受英国传教士李提摩太指派，敦崇礼从太原前往陕西三原、西安等地传教。③ 敦崇礼长期在关中各地宣教，并在西安开有书店，售卖基督教书籍。他的宣教活动最初受到官绅、百姓的敌视和排斥，但随着他与官绅和各阶层交往日益密切，在西安、三原等地建立了广泛的人脉关系，他还为陕西巡抚端方设计了建设渭北灌溉渠系的方案，以至于“他在陕西的威望比任何其他人都高”，“即使高官也以是他的朋友而自豪”，④ 尼科尔斯也指出，敦崇礼“从几乎被视为外国流浪汉到成为官府顾问，他成了在陕西各地有着广泛影响的人物”，“在陕西省的事务中，比任何陕西人都更为杰出，影响力也更大”，⑤ 前期的传教和社会活动为敦崇礼在陕西顺利施赈奠定了基础。

在接受天津赈灾委员会的任务后，敦崇礼、文阿德、叶守真三名赈灾委员，以及浸礼会医务传教士德弥士（Creasy Smith）、内地会传教士何斯德（Dixon Edward Hoste）、奥尔·尤因（A. Orr – Ewing）、查得（C. H. Tjader）和泰勒（Ernest Taylor）于1901年6月26日从直隶保定府出发，7月9日抵达太原府。他们先后在太原、太谷等地参加了悼念1900年遇难传教士的活动，之后，文阿德、叶守真留在山西赈灾，敦崇礼则前往西安。⑥

1901年8月9日，在英国传教士史密斯（Jacob Smith）大夫和柏来乐（George E.

① Francis H. Nichols, *Through Hidden Shensi*, New York: Charles Scribner's Sons, 1902, p. 233.

② Francis H. Nichols, *Through Hidden Shensi*, New York: Charles Scribner's Sons, 1902, p. 234.

③ H. R. Williamson, *British Baptists in China* (*1845—1952*), London: The Carey Kingsgate Press Ltd., 1957, p. 44.

④ Jessie Duncan and Doreen Raymer, *Lives and Lived of Moir and Jessie Duncan*, Toronto: WindyRidge Books, 2000, p. 26.

⑤ Francis H. Nichols, *Through Hidden Shensi*, New York: Charles Scribner's Sons, 1902, pp. 62, 186.

⑥ Marshall Broomhall, *Last Letters and Further Records of Martyred Missionaries of the China Inland Mission*, Lodon: Morgan & Scott, 1901, p. 100.

Pereira）少校的陪同下，敦崇礼从太谷县出发，前往西安赈灾。[①] 敦崇礼一行经闻喜县，过黄河，入潼关，8 月 26 日抵达西安，开始赈济活动。[②]

11 月 24 日赈灾完成后，敦崇礼与尼科尔斯一起离开西安，前往上海。由此计算，从 8 月 26 日至 11 月 24 日，敦崇礼在陕赈灾前后共计 90 天。

（二）组建赈灾机构

敦崇礼抵达西安后，很快组建了一个 47 人的赈灾执行团体。其核心成员为 4 名传教士，分别是浸礼会的敦崇礼、史密斯（J. A. C. Smith），内地会的特丁格（A. Trudinger）、瑞华会（The Swedish Mission to China）的查得（C. H. Tjader），外围成员包括 17 名西安地区教会负责人，以及 26 名地方官员。这个华洋结合的国际化赈款分发团体以浸礼会、内地会和瑞华会传教士为核心，吸收了本地多个教会负责人，[③] 并延请地方官员协助办赈，三方合作，彼此监督，保证了赈灾过程的透明、公正与高效。

敦崇礼领导的赈灾机构，得到了以慈禧太后为首的朝廷和地方政府的大力支持。慈禧太后颁布上谕，要求各级官员鼎力协助。在这一旨意之下，敦崇礼得到了“从巡抚到县令每一位官员的合作与支持”。虽然“陕西法律禁止外国人使用公共建筑”，但陕西当地的赈灾委员会还是为敦崇礼等人选择了城中心一座大院落办公和居住，命名为“美国公馆”，以感谢赈款的来源国——美国。[④]

（三）发放赈灾款项

在敦崇礼带往西安的第一笔赈款外，后续又有大量《基督教先驱报》赈款汇寄至西安。据《中华帝国传教调查》载，此次用于陕西赈济的 500 万两银子官方赈款中，包括《基督教先驱报》筹募的 6 万美元，[⑤] 约合 8.6 万两银子，占赈款总额的 1.7%。1901 年底，在赈灾结束后，《基督教先驱报》主编克洛普齐统计了陕西、山西两省赈灾募款的数额，共支出 128280.68 美元。[⑥] 若平均计算，每省赈款约为 64140.34 美元，正可印证

① E. H. Edwards, *Fire and Sword in Shansi: The Story of the Martyrdom of Foreigners and Chinese Christians*, Edinburgh and London: Oliphant Anderson & Ferrier, 1907, p. 150.

② Charles M. Pepper, *Life of Louis Klopsch: Romance of a Modern Knight of Mercy*, New York: The Christian Herald, 1910, p. 179.

③ Charles M. Pepper, *Life of Louis Klopsch: Romance of a Modern Knight of Mercy*, New York: The Christian Herald, 1910, p. 179

④ Francis H. Nichols, *Through Hidden Shensi*, New York: Charles Scribner's Sons, 1902, pp. 230 – 231. Jessie Duncan and Doreen Raymer, *Lives and Lived of Moir and Jessie Duncan*, Toronto: WindyRidge Books, 2000, p. 26.

⑤ Marshall B. Broomhall, *The Chinese Empire A General & Missionary Survey*, London: Marshall, Morgan & Scott and CIM, 1907, p. 206.

⑥ Charles M. Pepper, *Life of Louis Klopsch: Romance of a Modern Knight of Mercy*, New York: The Christian Herald, 1910, p. 181.

《中华帝国传教调查》所载陕西赈款总计为6万余美元不误。

《基督教先驱报》募集的赈款，先汇寄至天津的赈灾委员会，除由敦崇礼等人携带第一批赈款前往陕西、山西外，其余赈款通过英国渠道，从天津汇至汉口，再经由汉口一家钱庄安排，分批汇至西安的钱庄。在陕西巡抚李绍棻的干预下，钱庄对汇至西安的大批赈款仅收取低廉的汇兑费，① 以便赈款能更多用于救灾。

敦崇礼的赈灾团体在发放美国赈款时，始终遵循一个原则，即对受灾饥民不因种族、民族、宗教、政见、阶层加以区分，② 其中既有基督徒，又有佛教徒、道教徒和穆斯林，还有义和团民。③

在这三个月里，敦崇礼领导的赈灾委员会，在赈灾的各个环节都得到地方官绅的大力支持，他们在地方官陪同下，由一队士兵维持秩序，"从一座城镇到另一座城镇，从一座村庄到另一座村庄，给灾民分发赈款以购买粮食"④。

由于受灾地区广大，将大量赈款从西安运往各地分发成为"赈济工作中最困难的问题之一"⑤。一串钱约值7美分，而重量超过4磅，为在临潼散赈800美元，就需雇用52辆大车运载重达2057.4公斤的铜钱。总计6万美元的赈款，相当于23330公斤铜钱，倘要运输，就需3900辆大车。起初，赈灾团队尝试在分发地散发由当地钱庄签发的票据，以代替现钱，但由于担心在短期内出现挤兑风潮，废止了这一方法。⑥ 不过，在后来的实际赈灾过程中，由于钱庄凭票运输方便、安全，赈济时仍以散发凭票为主。

敦崇礼等人依据西安赈灾委员会提供的灾民名册散赈。⑦ 在这份灾民名册中，每户的丈夫或父亲作为户主列在名单顶端，妇女和儿童被作为"口"提及，只列人人数，不登记姓名。为提高赈济效率，防止冒领，敦崇礼首先要求自己组建的赈灾团队稽核"口"名单的准确性，然后才会给户主发放一张领取赈款的凭票，再通知乡村的士绅和头人开始分发赈款的地点，由他们通知持有凭票的灾民在指定日期集中于指定建筑物中。通常选择的放赈地点是庙宇院落或衙门前的广场，如在西安城的五岳庙，就曾为3000名饥民散发赈款，每人500~2500钱。⑧

在散赈现场，由敦崇礼负责指导，当地官员主持，士兵和仆役维持秩序，而由赈济委员会的代表将钱庄凭票发到灾民手中。敦崇礼亲自指导每一次赈灾款的分发，要求官员详细记录每一笔发出的赈款，⑨ 以便能够复核，这种方式保证了施赈的合理、公正和高效。

---

① Francis H. Nichols, *Through Hidden Shensi*, New York: Charles Scribner's Sons, 1902, pp. 238 – 239

② Jessie Duncan and Doreen Raymer, *Lives and Lived of Moir and Jessie Duncan*, Toronto: WindyRidge Books, 2000, pp. 26 – 27.

③ Francis H. Nichols, *Through Hidden Shensi*, New York: Charles Scribner's Sons, 1902, p. 240.

④ Jessie Duncan and Doreen Raymer, *Lives and Lived of Moir and Jessie Duncan*, Toronto: WindyRidge Books, 2000, pp. 26 – 27.

⑤ Francis H. Nichols, *Through Hidden Shensi*, New York: Charles Scribner's Sons, 1902, p. 238.

⑥ Francis H. Nichols, *Through Hidden Shensi*, New York: Charles Scribner's Sons, 1902, p. 238.

⑦ Francis H. Nichols, *Through Hidden Shensi*, New York: Charles Scribner's Sons, 1902, p. 236.

⑧ Francis H. Nichols, *Through Hidden Shensi*, New York: Charles Scribner's Sons, 1902, p. 239.

⑨ Francis H. Nichols, *Through Hidden Shensi*, New York: Charles Scribner's Sons, 1902, p. 237.

由于看到饥荒中大量人口染疾死亡，1903 年敦崇礼又重返西安，着手创办西北第一所教会医院，[①] 即现今西安广仁医院的前身。英国浸礼会的姜感思（Stanley Jenkis）、荣安居（Andrew Young）和罗德存（Cecil Robertson）三位医务传教士分别于 1904—1913 年、1905—1922 年、1909—1913 年在此施诊，并全都在岗位上因病去世。[②] 这些后续的赈灾措施充分体现了近代西方赈济中"救人就彻"的原则。

五、赈灾的效果和影响

1901 年，敦崇礼及其赈灾团体在西安等地散发《基督教先驱报》赈款的救灾行动，取得了显著效果，也带来了深远影响，主要表现在以下方面。

（一）受赈灾民众多

1901 年 5 月，陕西降下了三年来的第一场雨，极大地缓解了灾情，朝廷遂下令停止各地向陕西募集赈款。但由于距离秋季庄稼收获还有数月之久，灾民仍未能摆脱饥馑的威胁。尼科尔斯在从西安发出的信件中就称："这场雨足以保证秋季庄稼的丰收，可是这之间还有 5 个月的时间。饥荒的结束近在眼前，但可怕的饥荒并未减轻。此时庞大的中国方面的赈款已经耗尽。"[③]这时候，美国赈款的到来，就成为朝廷赈灾结束后最主要的赈灾力量。

《基督教先驱报》的赈款总额为 6 万余美元，合计为 857142600 钱，按照每人发放 500 ~ 2500 钱的赈济额度计算，可赈济的人数在 34 万 ~ 171 万之间；若折中计算，每人平均散发 1500 钱，则约 57 万余人可受到赈济。虽然这一数字还远低于实际受灾人数，但在西安、三原等地，救济的灾民数量仍相当庞大。在赈灾工作宣告结束后，克洛普齐仍将《基督教先驱报》读者的后续捐款汇寄给陕西灾区，[④] 以便传教士可用于孤儿收养、创建学校和医院，巩固赈灾成果。

（二）入教人数增加

赈灾是近代西方传教士吸引民众入教、扩大教会影响的重要手段。早在 1876 年 9 月，内地会传教士 F. W. 鲍勒（F. W. Baller）和乔治·金（George King）就抵达西安开始传教。在 1877—1878 年"丁戊奇荒"中，传教士鲍勒和马克维克（Markwick）两人在陕西

---

① Jessie Duncan and Doreen Raymer, *Lives and Lived of Moir and Jessie Duncan*, Toronto: WindyRidge Books, 2000, p. 27.

② George A. Young, *The living Christ in China*, London: Carey Kingsgate Press Ltd., p. 102.

③ Charles M. Pepper, *Life of Louis Klopsch: Romance of a Modern Knight of Mercy*, New York: The Christian Herald, 1910, p. 180.

④ Charles M. Pepper, *Life of Louis Klopsch: Romance of a Modern Knight of Mercy*, New York: The Christian Herald, 1910, p. 181.

开始从事赈灾活动,[①] 但陕西官员始终“与西人不合，请西人不必散赈”。[②] 至1901年，敦崇礼等在陕散放美国赈款，就得到了地方官府的支持和协助，成为近代西人在陕第一次大规模赈灾活动。

由于美国赈款是通过宗教周刊《基督教先驱报》的呼吁，由以美国国内基督徒捐款为主构成的，并且在英国浸礼会传教士敦崇礼的精心领导和组织下，在陕西的赈款分发顺利完成，因而，陕西官员、民众对洋人、洋教排斥、敌视和仇恨的情绪大为缓和，受赈灾民对美国心怀感谢，对英国浸礼会等教会也抱以感激之情。[③] 陕西民众对基督教态度的巨大变化，大大促进了浸礼会、内地会、瑞华会等在西安、三原和陕北等地的传教工作，入教人数大幅增加。长期在三原传教的浸礼会传教士威廉姆森（H. R. Willamsom）就指出，“英国浸礼会在陕西传教工作的开展，与阶段性干旱引发的饥荒有着紧密联系”[④]，“1901年，陕西的传教工作带着希望和承诺，重新开始。……以前在西安府很难获得地皮，现在就可获得以建造医院。更为重要的是，陕西人，尤其在西安府周边地区的百姓，大量加入教会”。在西安、三原、福音村和延安，1903年浸礼会信徒为541人，1906年增至891人，1911年为1178人,[⑤] 1925年升至2686人。[⑥]

（三）美国的影响扩大

由于此次赈款来自美国《基督教先驱报》的募集和美国民众的积极捐款，在赈灾结束后，美国对陕西人来说已从茫然无知到人尽皆知，美国在西北内陆的影响力大为增强。尼科尔斯总结称：“在美国赈款到达西安之前，三分之二的陕西百姓可能从未听说过美国。现在，陕西全境的人都知道，有一个国家是真正的友邦，其人民虽被称作野蛮人，但却表现出了超乎想象的友情。”[⑦] “当赈灾结束的时候，正如一位官员对我所说：‘在这场赈灾开始之前，这些百姓几乎没有人曾经听说过美国。而此时，他们将会永远铭记美国就是《基督教先驱报》的祖国。’”[⑧]

《基督教先驱报》在捐款之初，就得到了主张中国“门户开放”的国务卿海约翰的支

① Marshall B. Broomhall, *The Chinese Empire A General & Missionary Survey*, London: Marshall, Morgan & Scott and CIM, 1907, pp. 202 – 203.

② 《万国公报》第八册，总第5275页。

③ Remote China—Traces of a Civilization of 5,000 Years Ago, *The New York Times*, October 25, 1902.

④ H. R. Williamson, *British Baptists in China* (*1845—1952*), London : The Carey Kingsgate Press Ltd., 1957, p. 43.

⑤ George A. Young, *The Living Christ in Modern China*, London: Carey Kingsgate Press Ltd., 1947, p. 103.

⑥ H. R. Williamson, *British Baptists in China* (*1845—1952*), London: The Carey Kingsgate Press Ltd., 1957, pp. 83 – 84.

⑦ Francis H. Nichols, *Through Hidden Shensi*, New York: Charles Scribner's Sons, 1902, pp. 240 – 241.

⑧ Charles M. Pepper, *Life of Louis Klopsch: Romance of a Modern Knight of Mercy*, New York: The Christian Herald, 1910, pp. 180 – 181.

持，而在 19 世纪后半叶，美国国力大为增强，也希冀能通过各种途径扩大在华影响。此次在陕赈灾虽系民间活动，但由于得到美国政府的大力支持，因而取得了空前的成功，而此前，还没有哪一次行动能使美国在中国西北内陆获得如此之高的评价和影响。在这次赈灾之后的多次重大灾荒中，都有美国各界人士筹款资助，“洋赈”在近代陕西起着越来越重要的作用。

六、结语

1901 年，美国各界通过《纽约时报》等主流媒体初步了解到陕西的大旱和饥荒状况，在《基督教先驱报》主编克洛普齐等人的倡导下，美国民众积极为陕西灾区募款赈济。《基督教先驱报》记者尼科尔斯奉派前往陕西查赈，对陕西大旱、饥荒状况以及赈灾效果与影响，向美国国内做了大量报道，推动了后续捐款。英国浸礼会著名传教士敦崇礼在西安领导的由西方传教士、本地基督徒和官员组成的赈灾委员会，在西安、三原、临潼等关中地区进行了大量的赈济活动，救济了大量灾民，扩大了教会影响，入教人数大为增加。作为近代西方第一次在陕西乃至西北的大规模赈济活动，美国借此在陕西和西北内陆地区的影响力迅速提高，树立了良好的国家形象，推动了此后美国在西北地区传教、考察、商贸等方面活动的开展。

（作者：史红帅，陕西师范大学西北历史环境与经济社会发展研究中心、历史地理研究所副研究员，史学博士）

平等与不平等之间

——中西外交礼仪之争与中国外交近代化的艰难起步

李云泉

【提　要】朝贡体制曾是古代亚洲地区源远流长的一种国际关系体制，也是中国传统对外关系的主要模式之一。清朝前期，作为朝贡体制主要内涵的朝贡礼仪虽为西方国家视为不平等待遇，并由此引发中俄、中英之间的外交礼仪冲突，但并未使古老的朝贡体制发生动摇。鸦片战争以降，中西之间展开更为激烈的外交礼仪之争。随着一个个不平等条约的签订，传统朝贡礼仪终为近代西方外交礼仪所取代，这也成为朝贡体制走向崩溃和中国外交近代化的标志性事件。

【关键词】朝贡体制　朝贡礼仪　外交　平等　不平等

蒋廷黻先生指出：“中西关系是特别的。在鸦片战争以前，我们不肯给外国平等待遇；在那以后，他们不肯给我们平等待遇。”① 沿着这个思路，早年曾随蒋廷黻学习的美国汉学大师费正清进一步分析说：“对于西方列强强加于中华帝国的不平等条约，如果要了解其单方面的和不平等的性质，我们就必须回顾一下中国首先强加于西方来客的古老朝贡制度。这个古老的中国制度，也同取代它的条约体系一样，是不平等的。”② 不言而喻，二者不平等的性质各有不同。值得回味的是，清廷对今日司空见惯的外交礼仪极力拒斥，对今日看来严重损害国家主权和领土完整的割地赔款、治外法权等最不平等的条约款项，却相对容易接受；而西方列强则将清廷习以为常的朝觐礼仪，视为最不堪忍受的不平等待遇。这样，在平等与不平等之间，中西方围绕外交礼仪问题发生了旷日持久的冲突与较量。与这一历史进程相适应，由传统朝贡礼仪过渡到近代外交礼仪，则成为中国外交近代化的重要内涵和标志之一。

一、清前期中俄、中英外交礼仪冲突

十五六世纪之交的地理大发现，开辟了欧洲人的海权新时代，世界整体化的序幕由

① 蒋廷黻：《中国近代史》，湖南人民出版社，1987 年，第 17 页。
② 费正清：《美国与中国》（中译本），世界知识出版社，2000 年，第 147 页。

此拉开。为了追逐商业利润，谋求海洋霸权，葡萄牙、西班牙、荷兰、英国等国相继东来，与古老的中华帝国发生直接的政治、经济联系。但是，他们很快发现，东亚地区早已存在一个以中国为宗主的朝贡关系网络，他们欲与中国政府打交道，必须以“朝贡者”的姿态出现，否则，中国统治者会随时将其拒于门外。例如，顺治十年（1653），荷兰巴达维亚（今印度尼西亚雅加达）总督派遣使臣“至广东请贡，兼请贸易”，但因使臣没有携带表文和贡物，与朝贡制度不符，“巡抚具奏，经部议驳”①。请贡遭拒，使荷兰人对清朝的朝贡制度有了更为具体的了解。两年后荷兰巴达维亚总督再遣使臣来华，便按清朝的规定，携带表文和贡物。经广东巡抚奏请，清廷准其赴京朝觐。

荷使来华，请贡是虚，通商是实。顺治帝一面以天下共主的口吻对荷兰人的“虔修职贡”赞许有加，另一方面则以“体恤远人”为托词，许令“八年一贡”，拒绝其直接与中国通商的要求。这与明太祖朱元璋的做法极为相似，即将对外关系限定在朝贡关系的框架之内。19 世纪末 20 世纪初，在华任职长达 30 多年的美国人马士曾这样评价此次来华的荷兰使团：“这两位使节事事顺从中国人的要求。他们带来贵重的礼物，并且听凭这些礼物被人称为贡物，自己竟也这样称呼它；他们也拜领了优厚的恩赐；他们匍匐在皇帝面前；他们在皇帝的圣讳、诏书和宝座之前恭行了三跪九叩的礼节；他们情愿以一个亚洲藩属向宗主国来朝贡的使臣自居。他们希望用这种行为在中国取得贸易特权，像他们在日本以同样手段所取得的一样；但他们所得的只不过是被准许每八年遣使一次，每次随带商船四艘而已。”② 此后，历次荷使来华，皆给清廷留下“小心知礼”的印象。

清初的中西官方交往，仍然局限于传统的朝贡模式。一方面，清朝统治者以朝贡的眼光审视前来的西方使节；另一方面，无论是荷兰人还是葡萄牙人、西班牙人使华，都自觉或不自觉地扮演着“贡使”的角色，遵奉朝贡礼仪，故而礼仪问题并不突出。

首先对天朝礼仪发起挑战的是俄罗斯人。

清前期的中俄交往，由主管民族事务的理藩院具体负责，而非主管朝贡事务的礼部的执掌范围，看上去有点不伦不类，不过俄国人也从中捞取了不少好处。他们在华所受到的礼遇及获得的商业特权，常令西欧诸国羡慕不已。马克思在《俄国的对华贸易》一文中指出，俄国同中华帝国的关系是很特殊的。当英、美等西方海运国家连跟两广总督直接联系的特权都得不到的时候，“俄国人却享有在北京派驻使节的优先权。固然，据说这种优先权是由俄国人付出屈尊容忍的代价换来的：它只有算做中华帝国的一个朝贡藩属才得侧身于天朝的朝廷。但这毕竟使俄国外交在中国，也像在欧洲一样，有可能产生一种绝不限于外交事务的影响”③。马克思基于对朝贡模式的认识，将俄国称作中华帝国的“朝贡藩属”，符合清人的“理藩”心态。但同时应该看到，正是在与俄国人打交道的过程中，清朝统治者渐渐多了一份平等意识，少了些许虚骄。所以，当清廷每每以“与天朝体制不符”为由将来自海上的西欧诸国的通商和其他要求予以拒绝时，却对俄罗斯网开一面：设立俄罗斯馆，允许俄罗斯商人进京贸易，朝贡礼仪也发生了由固守到变通的转变。

① 梁廷枏著，骆驿、刘晓点校：《海国四说·粤道贡国说》，中华书局，1993 年，第 205 页。

② ［美］马士著，张汇文等译：《中华帝国对外关系史》，上海书店出版社，2000 年，第 57 页。

③ 《马克思恩格斯选集》（第 2 卷），人民出版社，1972 年，第 9 页。

顺治年间，出于打探中国情况和通商需要，俄国政府两次向清廷派遣使节。一次是顺治十一年（1654），沙皇派遣费奥多尔·巴伊科夫来华。行前，俄国外务衙门给巴伊科夫下达了内容详尽的训令，其中涉及礼仪问题的有：国书、礼品须亲呈清帝，而非衙门官员、皇帝近臣代呈；若发现清帝致沙皇的国书未将沙皇的名称写对或写全，须要求重新书写，否则，不得将国书携回；不得向清帝宫殿和任何一道门坎鞠躬，不得吻皇帝的脚，但吻手的要求不要拒绝。总之，除了遵循沙皇的谕旨和以前的习惯外，其他的礼节都不能履行。① 看来，重视外交礼仪的不只是中国皇帝，欧亚大陆另一端的专制君主沙皇，也格外看重外交礼仪。就在巴伊科夫使华的同一年，俄国派往西欧的使节向神圣罗马帝国皇帝宣称：我们将不按别人所要求的那样去主持外交代表团，而按照自己官定的外事习惯，其他国家的大使和公使并不足为我们效法。② 带着这样的训令出使中国，其结果可想而知。

巴伊科夫在京期间，因觐见礼仪与清廷相持不下，遂为清廷逐回。两年后俄国再遣伊凡·佩尔菲得耶夫和阿勃林来华，同样因礼仪问题怏怏而还。

康熙九年（1670），为商谈中俄边界纠纷及通商等事宜，俄国驻涅尔琴斯克（即尼布楚）军政长官阿尔申斯基派遣伊格纳季·米洛瓦诺夫出使中国。到京后米洛瓦诺夫依清廷礼仪觐见康熙帝，并接受清廷的赏赐。据俄方记载，米洛瓦诺夫携带的官方文书中有“望博格得汗（指中国皇帝）本人归顺于我沙皇陛下最高统治之下，永世不渝，向我大君主纳贡”③ 之语，竟然要求康熙帝臣服于沙皇。若非译文经过曲解、粉饰，使清廷难以知悉文书的确切内容，恐怕一场礼仪冲突在所难免，米洛瓦诺夫早就被扫地出门了。

清前期中俄双方最激烈的一次礼仪冲突，是由康熙十五年（1676）尼古拉·斯帕法理使华引发的。米洛瓦诺夫来华前后，康熙帝曾两次致书沙皇，目的在于通过和平谈判解决两国在黑龙江流域的争端及达斡尔族酋长根忒木尔叛逃俄国等问题。为此，沙皇特派斯帕法理率领150余人的庞大使团赴华。斯帕法理一行抵达嫩江时，清廷派礼部侍郎马喇前往迎接，双方围绕国书的递交问题相持不下。清代各国贡使入境后，须由当地官员查验其表文和贡物。马喇依据朝贡程序，要求斯帕法理出示国书，查验其中是否含有“无礼”之词，并提出对俄国呈送清廷的礼品加以过目，当即遭到拒绝。斯帕法理坚持将国书当面递交清帝。

进京后，双方就若干礼仪细节讨价还价，俄使在京的三个多月期间，争论几乎没有停止过。最终要么折中双方意见，要么敷衍了事。关于国书和礼品的递交问题，本来，外国使臣抵京后，所携国书（表文）、礼品（贡物）须由相关衙门译审、查验，然后将国书转呈清帝，礼品移交内务府。清廷一改惯例，准许斯帕法理将国书置于宫内一张铺有黄缎的御案上，再由内阁大学士代表康熙接受国书和礼品。对于清廷所一直固守的这一朝贡礼仪的变通，连当时在京的耶稣会士都深表惊讶：“说实在的，他们（清朝官员）现

---

① 详见尼古拉·班蒂什—卡缅斯基：《俄中两国外交文献汇编》，商务印书馆，1982年，第23—24页。

② 参见苏全有：《十七、十八世纪中俄外交礼仪之争》，《清史研究》1999年第4期。

③ 苏联科学院远东研究所编：《十七世纪俄中关系》第1卷第2册，商务印书馆，1978年，第401—402页。

在所提出的建议，几乎已经是奇迹了，……而这种新的仪典对过去的任何使节又都未采用过。”①

在觐见和接受清帝回赐物品时是否行跪拜礼一事上，因沙皇给使团的训令要求觐见清帝时只能行鞠躬礼，所以一开始斯帕法理不肯让步。后担心不能如愿完成使命，勉强接受中方建议，觐见康熙时行了极不规范的三跪九叩礼。在接受清帝的回赐物品时，斯帕法理声称皇帝赠送他本人的礼品可以跪接，而赠送沙皇的礼品必须立受。无奈之下，主持颁赏的清朝官员只好将礼品草草交给他了事。

鉴于斯帕法理来华“行止悖戾”（清人将尼古拉译作“尼果赖”、“米库赖”，在此，这个“赖”字的象征意义隐约可见），清廷决定不给沙皇回复国书。清廷之所以作出如此决定，名义上是在维护既定的礼仪制度，其实，对于俄方是否接受己方以居高临下语气撰就的国书，也是经过充分考虑的。历次俄方递交清帝的国书，无不对沙皇的一大堆尊号、头衔详加罗列，字数抵得上一篇短文。不向斯帕法理颁发国书，是为了避免由此引发礼仪冲突。为此，清朝官员曾向斯帕法理作出三点解释：一是清帝在致别国君主复书中，一律使用至尊君主对下属的语言；二是关于别国君主的礼品，清帝的复书中都写作“尔所献贡物朕已察收”；三是赏礼或回礼，清帝一律写为“朕念尔曾经效力，特赐尔及尔国以恩赉”。如果斯帕法理没有异议，像这样的国书，清廷肯定是乐于回复的。② 清朝官员已隐约认识到除了“敕谕”以外，国书还有另外一种写法。当然，这并不妨碍清代官方文献仍用套语，记载斯帕法理来华一事：

> （康熙十五年）五月丙戌，鄂罗斯察汉汗遣其使臣尼果赖罕伯理尔鄂维策入贡方物，奏称：鄂罗斯僻处远方，从古未通中国，不识中国文义，不谙奏疏仪式，今特向化输诚，愿通贡使。得旨：鄂罗斯国所处甚远，诚心向化，特遣其臣贡献方物，甚属可嘉。所奏之处，议政王大臣等议奏。
>
> 七月，议政王大臣等遵谕议复：鄂罗斯察汉汗向化入贡，应行赏赉。其使臣尼果赖不娴典礼，不便给与敕书，应令理藩院谕来使云：“尔主欲通和好，应将本朝逋逃根忒木尔遣还，令简使臣尊中国礼行，方许照常贸易。”从之。赐鄂罗斯察汉汗使臣鞍马、袍服等物。③

斯帕法理使华引发的中俄礼仪冲突，给清廷留下挥之不去的阴影，遵行中国礼仪，成为俄商来华的前提条件。

康熙二十八年（1689），在中俄双方围绕《尼布楚条约》的谈判过程中，俄方代表戈洛文根据俄国政府的训令，要求在条约中载明：清帝致俄皇的国书，须写明俄皇的各种尊称、头衔，不得在国书中自称“天下主宰”并使用“上谕”之类的字眼；国书的递交程式按西方外交惯例由两国君主亲受。对此，清廷代表以未奉谕旨为由加以拒绝，国书问题一直悬而未决。

康熙三十二年（1693），义杰斯以使节兼商人的双重身份来京，曾遵斯帕法理使华的

---

① ［英］约·弗·巴德利：《俄国·蒙古·中国》（中译本），商务印书馆，1981年，第1484页。

② 详见王开玺：《隔膜、冲突与趋同——清代外交礼仪之争透析》，北京师范大学出版社，1999年，第81—96页。

③ 《清圣祖实录》卷61，康熙十五年五月丙戌条；卷62，康熙十五年七月辛巳条。

先例，向清廷递交国书、礼品，觐见时向康熙行三跪九叩礼，但康熙以俄罗斯国书“将其君主写金字置前，且不写奏字而写朋友……不合外国奏书之例，故不予接受，其文书及贡物，均著退回”[①]。后经大臣议定奏准：

> 俄罗斯察罕汗奏文，与外国奏文体式不合，将贡物、奏文一并发回。但该国地远，不知中国制度，将原奏不合式之处，明白晓谕来使。召见时照常恩赐，其带来货物仍令贸易。嗣后俄罗斯奏文，先令黑龙江将军开看，若有不合式处，即自边地驳回。验明合式，方准入奏。到京之日，令来使于午门前，跪奉（国书）置黄案上，行三跪九叩礼。[②]

此后，中俄在国书的格式等问题上虽仍有分歧，但双方从各自的利益原则出发，都作过让步。康熙五十八年（1719），俄国政府派遣伊兹玛依洛夫使华，为谋取更多的商业利益，在给他的国书中一一写明中国皇帝的各种头衔称号，称清帝为“陛下”，而不是“殿下”，称沙皇，只写他洗礼时的教名。[③] 伊兹玛依洛夫递交国书时，出于睦邻友好，维护边境安定的考虑，康熙也打破惯例，亲受国书。这已是中国皇帝给与外国使臣的最高礼遇了。不仅如此，在此之前图理琛于康熙五十一年（1712）奉命出使土尔扈特部时，康熙在给他的训令中曾明确表示，如蒙俄皇召见，可以彼国之礼觐见。雍正七年（1729）至十一年（1733）清朝两次派使团出访俄国，皆按俄方礼仪要求，向俄皇行叩头礼。

不过，对于俄使所携国书，清廷一直坚持不予回复，其间虽有变通，但这一问题到雍正三年（1725）双方商定由中方理藩院和俄方枢密院互通信函为止，才以折中的方式获得解决。

与康熙年间斯帕法理使华的中俄礼仪冲突相比，乾隆五十八年（1794）马戛尔尼使华所引发的礼仪问题主要围绕英使是否行三跪九叩礼展开，不仅内容单一，双方的冲突也算不上十分激烈。马戛尔尼使华之所以在中西关系史上占有重要地位，恐怕不仅仅在于这一事件本身，更在于它所具有的象征意义。后世学者曾从不同的角度，对此进行诠释。其中，“占主流也比较不那么牵强的看法是一个被贸易所驱动的英国的（帝国主义）扩张与一个傲慢且自视为世界中心的中华帝国相遇并（因文化误解）发生冲突；由于（顽固的）清廷与英使在是否按常规朝贡方式行三跪九叩礼这一问题上的争执，使使团最后以失败告终。此事的失败体现了中国对外部世界的漠视和无知，最终导致了对中国极为不利的后果”[④]。在西方学者笔下，往往将马戛尔尼使华作为近代中西大规模军事和文化冲突的序幕来描述，得出上述结论也就顺理成章了。法国学者阿兰·佩雷菲特在对马戛尔尼使华一事作了详尽的考察分析之后总结说：

> 面对总是以强国（其实它已没有强盛的国力）自居且态度傲慢的中央帝国，英国已越来越不耐烦。英国人的活力无法发挥，中国十分虚弱还毫不妥协，双方都被

---

① 中国第一历史档案馆编：《清代中俄关系档案史料选编》第1编上册，中华书局，1981年，第149页，参见张维华、孙西：《清前期中俄关系》，山东教育出版社，1997年，第137—138页。

② 光绪《大清会典事例》卷746，中华书局1991年影印本。

③ [法] 加斯东·加恩：《彼得大帝时期的俄中关系史》（中译本），商务印书馆，1980年，第155页。

④ 罗志田：《后现代主义与中国研究：〈怀柔远人〉的史学启示》，《历史研究》1999年第1期。

激怒了。所有的战争总是通过寻找属于先验范围的正当理由来合法化的。对中国人来说，已达到的完美是个正当理由，对英国人来说，可臻完善的进步才是正当理由。两者并不属于同一个思想领域。他们越来往，互相越不能容忍。在这种伤害对方的不理解状态中，两种文明互相撞击，每一方都认为自己是世界第一。①

因彼此隔膜而产生文化误解和冲突，是人类文化史上的普遍现象，中英双方都视自己为世界第一，也是事实，而且一个是观念中的世界第一，一个是现实中的世界第一。但问题是，围绕马戛尔尼使华的中英礼仪冲突，是否如学者们所说或想象的那样严重？马戛尔尼之所以对悬挂于英国船上写着“英吉利贡使”的长幡熟视无睹，是因为他心里清楚，一旦捅破这层窗户纸，他就可能随时被清廷勒令返航，更遑论进京面见乾隆了。按朝贡制度行事，是各国派遣使臣来华的先决条件，英国人哪怕做做样子，也必须迈过这道门坎。

既然有康熙年间对俄交涉时礼仪变通的先例，起初乾隆帝并未强行要求马戛尔尼使团遵行清廷礼仪。使团抵达天津前，双方尚未就礼仪问题进行磋商，乾隆帝只是指示负责接待的地方官员厚待来使：“此次英吉利贡使到后，一切款待，固不可踵事增华，但该贡使航海远来，初次观光上国，非缅甸、安南等处频年入贡者可比。……务宜妥为照料，不可过于简略，致为远人所轻。”② 使团抵达天津后，乾隆于1793年8月3日谕令直隶总督梁肯堂、长芦盐政征瑞：“接待远人之道，贵于丰俭适中，不卑不亢。若该贡使等于进谒时行叩见之礼，该督等不必辞却；倘伊等不行此礼，亦只可顺其国俗，不必加之勉强。该督等务宜留心款接，不可过于优待，转为所轻；以示怀柔，而符体制。”③ 这是乾隆首次就英使的叩见礼仪问题表态，似乎对英使是否行叩见礼并不介意。

可是，没过几天，乾隆的态度就发生了两次变化。当他得到征瑞亲赴英船与马戛尔尼相见的奏报后，发现其中没有言及相见礼仪，为此特颁谕令：“该贡使虽自称伊系该国辅政大臣，又属国王亲信之人。但外夷遣使入贡，其陪臣与天朝臣工相见礼节，自有定制。即如阮光平系安南国王，其与同知王抚堂接见时，礼貌尚极恭敬。何况玛嘎尔呢等不过该国使臣，而征瑞系钦差前往照料，该使臣进谒时自应倍加恭敬。接待外夷之道，全在斟酌适中，不卑不亢。该国遣使航海远来，固不可稍存简慢，致阻向化之诚。然加之体恤则可，若过为优礼，夷性贪得便宜，待之逾厚，则其心益骄，转使外夷不知天朝体统，尊严为所轻忽，关系甚重。……著传谕征瑞即将该使臣等如何接见行礼情形迅速先行驰奏。”④

其实，因英使“自以品级尊崇，须平行相见”，征瑞恐“有失体制”，并未亲自与马戛尔尼相见，只是委派两名下官至英船询问“贡物”种类数量，索要贡单。乾隆闻奏，对征瑞的做法不以为然，再降谕旨一道：“征瑞接奉前旨，以该使臣欲行敌体之礼，遂不

① ［法］阿兰·佩雷菲特著，王国卿等译：《停滞的帝国——两个世界的撞击》，三联书店，1993年，第600—601页。

② 《英使马戛尔尼来聘案·（乾隆五十八年）六月十七日廷寄》，故宫博物院掌故部编：《掌故丛编》，中华书局，1990年（下同），第633—634页。

③ 《英使马戛尔尼来聘案·（乾隆五十八年）六月二十七日廷寄》，《掌故丛编》，第649—650页。

④ 《英使马戛尔尼来聘案·（乾隆五十八年）六月二十九日廷寄》，《掌故丛编》，第650—651页。

轻往，仅派道将过传查看，殊属矫枉过正。试思该使臣向征瑞行叩见礼，亦无足为荣；即不行叩见礼，亦何所损？梁肯堂若计较至此，更成笑话。外省习气，非过则不及。况该使臣航海远来，至一年之久始抵天津，亦当格外加之体恤，岂可以此等相见礼节与之较论？殊非怀柔远人之道。”①

这两道廷寄谕令发自同一天，但措辞不一，在礼仪问题上自相矛盾。乾隆对礼仪问题的态度摇摆不定，使梁肯堂、征瑞等负责接待英使的官员战战兢兢，无所适从。此后，清廷对马戛尔尼使团的接待和礼仪要求逐渐由宽而严。即使如此，使团在天津停留期间，双方仍未在礼仪问题上发生什么大的争执。当清廷发现译出的英国贡单内有“钦差”字样时，认为该称谓“流传日久，几以英吉利与天朝均敌，于体制殊有关系”，遂责令将“钦差”二字改为“贡差”、“敬差”字样。② 对此，英使没有表示异议。当征瑞根据朝廷指示，婉转告知英使演练跪叩礼时，马戛尔尼也没有表示明确的反对，以致征瑞不无得意地上奏乾隆说：“英吉利使臣等深以不娴天朝礼节为愧，连日学习，渐能跪叩。征瑞随时导教，俾臻妥善。”③

可是，老练的马戛尔尼一直在敷衍征瑞等人，他要到最后关头才亮出底牌：觐见乾隆时拒行三跪九叩礼。果然，从通州到北京，对征瑞要求英国使团演练跪叩礼的两次提议，马戛尔尼皆断然拒绝。其理由是：他只对上帝双膝跪拜，对英王也不过屈一膝而已，觐见中国皇帝与觐见英王的礼仪应该是一样的，即行单膝跪拜礼。④ 马戛尔尼使团抵达热河后，双方仍就觐见礼仪相持不下。乾隆皇帝震怒了。本来允许英国使团赴热河“随蒙古王公，缅甸贡使一体行礼”，已属格外恩典，英使既为祝寿而来，却不肯行三跪九叩之礼，岂不有辱天朝门面，遭各藩部王公、外国使臣讥笑！何况英使觐见的具体仪节已经排定。⑤ 看来应该给不守天朝礼仪的英国人一点颜色了。在9月9日的廷寄谕旨中，乾隆一面对英使进京所经省份的地方官表示不满，认为他们对英使的“款接供给未免过于优待，以致该贡使等妄自骄矜”；一面命令他们在英使回国时，“只须照例应付，不得踵事增华，徒滋烦费，此等无知外夷，亦不值加以优礼”。次日，乾隆传谕在京官员，降低对英使的接待规格，重申外夷觐见的礼仪原则：“朕于外夷入觐，如果诚心恭顺，必加以恩待，用示怀柔；若稍涉骄矜，则是伊等无福承受恩典，亦即减其接代（待）之礼，以示体制。此驾驭外藩之道宜然。”⑥

根据清廷安排，马戛尔尼使团在热河期间，需要向乾隆行礼的场合有两个：一是9月14日接受乾隆召见，呈递国书时；二是9月17日乾隆83岁寿辰时，随祝寿队伍向乾隆御座方向行礼。至于英使以何种方式行礼，不仅中英双方的记载互相抵牾，即使清代官

① 中国第一历史档案馆：《朱批奏折·外交类》，第25号。

② 《英使马戛尔尼来聘案·（乾隆五十八年）六月三十日军机处给征瑞劄》，《掌故丛编》，第662页。

③ 《英使马戛尔尼来聘案·（乾隆五十八年）七月十二日传谕征瑞》，《掌故丛编》，第691页。

④ 斯当东著，叶笃义译：《英使谒见乾隆纪实》，上海书店出版社，1997年，第359页。

⑤ 英使觐见的仪节由军机大臣何珅拟定，于9月8日奏准，具体内容见朱雍：《不愿打开的中国大门：18世纪的外交与中国命运》，江西人民出版社，1989年，第227页。

⑥ 《英使马戛尔尼来聘案·（乾隆五十八年）八月初五日廷寄、八月初六日廷寄》，《掌故丛编》，第714—717页。

方记载也颇多歧异，这一问题一直悬而未决。不过，《清史稿》从礼仪变通的角度，言及此次英使觐见礼仪："康熙初，外洋始入贡。中朝款接，稍异藩服。南怀仁官钦天监，增工部侍郎，凡内廷召见，并许侍立，不行拜跪礼。雍正间，罗马教皇遣使来京，世宗许行西礼，且与握手。乾隆季叶，英使马格里（马戛尔尼）入觐，礼臣与议仪式，彼以觐见英王为言，特旨允用西礼。筵宴日，且亲赐卮酒。"①

不管马戛尔尼等人是遵从清廷朝贡礼仪行三跪九叩礼，还是以"西礼"对乾隆单膝跪拜，觐见的当日，乾隆的心境还是不错的，特赋诗一首，以志事抒怀：

博都雅昔修职贡，英吉利今效荩诚。
竖亥横章输近步，祖功宗德逮遥瀛。
视如常却心嘉笃，不贵异听物诩精。
怀远薄来而厚往，衷深保泰以持盈。②

马戛尔尼使华引发的中英礼仪冲突，恐在清廷看来，只是先前俄国人使华的翻版，如果他们不按规定的礼仪行事，最坏的结果不过是"绝贡断交"。何况清廷既有礼仪变通的先例，也未因此拒绝与英国人的交往。乾隆六十年（1796），清廷甚至铸刻了专供"英吉利敕谕内钤用"的印玺。③ 20年后，英国阿美士德使团于嘉庆二十一年（1816）来华，嘉庆帝以他托病拒行三跪九叩礼为由，不许觐见，即行驱逐。其胸襟已不比乃父乾隆，更逊于曾祖康熙。

从理论上讲，不同国家、民族之间的礼仪差异，体现的是无可区分轩轾的文化的民族性。同样拥有优越感的中英双方，都没有在礼仪方面声称自己的优越性，却都想将自己的礼仪强加于对方：英国奉行貌似平等的国家之间的交往原则；清廷则有沿袭已久的朝贡制度。这其中不可避免地掺杂着彼此之间的文化误解，英国人无法想象，在中国，叩头除了表示服从以外，还带有祖先崇拜的痕迹，是对长者表示敬意、谢恩的司空见惯的方式；中国人则难以理解，你英国人既为祝寿而来，为何不入乡随俗？又不是我邀请你来。实际上，马戛尔尼使华遵行的仍是朝贡模式，除了跪叩礼之外，双方没有在其他问题上发生争执。西方学者指出，马戛尔尼使团"在遵循宗主国和附庸国的关系准则的所有其他方面之后，却拒绝磕头，这样做实际上是毫无意义的，反而产生了影响深远的误解……"④。

确切地讲，这里所说的"影响深远的误解"，是指西方人对中国的误解乃至偏见，这与他们将磕头神圣化的殖民心态有关。19世纪以来，欧洲中心论成为西方殖民列强对外扩张的理论依据，在他们眼里，清廷礼仪是中华帝国傲慢自大、闭关排外的象征，甚至以此作为对华侵略的辩护借口。第一次鸦片战争爆发后，美国总统约翰·亚当斯（John Quincy Adams）声称，战争的真正原因不是鸦片而是磕头。他解释说，中国人将自己关在

① 《清史稿》卷91《礼志十·外国贡使觐见礼》，中华书局标点本，第2679页。

② 《清高宗实录》卷1434，乾隆五十八年八月庚午条。

③ 《英吉利国交聘案》，故宫博物院编：《文献丛编》第5辑，1937年刊本，第5页。

④ ［美］普里查德：《1793年马戛尔尼使团访华中的磕头问题》，原载《远东季刊》1943年第2卷第2期，转引自［美］何伟亚著，邓常春译：《怀柔远人：马嘎尔尼使华的中英礼仪冲突》，社会科学文献出版社，2002年，第241页。

排外主义的高墙之内，而将欧洲人的贸易拒之门外，这违反了国际法给予每个国家的“道德义务”——为商业往来创造便利。中国人认为可以在“侮辱和贬低”的基础上与人交往，这种“傲慢和不堪忍受”的态度，正是引起中英冲突的唯一原因。[①] 以跪拜礼为核心的清廷礼仪因时移势异而承载如此重要且被肆意歪曲的含义，这是当初中英礼仪问题的当事人无法预料的。

乾隆在致英王乔治三世的敕谕中说道：

> 天朝抚有四海，惟励精图治，办理政务；奇珍异宝，并不贵重。尔国王此次赍进各物，念其诚心远献，特谕该管衙门收纳。其实天朝德威远被，万国来王，种种贵重之物，梯航毕集，无所不有，尔之正使等所亲见。然从不贵奇巧，并无更需尔国制办物件。是尔国王所请派人留京一事，于天朝体制既属不合，而于尔国亦殊觉无益。特此详晰开示，遣令贡使等安程回国。尔国王惟当善体朕意，益励款诚，永矢恭顺，以保乂尔有邦，共享太平之福。[②]

这段文字长久以来被广为引用，作为中国闭关锁国、傲慢自大的佐证。而美国学者何伟亚指出，乾隆致乔治三世的信（敕谕）在英国长期被忽略，甚至19世纪英国外交官考虑对华关系时，它也没有引起丝毫重视。1896年它才由帕克全部译成英文，1914年巴克豪斯（Backhouse）和布兰德（Bland）的版本才使它的传布更为广泛，且被视为消遣和娱乐。这也许就是为什么伯兰特·罗素在读过译文之后，认为“直到这封信不再被视为荒谬可笑时，西方人才会理解中国”[③]。当历史中的角色与现实中的角色越来越不一致，中央帝国日益边缘化时，清廷留给西方的是更多的不解和误解。

马戛尔尼曾从对中国的亲身感受出发，告诫西方人说：“以我们欧洲人的准则来判断中国，没有比这更能使人犯错误的了。”[④] 但后来西方人从西方的角度审视中国，自有他们的理由。同样，清廷以朝贡的目光打量外国派来的使节，也有其理论和现实依据。问题是，以朝贡制度为媒介的中外交往，其主从关系的认定，主要体现在表文、敕谕及朝贡礼仪等方面。不同时期的中国统治者，对中外关系的实际情形，往往有着清晰而务实的认识。例如，马戛尔尼使华20年前，在乾隆皇帝亲自撰写的《土尔扈特全部归顺记》碑文中，有这样一段文字：“西域既定，兴屯种于伊犁，薄赋税于回部，若哈萨克，若布鲁特，俾为外圉而羁縻之；若安集延，若巴达克山，益称远徼而概置之。知足不辱，知止不殆。朕意亦如是而已矣。岂其尽天所复，至于海隅，必欲悉主悉臣，为我臣属哉！”[⑤] 与此相比，清廷发给外国的敕谕中反复出现的“天朝抚有四海”、“天朝统驭万国”一类的词句，其实只是空洞的格式化语言，是对既定事实的夸大而模糊的表述，不是意欲统治全球的对外宣言。清朝统治者本来不想与诸多海外国家发生联系，但当他们“遣使朝贡”时，又放不下天朝的架子，不得不守一贯声称的“怀柔远人”之道。马戛尔尼使华

---

① ［美］何伟亚：《怀柔远人：马嘎尔尼使华的中英礼仪冲突》，第236—237页。

② 《清高宗实录》卷1435，乾隆五十八年八月己卯。

③ ［美］何伟亚：《怀柔远人：马嘎尔尼使华的中英礼仪冲突》，第243页。

④ ［法］阿兰·佩雷菲特著，王国卿等译：《停滞的帝国——两个世界的撞击》，三联书店，1993年，卷首语。

⑤ 转引自张维华、孙西：《清前期中俄关系》，山东教育出版社，1997年，第333页。

一事，可谓这一矛盾历史进程中的一个插曲。

二、新旧两种不平等制度的碰撞

无论是康熙年间的中俄礼仪冲突还是乾隆末年马戛尔尼使华引发的中英礼仪之争，皆未使古老的朝贡制度发生动摇。19世纪40年代已降，风云突变，通过巡洋舰和枪炮掩护输入的西方近代外交体制，在与中国传统对外关系体制的反复冲突和较量中，不可逆转地占据了优势地位，并由此引发了更为激烈的礼仪之争。

在清人梁廷枏笔下，西洋诸国属“粤道贡国”，广州是其来华朝贡的第一站；同时，在一口通商体制下，广州又是海外商人云集之地。所以，处理朝贡与通商事务，一直是两广总督和当地官员的重要职责。但在鸦片战争之前，两广总督除奉旨接待朝贡使臣外，基于“人臣无外交”的传统理念，从不直接与外商打交道。外商遇有交涉事宜，须将写有“禀帖”字样的文书交付行商，由行商检查是否有悖逆之辞，再转交地方官上呈两广总督。这还是查验朝贡表文的老办法，所不同的是，外商的文书由熟悉“夷务”的行商代替官府进行查验。

首先对这一不平等待遇发出挑战的是英国人。1834年，英国驻华商务总监律劳卑（William John Napier）欲打破惯例，直接与两广总督平等交往，使其官方地位得到清政府的承认。可是，律劳卑致两广总督卢坤的文书未经行商转递，更严重的是，文书“封面系平行款式，且混写‘大英国’等字样”，卢坤拒绝接受。他从传统的“驭夷”观念出发，认为“中外之防，首重体制。该夷目律劳卑有无官职，无从查其底里，即使实系该国官员，亦不能与天朝疆吏书信平行。事关国体，未便稍涉迁就，致令轻视”①。律劳卑连文书的款式、呈递方式都不符合规定，更遑论其他要求了。接着，鉴于律劳卑的强硬态度和武装挑衅行为，卢坤下令中止对英贸易。通商历来是中国怀柔四夷的手段，反之，绝商则是对不守规矩的夷人的惩罚。

之后，中英贸易虽然恢复，但英人争取与中国官员平等往来的努力归于徒劳。1838年，英国新任驻华商务总监义律（Charles Elliot）所递文书，仍未采用禀帖款式，两广总督邓廷桢拒不接受。广州一口通商后，朝贡与通商可分可合，但对通商事务的管理，相当程度上囿于朝贡模式，所以，英国驻华商务总监与两广总督对等的官方地位，不可能得到清政府的认可。万邦来朝的观念如此深入人心，以致鸦片战争爆发前夕，清廷朝野上下仍将包括英国在内的西方国家视为朝贡国，连当时思想开明的士大夫也不例外。曾任礼部主客司主事的龚自珍谓：

> 我朝蕃服分二类，其朝贡之事，有隶理藩院者，有隶主客司者。……隶主客司者，曰朝鲜，曰越南，曰南掌，曰缅甸，曰苏禄，曰暹罗，曰荷兰，曰琉球，曰西洋诸国。西洋诸国，一曰博尔都嘉利亚，一曰意达利亚，一曰博尔都噶尔，一曰英吉利。自朝鲜至琉球，贡有额有期，朝有期。西洋诸国，贡无定额，无定期。②

---

① 《道光朝外洋通商案》，故宫博物院文献馆编：《史料旬刊》1930年第21期，第767页。

② 龚自珍：《主客司述略》，《龚自珍全集》，上海人民出版社，1975年，第118—119页。

英国及后来的其他西方国家由朝贡国到“敌国”的转变在观念上被清人接受并落实到实践层面，是英国人诉诸武力的结果。通过发动第一次鸦片战争，英国人终于达到了目的，以不平等的条约形式，取得了中英官方往来的平等权利。中英《南京条约》规定：“英国驻中国之总管大员，与大清大臣无论京内、京外者，有文书往来，用照会字样；英国属员，用申陈字样；大臣批复，用札行字样；两国属员往来，必当平行照会。”[①] 其后的中美《望厦条约》和中法《黄埔条约》皆有类似条文。

与此同时，清廷对原有外事管理体制略作调整。1844 年，道光帝将耆英调任两广总督，加封钦差大臣。他在谕旨中说道：“耆英现已调两广总督，各省通商善后事宜，均交该督办理。著仍颁给钦差大臣关防，遇有办理各省海口通商文移事件，均著准其钤用，以昭慎重。”[②]

这道谕旨确立了长达 15 年（1844—1858）的由两广总督兼管理各国通商事务钦差大臣的惯例。与一口通商时期广州的通商事务例由两广总督管理相比，现行外事管理体制仍是旧瓶装新酒，没有什么实质性的变化，只是两广总督多了钦差大臣的头衔，其外事管理职能由一口扩至五口而已。随后，由于局势发展的需要，作为清政府与来自海上的西方国家交涉的常设代表，两广总督钦差大臣的职权有所扩大，已不仅仅局限于通商口岸的中外交涉。

由钦差大臣办理通商事务，只是清朝维护天朝体制的变通手段，要在使“夷务”远离京师，避免朝廷与西方使节直接打交道。从操作层面来看，不论是钦差大臣与来自海上的西方列强交涉，抑或理藩院处理中俄事务，他们只是执行任务，遇有重大事件必须请旨裁夺。他们所奏之事经军机处商讨后，再由清帝下旨给他们遵照执行，甚至连对外照会都是由军机处草拟，再以他们的名义致送外国使节。所以真正的外事决策权掌握在清帝和他周围的军机大臣手中。

至 1858 年弱肉强食的《天津条约》签订，天朝体制面临更加严峻的挑战。依据该条约，清朝皇帝身边的最高权力机构军机处取代了理藩院和钦差大臣，成为俄、英、法、美等国的交涉对象。这样，中外交涉地点由外而内，直逼紫禁城下。基于此，清廷不得不对传统外事管理体制作出重大调整，总理各国事务衙门应运而生。

总理各国事务衙门的职掌涉及内政外交诸多方面，就外交事务而言，除接管原属礼部的一部分职能外，又因中外关系的发展嬗变增加了新的职能：一是掌管外交礼仪，包括礼仪的拟定、庆典活动的安排、国书的草拟与收发等；二是参与条约的拟定与核查；三是官员的出访和驻外使节的派遣，由总理各国事务衙门奏请简派，并负责拟定出使章程，发放和报销出使经费；四是负责对外交涉事务，如处理教案、解决边界纠纷、勘定边界等。[③]

按照奕䜣等人的最初设想，设立总理各国事务衙门，不过是在列强步步紧逼的形势下，办理“抚局”的权宜之计，一俟局势好转，即行裁撤。甚至连办公地点的选择及里

---

① 王铁崖：《中外旧约章汇编》第 1 册，三联书店，1957 年，第 32 页。

② 《筹办夷务始末》（道光朝）卷 71，台湾文海出版社 1960 年影印本，第 19 页。

③ 详见刘光华：《清季总理衙门的职掌》，《中国近现代史论集》第七编，《自强运动》（二）“外交”，台湾商务印书馆，1985 年。

面的设施都经过精心考虑："一切规模，因陋就简，较之各衙门旧制格外裁减，暗寓不得比于旧有各衙门，以存轩轾中外之意。"① 对清朝统治者来说，从心理上接受与外国对等的外交关系还有很长的一段路要走。没想到，随着洋务运动的兴起和蓬勃发展，以"以专责成"为宗旨的总理各国事务衙门的职掌范围愈来愈广，涉及政治、军事、外交、财政、文教等各个领域，成了名副其实的"洋务衙门"。举凡有关洋务者，诸如铁路的修建，矿山的开采，西洋坚船利炮的购置，关税的征收，新式学堂的创办，使节和留学生的派遣等，皆以该衙门为总汇之地。美国学者马士曾评论说，自 19 世纪 70 年代末开始，总理各国事务衙门"与其说是一个外务部，不如说是更像一个内阁"②。

40 年后总理各国事务衙门改组为外务部的理由之一便是它"职责不专"。1901 年 7 月 24 日，清政府下令将总理各国事务衙门改为外务部，光绪帝在谕旨中说道："从来设官分职，惟在因时制宜。现当重订和约之时，首以邦交为重，一切讲信修睦，尤赖得人而理。从前设立总理各国事务衙门办理交涉，虽历有年所，惟所派王大臣等多系兼差，未能殚心职守，自应特设员缺，以专责成。总理各国事务衙门著改为外务部，班列六部之前。"③

在八国联军明火执仗的高压下，无论是总理各国事务衙门的裁撤还是外务部的创建，都可以找到充足的理由，不过说总理各国事务衙门未能"以专责成"，则是事实。日益膨胀的职掌表明，总理各国事务衙门远非一个纯粹的外交机构，将外交与通商合二为一的固有思维模式依然在起作用。

有人认为，总理各国事务衙门的成立，标志着清政府传统的对外关系的终结和近代对外关系的确立。此话恐怕只说对了一半。总理各国事务衙门成立后，传统和近代对外关系并存的局面仍然维持了一段时间，在总理各国事务衙门的官员频频与西方国家的代表打交道的同时，礼部官员也在受理朝鲜、琉球、越南等国的朝贡事务，只是其外事管理职能已远非往昔可比。换句话讲，在一定时期内，以朝贡制度为核心的传统的对外关系与近代对外关系只是实施对象有所不同，而不是完全的以新代旧：一方面，所谓近代对外关系长期只是针对欧美国家而言，是以战败的屈辱为代价的；另一方面，只要还有朝贡关系存在，清朝皇帝就不会自愿放弃其宗主地位，哪怕仅仅是名义上的。直到甲午战争之后朝鲜事务改隶总理各国事务衙门为止，传统的对外关系才真正落下帷幕。与一"破"一"立"的两种对外关系体制皆有关系的，是西方列强的侵略扩张。

不管怎么说，总理各国事务衙门的成立，毕竟是外交制度近代化的关键一步，更重要的是，以此为契机，近代平等的外交观念日益为人们所接受。诚如美国汉学家芮玛丽所言："中兴的政治家们成功地把一个近代外事机构——总理衙门嫁接到古老的官僚体制上。在一次历时几个月的交涉中，总理衙门大臣们成功地利用条约款项和国际法来为中国谋利，此事标志着他们已成为熟练的外交家。他们认识到中国既不能孤立于近代西方

① 《筹办夷务始末》（咸丰朝）第 8 册，中华书局，1979 年，第 2715 页。
② ［美］马士：《中华帝国对外关系史》第二卷，上海书店出版社，2000 年，第 353 页。
③ 王彦威、王亮编：《清季外交史料》卷 147，1933 年刊本，第 2479 页。

国家之外，也不能将西方国家纳入基于‘中央王国’的统一道德统治的朝贡体制。”①

三、觐礼之争与1873年的西礼觐见

19世纪中叶，对西方事务茫然无知的清朝统治者尚不清楚，在欧洲，外交使节向所驻国家元首递交国书，至迟在1815年维也纳会议后，即已成为外交惯例。它不仅是近代外交礼仪的一部分，也是该国表示接受派出国的外交使节，承认其使节身份，并允许该使节开始执行外交使命的标志。② 而在清廷眼里，向来获准进京的，只有因朝贡而来、事毕即去的贡使。第二次鸦片战争不仅终结了为时15年的两广总督兼管各国通商事务大臣的对外关系体制，也使清政府被迫允许西方国家派公使驻京。接下来，各国公使以何种礼仪觐见清帝，成为中西关系中最为棘手的难题，也是近代外交体制转型必须迈过的一道门槛。

本来，通过发动第二次鸦片战争，英、法等国使节“亲递国书”及以西礼觐见清帝，已经以条约形式得到解决。中英《天津条约》第三款规定：

> 英国自主之邦与中国平等，大英钦差大臣作为代国秉权大员，觐见大清皇上时，遇有碍于国体之礼，是不可行。惟大英君主每有派员前往泰西各与国拜国主之礼，亦拜大清皇上，以昭划一肃敬。

可是，要将此规定付诸实施，远非一劳永逸之事。跪拜不仅是一种礼节，也是朝贡制度的主要表征，一旦允许西方使节以西礼代替跪拜礼觐见，天子颜面尽失，何以为天下共主？所以，一直到中英、中法《天津条约》签字画押时，咸丰帝还在强调，公使进京后，“一切跪拜礼节，悉遵中国制度，不得携带家眷”③。1860年9月，英法联军由天津攻入通州，怡亲王载垣等奉命前往谈判，咸丰帝对英、法提出的八条要求一一批准，唯独对英方提出的国书“须亲呈大皇帝御览”的要求“万难允许”，甚至不惜为此重开战端：

> 国体所存，万难允许。该王大臣可与约定，如欲亲递国书，必须按照中国礼节，跪拜如仪，方可允行；设或不能，只宜按照米（美）、俄两国之例，将国书赍至京师，交钦差大臣呈进，俟接受后，给与玺书，亦与亲递无异。现在抚局将有成说，不值因礼节而决裂，设该夷固执前说，不知悔悟，惟有与之决战。④

英方援引《天津条约》，亲递国书时以西礼觐见，直接戳到咸丰帝的痛处，且“不知悔悟”的英法联军迅速击败清军，兵临北京城下。9月22日，咸丰帝匆忙逃往热河，将收拾残局的重任留给奕䜣。奉旨行事的奕䜣被迫与英、法签订《北京条约》，并互换《天

---

① ［美］芮玛丽著，房德邻、郑师渠等译：《同治中兴：中国保守主义的最后抵抗》，中国社会科学出版社，2002年，绪言。

② 参见王林茂：《中外关系史上的重要突破和转折——1873年外使向清帝面递国书交涉事件简论》，《史学月刊》2000年第3期。

③ 《筹办夷务始末》（咸丰朝）第3册，中华书局，1979年，第985—986页。

④ 《筹办夷务始末》（咸丰朝）第7册，中华书局，1979年，第2316页。

津条约》的批准文本。他在出让许多国家权益的同时，却坚守觐见礼仪不肯动摇，心满意足的英、法代表只好暂时放弃其亲递国书的要求。躲在热河的咸丰帝仍不放心，并对奕䜣亲自接见英、法代表大发感慨："二夷虽已换约，难保其明春必不反复。若不能将亲递国书一层消弭，祸将未艾。即或暂时允许，作为罢论，回銮后，复自津至京，要挟无已，朕惟尔等是问。此次夷务，步步不得手，致令夷酋面见朕弟，已属不成事体，若复任其肆行无忌，我大清尚有人耶?"①

1861 年 8 月 22 日，在位 11 年的咸丰帝死于热河，他生前"决不见不行跪拜礼之夷人"的承诺如愿以偿。

咸丰帝死后，继位的同治帝年仅 6 岁，太后那拉氏垂帘听政，清廷便以皇上年幼，太后碍于中国礼制不见外人为由，将各国驻京公使觐见皇帝一事搁置起来。1867 年 10 月，中英《天津条约》规定的 10 年修约期限将至，奕䜣等总理衙门大臣请两宫皇太后下旨给京内外熟悉洋务的大臣，就明年修约事宜各抒己见，同时将近年中外交涉要点一并附上，其中首先涉及的就是觐见礼仪：

> 自古两国修好，使节入觐，载于史册，具有典章。迨至宋时，仪节无不变易，未可为训。我朝圣祖仁皇帝、高宗纯皇帝召见外国使臣，震慑天威，罔不慑栗。嘉庆年间，英使来朝，未克成礼而罢。咸丰十年（1860）与各国换约，英、法皆请呈递国书，照会数次，竟以仪节未定，事不果行。今以皇上冲龄，两宫皇太后垂帘听政，因之停罢。彼即以阻其入觐，谓不以客礼相待，时来饶舌，言多愤激。虽曾以如欲请觐，必须行跪拜礼为说，彼即坚称并非属国，不能改从中华仪节，而终不肯谓觐可不行。昔韩昌黎《原道》曰："孔子之作《春秋》也，诸侯用夷礼则夷之，夷而进于中国则中国之。"今夷并未自进于中国，而必以中国之礼绳之，其势有所不能。若权其适中者而用之，未卜彼之能否听从，而本衙门亦不敢主持独创此议。第不许入觐，我实无词。究应如何，惟希公同商酌。②

初具国际交往经验的奕䜣等总理衙门大臣引经据典，虽未明确提出采用西礼觐见，但却表明了欲变"中国之礼"的态度。自 10 月至 12 月，先后有近 20 位大臣对此发表意见，激进、保守、折中三种论调杂陈。曾国藩、李鸿章、崇厚等少数洋务派大臣主张放弃传统的朝贡礼仪，但在采用何种礼仪上含糊其辞，如曾国藩认为，西洋诸国"既非朝聘，又无贡品，似未便与我朝越南、琉球、缅甸修贡诸邦，议数年一贡同例"，却不说以什么礼节觐见。只有陕甘总督左宗棠明确提出以西礼觐见：

> 自古帝王不能胥外国而臣之，于是有均敌之国。既许其均敌矣，自不必以中国礼法苛之，强其从我。泰西各国，与中国远隔重洋，本非属国。……兹当修约届期，必首以此事相渎。其必不遵行跪拜仪节，自在意中。愚以为，泰西诸国，君臣之礼本极简略，尝于无意中，询知岛人见其国主，实无跪拜之事。今既不能阻其入觐，而必令使臣行跪拜礼，使臣未必遵依。即能如来谕酌中定制，似亦于义无取。窃思彼以见其国主之礼入觐，在彼所争者，中外均敌，不敢以属国自居，非有他也。似不妨允其所请。

① 《筹办夷务始末》（咸丰朝）第 7 册，中华书局，1979 年，第 2546—2547 页。
② 《筹办夷务始末》（同治朝）卷 50，台湾文海出版社 1971 年影印本（下同），第 30—31 页。

另外，他还提出两条限制：一是各国公使入觐递交国书时，先面递御前大臣，再由御前大臣呈进皇帝；二是除了递交国书外，不许入觐，若要求入觐，则须行跪拜礼。①

但主张恪守跪拜礼的大臣不在少数，一时之间，众说纷纭，结论难下。不过，大多数人都建议，待皇帝亲政时再行觐礼。从大臣们上奏的内容来看，一方面，“敌国”、“外国”、“泰西”等名称反复出现，表明他们对外交往的平等意识逐渐增强；另一方面，一部分人言辞激烈，反对实行西礼觐见，反映出传统的礼教观念根深蒂固。次年，总理衙门大臣在与各国的修约谈判中，仍以皇上年幼、太后不便接见外人为由，拒绝了各国公使的觐见要求。

1873 年 2 月 23 日，年满 18 岁的同治帝正式亲政。第二天，英、法、俄、美、德五国公使联合向总理衙门递交照会，要求同治帝“降旨召见，以申远怀”。此时拒绝觐见的理由已不复存在，总理衙门大臣只能按约定时间于 3 月 11 日与五国公使会谈。围绕亲递国书的觐礼问题，双方相持不下：“彼谓条约中有碍于国体之礼，为不可行；则告以碍于中国国体，亦不可行。彼谓条约允以优待；则告以中国相待，能优于礼之中，不能优于礼之外。彼谓惟跪拜之礼，有碍国体者不能行，此外均可商酌；则告以惟跪拜之礼，最关中国国体，首先议定，此外始可从容拟议。加以譬晓百端，反复辩诘，几于舌敝唇焦。”

在五国公使与总理衙门以互递《节略》形式的交涉中，各国公使申明：①觐见一事，为《天津条约》所载，十多年来清廷一再许诺皇帝亲政后履行；②公使觐见，在西方各国已成惯例，汉译《万国公法》可资稽考；③觐礼应按各国通行做法举行，各国公使“系与中国平行，非其下属”，不能强求行跪拜礼。

总理衙门则坚称：①各国公使一再催逼，与条约中“自行举办”的规定不符；②“中国欲优待各国大臣，只能将中国素有之礼相待，不能以中国未有之礼相待”；③中国出使官员“在各国时，曾照各国之礼，则各国大臣在中国，亦照中国之礼，方为从宜从俗”；④“觐而不跪，有碍中国体制，中国亦未能照行”。②

在总理衙门大臣坚执跪拜礼仪与五国公使反复辩论的同时，一些官员也纷纷发表意见，表示祖宗之制不可变。翰林院编修吴大澂认为：“朝廷之礼，乃列祖列宗所遗之制，非皇上一人所得而私也。若殿陛之下，俨然有不跪之臣，不独国家无此政体，即在廷议礼诸臣，问心何以自安？不独廷臣以为骇异，即普天臣民之心，亦必愤懑而不平。即皇上招携怀远，示以大度，不难从一时之权，而列祖列宗二百余年之旧制，又安可轻易乎？”③ 山东道御史吴鸿恩进言：若各国必亲递国书，可仿“赐宴外藩之例，皇上御太和殿，特派亲王、大学士带领该国使臣入殿中，行跪拜礼”④。

4 月 24 日，同治帝将这两份奏折转发北洋大臣李鸿章，令其提出一个“于朝廷体制及中外大局两无窒碍之处”的解决办法。5 月 1 日，李鸿章应诏上奏，指出面对“数千年

---

① 《筹办夷务始末》（同治朝）卷 51，第 19—21 页。参阅茅海建：《近代的尺度》，第 244—245 页。

② 《筹办夷务始末》（同治朝）卷 89，第 27—39 页。参见王林茂：《中外关系史上的重要突破和转折——1873 年外使向清帝面递国书交涉事件简论》，《史学月刊》2000 年第 3 期。

③ 《筹办夷务始末》（同治朝）卷 89，第 41—42 页。

④ 《筹办夷务始末》（同治朝）卷 89，第 48 页。

一大变局”，朝廷礼制应“以时为变通”，既然已将西方诸国“许为敌国，自未便以属国之礼相待”。否则，一旦列强以此为口实发难，吃亏的仍将是中国：

彼求之十数年，迄今仍不准一见，或准见而强之跪拜，彼以为不得体面，积疑生衅，积愧生忿。将来稍有龃龉，必先引为口实，在我似觉理诎，亦非圣主包容六合、驾驭群雄之志量也。倘拒之于目前，仍不能拒之于日后，甚至议战议和，力争而后许之，则所失更多，悔之亦晚矣。①

至5月15日，这场历时3个多月的觐礼之争终于有了结果，此时距中英《天津条约》提出西礼觐见，过了整整15年。这一天，总理衙门与五国公使达成协议，签署《画押问答节略》，其要点有：

其一，五国公使觐见时不行跪拜礼，但此次觐见同治帝，特将觐见本国君主的三鞠躬改为五鞠躬，以昭“格外诚敬”。并且约定递交国书时，各国公使可以“请安奏贺数言”，不能“首先论及事务”。

其二，“觐见大典，不宜轻举”，只有“奉有本国国君之书，初次来驻中国者，始觐见大皇帝，以便面递国书”。而且不能一人随时请觐，应照此次五国公使同觐之例，恭候谕旨遵行。

其三，“觐见礼节言词，先期绘图演习”。

6月14日，同治帝发布上谕：“总理各国事务衙门奏住京各国使臣吁请觐见呈递国书一折，现在赍有国书之住京各国使臣，著准其觐见。”② 一个月前刚刚到达北京，与中方交换《中日修好条规》的日本外务大臣副岛种臣、荷兰首任公使费果荪也被允许一同觐见。而德国公使李福斯因病离华，代理公使和立本要求入觐，则遭拒绝。这样，原定参加觐见的英、法、俄、美、德五国公使，此时成了英、法、俄、美、荷五国公使和日本大使。至此，中国在与上述国家的官方交往中，最先放弃了传统的朝贡礼仪。

1873年6月29日，六国使节以西礼觐见同治帝。可是，这样一次具有重大历史意义的事件，因与“礼崩乐坏”的恐惧感和屈辱感交织在一起，诉诸笔端时，自然失去了以往记事翔实的风格，变得略而不详。《清穆宗实录》言及当日的觐见一事，只用一句话作了概括：

日本使臣副岛种臣、俄罗斯国使臣倭良嘎理、美利坚国使臣镂斐迪、英吉利国使臣威妥玛、法兰西使臣热福理、和兰使臣费果逊（荪），于紫光阁前瞻觐。③

相比之下，西方人则对来之不易的“胜利果实”大加渲染。1873年7月23日的《申报》刊载一篇译文，披露了整个觐见过程：

各使引见之地在武成殿之紫光阁。六月初五日晨九点钟时，荷、英、美、法、俄五国使臣聚集该阁左右之天主堂以俟命。既而侍郎崇厚至，邀同各使至紫光阁隔壁之雩祭殿，陈设茗果，延坐寒暄之后，始相引至紫光阁侧之一亭内以待。未久遂传皇上驾到升座矣。时皇帝所御宝座龙位设在高台之上，覆以黄缎。台前又置一桌，亦盖以黄缎，王大臣百官环卫焉。东洋使臣（指日使）先见毕，恭亲王、文枢相次

① 《筹办夷务始末》（同治朝）卷90，第3—4页。

② 《筹办夷务始末》（同治朝）卷90，第23—34页。

③ 《清穆宗实录》卷353，同治十二年六月壬子。

第引各西使进。荷兰使臣传众与众使臣合呈庆书，其书用法语缮成者。旁有西通事皮士马者以华语翻译上闻，皇帝以国语（即满语）数句回庆。恭亲王遂译为华语，皮士马又译为西语以告各使。继而各使臣乃前献上国书，置之桌上，皇上接各书而作一揖，又谕以国语数句，恭亲王译为华言，其大约皆问候各使臣之国皇耳。既毕，皇上又作一揖，各使臣乃咸退。惟法使又俟阶前，复献一书。盖法皇复上年皇上遣崇厚赴法寄伊之回书也。事毕而出，总理衙门各官乃送各使至御前而揖别焉。此一事也，当时传为圣举云。无论各尊官齐集八百余员，即士民之环拥而观者更不知凡几矣。

整个觐见过程只用了半个小时，而西方国家为这半个小时所付出的努力，若从马戛尔尼使华算起，已历80年之久。尽管各国公使对诸如觐见地点是历来贡使朝觐的紫光阁，只让他们从西边门而非正门进出以及皇帝没有亲手接受国书等细节问题尚存不满，但朝贡礼仪是他们在华攻克的最为坚固的一座堡垒，西礼觐见，象征着他们梦寐以求的所谓对华“平等”外交的实现。

饶有趣味的是，中西双方都不提各国公使觐见时的五鞠躬礼节。如果说，将三跪九叩礼改为五鞠躬，对中国来说是无可奈何的耻辱之举的话，那么对西方而言，将三鞠躬改为五鞠躬，也不是简单的次数增加，毕竟它比觐见西方君主的礼节还要隆重，给中国皇帝留足了面子。

后人在撰述这段历史时写道：“逮咸（丰），同（治）以降，欧亚风雨，咄咄逼人，觐聘往来，缔结齐等，而于礼则又为敌。”[①] 朝贡礼仪的崩溃，是朝贡制度退出历史舞台的重要标志，也是近代外交制度由观念到实践层面为人们所接受的必经步骤，其意义丝毫不亚于总理各国事务衙门的成立。

在此后新旧外交体制此长彼消的转变过程中，值得关注的还有下列重要事件：

1875年，清政府决定派遣驻外公使。

1877年1月21日，首任驻英公使郭嵩焘抵达伦敦，建立起中国第一个驻外使馆。

1893年，经与英方力争，中国最后一次以宗主国的身份与英国一同册封坎巨提嗣君。[②]

1901年，外务部取代总理各国事务衙门。

……

马克思说得好：“当旧制度本身还相信而且也应当相信自己的合理性的时候，它的历史是悲剧性的。当旧制度作为现存的世界制度同新生的世界进行斗争的时候，旧制度犯的就不是个人的谬误，而是世界性的历史谬误。因而旧制度的灭亡也是悲剧性的。”[③] 在

---

① 《清史稿》卷91《礼志十·宾礼》，中华书局标点本，第2673页。

② 坎巨提又称乾竺特，位于帕米尔地区。据《清史稿》卷529《属国四·坎巨提》记载，坎巨提于乾隆二十六年（1761）始贡中国，岁贡金砂一两五钱，光绪间，为英国吞并。时驻英公使薛福成与英方交涉，约定于光绪十八年（1892）双方派员共同册封该国嗣君，以表该国中英两属之地位。参阅王尔敏：《十九世纪中国国际观念之演变》，《中国近现代史论集》第七编，《自强运动》（二）“外交”，台湾商务印书馆，1985年。

③ 马克思：《〈黑格尔法哲学批判〉导言》，《马克思恩格斯选集》（第1卷），人民出版社，1972年，第5页。

列强步步紧逼，天朝由盛而衰和中西文化剧烈碰撞的那个年代，朝贡制度的崩溃，一如马克思的精辟论断，必定是悲剧性的。

但是，今日讨论新旧制度的更替纵有隔世之感，也应对已经消失的制度作理性的分析和评判，毕竟朝贡制度曾是亚洲地区源远流长的一种国际关系体制，其功能、所本的观念及其与条约体制、殖民地体制的关联，仍需进一步理清。在此，借用钱穆先生的一段论述作为结语："历史意见，指的是在那项制度实施时代的人们所切身感受而发出的意见。这些意见，比较真实而客观。待时代隔得久了，该项制度早已消失不存在，而后代人单凭后代人自己所处的环境和需要来批评历史上以往的各项制度，那只能说是一种时代意见。时代意见并非是全不合理，但我们不该单凭时代意见来抹杀以往的历史意见。"①

（作者：李云泉，山东师范大学历史文化与社会发展学院教授）

① 钱穆：《中国历代政治得失》，三联书店，2001 年，前言。

中国华洋义赈救灾总会述论

杨　琪

【提　要】中国华洋义赈救灾总会是20世纪二三十年代中外合办的慈善救灾团体。它在国内十余省设立分支机构，形成了完善的组织管理和救灾体系。它以“防灾胜于救灾”为基本理念，从事防灾工程建设，推广农村合作运动，倡导和实行以工代赈和农赈赈灾。其活动说明、慈善事业可以弥补政府保障与自我保障之不足，不仅能救灾防灾，更可促进社会的稳定与发展。

【关键词】华洋义赈会　慈善团体　救灾防灾　以工代赈　农赈

中国华洋义赈救灾总会是民国年间著名的慈善团体，其救灾理念和实践不仅迥异于中国传统的慈善事业，而且对中国近代慈善事业的起步与发展产生了深远的影响。对中国华洋义赈救灾总会的救灾理念、防灾举措以及内部架构、赈款来源、与政府的关系等进行全方位多角度的研究，对于认识近代以来中国慈善组织发生的背景、发展的状况、形态和作用具有典型意义。

自清末以来，中外合办的慈善团体，很多冠以“华洋义赈会”的名字。中国华洋义赈会救灾总会（China Intemational Famine Commission）也简称为华洋义赈会。本文以中国华洋义赈救灾总会为研究对象，为行文方便，内文简称赈会，分会则冠以地名。

一

1920年，华北发生了自“丁戊奇荒”以来最为严重的大旱灾，灾区广达5省，灾民2000万人。此时，直皖战争爆发，北京政府直到战争结束，才陆续采取了若干救灾措施，在北京成立赈务处，领导赈灾。与政府的迟缓相反，受灾省份的中外人士行动起来，募集了大量资金奋起赈灾。为了更好地救济灾区，10月1日，在北京的14个救灾团体的代表举行联席会议，成立了以梁士诒为会长的“中国北方救灾总会”。10月6日，该会与先前由英、美、法、日等国组织的国际性对华救济组织万国救济会联合组织“北京国际统一救灾总会”，形成中外合作的国际性救灾机构。与此同时，国内其他大中城市如天津、上海、济南、汉口、开封、太原、西安等处，也相继设立了华洋义赈会。11月间各会汇集北京召开联席会议，推举北京国际统一救灾总会为赈灾总机关，统一办理宣传、联络、采粮运粮、簿记稽核及卫生防疫等事务，从而提高了办赈效率。从1920年12月至1921

年8月，北京国际统一救灾总会共支出赈款15230787元，救济灾民7731611人。[①] 华洋赈团取得了惊人的成绩，显示了新式赈灾机制——民间义赈的优越性。

1921年11月，赈济结束，尚余赈款208万元。为总结赈灾经验，统一管理赈余，由北京国际统一救灾总会发起，上海华洋义赈会、天津华北义赈会、山东华洋义赈会、河南灾区救济会、山西华洋救灾会、汉口救灾会华洋联合委办会、北京国际统一救灾总会7个中外合办赈团代表汇集北京。与会代表认为，中国灾荒频仍，赈团不相联络，救灾防灾俱感困难，因而议决，由7个团体共同组织一个永久性的中央救灾机关，以便统筹全国救灾事宜。11月16日，各团体代表再次聚会上海，正式通过组织中国华洋义赈救灾总会，拟定章程，在北京设总事务所，设立专门委办会，推举梁如浩为会长，规定由各分会派中西各1人为总会会员，每两年举行一次常务会议，讨论会务，决定事业方针。并由常务会议推举不超过半数的社会热心士绅，襄助会务。[②] 以赈余30万元为活动基金。

赈会的最高决策机构是执行委员会，章程规定，赈会设正副会长各1人，秘书1人（由总干事兼任），华洋司库各1人，悉由常务会议推选，任期2年，是赈会最高职员。另由常务会议推举会员6人，华洋各半，连同上述职员共11人，组成执行委员会，综理一切会务，平均每月开会一次，决定赈务。

赈会的分委办会负责对会务的讨论、审核。赈会成立之初，设有农利、查放、移植、森林、章则、公告、财务、花签、工程水利共9个常设分委办会。不久，将移植、森林2个分委办会合并到农利分委办会，又陆续撤销了工程水利、花签、查放3个分委办会。由于合作运动的发展，1934年机构调整，将合作委办会从农利分委办会中分出，成立合作分委办会，这样，又有了农利、公告、章则、合作、设计六个分委办会。

赈会的常设机构总事务所设在北京，职责是统筹全国救灾事宜，并协调与政府专门机关的关系。[③] 总事务所设稽核、庶务、文牍、工程、档卷、统计、花签、农利8股，由总干事领导，对执行委员会负责，执行一切会务。正副总干事分别由美国人梅乐瑞和中国人章元善担任。1925年梅乐瑞回国，总干事一职一直由章元善担任。各股中，花签股负责慈祥花签的设计发行，用于募捐。农利股和工程股是最重要的两个部门，前者以“增进农村福利、实施农赈，以及提倡合作运动”为中心任务；后者负责办理有关工赈及防灾工程的设计及实施。[④] 赈会防灾工程建设与推进农村合作运动的各种计划，都由这两个机关组织实施。20世纪30年代初期，赈会又分别在上海、安庆、南昌、南京设事务所，以拓展会务。

华洋义赈救灾总会成立后，各地华洋赈灾组织申请加入，使赈会迅速发展。到1925年，陕、甘、云、贵、川等省相继设立了分支机构，赈务扩大到西南、西北地区。到1935年，分会达到13个，即山东、山西、河南、湖北、湖南、陕西、江西、四川、贵州、云南、甘肃、绥远华洋义赈会和扬子顾问委员会（原称扬子赈务委员会，负责长江

① 中国经济年鉴编纂委员会编：《中国经济年鉴》（下），商务印书馆，1935年，第74—77页。

② 中国华洋义赈救灾总会编：《十五周年纪念册》（民国十年至二十五年），《中国华洋义赈救灾总会丛刊》（以下简称丛刊）甲种第48号，第3—4页。

③ 《章程及各项规则》，《丛刊》乙种第13号，1925年刊，第1页。

④ 《民国二十四年度赈务报告》，《丛刊》甲种第46号，1936年刊，第120页。

流域未设分会省份的赈务）。还有一些地方在灾时设立了分会，赈务结束后为节省开支而撤销。如1929年设立的察哈尔分会，1931年撤销。直隶、天津、京兆三个分会，由于距总会较近，也撤销机构，赈务由总会直接办理。上海华洋义赈会是总会的创始成员，1929年后脱离总会，独立承办赈务。总会与分会之间的关系是："当一省有灾时，总会则利用寻常的团体，为分会之助，而分会之团体，则临时扩张，以应当地之急。"20年代末，山东华洋义赈会为应对华北大旱，扩充会务，赈务结束，事务便"完全收束，以节縻费"。① 当数省有灾时，"总会总理数省之赈务，有扩张团体之必要，故加设采运、查放、募捐各临时部，而统计即同时执行公告部之职，引则各分会之责任，较为减轻"。② 总之，赈会的机制比较灵活，以满足救灾需要为原则，只是由于赈会是中外合办慈善团体，因此，要求加入的团体也必须由华洋各半人士组成，这是赈会与其他慈善团体的不同之处。未设分会的地方发生灾荒，总会也会根据灾情组织救济。各分会在总会的统一领导下开展赈务：定期出席会议，讨论赈务，每年要向总会报告工作情况和赈款使用情况，并接受总会的领导监督。

随着赈务的拓展和组织规模的扩大，华洋义赈救灾总会成为当时国内最大、最有影响的慈善赈灾团体。

二

华洋义赈救灾总会的执委会成员大多参与了1920年华北灾区的赈济工作，他们总结经验，认为当年赈灾成绩虽大，但治标不治本，募集的赈款很快就发放完毕，而灾民的处境并无根本改善。只有从事防灾事业，才是解决灾荒问题的关键。因此，他们提出以"筹办赈济天灾，提倡防灾事业"作为办赈方针，③ 把未来工作的重点放在防灾上。在具体实施上：①用以工代赈的办法兴办水利工程，兴修道路，改善排灌及便利交通。②建立一种互助性的组织，壮大农民的经济力量，使他们摆脱高利贷的残酷剥削。前者属于救济防灾，后者趋重农村建设，旨在改善农民经济，具有治本的性质。临灾施救的急赈在灾荒发生时进行，但以老弱妇孺为对象。

（一）修建防灾工程

赈会防灾工程建设的重点是筑路、治河、修渠、掘井，以及堵决口、修堤等。这些设施具有永久防灾的作用。为此，赈会成立了工程股，聘请美国人塔德为总工程师，对所办工程进行勘察、设计、论证，并从国内外延聘工程技术人员。所有工程都用以工代赈方式建设，既救济灾民，又为当地修建永久防灾设施。大型工程的资金一般由赈会与当地政府共同承担。在国内慈善团体中，只有赈会设立与工程技术相关的部门，拥有自

① 《民国十八年度赈务报告》，《丛刊》甲种第46号，1936年刊，第120页。

② 《赈务实施手册》，《丛刊》甲种第25号，1928年刊，第5—6页。

③ 《十五周年纪念册》，《丛刊》甲种第48号，第4页。

己的工程技术人员，体现了它的赈灾方针和实力。

1. 修筑公路

筑路可以沟通地区间的联系，促进经济发展，帮助当地人民摆脱贫困，提高抗灾能力；灾时可以迅速地调入赈灾物资或移民就粟。公路的经济效益、社会效益十分显著，修筑公路是赈会防灾建设的一个重点。赈会成立不久便于1923年在湖南筑成270里长的潭宝公路（湘潭至宝庆），这是湖南省的第一条公路，建成后，赈会继续负责养路10年。该路成为湖南省的“样板路”，由此引发了湖南省的筑路潮。一些地方制订修路计划，并与赈会联系，希望得到技术与资金上的支持，一批项目相继开工。

贵州省安顺—贵阳—赤水路，全长350英里[①]，是赈会兴办的又一项大型以工代赈工程。该工程于1927年开工，贵州省政府十分重视，责令各县招募工人，限期完成。参加筑路的工人仅1928年1月即达20万人，修筑桥梁涵洞者2 000余人。该路的修通，使贵州省的公路交通与长江的水路联运成为可能；并使云贵公路联网，便利了云贵高原地区与外界的联系。此后，贵州省又修通了至湖南宝庆路的公路，[②] 加强了贵州与湖南的联系。

1928年西北大旱灾，造成大量的人员伤亡与巨额财产损失。拥有600万人口的甘肃省死亡250万人以上。赈会注意到除自然因素外，道路险阻，救援人员和物资无法进入是造成这一惨状的重要原因。此时陇海铁路西段刚延伸至陕州（今河南省三门峡市）。而西安和兰州之间的交通是一条山坡多、“崎岖峻峭险阻尤多”的土路，汽车或载重大车在经过“亭口山”等处时，必须再用四头至六头骡马拖拉才能通过，如遇雨天则无法通行。[③] 交通不便成为甘肃与外界联系的障碍，也严重制约了当地社会经济的发展。于是，赈会决定赈灾与建设并举。把美国华灾协济会捐助的大洋40万元分成两部分，用其中的5万元，先行赶办急赈，建粥厂、收容所等救济灾民；用35万元招募身强力壮者以工代赈修建和改造西安至兰州的公路，使汽车可以畅通无阻。1931年8月，全长1350里的西兰公路正式开工，这条路大部分路段需要改造，由于山路陡坡需要削平拓宽，工程十分艰巨，其间由于经费不敷使用和“时局不靖”，主持筑路的工程主任遭绑架遇害，工程一度停止，后由全国经济委员会拨款20万元，才得以续建。1934年3月，赈会将该路移交全国经济委员会西北办事处，此时，已完成全路的十分之九。原来两地间20天的路途，现在汽车只要4天就可以到达。赈会以工代赈不仅建成一条西北要道，“对于两省的农民生活状况亦增进不少”[④]。

2. 修渠治河

西北、华北干旱少雨，当地人民饱受旱灾之苦；陕西丰富的水利资源不仅未得到开发利用，反受其害。为此，赈会通过与当地政府合作，在这一地区修建了几个大型水利

① 1英里等于1.6093公里。

② 《华洋赈团工赈成绩概要》第3集，《丛刊》甲种第22号，民国十六、十七年度赈务报告书。

③ 《西安兰州间之路工》，《救灾会刊》第11卷第4册，1934年4月。

④ 《本会西兰路工移交经委会》，《救灾会刊》第11卷第4册，1934年4月。

工程。

赈会较早修建的大型水利工程是石卢工程。为发挥永定河水利，灌溉“京西半燥之地”，减缓河北旱情，使之成为“京城菜食供给之场”，赈会从1924年开始设计在京城附近修建的一座较大型水利工程。该项工程难度较大，直到1927年3月才正式开工，工程长达17公里，加上支渠共长52公里。为便利引水入渠，在永定河身上修筑临时水堰，设置钢制闸门5具，各宽4尺半，高3尺半；用新式机件启闭。另设板闸5套置于钢闸外方，以资保障而减少危害。钢闸后面，设三合土暗渠5道，穿过永定河堤与干渠相连接。为便利交通，在干支渠上共架设61座桥梁。该渠于1929年建成放水，灌溉面积达7万亩，耗资达13万元。工程完工后，赈会组织当地农民成立水利公会，负责管理和回收贷款。①

1928—1930年持续三年的西北大旱灾造成赤地千里，饿殍载道。赈会在考察灾情后认为，当务之急是以工代赈兴修水利，救济灾民，兼顾当前与长远，发挥救济与防灾的综合效益。绥远的民生渠和陕西的泾惠渠，就是在这种情况下修建的两个大型水利工程。

民生渠是引黄河水灌溉阴山南坡的大平原。渠口位于包头县磴口镇东南2.5公里处，干渠长60公里，向东注入黑河，设计灌溉面积25万亩，工程总投资75万元，其中绥远省政府出资30万元，赈会承担45万元。工程于1929年夏动工，历时两年，1931年6月22日开闸放水。当时有人兴奋地评价这一灌溉工程，“此不独为吾国重要之灌溉工程，亦晚近赈灾事业中之最堪称述者也”②。遗憾的是，这项工程由于设计技术原因，未能达到预计效果，但在经过改进后，仍可使十几万亩旱地得到黄河水的滋润。③

泾惠渠是引泾河水灌溉关中的土地，赈会与陕西省政府联合组织渭北水利工程委员会进行通盘筹划。工程由时任陕西省水利局长兼总工程师的水利专家李仪祉主持，他首先着手恢复引泾河灌溉，在郑国渠的旧址张家山峡口处修建拦河坝，左岸建三孔进水闸。拦河坝为低重力坝型，高9.2米，坝顶溢流。1932年完成一期工程，1935年6月二期工程支渠建成，整个工程历时5年，耗资167万元以上，其中赈会前后共计支出80余万元。④ 泾惠渠的建成时灌溉面积即达到了57万亩，每年还可征收水捐18万元，用于建设省内其他水利工程。泾惠渠的灌溉区域包括泾阳、三原、高陵、临潼、醴泉等五县，成为民国年间建成的最大的农田水利工程。以后经过整修，工程效益不断提高。泾惠渠的建设采用了近代水利技术，管理方式也十分完善，与传统的水利工程建设与管理有很大差异，为中国的现代水利建设揭开了新的一页。⑤ 泾惠渠的成功带动了关中水利事业的复兴。洛惠渠、渭惠渠、梅惠渠、黑惠渠、涝惠渠、沣惠渠、泔惠渠相继动工兴建，它们

---

① 《民国十八年度赈务报告书》，《丛刊》甲种第29号，第11页。另见十六、十七年度赈务报告书。

② 陈泽荣：《我国最近之灌溉事业》，《水利》1卷45期，1931年，转引自水利水电科学院编写组：《中国水利史稿》（下册），水利水电出版社，1989年，第423页。

③ 赈会曾计划进一步拨款改建，但未能完成。见《民国二十四年度赈务报告书》，《丛刊》甲种第46号，第21页。

④ 总投资与赈会投资均据李仪祉“陕西灌溉工程”表列数字相加所得，但总投资未包括朱庆澜（子桥）所捐水泥20000袋。见《抗战前之中国水利建设》，沈云龙主编《近代中国史料丛刊》第九辑，总第82号，台湾文海出版社1974年影印版，第343—344页。另见《民国二十一年赈务报告书》，《丛刊》甲种第35号，第8页；《民国二十二年度赈务报告书》，《丛刊》甲种第41号，第11页。

⑤ 《中国水利史稿》（下册），第424—425页。

与泾惠渠一起被誉为“关中八惠”；在陕南，还有新建的汉惠渠、褒惠渠、湑惠渠等水利工程，至40年代初期上述工程大部分完工。陕西农田水利事业的复兴，使部分农田的生产条件得到改善，农产量大幅度提高。据陕西省水利局的统计，截止到1943年，仅泾、渭、梅、黑、汉、褒六渠灌溉面积即达到187.2万亩，每年增产粮食763.5万市石，棉花116250市石。[①] 经济效益十分显著。

在治河方面，1921年黄河冲决山东利津宫家坝，形成大面积泛滥区。洪水过后，工程股派出技术人员勘察并出资36万元，协助山东省政府堵塞决口，25万流亡灾民得以重返故里，生产复业。

长江出三峡进入湖北省境内，汇入汉江后，形成肥沃且低洼内涝的江汉平原，加之堤防年久失修，每至汛期险象环生，长江、汉江常常冲毁堤坝，泛滥成灾。从1921—1927年，赈会在沿长江、汉水的险工弱段处，如石首、泽口、监利和汉口的张公堤、聂口堤等堤段，修筑和加固堤防90余英里，用款165万余元，[②] 使防洪标准大为提高，增强了当地人民抵御洪涝灾害的能力。

3. 掘井抗旱

掘井灌溉是防止旱荒的重要手段。赈会估算，“每一口水井能灌溉地亩25亩至35亩，可以永久防止旱荒”[③]。1920年华北大旱，灌溉的迫切性尤为突出。华北地区的地下水资源十分丰富，于是，赈会在华北大力发放凿井贷款，倡导和支持农村掘井抗旱。从1921年起，赈会在定县开始大规模凿井，经过不断努力，到1925年定县一带已有井3572口。[④] 1928年冀、鲁大旱，赈会拨款20万元，贷给农民“掘井之用，藉兴水利”，在两省十县共打井1936口，防旱成效显著。[⑤] 另外，在河北邯郸及定县一带打井3000口，在正定筑蓄水池100口。[⑥] 由于掘井“简便易行”，能明显提高农民的抗旱能力，增加生产，一般贷款100元左右就能掘井一口，而“地上有了一口井，生产量就可以增加一倍甚至三倍”[⑦]，于是赈会不断加大掘井贷款力度。1930年，设立了“孟井贷”（以赈会前会长梁孟亭名字命名），作为冀、鲁两省掘井抗旱的专项资金，到1935年共发放了6批，总计12446元，掘井138口。同年，赈会从合作底款中一次拨出3万元作为河北省专用掘井贷

---

① 陕西省水利局：《陕西省新兴灌溉水利统计》（油印本），1943年10月印，南开大学图书馆藏，第13页。

② 见《华洋赈团工赈成绩概要》第一、二、三集，《丛刊》甲种第8、15、22号，1924年8月、1925年11月、1928年4月。

③ 《华洋义赈会工赈计划》，1929年2月11日《大公报》（天津版）。

④ 《华洋赈团工赈成绩概要》，《丛刊》甲种第8号，1924年8月刊行，第9页。

⑤ 此次贷款赈会在各种报告中共提供了三个数字：20万元、16.85万元、18万余元。20万元应是赈会的拨款数，农利股实际贷出的可能只有16.85万元或18万余元。见《冀鲁掘井贷款》，《救灾会刊》第11卷第1册，1933年10月。民国二十二年、二十四年赈务报告书，第17页、第27页。

⑥ 《中国华洋义赈救灾总会会务一览》，《丛刊》乙种第56号，1933年12月刊，第3页。

⑦ 《中国华洋义赈救灾总会的水利道路工程及农业合作事业报告》，《民国丛书》第4编第15辑，上海书店出版社1992年影印版，第130页。

款，称为“旱井贷”。[①] 1935 年，赈会又从合作底款中一次拨款 3 万元用于河北省的掘井防旱。[②] 井水灌溉事业的发展，有效地提高了农民抵御旱灾的能力，并且提高了农田复种指数，使一些地方的农产量较前大增。

1933 年总干事章元善在总结赈会十余年来的工作时说：自从确定了防灾方针以来的 12 年中，新筑及修补的道路 4000 英里；整理河道、海塘，修理或新筑堤岸 780 英里；掘井 6000 余口；筑渠 500 余英里；所拨赈款共计 1016 万元。[③]作为慈善团体取得如此成绩，确实令人瞩目。仅此一项，民国的其他慈善团体就很难与其比肩。

（二）开展农村合作运动

20 世纪二三十年代，中国农村破产，农民生活日益贫困，引起社会各界的重视。赈会也十分重视农村问题。执委会在分析农村状况后指出：“农民穷困，乃是灾荒之根本原因，若农民富裕，纵有凶岁，亦不致成灾。在美国等处，绝未闻农田歉收而农民流离死亡之事。”[④] 因此，要从根本上解决灾荒问题，就必须发展农村经济，使农民富裕起来，提高自我保护能力。执委们认为：“凡是可以帮助农民增加生产力的一切设施，都有防灾的效能；兴办这些事业就是防灾。”[⑤]在寻找复兴农村的办法时，赈会注意到在西方广泛盛行的合作运动，便把它引入中国农村，振兴农村经济。1922 年 4 月，赈会专设农利分委办会，由英国人戴乐仁任主席，开展农村经济调查，以 5000 元资本试办农民借本处。同时派人到印度、日本、欧洲各国进行考察，总结经验。

合作运动以河北为起点，先做好宣传工作，逐步推进。经过一年多的准备，1923 年 6 月，中国历史上第一个农村信用合作社在北京附近的香河县基督教福音堂诞生了。8 月，合作委办会正式成立，聘请合作专家于树德主持，负责合作事业的设计和推进。至年底，唐县、涞水、深县也相继成立了信用合作社。1924 年 2 月，涞水的农村信用合作社被合作委办会承认合格，赈会从此正式开始向合作社放款。1925 年 10 月，赈会又成立了农利股，作为合作运动的执行机构。从此，指导、审核合作社成为赈会的日常工作。

在赈会的推动下，河北的农村信用合作事业迅速发展。有合作社的县从 1923 年初创时的 8 个增加到 1935 年的 97 个，合作社社数从 8 个增加到 2613 个，社员从 256 人增加到 54567 人。[⑥] 12 年中，县数增加了 11 倍，合作社数目增加了 326 倍，社员数增加了 212 倍多。到 1935 年 12 月，成立了 40 个县联合社，其中 14 个得到赈会的承认；区联合社 60 个，有 19 个得到承认。由信用合作社到区信用联合社，再到县信用联合社，合作社在量与质上都有提高，合作事业稳步发展起来。

1931 年，江淮流域发生特大水灾，国民政府救济水灾委员会欲借助赈会的办赈经验，

---

① 《民国二十四年度赈务报告书》，《丛刊》甲种第 46 号，第 9—10 页。

② 《民国二十四年度赈务报告书》，《丛刊》甲种第 46 号，第 9—10 页。

③ 《中国华洋义赈救灾总会的水利道路工程及农业合作事业报告》，《民国丛书》第 4 编第 15 辑，第 127 页。

④ 孔雪雄：《中国今日之农村运动》，中山文化教育馆，1934 年，第 219 页。

⑤ 中国华洋义赈救灾总会编印：《十年合作事业大事纪》（合作讯百期抽印本），1933 年，第 10 页。

⑥ 《民国二十四年度赈务报告书》，《丛刊》甲种第 46 号，第 33 页。

委托其在安徽、江西及湖北、湖南四省进行农赈，即将救灾资金贷放给农民，用于恢复生产。由于是在灾区，在施放时，赈会首先建立互助社，待条件成熟时再改为合作社，从而使传统的农赈与新式合作运动结合起来，为救灾，尤其是为灾后恢复重建提供了新的途径。互助社成为合作社的第一步。合作运动从河北扩展到长江流域的安徽、江西、湖南、湖北等省。农赈结束后，赈会在皖、赣设立事务所，一方面收回贷款；另一方面，将在农赈中建立的互助社改进成合作社，并将合作社向其他地区扩展。至1933年已收回80%左右的贷款，“足证我国农民信用非常可靠”①。赈会信心大增，农赈成为赈会赈灾的又一重要形式。1933年华北地区惨遭日军战火蹂躏，赈会呼吁进行农赈，救济灾民，不久国民政府华北战区救济委员会成立，抽调赈会人员组成农赈组。此次农赈共建立3804个互助社，社员达18.04万余人。② 1933年、1934年赈会连续开展黄河水灾农赈，先后拨款14万元和4万元，1933年建立了400个互助社，1934年建立了88个互助社，③ 条件成熟后，改组成合作社。截止到1935年底，合作社数，安徽省共有3826个，已承认的949个，未承认的2877个；江西省949个，已承认的791个，未承认的149个；湖南省794个，已承认的543个，未承认的251个；湖北省766个，已承认的380个，未承认的386个。四省共计6326个。区联合社数，计安徽省23个，江西省13个，湖南省2个，湖北省4个，四省共计42个。④

合作运动的发展，推动了农村金融流通，便利了农民借贷，从而有利于农业生产的恢复和发展，进而增强了农民的抗灾能力。

农民在得到贷款后，主要将其用于农业生产（见表1）。赈会推进的合作社中，放款用途以买牲口比例最高，占17.37%；其次是还债，占14.19%；再次是购置粮食、农具，分别占12.74%和11.37%。赈会的合作放款对于帮助农民摆脱高利贷的剥削，发展农业生产起到积极作用。

表1　1932年度河北省各社放款用途细数统计表⑤

用途	供款社员数（人）	借款总数（元）	占总数的百分数（%）
还旧债	294	916500	14.19
买牲口	364	1122570	17.37
购粮食	383	823040	12.74
置农具	386	734700	11.37
修盖房屋	169	557100	8.62

① 中国华洋义赈救灾总会编印：《十年合作事业大事纪》（合作讯百期抽印本），1933年，第23页。

② 华北战区救济委员会农赈组编：《华北农赈报告书》，1934年7月，第15页。

③ 《会务一览》，《丛刊》乙种第56号，1933年12月刊。民国二十三、二十四年度赈务报告，第23、28页。

④ 《民国二十四年度赈务报告书》，《丛刊》甲种第46号，第26页。

⑤ 《十年合作事业大事纪》（合作讯百期抽印本），第13页。

（续上表）

用途	供款社员数（人）	借款总数（元）	占总数的百分数（%）
购种子	110	219270	3.40
赎地	34	117000	1.81
购肥料	211	513000	7.94
开垦	165	465900	7.21
灌溉	57	167400	2.59
婚丧	57	204200	3.18
其他	77	619100	9.58
总计	2307	6459780	100.00

赈会能卓有成效地推广合作运动，与下列因素有关：

第一，合作社的形式有多种，功能也不尽相同。鉴于农村金融匮乏，高利贷横行，赈会选择信用合作社作为突破口，解决农民急切需要的生产资金，因而受到农民的欢迎。正如赈会所言："我们所提倡的事业如恰合当地农民之需要，则该事业必能不胫而走，畅行于各农村间，否则无论如何提倡，亦必捍格不入。"① 事实证明了赈会的判断。

第二，合作社能吸引农民与赈会的放款大都是长期低息贷款有关，在创办合作社初期，利息仅为年6厘。据全国土地委员会在抗战前对全国16省的调查，农民借贷，平均年利大都在2分到4分之间，4分以上的也很多，有的甚至高达10分以上，② 且多为短期。赈会的放款，对合作社，只取年利1分2厘，各合作社对社员放款为周息1分5厘，最高不得超过周息2分。期限6个月至1年者占48.5%，1年至1年半者占9.5%，1年至2年者占1.4%，2年以上者占11.9%。③ 这些优惠措施有力地吸引了农民。农民参加合作社后，不仅改善了自己的生产、生活条件，壮大了自身的经济力量，而且他们都能按时还债，使得赈会对合作社的放款从未出现过呆账，更没有发生过债务诉讼纠纷，证明了农民信用可靠，这在农村经济生活中是前所未有的，从而引起了社会各界尤其是金融界的注意，为城市金融进入农村创造了条件。

第三，赈会实践的示范作用，加之国民党内孙中山等人的倡导，使得从30年代开始，南京国民政府将合作运动列为"七大运动"之一，大力推广。合作运动在全国迅速发展起来。国民政府推广合作运动与赈会的宗旨不同。国民政府虽以农村复兴为目的，但主要是把合作运动作为一个手段，与共产党争夺农村；而赈会则是以救灾防灾，以提高农民自我发展能力为目的。国民政府的参与虽使运动得以快速发展，但也使赈会的合作运

① 《十年合作事业大事纪》（合作讯百期抽印本），第25页。

② 中国第二历史档案馆编：《中华民国档案资料汇编》第5辑第1编财政经济（7），江苏古籍出版社，1994年，第37—39页。

③ 秦孝仪：《革命文献》第84辑，第497—498页。

动逐步丧失独立性，被纳入国民政府的合作运动体系中。[①]

防灾建设与工赈虽然重要，毕竟无法代替直接的救济，因为“工赈难及老弱，平粜无济赤贫”[②]。因此，赈会虽致力于防灾，但每临大灾，赈会及各分会也立即进行施粥、施衣、卫生防疫，以及移民就食等直接救济，尽力解除灾民的痛苦，对急赈投入的力度仍然很大。1927 年华北、西北旱灾，赈会紧急拨款 5 万元用于急赈，在山东分会派专员视察灾区后，鉴于灾情严重，又决定向国内外募捐 100 万元用于救济灾民。[③] 次年，从东北采购第一批 1000 吨粮食运往灾区，其余赈灾物质也陆续运出。除直接救济外，赈会还帮助其他慈善团体办理赈务。1931 年，热河遭灾，东北各善团设立粥厂十余处救济灾民，因赈款支绌，难以为续，赈会闻讯，立即拨款 1 万元予以资助，使 37.3 万余人获救。[④] 此类事例在各年度报告及《大公报》等报刊均可见到。1920 年 11 月到 1927 年底，赈会用于赈粮和现款赈济的费用达到 18408572 元，[⑤] 占全部赈款支出的 69%。这还不包括属急赈范围内的卫生防疫等“杂项赈济”费用。

三

在赈灾防灾过程中，中国华洋义赈救灾总会形成了一套行之有效的原则、措施。归纳起来，约有下列数端：

（一）多方募集资金，严格控制赈款流向，做到款不虚靡，涓滴归民

赈会是以华北赈灾余款为基础建立起来的，有良好的发展基础。但赈会的服务面广，而且工程建设动辄几十万元，开销巨大。因此，赈会广开渠道，多方募捐，维持开资，赈会的赈款主要来自政府拨款、国内外募捐款及银行搭款。赈会与政府有密切的合作关系，由于它办赈经验丰富、办赈效果好，在社会上有很高的声誉，政府常将赈款委托其散放。1920 年华北旱灾，北洋政府拨款 400 万元，交由北京国际统一救灾总会散放。1922 年江淮水灾救济，1924 年全国 18 省水灾救济，政府都拨款委托赈会散放。1931 年江淮水灾，国民政府亦为赈会拨发现金和赈粮，折合现款共计 176 万元，用于农赈和工赈。除直接拨款外，政府还资助赈会举办的大型工程，如陕西的泾惠渠、绥远的民生渠、西安至兰州的公路等。政府拨款成为赈会赈灾基金的重要组成部分。国内外募捐款是赈会基金的主要来源，其中国外捐款又占绝大部分，以美国居多，美国红十字会、美国华

① 卜国群：《中国三十年代的合作运动及乡村改良潮》，《中国经济史研究》1994 年第 4 期；张士杰《中国近代农村合作运动的兴起和发展》，《民国档案》1992 年第 4 期。

② 《民国十八年度赈务报告书》，《丛刊》甲种第 29 号，第 30 页。

③ 《民国十六年度赈务报告书》，《丛刊》甲种第 24 号，1928 年 6 月刊，第 4—5 页。

④ 《民国二十年度赈务报告书》，《丛刊》甲种第 35 号，第 10 页。

⑤ 《成绩统计之一斑》，《救灾会刊》第 5 卷第 3 册，1928 年 2 月。

灾协济会是主要捐献者。美国华灾协济会是由美国各界知名人士组织的对华援助机构，在美国有很大影响。赈会积极争取，并以良好的信誉赢得了华灾协济会的赞助。1929年华灾协济会决定在北京设立委办，支持赈会在中国的救灾防灾事业，“赈会办赈需款之时由该委办陆续转拨”①。1928—1931年赈会为救济国内旱灾共募集赈款512万元，其中美国华灾协济会就捐助了342万元。到1933年除美国红十字会单独捐助17万余元外，以美国华灾协济会为主，包括美国其他慈善团体在内，累计向赈会捐款1177万余元。② 为扩大赈款来源渠道，赈会派人到东南亚等地开展募捐活动。1929年赈会在东南亚募款27万余元用于旱灾救济。20世纪30年代，世界经济进入萧条时期，赈会把募捐方向转向国内，开展大规模的劝募活动，但由于国内经济不景气，募集的赈款仍无法与国外捐助相比。1931年以后，银行进入农村金融，它们把资金交给赈会，再由赈会贷放给合作社的农民，这笔款最初数额很小，在赈会基金中所占比重不大，但有逐年增加的趋势。③ 另外，发行慈祥花签也是赈会募捐的一种方式，由花签分委办会和花签股负责设计和发行，但价格低廉，进款不多。1933年为黄河水灾募捐发行10000张慈祥花签，每张50签，定价2分，当年仅售得1427元。④ 由于花签精美，且不限时间，可随处张贴，除用于筹款，也可起到宣传作用。

由于募款不易，为用好赈款，赈会坚持两个原则：

第一，严格成灾标准。赈会是一个慈善团体，其基金主要来自社会，筹集不易，虽以“取之于民，用之于民”为施赈原则，但不可能做到普施广济。为使有限的赈款用到最急需的地方，赈会确定严格的成灾标准，当一地出现：①水旱天灾而五谷不登，以致人民十分之七咸感乏粮之苦，且其中十之三已陷于饥寒交迫之惨境；②民间盖藏将尽而一时土质民情二者俱使农事难施者，才是成灾。⑤ 但要施以赈济还需要同时发现“互相毗连之十县或不相毗连之县分占该省县区总数之三分之一时，才能为之筹赈。其他成灾程度不及此项标准者，悉为局部偏灾，应由当地筹赈”⑥。这样的标准，看似有些“冷酷”，却也是无奈之举，广泛的救济应该是政府的责任，慈善团体难以负此重任。赈会通常的做法是，选择灾重之区，对极贫之民“与以充分接济，直到他们能获得一次收获，或利用别的方法恢复自给能力为止”⑦。慈善团体在资金和人员都有限的情况下，选择重点，集中力量，“救人救彻”，实为符合自身实际的明智之举。

赈会成立之初，还坚持国际统一救灾总会所确立的只“筹办赈济天灾”，对内战等“人祸”造成的灾害不予赈济的方针。随着时间的推移、形势的变化和对致灾因素认识的深入，1928年针对冀鲁旱灾的实际情况，赈会修改了救灾标准。赈会认为，现实中国的“天灾人祸兼而有之，颇难判别。前者如虫旱，后者如兵匪，农民苟遭波及均足以陷于惨

① 《民国十八年度赈务报告书》，《丛刊》甲种第29号，第2页。

② 《会务一览》，《丛刊》乙种第56号，1933年12月刊，第5页。

③ 秦孝仪主编：《革命文献》第84辑，第475页。

④ 《民国二十四年度赈务报告书》，《丛刊》甲种第46号，第11页。

⑤ 《何为灾》，《救灾会刊》1卷2册，1933年12月。

⑥ 《何为灾》，《救灾会刊》1卷2册，1923年12月。

⑦ ［美］马罗立：《饥荒的中国》，上海民智书局，1929年，第233页。

境，不论因灾如何，其受灾情形与天灾初无二致”①。所以，今后的赈务一方面要赖政府予以充分之协助；另一方面，以应急为主旨，但所有设施在可能范围内仍采用富有防灾性质之事业为标准。修改后的赈济方针，不仅救助天灾，也筹赈“人祸”，扩大了救济范围。在坚持既定防灾方针不变的情况下，对急赈投入更大的精力，尤其是各分会，设立粥厂、救护所，施粥、施衣、放药，救助灾民，总会在财力物力上给予支持。

第二，以经济的方法办赈。所谓经济的方法，就是保证最大限度地发挥赈款效益。除急赈外，赈会发放的工程款、合作社款、掘井款都是用贷款的方式，在一定期限内收回本息，使赈款可以“永继利用”。这种做法在慈善赈灾中较为罕见，也遭到一些社会团体的质疑。赈会的态度是：“堤路沟渠之建筑，既足以保障农田又足以增加税收，能生财而非消耗，故本会开支赈款，既以举办此等工程为范围，而收回赈款周转应付之意，遂从兹而起。于是定出办法，所放之款，均作借款论，庶几孳生不竭，常备不虞。”“借款兴工，工成则一地方生产力因而增富，故应于受保护人民所应缴之税款项下附息提还。一事既毕，赈款收回，对于毕时他处之灾立能应付，不患后时，而丰年无事又可兴办防灾工程，先为之备，赈款增高，事随力举，明效大验，不难逆睹。”② 用低息贷款的方式赈灾，可以扩张常备赈款，除剧变、巨灾而外，泛常之灾赈足资应付，不必经常烦扰社会。赈会修筑的工程多采用了这一办法，提高了赈款的使用效率。当然，贷款兴工也有一定的风险，就是面临无法按期收回贷款的难题。由于灾害连年，灾民往往尚未恢复元气便又雪上加霜，无钱还贷，此外战乱、匪患等因素也导致借贷者不能按期还款。如1928年、1929年河北、山东两省发放的掘井贷款，原定5年内分5期还款，但5年期至只收回66208元，屡次派人催索，也仅收回89474元，尚不到贷款额的一半，除部分因赈会贷款利率低心存观望而有意拖欠者外，主要原因还是水旱灾害及匪患影响。赈会只得同意延期还款。而大型工程投资大，回收时间也长，遇到的困难更多。如较早建成的石卢工程，还款一再拖延，赈会甚至还要出资维持水利分会的运转。无奈之下，经人调解双方重新订立还款合同，赈会为收回贷款，不仅免除了利息，而且还款期限又向后推迟了12年。③

此外，赈会加强内部管理，降低管理成本，节省资金用于赈务。从表2可以看出，赈会办理赈务的费用经常不及全部赈费的4.5%。这笔费用除维持赈会日常运转外，还要用于勘灾和工程勘测，真正做到款不虚靡，“涓滴归民”。为此，赈会建立了严格的财务制度，对每一笔捐款的来源去向，都做了详细的记录，并由北京著名的汤生洋行负责审计，其结果在年度的赈务报告中向社会公布，以昭诚信。

赈会还确立了重大工程招标制度，赈会成立不久，就在第二届年会第六次会议上通过了《较大工程投标公开案》，明确规定“以后本会一切规模较大之工程，如果招商承办，须公开投标，以昭公允”④。

① 《民国十七年度赈务报告书》，《丛刊》甲种第27号，1929年刊行，第1页。

② 《赈务方略》，《丛刊》乙种第14号，1925年5月刊行，第3页。

③ 民国二十年、二十三年赈务报告，第10、32页。

④ 《章程及各项规则》，《丛刊》乙种第13号，1925年4月，第8页。

表2　1920年11月至1927年赈会赈济情况①

赈粮	10708802（元）
工赈	4693166
现款振济	7699770
杂项振济	2542827
借款	910071
共计	26554637
办赈经常费	1175969

（二）力行防灾

赈会重视防灾工程建设，强调救灾之道在于防灾，“救灾急于一时，金钱粮食徒滋浪费，而防灾可消弭祸患于未来”②。赈会始终坚持这一信念，克服困难，矢志不渝地从事防灾事业，力图减轻灾害造成的损失。

民国时期，军阀混战，政府置防灾救灾于不顾，以致水利失修，灾荒连年。有鉴于此，赈会将精力用在“消弭祸患于未来”上，把防灾工程建设放在首位，提高抗灾水平；开展合作运动，力图改变农村贫困，从根本上增强农民抗御自然灾害的能力。赈会自成立以来，一直为实现这一目标而努力。

另一方面，赈会重视防灾知识的宣传、教育和普及，利用各种机会向工作区内的民众宣传防灾知识，如出版《科学方法之防灾述略》、《用耐旱籽种来防灾》、《灭蝗手册》等小册子，用通俗易懂的语言讲述科学防灾知识。在定期刊物，如《合作讯》上，也有防灾的内容。这些书刊都是免费赠送给社员阅读。总之，凡是能提高农村生产力，对防灾抗灾有益的事，赈会都会大力支持，力促其成。1928年，清华学校等举办“农事讲习所”，培养学生用“科学的农业常识，为将来实地改良农业”，赈会闻讯后，立即与学校订立合同，由农利股代为招生，并承担学生费用，以减轻学校和学生的负担。③

赈会及其分会还创办农事实验场，向农民传授优良品种，帮助农民提高产量和收入。为让农民了解近代耕种技术对生产的促进作用，1926年河北分会设立了农事试验场，“实地试验以示范”。试验场购入外国先进农具，如玉米脱粒器、播种器、孵卵器等，让农民自由租赁或借用。农民是务实的，只要有成效，农民并不拒绝新事物，关键是要把这方面的知识传授给他们。农民“颇为踊跃”地试用这些洋货。小麦、玉米的改良品种也受到农民的欢迎，农作物病虫害的驱除方法亦能普及各村。此外，畜禽改良品种的推广也收到良好的效果。在试用的基础上，试验场仿造使用效果好的国外农具，以减少成本，降低价格。这反映出赈会推广新式耕作技术时务求实效，让农民不仅能用得好，还能买

① 《成绩统计一斑》，《救灾会刊》第5卷第3册，1928年2月。

② 《十五周年纪念册》（民国十年至二十五年），《丛刊》甲种第48号，第5页。

③ 《民国十七年度赈务报告书书》，《丛刊》甲种第27号，第15页。

得起，这是新技术推广最后也是最为关键的一步。试验场联合燕京大学等高等学校，利用图表及陈列品举行巡回演讲，向农民灌输农学知识，农民与会颇为踊跃，“竟有同地举行两次者”[①]。山东华洋义赈会也于1929年3月在济南创办了农业试验场，以推广繁殖美国棉为主要目标。为提高试验的效果，同金陵大学农学院及山东乡村建设研究会合作，由金大农学院负责试验的设计及相关技术问题，使试验的规模不断扩大，增加了小麦、谷子、大豆、高粱等试验，培育出了优良品种。这些优良作物，有较强的抗病虫害的能力，且“产量颇高”。[②]

（三）“寓救于防”，以工代赈

赈会力求办赈合乎科学精神和经济条件，并不使灾民养成依赖性，赈会的前身国际统一救灾总会认为以工代赈是最合科学原则及最实用之救灾办法。[③] 赈会在总结其赈灾经验时也认为，救一时之急则以急赈为宜，工赈则可增进社会生产力、铲除灾源并筹各地永久福利。因此，赈会将以工代赈奉为“唯一不二之原则”[④]。在赈灾时坚持：①对灾民不空施金钱；②对灾民不空施粮食；③壮丁使之从事相当工作，养家糊口；④粮食缺乏之处，以粮食为工资；⑤工资按工作单位，核实施给。[⑤] 在这种思想的指导下，赈会无论灾时还是日常救济除对老弱残废予以相当施舍外，只要条件许可，就在当地实行工赈，既创造就业机会，又修建了水利设施，救灾与防灾并举。从赈款支出中可以看出赈会对工赈的重视，1924年山西省用于工赈与工程费之和是赈粮款的4.4倍，而湖北等十省市分会赈款总支出中工赈费和工程费总计131.3万元，仅略低于赈粮与现金支出134.45万元。[⑥] 此后，工赈和工程费在赈款支出中所占比重不断增加。1931年赈会全年支出赈款961183元，其中工赈和工程费为796385元，占全部支出的82.9%。河南、云南、甘肃等10个有报告的分会，工赈和工程费也达到215581元，占全部支出的57.2%。[⑦] 这些数字说明，赈会在不断加大工赈的力度。与赈粮、赈钱相比，工赈是积极的救灾方法，它把生产自救与发展生产相结合，把赈济资财从纯生活消耗变为生产费用，有利于灾民复兴、发展生产。

（四）大力扶持农村，力行农村放款

由于农村生产力水平低下，农民生活困苦不堪，经受不起灾害的打击，每灾必荒。防御灾害首先要复兴农村，发展乡村经济，提高农民的生活水平，进而提高农民抵御灾荒的能力。在民国时期的农村，金融匮乏是阻碍农村经济发展的重要原因。有鉴于此，

① 《民国十七年度赈务报告书》，《丛刊》甲种第27号，1929年7月刊行，第19页。
② 《民国二十四年度赈务报告书》，《丛刊》甲种第46号，第68—71页。
③ 李文海等著：《中国近代十大灾荒》，上海人民出版社，1994年，第164页。
④ 《赈务方略》，《丛刊》乙种第14号，第2页。
⑤ 《十五周年纪念册》（民国十年至二十五年），《丛刊》甲种第48号，第5页。
⑥ 《年会概况》，《救灾会刊》第1卷第3册，1924年2月。
⑦ 《民国二十年度赈务报告书》，《丛刊》甲种第35号，第25页。

赈会倡导农村信用合作社，作为救济农村金融的手段。在资金有限的情况下，赈会逐年增拨信用合作基金，最初只有5000元，到1935年底达到了33万元。为了满足广大信用合作社对资金的迫切需求，赈会积极引导商业银行加入放款行列。由于赈会的合作放款都能收回，显示了社员良好的信誉，银行界对在农村放款有了信心，也愈加重视。1931年3月，上海商业储蓄银行率先与赈会订立搭款合同，以2万元参加合作放款，[①] 开创了城市金融进入农村的先例。次年，上海商业储蓄银行又将放款额增加到5万元。1933年再增至10万元。1933年3月，中国银行以2万元参加合作放款。同年4月，金城银行以5万元参加运销、供销放款。这些放款都是与赈会的合作基金搭成放款，不是直接对合作社放款。1934年，为了协调各参加银行的贷款政策，由上海储蓄银行、交通银行、浙江兴业银行、金城银行和四省农民银行组成联合银团，之后又有五家银行加入银团，对农村放款的规模不断扩大。

（五）加强与政府部门的合作

赈会是一个非政府部门，但与政府保持着较为密切的合作关系。这与赈会的防灾理念有关，代会长艾德敷指出："救灾防患之事功应由政府与社团共同负责。"[②] 赈会把赈灾活动定位在补政府赈济之不足上，"盖本会为慈善机关，以救灾防灾为职志，官府之力如有不逮，得本会为之辅助"[③]。设在北京的总事务所的责任之一，就是协调与政府的关系。南京国民政府成立后，赈会又在南京设立了办事处，保持与新政府的沟通。民国时期，慈善团体属内政部管理下的社会团体，而赈灾是一项系统工程，涉及方方面面，慈善团体在赈灾中需要政府相关部门的支持与配合才能顺利地开展工作，尤其是工程建设更需要政府的支持，如西兰公路、泾惠渠工程，陕西省政府积极配合，拨出巨款，在仍不敷使用时，全国经济委员会又对两项工程分别补助20万元和14.8万元，使两项工程最后得以完工。同时，政府部门还根据相关规定，对慈善团体运送物资予以免税或减税的优待，仅1931年赈会运往西兰公路、泾惠渠等处的建设物资，豁免捐税就达3.8万余元。[④] 这两项工程是中央、地方与慈善团体密切合作的结果，虽然慈善团体承担了更多的责任，但如果缺少另两方的支持，亦难以如愿。此外，在赈会的工地上还可以看到军队参加建设的情形，如绥远省政府出动两个师4000余人参加民生渠建设，云贵公路建设也有士兵参加，加快了工程进度。[⑤] 另一方面，赈会与政府的合作，还起到影响政府行为的作用。上述工程都是赈会努力倡导、政府加入并投入巨款建设的结果。"本会办赈特点在能以极小之赈款办极大之工程，每兴一利酌拨发一部之工费，余由地方分筹。暨可轻其负担，复能导其举办。"[⑥] 实际上，赈会对民生渠、泾惠渠的投入都超过了政府的投入。慈善团

① 《民国二十一年度赈务报告书》，《丛刊》甲种第37号，第11页。

② 《民国二十二年度赈务报告书》，《丛刊》甲种第41号，第1页。

③ 《赈务实施手册》，《丛刊》甲种第25号，第1页。

④ 《民国二十年度赈务报告书》，《丛刊》甲种第35号，第9—10页。

⑤ 《绥远民生渠报告书》，绥远省政府印赠，引言，第1页；《华洋赈团工赈成绩概要》第三集，第14—17页。

⑥ 《民国十五年度赈务报告书》，《丛刊》甲种第20号，1926年6月刊，第2页。

体与政府平等合作，对双方都有益。赈会对此也深有体会，总干事章元善在谈到政府与慈善团体的关系时说："近两三年间社会团体之服务，与政府机关之设施，其相维相系之成绩，固已历历在目。唯问其成绩之多寡，则私立团体之便利机会，或较公家为多。盖既可随时变更成法，亦可招致各方人才。凡此皆政府机关所不易办到者。但种种计划一经长期之试验，以为确有扩展之必要，而需用巨大之财力时，则尤非私家所能任，只得有待于政府统筹办法矣。"① 另外，慈善团体在社会上拥有的良好信誉也是政府部门所不具备的。可见，政府与慈善团体兴办赈务各有所长，双方的合作有效弥补了各自的不足。

四

民国建立后，清王朝在灾荒中形成的一整套查、勘、报、救体制在改朝换代中失去效力。北洋政府时期，确定内政部分管赈灾事项，并颁布《勘报灾欠条例》等几部与救灾相关的法规条令，但新的救灾体制未能形成，许多法规形同具文；加之政局混乱，南北分裂，赈灾乏力。南京国民政府虽然有所建树，建立起专门的救灾机构——振务委员会，并且出台一系列与救灾防灾相关的法律法规，但仍难形成全面而有效的灾害赈救。②官赈不足，灾荒战乱连年不断，民间慈善义赈应运而生。这项事业自清末产生以来，一直发展很快，进入民国又进一步发展。慈善事业开始作为一种社会力量，在救灾恤贫、扶困济弱中发挥作用。它们的救济活动，减轻了灾民的痛苦。慈善团体的社会救济活动，是从人类共有的仁爱之心出发，而少有政府救济的功利和弊端，往往能够惠及灾民，因而赢得了人们的广泛赞誉和信赖。连国民政府振务委员会也承认："振济而能实惠及于灾民者，除各慈善团体自动办理者外，官庭所办振济终鲜成效。可睹事实俱在，莫可讳言。"③

赈会无疑是民国慈善团体中的杰出代表。赈会以防灾救灾为主旨，其从事的活动，超出了传统意义上慈善团体的活动领域：救灾恤贫、散放赈款赈粮、施医施药，更从防灾角度，大力兴办公共工程，针对民国农村的状况直接从事乡村改良和建设。赈会的防灾努力从水利设施、道路兴修到农村合作运动的开展，从基础设施建设，到防灾知识的传播、农产品的改良试验和推广应用，无不涉及。自古以来，还从未有慈善团体系统地从事如此巨大的工程，尤其是其开展的合作运动，更具深远的影响，不论是在赈灾理念还是在赈灾方式上，赈会都对民国赈务走向近代化起到推动作用。赈会的活动从一个侧面表明，慈善事业可以济政府救济和自我保障之不足，能够进一步动员社会中潜在的灾害保障资源，在灾害保障中发挥特殊的作用。赈会的活动还表明，慈善事业是调节社会不可缺少的重要力量，它所从事的事业，有利于社会的稳定和发展。

（作者：杨琪，广州近代史博物馆副教授）

---

① 《民国二十三年度赈务报告书》，《丛刊》甲种第43号，1935年刊，第18页。

② 关于民国的赈务机关和减灾法规建设，笔者已另文论述。

③ 《振务委员会第一次会议记录》，《振务月刊》第2卷第8号，1931年9月。

日据时期马来亚印度人的独立运动简析

石沧金

【提　要】马来亚印度人是经济上较为贫困、政治上影响较小的族群，他们在马来亚社会处于边缘化的境况。"二战"初期和日据时期前，马来亚印度人的民族主义情绪高涨。在与日本人的互相利用下，马来亚印度人的独立运动兴起。马来亚印度人参加独立运动，还有着复杂的现实因素。独立运动期间，印度人与日本人之间产生了矛盾与分歧；印度人内部也存在分裂与内斗。日据后期，印度独立同盟和临时政府对马来亚印度人的领导和统治变得日益暴虐。马来亚印度人的独立运动是一场失败的民族主义运动，它的性质较为复杂，不过还是具有较为强烈的正义性和积极意义。

【关键词】日据时期　马来亚　印度人　独立运动

印度人是当今马来西亚的第三大族群。目前，国内关于马来西亚印度人的研究明显薄弱。本文主要分析日据时期（1942 年初至 1945 年 8 月）马来亚印度人独立运动的兴起原因、发展过程及其性质和影响等，以期抛砖引玉。

一、早期马来亚印度人的社会状况

1925 年时，马来亚印度人有 471628 人，其中海峡殖民地 104628 人，马来联邦305219 人，马来属邦 61781 人。① 到日军侵占马来亚之前的 1941 年 6 月时，估计马来亚印度人人口为 744276 人。②

迁入马来亚的印度移民其实并不是由单一的群体（乃至民族）构成。其中，泰米尔人人数居于压倒性优势地位，所占比例达到 80%。其他为喀拉拉人、安得拉人、孟加拉人、旁遮普人、信德人和古吉拉特人。③ 泰米尔人主要来自南印度，他们大部分为劳工，在种植园中辛勤劳作。实际上，"二战"前马来亚种植园劳工的民族构成中，印度泰米尔人亦占主体。下表显示的数据即可印证这一事实：

---

① 宗山编译：《最近之马来亚》，载（马来亚）《光华日报 15 周年纪念特刊》，1925 年 12 月 21 日，第 15 页。

② File 1114，series 203，*War Office Records*，*Public Record Office*，London. 转引自 Michael Stenson，*Class*，*Race and Colonialism in West Malaysia*：*the Indian Case*，St Lucia：University of Queensland Press，1980，p. 103.

③ *The High Level Committee on Indian Diaspora*：*The Report*，2001，p. 257.

马来亚种植园劳工民族构成简表（1936—1940）①

年份	印度人	华人	马来人
1936	191195	60842	27559
1937	243999	75589	36251
1938	214610	58263	25987
1939	218548	76376	40295
1940	221391	86053	45931

南印度劳工曾长期是马来亚欧洲人种植园中的核心劳动力。印度劳工还被雇用在港口、运输和政府部门中。1930 年，在整个英属马来亚，印度劳工占种植园、矿山、工厂及政府部门劳工总数的 63.1%。②

除南印度劳工外，还有来自印度其他许多地方的、寻求多种就业方式的各类移民：主要为当店主的马拉卡亚尔人、以经商为主的古吉拉特人、主要是银行家和放债人的切迪亚人、主要充当警察和看守的旁遮普人，也有少数印度移民是行政职员、律师、医生和教师等。不过，这些群体和泰米尔人劳工一样，往往也是为了满足英属马来亚殖民经济的具体需要而被招募来的。

种姓制度是印度移民区别于其他移民的一个很明显的特征。印度人移民到马来亚后，将种姓制度也移植于居住地。在马来亚印度人中，种姓制度使属于低种姓的泰米尔人劳工与来自印度北方的移民之间疏远和隔离。与此同时，泰米尔人内部又分为许多次种姓。泰米尔人劳工在种植园内按不同的次种姓分开居住。③ 而宗教、地域、语言、职业、经济地位以及教育背景等诸多方面的差异，更加剧了马来亚印度人不同群体之间的分化。比如，宗教方面，印度人穆斯林与印度教徒之间的隔阂非常深，以致有些印度人穆斯林宁愿把自己看作是马来人（信仰伊斯兰教）而非印度人，这就使宗教认同高于民族认同。泰米尔人、旁遮普人、马莱亚丽人和切迪亚人等群体的职业明显不同，他们之间很少接触。旁遮普人（其中许多是锡克教徒）是一个更加封闭、由欧洲雇主控制的群体，直至日据时期，他们很少与其他印度人群体接触。切迪亚人也生活在相当封闭的种姓制度中。而那些受过英语教育、受聘在政府和商业公司或种植园的印度人职员，他们通常明显崇尚并模仿欧洲人的社会风尚，并以效忠大英帝国为荣。由于印度人职员很多在种植园受雇担当监工，他们对印度劳工的态度基本上是淡漠的。另外一个群体——穆斯林泰米尔商人，往往通婚并认同土著马来人社会，他们在槟榔屿形成了独特的爪哇混血（Jawi Per-

① S. Nanjundan, *Indian in Malayan Economy*, New Delhi: Office of the Economic Adviser to the Government of India, 1950, p. 15. 转引自 George Netto, *Indians in Malaya: Historical Facts and Figures*, Published by the author for distribution in Singapore and the Federation of Malaya in 1961, p. 45.

② Michael Stenson, *Class, Race and Colonialism in West Malaysia: the Indian Case*, p. 24.

③ Rajakrishnan Ramasamy, *Caste Consciousness Among Indian Tamils in Malaysia*, Pelanduk Publications, 1984, pp. 95 - 101.

ankan）社会。

马来亚印度人的社会分化造成他们缺乏一种政治上同心协力和族群团结的强烈传统。更不利的是，印度移民缺乏独立自主的族群领导，马来亚的大多数印度人由欧洲雇主有效掌控。因此，早期马来亚印度人社会的另一个显著特点是其对于英国殖民统治的从属性。当初，英国殖民者大规模输入印度劳工，就是看中其易于使用与控制。在欧洲雇主看来，与华人的吃苦耐劳相比，南印度劳工的主要优点是他们的易于驯服与温顺。何况，南印度劳工大多原是种姓制度下不可接触的贱民，因而他们可能是最听话的。此外，印度劳工原本已经熟悉和认可了英国人的殖民统治，对他们而言，马来亚只不过是英国的又一块殖民地。

印度人社会的严重分化及其从属性，使其处于受压制、受剥削的境地。在早期的马来亚，种植园主们为了谋求最大的利润，尽可能地压低工人们的工资。“许多雇主都在实行这条原则，即让工人们尽可能低成本地工作，尽可能地压榨工人，尽可能让他们持续不断地工作，必要时不惜动用武力。”① 种植园主普遍的做法是，利润下降时南印度人的工资会减少，利润上涨时却想办法不增加工资，只有在相关生活费用上升到劳工难以承受时才会略有增加。因此，印度劳工的工资待遇普遍低下，一个成年印度劳工的平均月收入很少超过10～15马元，但从事相同工作的华工却能每月赚取30～35马元。② 而当劳工的供应大于需求，或者橡胶价格下跌时，劳工的处境更为被动，要么他们的工资被压得很低，要么面临失业，或者种植园主干脆遣返他们回印度，以避免失业救济和劳工骚乱。大萧条时期的1930—1932年，印度人在种植园的就业率下降了近一半；同期，将近20万的印度劳工被马来联邦政府遣返回国。③ 微薄的收入使印度劳工只能维持基本生计，从而缺乏支撑政治诉求活动的经济基础。

南印度劳工的生活环境也是很封闭和孤立的。几乎所有的南印度劳工住在种植园雇主提供的营帐中，又往往处于非常偏僻孤立的区域。而种植园主提供的营帐往往位于种植园核心地带，由欧洲雇主掌控着。直到20世纪30年代，当公共汽车和自行车开始用于交通时，只有小批的印度劳工，如那些在码头或铁路车间工作者，与外界进行接触。封闭和孤立阻碍了劳工的社会意识尤其是政治意识。那些因无法忍受而离开种植园的南印度劳工，大多数人沦为城市失业无产者。待遇的低下、工作的艰辛、生活条件的恶劣，再加上疾病、瘟疫的折磨，使马来亚南印度劳工的死亡率曾高得惊人，1911年，马来联邦种植园劳工的死亡率是62.9‰，在欠发达的森美兰州和彭亨州，其死亡率分别高达195.6‰和109.5‰。④ 到1921年，马来联邦南印度劳工的死亡率降至18.2‰，⑤ 这一比

---

① K. S. Sandhu, *Indians in Malaya: Some Aspects of Their Immigration and Settlement, 1786—1957*, Cambridge University Press, 1969, p. 83.

② Edited by K. S. Sandhu & A. Mani, *Indians Communities In Southeast Asia*, Singapore: Institute of Southeast Asian Studies, 1993, p. 166.

③ 尼古拉斯·塔林著，王士录等译：《剑桥东南亚史Ⅱ》，云南人民出版社，2003年，第155页。

④ N. E. Marjoribanks and A. K. G. A. T. *Marakkayar*, *Report on Indian Labour Emigrating to Ceylon and Malaya*, Madras: Government Press, 1917, p. 39. 转引自 Michael Stenson, *Class, Race and Colonialism in West Malaysia: the Indian Case*, p. 21.

⑤ Michael Stenson, *Class, Race and Colonialism in West Malaysia: the Indian Case*, p. 21.

例仍然很高。

种植园主还想方设法压制、阻止印度劳工的反抗运动。而英国殖民统治者虽然需要大规模的劳工来开发马来亚，但又要保持其侨民和暂居的身份，不愿给予他们公正、充分的公民权。因此，印度人成为经济上较为贫困，政治上默默无闻乃至“失声”的群体，他们在马来亚社会处于边缘化的境况。

19 世纪末和 20 世纪初，亚洲兴起了争取民族独立与解放的民族主义运动，这场运动给马来亚印度人也带来了积极影响，他们在政治上开始觉醒。祖国印度 1905—1908 年爆发的反英运动，更进一步唤起了印度移民。一些政治领袖和社会活动家，如 P. K. 纳姆比亚尔（Nambiar）、N. K. 梅农（Menon）、N. 拉加万（Raghavan）、S. N. 维拉萨米（Veerasamy）、R. H. 纳萨（Nathan）等，也积极动员印度移民起来抗争。这些人很多是印度国大党的成员。

在马来亚，早期印度人民族主义的兴起是在印度移民中英文教育出身的行政管理人员和专业人士的领导和推动下实现的，关注的主要是印度工人的待遇和社会地位问题。正是在他们的推动下，1904 年，怡保印度人协会（Ipoh Indian Association）建立，表明了印度人的社会凝聚力和政治觉悟开始加强。到 20 世纪 20 年代，印度人协会已经在马来亚的主要城镇普遍建立。也是在 20 世纪 20 年代，“种植园亚洲职员协会”（Estate Asiatic Staff Association）建立，其成员主要是书记员、政府工作人员和技术人员。有人认为它是马来亚印度人最早的民族主义组织。[①] 而在 1939 年和 1941 年之间，大约有 21 个新的印度人协会成立，成员总数从 1937 年的 400 ~ 500 名，增加到 6000 ~ 7000 名。[②] 同时，一些协会还招收劳工为会员，1936 年，新加坡印度人协会就招收了 1000 多名劳工。[③]

随着各种印度人组织在马来亚各地建立，印度人之间团结合作的迹象更加明显。1927 年，第一届“全马来亚印度人会议”（All-Malayan Indian Conference）在吉隆坡召开，大会由 S. N. 维拉萨米主持，讨论印度工人阶级的生活水平问题。[④] 此后，“全马来亚印度人会议”又先后在新加坡、怡保等地召开过三次会议。

印度政府和印度政治领袖也注意积极推动马来亚印度人的团结合作。大萧条期间，在印度政府推动下，印度商人在原有的区域性商人协会基础上组建了印度人商会（Indian Chambers of Commerce）。也是在印度政府的支持和鼓励下，1936 年 9 月，马来亚印度人中央协会（Central Indian Association of Malaya）建立。其成员主要是专业人士及商人，该协会建立的目的就是为了维护印度人在马来亚的权益，它“宣称是代表所有印度人的首个政治团体”[⑤]，实际上，它远离泰米尔劳工，其权威并没有为泰米尔人所接受。1941 年，泰米尔人成立全马来亚泰米尔人协会（All-Malayan Tamil Association），以与马来亚印度人中央协会相对抗。印度人社会的严重分化导致印度人社团难以实现真正的团结统一。

---

① 陈晓律等：《马来西亚——多元文化中的民主与权威》，四川人民出版社，2000 年，第 94 页。

② Michael Stenson，*Class*，*Race and Colonialism in West Malaysia*：*the Indian Case*，pp. 58 – 59.

③ Michael Stenson，*Class*，*Race and Colonialism in West Malaysia*：*the Indian Case*，p. 58.

④ George Netto，*Indians in Malaya*：*Historical Facts and Figures*，p. 60.

⑤ Edited by Meredith L. Weiss and Saliha Hassan，*Social Movements in Malaysia*：*From Moral Communities to NGOs*，London：First Published 2003 by Routledge Curzon，p. 23.

1937 年，印度国大党主席尼赫鲁访问马来亚，他号召当地印度人团结起来，组织工会，维护自己的权益。此后，马来亚印度人的工会组织纷纷建立起来，大批印度工人纷纷加入工会运动。由于受到当时印度国内民族主义运动的影响，马来亚印度人的工会运动具有反对英国殖民统治的性质。①

到“二战”初期和日据时期前，马来亚印度人高涨的民族主义最终爆发出来，其标志事件是巴生（Klang）种植园印度劳工大罢工。

1938 年，印度政府禁止非熟练劳工移往马来亚，此后，南印度劳工移民大幅减少，从 1937 年的 13.9 万人减少到 1941 年的 3.2 万人。② 马来亚种植园中的劳工开始出现短缺。劳工短缺使印度人中的专业人士可以直接地感受到印度人工人阶级政治意识的觉醒，因此，他们积极鼓动印度工人与殖民者抗争。与此同时，“二战”爆发后，战争对橡胶的需求增加，而劳工人数则显得更少了，1939—1940 年期间，英国殖民当局加剧了对印度劳工的剥削和压榨，这进一步刺激了马来亚印度人的民族主义怒火。

自 1939 年 12 月以来，种植园印度劳工断断续续的罢工就已出现了。1941 年 2 月，大规模的罢工终于在雪兰莪州巴生区发生。罢工领袖是 R. H. 纳萨等人。

2 月和 4 月之间，最初的一系列罢工以和平、有秩序的方式进行。每个种植园都组建了罢工委员会，罢工者提交的一份请愿书表明了他们的政治诉求，它们主要包括：①印度劳工和华工同酬；②提供适当的儿童教育；③提供适当的医疗设施；④给予言论和集会自由；⑤废除 10 至 12 个小时工作日；⑥允许劳工组建协会，以维护他们的利益，申诉他们的不满；等等。③

殖民当局最初稍作了让步，罢工也于约 4 月 9 日暂时结束，但不满情绪仍在蔓延，因为殖民当局远远没有满足印度劳工的要求，断断续续的小规模罢工继续在种植园发生。而在 5 月 5 日，殖民当局下令逮捕纳萨。这激起了第二次抗议性的罢工浪潮，劳工们视纳萨为保护他们的英雄。在 10 天内，罢工蔓延至森美兰，有大约 2 万名工人参加，更加激进和暴力的行为也出现了。这就给殖民政府镇压罢工提供了借口。5 月 16 日，雪兰莪州宣布实行紧急状态，到 5 月底，殖民当局最终镇压了罢工。镇压造成了至少 5 人死亡，多人受伤，21 人被驱逐出境，95 人接受自愿遣返，49 人被拘留。④

对大部分印度人来说，雪兰莪种植园劳工被暴力镇压既让他们感到痛苦，也进一步刺激了他们的民族主义情绪。罢工的失败表明，在一个他们只占总人口较小比例的殖民地，面对殖民统治，印度人在政治上无能为力。罢工事件使许多政治上更为敏感和清醒的印度人确信，一个独立强大的祖国才能拯救、保护他们。所以，1941 年罢工事件的一个重要后果是，马来亚印度人力图争取祖国印度独立解放的民族主义情绪的高涨，这种情绪在日据时期以前所未有的一种方式表现了出来，马来亚印度人掀起了一场较有声势

① 陈晓律等：《马来西亚——多元文化中的民主与权威》，第 95 页。

② K. S. Sandhu, *Indians in Malaya: Some Aspects of Their Immigration and Settlement, 1786—1957*, p. 313.

③ *The Hindu*, 2 June 1941. 转引自 Michael Stenson, *Class, Race and Colonialism in West Malaysia: the Indian Case*, p. 64.

④ Selangor Estate Strike File, *Colonial Office Records: Sir Shenton Thomas to Secretary of State*, 28 August 1941. 转引自 Michael Stenson, *Class, Race and Colonialism in West Malaysia: the Indian Case*, p. 67.

的独立运动。

二、日据时期马来亚印度人独立运动的兴起

1941 年 12 月 7 日，太平洋战争爆发，与偷袭珍珠港几乎同时，日本人也发起了对马来亚的攻击。面对日军的凌厉攻势，大英帝国的军队很快溃败。1942 年 1 月 11 日，日军攻陷吉隆坡，2 月 15 日，新加坡也落入日军之手。到同年 5 月，日本人很快侵占了东南亚诸国。从 1942 年初到 1945 年 8 月日军投降前，是马来亚历史上的日据时期。

在东南亚占领地区，日本人在政治上实行军事法西斯的集权统治。1942 年 3 月，日本南方军总司令部设于新加坡，并将其改名"昭南岛"，成立特别市，槟榔屿也被改名"彼南岛"。鉴于马来亚极为重要的战略地位，日本人对当地实行直接统治。日本军政府直接严密控制马来亚的一切行政事务。[①]

对于马来亚的不同民族，日军沿用英国人"分而治之"的政策。对华人，日本人实行残酷的迫害甚至大规模屠杀，对马来人和印度人，日本人则加以拉拢和利用。为了鼓动当地人为其战争目标服务，日本人比英国殖民者更加注重强化马来亚由马来人、华人和印度人组成的三重族群架构。[②]

亲眼看到英国人在马来亚的殖民统治被日军很快摧毁，印度人对英国殖民者所谓的貌似强大有了新的看法和感受。新的占领者日本人对自己还算友好的态度，使马来亚印度人开始寄希望于日本人，期望能够在其支持、帮助下，推翻英国人在祖国印度的殖民统治，赢得祖国的独立解放。与此同时，为更有效拉拢、引诱印度人，日本人也竭力对其进行宣传和鼓动。日本人的真实意图是，既利用印度人来加强在马来亚的统治，也希望可以在其帮助下从缅甸向印度发起进攻。如果能够打败印度的英国殖民者并取而代之，这是日本人最希望看到的结果。总之，日本人希望马来亚印度人为其侵略战争服务。

正是在与日本人的互相利用下，马来亚印度人的独立运动开始兴起。

1942 年 3 月 9 ~ 10 日，马来亚各地的印度人代表举行了一次会议，决定派遣一个亲善代表团参加在日本召开的会议。在稍后的 28 日举行的东京会议上，印度独立同盟（Indian Independence League）正式组建。同盟总部设于新加坡，首任领导者为拉什·伯哈里·鲍斯（Rash Behari Bose，1880—1945）。B. 鲍斯原是印度国大党的一名领导人，是一名典型的亲日派，曾在日本生活近 30 年，并娶日本女子为妻。同年 4 月，全马来亚印度人会议再次在新加坡召开，会议决定成立一个中央协调机构，以统一管理同盟的各个部门。同盟的主要职责是负责募集资金，对征召的青年进行军训，照顾印度人的福利等。到 5 月 10 日，同盟已经有成员 9.5 万人，并且在槟榔屿、霹雳、吉打、雪兰莪、森美兰、柔佛和马六甲建立了分部。[③] 到 1942 年 8 月，同盟在马来亚各地共有超过 50 个分部和小

---

① 梁志明主编：《殖民主义史：东南亚卷》，北京大学出版社，1999 年，第 483 页。

② Michael Stenson, *Class, Race and Colonialism in West Malaysia: the Indian Case*, p. 88.

③ George Netto, *Indians in Malaya: Historical Facts and Figures*, p. 62.

分部，成员 12 万人。①

印度独立同盟的建立标志着马来亚印度人独立运动的兴起。

除了前述原因之外，马来亚印度人独立运动能够兴起，还有着更为复杂的现实因素。

由于争取祖国独立解放的心情非常强烈，部分印度人领袖暂时为日本人的宣传和引诱所迷惑，他们支持和参加了印度独立同盟。而在日本人的统治下，部分印度人中的专业人士得到了某种程度的重用，他们比在英属时期获得了更高的社会地位，因此愿意死心塌地为日寇服务。对城镇中的印度人而言，印度独立同盟也可以给他们提供一定程度的保护，加入同盟，他们可以免于日本人最恶劣的残暴虐待以及更为严重的压榨劫掠。

劳工和其他群体参加独立运动的现实原因更为复杂。日本帝国主义的侵略扩张打乱了种植园印度劳工的生活，许多种植园遭到破坏而停产，虽然一些种植园在日军当局的维持下恢复生产，但总体生产只能达到战前的一小部分，因此，大批泰米尔种植园劳工失去工作。为了谋生，很多人只好到热带丛林中寻找更为艰苦的工作。虽然当时马来亚仍有 20 万名种植园工人，他们中许多人却处于半失业状态。日本人对东南亚占领区实行人力和物力上的无情劫掠，而战争造成的社会动荡和混乱也不利于印度劳工的生存，日益加剧的通货膨胀、克扣工资以及短缺的物资供应等，使劳工们的生活水平前所未有地下降。严酷的现实生活迫使印度劳工急切地想寻找一个庇护所。而印度独立同盟的建立似乎让他们看到了一线希望。何况，日本人也常常使用强制手段，迫使劳工们为同盟服务。其他的印度人群体中，有些也是被迫参加独立运动的，例如，即便是不怎么认同“印度人”的印度穆斯林联盟（Indian Muslim League），也被劝告或强迫与印度独立同盟合作。而锡兰泰米尔人与印度穆斯林一样，也是因为受到日本人报复性劫掠的威胁而被迫加入同盟的。此外，土生的印度人加入印度国民军，只是一种为了得到食品、衣物和安全的权宜之计，他们不会真心实意为了印度的独立自由去战斗。

三、日据时期马来亚印度人独立运动的发展变化

1942 年 6 月 15 ~ 23 日，几百名印度独立同盟的代表参加了由日本人操纵的曼谷东亚会议（the East Asia Conference）。此次会议上，印度国民军（Indian National Army）建立起来，莫汉·辛格上尉（Mohan Singh）担任指挥官，16300 名印度战俘立即被组建为第 1 支队（由于日军对待战俘极其残暴，许多印度战俘只好自愿加入印度国民军，以逃避日军的虐待）。1942 年 9 月，印度国民军组建了一个师，其中包括三个游击队编队（甘地团、尼赫鲁团、阿扎德团）、三个步兵营和第 1 印地野战军群。支援部队包括炮兵连、摩托化连、工兵连、通信连、运输连、一个增援部队群和一个医疗队。

1942 年 11 月，印度国民军因不满情绪发动叛乱，被镇压后解散。1943 年 2 月 15 日，印度国民军重建，由在马来亚当地征募的印度人组成。到同年 10 月，该部队的兵力有 4

① G. P. Ramachandran, *The Indian Independence Movement in Malaya, 1942—1945*, M. A. theies, University of Malaya, 1970, p. 96.

万人。[①] 由鲍斯尔（Bhonsle）中校任指挥，直接受印度独立同盟领导。鲍斯尔属下有：沙·纳瓦兹（Shah Nawaz Khan）中校，总参谋长；P. K. 萨贾尔（Sahgal）少校，军务大臣；哈比布尔·拉赫曼（Habibur Rahman）少校，军官学校校长；A. C. 查特尔吉（Chatterji）中校，负责思想和文化启蒙。作战由 M. Z. 基亚尼（Kiani）中校负责。

到 1943 年下半年，马来亚印度人的独立运动进入高潮，标志事件就是“自由印度临时政府”的成立。

苏巴斯·钱德拉·鲍斯（Subhas Chandra Bose，1897—1945），印度激进的政治家和社会活动家，国大党左派人物，印度民族解放运动的领导人之一。从青年时期起，C. 鲍斯就是一个激进的民族主义者，他曾一度是甘地的追随者，但他很快对非暴力主义大感失望，转而主张印度完全独立。20 世纪 30 年代末期，鲍斯还与尼赫鲁争夺印度国大党的领导权。1920 年至 1941 年，鲍斯由于煽动骚乱，被英国殖民政府拘捕了 11 次。1939 年他访问柏林，试图得到纳粹的支持。1941 年，鲍斯再次辗转来到柏林。这一次，他开始筹措所谓的“印度自由政府”。鲍斯得到了纳粹德国的大力支持，德国最高统帅部给鲍斯提供了场所、资金等，并且德方将在北非俘获的 2000 名印度战俘交给鲍斯，组成了印度军团。

由于 C. 鲍斯怀有印度完全独立的激进主张，加之他与纳粹德国的合作，日本人相中了鲍斯，决定利用他来领导马来亚的印度人。而 C. 鲍斯则希望借助日本人的力量推翻英国人在印度的殖民统治，于是他接受了日方的邀请。1943 年 2 月 3 日，鲍斯从德国出发，前往日本。到达后，东条英机宣布给予鲍斯各种援助，以使印度获得“完全独立”。1943 年 10 月 21 日，在日本人的支持下，“自由印度临时政府”（Provisional Government of Free India）在新加坡宣布成立[②]，由鲍斯担任国家元首、总理、军事部长、外交部长和印度国民军最高司令官。马来亚印度人的独立运动有了统一的领导机构。1943 年 10 月 24 日，自由印度临时政府对英美宣战。除日本之外，德国、意大利、泰国、缅甸、菲律宾、汪精卫伪南京国民政府与伪满洲国都承认自由印度临时政府，它主要统治由日军攻占的安达曼群岛与尼科巴群岛。

C. 鲍斯早年民族主义的政治思想与活动，使马来亚印度人广泛敬仰他，并将他与甘地、尼赫鲁相提并论。换言之，鲍斯是一位具有相当政治影响力的领袖。因此，1943 年 7 月他到达马来亚后接管了印度独立同盟，并领导松散的印度独立同盟和印度国民军最终促成了一场军事的、民族独立的运动。正是在其鼓动下，大部分的马来亚印度人都愿意献身解放印度的独立运动。从 1943 年 7 月至 1944 年 6 月，印度独立同盟和印度国民军确实得到了相当多的支持，“1943 年后半年，志愿参军的人大批涌现，他们期望不仅可以得到更好的食品和衣物，也能有机会为了印度的独立而与民族领导人鲍斯一起战斗。在 1943 年 8 月、9 月各城镇举行的群众集会上，妇女们捐出了她们的首饰，男人们则捐出了他们的积蓄，……”[③]。在日本人控制下发行的印度人报纸，印度独立同盟和印度国民军

① 军事科学院世界军事历史研究室编：《第二次世界大战大事纪要》，解放军出版社，1990 年，第 722 页。

② 姚楠主编：《东南亚历史词典》，上海辞书出版社，1995 年，第 108 页。

③ Michael Stenson, *Class*, *Race and Colonialism in West Malaysia*: *the Indian Case*, p. 97.

属下的广播电台，也广泛宣传反帝和民族主义的观点。这就更加促进了印度人政治意识的普遍高涨，这种情绪进而冲破了种姓制度、宗教和地域观念的界限。广泛深入的宣传和发动使马来亚印度人普通社会阶层也产生了新的自豪感和独立性，更促使马来亚印度人出现了前所未有的族群团结，虽然这种团结最终被证明是非常表面化和短暂的。

面对最初源源不断如潮水般的志愿者，印度独立同盟和印度国民军建立了很多的训练营，那些不能获准进入训练营的人也经常受到某些形式的短时军训。1944 年 1 月 7 日，由于日军计划发动对印度东北部的进攻，自由印度临时政府迁往缅甸仰光。[①] 到 1944 年 2 月至 5 月，当印度国民军配合日军攻进印度土地暂时拿下科希马并包围因帕尔的消息传来，印度人普通阶层参军的热情达到高潮，马来亚印度人似乎看到了推翻英国在印度殖民统治的希望。那时，马来亚印度人的民族主义情绪燃烧到了极点。但到 6 月，日军被英印军很快击溃，并被逐出印度。而参战的印度国民军也遭英印军痛击，几乎全部被歼。

因帕尔战役的失败标志着马来亚印度人的独立运动开始走下坡路，最终很快消亡。

随着独立运动的发展变化，马来亚印度人与日本人之间的矛盾与分歧日益暴露。

自由印度临时政府向英美宣战后，C. 鲍斯希望加强印度人独立运动的独立性，摆脱日本人的控制，与此同时，促进它在东南亚印度人中的影响。作为印度国民军的最高指挥官，鲍斯同意第 3 支队帮助日军抵御英国人对马来亚的进攻，但反对日本人施加压力，用它进攻马来亚人民抗日军，原因之一是，印度国民军中相当多的人同情马来亚人民抗日军[②]（马来亚人民抗日军是华人政党马来亚共产党于 1942 年 1 月建立的华人抗日军队。日据之前，印度人与华人抗日力量就有联系和合作。日据时期，华人抗日力量还在印度国民军中开展争取工作，发展了一批同情者和支持者。日据后期，一些印度国民军的逃脱者加入了马来亚人民抗日军。面对印度人和华人抗日力量之间不断增强的联系，日本人和鲍斯临时政府虽然想方设法，但却难以阻止）。上述事实表明，鲍斯和日本人并非合作无间，而是分歧不少也不小。作为一位激进的民族主义者，鲍斯不可能任由日本人摆布。

而决定参加独立运动的原马来亚印度人中央协会领导者，他们始终对日本人的动机高度怀疑。印度人普通阶层投身独立运动，更现实的考虑是因为战争造成的生活困窘和日军的残酷压榨，迫使他们不得不重新寻找一个相对良好的安身立命之所。而部分中上层人士之所以参加独立运动，也有更深层次的主观原因：他们想借此保护自己的族群免受日本人的压迫和劫掠。印度独立同盟建立初期，马来亚印度人中央协会的骨干分子加入了同盟在马来亚各地建立的分部，并发挥领导作用，这就使他们一度控制了印度独立同盟。这些人包括 N. 拉贾万、K. P. K. 梅农和 S. C. 高荷（Goho）等人，他们都是印度国大党的热忱支持者和成员。由于他们不愿让日本人任意操纵，1942 年 6 月，在曼谷召开的东亚会议上，他们自行作出决定，要求日本人为支持独立运动作出完全自愿的明确的保证，也不要介入印度人事务。[③] 日本人不可能理会这些要求，没与印度人商量，日本人就把印度国民军派往缅甸。1942 年 12 月，N. 拉贾万、K. P. K. 梅农因此愤而从行动委

① 王捷等主编：《第二次世界大战大词典》，华夏出版社，2003 年，第 257 页。

② G. P. Ramachandran, *The Indian Independence Movement in Malaya, 1942—1945*, p. 246.

③ Michael Stenson, *Class, Race and Colonialism in West Malaysia: the Indian Case*, p. 94.

员会（它掌管着印度独立同盟总部）辞职。拉贾万继续担任同盟马来亚分部的领导人，以保护马来亚印度人的利益。但他最终在 1943 年 3 月也辞职，以抗议日本人组建印度青年联盟（Indian Youth League），该联盟的组建虽然得到了 B. 鲍斯的默许，但未获得印度独立同盟的同意。[①] 同时，很多印度人觉得不是被光荣地派去参加解放印度的战斗，而是被日本帝国主义者利用来作为对抗盟军反攻的工具。他们甚至认为，如果在英日两个帝国主义之间做选择，很多人宁愿选英国。

与此同时，独立运动内部也存在着分裂与内斗。印度国民军对 B. 鲍斯一开始就不信任，很多人认为他投靠了日本人，使得印度人变成被日本人利用的工具，1942 年 11 月，莫汉·辛格指挥部队发动叛乱，叛乱很快失败，莫汉·辛格被逮捕，印度国民军也被暂时解散。而在印度国民军第 2 支队和第 3 支队，北印度正规兵和泰米尔志愿者之间关系相当紧张。

四、日据时期马来亚印度人独立运动的消亡

印度国民军第 1 支队在因帕尔被击败后，遵照日方的指示，鲍斯又成立了印度国民军第 2 支队、第 3 支队，它们的战斗力更加低下。随着盟军大举反攻，进入缅甸，日军兵败如山倒，最终，盟军解放缅甸，仅少数日军逃入泰国境内。在这种情况下，印度国民军第 2 支队、第 3 支队也迅速土崩瓦解。1945 年 5 月，缅甸抗日武装光复仰光时，印度国民军官兵约 2 万人向英军投降，其中 4000 人被遣送回印度。[②]

对大部分的马来亚印度人而言，1944 年 6 月至 1945 年 8 月既是一个政治理想的幻灭时期，也是一个个人生活更加艰难的时期。而当令他们失望和痛苦的因帕尔失败的消息传来后，印度人普通阶层自发的民族主义热情很快不复存在。新的志愿者参加印度国民军更多是为了找到饭碗，而不是为了印度解放，国民军中的开小差现象日渐增多。

日据后期，印度独立同盟和临时政府对马来亚印度人的领导和统治也变得日益暴虐。

本来，人们以为印度独立同盟会利用它与日本人的特殊关系来保护印度劳工，但事实证明，同盟并没有或无力那样做。1942—1943 年间，日本人通过同盟，征召约 8 万名男性印度劳工去修建臭名昭著的暹缅铁路，结果估计只有一半的人活着返回他们的家园。在 1944—1945 年，为了修建工事以抵御即将到来的盟军反攻，日本人开始使用同盟的官员作为劳工。在日军当局的压力下，同盟的官员被迫到处找寻附近地区的印度人，驱使他们成为服务于日本人而不是印度独立的印度劳工。同盟的官员也被迫使用威胁手段，驱使其他的印度劳工为日本人的军事计划工作。[③]

C. 鲍斯刚来马来亚不久，尽管当时生活状况不尽如人意，很多印度劳工还是自愿付出。但到了 1943 年 10 月，他们已经被榨干了，金子和容易卖掉的财产都折腾光了，在食

---

① Michael Stenson, *Class*, *Race and Colonialism in West Malaysia*: *the Indian Case*, p. 94.

② *Note by Military Intelligence*, 20 July 1945, TP, V, p. 1284. 转引自谌焕义：《英国工党与印巴分治》，社会科学文献出版社，2004 年，第 149 页。

③ Michael Stenson, *Class*, *Race and Colonialism in West Malaysia*: *the Indian Case*, p. 98.

物严重不足和疯狂的通货膨胀处境下，他们已经在为了生存而做艰难的挣扎。尤其是日军占领后期，所有的印度劳工营养严重不良，他们穿着破烂。日军占领对印度劳工造成的严重冲击是，印度人人口减少了大约10万人，占其总人口的约7%。①

与此同时，临时政府希望在财政上少依赖日本人，同时更多的经费要用来训练印度国民军。由于收到的捐款越来越少（从1943年10月开始，临时政府募集的款项曾以百万马元计算②），C. 鲍斯加紧了对自己同胞的盘剥。从1944年初开始，印度人有价值的固定财产的10%～25%被临时政府征收，③ 鲍斯还利用日本军事警察（the Japanese Military Police）来加强对印度人的严密控制。更令印度人失望和震惊的是，1944年4月，公开批评C. 鲍斯是法西斯独裁者的K. P. K. 梅农（20世纪20年代，梅农已经投身印度民族主义运动。日据时期，C. 鲍斯的反对者很少，他是其中之一。“二战”后，他进入印度外交部门，担任过驻华大使）被捕了，后来被判处6年监禁。梅农被捕事件更进一步暴露了临时政府的真实面目，它不可能真正代表马来亚印度人的民族主义热情，也不会真正保护他们的切身利益。

临时政府敲骨吸髓般的压榨方式也对印度人中的一些少数群体造成更强烈的冲击，锡兰泰米尔人、印度穆斯林和切迪亚人本来对印度解放和马来亚印度人的团结甚少关心，临时政府的榨取更使他们与独立运动离心离德。

1945年1月和7月，C. 鲍斯两次巡视马来亚，试图加强印度人的团结和提高士气，但效果有限。对那些已经被战争折磨得一贫如洗和饥饿难耐的印度人来说，他们更加迫切希望能在临时政府的帮助下生存下去，但结果更令他们失望。1945年7月间，人民指导中心（People's Guidance Centres）在主要城镇建立，日本人更进一步加强了对印度人的直接控制，事实证明，印度独立同盟按照日本人的意志行事，没有多少“独立性”。对许多印度劳工而言，印度独立同盟和临时政府还是不能保护他们，反而是通过统治印度人而对他们进行剥削压榨。

1944年后期，随着盟军的加紧反攻和日军从日战区的败退，局势日渐明朗化了，马来亚印度人解放祖国印度的希望破灭了，他们开始面对马来亚的现实，面对生存的挣扎，面对马来亚特有的政治。④

1945年8月15日，日本宣布投降，两天后，C. 鲍斯搭机前往日本，8月18日，飞机在台湾上空坠毁，鲍斯受伤。8月19日，鲍斯死于东京的一所医院里。鲍斯的死亡标志着马来亚印度人独立运动的最终消亡。

五、结语

日据时期，马来亚印度人的独立运动是一场无果而终的民族解放运动，也是一场失

① Michael Stenson, *Class, Race and Colonialism in West Malaysia: the Indian Case*, p. 90.

② Michael Stenson, *Class, Race and Colonialism in West Malaysia: the Indian Case*, p. 104.

③ Michael Stenson, *Class, Race and Colonialism in West Malaysia: the Indian Case*, p. 99.

④ Michael Stenson, *Class, Race and Colonialism in West Malaysia: the Indian Case*, p. 100.

败的民族主义运动。首先，这场运动所借重甚至所依赖的日本人，他们发动的是非正义的侵略战争，因此，马来亚印度人的独立运动和日本人的侵略战争一样，难以避免失败的命运；其次，“二战”时期，日本帝国主义战略上的重点地区并不在印度次大陆和印度洋，而在印度东北部，日军只进行过短暂的、并无多少实质意义的牵制性进攻。马来亚印度人指望通过他们的帮助解放印度，实在是“病急乱投医”；最后，印度人在政治上并无多大影响，经济上又较为贫困，在马来亚他们处于边缘化的社会地位，这些也不利于独立运动的开展。

如何准确评价日据时期马来亚印度人独立运动的性质，是一个较为复杂的问题。我们首先必须指出，这场独立运动是在日本人的扶持下兴起的，并被其控制和利用。这场运动的目的是光彩的，但实现的方式是不体面的。马来亚印度人希望借助对日本侵略者的利用，与其合作，得到其支持，以赢得祖国的独立解放，说明了被压迫民族在美好愿望与严酷现实之间的艰难处境和选择，既让人感到同情，也让人感到困惑。

同时，我们也要强调这场独立运动还是具有明显的正义性和积极意义的。作为被压迫、被奴役的民族，马来亚印度人希望将自己的祖国从英国殖民者的统治下解放出来，实现印度的独立自由，这就能够表明独立运动的正义性。同时，独立运动在一定程度上保护了马来亚印度人，给他们营造了一个暂时的避风港，以逃脱日本人更为残酷和暴虐的压榨和劫掠；更为重要的是，它也进一步增强了马来亚印度人政治上团结合作的意识，正是在此基础上，1946 年 8 月，马来亚印度人的首个政党——马来亚印度人国大党（Malayan Indian Congress）成立。

这场独立运动也给马来亚印度人造成了一些消极影响。由于印度人与日本人进行合作，也由于印度独立同盟和印度国民军有时直接为日本人的侵略利益效力，印度人因而不可避免地受到许多马来人和华人的疑忌。在很多马来人的眼中，日据时期印度人的举动恰好证明了他们外来者的地位和特征；而在激进的华人看来，印度独立同盟和印度国民军就是法西斯，或者是法西斯的帮凶。这些都不利于“二战”后马来亚族群关系的稳定和谐。印度人中部分中上阶层人士与日本人的关系较为密切、亲近，对自己的同胞却施以强制甚至压迫，这也影响了印度人内部的团结统一。

（作者：石沧金，暨南大学华侨华人研究院副研究员）

“近代墨学”研究述评

张永春

【提　要】严格而言，学界把“近代墨学”作为一种独特的历史文化现象来研究始于20世纪90年代，其中缘由，与当时大陆流行的传统文化热等现实取向直接相关。迄今为止，学界从不同角度探讨了“近代墨学”的方方面面，总结了近代学人的墨学成就，有助于推动当代墨学研究的深化。当然，“近代墨学”研究的进一步拓展和深化尚待学术史史料的扩充，并在此基础上突破“以墨解墨”的文本解读框架，梳理学者的学术渊源，重返当时语境，本事与观念相结合，具体分析和解读墨学文本及其内涵，借此透视中国传统学术近代转型的路径及其得失。

【关键词】“近代墨学”　以墨解墨　史料扩充　以实证虚

“近代墨学”意指近代对先秦墨家思想学说的研究、宣传与提倡，其时限上起清代，下至民国，与今人常用之近代概念稍稍有别。盖墨学在晚清以降之复兴，固因社会剧变及西学东来，但清季尤其乾嘉后学术演变的内在逻辑亦为重要因素。众所周知，先秦诸子，儒墨为盛。秦汉以降，儒学成为中国封建社会的正统，炙手可热；而墨学则被视为异端之学，尘封千古，即便与道家、法家等诸子学派相比，命运亦有所不及。自秦迄清中期两千余年里，治墨者唯晋代鲁胜《墨辩注》和唐代乐台之《墨子注》，且其书不传。自乾隆年间始，墨学渐显，及20世纪早期，墨学研究及其思想的倡扬成复兴之势，成为近代思想文化史上的一大奇观。其作为传统思想向现代转型的典型个案，反映出传统文化在中西会通的近代条件下发展演变的规律和特点。“近代墨学”，学术研究重于理论实践，思想宣扬多于社会行动，故从学术层面看，其演进过程反映了传统学术近代化的一般发展轨迹，诸如考据与义理的消长，乾嘉考证法与西方实证方法的融通等。从思想层面看，近代的墨学复兴既是中国社会自身逻辑演进的结果，更收益于西风东渐；既受制于中西会通、社会转型的时代环境，反过来又体现了中西会通、社会转型的时代特征，并不可避免地与近代中国的诸多社会文化思潮发生联系，如基督教文化的传播、“西学中源”说思潮、“五四”运动时期的科学主义思潮及社会主义思潮等。因是之故，对“近代墨学”的研究，其意义不仅在于总结前人墨学研究成就，以作今人相关研究推进之基础，更在于透视传统学术近代化的轨迹及其利弊得失。本文对已有研究成果的述评即围绕此问题展开，并兼及中国近代学术史研究路径的思考。

一

综观前人对“近代墨学”的研究，多与墨学盛衰相随；而墨学盛衰，几由世风流转和学术趋向而定。

民初学人竞言古史，流风所及，墨学大盛，"家传户诵，几如往日之读经"。[①]有心者就对当时墨学研究的利弊多所论列。如陈寅恪在谈及整理国故运动中的穿凿附会之风时即以民初的墨学为例："今日之墨学者，任何古书古字，绝无依据，亦可随其一时偶然兴会，而为之改移，几若善博者呼庐成庐，喝雉成雉之比。此近号称整理国故之普通状况，诚可为长叹息者也。"[②]学人治墨，其夸诞之风多与清季经学家相类："譬诸图画鬼物，苟形态略具，则能事已毕，其真状果肖似与否，画者与观者两皆不知也。"[③]

20世纪30年代，学界风气由破坏而趋建设，自浮躁而趋平实，学术总结之作屡现。[④]虽然梁启超和钱穆在其同名著作《中国近三百年学术史》中均曾论及清季以降的墨学，但最早比较完整总结晚清以来墨学的是栾调甫。1932年，栾氏应《信义报》之约作《二十年来之墨学》一文，阐述了清末民初墨学兴起的原因、发展脉络及主要成就。该文认为，晚清墨学之兴，"实为有清三百年之朴学奠树基础，而由晚期巨变以促成之也"，关于后者，主要受中西汇通及民族危亡形势所迫，如"道咸以降，西学东来"、"光宣之交，逻辑之学，大张于世"、"民国肇始，政体更张，士治旧业已无经子之见，理趋大同悉泯中西之见"等，多为不刊之论，为后人所沿袭。文章分"读本"、"校注"、"述学"、"墨辩"四个方面评述了近二十年来的主要墨学著作，认为整体成就虽迈越前人，但远未尽人意，尚待后贤。栾氏进而指出，晚近墨学之弊有二：其一，治墨者以为"惟墨学可以救中国"，遂"本其殷切用世之心以治墨子，而墨子之学所以不能蕴发无余"；其二，整理古书，非校勘无以善其读，非训诂无以通其义，但"今则鄙弃校勘训诂而不屑为，广徵群籍而以辩伪鸣高。肆其博辩之才，发其汪洋之论。充其量，不过为狂言瞽说而已"[⑤]。前者之失在急于用世，"学"、"术"相混；后者之失在不顾治古史之规律，以后人眼光裁剪古代材料，失其正轨。如果以此与陈寅恪的上述言论比照，大致可见民初墨学的局限与不足。

民初至20世纪二三十年代实为"近代墨学"最为繁盛的时期，墨学几乎成为学界讨论的中心，各种研究、评论和宣传的文字竞相问世，以至于梁启超充满信心地宣称："盖最近数年间，《墨经》诸篇为研究墨学之中心，附庸蔚成大国，不久恐此诸篇将发挥无余蕴，墨学全部复活了。"[⑥]但抗战爆发，尤其是进入20世纪40年代后直至80年代末，墨学重入沉寂，仅限于少数学人的书斋志业，且多为《墨经》的纯专业领域，不复往日风

① 栾调甫：《二十年来之墨学》，《墨子研究论文集》，人民出版社，1957年，第139页。

② 陈寅恪：《冯友兰中国哲学史上册审查报告》，《陈寅恪史学论文选集》，上海古籍出版社，1992年，第507—508页。

③ 陈寅恪：《陈垣元西域人华化考序》，《陈寅恪史学论文选集》，第505—506页。

④ 大致而论，20世纪30年代正是中国现代学术形成的时期，与"五四"时期学风的混乱、浮躁迥异，诚如钱穆所言，"30年代的中国学术界已酝酿出一种客观标准"。所谓客观标准，指的即是现代意义上的学术机构与学科共同体建立起来，学术有了新的公认的评价体系。而且，在抗战前的十年间，正是北平学者有意在中国北方打造一个学术社会，以考据学的造诣来论定学者高下，而渐置学人的思想倾向于不顾的时期，学风由虚而实，学者对晚清以来长期盛行的"概括论断"式研究多不以为然，学界"公论"与"五四"时期差别甚大。

⑤ 栾调甫：《二十年来之墨学》，《墨子研究论文集》，第146页。

⑥ 朱维铮校注：《梁启超论清学史二种》，复旦大学出版社，1985年，第361页。

光，不免给人以“昙花一现”之感。其中原因，今人张永义曾有过简洁而精彩的论述：“在战国时代，墨家学说的产生可以说是受当时环境挑激的结果，墨子本人的各种主张一开始就主要是为了治世的，但到了近代，墨学的兴起似乎只是历史的偶然误会，因而注定逃不出昙花一现的结局。”因其用世，虽然一度兴盛，但墨学本身的内在限制却很容易被人忽略，理论上并没有得到完善和发展；同时，近代墨学仅有理论的提倡而缺乏实际的行动，也构成了其迅速走向沉寂的重要因素，“所以，一旦与墨家相关的历史问题大致弄清楚之后，墨学重归于寂也就成为其不可避免的命运”①。受此影响，大陆学界关于“近代墨学”的评述与研究乏善可陈。20 世纪 70 年代初，台湾学者王尔敏曾指导其门人王文发撰写题为“中国近代的墨学复兴”的硕士论文，②这是笔者所知最早从思想史和学术史角度研究近代墨学的论著，惜其流传不广，不为后人注意。此外，台湾学者严灵峰在墨学资料的整理方面做了大量的工作。其所编之《周秦汉魏诸子知见书目》，有“中国墨子书目录”一节，收录先秦以来墨学著作目录 200 多种，其中清代至 1949 年间重要墨学著作 160 余种，③为后人研究“近代墨学”提供了查找基本文献的方便。但其体例不甚严谨，除墨学专著之外，单篇论文及专史之章节绝大多数未收，实难反映近代墨学复兴之全貌。且偶有误收，如收入之清人钱陈群之《读墨一隅》（见《香树斋文集续抄》）实为读科举考试墨卷之笔记，与墨学无涉。同时，严氏又编辑《墨子集成》，影印汇集历代《墨子》的重要版本及注释、考证和研究著作 90 余种，分为 46 分册，极有利于“近代墨学”的研究。

从 20 世纪 80 年代末 90 年代初开始，学界开始有人关注“近代墨学”并发表了一批相关论著且尝试从学术史和思想文化史的视野考察近代墨学的演变，实为“近代墨学”研究真正之肇始。其中因缘，不外乎如下几点：其一，20 世纪 80 年代兴起的文化热和学术研究多元化的趋向，使得学界逐渐突破中国近代史研究中革命史和政治史的窠臼，关注近代以来文化思想的发展，文化思想史的研究遂成学界热点。其二，从社会思想的演变趋向看，20 世纪 90 年代后延续至今的传统文化热让许多学人注重挖掘包括儒学、墨学在内的传统学派的现代价值，墨家思想因与现代价值观多有契合，遂成为学人阐述重点。据有人统计，仅 1992 年至 1999 年间，大陆出版的墨学综论性质的专著就有 40 余部，发表的论文有 400 多篇。④同时，以山东大学等为中心的多家墨学研究机构相继建立，并举行了多次大型的国际学术研讨会，乃至有学者认为，“即将过去的（20 世纪）90 年代，是墨学史上的又一个黄金时代”⑤。流风所及，与之相关的“近代墨学”亦进入部分学者

---

① 张永义：《墨：苦行与救世》，广东人民出版社，1996 年，第 311—313 页。

② 王尔敏：《中国近代思想史论 · 叙论》，社会科学文献出版社，2003 年，第 2 页。

③ 中华文化复兴运动推行委员会主编，严灵峰编著：《周秦汉魏诸子知见书目》，台湾正中书局，1979 年印行。

④ 谭家健：《中国近二十年之墨学研究》，《齐鲁学刊》2000 年第 1 期。

⑤ 曾繁仁：《千年“绝学”的伟大“复兴”——墨学研究的百年回顾与前瞻》，《文史哲》1999 年第 6 期。应指出的是，20 世纪 90 年代墨学再兴，实际上与张扬传统文化、重新思考中西文化关系及文化搭台、经济唱戏、挖掘历史文化资源等现实取向密切相关，这也决定了 90 年代以来的墨学研究必然以发掘墨学的现代价值为其重点，且墨子的形象有逾拔逾高之势，其情形不免给人以与民国时期的墨学研究有殊途同归之感。其中利弊，尚待深思。

的研究视野。其三，20 世纪末，学界兴起世纪回顾热，从多方面梳理各学科的百年演变轨迹，学科总结之作屡现，一些学者亦尝试总结 20 世纪墨学发展的概况，其中 20 世纪前半叶的墨学是其阐述的重要部分。正是上述因缘，催生了“近代墨学”研究的兴起。其表现为以下几个方面：

第一，涌现了一批“近代墨学”研究方面的著述。据笔者初步统计，自 20 世纪 90 年代至今，学界有关“近代墨学”的论文达 50 多篇，虽然多是从哲学史和学科史的角度立论，但均力图将“近代墨学的复兴”这一独特的文化现象作为整体思考的对象，并置于近代中国思想、学术转型的视野下予以分析，故而其研究涉及“近代墨学”的方方面面，如“近代墨学”复兴的原因、表现，“近代墨学”发展演变的轨迹，“近代墨学”与西学，“近代墨学”与中国近代的社会文化思潮等等。这其中，有关近代人物如章太炎、梁启超、胡适等在墨学研究方面的文章所占比重最大。除单篇论文外，近年来出版的不少墨学研究专著均有专章论及“近代墨学”，如谭家健之《墨子研究》（贵州教育出版社，1995 年），第十六章“历代墨学研究述略”，无异于一篇墨学研究的小史，书后所附 20 世纪初至 90 年代墨子研究论文分类索引，收集海峡两岸墨学论文 1600 余篇，其中多关涉“近代墨学”。又如张永义所著之《墨：苦行与救世》（广东人民出版社，1996 年）、《墨子与中国文化》（贵州人民出版社，2001 年）均有专章论述“近代墨学”。

第二，出现了数部研究“近代墨学”的专著。罗检秋所著之《近代诸子学与文化思潮》（中国社会科学出版社，1998 年）虽从近代诸子学的整体演变着手，但墨学所占比重甚大，可视为大陆学界较早系统论述近代墨学的重要著作。该书将包括墨学在内的近代诸子学复兴这一现象放在晚清以来中国社会思想变迁的广阔视野进行考察，在认真研究了众多人物的诸子学成就的基础上，从宏观脉络上追溯了清前期诸子学的衍变，重点考察了晚清至“五四”时期诸子学的兴起和发展情况，就近代诸子学的许多问题提出了自己的看法，对于后人正确认识墨学等诸子学的近代发展颇具启发意义。惜该书因论述主题的关系，仅现“近代墨学”与其他子学之同而不见其异，且论述下限及于“五四”时期，而对 20 世纪 20～30 年代的墨学甚少着墨，为后人研究留下了拓展的空间。与罗氏著作出版时间相近，崔清田之《显学重光：近现代的先秦墨家研究》（辽宁教育出版社，1997 年）亦刊布于世，为学界公开出版的第一部以“近代墨学”为研究对象的著作。崔先生长于逻辑学，于墨学特别是墨家辨学造诣精深，是书主要从学科史的角度回顾了近现代墨学研究的成就，包括“近现代的《墨子》校注”、“近现代的《墨子》述学”及“近现代的《墨辨》研究”，并就一些重要问题提出了自己的观点。比如作者总结近代以来流行的以西方传统逻辑为模式重构和解释墨家辨学的“据西释中”方法时，对其利弊得失多所论列，对我们反思西学传入后中西比较方法的得失多有启迪之处。此外，近年来最为系统、详尽地从学科史角度总结“近代墨学”研究成就的是山东大学郑杰文教授的两本墨学史著作《20 世纪墨学研究史》（清华大学出版社，2002 年）、《中国墨学通史（上、下）》（人民出版社，2006 年）。作者长于古典文献研究，于包括“近代墨学”著作在内的历代与墨学有关的著作中收集 3000 余种，认真排比、研究，细致梳理历代墨学传衍、研究的历程，对重要墨学著作的内容、得失作出提纲挈领的评述，同时还就墨学史的许多重要问题提出了具独创性的看法。其中《20 世纪墨学研究史》附录之“历代墨学书目版本索引”、“中国 20 世纪墨学论文索引”及《中国墨学通史》附录之“中国历代墨学书目及版本"、"中国墨学论文目录"、"日本墨学著作目录"、"日本墨学论文目录"罗列宏富，为后人研究墨学和"近代墨学"提供了检索、收集材料的方便，可谓有益学林。除上述著作外，解启扬先生的博士学位论文《近代墨学研究》也是近些年来研究"近代墨学"的重要著述。作者主要以人物为中心，选取近代具有典型意义的治墨大家孙诒让、梁启超、章太炎、胡适、郭沫若、侯外庐，通过研究其墨学成就及其在"近代墨学"发展史上的贡献，以点带面，梳理"近代墨学"发展的脉络及不同阶段的特点。

第三，在"近代墨学"的资料整理方面，除前述严灵峰等人的成就外，由任继愈、李广星先生主编，国内数十位墨学专家参与编纂的《墨子大全》的出版（北京图书馆出版社，2004 年），为墨学研究的重要成果。是书共 100 册，210 种，是历代《墨子》的不同版本、墨学研究著作的总汇，其中明清至建国前的墨学研究专著收录较为齐全，为研究"近代墨学"提供了大量珍贵的第一手资料。

二

在"近代墨学"研究中，近代人物的墨学研究成就一直是学界关注的重点，下面即就这方面情况，择其要者予以评述。

（一）清代前中期人物与墨学

近代墨学的复兴，从内部因素看，是清代社会尤其是学术演变逻辑的必然结果，故有关"近代墨学"的研究，大多会追溯至清代前中期。清顺治元年（1644 年）至雍正十三年（1735 年）的 90 余年时间里，仅出现三种墨学著作，分别为马骕《墨翟之言》、傅山《墨子大取篇释》和陈梦雷、蒋廷锡等《墨子汇考》，其中学人较为关注的是傅山的子学研究成就。如刘仲华认为，傅山的子学研究上承明代李贽，提出经子平等观念，倡导子学以反对理学，具有鲜明的反传统精神。[①]罗检秋则分析了傅山子学研究方面的成就，认为其研究是考证与义理的结合，其对墨子兼爱思想的赞同和对逻辑思想的丰富及其反儒思想在清初可谓一枝独秀，但傅山提倡子学复兴的势头并未能顺利发展。[②]而解启扬则在肯定傅山子学成就和总结其墨学研究特征的基础上，认为"对于六经和诸子，傅山无可轩轾地加以阐发或注释，首开近代子学研究的先河"[③]。乾嘉是清代墨学著作整理的兴起时期，出现了墨学刊本、校注本、札记等墨学著作 13 种。但这些著作均为文字校注，少涉义理，独汪中注重墨子思想的阐述，不仅肯定墨学，而且公然否定孟子斥墨之词，把儒、墨视为完全平等的学派。这种思想实为近代张扬墨学思想的先声，因而研究者对汪中的墨学成就评价甚高。

---

① 刘仲华：《清代诸子学研究》，中国人民大学出版社，2004 年，第 66—72 页。
② 罗检秋：《近代诸子学与文化思潮》，中国社会科学出版社，1998 年，第 12—21 页。
③ 解启扬、陈洁：《傅山与墨学》，《云梦学刊》2001 年第 22 卷第 3 期。

（二）孙诒让与墨学

在近代墨学发展史上，孙诒让的《墨子间诂》无疑占有极为重要的地位，正如梁启超所言：“盖自此书出，然后《墨子》人人可读，现代墨学复活，全由此书导之。”①章太炎也说：“诒让集众说，下以己意，神恉迥明，文可讽诵。自《墨子》废二千岁，儒术孤行，至是较著。”②后人多承梁、章之说，认为孙氏是清代《墨子》研究的集大成者，从采集前人研究成果、充分运用乾嘉治学方法、对《墨子》版本篇章及墨家源流的考辨、对墨家思想的评价、对后人墨学研究的影响等各方面予以论述。至于其在近代墨学发展中的意义，罗检秋认为：“《墨子间诂》是晚清墨学复兴的重要里程碑。就墨学复兴的贡献而言，孙诒让虽不像有的学者抓住儒墨关系问题大声疾呼，但他对《墨子》扎实、深入的研究在19世纪是无与伦比的。孙诒让对于墨学的评价也是较平实、恰当的。”③这种评价具有普遍性。朱宏达则进一步认为，孙氏的墨学成就在某种程度上为墨学勃兴运动打下了坚实的基础，是维新运动文化的重要组成部分。④王兴发从“《墨子间诂》对考证校勘类著作的影响、《墨子间诂》对阐述墨家思想类专著的启迪、《墨子间诂》促成了《墨辨》研究的大丰收”三方面评述了孙诒让的《墨子间诂》对20世纪30~60年代墨学研究的深远影响，认为其为现代墨学的复兴扫清了道路。⑤解启扬分“学术背景”、“校释成就”、“墨学梳理”、“《墨子间诂》所体现的治学特点”四部分详细阐述了孙诒让的墨学成就，对其缺陷亦予以分析，认为孙氏作为传统知识分子，受旧学影响及时代限制，“在近代这个古今中西思想文化交融的大背景下，他对中西思想、文化的认识不可能超越张之洞的‘中学为体，西学为用’，他也不可能提出‘经子平等’的近代学术命题”。因而，孙诒让在墨学发展史上结束了墨学研究的一个时代，从传统学术转型的角度看，是传统的终结。⑥

（三）章太炎的墨学研究⑦

在中国近代学术史上，章太炎以其在经学、史学、诸子学、佛学、小学等诸多方面的卓越成就占据着极为重要的地位。虽然没有专门的墨学著作，但因在诸子学领域的贡献，其对近代墨学亦有着极其深远的影响。侯外庐曾说：“太炎继承了清代学者的诸子研

① 梁启超：《中国近三百年学术史》，东方出版社，1996年，第284页。

② 章太炎：《孙诒让传》，《章太炎全集》（四），上海人民出版社，1985年，第213页。

③ 罗检秋：《近代诸子学与文化思潮》，第94页。

④ 朱宏达：《孙诒让和墨学研究》，《杭州大学学报》1990年第20卷第4期。

⑤ 王兴文：《〈墨子间诂〉与20世纪30—60年代墨学的全面复兴》，《学术交流》2006年第10期。

⑥ 解启扬未刊博士论文：《近代墨学研究》，中国人民大学，2001年。

⑦ 专门论述唯有解启扬《章太炎的墨学研究述论》（《中国哲学史》2005年第1期）及其博士论文《近代墨学研究》第三章第二节。其他著述均用一定篇幅予以阐述，计有：罗检秋《章太炎与诸子学》［《北京师范大学学报（社科版）》1995年第2期］及其《近代诸子学与文化思潮》第三章第二节）；郑文杰《20世纪墨学研究史》、《中国墨学通史》的相关章节。

究（严格来说，起于傅青主），融会贯通，卓然成一家之言。最有价值的部分，在于他能考镜源流。”并进而认为，章氏对于包括墨子在内的诸子学术研究，堪称近代科学整理的导师，其文都是以法相宗为本而义正严密地分析诸子思想，独立而无援附，故能把一个中国古代的学库，第一步打开了被中古传袭所封闭着的神秘堡垒，第二步拆散了被中古偶像所崇拜着的奥堂，第三步根据他自己的判断力，重建了一个近人眼光下所看见的古代思维世界。“太炎在第一二步打破传统、拆散偶像上，功绩至大，而在第三步建立系统上，只是偶得的天才洞见或片断的理性闪光。”[①]胡适更是对章氏诸子学研究（当然也包括墨学研究）的成就赞赏有加：“校勘训诂的功夫，到了孙诒让的《墨子间诂》，可谓最完备了。但终不能贯通全书，述墨学的大旨。到章太炎方才于校勘训诂的诸子学之外，别出一种有条理系统的诸子学。”[②]因是之故，对章氏诸子学和墨学成就的总结乃“近代墨学”研究之重心。解启扬认为，章氏墨学研究的最重要贡献是对墨子思想的诠释和贯通，其对墨子思想的研究都是围绕兼爱、尚同这一核心概念进行的。此外，章氏在《墨经》逻辑、认识论和科学思想方面的研究亦颇有成效，其研究在求是与致用之间，体现出鲜明的近代色彩，具有承上启下之功。罗检秋则重点分析了章太炎对墨家逻辑的研究成就，认为是近代较早比较中国、印度、西方逻辑推理的学者之一，虽然因受佛学影响较深，难免有误解《墨经》和西方逻辑之处，但其主要贡献不在某些论断，而在筚路蓝缕，尝试对三大古老逻辑的比较研究。

（四）梁启超与墨学[③]

近代墨学的复兴，梁启超无疑居功至伟，早在1896年，梁启超就倡导复兴墨子之学。20世纪初流亡国外时，他一面以富含感情之笔介绍西学，一面全面反省和研究传统文化，成为继孙诒让而起的晚清墨学发展的后劲人物。有学者称：“在清末民初的社会大转型时期，墨学研究界出现了两位大师级的人物，这便是梁启超和胡适。梁启超抱着改良时政、启蒙国民的热切愿望，研究墨学，宣扬墨家思想。胡适则以冷静的态度，熟练地运用西方研究方法，去发掘墨辨逻辑和墨家哲学的应有之义。”[④]此点已成为学界共识，自不待言。关于梁启超终生治墨的原因，学者一般认为，在学术渊源上是受孙诒让的影响，而主要原因是梁氏救国救世思想与墨家兼爱非攻诸论相合契。罗检秋经仔细分析后认为梁启超墨学研究前后两期的变化和不同特点，认为其墨学观并不存在从崇墨到反墨的根本

① 侯外庐：《中国近代启蒙运动史》，人民出版社，1993年，第186页。

② 欧阳哲生主编：《胡适文集》（第6册），北京大学出版社，1998年，第181页。

③ 主要论述有：罗检秋《梁启超与近代墨学》（《近代史研究》1992年第3期）、《近代诸子学与文化思潮》第三章第一节；黄克武《梁启超的学术思想：以墨子学为中心之分析》，（台北）《中研院近代史所集刊》1996年第26期；董德福《梁启超与胡适墨学研究之比较》（《福建论坛》1999年第2期）；李文珊《梁启超墨学研究探析》（《江西社会科学》2001年第6期）；马克峰《梁启超与传统墨学》（《安徽史学》2004年第6期）；陈朝《论梁启超墨学研究两阶段之异同》（《兰台世界》2006年9月）；郑杰文《20世纪墨学研究史》第二章第一节；解启扬博士论文《近代墨学研究》第三章第一节。

④ 郑杰文：《20世纪墨学研究史》，清华大学出版社，2002年，第59页。

性转变，[①]梁氏的墨学研究包括对墨家思想的阐发和校注《墨经》，而以前者为重，其对墨学的贡献亦在此，主要包括：第一，梁启超最先采用西方社会科学的理论和方法治墨学；第二，梁启超的中外学术比较使墨学研究达到了一定深度；第三，梁启超的墨学研究包含丰富的思想性。同时，墨学也影响到梁启超的人格，成为其启蒙思想和开明专制思想的传统来源。郑杰文在详细分析梁启超四部墨学著作的内容、特点的基础上，概括了其对20世纪墨学研究的四方面深远影响：开创了《墨子》校释、墨学义理研究、墨辨逻辑和科技研究、墨学史诸问题考证并重的新模式；梁氏墨学论著中提出和论述的主要问题，成为20世纪墨学研究的最主要问题；梁启超那种紧密结合社会现实而进行墨学研究的学术研究指导思想，成为20世纪墨学研究的主流指导思想；梁启超结合西方社会科学理论和传统考据的近代墨学研究方法，亦深深地影响了20世纪的墨学研究方法。解启扬认为，从墨学近代转型的角度看，梁启超未能完成墨学研究方法论从传统向近代的转换，到胡适时，才完成了墨学研究近代范式的工作。学界论及近代墨学的复兴，多以梁（启超）、胡（适）并称，喻为近代墨学复兴中的两座巨峰，二者墨学研究的异同亦是学者们研究的问题。董德福认为梁、胡的墨学研究有三方面共同点：平等的眼光、科学的方法、比较参照的手法。而二者异趣亦有三：梁氏重义理而胡适偏考据；梁启超关注较多的是墨学的根本精神而胡适重墨家的逻辑方法；"五四"时期，梁启超的墨学研究主要是为了挖掘传统文化的精华，带有文化守成的色彩，而胡适研究并推崇墨学，目的是为了发现中西哲学之同，为中西文化的融合创新寻找依据，完成他"再造文明"、推进中国文艺复兴的使命。

（五）胡适与墨学[②]

自余英时借用库恩的科学革命理论阐释胡适《中国哲学史大纲（卷上）》在中国近代学术史上的中心意义后，学界多袭其说，将胡适视为中国现代学术新"典范"或新"范式"的标志性人物，其以杜威实验主义方法研究墨学的成就被许多学者视为墨学近代化（现代化）的标志，从而赋予其在近代墨学史上极其重要的地位。如解启扬所言："胡适的墨学研究真正使墨学研究方法近代化，是近代墨学发展进程中的一个里程碑，对于后来的研究产生了重要影响。"这一评价实可代表学界的主流看法。依学者们的总结，胡适的墨学研究成就主要包括：其一，在考证和整理墨学基本史料方面的贡献，包括对今存《墨子》53篇的时代和作者作了扎实的考证，其所使用的方法、将《墨子》53篇分组的"五分法"基本格局及其对墨子、前期墨家、后期墨家分开研究的做法为后来治墨者所遵循；其二，平等的眼光，即把墨子与老子、孔子放在平等的地位来评论，冲破了封建学

---

① 蔡尚思即认为梁氏有从崇墨到反墨的变化过程，参见《梁启超在政治上、学术上和思想上的不同地位》（《学术月刊》，1961年第6期），方授楚也认为梁启超对墨子的评价前后有较大的变化。

② 专门论述有：杜蒸民《胡适与墨学》（《江淮论坛》1992年第3期）；解启扬《胡适的墨学研究》（《安徽史学》1998年第4期）、未刊博士论文《近代墨学研究》第四章；董德福《梁启超与胡适墨学研究之比较》（《福建论坛》1999年第2期）；罗检秋《近代诸子学与文化思潮》第三章第三节；郑杰文《20世纪墨学研究史》第二章第二节。其他如关于胡适研究和近代思想学术史方面的著作或多或少有所涉及。

者“扬儒抑墨”的传统观念；其三，首次以西方逻辑的观点，对墨家的“名学”即逻辑方法，进行了集中系统的研究，取得了突破性的成果，他以《墨辨》6篇作为墨辨逻辑研究的主要材料，重点讨论了墨家知识论、名辨说与逻辑条例三大方面，其对墨辨逻辑条例的划分和考说诸成果，都被后代墨辨逻辑研究者借取，可以说是建立了20世纪墨辨逻辑学研究的基本框架；其四，从中国学术的近代转型看，胡适以其深厚的国学功底和接受过西学研究方法系统训练的独特条件，融合中西方学术方法以治墨学，创造出一整套考据原始材料、析论思想学说、评价历史作用的文史哲研究方法，奠定了中国人文社会科学近代研究方法的基本模式，同时也标志着墨学研究方法近代化的完成。此外，关于胡适墨学研究与清代汉学的传承关系，有不少学者过分强调清代汉学对胡适的影响，甚至把胡适看作清代汉学的传人。①罗检秋对此持不同的看法，他认为，胡适虽然继承了清学传统，又汲取了西学，更鲜明地体现了中西融合的特征，但西学对他的影响显然重于中学，因胡适研治诸子学的方法主要不是清代的汉学方法（考据之学）而是更倾向于“义理”阐述的方法。

（六）郭沫若与墨学

学界关注郭沫若的墨学研究，原因有二：其一，自20世纪三四十年代起，唯物史观派异军突起，在民国学界引人注目，而郭氏实为其中代表人物；其二，与多数唯物史观派学者肯定墨学形成鲜明对比的是，郭氏斥墨不遗余力，确属异类。②其中缘由及得失，颇具研究意义。早在20世纪60年代初，詹剑峰即著文驳斥了郭沫若对墨辨逻辑的否定和在墨子评价上的一些错误观点，如“墨子是站在王公大臣立场的人”、“墨子是反对乱党，而孔子是有点帮助乱党的嫌疑的”③。该文与其他大多数文章一样，属于具体墨学观点的讨论范畴，于郭氏墨学观的思想来源几乎没有涉及。吴定宇详细回顾了郭沫若对墨家文化由推崇、诘难与推崇并重到全盘否定的思想历程，并分析了郭氏批判墨家文化的内容和对墨家由显学走向消歇的看法，对郭氏墨学观的精辟见解和失误一一陈列，有助于今人认识郭氏墨学研究的得失，但依然没有对郭氏独树一帜的墨学观产生的原因作出深入的分析。④相比较而言，解启扬的阐述要深入得多，他在详细分析了郭沫若的治学风格和墨学研究成就的基础上，将之与同为唯物史观派的侯外庐相比较，认为郭氏的墨学研究受意识形态的影响和制约，在论断上主观随意性较强，而侯氏则从社会史与思想史切入，

---

① 后人有此观点，恐与受胡适及蔡元培当时的言论影响有关。蔡氏在为《中国哲学史大纲》作序时称胡适“适之先生生于世传‘汉学’的绩溪胡氏，禀有‘汉学’的遗传性；虽自幼进新式的学校，还能自修‘汉学’”。［见《中国古代哲学史大纲》序，《胡适学术文集·中国哲学史》（上册），中华书局，1991年，第1页］胡适也说：“我做这部书，对于过去的学者我最感谢的是：王怀祖、王伯申、俞荫甫、孙仲容四个人。对于近人，我最感谢章太炎先生。”［见《中国古代哲学史大纲（再版）》自序，《胡适学术文集·中国哲学史》（上册），第3页］其所感谢者，均为清代汉学的领军人物。

② 民国学人中，柳诒徵、孙德谦亦斥墨，但远不及郭氏激烈。

③ 詹剑峰：《关于墨家和墨家辨者的批评问题：郭著“十批判书”质疑之一》，《学术月刊》1961年。

④ 吴定宇：《推崇与诘难——郭沫若与墨家文化》，《中山大学学报》（社会科学版）2000年第6期。

从分析材料入手，更多注重学理性考察，故两人在对墨学的评价上和所取得的成就上迥异。[①]何玉兰认为，郭沫若的墨学研究坚持马克思主义史学方法和人民本位立场，是其值得肯定之处，但偏差之处颇多，其中原因，与郭氏研究方法上的偏差、个人感情上的偏差及其政治家色彩过于介入学术研究有关。[②]

概括而言，学界目前对近代人物墨学成就的研究，多集中于少数几人，恐与他们多为近代思想学术界尤其是思想界的风云人物（如章太炎、梁启超、胡适），或以后来眼光看属于进步的人物有关（如郭沫若），即无论当时还是后来都曾处于社会"中心"的人物。事实上，近代治墨者众多，不乏方法各异、墨学成就斐然而少人关注者，如栾调甫、谭戒甫、章士钊、方授楚、杨宽、吴毓江、陈柱、张尔田、张纯一、孙德谦等。对这些相对边缘人物的墨学成就的研究，尚待拓展。

三

近代的墨学复兴，乃晚清以来古学复兴运动的重要组成部分，其规模、影响或不如儒学、佛学，但纵向来看，其由"绝学"而复活而学人竞相研究、倡导，确实是近代史上引人注目的思想文化现象之一。[③]故自 20 世纪 90 年代始，学者突破具体墨学观点的局限，从近代中国社会演变的广阔视野对这一现象作了多方面的探讨，有助于深化后人对近代中国思想学术发展脉络的认识。

（一）近代墨学的演变与复兴原因

如前所述，栾调甫是最早系统总结近代墨学的学者。[④]他从内外两个因素阐述了近代墨学复兴的原因："近二十年来学人治《墨子》之较有成绩，实为有清三百年之朴学奠树基础，而由晚期剧变以促成之也。"关于前者，实为乾嘉诸老以子证经的需要。关于后

① 解启扬：《郭沫若的墨学研究》，《中南大学学报》2003 年 10 月。

② 何玉兰：《郭沫若墨学研究的得失及启示》，《郭沫若学刊》2007 年第 3 期。

③ 关于近代墨学的复兴，学界似无异议，但作为一种历史现象，在复兴肇始的时间、表现、规模及在近代社会的影响上，尚有分歧。如墨学复兴的时间从何时开始？近代以来一些学者认为墨学在乾嘉时期就已完全复兴了，也有学者认为应在 19 世纪下半叶。又如，墨学复兴的表现，罗检秋认为主要表现为两方面："一方面，研究《墨子》、阐明墨学的著作大量涌现，到 20 世纪早期形成空前绝后的繁荣形势；另一方面，人们对墨学有了较高的、日趋公允的评价。墨家精神受到人们高度赞扬和一些爱国人士的宣传、崇拜。"（《近代墨学复兴及其原因》，《近代史研究》1990 年第 1 期）而解启扬则认为，其表现有二："其一是学理性的研究，表现为校注《墨子》、诠释墨家思想学说的著作不断涌现，特别是对墨家的评判也日渐摆脱儒家的束缚，从而更加客观；其二是精神实践，表现为对墨家精神的提倡和弘扬。"（见其未刊博士论文《近代墨学研究》）张永义则认为，近代墨学复兴的重心在于研究，而非实践："研究墨学提倡墨学的人虽多，却很少有人认真地考虑如何把墨家的思想付诸实践。因此，严格地说，近代的墨学只是关于墨家的学问，而不是真正意义上的墨家理论的发挥或发展。"（张永义：《墨：苦行与救世》，第 313 页）

④ 栾调甫：《二十年来之墨学》，《墨子研究论文集》，第 143—146 页。

者，道咸以降，西学东来，西方的声光化电等科技风行中国，《墨子》书中多含光学、重学、几何知识，足以颉颃西学；光宣之交，博爱之教、逻辑之学大张于世，独墨子主兼爱则杀身以利天下、出言谈则持辩以利三表，足与相当；民国肇始，政体更张，学术亦因之尽脱专制之羁绊，入于放任自由之徒，故学者治旧业已无经子之界，理趋大同悉泯中西之见。后人在分析近代墨学复兴时，多从斯说，并有所引申。罗检秋的《近代墨学复兴及其原因》将“近代墨学”的演变分为三个时期：[①] ①乾嘉时期墨学复兴的酝酿；②19 世纪下半期墨学的兴起；③20 世纪早期墨学的繁荣。是文还重点分析了近代墨学复兴的原因，从时代背景看，墨家勇于献身、大公无私的精神是唤起民众、救亡图存的宝贵资源，而西学的输入是墨学复兴的推动力。而同时，流行的中国传统文化思潮也是重要的因素，包括清代盛行的考据学风、19 世纪的“西学中源”思潮以及 20 世纪初的保存国粹思潮、整理国故运动等。[②]马克峰则借用国内通行的“近代”概念，将近代墨学分为三个阶段并详细阐述了各个阶段与时代思潮相适应的特点：第一个阶段，从鸦片战争到洋务运动时期，主要强调西学源于墨学；第二个阶段，从戊戌变法时期到辛亥革命时期，旨在寻求墨学与西学的相通性并提倡以墨学的伦理精神救世；第三个阶段是“五四”运动前后，以西方的科学方法、价值观念为尺度，选择墨学作为新文化的生长点。对于近代墨学的局限，马克峰归纳为三点：缺乏对墨学本身的批判；偏重于强调墨学与西学之同而忽视其异；近代墨学倡导者尝试从墨学这样的传统文化中而不是从现实中寻找新文化的生长点，无异于舍本求末，最终使得近代墨学始终走不出学者的书斋，转化为实际的社会文化实践。[③]这些论述无疑有助于认识“近代墨学”的演变脉络及复兴原因。王慧荣则重点分析了中国传统学术内在理路的发展对近代墨学发展的制约，即，乾嘉考据学的高度发展和儒学在近代的衰落不仅为近代墨学的复兴提供了条件和机遇，还深深影响到近代墨学重研究、偏考据的治学途径和风格。[④]

（二）近代墨学与西学

在影响和制约近代墨学发展的众多因素中，西学无疑占据主导地位，诚如邓实所言：“西学入华，宿儒瞠目，而考其实际，多与诸子相符。于是而周秦学派遂兴，吹秦灰之已死，扬祖国之耿光。”[⑤]西学的输入不单单推动了墨学在近代的复兴，而且在墨学研究的方法及内容等方面产生了深远的影响，直接促成了中国传统学术的近代转型。因是之故，学者在关于近代墨学的论著中，均会贯穿西学的作用。罗检秋系统总结了近代墨学与西学的关系，认为一方面西学的传入推动了墨学的复兴和繁荣，西学的研究方法、观念亦渗透、融入墨学的框架之中；另一方面，墨学也成为西学在中国流播的工具并推动西学

---

① 解启扬的分期与罗检秋的大致相当，参见其著《近代墨学研究简论》，《广西师范学院学报（哲社版）》2004 年第 7 期。

② 罗检秋：《近代墨学复兴及其原因》，《近代史研究》1990 年第 1 期。

③ 马克峰、刘刚：《墨学复兴与近代思潮》（《中州学刊》1991 年第 4 期）；马克峰：《近代墨学复兴的历史轨迹》（《教学与研究》2004 年第 1 期）。

④ 王慧荣：《近代墨学复兴与晚清儒学》，《安徽史学》2005 年第 5 期。

⑤ 邓实：《古学复兴论》，《国粹学报》（第 1 册），1905 年 9 月。

的中国化，如西方的科学技术、基督教文化、近代启蒙思想、社会主义学说等，均是在当时国人的"西学墨源"、"墨学西学等同论"等理论推动下才得以广泛流传的。故近代墨学与西学的关系更多地表现为互相影响、互相渗透（当然以西学为主导），而不是冲突和矛盾。[①]

从传统学术的近代转型角度看，中国近代学术形态（知识分类体系和研究方法）的形成，与西方近代治学方法的大规模输入密切相关。此点在近代墨学的演化过程中表现得尤为典型。郑杰文将墨学研究方法的近代化进程分为三期，并详细阐述了各个时期的特点及得失：第一期，清儒注墨中以书证求义的朴学方法，毕沅、王引之、孙诒让等清儒治墨，发展了汉代古文经学家的书证归纳方法，使其达到甚为完满的境地，在《墨子》校勘、注释方面取得了前无古人的成绩，但由于方法过分单一，也使《墨子》校注留下了不少缺憾与疑点；第二期，梁启超尝试以自己所感悟的西方论著方式去表述墨学义理，但仅使用了西方论著的结构形式，其论述方法仍基本使用了传统的书证归纳法，表现着传统研究方法与西学研究方式的初步结合；第三期，胡适治墨，以其深厚的国学功底及受过西学研究方法系统训练的独特条件，融合中西方法来研究墨学和其他先秦诸子学，创造出一整套考据原始材料、论析思想学说、评价历史作用的人文学术研究方法，奠定了人文科学近代研究方法的基本模式，同时也标志着墨学研究方法近代化的完成，而梁启超后期的《墨经》校注，开启了古籍校注的近代化样式，完善了墨学研究方法的近代化内容。[②]此说应较为准确地反映了墨学近代转型的过程。

晚清以降，面对西学的强势，比较中西、沟通中西学术成为学人的自觉追求，墨学因其相较其他传统学派更近西学，故比较方法的运用更为充分，且被视为墨学研究近代化的标志之一。但什么是真正的比较研究，什么属于格义式的比附，对此学界的认识和评价并不一致。[③]近代学人从事《墨辨》研究，多以西方传统逻辑或印度因明学为工具去比较、解释《墨辨》中的逻辑思想，此种比较法被大多数后来的学者所认同并沿用至今。[④]但也有学者并不认同，认为是以比附为比较，杜国庠就曾一针见血地指出其中弊端："因为墨家逻辑的论式简单，于是一些好心的研究者，有的用形式逻辑的'三段法'去套，有的就用'因明'的'三支作法'去套，到了不大好套的地方就'画蛇添足'或者'削足适履'而使之相符合，套是套了，到底不像，一样有'买椟还珠'，'不善嫁女而善嫁媵'之嫌。"[⑤]崔清田在详细分析了从梁启超、胡适到章士钊运用比较法研究《墨辨》的得失后认为，近代学者在以西方逻辑对《墨辨》进行比较研究的过程中，由于忽视了

---

① 罗检秋：《近代墨学与西学》（《中州学刊》1991 年第 3 期）；《西学与近代诸子学的发展》（《天津社会科学》1994 年第 4 期）。

② 郑杰文：《墨学研究方法的近代化历程》，《文史哲》2001 年第 6 期。类似观点亦可见解启扬：《近代墨学研究简论》，《广西师范学院学报（哲社版）》2004 年第 7 期。

③ 比较与比附的问题自民国后成为学界讨论的热点，尤其在古史研究领域，它实际涉及近世以来中国近代学术利弊的评价、中西会通的路径及古学研究的轨辙等诸多关键问题，无论当时还是后来，学术界对此评价不一，在对有些问题和人物的看法上区别甚大或者完全相反，且至今未休。

④ 在对墨家辨学的认识上，近人梁启超、胡适"墨家辨学即西方传统逻辑"的观点占据主导地位，二氏的比较研究即以西方逻辑为参照去解释墨家辨学。此法至今仍为墨辨研究的主要路径。

⑤ 杜国庠：《杜国庠文集》，人民出版社，1962 年，第 585 页。

《墨辨》文本自身所规定的内容对这种比较研究的制约，实际上只不过用西方传统逻辑的框架把《墨辨》重新作了一番编排，《墨辨》自身的特点反而无从寻绎。这种重构式的比较实质上是西方传统逻辑的中国式讲述，而不是对具有自身特点的墨家辨学的阐述，同时也忽视和抛弃了《墨辨》丰富的文化精神财富。之所以如此，既与比较者不了解比较对象的全貌有关，也与单纯运用比较而不注意将之与历史分析相结合有关。[①]这种认识，虽然尖锐，但确实有助于我们反思近代以来墨学研究及其他古学研究中的比较与比附问题。[②]

（三）墨学对近代社会的影响

墨学是拯救时弊的实践学说，其“摩顶放踵，利天下”的献身精神是近代墨学复兴的内在因缘。面对救亡图存的现实需要，近代以来的进步知识分子无不对墨家的人格推崇备至。反之，墨家思想也在一定程度上影响着近代中国社会。刘桂生详细阐述了晚清以来的进步思想家梁启超、孙中山、吴虞、易白沙、蔡和森等将社会主义与墨学思想相融通的情况，认为墨学是近代中国接引、接受社会主义的传统资源之一（另一资源是大同思想）。[③]康学伟、薛柏成则分“墨学复兴”在辛亥革命时期的历史作用、“墨学复兴”在近代科技文化传播发展的历史作用、“墨学复兴”与近代世风伦理的转变三方面论述了“墨学复兴”对近代中国社会的广泛影响。[④]但该文时有穿凿之处，如把反满革命志士的献身精神归于墨家献身精神的影响，实际缺乏有说服力的根据。事实上，当时俄国激进无政府主义思潮的影响更为重要，因辛亥前十年，革命派曾大量介绍俄国“虚无党”（无政府主义）的情况。

谈及墨家思想对近代社会的影响，近代人物思想中的墨家因素实为学界关注的重点。[⑤]王庆成曾撰文论述墨家思想与洪秀全上帝观的传承关系，指出洪秀全上帝观与墨家“天志”间的共同点。但这不一定就表明前者吸收了墨家思想，因为缺乏事实根据，故作者也承认，“洪秀全的思想是否与墨家有渊源关系，是有待于注意的一个新问题”[⑥]。关于墨家精神的实践，谭嗣同被后人认为是墨侠精神实践的典范，如有学者认为，谭嗣同的

① 崔清田、张斌峰：《近代〈墨辨〉比较研究法的回顾与反思》，《湖北大学学报（哲社版）》1996 年第 3 期；亦见崔清田：《显学重光：近现代的先秦墨家研究》，辽宁教育出版社，1997 年，第 148—171 页。

② 事实上，直到今天，在墨家辨学的研究方法上，大陆学界依然各有所依，一派主张应以形式逻辑为主，一派主张再加上辩证逻辑和语言逻辑，以崔清田为代表的一派主张立足于文化史，广泛结合哲学、语言学及政治、经济来研究。其中多涉比较研究方法，如何评价，尚待深思。

③ 刘桂生：《晚清“墨学复兴”与社会主义学说传入中国》，《教学与研究》1986 年第 4 期。

④ 薛柏成：《论墨学在近代的复兴及其在辛亥革命时期的历史作用》，《西南师范大学学报（哲社版）》1998 年第 2 期；康学伟、薛柏成：《论“墨学复兴”对中国近代社会的影响》，《清史研究》2003 年第 1 期。

⑤ 除下述洪秀全、谭嗣同外，关于近代人物与墨家精神实践的文章还有：刘贵福《进斯世于极乐之万物玄同——近代墨学复兴对钱玄同的影响》，《鲁迅研究月刊》2006 年 12 月；刘春霞《易白沙和他的墨学研究》，《企业家天地》2007 年第 5 期。

⑥ 王庆成：《儒家、墨家和洪秀全的上帝》，《史学月刊》1984 年第 3 期。

“行为处事、人生态度、侠义精神、学术渊源，无不本之于墨学，宗之于墨学。他的乌托邦社会理想及现实中所屡遭的挫折，亦与其宗奉的墨家侠义精神及学术思想有密切关系”①。这一评价实可代表大多数学者的看法，但可议之处尚多。从墨学传衍的角度看，侠是否源于墨，学界并没有达成共识。近人钱穆、今人张永义就持否定意见并从不同角度予以论述。②据张氏考察，侠源于墨之说，最先发自陈澧，康有为、梁启超从之，尤以梁氏之说影响最大，后之治墨者多承其说，如侯外庐等干脆把游侠称为墨侠，蔡尚思也认为西汉早期的墨学流为民间的“任侠”。因此，我们在探讨墨家精神对近世的影响时，将一种墨学史上尚存疑问的墨侠精神附于近代人物身上，不免有附会之嫌。

四

相比于近代众多的社会文化思潮，“近代墨学”因其主要限于学术研究且倡导者多为学人，故其社会影响不算特别引人注目。但因其在中西汇通的近代时势中近于西方科技政教而由“绝学”至“显学”，所体现出的诸多内容，如学术与政治、学术与思想、中西比较与会通等关系，反映的正是中国传统学术近代转型过程中的重要问题。从这个意义上讲，对“近代墨学”的研究，尚有不少拓展和深化的空间，研究路径尚待丰富和完善。其要者有：

（一）学术史史料的扩充

以笔者陋见，治“近代墨学”，至少应包含如下两方面史料：其一，文本，即近代有关墨学的单篇论文和论著及专著之涉及墨学者。这是研究“近代墨学”的基本材料，也是目前研究者使用最多的史料。其二，与“近代墨学”相关的学术史史料，包括发表于报纸杂志上的学人的评论文字（含20世纪20年代后普及开来的书评），学人的传记资料（包括日记、书信、自传、回忆录等）和重要学术著作，尤其是前者，以报纸副刊为代表的这类长期被学人忽视的材料，如能善加利用，必将大大丰富近代学术史的研究。这类材料数量众多，多涉及学人的人事交往、学术渊源、治学取向，是反映“近代墨学”演变轨迹及近代治墨学者历史定位的基本史料，有助于从事实联系出发、改变单纯文本研究“以虚证虚”的偏差。举例来说，胡适是被后人誉为中国现代学术范式的代表人物，标志之一就是将传统乾嘉考据法与西方实证法相融合。但大量的学术史资料表明，胡适在撰写《中国哲学史大纲》时之所以援引汉学方法，除了其自言的“考据癖”外，更重要的原因恐怕是与当时北京大学重考据的学风给他带来的压力有关。③傅斯年是胡适的学

① 李禹阶：《谭嗣同的墨侠精神与墨家思想》，《重庆师范学院学报（哲社版）》1991年第3期。

② 钱穆：《释侠》，《中国学术思想史论丛》第二卷，安徽教育出版社，2004年；张永义：《墨：苦行与救世》，第261—265页。

③ 此点已有学人涉及，参见罗检秋：《近代诸子学与文化思潮》，第191—196页；程以爱：《中国现代学术机构的兴起》，江西教育出版社，2002年，第22—30页。

生兼诤友，他在给胡适的私函（1926 年）中对胡适《中国哲学史大纲》及其小说考证的一抑一扬，对胡适后来治学取向的变化影响很大。如果将这些史料与胡适的学术著作结合考察，对于我们重新思考胡适在中国现代学术史和近代墨学史上的地位不无助益。

在学术史史料的扩充上，除了关注近代“中心”人物的资料外，还需关注当时相对“边缘”人物的资料。长期以来，近代学术史的研究受“进步与保守”二元思维的制约，无论研究还是资料利用上偏重于“主流”或“进步”一方较多，而相对“边缘”或“保守”一方较少。比如“五四”时期，新文化派如日中天，占据思想学术界要津。与此同时，相当一批当时和后来被视为守旧的学人在报刊上载文批评新文化运动，如南方有吴宓主办的《学衡》杂志，刊载吴宓、张荫麟、柳诒徵等人对新文化运动的评论文章；章太炎主办的《华国》月刊，曾登发章氏《救学弊端》诸文，于新文化派之失多所论列；陈柱等人创办的《学术世界》载有陈柱、孙德谦、张尔田等东南地区学人讨论墨学的大量文字，其治墨取向，明显与胡适等有别。在北方，1928—1933 年间，吴宓主办的《（天津）大公报·文学副刊》（共 313 期）亦发表了相当数量的评价新文化运动的文章（胡适曾称该副刊为《学衡》杂志“余孽”）。[①]这些材料，学人甚少利用，实为今后治中国近代学术史所当善加采集者。

如前所述，近代学人间的学术评论文字，大量散见于书评、日记、书信乃至所著著作中，或受传统影响，或碍于时势，很少指名道姓、立论鲜明者，而更多是九曲回肠之论。因此，若要善加利用，必须具备“通语境”的基本功夫，也就是须在大量阅读相关文献的基础上，了解学者间的师友渊源、亲疏远近，略知各人学术思想背景，对相关评语再作谨慎地过滤和解读。否则，易堕入雾中观花甚至指鹿为马之学术陷阱。比如，近人的学术评论常贯穿于自己所著学术著作中，有些著作，其针对时人的评述较为明显，题中之意易于把握，如吕思勉的《经子解题》、余嘉锡的《古书通例》，其谈古人著书体例部分，显然是对梁启超、胡适等人考证学风的批评。但也有相当部分的著作，其学术批评较为隐晦，如何读出其中的言外之意而又不流于穿凿附会，确实困难重重。像余嘉锡对胡适及“古史辨”派的委婉批评，散见于其考证学著作《四库提要辩证》中，其弟子牟润孙曾撰文勾勒是著中的“言外之意”，值得研治胡适及“古史辨”派的学者注意。

总之，要真正评价近代学人及其著作的学术成就，必须将其置于当时的历史发展脉络中，适当安置其位置。而其首要之义，就在于通过博采对比不同性质的学术史史料，读懂学者的指涉对象和所议问题，并将之与文本分析相结合。否则就会出现如近人张荫麟所言的弊端：“不知学术史大势，无充分之学术史常识者，不足与言一家之学，以不明一家在历史上之地位，则无从评判其价值，必致‘见橐驼言马背肿’而动辄‘五体投地’为过劳也。”[②]

① 如陈寅恪评述当时古史研究弊端的几篇文章即刊于此，包括：《冯友兰〈中国哲学史〉上册审查报告》、《冯友兰〈中国哲学史〉下册审查报告》、《与刘文典教授论国文试题书》等。

② 张荫麟：《评杨鸿烈〈大思想家袁枚评传〉》，《大公报·文学副刊》第四十三期，1928 年 10 月 29 日。

（二）突破“以墨解墨”的文本解读窠臼，注重事实联系及文本产生的时空背景，以实证虚

研究“近代墨学”，近代学人的墨学著作当然是最基本的材料，但尚需进一步了解著作产生的历史语境，如学术渊源、当时及后来不同学人的评价甚至包括作者本人前后看法的变化，对比分析后方能作出全面而客观的判断。依旧以近代学术史上最为典型的胡适为例，其赖以成名的学术著作《中国哲学史大纲》刚出版，任教于北京大学的刘文典即撰写名为《怎样叫做中西学术之沟通》的长文，在批评好以“古已有之”附会中西学说的所谓“沟通家”之余，一面对胡适在该书导言中所言之对待东西学术思想的见识和胸襟大加赞赏，一面又在列举附会中西流弊的事例时对时人将《庄子》一书中的某些内容与西方达尔文的生物进化论等同起来的做法进行批评。虽没指名道姓，但胡适应在暗讥之列。①因该书第九篇“庄子”第一章恰好名为“庄子时代的生物进化论”，所言及的大多是以庄子的相关言论与西方进化论相比照，而且，第九篇也是胡适自认为在《中国哲学史大纲》中论述最为薄弱的。对此，对诸子学尤其是庄学研究很深的章太炎大加讥评，并一度引起两人之间的笔墨官司。但到20世纪50年代后，胡适即自悔于当初的论述，说：“我在那一章里述‘《庄子》书中的生物进化论’，用的材料，下的结论，现在看来，都大有问题。”“这真是一个年轻人的谬妄议论，真是辱没了《物种由来》那部不朽的大著作了！”② 正是这部被当时许多青年学生奉为经典的《中国哲学史大纲》，③却被同时代的不少学者从基本旨趣、材料考订、写作手法、具体观点各个方面一一批评，以致胡适在20世纪30年代即对外宣称，自己对于这部旧作的见解，已经“全部推翻”④。所以，如果将20世纪二三十年代学界包括胡适本人后来的自我评价与今日学界对胡适的评价相对照，其中落差之大及其所包含的意蕴，确实值得深思。

清末民初以来，中国人日趋尊西崇新，稍有系统的思想学说大多来自域外。⑤如果不能全面把握其中西渊源，所发议论不免隔靴搔痒，甚至断章取义，离题万里。众所周知，梁启超作为中国近代学术转型的关键人物，其西学知识大都源自日本的转介。但至于哪些思想来自于日本，来自于何人何书，该人该书在日本思想学术史上处于何种地位，学

① 刘叔雅：《怎样叫做中西学术之沟通》，《东方杂志》第16卷第12号，1919年12月。

② 胡适：《〈中国古代哲学史〉台北版自记》，姜义华主编：《胡适学术文集·中国哲学史》（上），中华书局，1991年。

③ 有意思的是，《中国哲学史大纲》在当时的反响，时人因学识高下，看法上的差别甚大，大致而言，学识高者弹多赞少，学浅者如青年学生赞多弹少（但也有例外，如毛子水、傅斯年等国学功底深厚者，对是书不无非议，虽然并没有公开表达）。而且愈往后，赞赏是书的群体愈有学识下移的趋势（即从学者而大学生而中学生）。参见桑兵：《横看成岭侧成峰：学术视差与胡适的学术地位》，《历史研究》2003年第5期。

④ 程以爱：《胡适的“整理国故”在20—30年代学术界的反响》，（台湾）《近代中国史研究通讯》第33期。

⑤ 此种情形在1900年后日益普遍，如“五四”时期的众多思想学术论争，东西文明之争、科玄之争等，论争双方观点尖锐对立，但所援引者多为西方理论，出现罗志田教授所谓“西与西战”的情况。故治近代学术史，如不了解学人的西学渊源，实难准确把握其学术成就及在历史中之地位。

界大多语焉不详。更进一步，这些书和人的西学来源是什么以及在化西学为东学（日本学）的过程中有何变化，梁启超在接受东学时又是如何取舍及取舍的标准是什么以及与其思想状况、时代背景有何联系等，学界就更加茫然。近年来国内开始有学者注意此一偏向并尝试以影响研究的比较方法，从实证出发梳理梁启超的东学及西学渊源，如郑匡民之《梁启超启蒙思想的东学背景》（上海书店出版社，2003 年）、石云艳之《梁启超与日本》（天津人民出版社，2005 年）。而日本学者狭间直树主编之《梁启超·日本·西方——日本京都大学人文科学研究所共同研究报告》（社会科学文献出版社，2001 年）更是有关梁启超思想西方源流研究的典范之作，为学界研治中国近代学术思想史提供了很好的路径。国内学界一般都把梁启超 1904 年发表的《子墨子学说》视为以西方社会科学理论方法研究墨学的开端。末冈宏的研究表明，《子墨子学说》大半是日本学者高濑武次郎《杨墨哲学》中《墨子哲学》的意译和抄译。①当然，该文与其他日本学者的研究一样，偏于强调日本对梁启超的思想影响。而事实上，梁启超学习西方虽然经由日本，但仍依托中国文化，其对日本西学著作的取舍，受制于传统及时势的需求。黄克武就不太赞同日本学者有关梁启超思想多转自日本的说法。他以实证的方法，以梁启超的墨学研究为中心仔细分析了梁启超的学术思想，认为梁启超一生中吸收了东西方的各种知识，因而表现出复杂多变的特性，但在多变的表层下仍展现出九点不变之处。②

概括而言，治“近代墨学”，如果不注意墨学著作发表的时间、对象和背景，而单纯从文本出发，脱离具体时空，望文生义，难免有主观臆测、穿凿附会甚至断章取义之弊。故而，借用精密细致的文献比较方法，梳理学者的学术渊源，进而把握文献产生的时空背景，努力回归当时语境，在此基础上具体分析和解读墨学文本及其内涵，实为治“近代墨学”之正轨。

（作者：张永春，暨南大学文学院历史系讲师）

① 末冈宏：《梁启超与日本的中国哲学史研究》，狭间直树主编：《梁启超·日本·西方——日本京都大学人文科学研究所共同研究报告》，社会科学文献出版社，2001 年，第 157—172 页。

② 黄克武：《梁启超的学术思想：以墨子学为中心之分析》，(台北)《中央研究院近代史研究所集刊》1996 年第 26 期。黄氏还在另外一篇文章《梁启超与康德》中以梁启超对康德思想的介绍为例，具体分析了梁启超在接受西方思想的过程中所作的选择，见（台北）《中央研究院近代史研究所集刊》1998 年第 30 期。

战时中美技术贸易之一例：以资源委员会与美国亚克屈勒电子管公司的合作为中心[①]

张维缜　吴布林

【提　要】抗战时期，为了加强国防力量，实现主要产品的自给，资源委员会将电气工业作为重工业发展的重心。在当时中国技术落后、资金匮乏的情况下，资委会和美国亚克屈勒电子管公司进行技术贸易合作，双方的合作取得一定成效，对中国的抗战及经济效益的提高都产生了积极的作用，这也标志着中国的对外技术贸易合作进入了一个新阶段。

【关键词】资源委员会　中央电工器材厂　亚克屈勒电子管公司　技术贸易合作

20世纪30年代初，随着日本法西斯侵略的加剧，国民政府确立了加紧国防重工业建设的方针，谋求主要工业原料及产品的自给。负责重工业建设调查、设计等工作的资源委员会（初称国防设计委员会，1935年改称资源委员会，以下简称资委会）在对全国资源状况作了详细调查研究后，于1936年3月拟订了《重工业建设五年计划》，把电气工业作为主要发展的工业之一。[②] 因为电力是工矿建设的根本，而电工器材能否自给，又关系到电力事业的发达程度。

以中国当时的经济条件，想完全独立地创办电气工业，资金与技术方面的难度是非常大的。当时中国工业结构呈畸形发展，占据主导地位的是面粉和棉纺织业等轻工业，重工业占的比重很低。在这种情况下，中国最现实的选择是与国外有雄厚实力的企业进行技术贸易合作，以求在最短的时间内改变工业落后的状况。在这种背景下，就出现了资委会与美国亚克屈勒电子管公司（Arcturus Radio Tube Co.，以下简称亚克屈勒公司）的合作，本文所要探讨的资委会与亚克屈勒公司的合作，主要指的是资委会所属的中央电工器材厂与亚克屈勒公司之间的合作。中央电工器材厂正式诞生于1939年7月，是资委会根据《重工业建设五年计划》成立的。该厂下设四个分厂：第一分厂为电线电缆厂，第二分厂为电子管灯泡厂，第三分厂为电话机厂，第四分厂为电机厂。

---

① 本文系广州市社会科学界联合会第九次资助社会科学研究项目阶段性成果，项目编号为07SKLY34。

② 《重工业五年计划》，中国第二历史档案馆，资源委员会档案，28－2277。

从目前情况来看，国内史学界在这一领域研究较为薄弱，尚无论著对此进行详细探讨，少量论著涉及这一问题，但语焉不详。[①] 笔者拟依据有关档案资料，对双方合作的特点及影响进行较为具体的论述，并从中管窥中国近代工业对外技术贸易发展的规律。

一、合作之缘起及合同之分析

资委会与亚克屈勒公司的合作属于技术贸易范畴，技术贸易也被称作有偿技术转移，“通过设备的买卖、技术使用权的买卖（许可贸易）、顾问咨询、合作生产、工程承包、技术服务与协议等交易活动。国际上对有偿的技术转移称之为技术贸易。”[②] 由于当时中国经济落后，基本上没有技术输出，因此本文所指的有偿技术转移主要指中国有偿技术引进活动。

资委会领导人对利用外国技术非常重视。翁文灏认为：“中国工业化建设要使其效率从开头即达到世界标准，相去甚远，尤非从外国得到技术上机械上之资助不可。”[③]

钱昌照认为：“科学不是一蹴而就的，一切建设需要技术，要是自己没有把握，切实负起过重的责任。创办重工业，总得迎头赶上……我们时间不多，既不容我们从容研究，也不容我们随意尝试……我们技术不如人，就得认清事实，夜郎自大，势必误国。”[④]

在抗战以前和抗战初期，资委会技术贸易合作的重点对象是德国，但同时也与英、美、瑞士等国进行了合作。如中央钢铁厂与德国进行合作，德国人负责设计厂房，并提供设备。中央电工器材厂与英、美、德等合作，引进技术并购买成套设备，中央机器厂从美国及瑞士引进设备及工艺规程。[⑤] 但随着德国亲日疏华政策的确立，双方政治关系转冷，技术贸易合作也渐趋停滞，中国开始逐渐将合作的重点转向美国。

抗战以前，中国电工器材的生产严重不能自给，中国电工器材生产量为269000KW，消费量为542000KW，自给率仅为49.6%。1932—1936年间每年进口各种电线700万元，电子管年进口量达71万元，电话机每年进口达200万元以上。[⑥] 在此背景下，为适应军

---

① 全国政协文史资料研究委员会工商经济组所编《回忆国民党政府资源委员会》一书中收录了恽震的《资源委员会的技术引进工作》一文，该文提到了中央电工器材厂与美国亚克屈勒公司技术贸易合作的情况。政协西南地区文史资料协作会议所编《抗战时期内迁西南的工商企业》一书中收录的昆明西山区政协文史办所写的《抗战前后的中央电工器材厂》一文也涉及双方合作的内容。郑友揆等在《旧中国的资源委员会（1932—1949）——史实与评价》中及薛毅在《国民政府资源委员会研究》中，都涉及双方的合作，但所言甚略。在论文方面，恽震在《恽震自传略》（《中国科技史料》第21卷第3期）中对双方合作进行了简单介绍；曹均伟在《论资源委员会利用外资》（《学术月刊》1993年第9期）一文中也提到了资委会与亚克屈勒公司签约合作的事情。但这些论著大多未对技术贸易合作的特点进行较详细的分析，都未具体阐述双方合作所产生的影响。

② 吴鸣桐：《国际经济合作事务》，河北科学技术出版社，1994年，第18页。

③ 转引自曹均伟：《近代中国与利用外资》，上海社会科学院出版社，1991年，第283页。

④ 钱昌照：《钱昌照回忆录》，中国文史出版社，1998年，第47页。

⑤ 《两年半创办重工业之经过及感想》，中国第二历史档案馆，资源委员会档案，28－6022。

⑥ 中国文化建设协会：《抗战前十年之中国》，沈云龙编：《近代中国史料丛刊续编》第9辑第82号，台湾文海出版社，1974年，第182页。

事及国民经济之需要，资委会认为必须发展电气工业，并且决定把电气工业作为重工业计划中最核心的部分。① 根据1936年3月资委会拟订的《重工业五年建设计划》中“重工业五年计划资金分配表”，资委会计划五年内共需筹集资金376420000元，其中电气工业115000000元，占总投资额的30.6%。② 电气工业在整个重工业五年计划中所占地位，由此可见一斑。

资委会以《重工业五年计划》为指导，将创办中央电工器材厂列为《重工业五年建设计划》的“十大厂矿”之一，其中中央电工器材厂第二厂在初创期中预计每日可制真空管、电灯泡1500只，氩气灯泡1500只，收信电子管200支，发信电子管30支，每年总值约为52万元。以后拟逐步增加，除副产品外，每年总值可达90万元。③

1936年7月，中央电工器材厂筹备委员会成立，原建设委员会全国电气事业指导委员会主任委员恽震被资委会任命为主任，交通大学教授王崇植、交通部上海国际电台台长张承祜、交通部电话局局长黄修青等8名国内知名的电气专家为委员。恽震、朱其清等筹委会委员一致认为：“电工事业，创办伊始，宜用他人研究所得，节省时间与财力，以收事半功倍之效，故应与欧美先进国家订立技术合作合同，享用专利图样及手续方法，并请其介绍专门技师来华协助工作。”④ 因此，筹委会成立后确立了设厂的三个方针：①适应军事上及国民经济之需要；②商业化而不机关化，为国营事业辟一新途径；③吸收外国技术，训练本国人才。⑤ 为贯彻建设方针，早日实现建设计划，筹委会派朱其清到美国为电子管的专有制造技术寻求售主。

朱其清于1936年冬抵达纽约，由清华大学教授吴有训介绍，与两位在纽瓦克市（Newark）的亚克屈勒（Arcturus）收信管制造厂和国际电话电报公司（I·T&T·）的发信管制造厂实习的工程师蔡金涛和蒋葆增，共同草拟购机及技术引进计划，开出设备购置清单，并与亚克屈勒公司商订技术转让合同，并商讨接收设计工艺资料和某些设备等事宜。⑥

当时在电子管制造方面，美国的美洲无线电公司（Radio Corporation of America，简称RCA）是权威制造厂家。朱其清初到美国后就与该公司接洽，但RCA公司气派很大，开价太高，条件亦较苛刻。朱其清认为花几十万美元买许可证太不合算，并且当时资委会设在南京的电气研究室，在单宗肃等带领下，已经于1936年5月试制成功了我国第一支电子管——30型直热式放大管，接着又试制成功了多种收信放大管和发射管。在此情况下，朱其清认为只要从一个小厂买些技术图纸和工艺规程，就可以小规模地自己摸索试制，于是他便通过美国华昌贸易公司的介绍与亚克屈勒公司进行接洽。结果双方商谈顺利，于1937年4月16日签订合同，中央电工器材厂最终以1万美元购买了几种收发信管

---

① 《重工业五年计划》，中国第二历史档案馆，资源委员会档案，28－2277。

② 此处系笔者根据《重工业五年计划》中的数据计算所得。

③ 恽震：《电工器材之筹备经过及现状》，《资源委员会月刊》第1卷第1期，中国第二历史档案馆，资源委员会档案，28－1564。

④ 恽震：《电工器材之筹备经过及现状》，《资源委员会月刊》第1卷第1期，中国第二历史档案馆，资源委员会档案，28－1564。

⑤ 郑友揆：《旧中国的资源委员会——史实与评价》，上海社会科学院出版社，1991年，第37页。

⑥ 《电力电工专家恽震自述（一）》，《中国科技史料》第21卷第3期（2000年），第201—202页。

的设计图纸和工艺规程。①

根据《资委会与美国亚克屈勒电子管公司技术合作合同》的规定，双方的合作仅限于技术许可合作，故笔者试从技术使用权限与该技术许可证代价及偿付方式两方面来分析合同对中方的影响，具体分析如下：

（1）使用权限的分析。

根据国际技术贸易原理，根据使用的地域及权限的大小，技术许可可以划分为独占许可、排他许可、普通许可、可转让许可及交叉许可等五种。② 下面根据合同内容来分析合同的性质，合同中规定："在合同有效期内，甲方（指美方——引者注）准予乙方（指中方——引者注）并服从于在此陈述的各条款和条件；甲方都可以毫无阻碍地拥有一张非独占性的、非可分派的、非可转让的、非可分的许可证，在中国境内制造和（或者）使用和（或者）出售产品；所有无线电电子管的一个或者更多的发明都由甲方来控制。"③ 因此资委会与亚克屈勒公司的技术贸易，其技术许可仅是普通许可，作为受让方的中央电工器材二厂仅有使用权，而美方亚克屈勒公司不仅继续保留在中国使用制造、销售的权利而且还可以将该技术转让给中国境内的第三方厂家。同时，该合同所规定的内容也与朱其清在引进该技术时"仅买其技术图纸"的初衷相吻合。

中央电工器材厂以1万美元的较低价格购买亚克屈勒公司的技术图纸，转让权限于普通许可，而非独占或排他许可，这是双方权衡利弊、讨价还价的结果。

（2）许可证代价及偿付方式的分析。

技术价格与其支付方式是密不可分的，不同支付方式下的技术价格确定各具不同的特点。从合同内容来看，双方技术许可证偿付方式是入门费加提成的方式，入门费较低，提成率是采用递减方式确定的，因此比较合理，对中方较为有利。如合同规定："乙方同意支付甲方所有的材料费、劳务费和其他合法的费用，在纽约直接现金支付单据。乙方同意支付给甲方一笔服务费，此费用是关于以上所具体指定的乙方及其下属公司所授权制造、出售和使用此产品的服务和权利，除非此公司的电子管不属于美国类型的和（或）不采用甲方的建议和发明、专利。如果其数量没有超过每年100000只的，按照每只5美分的比率计算；每年超过100000只但不到300000只的，按照4美分计算；如果超过了300000只但不到600000只的，按3美分计算；超过600000只但不到1000000只的，按2.5美分计算；超过1000000只每年的，按2美分计算……"④

总之，对该技术协议从其转让技术使用权限、许可证代价及其偿付方式等方面进行考察，双方利益相仿，属于正常的经济交往，不存在强买强卖的现象，更没有如传统观

---

① 恽震：《资源委员会的技术引进工作》，全国政协文史资料研究委员会工商经济组编：《回忆国民党政府资源委员会》，中国文史出版社，1988年，第154页。

② 吴鸣桐：《国际经济合作事务》，河北科学技术出版社，1994年，第45—47页。

③ *The Technical Agreement between Arctures Radio Tube Company and NRC of China.* 中国第二历史档案馆，资源委员会档案，28－2587。

④ *The Technical Agreement between Arctures Radio Tube Company and NRC of China.* 中国第二历史档案馆，资源委员会档案，28－2587。

点所认为的是“出卖国权”、“引狼入室”等行径。[①]

二、合作之特点及生产之推进

与同时期资委会和英国、德国、瑞士等国技术贸易相比，此项合作具有鲜明的特点：

（1）资委会与亚克屈勒公司技术贸易以引进技术图纸、工艺流程为主，设备基本自制，而同时期与英、德、瑞士等国的技术贸易基本是引进技术与购买先进设备同步进行。

（2）该技术转让属于非独占的普通许可证，而资委会与英国的三家电缆公司（指英国绝缘电缆公司、凯伦大电缆公司与亨来电缆公司——笔者注）、德国西门子公司、瑞士 Brown Boveri Co.（简称 BBC 公司）等公司的技术转让属于可转让的许可。

（3）该技术贸易许可证酬金采用递减提成方式，提成率低，而资委会与其他国家技术贸易的提成方式基本是不变的，提成率高。资委会与亚克屈勒公司技术贸易许可的具体内容前文已述，此不赘述。与此相对照，资委会与英国三家电缆公司技术贸易协议中规定：“在协议生效的 10 年内工厂按每年营业总额的 1% ~2.5% 及净利润的 10% 向三公司支付专利酬金。”[②] 资委会与瑞士 BBC 公司合同中规定：“凡利用 BBC 图纸规程所制造的设备，应由中方提成付给 BBC 该项设备的出厂价格的 5%，作为技术许可证的酬金。”[③] 资委会与亚克屈勒公司的技术贸易许可采用变化提成方式，使提成率与生产有机结合起来，且提成率较低；而与后两者的技术贸易许可采用的是固定提成率，这使得提成与生产严重脱钩，对技术受让方不利。

（4）合作前资委会在该技术领域已经有一定的制造基础。资委会所属的电气研究室，仅用了一年时间，便于 1936 年 5 月试制成功了我国第一支电子管——30 型直热式放大管，接着又试制成功多种收信放大管和发射管。所以资委会在与该公司谈判时已经有一定的技术基础了，因此资委会在决定合作方式时便采取了比较灵活的方式，放弃了在该制造领域更有权威的 RCA 公司，转而与亚克屈勒公司合作。而在电线电缆制造技术方面，中国基本是空白的，不但自己不能制造，连最起码的技术基础也贫乏到极点，所以资委会在这方面与国外公司合作所取得的成效相对较小。

在资委会与美技术接洽的同时，中央电工器材厂二厂在湖南湘潭下摄司开始建设厂房、玻璃窑炉，所定机器也因交货较速，故于 1937 年 10 月即陆续到华，由粤汉铁路运入。到 1938 年初，建筑次第峻事，随即赶速装机，5 月举行试车，7 月中正式出货。原在美实习的蒋褒增于 1937 年夏到达湘潭，与其他技术人员合力研制真空管，在 1938 年已试生产出第一批合用的真空管。灯泡及收发信管，均有正式出品，产销颇为顺利。但因战

---

① 如吴承明认为资委会与美国开展技术贸易证明了其所属企业的“买办性”、“附庸性”。参见吴承明：《帝国主义在旧中国的投资》，人民出版社，1955 年，第 123 页。陈真认为资委会与美国的技术贸易是“官僚资本出卖工矿事业的活动”，是“蒋介石政权引狼入室掠夺我国工矿权利”的行径。参见陈真：《中国近代工业史资料》（第三辑），三联书店，1961 年，第 712 页。

② 《中央电工器材厂计划摘要》，中国第二历史档案馆，资源委员会档案，28 - 7093。

③ 《资源委员会、瑞士机车厂技术合作合同》，中国第二历史档案馆，资源委员会档案，28 - 2 - 696。

局关系，于1938年9月初各组先后停工，机件拆卸装箱，迁到桂林南门外将军桥江边斗鸡山下筹设临时厂房，1939年春完成复工，同年4月，又一批国产真空管问世。①

1940年10月，该厂因遭火灾，遂将一部分机器设备迁往重庆南岸黄桷桠，成立第二厂重庆分厂，同时又在桂林雁歌山建筑新厂，于1941年6月复工。1944年8月，湖南战局恶化，桂林吃紧，中央电工器材厂桂林部分遂迁至重庆。又因战事紧急，交通不畅，机器设备运至贵阳已损失过半。随即，桂二厂与渝二支厂合并为渝四厂，还另在贵阳成立筑池支厂，各厂都在短期内先后投入生产。②

总之，该厂自成立以来几经辗转，困难重重。但在该技术合作的支持下，自1938年开始产出电工产品以来，随着时间的推移，产量愈益增长（中间有些反复），成为重要的进口替代产品，基本满足了国内的需求。为便于分析其生产增长走势，特绘出电子管、灯泡历年产量走势图，见下图：

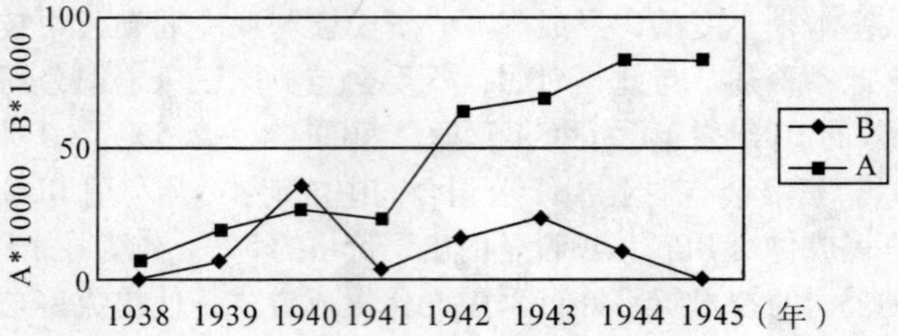

电工二厂主要产品历年产量走势图（A：灯泡　B：电子管）

资料来源：《资源委员会事业历年生产量表》，中国第二历史档案馆档案，全宗号28，卷号20106。为便于两者直观比较，电子管产量单位为千，灯泡产量单位为万。

由上图可知，电子管与灯泡自1938年开始产出后，连续两年产量逐步上升。据统计，1940年时电子管产量达到36992支，但自1940—1941年则急剧下降，产量由1940年的36992支降到1941年的3688支，但之后产量又开始上升，到1943年时达23865支，不过1943年产量又开始下滑，到1945年时年产量仅211支。总之，电子管的生产谷峰伴随着谷底交替出现，生产状况呈两升两降的态势。灯泡生产状况虽然比电子管生产状况平稳，但在1940—1941年间也出现了下滑趋势，1940年灯泡产量为264000只，而1941年则降至238000只。③ 造成这种状况的原因，主要是生产事故与战争的破坏。1940年10月，该厂遭火灾，不得不在桂林雁歌山建筑新厂，1941年6月才复工。再者，从1943年常德会战开始，中国战场烽烟又燃，1944年的豫湘桂战役使得中国损兵失地，原料来源大受影响。因此，火灾的破坏及恶劣的战事环境，导致生产急剧下降。可见，经济的发展并非单纯靠技术所能决定，经济环境的好坏同样影响到生产的发展。

① 恽震：《电工器材之筹备经过及现状》，《资源委员会月刊》第1卷第1期，中国第二历史档案馆，资源委员会档案，28－1564。

② 昆明西山区政协文史办：《抗战前后的中央电工器材厂》，中国人民政治协商会议西南地区文史资料协作会议编：《抗战时期内迁西南的工商企业》，云南人民出版社，1989年，第93—94页。

③ 《资源委员会事业历年生产量表》，中国第二历史档案馆，资源委员会档案，28－20106。

三、合作之评价

在战时情况下，对外技术贸易合作的目的首先是为了满足抗战的需要，其次才是经济效益。不过两者是并行不悖的，只有经济效益提高了，才能更好地支持抗战。

技术引进的目的是为了缩短研究该技术的年限，创造出经济效益，所谓的技术贸易经济效益，是指技术承受者采用该技术后所增加的经济效益。它有两方面的含义：一是由于采用新的技术，企业生产规模可能会扩大，生产成本可能会降低，产品质量可能会改进；二是技术引进前，国内尚无该产品，国内需求全赖进口，引进技术后，能够部分或全部进口替代。①

技术合作前，电子管在国内极少生产，国内需求全赖进口。所以考察资委会与亚克屈勒公司技术合作的经济效益即应以进口替代为考察点。技术引进前即1932—1936年间，电子管每年进口量达71万元，电灯泡虽有国产，但产量尚不足国内需求量的40%。②

在资委会的努力下，1937年电子管生产技术引进后，1938年8月国内即开始产出，到年底即生产电子管572支，到1940年时达到战时的顶峰即36992支，八年间共生产电子管101224支。灯泡产量也大大增加，由1938年的68640支增长到1945年的837819支，增长了11倍多，八年中总计生产灯泡3754926只。③ 当然这与资委会原计划“电子管在初期中预计每日可制真空管、电灯泡1500只，氩气灯泡1500只，收信电子管200支，发信电子管30支，每年总值约为52万元”④ 有一定的差距，但在日军封锁、禁运等严峻的情况下，电子管与灯泡等产品的生产极大地缓解了产品匮乏、供求紧张的局面，同时还填补了国内生产的空白，起到了进口替代作用，为中国节约了大量的外汇。

为进一步说明该技术贸易的必要性及其巨大效益，我们还可以再举一例说明之。就电子管的生产而言，1939年后方总产量为7445支，1943年时为23865支，这些全部为资委会生产。⑤ 试想，如果没有中美技术贸易，那么国内电子管即使能够生产也只能是小批量生产，根本无法满足国内需求。

我们在评价该技术贸易的作用时不能脱离抗日战争这一特定的历史环境，应该以是否有利于抗战作为衡量其价值的主要标准。以往中国国内长途电话机主要配用外国出产的Ca3式真空管，抗战开始后，中央电工器材厂在利用亚克屈勒公司专利的基础上，在该厂技术人员的努力攻关下，成功研制出适用于电话机的真空管。经过测试，其性能、功效、用途与国外产品毫无差异，为第四厂制造各种电话机及交换机提供了重要的技术条件，保障了后方军事通信的畅通。⑥ 因此笔者认为资委会与美国技术贸易合作对抗战的

---

① 顾焕章：《技术作价与资产评估》，人民日报出版社，1995年，第188页。

② 郑友揆：《旧中国的资源委员会——史实与评价》，上海社会科学院出版社，1991年，第37页。

③ 《资源委员会事业历年生产量表》，中国第二历史档案馆，资源委员会档案，28－20106。

④ 恽震：《电工器材之筹备经过及现状》，《资源委员会月刊》第1卷第1期，中国第二历史档案馆，资源委员会档案，28－1564。

⑤ 《资源委员会事业历年生产量表》，中国第二历史档案馆，资源委员会档案，28－20106。

⑥ 徐鼎新：《中国近代企业的科技力量与科技效应》，上海社会科学院出版社，1995年，第117页。

贡献是相当大的，这些产品对于抗战的坚持和后方经济的活跃是不可或缺的。

总之，资委会与亚克屈勒公司的技术贸易合作是成功的，该合作是建立在双方平等互利基础之上的，无论是许可证价格偿付方式还是实际执行合同，都是正常的商业行为。当然，与资委会战前所制订的计划相比，某些产品（如各类电子管）的产量还是过低，这证明该技术贸易水平总体还是比较低的，关于此点前文已述。

资委会与亚克屈勒公司的技术贸易合作是近代中国对外技术贸易合作发展到较高级阶段的产物，同时它也充分体现了中国近代工业的进步。近代中国对外技术贸易合作，大致经历了三个发展时期：

第一个时期为19世纪60年代至19世纪末。这一时期中国的技术引进工作往往委托他人办理，中方在此过程中显示出明显的盲目、不成熟的特点。洋务运动开中国工业近代化之先河，但洋务派所创办的企业在技术引进过程中却屡屡出现问题。以江南制造总局为例，其创办时盘买的美商铁厂以修造轮船为主，留聘的8名洋匠“向以修造轮船为长技”，而江南制造总局却是以生产军火为主，引进的设备、人员与生产要求相去甚远。李鸿章原希望“立时兴造”，但事与愿违，工作迟迟不得进展，“经营数月，糜费巨万，总未得手”，制造枪炮“皆系手挫而成，似与打造无异……”，因此“该局所造之炮，殊极陋劣……无裨实用……”，李鸿章痛呼“料外国造洋枪法与器，必不如是之蠢且费”①。

第二个时期为20世纪初至20世纪30年代。这一时期中国的技术引进工作逐渐走出误区，趋于成熟，但对引进的技术大多只限于单纯的模仿。关于这一点，中华煤球第一厂的创办颇能说明问题。20世纪20年代之前，上海居民主要还是用木柴稻草作燃料，适有法国商人找刘鸿生解决煤屑过剩问题，考虑到煤球巨大的潜在需求，刘鸿生遂决定在上海创办机制煤球厂。他邀请曾在汉阳铁厂担任工程师的同学黄锡恩参与筹备，派他赴日参观学习并购买机器。在赴日之前，黄先用煤屑和粘土试制煤球成功，但对能否用机器批量生产仍不敢盲目决断，于是把煤屑和粘土也带往日本，试制成功后才订购机器。由于原料与机器性能符合，投产后一举成功，该产品“出品精良”，“销路大为畅旺”。②

第三个时期是20世纪30年代至40年代末。在积累了一定的经验教训的基础上，这一时期中国的技术引进工作进入对外引进与进口替代二者并举、相互促进的新阶段，主管重工业的资委会在此过程中起了重要作用。该时期的资委会主持的对外技术贸易无一例外是为完成重工业五年计划而实施的，这就为该技术贸易赋予了很强的宏观性、针对性。钢铁、电力、电工器材、石油等行业的技术贸易，从计划的制订、开展技术贸易的接洽到最后的合同执行，都目的明确。

消化引进、进口替代相结合的趋势，是技术贸易由量变到质变的必然结果，也是该时期技术贸易区别于上两个阶段的最根本的特点。它与对外引进相辅相成，大大推动了近代民族工业的国产化进程。最具代表性的事例当属资委会与亚克屈勒公司的技术贸易合作，以单宗肃为代表的电子管专家积极倡导引进与吸收相结合的精神，依托美国技术专利、工艺流程，不但制造出美国式样的电子管，还生产出了中国实际需要的电子管。

---

① 陈真：《中国近代工业史资料》（第三辑），三联书店，1961年，第43—45页。

② 上海社会科学院经济研究所编：《刘鸿生企业史料》（上册），上海人民出版社，1981年，第223—235页。

这充分表明，在为抗战作出巨大贡献的同时，资委会的对外技术贸易合作开创了中国工业现代化进程的新途径，为中国工业吸收国外先进技术开辟了一条新的、更为有效的途径，在中国工业发展史上有着重要的意义。

（作者：张维缜，暨南大学历史系副教授；吴布林，临沂师院传媒学院讲师）

理论运用的时代错位

——杜能模型与中世纪英格兰的领主经济

李云飞

【提　要】 在中世纪英格兰经济史研究领域最近形成了一种商业化理论。他们以冯·杜能的经济圈境理论为基础，认为城市需求是促进乡村经济发展的决定性力量，距离城市越近，农业的商品化程度越高。但是，中世纪英格兰领主自营地经济的商品化与这种理论多有出入。这是因为中世纪英格兰的经济实际并不符合冯·杜能理论中隐含的前提条件。商业化理论将冯·杜能的理论用于研究中世纪经济，存在时代错位的问题。

【关键词】 冯·杜能　中世纪　英格兰　领主经济　商业化

在中世纪英格兰经济史研究领域，存在着三足鼎立的态势。继新人口论和马克思主义的阶级斗争论之后，又形成了商业化理论[①]。该理论模式不再把中世纪经济悲观地视为循环或停滞的怪圈，而是认为市场的增设、分工的细化、货币的流通、城镇的兴起都促进了生产力的进步，他们比较乐观地认为这种商业化的发展有助于走出人口论和阶级斗争论所设定的怪圈。城乡关系是商业化理论中的一个重要问题。人口论者认为乡村的供养能力限制着城市的规模，阶级斗争论者多数认为城市依靠盘剥乡村而存在和发展，因而是阻碍乡村发展的力量。商业化派则反过来，认为城市为乡村提供了一个大市场，从需求方面拉动和刺激了乡村的商业化和集约化，为农业的改良提供了条件。比如坎贝尔就批评波斯坦的新人口论和马克思主义的阶级斗争理论过于强调供给能力对社会的制约，而忽视了需求方面对生产的拉动[②]。

冯·杜能的经济圈境理论认为，中心城市的需求决定着周围乡村的生产安排和布局，越是靠近中心城市的地方，农业的商品化、集约化程度以及地租水平就越高。这种观点自然成了商业化派的理论基础之一。比如，学者们依据留下来的庄园账簿对中世纪盛期向伦敦供应木柴的地区进行了研究。其结论是，虽然 14 世纪伦敦周围并未形成排除其他土地利用方式的环形的林木圈，但林地的比例却高于其他地区，“为适应集中的市场需求

---

① 国外对三种理论的概括、分析和批判可以参见 John Hatcher & Mark Bailey, *Modelling the Middle Ages: The History and Theory of England's Economic Development*, Oxford University Press, 2001. 国内的论述则可参见马克垚：《论封建时代的农业生产力》，载于《北大史学》第九辑，2003 年，第 69—72 页。

② Bruce M. S. Campbell, *English Seigniorial Agriculture: 1250—1450*, Cambridge University Press, 2000, p. 20.

形成了专门化的相对集约的生产区域"；这些地区的林木生产能够得到比草地和耕地等其他土地利用方式更高的回报，利用劳力为专门化的都市需求生产柴木更加有利可图；因此，"庄园自营地的柴木生产和售卖模式，大致证明了由单纯的运输成本决定着的生产区域的观点"，并且证明了"冯·杜能的模型与英格兰中世纪经济的相关性"。[①] 本文试图利用学者们的实证研究成果来检验中世纪英格兰的经济实际与杜能的理论概括是否相符、在多大程度上相符，并进而探讨其背后的原因，以期加深对中世纪英格兰经济的认识和理解，对商业化理论有所辨析。

一、冯·杜能的经济圈境理论

杜能在《孤立国》中假定了这样一幅图景：某一个"孤立国"与别国隔绝，因而只是在其中心有一个大都市；没有可以通航运物的河川，亦无阻隔商旅的沟壑高山，境内各地交通条件完全一致；各地土质和气候条件亦无差异；中心都市所需农产品全由周围乡村供给，而乡村的农具等手工业品则由都市提供。

杜能以市场供求来分析不同区域的生产安排。在供给方面，杜能区分了生产者向市场出卖农畜产品所必须面对的三种成本。其一源于农场，通常以谷物来度量，比如工资、种子、肥料、牲畜等；其二源于城市，通过货币来度量，比如农具；其三为运输成本。随着与中心都市距离的增加，农产品价格下降，因此工资、种子、牲畜等源于农场的生产成本降低，但由于农具等工业品要在城市按照统一的价格购买，因此源于城市的生产成本不变，同时运输成本随着距离的增加而成比例地增加。这三种成本与中心都市的最终购买价格决定着不同地区不同品种的农畜产品的赢利空间。距离都市越近，赢利越高；距离越远，赢利越低。在最边远的地区，向都市售卖产品的收入刚好抵偿生产和运输的成本，都市中的物价正是由最边远地区的生产和运输成本决定的[②]。在较近的地区，赢利的空间高于较远的地区，因此那里的土地具有较高的地租。距离都市越近，地租越高。[③]

由于不同类型农畜产品具有不同的特点，因此其生产和运输的成本亦有差异。蔬菜和水果的长距离运输可能导致变质，因此只能在较近的地区生产；城市中所需的用作燃料的木柴需求量大，但运输起来却比谷物困难得多，因而适宜在比谷物更近的地区生产；用于宰杀的牲畜可以自行走动，运输成本很低，因而适宜在距离都市较远的地方生产。这样，与中心都市的距离便决定了周围乡村的农业生产布局。某个区域生产的农产品，应当是获得纯利最高的那种产品。随着市场距离增大，运费增高，该种农产品的纯收益下降，到达一定距离后，它将让位于纯收益比它高的另一种农产品，也就是说一种土地

---

① James A. Galloway; Derek Keene & Margaret Murphy, Fueling the City: Production and Distribution of Firewood and Fuel in London's Region, 1290—1400, *The Economic History Review*, Volume 49, No. 3, 1996, pp. 467 – 468.

② 约翰·冯·杜能著，吴衡康译：《孤立国同农业和国民经济的关系》，商务印书馆，1986 年，第 189 页。

③ 约翰·冯·杜能著，吴衡康译：《孤立国同农业和国民经济的关系》，商务印书馆，1986 年，第 191 页。

类型被另一种类型所代替。这样就会形成不同的经济区。由于与中心都市的距离是其中最重要的因素，因此这些经济圈呈现出若干半径不同的同心圆环。

这样，杜能就描述了“孤立国”的产业布局。他将都市周围按距离由近及远分为6个环状圈境。第一圈境离都市最近，被称为自由农作区，主要生产新鲜蔬菜、牛奶等。由此向外，距离变远，运费增加，新鲜农产品因来不及运抵城市而腐烂并失去价值。在第二圈境生产粮食没有生产木柴利润大，因此形成了林业带。在第一个圈境内不能发展林业是因为新鲜农产品生产比林业有更大利润，这种竞争排挤了林业。随后，他依次导出第三圈境为谷物轮作区，第四圈境为谷草轮作区，第五圈境为牧业区，第六圈境为荒芜土地。

杜能的上述经济圈境理论还有一些重要的推论。首先，距离都市越近，生产的集约化程度越高，生产力水平也越高，因为那里的土地具有较高的地租，土地不允许被闲置，生产者自然会投入更多的劳力来实行更精细更集约的耕作。比如，农牧转换的自由耕作制度能够比三田制带来更多的产出，但只有投入更高的生产成本才能实现，它只有在其产品价格较高，即距离中心都市较近时才有利可图。由于生产成本的增加要比产出的增长更快（实际上就是生产的边际报酬递减率），随着距离的增加，产品价格下降，而生产成本下降较慢（因为其中有固定成本），耕牧转换所能获得的赢利最终会低于三田制。达到这个界限后，三田制就变得更加有利可图，这也就是二者之间的区位界限。在杜能所描述的“孤立国”中，第一圈境内几乎没有休耕地，实行自由耕作制度；第三、第四和第五个圈境分别采用集约化程度依次降低的轮栽作物制、耕牧休闲制和三田制；第六圈境则采用更加粗放畜牧制度①。其次，距离中心都市越近，土地生产力越高，那么生产剩余也就越多，即可用于出卖的余粮的比例越高，因此商品化程度也就越高。

上述推论表明，农业生产力的增长和商品化的推进取决于是否有足够的都市需求来刺激。都市的成长和扩大对周围乡村的生产发展具有推动作用。农地利用类型和集约化程度，不仅取决于土地的天然特性，更重要的是依赖其经济状况，其中特别取决于它与农产品消费地的距离。由于对生产力水平（单产）的度量相当困难，相关研究又分歧颇大，因此我们这里仅仅考察杜能理论的第二个推论，即商品化程度随着与中心都市距离的增加而降低的观点，看其是否符合中世纪英格兰领主经济的历史实际。

二、中世纪英格兰领主经济的历史实际

中世纪英格兰的大领主们通常占有广阔的地产，但这些地产往往分散各地，分成若干庄园来管理。在庄园之中，土地通常分为领主自营地、佃农份地和公共的林地草场。领主役使服劳役的佃农耕作自营地，同时雇用一些长工和短工。佃农则以向领主提供劳役作为占有份地的条件。领主在庄园的收入包括自营地产品、佃农交纳的地租、杂费以及庄园法庭征收的罚金等。庄园的日常管理由庄头、管家等负责，而总管则负责督察和

---

① 约翰·冯·杜能著，吴衡康译：《孤立国同农业和国民经济的关系》，商务印书馆，1986年，第20，149，185—193页。

指导各个庄园的生产。这些构成领主经济的内容。庄园是领主地产的基本单位，但由于其内部还包括佃农的份地经济，而且领主经济中杂费、法庭收入等项目不能完全归于经济因素，因此我们这里主要分析领主的自营地经济。

1300 年英格兰经济的商品化程度已相当高。这一时期实物地租和劳役地租都在向货币地租转化，劳役在佃农的全部经济负担中仅占 1/3。为了交纳货币地租和杂费，农民就必须出卖各种农产品。领主自营地上的商品化程度也大大加深。据布瑞内尔估计，1300 年左右英格兰农畜产品总收成中的 30% ~40% 已经被转化为商品出卖，其中由收取什一税的堂区主持人所出卖的大约占 6% ~8%，由领主自营地管理者出卖的约占 12%，由各种农民出卖的约占 12% ~20%[①]。13 世纪中期以后，土地交易也逐渐活跃起来。农民之间的土地交易（买卖和租佃）虽然受到庄园的控制，但亦非常频繁，只是每次交易的数量较小。领主之间的土地交易面积大，金额高。13 世纪领主们扩大直接经营主要就是通过土地购买进行的。领主为了从市场交易税中获益，纷纷向国王申请设立市场或者集市。随着市场的发育，各类城镇也发展起来。有人甚至估计城镇人口在总人口中的比重已经从 1068 年的 10% 增加到了 1300 年的 15% ~20%[②]。许多领主还积极修路筑桥，便利了物资的流通。在不少地方，马代替牛成为主要的力役牲畜，从而提高了物资流转的速度。作为商品经济润滑剂的货币本身也有了很大变化。11 世纪后期到 14 世纪初期，金属货币的流通总量和人均货币量都有了较大的增长。小额货币的出现便利了日常交易，使流通速度提高，流通范围扩大。同时，铸造权的集中有助于确保货币的质量。这些因素都促进了商品经济的发展。

在此背景下，领主经济的商品化程度大为提高。坎贝尔对 1288 年到 1315 年伦敦附近 10 个郡的 200 多个庄园的账簿进行了研究[③]。据其统计，谷物总收成中的商品率大约为 36%，若扣除什一税和种子留存（占总收成的 28%），则在可处理的剩余谷物中，商品率大约为 50%。畜产品的商品率高于谷物，净收成的商品率达到了 67%。将畜牧业和种植业综合起来看，自营地产品总收成的商品率约 25%。如果把作为什一税交纳的那部分产品也视为出卖，则商品率达到了 35%。如果扣除什一税、种子、饲料和长工的伙食，自营地净收成中转化为商品的比率达到了 45%[④]。布瑞内尔对 13 世纪几个领主地产的自营

---

① D. M. Palliser edited, *The Cambridge urban history of Britain*, Volume I, 600—1540, Cambridge University Press, 2000, p. 116.

② D. M. Palliser edited, *The Cambridge urban history of Britain*, Volume I, 600—1540, p. 741。这是一个很高的估计，有的学者对此表示怀疑，因为这个估计主要是以征税资料为基础，而这些征税资料通常把城镇附近隶属于城镇的乡村也列为征税对象。参见：John Hatcher & Mark Bailey, *Modelling the Middle Age, the History and Theory of England's Economic Development*, p. 153.

③ 这 10 个郡是：贝德福德、伯克、白金汉、埃塞克斯、赫特福德、肯特、米德尔塞克斯、北安普敦、牛津以及萨里。这 200 多个庄园分别属于 41 个领主。Bruce M. S. Campbell, *Measuring the Commercialisation of Seigneutial Agriculture*, 1300, in Richard Britnell & Bruce M. S. Campbell edited, *A Commercialising Economy, England 1086 to c. 1300*, Manchester University Press, 1995, pp. 139 – 140.

④ Bruce M. S. Campbell, *Measuring the Commercialisation of Seigneutial Agriculture, 1300*, pp. 162, 163 – 173, 189.

地谷物商品率所作的研究，也说明当时英格兰的领主们已经深深卷入商品货币关系之中[①]。

在中世纪英国经济史研究中，商业化理论流派的主旨不仅在于指出整个经济商品化程度的加深，还在于说明，其根源在于人口增长和需求扩大所带来的刺激，其结果则是生产力的进步。所以，商业化流派的核心观点之一就是利用冯·杜能的经济圈境理论来论证中心都市对周围乡村经济发展的刺激和促进作用。其中一个关键的证据则是，越是靠近都市，商品化程度越高。这里，我们就根据一些学者对个别领主、个别地产和个别庄园的微观研究成果来检讨一下理论模型与历史实际之间是否吻合。

根据法莫尔对中世纪英格兰物价和工资的研究，越是靠近伦敦等城市，谷物价格和工资水平也就越高[②]。在坎贝尔所研究的200多个庄园中，9个单位面积土地出卖谷物收入最高的庄园都在泰晤士河的上游，距离伦敦很近。另外在肯特和埃塞克斯海岸的3个庄园商品率也较高，因为那里有旺盛的海外需求[③]。领主采用何种方式获取消费物资，也取决于附近是否有近便的市场可以利用。坎特伯雷大主教座堂修道院在14世纪初期大约购买其所需谷物的四分之一，为此平均每年花费156英镑，威斯敏斯特修道院用于购买谷物的开支则达到了每年238英镑。这两个修道院在家门口就有繁荣的市场可以利用，所以才会大胆采用市场采买的政策[④]。相反，彼得伯雷修道院就没有这种条件，他们从市场采买的谷物很少[⑤]。

根据上述情况来看，冯·杜能的理论在解释总体经济结构方面还是有一定说服力的。不过，实际的情况要比冯·杜能的模型复杂一些。比如，根据马克·拜雷的研究，虽然布瑞克兰（Breckland）修道院的各个庄园之间商品化程度差异较大，但基本能达到伦敦腹地的水平，因为该修道院的庄园分布在地区性商贸较为发达的区域，附近有剑桥、伊里、伯雷—圣埃德蒙等城镇，有人口众多的诺福克，还有纺织中心索福克和埃塞克斯，较远的地区则有大都市伦敦，以及经由林恩港可以通达的北部各郡。其中商品化程度最高的是那些通过水路距离较大都市不超过10英里的庄园[⑥]。这表明，实际情况比单一都市的模型要复杂。再比如，坎贝尔的研究表明，向伦敦供应物资的地区绝非规则的一个个圈境，而是沿着泰晤士河向西延伸。这是由于内河水运和近海航运比陆上运输要快捷便利，各地交通条件亦非整齐划一[⑦]。

---

① Richard Britnell, *The Commercialisation of English Society, 1000—1500*, Manchester University Press, 1996, p. 121.

② D. L. Farmer, Prices and Wages, in Hallam edited, *The Agrarian History of England and Wales, Volume II, 1042—1350*, Cambridge University Press, 1988, pp. 744, 766.

③ Bruce M. S. Campbell, *Measuring the Commercialisation of Seigneutial Agriculture, 1300*, pp. 143 - 144.

④ Bruce M. S. Campbell, *English Seigniorial Agriculture: 1250—1450*, p. 201。

⑤ Kathleen Biddick, *The Other Economy: Pastoral Husbandry on a Medieval Estate*, University of California Press, 1989, p. 72.

⑥ Mark Bailey, *A Marginal Economy? East Anglian Breckland in the Later Middle Ages*, Cambridge University Press, 1989, pp. 144, 146 - 150, 153, 156 - 170.

⑦ Bruce M. S. Campbell, *Measuring the Commercialisation of Seigneutial Agriculture, 1300*, p. 180.

这些例外的情况不仅不能否定杜能理论，相反还从反面对其进行了证明。杜能非常清楚他所虚构的“孤立国”与经济实际之间的差异。他说：①“实际上不存在土地肥力到处相等、物理性质完全相等的国家”；②“根本不存在不靠河道或不靠通航运河的大城市”；③“除首都之外，还有许多较小的城市，它们散布于全国”。[①] 也就是说，土壤条件、交通状况和其他都市的存在等复杂的现实因素只是被杜能合理地抽象掉了，我们把这些因素考虑进来只是把理论变得更加丰满而已。

但是，领主经济表现出来的特征却同杜能的理论大异其趣，兹举例如下。先来看坎特伯雷大主教座堂修道院，它占有的34个庄园主要集中在肯特郡，处于坎特伯雷这个都市的周围。但其庄园的商品化却与冯·杜能的论述恰好相反。距离坎特伯雷10英里范围内的庄园几乎将其全部农产品供应修道院的僧侣们消费，因此商品化程度很低。距离坎特伯雷10~25英里范围内的庄园则采取一种混合的策略，既向僧侣输送消费物资，也出售部分产品，而那些距离更远的庄园则主要面向市场，其农产品的商品化程度很高[②]。再如，巴特尔修道院的庄园Marley虽然位于海岸边，穿过海峡有着近便的海外市场，但由于它位于修道院的所在地，所以主要从事牲畜饲养和畜产品的生产，以便将其产品直接供应僧侣们消费[③]。德文伯爵的三个庄园（Plympton，Topsham和Tiverton）是一个更好的例子。三个庄园都比较接近市场。Plympton距离德文郡的第二大城市普利茅斯很近，还可便捷地经由水路到达埃克塞特或大陆市场。Topsham则位于埃克塞特的出海口。Tiverton位于埃克塞特以南13英里，而且它本身有集市。埃克塞特为这几个庄园提供了很好的市场机遇，但是决定其商品化程度的并非经济原因，而是领主的消费需要和政治利益。13世纪农产品的出卖比率很高，因为作为领主的伊萨贝拉并不居留庄园。1297年这些庄园转到了她的继承人休斯·德·康特奈手中，而后者就经常住在这些庄园上，直接消费掉了其大部分庄园产品，所以商品化程度立即大为降低[④]。又如温切斯特主教的利普敦（Rimpton）庄园。它位于市场并不发达的地方，但其经营主要是面向市场的，因为它距离温切斯特很远，很少直接向主教供应谷物，只是出卖谷物后向主教送交货币。该庄园上小麦的商品率为69%，燕麦为63%，大麦为35%，豆类为34%，其商品化程度是比较高的[⑤]。

凯瑟林·比迪克对彼得伯罗修道院的研究为我们提供了更有益的线索。该修道院的僧侣们对自营地农产品依赖很深。僧侣、仆人和工匠共一百多人消费掉了自营地的大部分产品。谷物产品中的44%被僧侣们所消费，10%被长工所消费，21%被各种牲畜所消

① 约翰·冯·杜能：《孤立国同农业和国民经济的关系》，第223页。

② Bruce M. S. Campbell, *Measuring the Commercialisation of Seigneutial Agriculture, 1300*, pp. 143－144.

③ Eleanor Searle, *Lordship and Community: Battle Abbey and its Banlieu*, Toronto: Pontifical Institute of Medieval Studies, 1974, pp. 268－269, 271－272.

④ Maryanne Kowaleski, *Local Markets and Regional Trade in Medieval Exeter*, Cambridge University Press, 1995, pp. 48, 74－75, 285, 287, 296.

⑤ Christopher Thornton, The Determinants of Land Productivity on the Bishop of Winchester's Demesne of Rimpton, 1208—1403, in B. M. S. Campbell & M. Overton edited, *Land, Labour and Livestock: Historical Studies in European Agricultural Productivity*, Manchester University Press, 1991, pp. 187－193.

费，其余的25%中的绝大多数被用作种子。在被牲畜消费的谷物中，62%是由计划被宰杀的牲畜和那些用来炫耀领主身份和地位的华贵马匹所消费的。谷物中的燕麦主要是用来喂马的，其中用作领主坐骑的马消费掉了燕麦产量的1/4～1/3。拉车的马消费了燕麦产量的15%～25%，做杂活的马消费的燕麦是很少的，只有6%～12%。他们还将少量燕麦用来喂牛或者计划宰杀的小牛。为了满足领主的这些消费，燕麦成了修道院谷物产品中非常重要的一种，它的产量占全部谷物产量的1/3，种植面积占修道院耕地面积的1/4。为了满足自己对酒的需要，领主将1/4的土地用于种植大麦等酿酒作物。除了留作种子外，领主几乎将其余大麦都用来酿酒了①。按照杜能的理论，这种安排极不合理。小麦由于其特有的品质，市场价格比燕麦更高，更容易出卖，种植小麦显然比种植燕麦更合算。该修道院把相当一部分土地资源用来种植燕麦，以供养那些标志领主身份和地位的马匹，而不是用来种植市场价值更高的小麦。同样，比迪克对温彻斯特主教地产的研究也表明，谷物收成中有相当一部分被领主、其随从和仆役、庄园上的佣工等直接消费，所以消费对生产有很大的影响。谷物的种植面积几乎不受谷物价格短期波动的影响，但是各种谷物的种植面积同领主的消费需求之间有很高的相关性。这说明领主主要是根据消费的需求而不是市场的变化来安排自营地的生产②。

以满足消费而不是获取货币为首要目的，这种倾向与杜能的论述差异颇大。领主的消费需要构成了影响其地产内部不同庄园商品化程度的主要因素。有些庄园虽然靠近都市，交通便利，但有可能离领主住所非常近便，不论庄园直接向领主输送农产品还是领主前来庄园直接消费，都比较方便。在这些庄园上，农产品中被领主直接消费的比重较高，而向市场出卖的比重较低。相反，有些庄园位置偏僻，交通不便，按照杜能理论应该商品化程度较低，但实际上却因领主很少光临就食，也不便远距离地向领主的住所输送，因此出卖产品并向领主输送货币成了最好的选择，结果其商品化程度反而较高。大多数领主都在自己的住所附近集中了一部分地产，而其余地产则分散在较远的地方。但有些领主的地产十分分散，领主直接消费其庄园自营地产品非常不便，因而这些领主地产的商品化程度较高。有些较晚兴起的教会领主就是如此，其地产主要来自零散捐赠和购买，比较分散。比如，牛津大学的默顿学院拥有15个庄园，但只有3个庄园处于距离牛津20英里（大约一天的路程）范围内，有的庄园甚至在英格兰北部的达勒姆郡，距离牛津超过200英里。难怪该学院很少直接消费庄园自营地的农产品，这些庄园的商品化程度大多较高③。

另外，不同领主的消费需求不同，经济政策也有差异。比如，世俗领主虽然有城堡或府邸作为居所，但经常因各种军政事务行走各地，其消费自然较少依靠庄园直接供应，

① Kathleen Biddick, *The Other Economy: Pastoral Husbandry on a Medieval Estate*, University of California Press, 1989, p. 72.

② Kathleen Biddick, Agragian Productivity on the Estates of the Bishopric of Winchester in the Early Thirteenth Century: A Managerial Perspective, in B. M. S. Campbell & M. Overton edited, *Land, Labour and Livestock: Historical Studies in European Agricultural Productivity*, Manchester University Press, 1991, pp. 106－113.

③ T. H. Aston, The External Administration and Resources of Merton College to circa 1348, in J. I. Catto edited, *The History of University of Oxford*, Volume I, Clarendon Press, 1984, pp. 336－339.

庄园就能较多地按照不同位置的市场机遇来处理其产品。相反，教士团、修道院、大学等组织领主有大批的僧侣、教士或教师需要供养，且消费的地点稳定而集中，因此这些领主就强调采用实物摊派制度，要求各地庄园将农畜产品直接输送到领主的住所，自然很少按照市场机遇来处理产品。根据坎贝尔的研究，1288—1315 年之间，教会领主平均转移消费了其剩余谷物的25%，这个数值在王室和其他世俗领主的地产上只有 5%①。

三、理论运用的时代错位

虽然我们仅仅考察了几个零星的例子，这并不具有统计学上的意义，但也不完全是例外。尽管中世纪英格兰总体的经济形势符合冯·杜能的模型，但领主经济却表现出较大差异，甚至完全相反。如何解释这种理论与现实的脱节呢？事实上，在冯·杜能的理论模型中，除了他明确表达出来的假设条件（单一都市、交通状况和土质条件相同）外，还有一些他没有明确说明但却隐含着的条件。这些条件包括充分发展的市场、农产品的生产者与消费者之间的明确分工以及运输成本的可核算性（能够折算为货币计算）。正是由于中世纪英格兰的经济缺乏冯·杜能理论所隐含的这些前提条件，才造成了理论与现实之间的脱节。

首先，在冯·杜能的理论之中，谷物的价格由向城市供应该种谷物的最边远地区的生产和运输成本决定，也就是说，是由城市的有效需求同乡村的可能供给共同决定的。这种供求关系就是一种市场关系，只有相当发达的市场关系才能确保供求不受扭曲、不受阻碍地决定价格水平。然而，尽管 13、14 世纪英格兰经济的商品化程度已大为提高，但市场发展远未达到让领主可以完全依赖的程度。总体来说，短缺是中世纪经济的正常状态。农业生产因受气候的影响而很不稳定②，而谷物的存储量又很低③，粮价的短期波动不能得到有效平抑，整个经济必然存在着巨大的风险和不稳定性。府邸庞大、仆从众多的世俗领主们自然不敢完全依赖市场来购买谷物等基本的生活资料，更不要说拥有大批僧侣或教师的修道院或大学等组织领主了。对他们来说，最稳妥的办法莫过于安排庄园直接向其输送谷物等物资。对风险的恐惧压抑着对便利的偏好，对赢利的追逐无法战胜对失利的疑虑。这反映了当时的市场条件以及身处其中的领主们的心态。物资匮乏、市场有限的经济环境已经造就了领主们依靠自己庄园过活的消费观念和生活方式。林肯主教格罗斯泰斯特劝告林肯伯爵夫人要根据谷物的净收入安排全家食物和啤酒的消费，要从粮食总量中扣除直接消费的数量、酿造啤酒所需的粮食数量，以及用作施舍的粮食

① Bruce M. S. Campbell, *English Seigniorial Agriculture: 1250—1450*, pp. 200－201.

② 法莫尔和蒂托对温彻斯特主教地产资料的研究表明，气候和收成是影响粮价的主要因素。参见 David L. Farmer, Some Grain Price Movements in Thirteenth－Century England, *The Economic History Review*, Volume 9, Issue I, 1956, pp. 216－218. J. Z. Titow, Evidence of Weather in the Account Rolls of the Bishopric of Winchester 1209—1350, *The Economic History Review*, Volume 12, Issue 3, 1960, pp. 360－407.

③ 据麦克罗斯基和纳什估算，即使在大领主的地产上，谷物的仓储除了当年消费和下年种子外，大约只有年消费量的1/6。参见 Donald N. McCloskey & John Nash, Corn at Interest: The Extent and Cost of Grain Storage in Medieval England, *The American Economic Review*, Volume 74, Issue 1, 1984, p. 176.

数量，最后才是可以出售的余粮，而且还强调说："要根据粮食、地租、法庭诉讼和家畜所得的全部收入，来安排你一家人衣、食、住一应开支和雇工工钱的支付。"《亨莱的田庄管理》也强调："请你定依土地每年可产出多少为准来安排生活，做到量入为出。"① 这种观念改变起来总是需要一个过程，而且总会表现出很强的滞后性。随时根据消费的需要从市场上采买物资，无疑是最便利、最能体现领主特殊社会地位的生活方式，但只有当市场物资相对充盈，供应可靠，物价趋于稳定的情况下，只有在市场发展到不仅让人觉得便利而且能让人觉得可靠之后一段时间，领主才会消除对风险的疑虑，接受市场采买的政策。反过来，这种观念本身又抑制了市场的进一步发展。这样，中世纪英格兰的市场就不能成为决定价格水平的有效机制，供求关系就受到很大的扭曲和阻碍，不能达到为冯·杜能所假定的那种充分发展的市场。

其次，谷物的生产者和消费者之间存在着明确的分工，这是冯·杜能的主要分析框架。都市向乡村出售农具等手工业品，而乡村则向都市出售各种农畜产品。城市居民是纯粹的谷物消费者，而乡村农民是纯粹的谷物生产者（除了满足自身消费之外）。然而，如前所述，领主们不敢完全依赖市场获取消费物资，于是便在乡村占有大量地产，委派总管、管家、庄头等对各地庄园实行直接经营，依靠庄园所生产的物资来满足大部分消费所需。这包括巡回就食和实物供应两种方式。前者指领主每年在分散于各地的庄园上巡回旅行，在每个庄园逗留一段时间，直接消费其自营地产品，然后转移到别的庄园。在这种政策下，领主及其仆人要在庄园之间不停移动，因此交通费用很高。另外，由于领主要在庄园上逗留，所以他们通常在各地的庄园上都修建舒适宽敞的庄宅，这些庄宅在他们离开后实际是闲置的，其修建和维护成本很高。采取这种政策的主要是世俗领主，他们负担着各种军政义务，为此经常奔走各地，分散各地的庄园为他们提供了歇脚地。但是，有些领主有固定的住所，比如修道院的众多僧侣就应待在院内过特殊的修道生活。这类领主通常采取实物供应模式。他们要求各地的庄园把物资送到府邸（城堡、修道院、主教座堂等）。为了获得稳定的物资供应，同时避免某些庄园负担过重，他们往往将一年的消费量划分为不同的时间单位（比如一周、双周、一个月等）。各个庄园根据生产能力轮流向领主供应一个单位时间内所需的物资。巡回就食要求领主及其大批随从的流动，而物资供应则要求大量消费物资的流动。不论是人员的流动还是物资的流动，都是由领主自己来组织的。结果，领主一方面是农畜产品的消费者，另一方面又是乡村农业生产的直接组织者，在很大程度上是自身谷物的生产者。他们通过组织而非市场的方式来解决自身消费问题。这种一身二任的情况完全超出了杜能的分析框架。

最后，在杜能的理论模型中，交通成本是一个非常重要的因素。与都市的距离不同，运输成本也就不同。不同农产品的特点也影响着运输成本，水果蔬菜等产品不易长久保存，无法承受长时间远距离的运输；木材价格不贵，但很笨重，长途运输亦不划算；牲畜可以自行走动，长距离输送也成本不高。正是由于交通成本可以折算为货币，计入成本，进行核算，冯·杜能才据此推演出了农业生产在不同半径的圈境内依次分布的经济格局。然而，对于中世纪英格兰领主们来说，运输成本很低，甚至根本不存在，因为他们通常拥有大量几乎无偿的农奴劳役可供役使。运输劳役是农奴劳役中相当重要的一部

① 拉蒙德、坎宁安编：《亨莱的田庄管理》，商务印书馆，1998年，第42、89页。

庄园就能较多地按照不同位置的市场机遇来处理其产品。相反，教士团、修道院、大学等组织领主有大批的僧侣、教士或教师需要供养，且消费的地点稳定而集中，因此这些领主就强调采用实物摊派制度，要求各地庄园将农畜产品直接输送到领主的住所，自然很少按照市场机遇来处理产品。根据坎贝尔的研究，1288—1315 年之间，教会领主平均转移消费了其剩余谷物的25%，这个数值在王室和其他世俗领主的地产上只有 5%[①]。

三、理论运用的时代错位

虽然我们仅仅考察了几个零星的例子，这并不具有统计学上的意义，但也不完全是例外。尽管中世纪英格兰总体的经济形势符合冯·杜能的模型，但领主经济却表现出较大差异，甚至完全相反。如何解释这种理论与现实的脱节呢？事实上，在冯·杜能的理论模型中，除了他明确表达出来的假设条件（单一都市、交通状况和土质条件相同）外，还有一些他没有明确说明但却隐含着的条件。这些条件包括充分发展的市场、农产品的生产者与消费者之间的明确分工以及运输成本的可核算性（能够折算为货币计算）。正是由于中世纪英格兰的经济缺乏冯·杜能理论所隐含的这些前提条件，才造成了理论与现实之间的脱节。

首先，在冯·杜能的理论之中，谷物的价格由向城市供应该种谷物的最边远地区的生产和运输成本决定，也就是说，是由城市的有效需求同乡村的可能供给共同决定的。这种供求关系就是一种市场关系，只有相当发达的市场关系才能确保供求不受扭曲、不受阻碍地决定价格水平。然而，尽管 13、14 世纪英格兰经济的商品化程度已大为提高，但市场发展远未达到让领主可以完全依赖的程度。总体来说，短缺是中世纪经济的正常状态。农业生产因受气候的影响而很不稳定[②]，而谷物的存储量又很低[③]，粮价的短期波动不能得到有效平抑，整个经济必然存在着巨大的风险和不稳定性。府邸庞大、仆从众多的世俗领主们自然不敢完全依赖市场来购买谷物等基本的生活资料，更不要说拥有大批僧侣或教师的修道院或大学等组织领主了。对他们来说，最稳妥的办法莫过于安排庄园直接向其输送谷物等物资。对风险的恐惧压抑着对便利的偏好，对赢利的追逐无法战胜对失利的疑虑。这反映了当时的市场条件以及身处其中的领主们的心态。物资匮乏、市场有限的经济环境已经造就了领主们依靠自己庄园过活的消费观念和生活方式。林肯主教格罗斯泰斯特劝告林肯伯爵夫人要根据谷物的净收入安排全家食物和啤酒的消费，要从粮食总量中扣除直接消费的数量、酿造啤酒所需的粮食数量，以及用作施舍的粮食

① Bruce M. S. Campbell, *English Seigniorial Agriculture*: *1250—1450*, pp. 200 - 201.

② 法莫尔和蒂托对温彻斯特主教地产资料的研究表明，气候和收成是影响粮价的主要因素。参见 David L. Farmer, Some Grain Price Movements in Thirteenth - Century England, *The Economic History Review*, Volume 9, Issue I, 1956, pp. 216 - 218. J. Z. Titow, Evidence of Weather in the Account Rolls of the Bishopric of Winchester 1209—1350, *The Economic History Review*, Volume 12, Issue 3, 1960, pp. 360 - 407.

③ 据麦克罗斯基和纳什估算，即使在大领主的地产上，谷物的仓储除了当年消费和下年种子外，大约只有年消费量的 1/6。参见 Donald N. McCloskey & John Nash, Corn at Interest: The Extent and Cost of Grain Storage in Medieval England, *The American Economic Review*, Volume 74, Issue 1, 1984, p. 176.

数量，最后才是可以出售的余粮，而且还强调说："要根据粮食、地租、法庭诉讼和家畜所得的全部收入，来安排你一家人衣、食、住一应开支和雇工工钱的支付。"《亨莱的田庄管理》也强调："请你定依土地每年可产出多少为准来安排生活，做到量入为出。"① 这种观念改变起来总是需要一个过程，而且总会表现出很强的滞后性。随时根据消费的需要从市场上采买物资，无疑是最便利、最能体现领主特殊社会地位的生活方式，但只有当市场物资相对充盈，供应可靠，物价趋于稳定的情况下，只有在市场发展到不仅让人觉得便利而且能让人觉得可靠之后一段时间，领主才会消除对风险的疑虑，接受市场采买的政策。反过来，这种观念本身又抑制了市场的进一步发展。这样，中世纪英格兰的市场就不能成为决定价格水平的有效机制，供求关系就受到很大的扭曲和阻碍，不能达到为冯·杜能所假定的那种充分发展的市场。

其次，谷物的生产者和消费者之间存在着明确的分工，这是冯·杜能的主要分析框架。都市向乡村出售农具等手工业品，而乡村则向都市出售各种农畜产品。城市居民是纯粹的谷物消费者，而乡村农民是纯粹的谷物生产者（除了满足自身消费之外）。然而，如前所述，领主们不敢完全依赖市场获取消费物资，于是便在乡村占有大量地产，委派总管、管家、庄头等对各地庄园实行直接经营，依靠庄园所生产的物资来满足大部分消费所需。这包括巡回就食和实物供应两种方式。前者指领主每年在分散于各地的庄园上巡回旅行，在每个庄园逗留一段时间，直接消费其自营地产品，然后转移到别的庄园。在这种政策下，领主及其仆人要在庄园之间不停移动，因此交通费用很高。另外，由于领主要在庄园上逗留，所以他们通常在各地的庄园上都修建舒适宽敞的庄宅，这些庄宅在他们离开后实际是闲置的，其修建和维护成本很高。采取这种政策的主要是世俗领主，他们负担着各种军政义务，为此经常奔走各地，分散各地的庄园为他们提供了歇脚地。但是，有些领主有固定的住所，比如修道院的众多僧侣就应待在院内过特殊的修道生活。这类领主通常采取实物供应模式。他们要求各地的庄园把物资送到府邸（城堡、修道院、主教座堂等）。为了获得稳定的物资供应，同时避免某些庄园负担过重，他们往往将一年的消费量划分为不同的时间单位（比如一周、双周、一个月等）。各个庄园根据生产能力轮流向领主供应一个单位时间内所需的物资。巡回就食要求领主及其大批随从的流动，而物资供应则要求大量消费物资的流动。不论是人员的流动还是物资的流动，都是由领主自己来组织的。结果，领主一方面是农畜产品的消费者，另一方面又是乡村农业生产的直接组织者，在很大程度上是自身谷物的生产者。他们通过组织而非市场的方式来解决自身消费问题。这种一身二任的情况完全超出了杜能的分析框架。

最后，在杜能的理论模型中，交通成本是一个非常重要的因素。与都市的距离不同，运输成本也就不同。不同农产品的特点也影响着运输成本，水果蔬菜等产品不易长久保存，无法承受长时间远距离的运输；木材价格不贵，但很笨重，长途运输亦不划算；牲畜可以自行走动，长距离输送也成本不高。正是由于交通成本可以折算为货币，计入成本，进行核算，冯·杜能才据此推演出了农业生产在不同半径的圈境内依次分布的经济格局。然而，对于中世纪英格兰领主们来说，运输成本很低，甚至根本不存在，因为他们通常拥有大量几乎无偿的农奴劳役可供役使。运输劳役是农奴劳役中相当重要的一部

① 拉蒙德、坎宁安编：《亨莱的田庄管理》，商务印书馆，1998 年，第 42、89 页。